尼罗河探源日志

[英]约翰·汉宁·斯皮克◎著
John Hanning Speke

[英]詹姆斯·格兰特◎图
James Grant

赵 俊 康 涛◎译

ZHEJIANG UNIVERSITY PRESS
浙江大学出版社
·杭州·

图书在版编目（CIP）数据

尼罗河探源日志 / （英）约翰·汉宁·斯皮克
（John Hanning Speke）著；赵俊，康涛译. -- 杭州：
浙江大学出版社，2025. 8. --（非洲区域国别研究译丛 /
胡美馨，徐微洁主编）. -- ISBN 978-7-308-26205-7

Ⅰ. K410.03

中国国家版本馆CIP数据核字第2025CC1390号

尼罗河探源日志

［英］约翰·汉宁·斯皮克（John Hanning Speke） 著

赵 俊 康 涛 译

策划编辑	包灵灵
责任编辑	仝 林
责任校对	董齐琪
封面设计	周 灵
出版发行	浙江大学出版社
	（杭州市天目山路148号　邮政编码 310007）
	（网址：http://www.zjupress.com）
排　　版	杭州林智广告有限公司
印　　刷	杭州高腾印务有限公司
开　　本	880mm×1230mm　1/32
印　　张	16.5
字　　数	491千
版 印 次	2025年8月第1版　2025年8月第1次印刷
书　　号	ISBN 978-7-308-26205-7
定　　价	78.00元

S.霍里尔（S. Hollyer）根据皇家摄像师索斯维尔兄弟（Southwell Brothers）所拍摄的照片临摹而成的斯皮克（Speke）画像

译者序

约翰·汉宁·斯皮克（John Hanning Speke，1827年5月4日—1864年9月15日）是英国殖民军官和探险家，以发现尼罗河源头而闻名于世，曾三次深入非洲探险，并在今天乌干达境内发现了尼罗河源头——尼安扎湖（Nyanza，在非洲当地语言中是"湖"的意思，斯皮克将之命名为维多利亚湖）。

青年时代，斯皮克曾在英属印度服役，喜爱探险，还进入过中国西藏地区。1854年，斯皮克加入理查德·伯顿①的探险队，进入索马里，并与索马里当地人发生冲突，身受重伤。1856年6月，斯皮克跟随伯顿第二次赴非洲探险，这也是斯皮克第一次探寻尼罗河源头。两人从桑给巴尔出发，成为第一批抵达坦噶尼喀湖（Lake Tanganyika）的欧洲人。由于伯顿身体虚弱，探险队只得驻扎在卡泽（Kaze，今天坦桑尼亚的塔波拉），而斯皮克则独自率领一支队伍于1858年7月30日抵达维多利亚湖，并认为维多利亚湖就是尼罗河源头。由于在尼罗河源头问题上的争论，两人之间的裂痕日渐加深。尽管如此，两人还

---

① 理查德·伯顿（Richard Burton，1821—1890），与斯皮克同时代的英国探险家、翻译家，比斯皮克年长六岁，名声比斯皮克更大，与斯皮克的关系因尼罗河探源之旅而日渐恶化。伯顿的探险代表作为《中非湖区探险记》（*The Lake Region of Central Africa: From Zanzibar to Lake Tanganyika*，首版于1860年），中文版有上海文艺出版社2013年版、人民文学出版社2018年版，译者为李宛蓉。

是于 1859 年 6 月 13 日向资助他们探险活动的英国皇家地理学会提交了联合探险报告。1860 年 4 月，在得到英国皇家地理学会资助后，斯皮克带上詹姆斯·奥古斯都·格兰特[①]，开启第二次尼罗河探源之旅，并于 1862 年 7 月 28 日到达维多利亚湖。斯皮克在当天的日志中写道："我已经完成探险任务了。古老的尼罗河起源于维多利亚湖，我亲眼看见，确凿无疑。"[②] 然而，斯皮克的观点受到伯顿的质疑，伯顿认为斯皮克没有从维多利亚湖流出的地方，沿着尼罗河一直走到贡多科罗（Gondokoro，位于今天南苏丹境内），因此无法确定维多利亚湖就是尼罗河的源头。于是，英国皇家地理学会决定在 1864 年 9 月 16 日为斯皮克和伯顿举办一场公开辩论会。然而，9 月 15 日，即原定的公开辩论会召开的前一天，斯皮克因猎枪走火而去世，但他留下了一本记录其尼罗河探源的著作，即《尼罗河探源日志》，这也是斯皮克唯一一部著作。斯皮克与伯顿的关系以及两人之间围绕尼罗河源头的争议，遂成为世界探险史上的一段公案，后来一度成为英美纪录片、电影、文学作品的热门主题之一。

一、《尼罗河探源日志》的成书过程

19 世纪中叶，英国公众对非洲探险家顶礼膜拜：非洲探险家身上体现了维多利亚时代英国人的优秀品质，即勇气、道德、个人进取心、爱国精神、对科学的好奇心。尼罗河有两大支流，青尼罗河和白尼罗河。确切地说，斯皮克所探寻的是白尼罗河的源头。1863 年，斯皮克把 1860—1863 年尼罗河探源之旅的日志整理成书，一经出版便成为英国当时的畅销书。然而，无论是在荣誉还是图书的受欢迎程度

---

① 詹姆斯·奥古斯都·格兰特（James Augustus Grant，1827—1892），英国探险家，1860—1863 年参与了斯皮克的尼罗河探源之旅。1864 年，格兰特也出版了作品，记录他与斯皮克的探险经历：James Augustus Grant, *A Walk Across Africa: Or Domestic Scenes from My Nile Journal*, Edinburgh: William Blackwood and Sons, 1864.

② John Hanning Speke, *Journal of the Discovery of the Source of the Nile*, Edinburgh: William Blackwood and Sons, 1863, p. 468.

上，斯皮克都无法与贝克①媲美。1866年，贝克受封为爵士，而这一头衔是英国皇家地理学会主席默奇森（Roderick Impey Murchison）为斯皮克争取但没有得到的。对此，斯皮克的家人和斯皮克的朋友、曾任英国驻桑给巴尔领事的里格比（Christopher Rigby）上校感到愤懑不平。里格比曾致信格兰特："如果可怜的斯皮克有贝克那样的写作技巧，斯皮克的书受欢迎的程度会多么地不同啊！"②

里格比的这句话透露出两个信息：第一，斯皮克的《尼罗河探源日志》在英国受到欢迎，但受欢迎的程度不如贝克的书；第二，斯皮克的写作水平没有那么好。其中，第二个信息更为重要。事实上，在斯皮克去世之前，他的非洲探险日志就已经成为英国各大书商的"宠儿"。在各大书商中，斯皮克最终选择了爱丁堡的出版商威廉·布莱克伍德父子公司（William Blackwood and Sons）。这家书商曾经资助过斯皮克，斯皮克也经常在这家书商旗下的《布莱克伍德杂志》（Blackwood's Magazine）上发表文章。威廉·布莱克伍德父子公司自然也想趁着斯皮克非洲探险、斯皮克与伯顿之争在英国掀起的热度，尽快出版《尼罗河探源日志》。

伯顿和斯皮克都是英国探险家中的佼佼者，但伯顿的学识更为渊博，会二十多种语言，在探险经验上也比斯皮克更加丰富，足迹遍及亚洲、非洲和南美洲，出版过多部作品。③苏格兰国家图书馆手稿部至今收藏的斯皮克的手稿、排版稿以及相关出版人的信件，的确证实斯皮克的写作水平没有那么好。1862年7月，威廉·布莱克伍德父子公司邀请斯皮克到爱丁堡完成撰写工作，而在此之前，没有人见到过斯皮克的书面材料（日志）。在看到斯皮克部分日志的校样后，出版商负责人在其私人信件中写道：这简直是一场灾难，他的写作实在太乏味、幼稚、无趣了。出版商负责人甚至想把斯皮克的书转让给其他

① 塞缪尔·怀特·贝克（Samuel White Baker，1821—1893），英国探险家、作家，也出现在斯皮克的探险日志中。
② Tim Jealous, *Explorers of the Nile: The Triumph and Tragedy of a Great Victorian Adventure*, New Haven: Yale University Press, 2011, p.244.
③ Dane Kennedy, *The Highly Civilized Man: Richard Burton and the Victorian World*, Cambridge: Harvard University Press, 2005, pp.2-9.

出版商。①斯皮克的日志是杂乱无章的笔记，而且语法错误、标点错误、拼写混乱、语句表达不通处之多，令排版人员感到惊慌失措。出版商承认斯皮克的日志"材料"非常有趣，但需要一个写作技术过硬的"编辑"与斯皮克一道重搭叙事框架。最终，出版商聘请约翰·希尔·伯顿②来指导斯皮克写作。

对于出版商来说，约翰·希尔·伯顿满足了一名"绅士"的所有标准。"绅士"具有广泛的文化、意识形态和社会含义，不仅是做事谨慎的人，而且还是认同时代价值观念的人，这也就意味着《尼罗河探源日志》将被注入一套价值体系。于是，《尼罗河探源日志》从其原本的"科学"初衷——详细描述斯皮克主张维多利亚湖是尼罗河源头的证据，转变为斯皮克战胜自然和"劣等种族"的叙事。与此同时，斯皮克还请来格兰特为《尼罗河探源日志》绘制插图。作为斯皮克探险伙伴的格兰特，无疑是最合适的人选，也最能还原当时的情景。③1863年10月，文字和插图工作都已经完成，《尼罗河探源日志》最终于1863年12月正式出版。

书籍在出版前经过文字打磨和编辑优化，本是稀松平常之事。然而，从《尼罗河探源日志》的成书过程中可以看出，斯皮克本人的写作水平确实有限，且书中被注入了当时的时代价值观念。至于《尼罗河探源日志》被注入的时代价值观念，或许该书开头一段话非常有代表性。在斯皮克手稿开头的一段话为："我们的座右铭是'心怀邪念者蒙羞'。这几页的读者须做好准备，你们将看到、了解到最自然、原始、赤裸状态下的非洲黑人，这也是我们先辈在被文明强制塑造之前的生活状态。"④经过约翰·希尔·伯顿修改后，这段话变成："本书

---

① David Finkelstein, "Unraveling Speke: The Unknown Revision of an African Exploration Classic", *History in Africa*, Vol.30, 2003, pp.120-121.

② 约翰·希尔·伯顿（John Hill Burton, 1809—1881），英国律师、历史学家，著有九卷本的《苏格兰史》（*History of Scotland*）。

③ David Finkelstein, "Unraveling Speke: The Unknown Revision of an African Exploration Classic", *History in Africa*, vol.30, 2003, pp.125-127.

④ 转引自David Finkelstein, "Unraveling Speke: The Unknown Revision of an African Exploration Classic", *History in Africa*, Vol.30, 2003, p.129.

将详尽叙述我在非洲内陆旅居期间见识到的，对我来说最重要、最有趣的事件和景象。如果我对原始种族的叙述与读者先前形成的观念不尽吻合的话，那么我只能表示无能为力了。恕我斗胆地说，我非常精确地描述了原始非洲——完全没有受到欧洲文明影响的非洲地区，无论这种影响是好还是坏。"[1]而《尼罗河探源日志》的核心材料，即斯皮克的非洲日志内容也有所删节，例如，《尼罗河探源日志》删除了斯皮克与两个黑人女孩发生过性关系并生下一个孩子的内容。

二、"含米特假说"及其在非洲大湖地区的影响

"含米特假说"是19世纪欧洲人类学家、地理学家以及斯皮克等探险家所信奉的"圭臬"：非洲大陆诸多文明统统应归功于外来的"更文明的""含米特人"。"含米特假说"是一批西方人类学家对非洲社会历史揣测的结果，却对后来非洲的历史进程产生了重大的影响，这也是今天仍有必要探讨这一假说产生、流布的根本原因。[2]

《尼罗河探源日志》写道："我们必须记住：欧洲人、亚洲人借助先知与上帝的交流，得到了上帝的祝福，也接受神圣律法，以规范自己的行为，铭记上帝的恩赐；而非洲人却没有，他们既不知'天命'，也不晓未来；因此，非洲人只相信运气和魔法，只想在这个世界上自保。"[3] 这段表述其实源于《圣经》故事：含（Ham）受到诅咒，含的后代将沦为其弟兄闪（Shem）和雅弗（Japheth）后代的奴仆。斯皮克无疑是在重复"含米特假说"这一谬论：非洲人注定要沦为优等种族的奴仆。斯皮克告诉卡拉圭国王鲁马尼卡（Rumanika），说鲁马尼卡的长相和希马人有相似之处，鲁马尼卡所属的王族起源于希马人；基塔

---

① John Hanning Speke, *Journal of the Discovery of the Source of the Nile*, Edinburgh: William Blackwood and Sons, 1863, p. xiii.

② 刘海方：《"含米特论"与非洲的种族与文明》，《内蒙古民族大学学报（社会科学版）》2006年第3期，第12—13页。

③ John Hanning Speke，*Journal of the Discovery of the Source of the Nile*, Edinburgh: William Blackwood and Sons, 1863, p. xiii.

拉王国起源于盖拉人（Galla）向南方的扩散或扩张，并说"我们不妨这么猜想"。[①]斯皮克以及紧随其后前往非洲大湖地区的贝克等探险家，或以英国王室成员，或以英国皇家地理学会会长的姓名把非洲大湖地区的一些湖泊命名为维多利亚湖、艾伯特湖、爱德华湖、乔治湖、默奇森瀑布等。[②]转眼之间，"中部非洲湖间地区宛如伦敦郊区"[③]。

斯皮克（或斯皮克和约翰·希尔·伯顿一道）甚至在"含米特假说"的基础上，直接提出所谓"优等种族征服劣等种族的理论"。名曰"理论"，实不过"含米特假说"衍生的观点，该"理论"一方面完全没有"假设"的检验过程，另一方面也没有扎实的历史经验基础。然而，斯皮克的说法颇符合随后到来的殖民统治的意识形态，也有助于提升非洲大湖地区诸王国的王族统治的合法性，这也是"含米特假说"得以在非洲大湖地区甚嚣尘上的原因。

探险与传教是殖民帝国的前奏，而且探险家和传教士成为"殖民话语"的制造者。所谓"殖民话语"，主要表现为西方探险家、传教士、殖民官员的报告文学、通俗新闻报道、探险日志、旅行游记、回忆录等非小说类作品中那些充满转喻而又缺乏最终结论的判断，由此也直接暴露出殖民主义在非洲认知上的裂痕和矛盾之处。斯皮克尽管并没有去过卢旺达，但认为图西人（Tutsi）和希马人（Hima）都是"含米特人"的后代。卢旺达天主教会的帕若斯（Pagès）神父将卢旺达称为中部非洲的一个"含米特王国"（royaume hamite），并认为"含

---

① John Hanning Speke, *Journal of the Discovery of the Source of the Nile*, Edinburgh: William Blackwood and Sons, 1863, p.247.

② 当时，干达人称维多利亚湖为"Nyanza"。在干达语中，Nyanza 也指池塘等水域，并非特指维多利亚湖。非洲当地人分别称艾伯特湖、爱德华湖、乔治湖为鲁维坦齐盖湖（Rwitanziyge）、鲁韦鲁湖（Rweru）、马斯约罗湖（Masyoro）。扎伊尔总统蒙博托（Mobutu）、乌干达总统伊迪·阿明（Idi Amin）都曾用自己的姓名来重新命名艾伯特湖和爱德华湖，但新名都没有沿用太长时间。

③ Jean-Pierre Chrétien, *The Great Lakes of Africa: Two Thousand Years of History*, New York: Zone Books, 2003, p.204.

"米特人"在卢旺达指的是图西人，在乌干达或安科莱指的是希马人。[1]
接踵而来的殖民官员，如德国首任驻卢旺达特别代表理查德·坎特（Richard Kandt）、英国驻乌干达保护国特别专员哈里·约翰斯顿（Harry Johnston），他们本身就痴迷于探险和先辈探险家的作品，并通过具体的殖民政策对非洲大湖地区历史进程和当地群体身份认同产生深远的影响。[2]

三、史料价值与推出新译本的必要性

在玛丽·路易斯·普拉特（Mary Louise Pratt）看来，《尼罗河探源日志》中种族主义的陈词滥调，旨在为殖民主义及其对非洲殖民地的重塑作铺垫。普拉特在分析英国维多利亚时代的探险发现作品时，还提炼出这类作品在修辞上的三大策略：风景审美化（the landscape is estheticized）、意义的稠密（density of meaning）、预设了观察者与被观察对象之间的控制关系（the relation of mastery predicated between the seer and the seen）。它们在解读"当地风景所展现出来的美、秩序、庄严的时候……也把非洲大湖地区未来接受欧洲人教导后会变得更有序、更美丽的想象投射进去"。[3]大卫·芬克尔斯坦（David Finkelstein）也曾善意提醒道："下次阅读这些19世纪的叙事作品时，要想一下书里究竟是谁在说话。"[4]但这完全没有削减《尼罗河探源日志》的翻译、研究和批判价值，因为它并不只是代表斯皮克在说话，还代表其背后一群运用殖民话语修辞术（如将黑人归类于"动物群"，将他们刻画为懒惰、无知、贪婪、爱撒谎、缺乏精神信仰、混日子

---

[1] Albert Pages, *Un Royaume Hamite au Centre de L'Afrique*, Bruxelles: Georges van Campenhout, 1933, p.5-6.

[2] 更具体的讨论，参见赵俊：《非洲大湖地区族群政治探源》，《西亚非洲》2023年第3期。

[3] Mary Louise Pratt, *Imperial Eyes: Travel Writing and Transculturation*, New York: Routledge, 2008, pp.200-213.

[4] David Finkelstein, "Unraveling Speke: The Unknown Revision of an African Exploration Classic", *History in Africa*, vol.30, 2003, p.132.

的负面形象，称赞殖民统治给殖民地带来安宁与和平……）的人在说话。翻译和研究《尼罗河探源日志》，可以为我们批判殖民主义及其修辞术提供"标靶"。

除此以外，翻译《尼罗河探源日志》也能为我们提供非洲大湖地区诸多王国的原始史料，这是《尼罗河探源日志》的核心"材料"。华东师范大学历史学系的刘伟才曾概括过19世纪英国人非洲行居记录中所包含的有价值的史料内容：经济史资料、社会文化史资料、族群/酋邦/王国史资料、重要历史人物资料、重要历史进程或事件资料、特定地区的资料以及图像资料。我们需要在搜集这些记录、进行一定的整理和研究，并阅读了一些人的文字之后，才能来谈谈英国人的非洲行居记录"是不是有偏见""是怎样的偏见""有多少偏见"等问题，学者应该做的是通过研究去甄别并克服偏见，而不是视而不见。[1]

作为第一个进入非洲大湖地区多个王国宫廷并把所见所闻用文字呈现出来的西方探险家，斯皮克确实详尽地记录了受西方殖民统治前的非洲社会原貌。当然，由于时代的局限性，斯皮克的记录并不都是准确或客观的（书中不乏作者的主观臆断、揣测以及高位者的优越感），但它至少为研究者提供了一份可以互相参校的史料。例如，斯皮克记录了布干达王国的许多官职、王宫里的礼节等等。从事非洲研究以来，我一直关注的国家其实是卢旺达，但每每读到相关外文文献，总会提到斯皮克的《尼罗河探源日志》，而自己在2014年之前竟然从没有读过这本书。为了节省时间，我便寻求中文版。《尼罗河探源日志》先后出了两个中文版[2]，但都是节略本，均放在探险或游记丛书系列中，旨趣当在猎奇，而不是非洲史料价值，尤其是第一个版本《尼罗河：源头何处》。因此，我又直接读了原版。坦率地说，对照原版，《尼罗河：源头何处》甚至都不能称之为节略本，而是编译本了。这两个中文版的译者，都是外语专业出身，翻译水平其实也不错，只是在专名上犯下不少错误，如把布干达王宫译为乌干达王宫、

---

[1] 刘伟才：《非行者言》，上海社会科学出版社，2018 年，第 55—94 页，第 120 页。

[2] 分别为《尼罗河：源头何处》，张璐、吴鹏译，吉林人民出版社 2008 年版；《尼罗河探源》，吴鹏、陆品超译，当代中国出版社 2017 年版。

把卡拉圭（Karague，现在拼写形式为Karagwe）译为喀喇格、把希马人（Wahuma，现在的拼写形式为Hima）译为瓦胡玛人等，这些问题应该是译者不熟悉非洲史、没有仔细辨析相关专名英文拼写形式变化所导致的，更可惜的是删略了许多在我看来颇有史料价值的内容。2018—2023年，我一直在做我的国家社科基金项目"传统制度对非洲国家重建的影响研究"（18BGJ078），于是我就决定和我的研究生康涛共同把《尼罗河探源日志》完整翻译出来，作为阶段性成果。除了做好原书内容的翻译工作，我们还共同合作为该译本添加了不少注释，以方便读者理解。翻译不难，但翻译好很难。这几年，我先后翻译了十部关于非洲的学术作品，翻译经验虽说有了些，但每部译稿交给出版社时总会惴惴不安。此次在向浙江大学出版社交稿前，我又校对了一次译稿。责任编辑浙江大学出版社仝林老师十分喜欢《尼罗河探源日志》，这对我来说是一种莫大的宽慰：喜欢或热爱胜于一切技艺。译本如有错讹之处，责任当在于我，敬请方家、读者批评指正。

最后，需要特别说明的是，为尽量保证原作内容的完整性、叙述的顺畅性和逻辑的合理性，本译作基本保留了原作的所有内容，有些内容读来可能会令人不适（如打猎场景、一些仪式或刑罚的描述、种族主义论调等），希望读者本着学术研究和学术批判的目的去阅读本书。

赵　俊

记于浙江师范大学非洲研究院

2024 年 10 月 8 日

前 言

本书将详尽叙述我在非洲内陆旅居期间见识到的，对我来说最重要、最有趣的事件和景象。如果我对原始种族的叙述与读者先前形成的观念不尽吻合的话，那么我只能表示无能为力了。恕我斗胆地说，我非常精确地描述了原始非洲——完全没有受到欧洲文明影响的非洲地区，无论这种影响是好还是坏。倘若读者觉得我所描述的画面有些阴暗，那么我们不妨想想诺亚（Noah）的儿子们，把我们的思绪拉回到那时：可怜的长兄含（Ham）受到父亲的诅咒，沦为闪（Shem）和雅弗（Japheth）的奴仆。过去是这样的，今天也是如此，这也是《圣经》内容强有力的明证。但我们必须记住：欧洲人、亚洲人借助先知与上帝交流，得到了上帝的祝福，也接受神圣律法，以规范自己的行为，铭记上帝的恩赐；而非洲人却没有，他们既不知"天命"，也不晓未来；因此，非洲人只相信运气和魔法，只想在这个世界上自保。[xiv]¹ 即便如此，我们也没有理由去指责他们贪得无厌，对同胞薄情寡义。我们应该反省一下：上帝厚待我们，却疏于对非洲人的管教，以至于非洲人有罪而不自知。若说黑人是无法管教之人，纯属无稽之谈。有少数黑人男孩在我们的学校里接受教育，他们学东西甚至比白人孩子还要快；黑人男孩表现出来的狡狯和机灵劲，也颇为令人惊叹，尤其是撒谎时，说的谎就像真的一样，即兴撒的谎令其极为可笑。

说了这么多，接下来介绍一下我要叙述的内容：（1）介绍我们将要前往的国家的地理概况，并按照旅行次序详加介绍。（2）概述当地的气候状况；气候状况一直对非洲大陆产生了影响，并决定了非洲大陆的植被。（3）概述非洲的植物及其用途。（4）概述非洲的动物群，最后谈一下我对获释奴（Wanguana）的一点浅见。

地理特征

非洲大陆像是一个倒扣的盘子，中部高原地区一马平川，四周是地势更高的山，从山脚到海边平地，地势陡然下降。一般而言，"盘子"的形状大都一样，非洲这个"盘子"则不然。例如，非洲大陆中部地区有一组主要由泥质砂岩构成的高山，坐落于坦噶尼喀湖（Tanganyika Lake）源头的四周。[xv]我猜想它们是托勒密（Ptolemy）所言的月亮山（Lunæ Montes），或是古印度教徒（Hindus）所称的索马·吉里（Soma Giri）。此外，北端也不是非洲大陆的边缘，而是从赤道向地中海的方向逐渐倾斜的一块区域。内陆高原的表面有许多蓄水盆地（湖泊），雨水漫过湖岸，汇集成河，河水穿过群山两侧，奔流入海。

气候状况

在靠近桑给巴尔的东海岸，降雨总是跟随着太阳的足迹。太阳直射的地区，降雨天数不会超过四十天，且经常刮西南风、东北风。在非洲大陆的中部，即赤道附近、南北纬5°之间的区域，降雨的持续时间要更长。比如，在太阳直射南半球的六个月里，南纬5°地区会一直降雨。据说，北纬5°地区亦是如此。在赤道地区，更确切地说是赤道偏北一点的地区，一年当中也多少会降点雨，春分和秋分的降雨量较大（具体可参照下方所列图表）；风虽然或大或小，但风向却是十分明确的，自东而来，再刮向北方和南方；旱季，风吹走了酷热，让人感到凉爽，再加上平均海拔三千英尺的高原，所以赤道偏北地区的气候非常怡人，我也亲自体验过。在旅途中，我白天要穿厚实的羊毛大衣，晚上要盖毛毯。

东非探险队从桑给巴尔到贡多科罗期间的雨天数

1860 年	雨天数	1861 年	雨天数	1862 年	雨天数
—	—	1 月	19	1 月	14
—	—	2 月	21	2 月 *	12
—	—	3 月	17	3 月	21
—	—	4 月	17	4 月	27
—	—	5 月	3	5 月	26
—	—	6 月	0	6 月	20
—	—	7 月	1	7 月	22
—	—	8 月	1	8 月	20
—	—	9 月	9	9 月	18
10 月	2	10 月	11	10 月	27
11 月	0	11 月	17	11 月	20
12 月	20	12 月	16	12 月	6

*穿过赤道的日期为 1862 年 2 月 8 日。

[xvi] 植被

因此，有人可能会认为非洲大陆并不像世人所想象的那么糟糕。随着太阳直射点的移动，雨季也随之而来，植物蓬勃生长。赤道地区确实常常如此。但是，南纬5°的地区的情况就大不相同了：当地居民在一年中要经历长达六个月的旱季，若不能在雨季储备足够的粮食，旱季就会遭受饥荒。黑人太懒惰，但归根结底是由于缺乏强有力的政府来提供保护，所以他们总是不能备好粮食，总会出现不幸的悲剧。我们的探险队从南纬5°地区走到北纬5°地区，跨越了十个纬度。我们发现，土地肥沃程度是有规律可循的：赤道地区的土地最肥沃，离赤道越远，土地越贫瘠。[xvii]赤道地区的土地之所以肥沃，是因为那里降雨充沛，而且雨水也成为那里河流和湖泊最重要的水源。非洲几条大河正是源于赤道地区。左右降雨量大小的月亮山脉就位于赤道之上，而赤道本身也是大气流动的中心。

动物群（fauna）[2]

要论述自然史，我暂不论希马人（Wahuma）[3]，而想先谈一下那里的黑人：天然卷发、塌鼻子、嘴巴长得像口袋一样。各纬度的地区都有黑人，但都没有形成人口稠密的群落（communities）。黑人的治理体系大都具有家长制的特征。有些黑人靠畜牧业为生，但绝大部分黑人从事农耕。我以为，之所以有此分化，完全是因为他们缺乏一个稳定的政府，以确保黑人劳有所得。有些地区的黑人舍不得吃牛肉，只吃自己种植的谷物，牛是他们的财产。无论是驯化后的牲畜，还是野生动物，都需要一个领头的。黑人也一样，他们也觉得必须由酋长来管理村庄、小群落、处理政治事务。黑人既有地区酋长，又有村庄村长。但是，我们即将前往的地区却没有像希马人那样的国王。地区酋长有绝对权威，但也极大地受制于"长老（grey-beards）"，长老会经常造访地区酋长府邸，讨论地区事务。所谓地区事务，大都是一些内部琐事。这些长老都非常自私，心胸狭隘，只关心自己的私事。[xviii]长老会把地区酋长的命令传达给村庄酋长。村庄酋长如果不加以执行，就会遭到惩罚。所以，地区酋长的命令总能得到落实。

只有战争会让地区陷入失序状态。首先，战争常常是一夫多妻制所引发的：同父异母兄弟都想继承父亲的财产，主要是奴隶和牛，所以彼此之间常常争斗不已。其次，奴隶制也是黑人经常发生战争、人口减少的原因之一。地区酋长也征税，但赋税较少，税收完全归地区酋长、长老所有。例如：酋长有权免费享用村庄里自酿的大蕉酒（pombe，一种发酵而成的啤酒），而且所有村民需要轮流进贡，以大蕉酒来缴纳土地税；如果有人杀死一头大象，酋长也拿走一份象肉和一根象牙；猎杀到的豹子、狮子、斑马等，其兽皮也全部归酋长所有。酋长认为自己有权处置商人带入境内的商品，所抽取的份额毫无规律可循。酋长的这一权力又称"Hongo"，复数形式为"Mahongo"[4]。酋长的另一项收入是那些从事巫术活动的罪人的财产。这些有罪之人或被烧死，或被长矛刺死、扔入丛林，而长老则替酋长没收他们的财产。

不可救药的盗贼、杀人犯会被杀死，且处死他们的方式与处死那些从事巫术活动的人的方式完全一样。小偷小摸之类的行为，则会依情节严重程度而施以相应的惩罚。通奸行为与小偷小摸的惩罚方式一样，受罚程度依女人价值大小而定——我们必须记住这一点，所有女人在非洲只是一种财产。事实上，黑人视婚姻为一桩有利可图的买卖，[xix]女儿只是父亲的私有财产，谁付得起价格，父亲就把女儿嫁给谁。不过，婚姻又不只是一桩简单的买卖，男方要向女方支付"彩礼"。常见的"彩礼"有奴隶、奶牛、山羊、鸡、铜丝、珠子。然而，婚姻并没有就此尘埃落定。妻子如果在婚后发现丈夫有缺陷，她可以退还"彩礼"，回到娘家；丈夫也可以休掉妻子，但只能讨回一半的"彩礼"。当地人觉得，这一安排非常公平，因为嫁出去的女人已经是"二手货"，其未来的价值自然会减半。由此可见，在这样的社会体系中，一夫多妻制显然会带来财富，财富之多寡取决于后代子孙数量之大小。除了收取彩礼外，一夫多妻制还有其他好处，因为女人无论是做家务，还是种地，总是比男人干得多。除了家里的女性成员外，未婚男性在结婚之前也需要劳动，父母要抚养他们，而他们以后也要赡养父母。

通常，家里生下双胞胎，全家都会高兴，因为可以给家里增添劳动力。但是，有些地区却会杀死双胞胎。当地人不羡慕白化病人的肤色，却颇为尊重白化病人。当地人若是自然死亡，其尸体会埋葬于村庄里或村庄外。大部分黑人喜欢赤身裸体，视穿衣为缺乏阳刚之气；但是，持有如此看法的黑人大多是性情暴烈、四处流动的游牧民，他们太懒，不愿种棉花，也不愿剥树皮。黑人少女也赤身裸体；做了母亲的女人会在身体前后各悬挂一块像是尾巴的遮蔽物。黑人的头发不长，可能是理发师打理过的。而且，他们对奇形怪状的发型情有独钟，要么把头发剃光，要么设计一个"最时尚"的发型。[xx]无论是牧民，还是农民，黑人既目中无人，又刚愎自用，世界上再也找不到像他们那样的人了。正所谓"亲不尊，熟生蔑"，与世界上其他人种一样，黑人的热情好客只能维持一天。黑人以招待富人或白人为荣——央求富人或白人留下来，好奇地看着他们——嘴上口口声声地说要向整个营地供应粮食，但也就只给一头牛或一只山羊罢了。

总的来看，黑人的情况都差不多。不过，每个黑人部落确实都有自己的特征。例如，有些部落的黑人会以不同于其他部落的方式去处理牙齿，或在脸上刺花纹。由于一直与奴隶通婚，加上战争、王国分裂带来的人口流动，黑人的外貌差异不再那么明显了，几近消失。各个部落都有自己的武器，也显示出部落之间的不同。黑人常用的武器有长矛、盾牌、弓箭。的确，有的部落喜欢一种武器，而其他部落却喜欢另一种武器。但是，我们无法借某种武器去判断某一部落勇敢与否。至于说，勇敢者使用令人畏惧的弓箭，胆小者使用长矛防身，纯属无稽之谈。旅行于非洲，最令人头痛的当属交通路线[5]：一方面，当地人常常能见到旅行者，也渐渐没有那么好客；另一方面，当地人经常接触那些从半开化地区过来的商人，与生俱来的尊严和诚实日渐消退，变得越来越贪婪，但见识增加了，也不再畏惧于枪支。

巫师（Mganga）拥有无上的权力，如同欧洲过去的教皇一样，他们控制了国王的头脑。巫师可谓是旅行者的克星：他们若想拒某人于国门之外，只需预言某人的到来会引发[xxi]干旱、饥荒、战争等灾祸即可；一旦他把预言散布出去，上至酋长下至百姓，所有人都会深信不疑。可以想象，超自然力量、预言之于那些未受文明洗礼的人，比客观理性推断更有影响力。巫师的占卜工具看上去相当简单，就是一个填满"魔粉"（Uganga）的牛角或羚羊角（也叫Uganga）。巫师会把"魔角"插在村庄前面的地上，并认为"魔角"拥有的力量足以抵御敌人的袭击。

巫师只需手持"魔角"，当地人就以为他能找到被盗或失踪之物；有时，巫师会说"魔角"化作四人去找小偷，有无人能敌之力量，使小偷丧失意识，并痛击小偷。当地人还相信护身符（charms）的力量，甚至愿意付出一定代价换取巫师的木棍、石头、泥巴，以医治疾病。他们还相信，手持某种花朵，那些花朵就会带他们找到失踪之物；某些种类的鸟、野兽的声音有时会给他们带来好运，而有时则是危险的警示。黑人最得意于在空地上修建起来的矮屋，并把谷物撒在屋顶上，以安抚邪恶的神灵，祈求自己能够劳有所获。他们也称这样的矮屋为"Uganga"。

为了求助于"拯救者"之所，可怜的黑人还有一些更加天真的做法，使用其他更令人恐怖的器物。例如，在灾难时期，巫师会观察剥了皮的家禽的血液、骨头，如果决定发动战争，还会剥下一个小孩的皮，将之铺陈在道路上，让所有前去作战的战士踏过去，以确保他们能够凯旋。如果酋长想对邻地发动战争，[xxii] 他也会拜访巫师，而巫师会采用更加野蛮的方法来确定作战时机：巫师会在火上放置一个陶质大容器，里面装一半的水，容器口上铺满木棍，再在木棍上并排放一个小孩和一只鸡，接着再拿出第二个陶质大容器，倒扣在小孩和鸡上；接着，巫师不断添加柴火，烧水使得容器内充满蒸汽；蒸煮特定时间后，巫师会去看看小孩和鸡是死是活——若都死了，战争必须推迟；否则，即刻开战。

当然，这些极端做法并不常见。当地人通常也会采用更简单的做法，例如用山羊皮代替小孩的皮，以供战士踩踏过去。为了阻止邪恶的神灵接近住所，当地人会在小道上放一只被压扁了的青蛙，或诸如此类的怪诞之物，据说特别有效。

非洲大陆的周边国家已经取得重大进步，而黑人生活了诸多世纪，竟然毫无进步可言，实在太令人不可思议了。以世界之发展速度来看，非洲人要么必须尽快走出黑暗，要么必为其他优越种族所取代。按照我们在印度所做的那样，为非洲人创建一个政府，或许能拯救非洲人。目前，非洲人既不能自救，又无他人救助。非洲地区一直动荡不已，非洲人连填饱肚子都不易，更不要说他们会考虑其他事情了。一代又一代非洲人过着与祖辈一样的生活，他们奴役妻子，买卖儿女，奴役一切可奴役之人。除了争夺别人的财产外，非洲人整日喝酒、唱歌、像狒狒一样跳舞，无忧无虑，虚度光阴。只有少数非洲人生产棉布、砍伐木材、冶铁、炼铜、制盐。非洲人的原则是，能不做事，尽量不做，[xxiii] 最多也只会备齐下一季的生活必需品，以防邻人和酋长觊觎、拿走。

我还要补充说一句，奴隶制度是人类之所以懒惰的根源之一。奴隶主骄傲自大，不愿劳动，担心别人以为他们也是奴隶。所以，非洲女人需要做全部家务：酿酒、做饭、碾玉米、制陶器、编竹篮，照看一家老小，协助奴隶耕种，甚至有时还要照顾牛群。

下面我先谈谈非洲人的家畜。家畜通常也是到访非洲的旅行者的重要食物来源。离开沿海附近的低地后，奶牛随处可见，数量很多。奶牛产奶很少，牛奶也用于制作黄油。整个非洲，山羊常见，绵羊却不多——绵羊繁殖能力一般，体型瘦长，尾巴长且肥。与印度一样，非洲家禽很多，随处可见，还有一些舶来物种，如俄国鸭；此外，还有鸽子和猫。狗就像庞大的印度贱民（Indian pariah）群体一样，数量非常多，只是体型不大；我们还在一些地方看到过驴子。与印度的情况一样，在赤道附近的中部非洲国家，热带植物生长茂盛，还有不错的肉类来源，旅行者对这里会发生饥荒一事感到非常吃惊。然而，这里确实常常出现饥荒。黑人伸手就可以得到食物，我们有时还看到他们吃狗肉、猫肉、老鼠肉、豪猪肉、蛇肉、蜥蜴肉、乌龟肉、蝗虫、白蚁。黑人有时被迫吃野草种子，挖野菜、摘野果、掘根茎。在条件合适的季节，黑人会捕杀野象、水牛、长颈鹿、斑马、猪、羚羊；有时，黑人还会携带弓箭，猎杀珍珠鸡（guinea fowl）和小鸟。

[xxiv] 在我即将要提及的所有国家中，常常能够看到一些村落。野生动物的活动空间其实很小。野生动物只能栖息于茂密的丛林、原始森林、开阔的大草原。一般而言，山丘是野生动物绝佳的藏身之所；河流附近的沼泽地上，植被非常厚实，野生动物借以躲过其最可怕的敌人——人类。例如，我们很少看到大象；大象喜动不喜静，东倒西歪的林木是大象夜间肆意奔袭而留下的痕迹。犀牛性情阴郁，数量虽少，但也常常出没于茂密的雨林；野水牛亦是如此，尤喜黑暗之所，喜欢在泥浆里打滚，口渴时也能轻松喝到水；我们在那里也见过野猪。

有水的地方，常常能见到脾气火暴的河马；性情多疑的长颈鹿、斑马则栖身于开阔的森林和平原，那里的草并不太高。羚羊品种繁多、习性各异，其乐园是人迹罕至之地，而且它们善于找到水源。然而，我们很少听到非洲人谈起狮子——也更加难得一见。鬣狗数不胜数，行动起来鬼鬼祟祟。当地村民谈豹色变，所幸并不常见。狐狸没有那么多，但叫声足以吓坏黑人旅行者。非洲没有穴兔（rabbits），只有野兔（hares），体型只有英国野兔一半大，分布广泛，但数量不多。豪猪的情况也大抵相同。由于受到狩猎的影响，非洲野猫和白鼬数量锐减。猴子种类很多，与松鼠共同藏身于树上，但几乎不为人所见。雨后，各种蛇和乌龟爬行于地面。非洲几乎没有小老鼠（mice），大老鼠（rats）和蜥蜴的数量非常多，都喜欢在田地或人类仓库里觅食。

狡猾的鸵鸟、鸨（bustards）喜欢开阔的地域。珍珠鸡是狩猎者青睐的对象，[xxv]其次是鹦鹉，但不易得，鹌鹑算是稀罕物了。比起其他地区，野鸭、鹬（snipe）似乎更喜欢非洲的环境。鹅、鹳（storks）生活在水草肥美的地方；秃鹫（vultures）不常见；与其他国家一样，鹰、乌鸦非常多；水边和村庄附近是各类小鸟的栖息地，而且小鸟很多；大小蜗牛、淡水贝也很多，但研究贝类的学者发现，非洲贝类生物的种类很少。非洲的昆虫不计其数，尤其是在雨后，昆虫随处可见。[6]

获释奴

顾名思义，获释奴（Wa-n-guana）就是从奴隶制下解放出来的人。他们不同于一般的黑人，我曾经雇用一些获释奴当仆人，他们也为我这次的非洲探险做出重要贡献。因此，我在这里不妨就其性格特征说几句。

获释奴生于非洲，打小就与未受外界影响的黑人生活在一起。因此，获释奴保留了纯粹土著人的迷信观念。不过他们接触过外部世界，智力比一般黑人高一些，所以他们可能已经对土著人的迷信观念做了修订，甚至已经抛弃了一些迷信观念。

战争是非洲的家常便饭。绝大部分获释奴无疑都曾在战争中做了俘虏，之后沦为奴隶，被卖给了阿拉伯人，而阿拉伯人只需付出几码布、几串铜丝或一些珠子。随后，阿拉伯人把他们带到桑给巴尔的奴隶市场，就像卖马一样，把他们再次卖出，出价高的人得之。于是，他们又成为新主人的奴隶，而新主人把他们当作小孩加以管教。随后，他们要接受割礼，成为伊斯兰教徒（Mussulmans）。只有如此，他们的双手才可能"干净"，才可以为主人屠宰牲畜，[xxvi] 推广主人的宗教信仰。阿拉伯人相信，世人总有一天会接受穆罕默德的教导。

相形之下，奴隶的新处境比以前的生活环境好得多。但是，奴隶的社会身份也会让他们倍感屈辱，他们也与原来的家庭失去了所有联系——他们在战争中被俘，而他们的亲人或许全部丧生于战争。不过，待最初的不安情绪烟消云散后，奴隶会非常依赖于主人，主人给他们吃的，给他们穿的，而他们则需要干些脏活、累活回报主人。几年后，主人看到奴隶有忠心，就会信任奴隶。如果主人是象牙商人，还会让奴隶看管象牙仓库，派奴隶到非洲内陆各地区购买奴隶和象牙。根据穆罕默德的教导，如果主人死了，其奴隶应该获得自由。阿拉伯半岛的情况是这样的。但是，在桑给巴尔，主人死了，其奴隶往往归主人的继承者所有。

整个非洲，更确切地说是非洲沿海地区、桑给巴尔，阿拉伯人的畜奴制度非常奇特。无论是身体素质，还是数量，奴隶都远胜于作为外国人的阿拉伯人。倘若展开反抗，奴隶可能会把阿拉伯人赶出非洲大陆。然而，这些奴隶像着了魔一样，不知道自己的力量，比家畜还要温顺。他们甚至还认为，有主人买了他们，如果他们逃跑了，实在不厚道，也会给主人带来经济损失。[7]

奴隶的最终处境往往复杂多样。我在这里试举一例：如果一个在非洲内陆贩卖奴隶和象牙的商人死了，他的奴隶往往会获得自由；[xxvii] 无论借以何种条件，重获自由的奴隶大都愿意成为其他商人的挑夫（porter），开始新的生活。如果筹足资金，获释奴自己也会做贸易——先是做奴隶贸易，因为奴隶易得；接着会做象牙贸易。获释奴会把手中积攒的奴隶或象牙带到桑给巴尔市场或沿海地区的奴隶贩子手中。奴役滋生奴役，会自我繁殖。非洲内陆的酋长以抓捕奴隶为要事。因此，战争、奴隶制使得非洲大陆陷入赤贫之境。这既是非洲不能实现发展的原因，也是我们在沿海地区见到出身于各个部落、口音各异的非洲人的原因。人种学家（ethnologist）只需去桑给巴尔，就能接触到中部非洲所有部落的黑人；如果他们去刚果地区，就能接触到赤道以南的其他部落。

极少数获释奴特别喜欢航运工作；但是，大多数获释奴会返回非洲，从事奴隶、象牙贸易。所有奴隶都学会了沿海地区的语言，这种语言在桑给巴尔被称为斯瓦希里语（Kisuahili）[8]。因此，如果旅行者够聪明的话，就会在桑给巴尔找几个译员，由他们带旅行者去南非的东半部地区。但是，赤道以北的语言体系完全不同于斯瓦希里语。

懒惰是获释奴与生俱来的毛病。因此，获释奴虽然身强体壮，但如果无人强迫他们，他们就不会去工作。一无政府管制，二无家庭纽带牵绊，获释奴心无所系，不思前程。没有食物吃，获释奴就会做任何一种工作，越是颠沛流离，他们越是喜欢。获释奴最喜欢水手的生活；他们自认为与其他船员享有平等的地位，并称所有非洲同胞为"野蛮人"（savages）。[xxviii] 但是，获释奴却有非洲人的特性：得过且过。白人的交往、熠熠生辉的金银，只会让获释奴眼花缭乱。一旦成为水手（Jack Tar）[9]，有薪水了，获释奴就开心得像只猴子。若是机缘巧合，获释奴再度返回桑给巴尔，他们会喊昔日的阿拉伯主人为父亲，还会像以前一样乐于做起奴隶来。

我已经说过，获释奴没有宗教信仰。以实践论，确实如此；以理论说，并非如此。阿拉伯人对他们实施了割礼，教他们一遍又一遍喊出安拉（Allah）、穆罕默德的单词，可能还有别的单词。虽然阿拉伯人告诉他们什么动物是干净的，什么动物是不干净的，甚至有些获释奴还去过麦加（Mecca）朝觐，但十个获释奴中不到一个能够明白灵魂为何意，也不知道另一个世界里的奖惩戒律。其实，获释奴所接受的宗教教育仅限于说出誓言，会叫出安拉、穆罕默德之名而已，就像我们的士兵、水手口里的脏话一样。简而言之，获释奴性格散漫，漂泊不定、轻率鲁莽，狡黠如美国佬（Yankee），而且他们还以为所有政治事件都会波及他们自己，因此每逢争论必插一嘴。获释奴谈不上有智慧，嘴里没有真话，说谎成性，以他人上当受骗为荣。有时，获释奴也会展现出极大的善意，甚至勇敢如英雄，且也有真情实意的一面；有时，获释奴极为卑鄙无耻，无缘无故地抛弃、背叛好友。获释奴处事轻率，即便他们知道从事情的反面去思考会有好处，也不愿为之改变处事方式，真是怪事。其实，无人敢依靠他们，哪怕是依靠他们一小会儿。小伎俩、浑话足以逗得他们咯咯笑；[xxix] 小玩意儿足以逗得他们高兴。获释奴对自己的外表很有自信，热衷于各式令人瞠目的发型。如果有人扔掉一块破布，也有获释奴去争夺，将之绑在头上、腰上或是长矛上，并在同伴面前炫耀一番。甚至对不知名的羽毛、兽皮，获释奴也会趋之若鹜。

一旦有要事需要禀报营地里的主人，获释奴也会咯咯笑着进来，靠在屋里的支柱上，蹭背、伸懒腰、打哈欠，随后大笑起来，屁股坐在地上，手敲着箱子盖，禀告事情；以这种奇怪的方式禀告完，又笑，又打哈欠，说该走了，真是怎么来，怎么走。倘若主人叫他过来，他进来时或是嘬着茶壶嘴，或是拿餐刀在自己赤裸的胳膊上比画着，或是用脏兮兮的腰布擦拭着吃饭用的盘子。倘若主人派他去市场买只鸡，他会把鸡腿捆在木棍的末端，任由那只鸡挣扎、惨叫；接着，他会到灶台前，把鸡扔在地上，用脚趾夹住鸡头，拔掉鸡脖处的毛，祈祷一声，砍下鸡头。

营地里有不少获释奴；旅行时，他们的表现也不比其他人更好。如果你给某个获释奴一杆枪和一些弹药，以便在紧急情况下自保，他也答应省着用，话音刚落，就朝天放枪，接着又索要更多弹药，否则他可不敢冒险置身于"野蛮人"之间。假如你让他搬运一箱瓶子、一张桌子或其他搬运时需要格外小心的物件，并提醒他小心一点，不要打破里面的东西，[xxx] 而他所做的第一件事就是摇来晃去，或把东西倒过来顶在头上，接着慢慢跑起来，又唱又笑，宛如拿着一块破石头，真是令人恼怒不已；即使下雨，他也会把东西放在最易受潮的地方。他从不想利害关系，更谈不上深谋远虑；唯一重要的事情就是手头上的事；甚至捆行李时，他也嫌找绳子麻烦，于是就去割断主人帐篷上的绳子，或去偷同伴的绳子。获释奴最高兴的事莫过于性爱，若没有女人，他们就会喝酒、唱歌、跳舞。

以上就是这群"喧闹"的黑人的典型特点。比起其他人，他们的贡献更大，使得非洲向商业、文明敞开了怀抱。他们健谈、爱笑，却没有常性——意气用事——简而言之，像长大了的孩子。他们能够受训去做事？初听起来，似乎有点奇怪；他们不受法律约束，又没有家庭牵绊，随时都可能逃走；一旦犯了错，他们只会求主人宽恕。我以为，给予他们极大的宽容，偶尔辅之以严父之态，是驾驭他们的最佳方式。犯了错，他们像极了孩子，对主人说："你要原谅我，忘了这事；你不是一个大人物吗？尽管一时生气，你怎么会蓄意刁难呢？你可以鞭打我，但不要斤斤计较，否则我会逃跑的。那时，你又能怎么办呢？"

获释奴的语言同他们本身一样千奇百怪。他们的语言建立在谐音（euphony）的基础上，非常复杂，我们需要以黑人的思维来理解他们的语言体系，从而揭开谐音背后的玄机。克拉普夫（Krapf）博士写了一本关于斯瓦希里语语法的书，[xxxi]这本书有助于我把意思表达清楚。这里，我只想特地提醒读者注意斯瓦希里语的一个特别之处：Wa是斯瓦希里语地区核心单词的前缀，意思是"人们"；前缀M的意思是"单个的人"；前缀U的意思是"地方"；前缀Ki的意思是"语言"。例如：Wagogo是戈戈人（Gogo）的统称，Mgogo是戈戈人的单称；Ugogo的意思是戈戈人所居住的地区；Kigogo的意思是戈戈人的语言。

关于当地单词的发音，这里有必要只做一处提醒，那就是u音节的发音，其发音类似于Woo中oo的发音。

目 录

CHAPTER 1

从伦敦到桑给巴尔（1859年）

规划—准备—出发—好望角—祖鲁地区的卡菲尔人—捕捉海龟—追捕贩奴船—抵达桑给巴尔—上次访问后桑给巴尔的政事和新闻—为探险做准备

❧❦❧

[001]1858年7月30日，我发现了维多利亚湖（Victoria Nyanza）。为了证明我的判断，即维多利亚湖是尼罗河源头，我决定第三次前往非洲探险。可以说，这次探险始于1859年5月9日，也就是我第二次非洲探险结束、回国后的第一天。那天，我应邀拜访了罗德里克·因佩·默奇森（Roderick Impey Murchison）爵士，并向他展示了我为皇家地理学会（Royal Geographical Society）绘制的地图。我得说一句，罗德里克爵士非常赞同我的观点。[002]而且，他也知道我特别想通过实地考察，向全世界证明维多利亚湖就是尼罗河源头，并认为英国和皇家地理学会绝不能失去这一荣耀。他本人正是皇家地理学会的主席。他对我说："斯皮克，我们必须再派你去那里。"随后，我受邀去皇家地理学会就非洲地理问题做了一次演讲，这实非我之所愿。作为第二次非洲探险中唯一的数据测绘者，我在讲座中介绍了自己绘制的地图。[1]随后，皇家地理学会讨论了我去探寻尼罗河源头的方案，并问我需要何种帮助。

有人认为，若寻找尼罗河源头，我最好沿河而上。他们以为此乃理所当然，尤其在听闻埃及总督穆罕默德·阿里（Mehemet Ali）派出的探险队已经沿河抵达北纬3°22'的地方后（不过，没人相信）[2]，他们对此更加深信不疑。关于这一点，我不敢苟同：那么多次沿河而上的尝试都失败了，失败的原因却从来没有找到。我说，如果学会能立即赞助五千英镑，那我年底就可返回桑给巴尔，再前往卡泽（Kaze），并仔细考察维多利亚湖。除了探寻尼罗河源头外，我还打算在源头所在地区花三年时间去寻找支流、考察分水岭，泛舟于维多利亚湖上，搜集自然史的方方面面的资料。然而，皇家地理学会认为五千英镑的数目太大，[003]政府不会下拨；于是，我同意把数目减半，并说无论这次探险需要多少钱，我都会自己想办法凑足缺口，不惧任何困难，完成业已开展的事业，哪怕出师未捷身先死。

　　我把旅行推迟了一年，因为我想在这一年里做些准备：先派五十人运送一些珠子和铜丝去卡拉圭（Karague）[3]，具体由阿拉伯象牙商人负责；再以同样的方式，派五十人去卡泽。如此一来，到最佳旅行季节（五月、六月、七月），我就可以快速抵达已经确定下来的落脚点，而无须携带大量财物。那里没有法律能够约束中途溜掉的人和小偷。此外，我知道，只有让黑人相信我已经把财物提前运过去了，他们才愿意跟随我，也乐于跟到底，而且他们也会劳有所得；若前面没有任何财物，他们总会拖延行程，觉得行程就是一个麻烦，他们天生懒惰，常常迅疾开溜。

　　我得遗憾地说，我的计划初看完美，但其实从一开始就不顺当。整整九个月过去了，我才收到皇家地理学会二千五百英镑的拨款。于是，我写信给英国驻桑给巴尔的领事里格比（Rigby）上校，请他把第一批物资运往非洲内陆。

　　后来，英国治下的印度当局非常慷慨，赠送我五十支配有枪带、刺刀的卡宾枪，还有两万发子弹。他们还借给我很多勘查所需的仪器，并委托乔治·克拉克（George Clerk）爵士转送了一些价值不菲的金表，以感谢那些在上次非洲探险活动中帮助过我们的阿拉伯人。格兰特（Grant）[4]上校是我的老朋友，[004]在印度时常与我结伴打猎。格兰特得知我即将再度奔赴非洲，随即请求我把他带上。皇家地理学会一个下设委员会的主席赛克斯（Sykes）上校同意了格兰特的请求，赛克斯上校说，给我加个同伴是在做善事。

　　在此期间，象牙商人佩瑟里克（Petherick）先生来到英国。佩瑟里克在尼罗河流域待过多年。佩瑟里克先生给我提供了无偿的援助，他把自己的船只停泊在贡多科罗（Gondokoro）[5]，还派了一队人马到白尼罗河（the White River）[6]上游地区去搜罗象牙。佩瑟里克先生说要帮助我顺利抵达目的地。我要说一句，佩瑟里克先生对于开辟商路（geographical exploits）抱有极大的热情；我没有足够的钱实现所有计划，于是为佩瑟里克先生筹划了一个方案，让他沿乌苏阿河（Usua）[7]（据说是尼罗河最大的支流）而上，如果可能的话，还可以确认乌苏阿河与维多利亚湖有何关联。佩瑟里克欣然同意，我也借助于格雷伯爵（Earl de Grey，时任皇家地理学会主席）的渠道，尽力为他筹集资金，完成这一前景可期的计划。

当时，我遇到的最后一个难题是如何去桑给巴尔。印度政府早前答应过我，只要不影响公共利益，可以派出一艘战舰把我从亚丁（Aden）送到桑给巴尔。这一承诺实在不靠谱。于是，我询问驻亚丁的政务参事（Assistant-Political）普莱费尔（Playfair）上校，有没有机会搭乘那里的官船到桑给巴尔；如果没有，请他找一艘美国商船把我捎过去。普莱费尔上校言之凿凿地告诉我，对华战争[8]已经征用了所有官船，而且这一季都没有机会了，因为最后一艘美国商船前不久也已驶往桑给巴尔。我一筹莫展，似乎注定要错过在非洲的最佳旅行季节，只能在非洲迎接旱季、面对饥荒了。然而，山不转水转。[005]英国海军同意我搭乘一艘英国螺旋蒸汽护卫舰，这艘护卫舰奉命要把H.凯珀尔（H. Keppel）[9]上将护送到其驻开普（Cape）地区的司令部。查理斯·伍德（Charles Wood）爵士极为亲切地说，抵达那里后，我可以及时搭乘一艘英国反奴军舰去桑给巴尔。

4月27日，我和格兰特上校在朴次茅斯（Portsmouth）登上了由E.W.特纳（E. W. Turnour）舰长指挥的护卫舰。7月4日，我们经过漫长的航行，途经马德拉群岛（Madeira）和里约热内卢（Rio de Janeiro），终于抵达好望角（Cape of Good Hope）。开普殖民地总督乔治·格雷（George Grey）爵士对探险事业有热情，见解不凡，还邀请我和格兰特借宿他家。乔治·格雷爵士本人就是一位资深的探险家——在澳大利亚曾受到野蛮人袭击而受了伤，与我在索马里人地区的遭遇完全一样[10]——与我意气相投，而且将我视为己出，希望我一切顺利。乔治·格雷爵士竭力帮助我。他说服开普议会（Cape Parliament）拨出三百英镑给探险队，以购买骡子，驮运行李。此外，他还说服了开普骑兵团（Cape Mounted Rifle Corps）司令杰纳勒尔·温亚德中将（General Wynyard）抽调了十名志愿者随我同行。由此，我们的大部队又增加了十二头骡子和十个霍屯督人（Hottentots）[11]。7月16日，我们搭乘由A. F.德·霍西（A. F. de Horsey）舰长亲自指挥的蒸汽巡洋舰前往桑给巴尔。A. F.德·霍西舰长每年

祖鲁地区的卡菲尔人，德拉瓜湾

都要多次巡航非洲东海岸、毛里求斯（Mauritius），这次航行只是其中的一次而已。五天后，我们航行至东伦敦（East London）[12]，接着继续北上，并在德拉戈湾（Delagoa Bay）[13]做了短暂停留。在德拉戈湾，我第一次见到了祖鲁地区的卡菲尔人（Zulu Kafirs）[14]：他们赤身裸体，把头发扎成一个发髻形状盘在头顶，[006]还插有一个顶针状的东西，如果不插，则不合规矩，会遭到惩罚；他们还佩戴其他装饰品、护身符，这些装饰品是用绳子把鸟爪和野生动物的脚蹄、角捆扎而成；他们有时也穿短裙状的衣服，是用零碎兽皮拼接而成的，或是用一整张兽皮做成，上面还有寄生虫。我只是路经那里扫了一眼而已。我在后文还会提到一个迁徙民族——图塔人（Watuta），他们的穿衣风格与祖鲁人极为相似。图塔人的活动范围从尼亚萨湖（Lake Nyassa）[15]一直延伸至乌津扎（Uzinza）。图塔人和卡菲尔人历史上可能属于同一个种族，也都是从今天盖拉人（Gallas）占据的区域迁徙而来。7月28日，我们到了一个名为欧罗巴（Europa）的珊瑚岛，岛上灌木丛生，也是海鸟、猫头鹰、麻雀、老鼠、海龟的栖息之地。我们在岛上捕获了三只平均体重达三百六十磅的海龟，还得到了大量海龟蛋。

随后，我们前往莫桑比克（Mozambique），并拜访了葡萄牙总督约翰·特拉弗斯·德阿尔梅达（John Travers de Almeida）。葡萄牙总督对我们的探险前景很感兴趣，并说从这里到非洲内陆需要花费很多钱，而且他的官员也无法前往那里，只有苏亚雷斯（Soares）先生试过一次，但只到了一座距大海二十五英里的小山，还被迫向马库阿族（Makua）酋长支付了一百二十美元过路费。所以，葡萄牙总督表示非常遗憾。

[007]8月9日，我们离开莫桑比克，前往约翰娜岛（Johanna）[16]。第二天上午11时30分，我们抵达了那里。只见一艘配有桅杆的船正在全速航行，应该是一艘贩奴船。由于距离太远，我们只能看到它的桅杆。我们的船速度也很快，它识别出我们的身份，意欲逃走，此举无疑暴露了它的身份。巡洋舰上的所有人都很兴奋，全速追击，四个小时后终于追上了。贩奴船上发生了大骚动，船员把黑奴、行李和大量的箱子扔到海里。我们一再发出警告，但他们就是不停船。直到我们开枪击穿了贩奴船的船头后他们才把船停了下来。随后，我们降低船速，短短几分钟就抓到了大量黑奴，把黑奴从贩奴船船员手里转到了我们的手里。根据开普禁奴专员弗里尔（Frere）先生的报告，我们知道这艘船的全部信息：它启航于哈瓦那（Havannah），取名为"阳光南部号"，声称要去香港，结果中途改名为"曼努埃拉号"（Manuela），并来到东非沿海地区猎奴。贩奴船上有一名船长、一名医生、几名水手，他们多为西班牙人，另外还有五百四十四个黑奴。贩奴船上的补给和药品保存完好，剩余空间几乎容纳不了五百四十四个黑奴，而他们却宣称只运了一半的黑奴。第二天一早，我们由一条错综复杂的水道进入帕莫尼港（Pamoni harbour），那条水道可以通往富饶的约翰娜岛。一路跟在我们后面的贩奴船却在这条水道搁浅了。除了贩奴船原来的船长外，所有人一度非常恐慌。这位船长大呼自己运气差，因为他的船动力十足，常常能够躲开反奴军舰的追捕，而且当时风向于贩奴船有利，即便我们的巡洋舰有蒸汽动力加持，也

未必能够追上。于是，我登上贩奴船，发现船上的奴隶大多是尧人（Wahiyow）[17]，其中有少数老妇人，其他皆为小孩。尧人地区发生了战乱。他们沦为俘虏后被卖与阿拉伯人，[008] 阿拉伯人再把他们运到沿海地区，并使其处于半饥饿状态，等着奴隶贩子过来。之后，阿拉伯人用帆船把奴隶运到贩奴船上，开始为期近一周的讨价还价。其间，没有任何一方给奴隶提供食物。毫无疑问，巡洋舰上的所有人看到这些奴隶时，都对这样的贸易感到憎恶至极。整个贩奴船，尤其是下部的船舱，就像令人作呕的"鼬笼"（ferret-box）：老妇人赤身裸体，奄奄一息；其他奴隶尚有余力，拉扯舱门，撕扯咸鱼，犹如笼舍里的狗。

8月15日，"曼努埃拉号"被遣送至毛里求斯。我们继续航行，穿过了科摩罗群岛（Comoro Islands），最终到达了目的地——桑给巴尔，当地的土著人（Wakhadim）称之为伦古贾岛（Lunguja），现在的斯瓦希里人（Wasuahili）称之为恩古贾岛（Unguja）。[18]

8月17日，抛锚后，我一刻也等不及，立即前往英国领事馆，看望我的老朋友里格比上校。见到我们后，里格比上校高兴坏了。他一直期待我们过来，还为我们备好了房间。在格兰特和我前往非洲内陆之前，里格比上校要尽到地主之谊。十六个月前，我离开了桑给巴尔，而如今的桑给巴尔与那时有很大的不同，变得极其安宁有序：印度政府[19]在马斯喀特（Muscat）那边使力，里格比上校在桑给巴尔这边加持，这才平息了一场叛乱。这场叛乱是由桑给巴尔苏丹马吉德（Majid）的兄弟发动的，他们意欲推翻苏丹的统治。

如今，有关桑给巴尔的信息大致如下：英国、法国、美国原来就在这设有领事馆，现在又增加了德国领事馆。我上次离开桑给巴尔后，罗舍尔（Roscher）博士到过尼亚萨湖（Nyinyezi Nyassa）或星星之湖[20]，后来却死于尧人地区（Uhiyow），为当地人所害。巴龙·范德德肯（Baron van der Decken）中尉是个有想法的德国人，他正在筹备一次远征，[009] 寻找罗舍尔博士的尸骨。如果可能的话，巴龙·范德德肯将继承罗舍尔未竟之事业。

里格比上校以雷霆之手段，重击了桑给巴尔的奴隶制度：他向印

正在凝视账簿的巴尼亚人

桑给巴尔苏丹赛义德·马吉德（Said Majid）

度巴尼亚人（Banyans）[21]秘密蓄养的每个奴隶颁发了一张释放文书；要求巴尼亚奴隶主缴纳罚金，以资助获释奴过上新的生活。非洲当地人与阿拉伯象牙商人之间连续爆发冲突，严重搅乱了非洲内陆地区。例如，乌戈戈的科科人（Khoko）酋长姆格鲁·穆夫皮（Mguru Mfupi，短腿之意）遭到枪杀；自从我们结束上次探险、离开卡泽后，乌年延贝（Unyanyembe）统治者丰迪·基拉（Fundi Kira）去世，马努阿·塞拉（Manua Sera）继位，并四下出击，与阿拉伯人作战。然而，进入非洲内陆地区的阿拉伯人在最近传递出来的信件上说，那里可能很快就能恢复稳定。十三天前，里格比上校应我请求，已经派拉姆基（Ramji）的两个手下，把五十六担布和珠子运送给了卡泽的穆萨（Musa）[22]。对我来说，这一消息实在太重要了。

当然，我们的首要任务是拜访桑给巴尔苏丹。苏丹亲切地接待了我们。对于我们的探险计划，苏丹做了诸多评论，但见解平庸。我说，此次探险的唯一目标是勘察源于维多利亚湖的大河，并不会直接穿过马赛人（Masai）地区和乌索加（Usoga）[23]。苏丹大为吃惊。接着，我说还想去卡拉圭以及其他许多值得一看的地方，苏丹表示将竭力帮助我。

霍屯督人、骡子、行李都上岸后，我们开始做准备工作：检查六分仪，校准手表，检测罗盘和温度计，制作帐篷和驮鞍，购买更多的珠子、布和铜丝，招募仆人和挑夫。

赛义德·本·塞利姆（Said bin Salem）谢赫（Sheikh）[24]是我们上次探险的小队长（Cafila Bashi），如今他又担任这一职位，足以证明其信义和诚实。[011]我也是现在才明白，原来上次是有人不让他随我去找维多利亚湖的。邦贝（Bombay）和他的兄弟马布鲁基（Mabruki）算是我的老熟人了。我一到桑给巴尔，他俩就过来问候我。有些俾路支人（Beluchs）[25]也是我的老朋友，也恳求我带上他们。遗憾的是，霍屯督人占了他们的位置。我后来为此后悔不已：如果还有下一次旅行，我一定只带本地人，因为外来人实在无法适应非洲内陆的气候环境。里格比上校对这次探险满怀信心，在物质方面给予我很大的帮助，帮我挑选了一些讲纪律、懂英国人规矩、诚实的随从，还允许我从他的船员中挑选一些有过从军经验、曾在印度表现不错的船员。

我的总管邦贝还劝来了巴拉卡（Baraka）、弗里杰（Frij）、拉汉（Rahan）三位老水手，与邦贝一样，都会说印度斯坦语（Hindustani）。确定核心成员后，我再让这些核心成员去招募获释奴，多多益善，让获释奴挑担子做其他杂务，跟随我到非洲任何地方，等我到了埃及后，再把他们送回桑给巴尔。每个人都可以提前领取一年的报酬，余下的报酬要等探险工作完成后再结算。

就在我们招募人手之际，海关总管拉达·达姆吉（Ladha Damji）接到命令，要为我们招募一百个挑夫（pagazis），挑夫们都是尼亚姆韦齐人（Wanyamuezi）[26]，每个挑夫挑一捆布匹、珠子、铜丝送到卡泽，就像他们曾经为象牙商人所做的那样。应拉达·达姆吉之邀，我和他搭乘一艘独桅帆船前往库西基(Kusiki)射杀河马。库西基附近有一个潮汐潟湖。涨潮时,潟湖灌满了海水;[012] 退潮时,潟湖里那些为红树林所覆盖的沙洲就会露出水面。河马喜欢在泥沼中打滚,所以我们在沙洲上寻找目标,并最终捕获了两头。回到桑给巴尔后,巡洋舰已经驶向了毛里求斯,而格兰特和我却又踏上了另一艘战舰。听说潘加尼(Pangani)²⁷一带有贩奴船出没,马吉德苏丹急于向英国人表忠心,请我指挥一艘战舰去追捕贩奴船。中午,战舰做好准备后,我们登舰出发,晚上抵达通巴特(Tombat),第二天定能给贩奴船来个措手不及。第二天,我们抵达潘加尼,结果听说贩奴船在三天前完成停船补充给养后就立刻离开了。我想,既然来到这么远的地方,不妨上岸到小镇里转转。上次探险时,我也到过此地。小镇有不少变化,新建了几个珊瑚状小屋和一个船坞。当地人正在用林迪(Lindi)和马达加斯加(Madagascar)的木材建造一艘独桅帆船。顺便说一句,我们上岸的时候,战舰在沙滩搁浅了,返回时还是如此,差点被潮头掀翻。这些都是小事,我们只想返回桑给巴尔,赶紧做好探险准备工作。然而,这里洋流向北,加上风力不足,战舰根本航行不了。于是,格兰特和我想把战舰留给舰长,改乘一只小船回去。舰长说我们会淹死在海里。但是,我们没有听从他的劝告,留给他一封信,离开了战舰。

有几个勇敢的年轻黑人船员帮我们划船。即便如此,但海浪汹涌,我们还是有些害怕。如果继续这样,我们一定会葬身于印度洋。因此,我们改变航线,划向一个名为马齐瓦(Maziwa)的小珊瑚岛。当晚,我们穿过一些奇形怪状的珊瑚礁,终于抵达目的地。[013] 幸运的是,我们在岛上遇到一些渔民,他们给了我们几条鱼作为晚餐,还告诉我们回去的航向。我们这才放心了。

第二天日出之前,我们坐上小船,准备碰碰运气。一路上没有任何标识,航道曲曲折折。小船冲破泛着白沫的海浪,最终于当晚到达了桑给巴尔,结果发现战舰已经先于我们回来了。

里格比上校交给我一份非常有趣的资料,里面附有一幅地图,地图上绘有尼罗河和月亮山脉²⁸。这份资料是威尔福德(Wilford)中尉撰写的，其中关于月亮山脉的传说源于古印度史诗。我到过所谓的月亮山脉，这份资料在一定程度上也印证了我的设想，那里与月亮之乡应该有某种关联。提醒读者注意一下，这份资料已经收录于《亚洲调查》（*Asiatic Researches*）[29]。值得注意的是，印度人把尼罗河的源头命名为阿马拉（Amara），而阿马拉就是维多利亚湖东北方的一个地名。由此可见，古印度人与维多利亚湖南北两端的地区有过某种联系。

我们又开始了探险准备工作。赛义德谢赫带来了十个男人，其中四个是用一百美元买来的，这笔费用需要我来支付。邦贝、巴拉卡、弗里杰、拉汉带来了二十六个获释奴。在里格比上校的建议下，马吉德苏丹又从其庄园苦力里拨给我三十四人。我原本打算为这次探险招募一百人，但桑给巴尔招募不到那么多人，只好把空缺人手寄希望于月亮之乡——尼亚姆韦齐人地区（Unyamuezi），那里是阿拉伯商人的大型聚居地。[014] 经里格比上校批准，向这些人预支的一年报酬和其他协议条款，都收录于领事馆账簿，如此一来，中途发生争议后也能有据可查。这些人领到钱后，对我感恩戴德。他们信誓旦旦地说，无论有多大的艰难险阻，都会为我提供服务。如果有人从未与这些人打过交道，那么他一定以为我有一帮狂热的追随者。最后，我给了赛义德谢赫一杆双筒步枪，还给探险队里的高级人员分发了五十支卡宾枪，并告诉他们：如果他们表现得不好，我会把卡宾枪转交给表现更好的人；如果我满意他们的表现，就把卡宾枪赠予他们。

8 月 21 日，所有准备工作已经完成。 我让赛义德谢赫和其他人带着霍屯督人、骡子、行李，先坐帆船前往对面内陆的巴加莫约（Bagamoyo）[30]。里格比上校、格兰特和我一起向苏丹道别。苏丹给予我礼遇，派了一支由一名尉官和二十五名俾路支士兵组成的仪仗队护送我穿过乌扎拉莫（Uzaramo）。我接受了苏丹的好意。这支仪仗队意味着政府为我们提供了安全保障，不仅能够为我们开路，还能够应付当地人的骚扰。苏丹还调来一艘装备有二十二个枪口的"赛昆德拉·沙阿"号（*Secundra Shah*）轻武装快舰，供我们使用。8 月 25 日，我们三人抵达巴加莫约。一上岸，拉达·达姆吉和赛义德谢赫就把我们领到早已准备好的小屋，屋内各种物品看上去精致有序。拉达·达姆吉的一百担珠子、布匹、铜丝已全部捆扎好，整装待发，他已经招募到了七十五个尼亚姆韦齐挑夫，他们会把这些物品挑到月亮之乡的卡泽。[015] 马苏迪（Masudi）和其他一些商人也要走一样的路线，所有商人都想尽可能避开饥荒，赶在季末前把货物运送过去。有了竞争，挑夫的工资自然要涨，我向每个尼亚姆韦齐挑夫支付了九点二五美元，超过了原来从这里到卡泽的运价。当然，这点小麻烦也在我的意料之中，否则他们就不是"黑人"了。赛义德谢赫告诉我，现在以一个合适的价格买不到东西了；我是一个"大人物"，也应该"给大价钱"。因为我是一个"大人物"，给手下的报酬比任何人都高，所以我的手下若想以别人出的价格去买烟草，也得在市场上大打出手后才能买到。霍屯督人开始生病了。之前在桑给巴尔的时候，这些"小家伙"喝醉后对那些还清醒的获释奴吹嘘说："霍屯督人身体很强壮，也很能喝。"如今，获释奴开始嘲笑霍屯督人，说他们需要喝点烈性酒，提振一下精神。现在的首要任务是把营地驻扎在一片茂密的杧果树下，然后分配任务，各尽其责。同时，配有卡宾枪的获释奴需要接受训练，学会使用枪支，然后还要整编成军，任命十个"上校"，任命巴拉卡"将军"为"总司令"。

9月30日，从巴加莫约到乌盖尼（Ugeni）[31]。所有准备工作看上去井然有序。我已经提前派人把一半货物运送过去。于是，我召集所有人手，准备向两英里外的乌盖尼进发。10月2日，拉达·达姆吉终于帮我解决了"非洲人的费用"，招募到了一百零一个尼亚姆韦齐挑夫。我们所有人都聚集于那个颇像孟加拉国富裕地区的乌盖尼，向里格比上校道别。

CHAPTER 2

乌扎拉莫

乌扎拉莫的自然环境—行进计划—我们开始交税—狮子的爪子和
猴子的尾巴—金加尼河—营地里的嫉妒和困难—杀害迈赞的凶手

[016]我们现在身处乌扎拉莫（U-za-Ramo，有三个音节），即扎拉莫人[1]之地。不过，没有一个当地人能够告诉我这个词的来源。乌扎拉莫的地理范围大致从海岸边向西一直延伸到金加尼河（Kingani）与其上游支流姆盖塔河（Mgeta）交汇处，然后自北部的金加尼河一直延伸到南部的鲁菲济河（Lufigi）[2]。外来的几个小部落已经占据了乌扎拉莫南部的部分地区。乌扎拉莫没有山，中部地势较高，就像是两条河流之间的山脊，沟壑纵横，还有梯田。[017]雨季降雨充沛，雨水会顺着水道流入南北的河流。乌扎拉莫草木繁盛，雨季时更加茂密，更加壮硕，郁郁葱葱，令人心旷神怡。旱季时，草木烧尽，谈不上好看，但土地会变得平坦许多。这里的村庄分布广泛，但是规模不大，也不多。村庄里，圆锥形草屋更为常见，也有一些与沿海地区类似的人字形草屋。一个村庄差不多有一二十个草屋。管辖这些村庄的

一个扎拉莫人

一群扎拉莫人

首领的称号为潘泽（Phanze），只要有机会就会敲诈勒索过往的旅行者。一般而言，他们住在沿海地区，自称迪万（Diwans）³、马吉德苏丹的臣民。一旦听说有车队过来，他们立马摆起架子，变成"苏丹"，开始征起税来。

　　扎拉莫人是纯粹的农耕者，他们没有牛，只豢养少量山羊。他们体型矮胖，天生爱热闹。扎拉莫人大多是抓捕奴隶的行家里手，[018]在沿海地区出售奴隶、山羊和谷物，并换取衣物。扎拉莫人是非洲内陆地区最喜欢装扮的族群：他们精心打理头发，给身体涂上赭黄色黏土。他们实在是太爱打扮了。扎拉莫人总携带弓箭，俨然一支井然有序的军队。箭头上淬了毒，箭袋也雕刻得很精致。我曾经见过如下场面：一些扎拉莫人威胁一个商队，索要过路费；他们一字排开，摆好似要战斗的架势；可笑的是，几句软话足以让他们撤退，于是双方开始到约定地点去协商问题了。两手空空的人可以放心通过这里，一个携带财物的人就不同了，因为扎拉莫人都是贪得无厌之辈。我们在旅途中很少见到扎拉莫人，但拉扎莫人的酋长会派副手过来向我们收税，原因有二：第一，酋长傲慢自大，不想亲自上阵；第二，酋长神隐远处，自以为可以索要更多财物。来往商队更喜欢在村庄之外的丛林里扎营，避开当地人的骚扰，以免发生争吵。我们有时还会见到患有白化病的村民，眼睛呈灰青色，头发如稻草一般枯黄。我们常常见到路边有一堆堆白灰，里面还残留着几根被烧过的骨头。据说，这是当地人进行巫术活动的遗迹。我们沿着金加尼河右岸的商路前进，从那里可以俯瞰乌泽古拉（Uzegura）。乌泽古拉位于金加尼河的右岸，与乌扎拉莫遥相呼应。乌泽古拉一直向北方延伸到潘加尼河（Pangani）[4]。金加尼河与瓦米河（Wami）[5]交汇于乌泽古拉的中部。后文还有更多关于瓦米河的描述。

　　10月3日，抵达博马尼（Bomani）。 我们的队伍简直是一个大杂烩：卡宾枪队，包括一个下士、九名士兵；霍屯督人，包括一个尉官、二十五个士兵；俾路支人，包括一位阿拉伯小队长、七十五个获释奴；挑夫，包括一个挑夫头子（kirangozi）、一百个尼亚姆韦齐挑夫；[019] 十二头未驯服的骡子、三头驴子、二十二只山羊。然而，有十个人已经指望不上了，他们实际上已经拿到了报酬，之前还信誓旦旦地说效忠于我，结果刚刚走了一天就全开溜了。一波未平，一波又起。在马吉德苏丹给我的三十六人中，有十人逃跑了：他们害怕白人；他们以为白人是食人族，会把他们带到内陆地区，再吃掉他们。还有一个尼亚姆韦齐挑夫，比获释奴更诚实，他把自己的报酬扔在地上，也跑掉了。一人逃跑自然会引发更多人逃跑。然而，我们必须继续前进。我们的队伍是这样的：挑夫头子肩上挑着一副担子，手持旗帜，走在队伍的最前面；紧随其后的是手持长矛、弓箭的尼亚姆韦齐挑夫，每人都挑着行李，包括珠子和布匹，行李上面盖了席子，或固定在三叉木棍的叉口上，或分成等重的两份，再用铜丝绑在木棍的两端；后面跟着一群乱糟糟的获释奴，他们手里拿着卡宾枪，头上顶着箱子、包裹、帐篷、做饭用的罐子等各类东西；接下来是霍屯督人，他们牵着脾气倔强的骡子，骡子只驮着不重的弹药箱，以留待日后发挥作用；再后面是赛义德谢赫、俾路支人的护卫队。病妇[6]等掉队的人以及山羊远远落在后面。黑人牵着驴子，驴子驮着所有生病的霍屯督人。霍屯督人经受不起一点小毛病。

不一会儿，我们就穿过一些丰硕的园子、杧果树林、可可树林。沿海一带的土壤实在是肥沃。穿过一片草地，[020] 我们抵达了博马尼，要在那里扎营，大家各司其职，开始忙碌起来：赛义德谢赫带着邦贝向一百六十五人分发布匹，一天分发一担布的四分之一，约十五磅；霍屯督人做饭，也有一些霍屯督人疲惫不堪，躺在地上；俾路支人守卫营地，他们似乎更喜欢聊闲篇、擦拭武器。有些人要去放牧，照看骡子、驴子、山羊；其他人负责收拾装备、搭帐篷。有时他们也要砍些树枝，以便在营地里搭建小屋或围栏，但极少这么做。夜幕降临，吃罢晚饭，他们就开始跳个不停，双手打着节拍，系在腿上的小铃铛叮叮作响——其间还会不断重复一些毫无意义的话，像是黑人的歌曲。虽然黑人是善于打发时间的音乐家，但他们没有歌曲，也没有编曲能力。

这里有必要介绍一下格兰特上校、我本人以及贴身仆人的日常工作。拉汉曾服务于占领仰光的英国部队，脾气暴躁，现在是我的贴身仆人。与拉汉的经历相似，巴拉卡曾服务于木尔坦（Multan）[7]的英国部队，现在是格兰特的贴身仆人。拉汉、巴拉卡都会说印度斯坦语。拉汉曾做过一段时间的海员，而巴拉卡几乎一直在英国人手下做事——他真是我见过最聪明的黑人——善于辨识奴隶贩子，深得里格比上校的信任，是他的宝贝疙瘩——所以，里格比上校把巴拉卡送给我时说，他几乎找不到可以代替巴拉卡的人了。拉汉、巴拉卡现在主要负责为格兰特上校和我搭建帐篷，做一些杂务，而且巴拉卡是获释奴部队的"将军"，拉汉是"上校"，手下也有十个人。

[021] 我的首要任务是绘制这一地区的地图。我需要用手表记录行进速度，用罗盘确定方向，记录下沿途的明显标志，如山脉、河床。简而言之，我要利用一切地形地貌。每天进入营地后，我都要煮水测温度，以确定所在地的海拔，借助于六分仪以确定营地所在地的纬度，借助于罗盘确定方位角（azimuth）的偏差。每隔六十英里，我会选一个观测点，观察月亮，估测月亮与太阳或某些恒星之间的距离，从而确定所在地的经度，再以相应的比例绘制在地图上。如果错过观测时间，我也可以测量月亮离地面的高度，并将之与航海天文

历（Nautical Almanac）作比照；或者用手表记录一个恒星通过子午线的时间，观察月亮升降的时间，再将之与航海天文历作比照。如此一来，我便能够记录下一些信息。我的工作除了画素描、记日记——也是我最困难的工作——还包括搜集地质、动物标本。格兰特上校负责搜集植物标本、记录温度，也要使用温度计、雨量计记录信息，并负责拍照。但是，过了一段时间，我就把相机送了回去，因为那里的气候实在太不适合使用相机了。于是，格兰特上校开始画水彩画——本书大部分插图都出自他的手笔。每天跋涉结束、用餐后，如果还有剩余时间，我们会到田野、村庄里转转，找一些有科学研究价值的东西；日落前，我们吃晚餐；入夜前，我们还会喝点茶、抽会儿烟。

10月4日，**抵达伊卡姆布鲁村**（Ikamburu）。短暂休息后，我们来到了恩扎萨（Nzasa）地区的伊卡姆布鲁村。[022]恩扎萨地区还有另一个村子，那里的村长叫霍姆贝·拉辛巴（Khombe la Simba），意思是"狮子的爪子"。我们刚到伊卡姆布鲁村，霍姆贝·拉辛巴就派人给我们送来了一篮价值一美元的大米，当然他也想从我们这里得到回礼——绝对是厚礼，也是黑人不认识的东西。我没有多想，就让赛义德谢赫送他四码美国产的平纹布。直到这四码布料退了回来，我才又思考了一下。这位"苏丹"可能以为送的礼物"微不足道"，而他上次收到了更值钱的礼物；如果他把布料展示给村民看，估计没人会相信他的话，八成还会怀疑他把大部分礼物私藏下来据为己有。可在前一段行程上，我已经交过这一地区的过路费了。他要么就把我当个普通的旅行者，要么就给我滚一边去。赛义德谢赫虽然是一个极具绅士风度的人，但胆小怕事。他担心事态变得严重起来，为那个村长说话，建议我送给那个村长更丰厚的礼物：一块杜巴阿尼布（dubuani），一块萨哈里布（sahari）[8]，八码美国产的平纹布。当地人称美国产的平纹布为梅里卡尼布（merikani）。队伍中的尉官也极力劝说，于是我妥协了，但也仅限于此。然而，霍姆贝·拉辛巴还是不接受，说这些礼物远远比不上他上次收到的礼物，把这些布料还给了赛义德谢赫。我不肯见他，所以他只得愤愤地走了，还威胁说明天要给我们一点颜色看看。赛义德谢赫总是随身携带一把刀，长度有其身高的三分之二。

然而，他这时开始把自己的那杆双筒步枪装上子弹，还命令获释奴也把枪装上弹药。然而，赛义德谢赫后来又跑到我面前软磨硬泡，让我再多给点布，说探险队没有必要为了四码布而处于危险之境。[023]类似的事情不止一次了。离沿海不到十二英里，我们就遇到过一个当地人，声称自己受到桑给巴尔保护，向我们索要过路费。我们还会看到更多类似的事情。经验告诉我们：迫切想去非洲内陆地区的旅行者，一旦与当地人打过交道，就会明白过来，不走近道，绕远道就不会受到当地人的骚扰。

10月5日，**抵达基佐托**（Kizoto）。此事完全没有一点影响。我们打包行李、进发，和以前一样。我们很快就穿过了恩扎萨地区，接近一条"小河"，后来才知道原来是土壤肥沃的冲积层上的一排树木而已[9]。我们在一个名叫基佐托的小村落里驻扎了下来。村长叫穆基阿·亚尼亚尼（Mukia ya Nyani），意思是"猴子的尾巴"。他十分不友善，一听说我们要来，就立刻索要过路费。我派人给他一块杜巴阿尼布，并警告说，任何人不准靠近我，否则我就让他尝尝火药的味道。五英里之内，交了两次过路费，简直是闻所未闻。我以为此事也就这样了。结果到了晚上，邦贝告诉我：赛义德谢赫担心事情不妙，已经给了两块杜巴阿尼布，其中一块是从他自己的存货里拿的。后来，"狮子的爪子"[10]又冒了出来，拿走了昨天的布料——也是赛义德谢赫自己的存货。赛义德谢赫劝他悄悄离开，因为我是一个吞火魔术师（fire-eater），没有我的指令，任何人都不敢接近我。这也是我们在乌扎拉莫的第三段行程。格兰特上校和我没有接见过一个当地人，我们也觉得没有什么必要。

10月6日，**抵达基兰加山脉**（Kiranga Ranga）。在略偏离于蜿蜒的金加尼河的地方，我们渡过了一条水流湍急的小溪，到达了基兰加山脉农耕发达的地区。那里的村长名叫姆昆古-帕雷（Mkungu-pare），性格非常温和，不想冒犯别人，只向我们要一个小礼物。他亲自过来了。他的行为举止非常得体，我们很高兴，送给他一块萨哈里布、四码梅里卡尼布、八码基尼基布（kiniki）[11]。看到礼物，我们的这位朋友非常开心。[024]他说，我们可以把他家当作我们自己的家；如果有人偷我们的东西，他必定让小偷付出代价。得知我们的来意后，他大为惊讶，并说我们无需担心，我们有那么多枪，可以想去哪就去哪。从我们现在的位置望去，可以把乌泽古拉尽收眼底。金加尼河的冲积平原宽有七八英里。越过冲积平原，地势骤然隆起为一个台地但不太高。那里，树木繁茂。目光所及之处，除了一个小山丘外，还有一个山脉，与我们所在的基兰加山脉遥遥相望，那就是潘古埃山脉（Phongue）。

我们抱怨说，霍屯督人每天要是离开白兰地和奎宁，就活不了。里格比上校知道后，担心我们的物资储备不够，于是派人送了一些奎宁和其他药物。实在太令人高兴了。

我们想尽了办法，但还是无法让苏丹给的那些人与获释奴成为朋友。苏丹给的那些人就像野生动物一样怕生——自己建造自己的小屋——自己吃饭，只跟自己人讲话，总觉得低人一等。我只好从中指定一人为头领，负责整体行动。他们处于营地的最底层，也要照顾山羊。晚上，三只山羊失踪了，牧羊人解释不清，其他人也不知山羊下落。我怀疑他们把山羊藏了起来，想自己吃独食，我要求那个头领去做进一步的调查，并向我汇报。结果，牧羊人认为那个头领多管闲事，还打了他一顿。那个头领浑身伤痕，跑了回来。以下犯上，绝不能忍。以丢失山羊、殴打上级的双重罪名，我令人把牧羊人绑过来，加以审问。牧羊人非常狡猾，也很冷静。他辩称，是别人偷了山羊，[025]不是他的责任。他以为我不承认那个头领，只是赛义德谢赫自以为是，随便指派的结果。我决定，夜里一直把他绑着，第二天早上施以鞭刑。这个狡猾的家伙见状，说："我现在明白了，任命头领一事原来是奉了你的命令，不是赛义德谢赫自己的意思。今后我服从那个头领就是了。"话音刚落，三只失踪的山羊神奇地冲入营地，谁也不知道它们是从哪里回来的。

10月7日，抵达图姆巴莱雷（Thumba Lhere）。沿着河边的高地一直向前走，穿过茂密的丛林，我们看到了一大片农耕区，那里就是图姆巴莱雷。我们送给当地酋长三码梅里卡尼布和两码基尼基布，也没有发生事端，因为酋长没有实权。尼亚姆韦齐挑夫罢工了：要求我每天给他们十条珠子项链，否则就不干了。他们说这是他们与拉达·达姆吉在沿海地区达成的协议，也就是说，我应该在他们完成第四段行程后兑现。这显然是谎言。之前，为了表彰挑夫长的优秀表现，我曾奖给他一只山羊——这也是为了"稳定旅行队伍人数"的策略，还在挑夫长的脖子上悬挂一美元的纸币——和四码梅里卡尼布。挑夫长可能与兄弟们吃了一顿羊肉大餐。于是，尼亚姆韦齐挑夫也想试探我是不是慷慨大度，可不可以给他们一些东西。但赛义德谢赫、我本人以及营地里其他人，从未听说过尼亚姆韦齐挑夫声称的协议。尼亚姆韦齐挑夫言语虽然高调，但最终事情却不了了之。这是非洲人的做派，不足为奇。

10月8日，抵达穆胡古埃（Muhugue）。尼亚姆韦齐挑夫没有按照约定的时间动身出发，希望我兑现他们昨晚提出的要求。于是，我们走在队伍前面，获释奴紧随其后。尼亚姆韦齐挑夫见状，齐声喊道："主人已经走了，我们还要把他留在我们手里的财物运送过去。我们跟上吧，我们跟上吧；他是我们真正的父亲。"于是，他们匆忙向我们赶来。金加尼河拐了个弯儿，已经在我们的视线里消失了。[026]我们穿过大片树林和耕地，抵达了穆胡古埃。一路走来，我们发现这里的土地呈淡褐色，树木也千疮百孔，想来是当地人寻找树脂留下来的痕迹。路上，我们遇到了一支要前往沿海地区的商队，他们运了许多象牙，象牙上面还悬挂着能发出两种音色的铃铛，一路走来叮当作响。这支商队里有几个尼亚姆韦齐挑夫，他们之前曾经带我去过维多利亚湖，熟人相见自然会热情地打几声招呼。这里的水能把我们的白兰地、茶水变得像墨水一样黑。当地酋长不怎么虚张声势，只要了一块萨哈里布和四码梅里卡尼布。

10月9日，抵达穆洪耶拉（Muhonyera）。我们没有立即前往下一个村庄，而是在林地上停顿了一天。皇家地理学会希望我勘察一下穆洪耶拉，以确定那里到底有没有皇家地理学会地图上所标识的"高耸的海滩"。经过勘察，我的结论如下：某时某人来过此地，一时失智，期望这片最不可能出现海滩的地方能有一个海滩。这里的地形地貌与我们离开博马尼后的所经之处，毫无差异——一个海拔较低的高原，正对着金加尼河的河岸；这里没有鹅卵石；土壤肥沃，呈淡红色；树木繁茂，灌木、杂草丛生，还有一些野猪和羚羊出没。站在这里的最高处，我们第一次看到了东海岸山脉（East Coast Range），位于我们的正西方：乌萨加拉（Usagara）境内的象背山姆坎巴库（Mkambaku）是这一山脉的主峰，这一山脉自乌拉古鲁山（Uraguru）[12]，跨过潘加尼河，一直向北延伸到乌苏巴拉山（Usumbara）[13]和乞力马扎罗山（Kilimandjaro）；这一山脉南端则向西拐，跨过鲁菲济河，延伸到维多利亚湖以南地区。除了这一山脉的两端外，关于它的其他情况，世界上其他地区的人也不比我知道得更多。[027] 我们所在的地方有一个明显的地标，也就是基敦达山（Kidunda），位于一连串低矮小山群的最南端。所谓一连串低矮的小山群，也向北部延伸过去，其实也就是东海岸山脉尾部，宛如东海岸山脉的前哨，只是海拔没有东海岸山脉那么高而已。晚上，当地"苏丹"虽然没有骚扰我们，但是马吉德苏丹给的人中有八个人跑了。雪上加霜的是，他们还带走了我们所有的山羊，共计十五只。实在是损失惨重。我们只能以珍珠鸡和鸽子充饥。然而，霍屯督人一直吃我们的剩饭，所以他们比我们更需要营养，他们也只能再"节衣缩食"了。获释奴从不认为这些可怜的霍屯督人是士兵，只以小孩待之。有一次，一个霍屯督人正竭力把行李包放到骡背上，一个力大无比的获释奴从其身后走了过来，用他有力的手臂，把霍屯督人、行李包举过头顶，走来走去。霍屯督人奋力挣扎。在营地众人的哄笑下，获释奴把霍屯督人放到骡背上，还拍了拍霍屯督人的后背。

10月10日，**抵达萨盖塞拉**（Sagesera）。我们派了一队俾路支人去追捕"叛徒"和山羊，但没有成功。我们穿过萨盖塞拉村，把营地驻扎在距河边一英里的地方。当地酋长基龙戈（Kirongo）[14]为了表达对我们的敬意，派人给我们送了一些大米。我们回赠了他四码梅里卡尼布和一块杜巴阿尼布，具体由邦贝操办，因为赛义德谢赫不愿再跟当地"苏丹"打交道了，每次都两头不讨好：当地"苏丹"索要过路费，而我又加以拒绝。我们有实力，过于慷慨地送给当地"苏丹"布匹，实不可取：一来布料会变得不值钱，以后过来的旅行者会抱怨；二来慷慨的馈赠只会令这些黑人酋长变得贪心不足。[028]站在靠近山谷的河岸的最高处，乌拉古鲁山的美景一览无余，远远望去，圆锥形的山一直向北绵延。没有迹象表明金加尼河的左岸地区有河流汇入。我在上次探险过程中听说，乌萨加拉的穆孔多库阿河（Mukondokua）就在萨盖塞拉一带汇入金加尼河，成为金加尼河上游最大的支流。扎拉莫人基本不出门，当地酋长基龙戈曾听商人提过穆孔多库阿河，但也说不清具体情况。除了金加尼河外，他只知道另外一条河——乌泽古拉地区的人称之为瓦米河。乌通杜埃（Utondue）位于温迪港（Whindi）和萨达尼港（Saadani）之间，那里有瓦米河的多个河口。为了防范马吉德苏丹给的那些人再次叛逃，我提议——命令他们不要逃跑，毫无作用——把那些人的营地拆散开来，让他们分散到获释奴之中。结果，这两拨人压根就融不到一块儿去。事实上，这些土著人总是两两为伍、三五成群，或出生于同一个村子，或共同伺候过一个主子，或是有其他亲戚关系，他们宁愿维持原来的关系。他们一起做饭，一起吃饭，一起睡觉，有时还一起作乱。我的策略失败了。于是，我写了一些释放文书，把苏丹给的那些人召集到一起，选出了几个表现较好的人，向他们颁发了释放文书。我还宣布：这些得到释放文书的人，其报酬与获释奴相当；如果以后有人表现良好，也可以获得同样的待遇；如果他们叛逃回去，我也能够在沿海地区把他们抓起来，并关进监狱。

10月11日，**抵达马库塔尼罗（Makutaniro）**。我们越过乌扎拉莫高原上的三个深谷，抵达了马库塔尼罗，也就是乌扎拉莫中部地区姆博阿马吉（Mboamaji）和孔杜契（Konduchi）的交界处。[029]上次完成探险任务后，我曾路过这里。这里已经没有大规模开采树脂的现象了；高大常青的树木不见了，只有遍地的含羞草；金加尼河已经陡然变窄；我们置身于一片开阔的平原：羚羊悠闲地踱步；偶尔也有水牛、斑马；珍珠鸡，数不胜数。营地用水就是金加尼河的河水，但补充过来的谷物则来自更远的基波拉村（Kipora）。

10月12日，**抵达马塔莫博（Matamombo）**。我们穿过平原，在一个池塘边扎营。从这里渡过金加尼河到对岸，我们得到了一些大米和补给。一路走来，我们几乎没有时间去打猎。没完没了的歌声、喊叫声、铃声、号角声、吵闹声，早已把野生动物吓跑了，躲得远远的，否则我们今天肯定能猎杀到几只羚羊。

10月13日，抵达德盖拉莫拉（Dege la Mhora）。我们离开了平原，进入乌扎拉莫最富庶的地区，也就是德盖拉莫拉地区，这里的农作物优良，足以与印度的媲美。我第一次到这里探险的时候，向导是一个名为迈赞（Maizan）的法国人，结果他也命丧于此。据说，他是被当地小酋长（sub-chief）海姆贝（Hembe）残忍杀死的。今天，海姆贝及其堂弟达尔伦加（Darunga）前来拜访我。海姆贝以为他上次没有受到惩罚，大家都忘记了迈赞被杀一事。海姆贝、达尔伦加都是赛义德谢赫的至交，我自然也会如其所愿送些礼物。我们的交谈很愉快，也很坦诚。纯粹是为了满足自己的好奇心，我谈到了迈赞之死。海姆贝亲自告诉我迈赞之死的原委：他坦承迈赞是他杀的，但错不在他；海姆贝住在一片几乎无法穿越的灌木丛中间，[030]而他却接到了沿海地区大人物姆尊盖拉（Mzungera）的一封信，信中下达了杀死迈赞的指令，海姆贝只是奉命行事而已。由此可见，迈赞之死，跟沿海地区的阿拉伯商人脱不了干系——极可能是商人竞争所致，他们视谋杀为解决斗争或竞争的最佳手段。当阿拉伯人——他们也是世界上唯一做此勾当的一群人——发现一个欧洲人闯入他们从中获得了丰厚利润的秘密贸易地点，于是，他们认为，迈赞去那里肯定不是为了所谓的科学探险，定会探寻阿拉伯的象牙来源，以后带其他人过来，从而动摇阿拉伯人在那里的贸易垄断地位。当时的桑给巴尔苏丹正是我们的老朋友赛义德·赛义德（Said Said），人称马斯喀特的伊玛目（Emam of Muscat）[15]。如果迈赞能够活着回到沿海地区，英国时任驻桑给巴尔领事哈默顿（Hamerton）上校也一定会接待他。那时，伊玛目和英国领事都希望能够勘察非洲内陆地区，并动用一切力量支援迈赞，伊玛目甚至还派印度人穆萨（Musa）把迈赞护送到乌尼亚姆韦齐。然而，伊玛目、英国领事也无法平息象牙商人的嫉妒之火。穆萨和迈赞一起走过一两段行程。然而，迈赞的一个法国同伴中途生病了，迈赞只能停了下来。穆萨陪了迈赞八天或十天，自己的生意受到了影响，还有一大群手下需要开支。于是，经过协商，两人分别了，而且迈赞自以为有能力照顾好自己。我以为，穆萨的离开之于可怜的迈赞，可谓致命打击，迈赞由此失去伊玛目的保护。阿拉伯人这才有了实施恶毒谋杀的可乘之机。

我送给海姆贝、达尔伦加每人一块萨哈里布和八码梅里卡尼布，[031] 他们给我们回馈了一些谷物。

10月14日，**抵达基敦达山**。我们一直沿着金加尼河而行——不幸的是，浓密的灌木丛遮蔽了金加尼河，我们几乎看不见它——穿过了乌扎拉莫最后的几个村庄。高高的含羞草丛再次出现了羚羊，但我们还要勘察，所以只能离它们而去。最终，我们在基敦达山的对面扎营。基敦达山位于金加尼河的左岸，而且略微向北偏东，一直延伸至乌泽古拉。基敦达山破豆状石灰岩（pisolitic limestone）而出，豆状石灰岩层还有海洋生物化石。我很想确认，这里的石灰岩是不是从索马里人地区的东非沿海一直延伸过来的。在上一次探险过程中，我曾在索马里人地区的石灰岩中也发现了一些海洋贝壳。有一条巨大的石灰岩带，从塔古斯（Tagus）穿过埃及、索马里人地区，一直延伸至布鲁姆普特拉（Burrumputra）。我们必须渡过金加尼河，到对岸的扎拉莫人那里去购买食物。但是，当地人害怕过往商队，已经离开了河畔，定居于基敦达山的山脚——这也是我们自离开沿海地区以来所见到的最有趣的现象。当地首领也自称迪万，是一个非常文明的人。他免费送给我们两只山羊——这正是我们所急需的——我也毫不犹豫地回赠了一块杜巴阿尼布和八码梅里卡尼布。

10月15日，**停顿下来**。第二天，我们不再需要俾路支人护送了，所以队伍停顿了下来，我也得空去撰写一份探险进度报告（Progress Report），并把一路搜集到的自然标本打包，由俾路支人带回，转交皇家地理学会。格兰特也乘机猎杀到了两只羚羊，[032] 那些霍屯督人也猎杀到了一头野猪，满载而归。

10月16日，**抵达姆盖塔河**。我们自金加尼河一点点往下走，穿过有大量野生动物出没的丛林，抵达了金加尼河的支流莫盖塔河。旱季，莫盖塔河可以涉水而过；雨季，则需要以树为桥才能渡河。莫盖塔河起源于乌萨加拉境内姆坎巴库山脉的西部，横穿乌胡图省（Ukhutu）的中部地区，环绕迂回，于我们所在地北部四英里外的浅滩处汇入金加尼河。然而，我一直不知道金加尼河的源头，怎么都找不到；据说，金加尼河的源头是姆坎巴库山脉东面的一口汩汩作响的泉眼；果真如此的话，那么姆盖塔河就是金加尼河两条支流中最长的一条了。

第三章

乌萨加拉

乌萨加拉的自然环境—继续进发—狩猎—邦贝和巴拉卡—猎奴人—象牙商人—收集自然标本—胆怯的村民—寻找一头骡子

[033] 乌萨加拉（U-Sagara），或曰"萨加拉人（Gara[1]）之地"，东起金加尼河、姆盖塔河交汇处，西至我们进入非洲内陆高原的门户——乌戈戈，东西相距一百英里。北界是穆孔多库阿河，也就是瓦米河的上游；南边是鲁阿哈河（Ruaha），也就是鲁菲济河北部的大支流。乌萨加拉是连接东海岸山脉的纽带，有许多小部落，当地人以部落名来命名部落的属地。[034] 比如，我们如今所在的山脚下的当地人叫库图人（Wa-Khutu），所以他们的属地叫乌库图（UKhutu）。自沿海地区到这里，所经之处，当数这里的作物产量最大。沿着河岸继续行走，我们已经不知不觉攀升了五百英尺。眼前的山峦，渐渐升高，有些地方甚至高五六千英尺。这些山峦也不是一座高山，而是两条独立的山脉，像45°对角线一样从东北延伸至西南方向。山谷、台地、山丘把两条山脉分隔开来，山丘宛如蟹爪刺入两侧的河流。这种

萨加拉人

地貌是由火山活动形成的，山体由花岗岩和其他火成岩构成，诸多巨大块状的岩石裸露在山体表面。另外，山脉上半部分为砂岩所覆盖，底部堆积着冲击黏土层。地表结构也非常奇特，引人注目。山脉西侧的内陆高原，海拔有两千五百英尺，宽度却只有一百英里；山脉平均每隔一英里，海拔上升二十英尺，逐步上升，就像斜坡一样。山顶和山坡没有种庄稼，冠之以茂密的灌木丛和小树林；山谷的土壤层很厚，土壤肥沃，生长着一些漂亮且高大的无花果树和葫芦树。此外，这里还生长着各种各样的树木。乌萨加拉一些地区常年雨水充沛。战争或者更确切地说——猎奴活动，并没有对当地人的生产活动产生影响。这里农业之发达，令人震惊。尽管如此，当地人的生活依然比较艰辛。由于受到持续不断的骚扰，大多数萨加拉人被迫把村庄建在山崖之上，以更好地抵御袭击，纵然抵挡不住，也便于他们疏散和隐蔽。[035] 当地人的住所大多是圆锥形小草屋。村落人口之多寡取决于当地首领的影响力。然而，有些台地的上面也有少量由土房组成的村落。多个土房组成一个大型的、不规则的方块，中间留有一个空旷的院子。这种建筑形式名曰腾贝（tembe）。

山上的居民大多贫穷，骨瘦如柴，与山下居民形成了鲜明对比。在这一地区，人口本身就有市场价值，而当地人肤色单一、萎靡不振、胆小怕事，极易招致外来侵袭。所以，过往商队几乎见不到当地人。当地人过着半畜牧半农耕的生活，只有耕种自己的土地时，他们才称得上是社会成员。自然赋予沃土与美景，人类却使之贫穷而荒凉。一些人穿的是衣服，而绝大多数人穿的是一个物件，我只能称之为草裙。商队穿过这片山区，可能会碰到一两个地方索要少量过路费。当地村民一听到商队前进所发出的嘈杂声，基本上就飞奔去了山顶，怎么劝也劝不下来，因为他们担心有诈，过去的遭遇令他们心有余悸。此类情景不免让人心生悲凉。严重的不安全感和物资短缺，也使得旅行者疲惫不堪。旅行者自进入非洲以来，只想尽快结束旅程，离开这片地区。

10月17—18日，*停顿下来*。根据以往的经验，如果河流分叉处水草肥美，定然有各种野生动物和大量畜群。有几个土著猎人，或携带毒箭，蹲在树上，或死死盯着布下的陷阱。除此之外，我几乎看不到当地人。于是，我决定亲自出去打猎，一来为队伍弄点食物，让他们高兴一下；二来也为英国博物馆搜集一些标本。[036]这也是我在本次探险过程中第一次打猎，结果大有斩获：两头非洲大羚羊（brindled gnu）、四头水生动物（water-boc）、一头黑斑羚（pallah-boc）、一头野猪——足以让整个营地大吃一顿。众人欢呼雀跃，大快朵颐。这些人太清楚不过了：阿拉伯主子从不给他们任何可以出售的东西；如果一个奴隶打到猎物，猎物属于主子，主子再把猎物分成一块一块卖给挑夫，挑夫以应得的报酬来抵偿。其实，就猎物种类、数量而言，我们有点失望：一、有许多已经受伤的动物逃跑了；二、除了我们猎杀的动物外，这片地区还有大象、犀牛、长颈鹿、水牛、斑马、狮子、鬣狗以及许多种类的羚羊，而我们都没有见到。"这个公园"、山脚下的周边地区，既可以狩猎，又可以展开科学调查。

我们这里发生了一件事情，看似微不足道，却足以警钟长鸣。这件事也充分说明，若要理解黑人仆人、与他们打交道，我们必须要特别小心谨慎。不知何故，获释奴的"将军"巴拉卡，对于他在格兰特手下担任"首领"一事颇感不满，越来越傲慢无礼。于是，我觉得有必要把他的"首领"职位撤了，只让巴拉卡照看获释奴。我提拔了弗里杰。巴拉卡说，他乐于从这个职位上下来。若果真如此的话，那么弗里杰、巴拉卡应该都会感到高兴。虽然巴拉卡如此说，但我总觉得他有些不对劲：只要与我们在一起，巴拉卡总是情绪低落。对此，我完全不能理解。直到过了几个月后，我们才明白过来。原来是野心把他变成了魔鬼。如果我之前能明白过来，那么即便巴拉卡很聪明，我也会当场打发了他。情况如下。巴拉卡特别聪明，他也认为自己很聪明，他的领导才能是令人吃惊的。[037]他早前在桑给巴尔就是领事的左膀右臂，地位高于领事手下的其他船员，甚至也高于邦贝，且令那些蓄奴的印度巴尼亚人望而生畏。巴拉卡自以为已经从那个教他的英国领事那里学到了所有本事，因此，他成为我们队伍里不和谐的因素，他的野心之大，远远超过了我给他安排的职位。令我纳闷的是，我招募人员的时候，巴拉卡应该明白他所要从事的工作，也应该明白没有人会屈尊于他，而他却接受了这份工作。巴拉卡嘴上虽然不敢说，但心里明显有想法。巴拉卡妒忌邦贝，因为邦贝负责财务，而他负责人员管理，邦贝的地位比他高。巴拉卡曾经见过邦贝在乌扎拉莫交过一次过路费，觉得邦贝就像当地酋长那样威风；出于同样的原因，巴拉卡也妒忌赛义德谢赫；赛义德谢赫虽然值得信任，却胆小怕事，所以我觉得有必要斥责一下，巴拉卡见状后妒忌之心更甚。巴拉卡甚至自命不凡地以为，如果他做"大首领"，定会把事情做得更好，自己也会更有声望。巴拉卡可能以为，他已经向这一崇高的地位迈出了一步，所以调整职务时还显得非常开心。我没有看透巴拉卡如此深的心机，只是希望巴拉卡随着旅途生活的变化尽快忘掉这件事。邦贝心宽大度，他对我说，巴拉卡之所以精神有些错乱，是因为他放不下留在家里的那些漂亮妻子。

10月19—20日，抵达基鲁鲁（Kiruru）。伤病缩短了我们在河流分叉处停留的时间。霍屯督人的病情愈发严重，而且格兰特上校又发起高烧，实在令人痛心。[2][038]我们不得不把营地迁移至一个名为基鲁鲁的小村庄。这里的村民种稻——乌尼亚姆韦齐那边不种稻——所以我们停留了一天，以补充旅行中最为珍贵的食物。我们已经在乌泽古拉走了五天，而今天才听到关于这里全部水系的情况。我可以肯定：穆孔多库阿河和瓦米河无疑是同一条河。告诉我这一信息的是当地人，他们称金加尼河上游为鲁弗河（Rufu），意思是母亲河。如果沿着山脉走一天路程，就会看见一条名为姆桑盖（Msonge）的小河；再走一天路程，还有一条与姆桑盖河相当的河流，名为伦盖伦盖里河（Lungerengeri）。第四条河是瓦米河，入海口位于温迪港和萨达尼港之间的乌通杜埃。多年以前，象牙商人就一直在寻找便捷的贸易路线，一旦找到从内陆高原至沿海地区的通道，他们就无需翻山越岭。所以，他们与乌泽古拉的当地酋长交朋友，开辟了商路。然而，贪婪是黑人酋长的致命性敌人，他们开始索要高额的税收，竞相争夺征税权，最终导致商路关闭。为了获得各自的利益，象牙商人和当地酋长都迫切希望重新开通商路。最初，两方都很愚蠢，一度中断了商路，但很快又开通了，随后又关闭了，因为商人需要一条便捷的通道，而当地酋长索要布匹。于是，商路又关闭了。如今，我们听说商路第三次开通了，究竟能开通多久只有天知道了——黑人只顾眼前，不会吸取经验教训。[039]如果这里的黑人酋长能想得长远一些，耐心点，那么内陆地区的所有贸易都会经过这里，而不会再走乌扎拉莫。果真如此的话，当地人不会穷得衣不蔽体，会像近邻族群一样，也穿得光鲜亮丽。然而，他们迄今也找不到办法来减轻痛苦。他们需要我们在印度设置的政府。如果没有这样的政府，奴隶贸易终将把他们从地球上抹去。[3]

10月21日，抵达杜图米（Duthumi）。我们离开长满漂亮金合欢属植物的开阔"公园"，沿着姆盖塔河支流马加齐河（Mgazi），穿过大片长有高大棕榈树的丛林，最终在姆坎巴库山下找到一块地方扎营下来。我们遇到了要去桑给巴尔的阿拉伯商人哈米斯（Khamis）。我们给了他几美元，他答应把我们最新制作好的自然标本带到沿海地区。

10月22日，抵达霍祖（Hozu）。我当前的计划是尽快赶到尊戈梅罗（Zungomero），队伍需要在那里待几天，我也要观测天文、确定东海岸山脉东侧的经度。早上，我下令队伍进发，结果那些挑夫——吃得好，懒得做事——觉得行程太赶了，坚决不动身。我要他们每天走十英里，而他们只愿走五英里。争辩是没有用的。如果挑夫磨磨叽叽，阿拉伯人会拿起木棍抽打他们，我实在不愿这么做。最终，我决定不采用阿拉伯人那样的幼稚办法，而是令人吹起号角，带着骡子和沿海地区招募的那些人先走，把赛义德谢赫和巴拉卡留下来做工作，一旦劝动了，就把尼亚姆韦齐人带过来。当天，我们渡过了马加齐河，还看到几个库图人在岸边的泥沼上用长矛捕鱼。

[040]10月23日，抵达尊戈梅罗。我们在树下睡了一夜。今天早上，我们在一个大草屋的屋檐下找到一个舒服的栖身之所。尼亚姆韦齐挑夫后来也赶过来了。由此可见，在一个无法可依、人人自主的地方，命令是多么微不足道。尊戈梅罗地势平坦，四面环山，位于南纬7°26'53"，东经37°36'45"。姆盖塔河把尊戈梅罗一分为二。尊戈梅罗土壤肥沃，物产丰富（尤其是可可和木瓜），而且原本人口也非常

从尊戈梅罗所见到的姆坎巴库山

稠密。然而，由于奴隶贸易，尊戈梅罗人口锐减，曾经的富饶花园已经变成了丛林。正如我所说，当地人天生怯懦，所以他们遭受各方压迫：斯瓦希里人蜂拥而至，夺走了当地人的劳动果实；尽管桑给巴尔苏丹禁止任何人干扰天然贸易路线，但沿海地区的商人还是派出了饥肠辘辘的奴隶，拉拢、劝诱过往商队到沿海地区特定港口交易，还授权奴隶必要时可以预付定金。[041] 关于当地人的起源，我们无法确定。在逗留期间，我们看到一大群前往沿海地区的斯瓦希里人路过这里，他们带着一百多头牛，五十个戴着镣铐的奴隶，还有许多山羊。在非洲，短暂的停留总会徒留隐患、滋生祸害，眼下就有一例：打靶训练[4]期间，我的贴身仆人、脾气火暴的拉汉，要用卡宾枪跟一个同伴决斗。周围人前来阻止，拉汉却一直咒骂不停，结果他的枪走火了，打飞了他的一根中指。

还有，素有天然亲和力的巴拉卡不知为何惹怒了邦贝。邦贝跑到我面前，情绪激动，我还以为他喝醉了酒。他抓住我的双手，号啕大哭，求我把他赶走。这是什么意思？我实在猜测不出来，邦贝也解释不清楚，他只是觉得我一定会把他或巴拉卡赶走。邦贝觉得，我要赶走的肯定不是巴拉卡，而是他自己。我那时还不知道巴拉卡觊觎邦贝的职位。我把两人叫了过来，询问两人争吵的原因，说到最后仍理不出头绪。巴拉卡辩解道：他从未说过什么话或做过什么事，以至于邦贝要与他决裂，他只希望队伍顺利行进，营地和谐而已；但是，邦贝却怀疑他，还用恶毒的话辱骂他。至于邦贝这么做的原因，巴拉卡也不清楚。我把巴拉卡的话告诉邦贝后，邦贝就像一只被毒蛇目光吓住的小鸟。巴拉卡巧舌如簧，而邦贝笨嘴笨舌，只是说："不，大人（Sahib），不是这样的。您最好还是把我赶走吧，他太能说了，而我的嘴太笨，您不会相信我说的话。"我试图让这两人和好，希望这个小风波快点平息下去。[042]但是，没过多久，两人又吵起来了。我亲耳听到邦贝命令巴拉卡滚出营地，叫巴拉卡少管闲事。邦贝说，他之所以邀请巴拉卡加入探险队，是因为巴拉卡会说印度斯坦语，或许能帮上忙，也就这点事。巴拉卡最好就做这么点事。若没有巴拉卡，我们队伍会变得更好。面对邦贝的挑衅，巴拉卡语气温和，反驳道："请你不要那么激动，没有人要伤害你。实在搞不懂，为什么你的心里满是猜忌呢？"这件事非常复杂。我了解邦贝，他是一个慷慨而诚实的人，就其之前的表现而言，他完全能够胜任营地主管（fundi）一职。若邦贝当初没有邀请巴拉卡，那么巴拉卡绝不会加入探险队。巴拉卡应该感谢邦贝，因为他现在管七十人，也是营地不可或缺的人物了。我又一次把他们俩叫到一起，要求他们和睦相处，宛如兄弟，没有必要嫉妒对方，因为最终奖惩都是由我来定夺的。他们在营地里的地位就相当于印度的高级官员，邦贝是总督（Mulki lord），巴拉卡是总司令（Jungi Lord）。听到这一比方，两人都妥协了，表示服从我的裁决，都希望队伍内部能够和谐、安宁。

有两条路通往非洲内陆：一条在北方，横跨戈马山口（Goma Pass），一直延伸至穆孔多库阿河；另一条横跨马布鲁基山口（Mabruki Pass），终于鲁阿哈河。尊戈梅罗正处于这两条路的交会处。两条路在乌戈吉（Ugogi）再次交会，[043]而乌戈吉正是尼亚姆韦齐人地区的西端。我上次探险时走的是北方路线，返回时走的是南方路线，两条线路都比较好走，也没有特别需要赘述之处。其实，季节更迭，水源和食物也会随之发生变化。由于连绵不断的战事或者说猎奴活动，当地受苦受难的居民在生活上每年都会有些变化——一般而言，也就是更糟。如今，我们只有一个目标，那就是熟悉地形，在翻越崇山峻岭之前，找到一条最便于我们快速行进的道路。然而，没有人能够或愿意为我们提供建议。前方的整个地区，尤其是乌戈戈，都深受旱灾和饥荒的双重影响。我们为了避开乌戈戈，最终决定走南方路线，希望能够沿着鲁阿哈河，从马罗罗（Maroro）到乌森加（Usenga）、乌桑加（Usanga），最终抵达乌年延贝。

10月27日，**抵达基伦古埃（Kirengue）。**我把第三批标本⁵送走后，带领队伍转向南方路线，穿过大小山脉之间的森林。山脚下有一个深水温泉，名为马及亚韦塔（Maji ya Wheta）。泉水清澈，从一个巨大的拱形软石灰堆中的许多缝隙汩汩而出——软石灰堆明显是由于温泉的水流压力堆积而成，因为软石灰堆两边的岩石都是火成岩。我们抵达了一个已为当地人所废弃的村子，名为基伦古埃。这段行程实为不易，队伍停顿下来后，骡子和人都不想再向前走了。有三个挑夫，把担子扔到地上，拔腿就跑；有一头骡子原本还好好的，结果生病了，十八个小时后竟然一命呜呼。[044]我至今也搞不清楚那头骡子究竟得了什么病；后来，剩下的骡子都以同样的方式死了：起初，骡子的脸部开始肿胀，接着是脖子、腹部和四条腿，死于全身肿胀。我们尝试用火烤的办法给骡子治病，但没有效果。后来，我们切下一些骡子的尾巴，放血以缓解病情，结果骡子还是死了。

10月28日，**停顿下来。**早前，基伦古埃还有人居住，所以我们还盼着在进入丛林前能够找到一些补给。然而，我们忘记了宿主，猎奴人把所有人类活动的痕迹都扫除得干干净净。我们还有三担行李落在后面，身边又没有吃的，只得派人回去，顺便去买点谷物。我们曾经虚度过很多天，无所事事，当然也包括这一天。

10月29日，**就地扎营。**采购人员归队后，今天，所有人聚齐了，我们登上了森林密布的乌萨加拉的最高山脉，那里长满了竹子。晚上，我们露宿于丛林之中。

10月30日，**抵达姆布伊加（Mbuiga）东部。**我们清早即起，心情还不错，很快就到姆布伊加的一个村落。站在那里，我们能看到一座引人遐想的青山，宛如巨人，俯视周围的群山。自从离开海岸后，我们从未见过如此奇异而又令人心旷神怡的景色，与之前经过的地方形成鲜明对比。当地的齐拉哈人（Waziraha）是移民，他们是为了躲避猎奴人，渡过金加尼河迁移而来的。他们占据这一地区，在高处的山嘴处修建了圆锥形小屋，组建村落。这里风景如画，不禁令人流连忘返，至少希望在这片祥和而静谧的土地逗留、休息一段时间。山谷处，小溪潺潺，那里的土壤比高处更加肥沃，景色也更加精致，良木成行，灌木丛常青。[045] 好一派繁荣之景象。纵然已是年底，当地人依然能够拿玉米换小麦，酿造啤酒待沽；当地市场也有非常多的山羊和鸡。

从姆布伊加东部所能见到的山

10月31日，**抵达姆布伊加西部**。经过我上次探险时住过的姆布伊加的一个古村，我们拜访了姆布伊加地区西侧的一些人家；在那里，我们也遇到了赛义德谢赫的一个至交好友。他是沿海地区人，也很乐意帮我们带点东西回桑给巴尔。我们在这里停顿了下来，我也要撰写报告。后来，我把三个病得奄奄一息的霍屯督人、一头骡子[6]、搜集到手的所有标本托付给了这个沿海地区人。尽管有些遗憾，但我还是把一部照相机也交给他带回去。如果再让格兰特上校使用照相机，在小小的帐篷里准备、固定底板，他会没命的。我们在这里看到一些珍珠鸡，实在令人惊讶。

[046]11月2日，**抵达基科博戈（Kikobogo）**。送走那几个怨声载道的霍屯督人，我们如释重负，轻快了不少。我们继续赶路，没有太费劲就登上了陡峭的马布鲁基关隘，结束了乌萨加拉境内第一座山脉的行程。之后，我们进入海拔颇高的马卡塔（Makata）山谷。我们在那里停顿了下来，打猎两天。一个过路的阿拉伯人告诉我，赫赫人（Wahehe）[7]已经把整个马罗罗地区洗劫一空。于是，我又改变了计划，把注意力转移至中部一条全新的线路，这条路可以把我们最终带入乌戈吉。格兰特在距离两百英尺的地方，用一支四十毫米的兰卡斯特（Lancaster）步枪射杀了一头长颈鹿，这也是我们这次旅程中捕获的唯一一头长颈鹿。我们还射杀了一些小型动物。然而，我一直在追捕一些已经被打伤的大角斑羚（eland），结果一无所获。大角斑羚有德里牛（Delhi oxen）那么大。我还打伤了一些其他动物，其中有三个动物有麋羚（hartebeest）那么大，通身呈奶油色，腹部还有一个明显的黑斑。利文斯通是第一个提及大角斑羚的人。但是，我们却不认识其他动物。

11月5日，**抵达恩戈托（Ngoto）**。基科博戈有一些珍稀动物。由于担心会耽搁太久，我们还是心不甘情不愿地离开了这里。我们步伐轻快，跨过了平坦的马卡塔山谷，踏上了前面的高地，随即就遇到了上次碰过面、从乌尼亚姆韦齐过来的商人，大家都记得他的名字——马姆巴（Great Mamba，意思是大鳄鱼）。马姆巴穿着一件脏兮兮的阿拉伯长袍，戴着一顶帽子，帽子很破，还镶着一圈狮爪。他过来跟我们打了招呼，宛如一个蛮族君主，四周围着一圈半裸的下人。与以往一样，他是最后一个离开乌尼亚姆韦齐的商人，以低价收购了大量象牙，[047]因为那里没有竞争者抬价。但是，他这一路走来，也着实不易。据他估计，共有两千人跟他从乌戈戈过来，可我们实在不觉得人数有这么多。他说，他们一行人靠丛林中的食物果腹，有时想喝上一口汤，都要把挑夫身上的皮裙煮了。由于乌尼亚姆韦齐发生饥荒，再加上阿拉伯人的威胁，于是他匆忙地离开那里。那里几乎每个村子都遭遗弃了。他听我说打算沿着直路而上，于是坦率地告诉我，我的人绝对吃不了他们那样的苦，绝对走不下来。因此，他建议我们从新姆布米（New Mbumi）向北，走鲁穆马河（Rumuma）至乌戈吉的那条路。我感到非常失望。但是，为了避免波折，我决定听从他的建议。

11月6—7日，抵达穆汉达村（Muhanda）和姆永博河（Myombo）。 我们踏上高地，越过满是球茎植物、小树覆盖的山坡，终于抵达了一个名为穆汉达的村庄。我们刚一到，那些可怜的村民立即就四下逃入丛林。经过劝说，他们终于愿意卖给我们一些补给品，但价格极高，甚至没有一个商人愿意接受这样的价格。我们在这里安静地过了一夜，第二天继续沿着姆永博河的上游前进。姆永博河一直向北流入穆孔多库阿河。一路景色令人兴致益然，山峦、高原、峡谷相映成趣，树木枝繁叶茂。然而，我们却没看到当地人的踪迹。当地人估计像受了惊吓的老鼠，一听到我们的动静，就躲进丛林了。扎营后，我随即派人拿布料换些补给，并严令他们不要使用暴力。[048]然而，冲突还是发生了。我的手下一无所获，当地村民还用几支箭伏击了他们。我的手下觉得我太过于拘谨，并对我有怨言。见我们有所克制，当地村民反而胆大起来，扬言晚上将袭击我们的营地，把我们当作侵袭他们家园、夺走他们孩子的人。因此，我的手下警觉了起来，在营地四周用灌木树围了一道栅栏，只能彻夜交谈，不敢睡觉。

11月8日，抵达新姆布米。 今天早上，我们像往常一样继续行进，用一头驴子驮着一个霍屯督人上路。这个可怜的家伙在太阳下睡了一觉，结果病情更重了，全身不能动弹，生活不能自理。我们今天走了很长一段时间，路过一个巨大的潟湖。河马在湖里用鼻子喷气，哼哼不停，就像遭了袭击一样。要在平时，大家一定会觉得有趣。丛林里有大象、水牛、犀牛、羚羊等许多动物留下的足迹，还有各种各样的小鸟。我真希望自己不是来从事漫长的探险工作，而是来一次狩猎。日暮时分，我们抵达了新姆布米。这里景色精致，土壤肥沃，坐落于陡峭的群山脚下。我们需要在这里扎营三天，也需要储备未来十天的口粮，因为这里距乌戈戈有一百四十英里，而我们也只有在这里才能买到补给品。当地酋长非常和蔼可亲，一见面就拉着我们的手，说愿意为我们做任何事，他也经常去桑给巴尔，知道英国人在那里享有统治地位，并反对奴隶制。由于猎奴活动，他只得离开穆孔多库阿河畔的老姆布米（Old Mbumi），来到这里定居。

[049]11月9—11日，**停顿下来**。那个病重的霍屯督人在这里去世了，我们以基督教仪式安葬了他。他的同伴说，他之所以死去，是因为他注定要死——他们都是坚定的宿命论者，任何语言、威胁都无法改变他们。有鉴于这一可怕的灾难，我真希望把所有霍屯督人都送回桑给巴尔。然而，他们都坚持留在我身边，最后回到开普地区复命。我把两个病情较为严重的霍屯督人托付给了里格比的老仆塔比卜（Tabib），让他们留在新姆布米，等着前往沿海地区的商队，以便一道回去。我给了酋长一些珠子和布匹，算作三人的食宿费用。这里的物价倒是时价，简短列之如下：两码布换十六人一天所需的玉米；两码布换三只鸡；二十码布换一只山羊；四十码布换一头牛。这里的布就是梅里卡尼布。在我们离开新姆布米之前，瓦奎瓦（Waquiva）部落的四十人迫于饥荒，也过来买粮食。然而，就在不久前，瓦奎瓦部落曾杀死不少当地人。依照非洲人的复仇传统，当地酋长把这四十人都抓了起来。酋长说，若他们不能就犯下的暴行给出一个合理的解释，就把他们送到桑给巴尔市场卖掉。据我所知，瓦奎瓦部落生活在附近的深山里，蓬头垢面，有山民的典型特征。

11月12日，**抵达姆敦惠河（Mdunhwi）**。我们翻过一座高山，抵达了穆孔多库阿河的另一条支流——姆敦惠河。姆敦惠上游地区的山坡长满了纤细的树木，间或也有一些竹子。下游地区生长着许多种类的无花果树，[050]高草稠密。靠近村庄处有许多大蕉园和棕榈树。

雨季将至，村民正忙着烧石铺路。村庄周围生长着一种藤蔓，状似杂草，不知价值几许。

11月13日，**抵达特赞齐（Tzanzi）**。我们从姆敦惠深谷向上爬，翻过另一条山脊，抵达了雄古埃（Chongue）深谷。这里的景致美不胜收，就像喜马拉雅山脉中等海拔地区一样，这里的山脊和山嘴上，无数圆锥形草屋点缀其间。然而，当地人却一贫如洗，我们连一天的口粮都买不到。

11月14日，**抵达曼永盖（Manyonge）**。我们离开山谷，登上了曼约维平地层（table of Manyovi），四周都是高耸的山峦。以霍屯督人的话来说，当地人牧牛的山坡就像卡夫拉里亚（Kafraria）[8]的牧场一样。自从离开海岸后，我还是第一次见他们这么高兴。他们满怀期待，做梦也没有想到能遇到如此富足的地方。尼亚姆韦齐挑夫甚至以为置身于天堂。见到当地村民过来售卖粮食，尼亚姆韦齐挑夫高兴坏了，把担子扔到了地上。若我不督促获释奴的话，那天的行程肯定走不完。后来，我们抵达了曼永盖，与索马里人的那片不毛之地相差无几。

11月15日，**抵达鲁穆马河**。我们穿过准沙漠化的平地层地区——当地人的村落修建于平顶山的开阔空地上，房屋是泥屋，将在后文偶尔提及，当地人称之为泰姆贝（tembe）——在我们的右手边，群山俯瞰着穆孔多库阿河，正前方是山脉的最西端，[051]左边是山脉的山脊，呈蟹爪状，自西延伸而来，环绕一圈，中间是隆起的山丘。蜷曲的绿色荆棘丛、"象脚"似的树桩、长势最好的芦荟，一切都揭示出，这里是一片贫瘠的石质地。我们把营地驻扎在鲁穆马河畔，那里可以避风，是块冲积地，土壤肥沃，按理说应该不至于粮食匮乏。然而，当地村民依然贫穷，无货可卖。

11月16日，**营地**。我们来到"盐湖"马伦加·姆卡利（Marenga Mkhali）吃早饭，就在这片荆棘丛生的地方扎营过夜，取水做晚饭。旅行生活——被迫要长途跋涉——看似艰辛，我们却满心欢喜，因为我们会觉得，旅程越来越短，还能避开疾病、战争、饥荒、暴动、叛乱的风险。在这里，我们不会遇到为索取礼物而延误我们行程的酋长，我们的手下也不会变得狂躁不安、找借口不愿向前走、发生内部斗殴。

11月17日，前往因恩盖村（Inenge）。我们终于走到了西部山脉的山脚下，但有些人仍没有赶过来。挑夫又渴又热，三三两两躺在路上。霍屯督人队长也让骡子去溜达一下，没承想骡子走得太远了，于是他追了过去，一路追到灌木丛处。我的手下担心他的安全，因为那里常有"野蛮人"出没，"野蛮人"就像猴子一样蹲在葫芦树上，坐等意外收获，例如，他们常常会抢夺一个落单了的倒霉鬼。起初，获释奴还在寻找霍屯督人队长的下落。他们放了几枪，却不见霍屯督人队长有回应，于是担心他们自身的安全，返回营地，并禀报了情况。[052] 事不宜迟，我派二十人拿上卡宾枪，去给疲惫的挑夫取些水来，并把那位霍屯督人队长尽快带回来。这二十人素来承担诸如此类的任务，他们兴奋地出发了，这也是展示勇气的机会。晚上，这二十人回

葫芦树

到营地，把枪一通乱放，笑逐颜开。他们不仅把霍屯督人队长带回来了，还俘虏了两男两女，缴获了一支长矛。接着，他们就急不可耐地说起这一天的英勇事迹。霍屯督人队长一路追着病骡，有时还会看到从骡背滑落下来、荆棘划破了的物件。于是，他把这些东西一个一个捡了起来，身上的负担越来越重，也无法再追踪下去了。后来，我派过去的二十人追上了他。但是，在此之前，这二十人与"野蛮人"爆发了一场混战。这二十人俘虏了四个"野蛮人"，还收缴了"野蛮人"投过来的长矛。[053]无人知道那头骡子的下落。我的手下以为，灌木丛密不透风，那头骡子肯定很快就陷入荆棘之中，应该为"野蛮人"所擒获；"野蛮人"会以之交换俘虏。

11月18日，**停顿下来**。眼下，我们的储备越来越少了，而且这个地区还发生了饥荒。困难重重，我们一筹莫展，而且我们也不愿失去那头骡子及其负载的装备和弹药。接下来该怎么办？坦白说，我也拿不定主意。霍屯督人队长倒是信心满满，表示一定会把骡子找回来，苦苦哀求我，让我交给他十六人，再次寻找那头骡子，还让我交给他一个"野蛮人"俘虏，让这个俘虏去劝说他的同胞（brethren），如果他们把骡子还给我们，我们就放掉其他俘虏。于是，霍屯督人队长带着一行人，前往他上一次见到的骡子行踪处，而且一直追踪到日落时分。其间，格兰特和我外出狩猎，收获颇丰：一只斑纹大角羚羊、一只犬羚（saltiana antelope）、四只珍珠鸡、四只斑鸠（ringdove）、一只山鹑（partridge）。我们太想吃肉了，想必是一顿丰盛的晚宴。

11月19日，**停顿下来**。第二天，寻找骡子的队伍仍然没有消息。于是，我又去大角羚羊的出没地狩猎。我打伤了一只雄性大角羚羊，正要追去，却听到枪声。我以为肯定是寻找骡子的队伍发出的枪声，于是径直返回营地。确实如此，寻找骡子的队伍已经回来。他们为了寻找骡子，一度返回马伦加·姆卡利"盐湖"，穿过丛林，但仍然没有发现骡子的踪迹。那头骡子已经走丢了，于是他们只得回来，又累又饿。为了克服困难，我让格兰特先行一步，带上骡子和行李，前往西部山脉的最高点——罗贝霍山口（Robeho Pass）[9]，争取在第二天一早翻过山坡，到达那里。[054] 我留在后面，照顾那些疲惫归来的人。我跟格兰特约定在次日早饭前会合。接着，我把几个俘虏释放了，结果他们还不高兴，因为他们以前从未吃过如此好的食物，担心回到丛林又得以葫芦籽为生了。随后，我们射杀了六只珍珠鸡，以作为晚餐。

11 月 20 日，营地。第二天一早，我们就出发了，登上了罗贝霍山，山势极陡，那里除了村庄外，其他地方都长满了树，到处都是巨大的花岗岩。我们走得很快，中午赶上了格兰特所在的村庄。从那里俯瞰这片内陆高原——美景如画，好一派典型的非洲风光。我们在那里匆匆吃了一顿饭，随后全体人员又开始进发，从西部山脉下来。夜幕降临，我们在山脚下的峡谷扎营，我们距乌萨加拉群山的尽头——乌戈吉已经不远了。

CHAPTER 4

乌戈戈与原始森林

狡诈之辈—追踪犀牛—村民抢夺犀牛肉—"短腿"酋长及其继任者—捕猎水牛—迷路— 一个麻烦的酋长—逃离营地—遭遇掠夺—荒野跋涉—与当地机构的外交关系—马努阿·塞拉的故事—新年—卡泽解吾忧

[055]11 月 21—22 日，丛林里扎营。我们用了一天的时间，从乌萨加拉山区进入海拔更高的内陆地区。我们把行程分为两段，先是在宁静的因恩盖村吃了早餐。这里牛很多，谷物却少，村民只能以葫芦籽为食。接着，我们从那里穿过长满了漂亮的葫芦树和无花果树的野地，携带着水惬意地穿过荆棘丛林，天黑后才停卜来，扎营休息。第二天一早，我们继续前进，[056]抵达马伦加·姆卡利（盐湖），停下来吃早餐。站在那里，我们可以欣赏乌萨加拉群山的美景。我们取些水，继续前往乌戈戈的第一个村庄。接着，我们又临时扎营，吃完了在新姆布米得到的最后一些谷物。

11 月 23 日，抵达乌戈戈东部。我们终于跨过了饥荒最为严重的地区，但所在之处仍不富庶。当地的戈戈人与其邻居萨加拉人一样，吃葫芦籽，以省下少得可怜的谷物。[1]

戈戈人

从"盐湖"所在地所见到的东海岸山脉

11 月 24—25 日，停顿下来。我们翻过东海岸山脉以后，就无须再翻越高山了。我们即将进入地势起伏（rolling ground）的高原地区，这片高原地区一直向南延伸至鲁阿哈河。鲁阿哈河是一条大河，河流自西向东，夹带着东海岸山脉附近的降水，流入大海。北部是一群低矮的小山，为胡姆巴人（Wahumba）[2]所占领；西部是姆贡达·姆卡利（Mgunda Mkhali）原始森林。乌戈戈位于乌萨加拉群山的背风面，土壤贫瘠，地面上间或露出小块花岗岩。这里与这片高原地区的其他地方一样，有大片灌木丛，尤其是金合欢树。[057]雨季来临，这里的景致格外美丽；雨季过后，也就是一年里的其他时候，灌木丛变为棕色，宛如沙漠。许多地方也有大片草场。当地村民已经开垦了许多空地，以备农耕。

总而言之，乌戈戈是极其野蛮之地。当地人与其说像萨加拉人，倒不如说像扎拉莫人。他们总是随身携带武器，不是为了吓唬人，而是用于战斗。在这里，我们没有看见一个不携带常规武器——长矛和盾牌——的人。当地村落的房屋是平顶土屋，方方正正。当地人依泉而居，养牛种地，每年除了满足自身需求外，还能供应数千过往商人。他们特别喜欢饰品，最为常见的是穿过耳垂下部、用葫芦制成的、丑陋的管状耳饰。当地人肤色呈淡淡的红褐色，透出淡淡的黑色，像没有熟透的李子的颜色。他们生性容易冲动，贪得无厌。当地人每每看到旅行者，就一哄而上，嘲笑、盘问或用手指着他们，甚至闯入营地的中间，闯入帐篷中。因此，商队从不敢进入当地的村庄，而是在野外扎营，通常是在大葫芦树下扎营，有时还在营地四周竖起一圈用荆棘做成的栅栏，以抵御突如其来的袭击。[3]

我们一抵达乌戈戈后就发现，当地与乌萨加拉一样缺乏食物：戈戈人把储存下来的少量谷物与猴面包树籽掺杂在一起作食物。当下时节缺水，井里几乎没有水。我们不得不以啤酒的价钱去买水。不难想象，食物如此稀缺，奶牛、山羊、绵羊、家禽的市场价格自然居高不下。

[058] 骡子又一次作乱，一路跑回"盐湖"。几个戈戈人发现了它们，并把它们赶了回来。我们之前曾给过他们四码梅里卡尼布，并承诺说如果他们把骡子送回来，我们还会再给他们四码梅里卡尼布。而且，他们的酋长还向我们担保，说这些人非常可靠。因为这件事，我们在这里多耽搁了两天。其间，我捕获了一只羚羊（florikan），属于新品种，鼻子上方有一条浅蓝色斑纹，而且一直延伸至脑后。在驻扎期间，我们每天都能听到村民喊胡姆巴人来了，接着慌忙把平原上或远或近的牛群赶回村里。

11月26日，在丛林里扎营。11月26日，所有骡子都送回来了。我把四块巴萨蒂布[4]和四码印花棉布（chintz）交给酋长，随即离开了。之前，一个赫赫人挑夫抓到一只肥狗，执意要宰了它再动身。他把狗肉绑在担子上，以作晚餐。下一个村落名为基富库罗（Kifukuro），我们又不得不送给当地酋长两块巴萨蒂布和四码印花棉布。我们在那里吃了早餐，取了一些水，继续赶路，以便在丛林里临时露营。当地的饥荒使得我们的行程变得不那么容易。

11月27日，抵达坎延耶（Kanyenye）东部。我们继续前进，穿过丛林，来到了乌戈戈东部边界的最大一片空地——坎延耶。我们又被迫停留了一天，原因有二：一、骡子已经累坏了，还有八个尼亚姆韦齐挑夫带着大量货物潜逃了；二、像往常一样，我们扎营后，整理担

我们在乌戈戈的营地

子。一个饥肠辘辘的戈戈人靠在一棵葫芦树上，盯着我们的枪看，还主动要带我们去看一些双角犀牛（bicornis rhinoceros）。他说，入夜后，双角犀牛会跑到离这里不远的峡谷底的一些脏水池里。[059] 他的话实在令人激动，我问他能不能现在就见到。他说，双角犀牛的栖身处离这里很远，最好是晚上去。于是，我决定晚上十点，在月亮升起之前动身。

夜里，我带上赛义德谢赫的两个手下，跟那个戈戈人向导出发了。赛义德谢赫的两个手下每人都携带了一支步枪。我们在峡谷中藏了起来，等着双角犀牛过来。午夜，喧闹的村民已经上床睡觉了，银色的月光洒在荒凉的原野上。那个戈戈人向导有些害怕，悄悄溜走了。然而，他还没走多远，一个庞然大物就在我们的上方隐现，从地平线的那边过来了，正是我们期待已久的双角犀牛。

一头双角犀牛不安地走了下来，似乎知道前面有危险——它的感觉是对的。在河堤的掩护之下，我匍匐在地，用一小块白纸贴在霰弹枪上，慢慢地靠近，并在距离不到八十码的地方停了下来。月光下，双角犀牛的轮廓完全显现出来了。我站起身开枪，子弹打中了双角犀牛的左肩。我平生第一次射死了犀牛。

乌戈戈的新品种羚羊

[060] 为了充分利用今晚的时间，我决定再打几头犀牛，让手下能够吃上肉，或是让他们一路带上犀牛肉，或是跟当地人换些谷物。于是，我又退到原来的地方，等待时机。

两个小时以后，就像第一头犀牛一样，又有两头犀牛悄悄溜过来了。它们与我之间的距离更近。月亮已经下沉，我无法看清目标。尽管如此，犀牛体型巨大，我还是决定先下手为强，赛义德谢赫的两个手下拿起步枪跟在我的身后，以防不测。我打中了较大的一头犀牛。那头犀牛怒吼一声，转过身来，呜呜地叫唤不停。这是最好的射击位置，可以补射第二枪。可惜的是，我急忙转身去拿备用步枪，结果那两个黑人小子都跑远了，像猴子一样拼命爬树呢！实在令人懊恼。两头犀牛奔向我冲来。幸运的是，它们又转向右边，跑掉了。由于我使用的是圆锥形子弹，所以两头犀牛没有留下血迹。

晚上的狩猎就这样结束了。我们在天亮前回到营地，告诉所有挑夫我们昨晚的收获。那两个小子，昨夜无耻地离我而去，现在却又添油加醋地把昨夜的情景描述了一番，赢得营地里的人一阵欢呼。在戈戈人发现之前，我们必须赶快把那头死犀牛拿回来。尽管我们做了预防措施，但我们还没有来得及把坚韧的犀牛皮切开，那些戈戈人就像秃鹳一样聚集过来，与我的手下陷入争夺犀牛肉的混战。场面可谓野蛮、肮脏、混乱、怪诞，几乎难以想象。剑、矛、刀、斧等武器齐上阵，在犀牛身上乱砍、乱割，吼叫着、厮打着、翻滚着、浑身污秽、血溅全身。[061]一旦有人得到一块好肉，随即就会被力气更大的人夺走，然后夺肉者扬长而去。夺肉，靠拳头说话。幸运的是，我的手下没有与村民爆发冲突。随后，所有人都满身血迹，带着战利品——犀牛胃、犀牛肝、犀牛肺等——屁颠屁颠地跑回家。

11月29日，**抵达马戈姆巴（Magomba）酋长府邸**。我们的队伍仍然严重缺乏人手，但多耽搁一天，就会带来更多麻烦。于是，我雇用一些戈戈人把行李送到马戈姆巴的酋长府邸，每个戈戈人可以得到一块布作为报酬。当地酋长手下的一个小人物立即出门相迎，态度像老朋友一样和蔼可亲。他邀请我住在府邸，但因为我实在不了解他，所以没有接受这一邀请。他十分谦逊地说，当地食物极其匮乏，精美的布匹只能换些谷物。我只想及时解决过路费问题，但酋长似乎并不着急。

11月30日—12月2日，**停顿下来**。第二天，酋长喝得烂醉如泥，任何人的话也不听。我只得耐住性子。在这期间，我进入丛林狩猎，收获颇丰。我射杀了一头公鹿和一头母羚羊，但不知是何品种。这两头动物的体型与普通的印度羚羊相仿，习性也相似，喜欢成群结队，唯一显著的区别是角的形状。乌戈戈羚羊的毛色类似于西藏地区的瞪羚（gazelle），只是乌戈戈羚羊的脸上有黑色斑纹而已。

[062]**12月3日，在丛林里扎营**。与在乌扎拉莫的情形一样，过

路费问题很是棘手。无数次交涉后，最终落实了：一块基苏图布（kisutu）[5]、一块杜巴阿尼布、四码本代拉布（bendera）[6]、四码基尼基布、三码梅里卡尼布。酋长手下的那个小人物想跟我做笔交易，送给我一罐奶油和一些面粉，说了一句"空话无以表真情"，言下之意是要我给他一点回礼。为了打发他，我给了他等值的布料。他把布料揣进口袋，随即斥责格兰特亵渎神灵，射杀了一块圣石上的一条蜥蜴，而这一行为触犯了当地"教规"，若想息事宁人，就得拿出四块布。他说，酋长还不知道这件事呢，如果酋长知道了可不好办了；如果我给他四块布，他可以神不知鬼不觉地解决这件事，否则可不是四块布就能解决了的。我必须给他一点颜色瞧瞧，否则还不知道他会怎么得寸进尺。于是，我把他的礼物还给了他，告诉赛义德谢赫，不要给他四块布，而是把六块布扔到他脸上，并告诉他，所谓圣石的说法只是一个谎言而已，我会提醒白人不要再来见他。

这里有一些尼亚姆韦齐挑夫，他们是因为生病而被之前的商队留在这里的。这些人希望能够跟我一起到卡泽。但是，戈戈人在得知这些挑夫想跟我到卡泽之后，就恐吓这些挑夫，并把他们都吓跑了。当时，我们收到信息，说一个商队已经抵达了我们上次的驻扎地，他们自温迪港过来，一路沿着瓦米河到达了上游的穆孔多库阿河，没有翻越一座山。据说，他们有多余的挑夫，于是我派三人前去看看情况是否属实。这三人虽然把弓箭留在营地，但再也没有回来。

[063] 今天，又有一头骡子死了。此事虽蹊跷，但停顿下来也没有意义；于是，我们决定抓紧时间赶路，一路来到乌戈戈西部的一个小池塘边，看到一群马库阿人[7]刚刚在那里杀了一头大象。他们已经在乌戈戈住了一年半了，总计捕杀了十七头大象。他们把一半的象牙和一些象肉上缴马戈姆巴，以换得居住权。这里有许多羚羊，格兰特和我也射杀了一些作为食物。此外，格兰特还射杀了一只黑鬣狗（crocuta hyena）。从那个池塘边出发，我们继续向丛林中部进发。接着，露营过夜。夜里下起阵雨，这是本季的第二场雨。

12月4日，抵达乌塞凯（Usekhe）。大雨滂沱，挑夫淋了雨，个个冻得发抖。最终，我们出了丛林，来到乌戈戈最漂亮的地方——乌塞凯。这里人口稠密，有许多小山和裸露在外的花岗岩巨柱。我们在这里停顿了下来。

12月5日，**停顿下来**。当日，我们向当地人缴纳了过路费，包括一块杜巴阿尼布、一块基坦比布（kitambi）[8]、一块姆苏图布（msutu）、四码梅里卡尼布、两码基尼基布。然而，就在我们缴纳过路费的时候，又有八个挑夫逃跑了。于是，我们把四个从坎延耶逃过来的尼亚姆韦齐挑夫纳入队伍中来。

12月6日，**抵达科科（Khoko）**。我们又走了一天路，抵达了乌戈戈最西边的地区——科科。当地人对我们充满敌意，以为我们是来为阿拉伯人莫辛纳（Mohinna）报仇的。一年前，莫辛纳枪杀了他们的老酋长"短腿"（Short-legs），所以戈戈人也袭击了莫辛纳，并把莫辛纳的营地洗劫一空，最终把莫辛纳赶回卡泽。然而，当地人知道我们的身份后，同意让我们在姆贡达·姆卡利原始森林的边界处扎营。

[064] 我强烈反对把营地扎在灌木丛中，因为枪支可以在开阔的空地抵御弓箭。但是，没有人愿意待在野地上，他们认为戈戈人不敢偷袭，当地村庄离我们营地非常远，我们可以切断当地人的后路。

接替"短腿"的是霍里·霍里（Hori Hori）酋长。得知我们是英国人而不是阿拉伯人后，他非常高兴。他说，我们会招募到所需的人手，有许多尼亚姆韦齐挑夫因为患病而滞留在这里，他们都想回家。我除了要付给他们工钱外，还要向戈戈人支付"食宿费用"（hotel bills）。当然，我早已有心理准备。一般而言，尼亚姆韦齐人靠出卖劳动力为生。我招募他们，就不能以低于奴隶的价格去支付工钱。于是，我让赛义德谢赫立即去招募一些尼亚姆韦齐人，再弄未来八天的谷物，并把过路费交了。

12月7日，**停顿下来**。我给赛义德谢赫安排了三项任务，并让他在三天内完成。其间，我总想去狩猎，或为了科学研究，或为了满足口腹之欲。我用一杆四十毫米口径的兰卡斯特步枪，在五步之内打死了一头双角犀牛。当时，那头犀牛正在灌木丛中静静地吃东西。此外，我还打中了一只大耳母狐（Otocyon lalandii），传说它的叫声不祥，当地人会把它的叫声当成前面有危险的警示。今天的狩猎有些平淡，但是第二天的狩猎倒是非常畅快。

12月8日，**停顿下来**。清晨，我带上赛义德谢赫的两个手下苏利曼（Suliman）、法拉杰（Faraj）一道出发，俩人各携带一杆步枪，我则携带了一支霰弹枪。我们沿着小径，一路向西，来到姆贡达·姆卡利原始森林。我在灌木丛里走了一会儿，突然听到左侧似乎有水牛的咕哝声。我端着霰弹枪，走了过去，[065]竟然是一大群水牛，它们正在静静地吃草。它们完全没有意识到我过来了。我开了一枪，打伤一头母牛；我重新上膛后，打中了一头公牛，这头公牛也开始歪歪倒倒。接着，牛群一阵大乱，但它们都不知道子弹是从哪边打过来的，只是四处奔走，惊慌不已。我趁机射杀了那头受伤的母牛。随后，我又向那头公牛连开了四枪，重伤了它，结果它脱离了牛群跑了。牛群不知所措，也开始四下逃窜。

我赶忙叫来两个手下，决定先跟踪牛群，再剥那头死母牛的牛皮，或追踪那头受伤的公牛。我知道，那头受伤的公牛跑不远。牛群的脚印在潮湿的沙土之中显得很清楚。我们很快就找到了牛群。这群水牛知道我们在后边追赶，于是撒开腿跑得飞快。我们时时会看到巨大的黑色身体冲破灌木丛。我连连开枪，击中了不少，有的受了重伤，有的受了轻伤。此番情形，让人实在恼火。所有中枪的水牛都没有死，而丛林如此茂密，我又看不清它们。然而，一头母牛摔断了后腿，在一座蚁丘前停了下来，随后晃着犄角冲了下来，我立即跑向前去，补了一枪，把它打翻在地。随后，我很快装好弹药。我们继续追踪血迹，又发现了一头跛了脚的公牛。我开枪击中了它的侧腹部，它挣扎了一会儿，扎进了灌木丛，消失不见了。我们刚进灌木丛，那头公牛猛扑向我们，说时迟那时快，我用四十毫米兰卡斯特步枪又开了一枪。

当时的情景实在是荒谬。[066]在我身边的苏利曼像猴子一样，本能地跳到了树上，把身体挂在那头公牛正上方的一个树枝下，而法拉杰早已逃得无影无踪，我只得一个人应对。那头公牛若再快一点的话，就会冲撞到我，而我也只有一个选择，来不及多想，我立即开火。运气不错，子弹穿过牛角的边缘，射中了牛的脊柱骨。这头公牛

一天内受到三头水牛攻击

倒在我的脚边，看上去就像一只死兔子。我按照穆斯林的做法，上前割断了公牛的喉咙。如果找到第一头受伤的公牛，并杀了它，那么今天的狩猎就圆满了。于是，我们开始往回走，正好碰到了格兰特。格兰特当时正从另一个角落过来。两个手下绘声绘色地讲述了那时的情景，而且他们也没有漏掉自己的怯懦表现。格兰特听后，连连发笑。格兰特让我们继续去寻找那头公牛，而他自己要赶回营地，派几个挑夫过来，把猎杀到的公牛搬运回去。

我们一路返回到第一次的射击点，循着第一头公牛的血迹，并最终找到了它。这头公牛就像一头受困于灌木丛里的猪，似乎想要摆脱困境。我端起霰弹枪瞄向它，虽然稍稍动了恻隐之心。不幸的是，子弹被一根树枝挡住了，弹向了天空。那公牛飞奔而去。它留下的蹄印非常清晰，追踪下去并不困难。十分钟后，我端着枪，来到一小块空地，而那头公牛从对面的灌木丛疯了似的冲了过来，甚是凶猛——面目狰狞，以角护头。幸运的是，我与它之间隔着一个小土丘。公牛绕过土丘，我则跳到一边，向它的腹部开了一枪，但没有制服它。刹那间，这头巨兽就冲到我的脚边。[067]万幸的是，枪口冒出的浓烟环绕在它的头顶上，挡住了它的视线。我与它已经很近了，若是我的手中有把斧头，早把它的头砍了下来。我又陷入危险的境地，而那两个手下早已跑掉了，还带走了枪支。这头野兽突然看到这些烟，于是开始四周打转，接着全速狂奔而去，就像受到某种可怕的幽灵的惊吓。我也长松了一口气。

若是我当时手里有一杆枪，那是多么好的机会啊。那两个可恶的小子来到了空地，确定环境安全后，竟然开起了玩笑，模仿之前的场景。然而，他们当时怕到连枪都不敢给我，由此让我置身于险境。虽然我很生气，但看到他们的样子又忍不住笑了起来。接下来是一天中最糟糕的时候了。天虽然下起了雨，但我还是没有放弃狩猎。我们穿过灌木丛，一路追踪。我每时每刻都在想象自己碰到那头畜生。但是，它的伤口不再流血了。森林里有无数足迹和蹄印，结果我们自己也迷路了。

我失望透顶，只得循着早上过来的小路，返回营地。那头水牛注定不是我们那晚的战利品。雨水已经冲蚀了我们早上过来时留下的脚印。我们从那条小路经过，却错以为是野兽留下的踪迹。我突然想起来我们之前走过那条路。然而，那两个小子却抖起机灵来，说他们记得更清楚。结果，我们转了好几个小时，却没有一个人知道我们身处何处。由于没有太阳，我们无法确定方位。我停下了脚步，誓等星星出来，否则我们一定会迷失于荒野中，我可不想接受这一结果。当时，我们像是"饥肠辘辘的猎人"，浑身都湿透了，感到很难受。[068]我用所剩无几的弹药发送信号、生火，但木头根本点不着。当时的处境实在糟透了，而那两个黑人小子又嘀咕不停，想要继续赶路，每个人都觉得自己认得路，可该怎么走，两人又各执一词。他们都觉得，如今的处境实在是再糟糕不过的了。

夜色渐浓，雷电交加。有时，我们以为听到了营地里火枪所发出的枪声，并认为那一定是格兰特向我们发出的信号。我们确实也发过信号。然而，火枪的枪声与雷声很像，我们根本区别不出来。那两个小子总是把方向弄错。于是，我索性站在原地不动，最后跟他们一起睡在又冷又湿的地上。我们睡得很沉，但偶尔也能听到脚边有动物的呼吸声。第二天早上，乌云散去。那两个固执的小子仍然把西方当作东方。我以金星来确定方向，但那两个小子又不愿跟着我走。日月交替，又过了一天。幸运的是，我们踏上了那条小路，径直回到营地。

*12月9日，停顿下来。*我们到达营地后，每个人都非常兴奋。格兰特一直在命令手下打枪，释放信号。赛义德谢赫说，许多人迷失于荒野之中后，再也没有出来。他祝贺我们能够平安归来。邦贝坦言，如果我不听那个小子的建议，我们一定会出来，而他最担心的就是我听了那两个小子的话。回营后，我发现之前的任务没有任何进展。赛义德谢赫说，当务之急是缴纳过路费。然而，此事昨天没法办，霍里·霍里酋长要我们推迟过来，因为那天是老酋长"短腿"的周年祭日；[069]赛义德谢赫还说，那天所有戈戈人都沉浸于哀痛之中，摘下了铜镯和其他饰品，而他们现在已经大开宴席、身着盛装，以示庄重。对此，我们当然没话说。第二天，胡姆巴人过来抢牛了，结果被当地酋长、村民赶走了，这事又让我们的事情拖延了下来。此外，

这一天还有一伙尼亚姆韦齐人逃了过来，把当地人吓得不轻。我们后来得知，这些尼亚姆韦齐人是"酒鬼"（the Tippler）马努阿·塞拉（Manua Sera）的士兵。马努阿·塞拉正在与阿拉伯人作战，结果败走恩古鲁（Nguru）[9]。于是，马努阿·塞拉派这些人过来切断阿拉伯人的商路，以图恢复其权力。

12月10日，改变主意。最终，我们缴纳了一块杜巴阿尼布、两块巴萨蒂布、一块萨哈里布、六码梅里卡尼布、三码基尼基布。[10]我提议尽快前进，因为我们已经储备了足够多的粮食了。就在挑夫挑起担子时，我又发现有十个挑夫不见了。以当时的情形来看，我只能把那十担货物扔下，而这样做确实是巨大的损失。于是，我改变了主意，决定暂缓行程。我派人出去活动，或是把逃跑出去的尼亚姆韦齐人劝回来，或是去买几头驴子回来，因为酋长说过他想卖几头驴子。

12月11日，停顿下来。我们已经在这里耽搁太久了。据说，一头狮子咬死了酋长的一头母牛，而戈戈人却怀疑此番厄运是我们带来的，扬言要袭击我们。有些尼亚姆韦齐挑夫在乌戈戈有亲戚朋友，他们全跑到亲戚朋友那里。即便"风波已经平息"，他们也不愿意回来，[070]因为他们不喜欢连日下雨，雨水已经把半个营地都淹没了。一波未平一波又起，乌戈戈酋长担心我们把驴子送给莫辛纳，所以不愿把驴子卖给我们。而且，那些驴子就是戈戈人从莫辛纳手中夺过来的。我觉得这件事背后有阴谋，乌戈戈酋长不愿意把驴子卖给我们可能是受到那些逃亡出去的尼亚姆韦齐人的挑唆，这些尼亚姆韦齐挑夫一直怀疑我们跟"邪恶"的阿拉伯人是一伙的。也许，这里面还有什么别的原因。但究竟是什么原因，我却不知道。为了尽可能摆脱困境，我用布料换来双倍的口粮，打算以双倍的时间穿过荒野。我还派两个获释奴前往卡泽，请求穆萨和阿拉伯人给我们送些补给品，并派人半路接应我们。

12月12日，停顿下来。事情变得越来越糟了。当地酋长发现我无法继续赶路，派人送来口信说，若我不缴纳更多的过路费，不送给他一些精美的布料，他就会袭击我的营地。他还警告尼亚姆韦齐人，若我反抗，尼亚姆韦齐人不许帮我，否则小命不保。我愤怒不已。那些挑夫心怀不安，到我的库存里拿走了属于他们的布料，借口是他们自己想买点东西。我原本应该可以阻止他们这么做，但又觉得最好的策略是表现出漠不关心。所以，我允许他们拿走属于他们自己的布料，但拒绝了酋长的要求，并叫他们不要害怕，只要我能端枪，就无须担心。

然而，尼亚姆韦齐人惊慌不已，有一半跑了，还带走了双倍的布料。看到我们已经做好防御措施，酋长改变了策略，退回了我们的过路费，[071] 也不再威胁我们了。他说，只要我们送给他一点点精美的布料，他就会送给我们驴子或其他任何东西。我不愿与出尔反尔、背信弃义之人打交道。但是，赛义德谢赫更愿意妥协，劝我让步：如果我一意孤行的话，手下就会跑光。于是，我让赛义德谢赫与当地酋长去协商，并把账单拿过来给我过目。结果是，我们需要缴纳三块巴萨蒂布、两块萨哈里布、三码梅里卡尼布，但他们自始至终没有提到驴子。

12月13日，营地。虽然有一半手下都走了，但我强烈反对马姆巴一个手下的建议，仍然决定继续前进。当时，马姆巴的这个手下正路过此地，把马姆巴滞留在后方的东西运往沿海地区。他说，我们不可能穿过原始森林，即便格兰特和我有枪，也只能以草、根茎为食。尽管如此，我们依然决定朝姆达布鲁（Mdaburu）峡谷进发，马姆巴的其他一些手下还加入了我们。马姆巴的这个手下答应把我们的一些书信、标本带回沿海地区，条件是我需要提前给他一些布料，等他到了桑给巴尔后还得再给一些。最后，书信安全抵达了，而标本却下落不明。

12月14日，营地。大雨如注，整个乌戈戈洪水泛滥。我们仍然向峡谷挺进。我们在峡谷左岸扎营。然而，行进途中，又有许多挑夫跑了，丢下担子，一溜烟潜入灌木丛中。

12月15日，我们被迫停顿了下来。我们前面有一条河。河水湍急，深不见底，我们无法渡过去。借此机会，我派两个手下前往卡泽，送书信给穆萨和斯奈（Snay）谢赫。他们俩都是我上一次探险过程中结交的老朋友。我请他们派六十人过来，让每人携带三十天口粮和当地烟草。我的手下需要烟草，[072]他们说只有烟草才能提振精神。我又派一些人返回科科，让他们用布料去换些粮食，以解燃眉之急。一些挑夫已经只能吃野草和白蚁了。接着，我又下令让剩下的人听从邦贝、巴拉卡指挥，用斧头砍倒一棵高树，横架峡谷两岸，当作一座桥。结果，树倒错了方向，渡河计划泡汤了。12月17日，就在我们拿出雨量计的时候，雨停了。营地有些人说，正是我们的"魔角"（宗教意义上的护身符）让雨停了。这是两周来的第一个晴朗的日子。我们高兴不已，差点忘记把行李拿出来晒一下，心想河水肯定会退去。派去科科的那些人返回了，他们花光了精美的布料，却没有换回一点谷物。他们言之凿凿，说科科谷物短缺，只有最好的布料才能换回粮食。于是，我又派人带上最好的布料过去，结果又失败了。营地附近动物罕见，但格兰特还是射杀了一匹斑马、一只羚羊，这缓解了我们的焦虑。

荒野行进八天。停顿五天后，河流已是中等水位，我们渡过河，继续前进。队伍混乱不堪，每天只能走四五英里。为了弄到食物，格兰特和我不得不每日出门打猎。赛义德谢赫和邦贝则带着一半行李先行一步，留人看管行李，再派人回来接应巴拉卡，再把剩余行李带过来。营地毫无秩序，人人都讨厌"双重工作"。在沿海人的纵容下，除了那三个叛逃者外，剩下的尼亚姆韦齐人从沿海人担子里拿了东西。后来，我才知道，原来他们之间达成默契，一到尼亚姆韦齐人地区，他们就分享战利品。[073]我们在荒野上走走停停。12月24日，又一个大麻烦出现了。我们的一半行李运到马本古鲁河（Mabunguru）的对岸，但河水水位突然高涨，吞没了剩下一半的行李。没过多久，水位下降了。第二天，我们到了一汪泉水处，猎到一头野猪和两头犀牛。然而，营地里的人并不满意——之前，他们每天都吃斑马肉、羚羊肉，日子过得太滋润了——一些沿海人跑到吉瓦拉姆科阿（Jiwa la Mkoa）村买些谷物，我们的运输变得更困难了。

我们继续前进。我的手下也一直在努力工作，而我也不是真的要拿枪吓唬他们、斥责他们、暴打他们，只是想让他们认真做事，不偷懒罢了。12月28日，我们抵达一块巨大的花岗石处，我们为之取名

"大石"（Boss）。站在"大石"顶上，放眼望去，林木葱茏，宛如漫天云朵，软绵绵、轻飘飘，那里真的适合精灵居住。我的手下的耐心渐渐消磨殆尽，而吉瓦拉姆科阿村就在前方，他们似乎闻到了那里食物的香气，比之前的野味、野草更令人垂涎。他们很多人已经等不及，纷纷先行一步离我而去。其实，若是等第二天巴拉卡把滞留在后面的行李带过来，所有人一道前往，那就更好了。

停顿三天。除了乔胡尔（Johur）、穆图安（Mutwan）外，12月25日叛逃的人都返回了营地。他们说，他们从过往的旅行者那里得知，派去卡泽求助的人已经带一大批奴隶过来帮助我们。这些人回来时没有为营地带来一点口粮，"他们那份"布料不足以换一顿吃的——他们所到之处的饥荒与乌戈戈一样严重。[074] 所有人又聚集到一起，我派出一队人，让他们带上布料，去淘换一些东西。12月30日，他们有说有笑地回来了，却只拿回来了一小块山羊肉，谎话连篇。接着，乔胡尔回到营地。就在乔胡尔离开的期间，我令巴拉卡检查了他的行李，结果发现乔胡尔一人就藏了我的七十三码布，他从沿海过来时可谓身无分文。乔胡尔并不知道巴卡尔检查行李一事。

盗窃已经司空见惯了。因此，我令巴拉卡剥光乔胡尔的衣服，抽打乔胡尔三十六鞭。抽打了二十一鞭后，乔胡尔供出穆图安也私藏了同样多的布。于是，我免除了他剩下来的十五鞭。后来，我才知道乔胡尔是杀人犯，他是杀死自己的主人而获得自由身的。乔胡尔是个狠角色，脾气暴躁，这一点众所周知。我把乔胡尔赶出了营地，以儆效尤：我虽然没有抓到把柄，但我知道手下每天都在偷东西。巴拉卡是个出色的侦探，只要他愿意，他可以做好每件事。于是，我交给巴拉卡一些布料，让他到吉瓦拉姆科阿村换点东西。第二天，巴拉卡赶着牛和山羊回到营地。三个尼亚姆韦齐人听说我们一直能够捕获野生动物，也跟着巴拉卡过来当挑夫。

1861年1月1日，抵达吉瓦拉姆科阿村。几乎所有人都回来了。格兰特和我带着第一批行李抵达了吉瓦拉姆科阿村，并在那里度过了新年第一天。吉瓦拉姆科阿村的字面意思是"圆石"（Round Rock）村，那里不是村落，只有一个村子，而且房屋都是土屋，当地村民是

吉瓦拉姆科阿村

金布人（Wakimbu）。看到他们的外貌和生活习惯，我们觉得我们已经完全走出了森林。确实如此。**[075]** 这片荒原之前是森林，也有野生动物。金布人原先住在流向南部地区的鲁阿哈河的两岸，后来受到赤身裸体且野蛮的游牧群体——罗里人（Warori）[11] 驱逐，被迫迁移过来，因为金布人在这里发现了泉水。

　　夜里，阿拉伯人萨利姆·本·赛义夫（Salem bin Saif）的三个奴隶悄悄潜入营地，他们说是奉了主人之命，寻找从卡泽逃过来的挑夫，因为有四个商队的尼亚姆韦齐挑夫都逃往乌戈戈了，如今所有商队都寸步难行。听到这个消息，我倒是相当高兴，觉得那些商人罪有应得。我很清楚，尼亚姆韦齐人大都非常诚实，若不是在前往沿海地区的过程中受到蒙蔽或是欺骗，他们应该不会变节逃跑。派往远处村庄的人获得了一些补给品。我们也射杀了一些犀牛、野猪、羚羊、斑马，补充了营地的食物。我们最后一批行李直到1月5日才运过来。当天，我们又抓到了一个小偷。在巴拉卡的监督下，一个手下抽打了小偷五十鞭，以儆效尤。

　　[076]停顿七天。 第二天，之前派往卡泽的手下回来，还带来了斯奈谢赫和穆萨的书信。他们在卡泽逗留了几日，因为那些商人派

奴隶去了乌坦巴拉（Utambara）以解决那里的纠纷；这些奴隶一回来，穆萨就派他们过来接应我们，也给了他们一些珠子去换些口粮，因为卡泽附近的地区已经受到饥荒影响，陷入半饥饿状态，但穆萨还是送给我一些大米和烟草。我的手下和奴隶一道离开了卡泽。但是，他们抵达图拉（Tura）后，那些奴隶却说他们手上的珠子不够，需要回去多要一些，然后才愿意跟我的手下过来。这个消息无异于晴天霹雳，我的手下伤心至极，精神彻底崩溃了。于是，我只能死马当活马医，派邦贝带着两个手下赶往卡泽，看看穆萨怎么办，又派出几个手下去挨村招募金布人。1月7日，营地陷入一片骚乱，我的手下纷纷奔走相告，叫大家都拿起武器，因为那个吃了败仗的马努阿·塞拉酋长带着三十个手持步枪的人朝我们这边过来了。情况是这样的："酒鬼"过来的时候，我的手下已经全副武装，拔出枪上的刺刀，围在我的帐篷四周；"酒鬼"看到我的手下拉开如此阵仗，心下不快，于是停了下来，派来一个代表说，"酒鬼"只是希望拜访我而已。一得到允许后，"酒鬼"就带着一个贴身护卫过来了。我请他走近一点，坐下来。于是，"酒鬼"就坐在自己带来的木凳上。他说，他已经听说我缺挑夫，也愿意帮忙，给我一些挑夫，条件是我带他一起前往卡泽，让我调解他与阿拉伯人之间的矛盾；[077]阿拉伯人无端干涉其统治，随后双方爆发战争，阿拉伯人把他赶出他的领地，他只能四处游荡。马努阿·塞拉是我见过最优秀的小伙子，长相英俊，简直就像传奇故事里的匪徒头子。应我的要求，他讲述了自己的故事：

"在你从卡泽返回英国后不久，我的父亲、老酋长丰迪·基拉去世了。依照他的遗愿，我成为合法酋长。不过，我的母亲是一个女奴，而不是酋长的妻子，而老酋长的遗愿——类似于宪法——决定酋长的继承人选，以防止合法婚育下的儿子为了争夺酋长之位而互相算计。继位之后，我非常慷慨，给所有阿拉伯商人都送了象牙作礼物，但给穆萨的象牙最多，结果引起其他商人的妒忌之心。随后，我定下规矩，向所有入境的商品征税，而我的父亲过去从没有这么做过。在我的地盘，过去只有阿拉伯商人可以不交税，我不明白这里面的原因。然而，这一措施彻底激怒了阿拉伯人，他们放出风声，如果我骚扰到他们，他们就废黜我，转而扶持另一个私生子姆基西瓦（Mkisiwa）做酋长。"

马努阿·塞拉继续说道："对此，我无法接受。为什么在我的地盘上只有那些商人可以不交税？我告诉他们，我绝不允许他们干涉我的命令，因为我不是'娘们'，不允许他们如此轻蔑我。结果当然是一场争吵。有了阿拉伯人撑腰，姆基西瓦趁机大肆贿赂，意欲争夺酋长之位。事情由动口变成了动手，战争爆发了。我们打了很久，也打得很艰难。我杀了他们许多人，[078] 而他们也杀了不少我的人。最后，他们把我赶出了宫殿，扶植姆基西瓦为酋长。然而，我的那些忠诚的部下从未抛弃过我。于是，我前往鲁布加（Rubuga），投奔老友马乌拉（Maula）。阿拉伯人一路跟了过来，把我赶到恩古鲁（Nguru），还想杀死帮助我的马乌拉。不过，马乌拉逃了出去。阿拉伯人摧毁了马乌拉的领地，又追踪我到恩古鲁。我们在恩古鲁作战了好几个月，耗尽了所有物资。为了躲避他们的抓捕，我杀出一条血路，逃了出来。自那时起，我一直四处流浪。虽然我希望寻找盟友，但阿拉伯人不允许，千方百计想抓到我、杀了我。既然您是我父亲的朋友，我真心希望您能帮帮我，您一定认为他们发动的是一场不正义的战争。"

我告诉马努阿·塞拉，我很同情他。如果他跟我一道去卡泽，我会竭尽所能地帮助他。但我很清楚，除非马努阿·塞拉实行他父亲那样的自由贸易政策，否则无济于事。马努阿·塞拉说，他从未从阿拉伯人那里征过一次税，而且以后也不打算收税。整件事情发生得太突然了。但是，无论怎么样，只要我能利用我的影响力，帮助马努阿·塞拉夺回酋长之位，他都乐见。毕竟，他使用其他办法，也未能夺回自己的酋长之位。我向他保证，我一定会竭尽全力恢复那里受到冲击的贸易。那里的象牙都会送往英国，那里所有进口的产品也都是英国的。这场战争既有损于马努阿·塞拉，也有损于英国。马努阿·塞拉非常高兴，还说他当前在乌戈戈还有一笔小买卖，但几天内就会赶上我们。随后，马努阿·塞拉还把我的一个叛逃出去的挑夫押了过来，这个挑夫带着一担珠子逃到丛林，结果被马努阿·塞拉抓住了。于是，我们道别。巴拉卡遵从我的命令，抽打了这个挑夫五十鞭，以惩戒其盗窃、叛逃行为。

[079]1月9日，抵达加拉埃苏维（Garaeswi）；1月10日，停顿下来；1月11日，抵达津博（Zimbo）；12—13日，停顿下来。1月9日，我们买了两头驴，又招募了几个人，带上一半的行李离开了吉瓦拉姆科阿村，前往加拉埃苏维。令我惊讶的是，加拉埃苏维有二十个土屋，那里也是金布人新修建的村子。我们在那里停留了一天，等待后面的人，然后一起前往津博。我们在津博的时候，邦贝回来了，实在太令我们高兴了。1月13日，远处传来了枪声，原来是邦贝凯旋。邦贝带着七十个奴隶以及斯奈、穆萨的书信回来了。斯奈、穆萨在信上说，如果我见到马努阿·塞拉，要么朝他的脑袋开一枪，要么把他抓起来；若是他们见到这个家伙，也一定会这么做的；这个恶棍切断了所有商队的路线，破坏了他们的所有贸易。他们之所以与马努阿·塞拉开战，就是因为马努阿·塞拉违背了他们与马努阿·塞拉父亲所签下的条约，开始征税，而且马努阿·塞拉还不允许臣民卖给他们谷物。

1月14日，抵达姆贡戈·塞博山（Mgongo Thembo）[12]。我们所有人再一次向前进发。按照这七十个奴隶的主人的交代，我还需要向每个奴隶支付十六码布。就这一开支而言，我还不如把那十担行李扔在乌戈戈，如今的困境也肇始于那里。抵达姆贡戈·塞博山后，我们在森林里找到了一片空地，绵延两英里，似乎有人在那里从事农耕。姆贡戈·塞博是"象背"的意思，因为那里有一块巨大的花岗石，其形状宛如象背，故得此名。我在这里遇见的第一个人正是鲁布加酋长马乌拉。在我上一次的探险活动中，这个可怜的老头——可谓这一地区最诚实的酋长——曾接待过我，我们算是好朋友了。马乌拉送给我一头牛，并说如果我可以让他与阿拉伯人交上朋友，他会再给我十头牛。阿拉伯人把他赶出了自己领地，毁了他的一切，[080]甚至还派一个奴隶过去，接管了他的领地。此前，马乌拉并没有犯错，也没有伤害过阿拉伯人。阿拉伯人的真正敌人是马努阿·塞拉。马努阿·塞拉确实在他的宫殿里避难，但这不是他的错。马乌拉料到自己会惹祸上身，也极力阻止马努阿·塞拉进入自己的地盘。但是，马努阿·塞拉太强悍，强行闯了进来。我极力安慰眼前这个不幸的老人，并邀请他跟我一起前往卡泽，如果他害怕那些阿拉伯人，我定会舍命护他周全。可是他的身体太虚弱了，没法和我们一起走了。他说，他会把他的儿子交给我，让他跟我前往卡泽。

1月15日，营地。第二天，我们继续分两拨前进，穿过森林，抵达一条流向南方的河。这条河有可能是库卢卢河（Kululu River）的源头，流经基韦莱（Kiwele）地区，向西汇入马拉加拉齐河（Malagarazi River），再汇入坦噶尼喀湖，也可能是鲁哈阿河最西边的支流，一直向东流入大海。然而，这里的高原地势平坦，只需沿着水道走上一圈，便可了解大概的地理情况。

1月16日，抵达图拉东部。我们穿越荒野，来到了开阔的图拉地区。Tura的意思是"放下"（put down）。几年前，这里成为荒原里的第一块开垦区，也成为一个绝佳的落脚点。所以，当地人称之为Tura。穿过丛林通常只需十天，而我们却花了一个月。

曾经的沃土变得荒无人烟，残破不堪，景象凄凉，明显经受了战争的野蛮蹂躏。阿拉伯人及其奴隶踏上这片土地，只想掠夺财富和奴役他人，而不再抱着最初的想法，团队中的每个人都只顾及自己的利益。诱惑实在太大了：年轻妇人（世上最宝贵的财富）、男孩、女孩、牛羊，他们都是财富。当未来不确定的时候，这些财富的诱惑是无法抵御的。[081]赛义德谢赫突然旧疾复发。在我看来，他的病肯定好不了，身体恢复不过来了。这实在是一件不幸的事，因为我的很多手下视其为桑给巴尔政府的代表，非常信服于他，却又帮不上什么忙。毕竟，带着一个病人上路，实在不合适。与其带着病人走，不如把病人留下来。于是，我决定一到卡泽，就把赛义德谢赫交给阿拉伯人照顾。

1月17日，抵达图拉西部。1月16日，赛义德谢赫还是不能下地走路。于是，我穿越平原，到图拉西部的村落里落脚，等赛义德谢赫随后赶过来。其间，当地村民夜里偷走了好几担珠子。但是，我的手下及时发现了窃贼，一路追踪，除了一担珠子外，其他几担珠子都被追回了。那些窃贼发觉我的手下对其紧追不舍，随即就把担子扔下逃跑了。

1月18日，**停顿下来。**今天清晨，我把村里所有头领都请了过来，要求把珠子还给我。根据当地的规矩，我和他们住在一起，他们应该对此负责。在我的质问下，他们承认了发生的事情，并说他们每人都会给我一头牛，等酋长回来后再说。对此，我当然加以拒绝。酋长不在家，肯定有人代酋长管事，我希望这个人立即解决问题，以便我们继续赶路。于是，我们这边选出五人，村里选出五个长老，以便处理此事。大家认为，我的损失相当于三十头牛。我只要十五头牛。村民把十五头牛送过来，我们继续赶路。除了霍屯督人外，其他人都觉得很高兴。[082]霍屯督人认为，放弃十五头牛是巨大的损失，并说卡菲尔人地区（Kafirland）也有类似的规矩，我们应该要三十头牛。他们认为我剥夺了他们吃牛肉的权利。

1月19日，**营地；**1月20日，**抵达鲁布加东部。**几个人抬着赛义德谢赫，与我们一道走了两段路后，抵达了库阿莱河[Kuale，又称帕特里奇河（Partridge）]。这条河切断了通向北方的道路，穿过我们现在所处的地方，流入马拉加拉齐河，最终汇入坦噶尼喀湖。我们在丛林里过了一夜。第二天早上，我们到达了鲁布加地区的农耕区，这里有些土屋，但有一半土屋都荒废了。这里被战争破坏的程度更甚于图拉。当地酋长正是阿拉伯人安插在这里的一个奴隶，所有商人和旅行者行经此地，都不需要交过路费。但是，阿拉伯人的这一安排实在太糟糕了，我无法确保我的手下免于当地人的偷盗行为。当地人认为抢夺是发财致富的路子，是他们的权利，而我的干预是不合理的。

1月21日，**抵达鲁布加西部；**1月22日，**抵达基古埃（Kigue）；**1月23日，**抵达乌扬延贝（Unyanyembe）东部。**我们走了一天，到达了鲁布加西部，并在那里过了一夜。第二天，我们继续穿越丛林，来到了一个名为基古埃的空地。1月23日，我们再度穿越丛林，抵达辽阔富饶的乌扬延贝，也就是尼亚姆韦齐人地区的中心——月亮之地，距卡泽只有五英里。乌扬延贝是塔波拉村（Tabora）一口井的名字，而如今是奴隶、象牙商人的大型集散地。截至1月23日，我们的损失大体如下：一个霍屯督人死了，五个霍屯督人返回沿海地区；一个获释奴跟霍屯督人一道返回了，另一个获释奴因鞭刑而死；[083] 马吉德苏丹的二十五个园丁都跑了；九十八个尼亚姆韦齐挑夫跑了；十二头骡子、三头驴子死了。此外，有人偷走了我一半的物资。由于旅行期间遇到了严重的饥荒，花费之高可谓前所未有。

乌扬延贝东部的景象

第五章

乌尼亚姆韦齐

乌尼亚姆韦齐及当地人—卡泽—老穆萨—赤身裸体的基迪人—究竟是流出还是流进—莫辛纳和"短腿"的竞争—饥荒—阿拉伯人与当地人的战争—乌扬贝瓦苏丹的女眷—"猪"先生乌恩古鲁埃—劫掠

❧❦❧

[084] 乌尼亚姆韦齐（U-N-YA-MUEZI），又名"月亮之地"，是非洲为数不多的大王国。面积小于英国，但形状相似。迄今，王国并未统一，内部小国林立，最北部的小国家是乌苏库马（U-sukuma）[1]，南部的小国家是乌塔卡马（U-takama）[2]。据我所知，耶稣诞生之前的某个时期，同东非沿海地区做贸易的印度人就与乌尼亚姆韦齐开辟了奴隶、象牙贸易。而在此之前，世人并不知晓当地的历史传统，而且也没有关于当地的文献记载。据说，"月亮之地"也起源于耶稣诞生前夕，"月亮之人"（Men of the Moon）下了凡尘，生活于"月亮山脉"（Mountains of the Moon）[3]。这些月亮之人天生就是做生意的非洲人，他们热衷于物物交易，也是唯一愿意离开故土前往桑给巴尔做挑夫的群体，其热衷程度就像英国人喜欢赶集一样。[085] 当地人有悠久的

尼亚姆韦齐人

经商传统，这一传统甚至可以追溯到极其久远之前。乌尼亚姆韦齐地处高原地带，海拔在三千到四千英尺之间，间或有些小山，山谷里的泉水富含矿物质，砂岩富含铁矿石。当地居民比绝大多数其他黑人更勤劳，开垦了大量土地，广种作物，用织布机制作棉布，炼铁，铁器加工技术高超。乌尼亚姆韦齐大部分地区建有土屋，但也有一些当地人住草屋，且豢养了大量家禽、牲畜。

尼亚姆韦齐人的外貌并不出众，且肤色比扎拉莫人、戈戈人更黑。当然，尼亚姆韦齐人也有许多俊男靓女。他们不在意穿戴，也不携带武器，行事谨慎。一般而言，女人穿着比男人讲究些。当地人通常在手臂上系一块布，[086]佩戴一串用珠子做的项链和一些用铜丝做的大臂镯，还会佩戴一种名为"桑博"（sambo）的颈圈。所谓"桑博"，是把长颈鹿尾巴上的毛缠绕在薄薄的铁片或铜丝上而制成的。

1.男人佩戴的象牙护身符 2.女人佩戴的铜质护身符 3.铜质手镯 4.珠子和贝壳做的项链 5.普通铁丝做的脚镯，内嵌有牛尾毛 6.铜、珠子做的耳环 7.烟草和烟斗 8.村庄出入口的木头栅栏，挂有人的头骨 9.剥了树皮的蜂巢 10.煮制啤酒的老妇人 11.纺棉用的旋转棒 12.弓箭、盾牌等

尼亚姆韦齐人的饰品

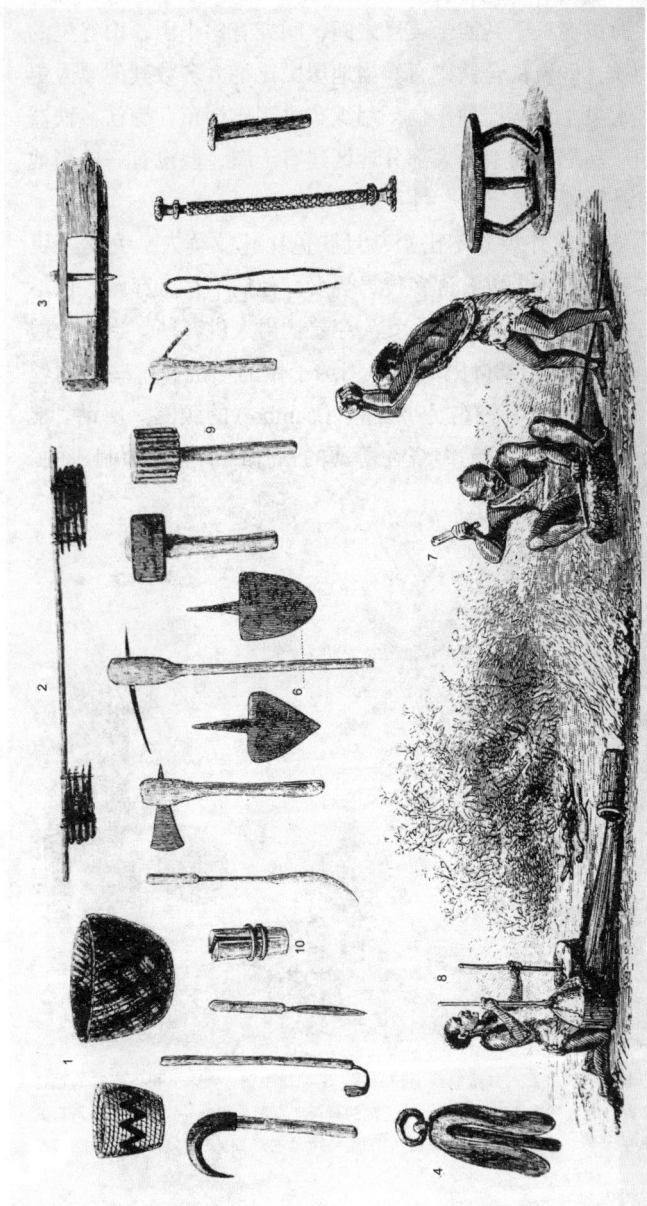

1.柳条篮　2.当地铁制成的锄头担　3.夹犯人腿的木枷　4.双音色铁铃　5.　6.铁锄，唯一用于翻地的农具　7.砧石旁的铁匠　8.鼓捣木质风箱
的男孩　9.捶打树皮布的木槌　10.铁匠制作铁丝的手具；统治者的刀、半圆凿、铁锤、斧头、镊子、三腿凳

月亮之地的农具等物件

在家时，男人会在腰间裹一块布；外出耕种或出远门时，只在肩上披一块羊皮，身体的四分之三裸露在外，实在不得体。女人的穿着与男人大体相似，只是女人的胳膊上缠绕着一根长长的线，如果手腕处能够戴上大量用铜丝做成的手串，那么心里就更美了。他们携带的武器是长矛和弓箭。所有尼亚姆韦齐人都会拔掉一些下牙，数量或多或少，而且他们还会在两颗上门牙中间切一个人字形的缺口。所有尼亚姆韦齐人都抽烟喝酒。

1861年1月24日，抵达卡泽。1月24日，穆萨提前过来迎接我们。在穆萨的护送下，我们所有人抵达了卡泽。卡泽位于东经33°1'34"，南纬5°0'52"，是商人的补给站。穆萨把我们引入他的土屋，要我们就住在那里，直到我们招到人手、把物资全部运往卡拉圭为止。穆萨说，他还将陪同我们过去；其实，早在我的第一批货物抵达卡泽之时，穆萨就想前往卡拉圭；出于对我的尊重，穆萨推迟了计划。自从我上一次离开卡泽之后，阿拉伯人与马努阿·塞拉发生了战争，因此穆萨一直被困于卡泽。穆萨反对这场战争。马努阿·塞拉偏袒穆萨，阿拉伯人心生妒忌，于是指控穆萨向马努阿·塞拉提供军火，并且把穆萨关了很长一段时间，就像对待"奴隶一样"，还给他的手脚套上了镣铐。再次见到穆萨，我非常高兴。他总是那么和蔼亲切、彬彬有礼，还总是送来各式美味佳肴，生怕怠慢我们。我提前运送过来的物资都是由他来保管的，[087]但物资运送到穆萨这里时，已有不少物资都用作过路费了。

安顿下来后，斯奈谢赫和阿拉伯商人的首领前来拜访我。他们说，他们已经有一支军队，由四百个奴隶组成，都配备了步枪，准备立即缉拿马努阿·塞拉。马努阿·塞拉截断了他们的商路。根据最新的情报，马努阿·塞拉还劫走了阿拉伯人一批军火。我恳请他们理智一点，听听我这个老兵的建议。我劝他们不要如此着急发动游击战，否则马努阿·塞拉会牵着他们的鼻子走，就像我们当年在印度与坦提亚·托比（Tantia Tope）[4]之间的交战样。我把我跟马努阿·塞拉、马乌拉[5]的会谈内容告诉了他们，并请他们允许我来做调解人。然而，

穆萨在卡泽的土屋

他们不愿意接受我的提议。斯奈谢赫比其他人更懂得如何对付野蛮人，于是决定让军队"吃顿牛肉大餐"，再随即出发。

我向斯奈谢赫询问了尼罗河的情况。[088]斯奈谢赫笃定地认为，维多利亚湖就是朱布河（Jub river）[6]的源头，与我上次探险时他的说法一样。我告诉他，现在的尼罗河常有船只通航。听了这话，他的立场有些动摇。他知道布尼奥罗（Unyoro）[7]北部某些水域也出现了船只，我的话正好也与这一现象吻合。斯奈谢赫有些心急，于是向我道别。在我上次探险活动中，斯奈谢赫帮了我大忙，所以我送给他一块印度政府赠给我的金表，以示谢意。他和其他阿拉伯人送给我一些奶牛、山羊、大米，此后我再也没有见过他。其实，他们原本早就要出征，只是听说我要来，出于对我的极大敬意，所以一直等我、欢迎我过来。而且，他们打算在解决马努阿·塞拉后，还将继续前往乌戈戈，以助萨利姆·本·赛义夫和其他商人，共同对付那些坚持索要过路费、骚扰商队的戈戈人。我听从了穆萨的建议，连夜派出马乌拉的儿子去告诉马乌拉，就说这帮阿拉伯人头脑发热不听劝，我做不了调解，也感到非常抱歉。此外，令阿拉伯人遗憾的是，尼亚姆韦齐人非常爱戴马努阿·塞拉，若他们愿意的话，他们应该能够帮助马努阿·塞拉恢复酋长之位。

1月25—26日。第二天，我的老朋友莫辛纳、阿卜杜拉（Abdulla）带着一些立场温和的阿拉伯人，前来拜访我。他们表达了对我的敬意，还称我是"苏丹的化身"，之所以这样说，其实是因为我的身份。斯奈谢赫头脑发热，他们深以为憾，并认为最好是双方签署一份和约，因为他们深受战争之苦，而且也看不到未来之希望。接着，我们又谈起地理问题。[089]我告诉阿卜杜拉，我在英国写作、发表演讲时，都引用了他说的关于维多利亚湖上航行者的故事，而且我还解释说，维多利亚湖就是尼罗河的源头；不知有无不妥之处，以便日后修改。但是，阿卜杜拉说："无须修改，你会发现这一切都是对的。"穆萨补充道，北方人曾告诉过他，维多利亚湖水位上升的时候，一些水流会变得十分湍急，足以冲倒、冲走岛屿。

听闻此言，我有些困惑。当时，我并不知道，当地人称维多利亚湖、尼罗河、所有小池塘都叫Nyanza[8]。我们后来的经历也证明穆萨的说法是对的。当地人用同一个词语来指称明显具有不同地理特征的对象，自然容易造成混淆，所以我在上次探险过程中就无法确定湖泊的范围和尼罗河的源头。阿卜杜拉说，在上次探险时，他发现卡拉圭北部有一座大山，海拔较高，极为陡峭，无人登过；山峰之上，云雾缭绕，白茫茫一片，或为雪或为冰雹之缘故，很少有人能够一睹其真容。穆萨说，这座山位于卢安达（Ruanda）[9]境内，其国土面积比乌隆迪（Urundi）[10]更大。他俩还告诉我，就像之前所说的那样，乌索加（Usoga）[11]和布尼奥罗都是岛屿，四面环水；此外，布尼奥罗的一侧有个Nyanza，是盐湖，而不是维多利亚湖，布尼奥罗的另一侧是卡拉圭，其国王是鲁马尼卡（Rumanika）。有时，布尼奥罗的国王卡姆拉西（Kamrasi）还会送些珠子给鲁马尼卡，但这些珠子不同于桑给巴尔带过来的珠子。据说，这些珠子是基迪人（Wakidi）从白人那里抢夺过来的。基迪人居住在树上，赤身裸体，背后还总是绑个小板凳，以便随时可以坐下。他们的头发长达臀部，上面系满贝壳，下唇、耳朵穿有珠子，他们还佩戴铁质项圈和手镯。

[090] 据说，基迪人作战勇猛，尽管他们只用短矛，但所向无敌。交谈接近尾声，我依然不解于坦噶尼喀湖是死水一潭的说法。于是，我又问莫辛纳和其他老朋友对马隆古河（Marungu）[12]有何看法，马隆古河是流入湖中，还是自湖流出？他们都认为马隆古河最终汇入坦噶尼喀湖。然而，在我看来，最终的答案可能是马隆古河自坦噶尼喀湖流出，把坦噶尼喀湖和一系列湖泊连接起来，汇入维多利亚湖，马隆古河注入赞比西河（Zambezi）后汇入大海。在上次探险过程中，有阿拉伯人告诉我：鲁西齐河（Rusizi）出自坦噶尼喀湖，基坦古莱河（Kitangule）出自维多利亚湖，而尼罗河流入维多利亚湖。然而，斯奈谢赫人告诉我，朱布河出自维多利亚湖。我发现，把他们的话译为英语，会出现一个问题，那就是阿拉伯人使用一个特别的习语，真实的意思与说话人的意思恰恰相反。谈起河流流向，黑人口中的"流出"和"流入"与我们的理解一样，而阿拉伯人的意思却正好相反。

接下来，莫辛纳生动地向我们描述了他与科科老酋长"短腿"的战斗。大约一年前，他带着象牙前往沿海地区，途经科科；在那里落脚后，他们还没有在营地周围竖起栅栏，几个手下就想到井边去喝点水；结果，他们刚到井边，当地人就拿起棍子打他们，声称这井是他们的。接着，一排人变成了一群人，拿着长矛要求他们赔偿一头公牛。莫辛纳听说后，也来到井边，说他不会答应当地人的要求，而且只要想喝水就来喝水，因为水是安拉的恩赐。于是，动口变成了动手。莫辛纳的所有尼亚姆韦齐挑夫都溜之大吉了，[091]其货物也落入戈戈人之手。若营地建有防御工事，莫辛纳足以御敌。在不利局势下，莫辛纳一枪击中了"短腿"的头部，随即带上少数奴隶、三个妻子逃回卡泽。

比起我上次离开的时候，乌年延贝发生了非常惊人的变化。阿拉伯人以前是商人，如今更像是大农场主，其庄园有大量的牛群。当地人的村庄都成了废墟。为了能够买到玉米，我不得不派人到距离驻地有好几天路程的地区，还不得不以饥荒期间的高价来购买。我敢确定，周边的尼亚姆韦齐人已经到了饿死的边缘。除了战争外，由于上一个雨季太短，他们的庄稼都死了。

1月27—28日。我的手下在荒野上历尽千辛万苦。我告诉他们，忘掉偷我东西的那些不义之事。同时，我给所有人发放了奖赏品，并给其中三个始终留在我身边的尼亚姆韦齐挑夫多发了一些，因为他们任劳任怨。结果，其他手下都不满意，他们还想把奖赏品扔还给我，并说我不喜欢他们，"一如既往"与"间或开小差"并无不同之处。徒劳争吵了几个小时后，在巴拉卡的力劝下，他们妥协了。我要让这些人明白，如果说我多给那几个尼亚姆韦齐挑夫一些奖赏品是有深意的话，那只是向我的手下表明，我不是一个坏主人，我有责任去论功行赏。

接着，我同穆萨谈了许久，主要询问他对于我们北往卡拉圭一事的看法。穆萨说，乌年延贝及其附近地区招不到人手，[092] 当地人要么被杀了，要么已经参战了；他决定先派几个头目去伦古阿（Rungua）找人手。穆萨在那里居住过，做过几年生意，跟那里的酋长基林古阿（Kiringuana）的关系非常亲密。他还让我从他的奴隶中抽调人手，数量与我能够招募的人手的数量一致。穆萨认为，这些奴隶不可靠，雇用挑夫更可靠。穆萨说，这么做，对他最为有利，因为我必须要向这些奴隶和穆萨支付报酬，而且每个奴隶每月的报酬都与我的手下一样。然而，这意味着我将支付双倍报酬，负担太重了，我必须要把原来一百个武装人员削减为六十人。穆萨很贴心，劝我别用他的奴隶，因为他们可能会给我添麻烦。我说，若没有当地人，我不可能前进到卡拉圭之外的地区。穆萨深以为然，最终又同意我租用他的奴隶。

1月29—30日。贾富（Jafu），印度商人，也是穆萨的商业伙伴。十天前，贾富外出搜寻粮食，回来后说整个地区都处于极其可怕的饥荒之中，各地的尼亚姆韦齐人中都有饿死的。他认为，我们根本通不过乌苏伊（Usui），那里的酋长苏瓦罗拉（Suwarora）惯于敲诈勒索，定会把我们"撕个粉碎"。贾富建议我们在战争结束的时候再启程，到时可以跟阿拉伯人一道过去。穆萨也有些害怕，但架不住我的恳求，答应派人先去禀报鲁马尼卡，说我们想去拜访他，同时请鲁马尼卡保护我们，让我们顺利通过乌苏伊。

我需要解释一下。乌津扎曾是一个疆域辽阔的王国，国王名为鲁马（Ruma），有希马人（Wahuma）[13]血统。[093]达加拉（Dagara，也就是鲁马尼卡的父亲）统治时期，乌津扎老国王逝世，两个儿子罗辛达（Rohinda）和苏瓦罗拉为争夺大位而展开竞争。经达加拉调解，乌津扎一分为二，罗辛达统治东部地区乌坎加（Ukhanga），苏瓦罗拉统治西部地区乌苏伊。如此一来，乌苏伊成为卡拉圭的封地，所以乌苏伊敲诈勒索的商品的大部分被送往卡拉圭。虽然有人憎恶苏瓦罗拉，称之为"野蛮的强盗"，但卡拉圭承认了两人的统治地位，而且卡拉圭国王一直持温和的中立态度，与每个拜访过他的人都保持友好的联系。

谈起鲁马尼卡，穆萨赞不绝口。八年前，鲁马尼卡的弟弟罗盖罗（Rogero）造反，穆萨曾帮助鲁马尼卡稳住了国王大位。自此之后，鲁马尼卡视穆萨为恩公，感激不尽，凡穆萨所提之要求，莫不应允。然而，这也只是卡拉圭的情况而已。

1月31日。今日，贾富向莫辛纳的兄弟赛义德·本·奥斯曼（Said bin Osman）提供了一百个奴隶，由奥斯曼指挥，准备前往科科，追上斯奈谢赫，兵合一处，一起进攻那里的酋长霍里·霍里，以挽回损失。贾富曾在科科失去大量象牙。莫辛纳也曾在那里遭到袭击。在他们看来，现在只有诉诸武力才能维持贸易。因此，他们绝不只满足于挽回损失，还要动用武力重创敌人，以确立在科科和乌塞凯的主导地位，而且要求当地人交出所有扣留了乌戈戈的商人，在此之前，当地人还需要向"大军提供口粮"，直到斋月为止。所有力量汇合后，他们还要转战于乌苏伊，打击敌人。

他们走后，一个疯子把这里弄得混乱不堪。这个疯子是穆萨的奴隶，[094]以前他的疯癫行为造成多人受伤，所以被人捆了起来。不知怎的，疯子今天解开了绳索，一个劲地叫嚣着，不杀一个"大人物"，誓不罢休。疯子力气极大，无人能够制住他。我的手下一直追他追到一个小屋，结果疯子从小屋里拿到一支枪和一些弓箭，要所有在他面前的人举起手来。然而，他最终还是消停了下来，由于饥饿，他的意识似乎稍微清醒了一些。我必须补充一点，在特定时期，非洲人很容易会出现心智失常的反应，一般而言，于人无害，但有时也保不齐会伤人。一会儿发病，一会儿又恢复正常，让人摸不着头脑。

2月1日。今日，穆萨的手下启程前往伦古阿，他们将于一个月内把我们所需要的挑夫带过来。这个时间点，应该算是早的了。除了我之外，探险队的所有成员的身体都受到荒野生活的影响：有人发烧，有人得了坏血病，有人眼睛发炎，都希望好好休息一段时间。除了清点物资外，我们也没有其他事情要做。赛义德谢赫的病情已经越来越严重了，我不得不任命邦贝为总管。清点物资时，我发现很多东西不翼而飞了，尤其是好东西。穆萨说，当地市价比桑给巴尔更高，所以我不得不以当地市价四倍的价格从穆萨那里购买了许多物件。我还托穆萨把所有黄铜和铜丝打成手镯，北方人[14]都喜欢这些玩意儿。

2月7日。有消息传来说，马努阿·塞拉依照之前与我的约定，正从乌戈戈过来。斯奈谢赫的军队在图拉发现了马努阿·塞拉，而且马努阿·塞拉就藏身于当地的一个土屋。得知消息后，斯奈谢赫并没有立即进攻图拉，而是跟当地酋长进行谈判，要他明智一点，交出塞拉，[095]否则阿拉伯人会把那个土屋夷为平地。不幸的是，酋长并没有立刻答应，要求宽限一晚，如果他们第二天一早发现马努阿·塞拉，那么任凭处置。当然，马努阿·塞拉早已逃跑了。第二天一早，阿拉伯人看到当地人个个全副武装，准备与他们一战。阿拉伯人彻底怒了，随即枪声四起，阿拉伯人血洗了整个地区。就在阿拉伯人押着妇女、儿童、牛群凯旋之际，马努阿·塞拉逃到一个叫达拉（Dara）的地区，并与当地酋长基丰贾（Kifunja）结成联盟。马努阿·塞拉还夸下海口，下个季度一到，他就会袭击卡泽，因为那时阿拉伯人会四下搜寻象牙，卡泽势必空虚。

这一惊人消息一出，卡泽人心惶惶。阿拉伯人又过来问我怎么办，纷纷谴责斯奈谢赫之前不听我的劝告，生出如此事端。现在，他们想知道我可不可以从中调解。他们以为，马努阿·塞拉最初希望寻求调解；在受到斯奈谢赫攻击的时候，他在前往卡泽寻求调解的路上，所以此事不难办。我说，能够调解，不让大家活在恐惧中，我是最高兴不过的了，但事态如今已经有点严重了；斯奈谢赫之前反对我的提议，执意要战，可能不愿意接受调解；若所有阿拉伯人达成一致意见，我愿意冒险一试。他们表示，现如今绝大多数阿拉伯人仍在卡泽，所有人都希望不惜一切代价以换取和平；不管我开出什么样的条件，他们都会答应。接着，我问道："你们将如何处置姆基西瓦？你们让他做了酋长，不能再废黜了他。"他们说："是啊，但此事也不难办；之前，我们与马努阿·塞拉在恩古鲁刿峙之际，就说划给他另一块领地，且面积相当于他父亲治下的领地。[096] 当时，马努阿·塞拉对我们的提议不屑一顾，也认不清形势。如今，马努阿·塞拉也尝到更多的苦楚，而且他自己也希望实现和平，所以此事应该也没有什么难办的。"于是，我立刻派两个手下和穆萨的两个手下去见马努阿·塞拉，告诉他我们的讨论，也想知道他的看法。不承想，四人回来后告诉我，马努阿·塞拉早已不见了踪影，没有哪个地方的酋长容得下他，因为马努阿·塞拉的军队每到一处，就会吃光当地的余粮，留下的只有灾难。第二次调解失败了。穆萨说，这或许也是好事，马努阿·塞拉永远都不会相信阿拉伯人的话，阿拉伯人总是出尔反尔，即便在大腿处割一下、与阿拉伯人歃血为盟，也无济于事。歃血为盟可谓当地人结交、发誓之最神圣的方式。

2月18—25日，前往尼亚马（Nyama）¹⁵狩猎。整整一个星期，没有要事缠身。我和格兰特决定出去打猎。穆萨麾下的"首席猎手"、我们的老朋友丰迪·桑戈罗（Fundi Sangoro）担任我们的向导，他向我保证，这里有一些常见的羚羊，还有两种我绝对没有见过的白面羚羊，这两种白面羚羊生活在一个名为尼亚马的低洼沼泽地和瓦莱河（Wale）左岸。在尼亚马，格兰特发烧了，我们不能一道打猎了，而且我所捕获的猎物也很少。我每天都涉水，且水深达腰部，打伤了几头白面羚羊，但也只捕获到一头。夜里有几头狮子把这头白面羚羊赶到我们的营地附近，不然我也得不到它。狮子的吼声听起来非常凶猛，我们这才明白怎么回事。第二天一早，我头一件事就是想射杀狮子；但是，它们在天明前已经溜走了，只剩下半具羚羊的尸体。我一看，只是一头普通的羚羊。2月24日，我们都返回了卡泽。

[97]2月25日至3月13日。日子过得飞快，也没有发生特别的事。不过，我对于远方地区及当地人的了解越来越多，动物学的知识也增加了，并进行了一系列的天文观察。3月13日，整个卡泽都沉浸在悲恸与泪水之中。据当晚穿过丛林从乌戈戈赶回来的几个奴隶说，斯奈谢赫、贾富、五个阿拉伯人以及大量奴隶都命丧黄泉了。这几个奴隶说，阿拉伯人的这次远征已经失败了，如今局势太复杂了，前景难料。起初，阿拉伯人连胜两局：杀死霍里·霍里，夺回象牙，还抓获了不少奴隶和牛羊；随后，阿拉伯人又袭击了乌塞凯，迫使当地人交了赎金，并使之臣服于他们。在此期间，阿拉伯人听说，在距离乌塞凯以北十英里的姆赞扎（Mzanza）地区[16]，当地人阻断了一个携带价值五千美元货物的商队的去路。于是，阿拉伯人没有继续前往坎延耶去解救在那里等他们过去的商队，而是做出愚蠢的决定，兵分三路：第一路把战利品送回卡泽；第二路前往荒原东边的姆达布鲁组建后备部队；第三路由斯奈谢赫、贾富率领，进攻姆赞扎。起初，斯奈谢赫、贾富一路高歌，所向披靡，抢夺了大量战利品，丧失了戒备之心。

胜利冲昏了斯奈谢赫、贾富的头脑。突然，他们由短暂的胜利陷入彻底的溃败。听到戈戈人的呼救之后，一些胡姆巴人加入戈戈人，共同猛烈地袭击阿拉伯人，[098]阿拉伯人四下逃窜。溜得快的阿拉伯人侥幸逃脱，余下的人则被当地人用长矛刺死。无人知道贾富是怎么死的，而斯奈谢赫在跑了一小段路后，叫来一个奴隶，把自己手里的枪给了他，说，"我年龄大了，跟不上你们了；拿着这把枪，我就躺在这里听天由命吧。"之后，无人再见过斯奈谢赫。然而，阿拉伯人的厄运并没有结束。那几个回来报信的奴隶在基古埃遇到第一路人马。第一路人马说，他们遭到马努阿·塞拉的突袭，马努阿·塞拉驻扎在当地的一个村庄，有四百人，一直在等候良机，最终向他们冲杀过来，把他们都打散了。

从最初的悲痛中恢复过来的阿拉伯人，又找到了我，请求我施以援手，因为他们已经元气大伤。马努阿·塞拉已经切断了他们与姆达布鲁之间的联系，姆赞扎的戈戈人又切断了他们与在坎延耶的商队之间的联系。他们听说我不愿卷入这场冲突，于是恳请我至少不要放弃他们，因为马努阿·塞拉已经放言要袭击卡泽。最终，我告诉他们，我已经爱莫能助了，我和他们一样，都有自身的事情要做，一两天后我就要动身了。

3月14—17日。3月14日，穆萨的手下从伦古阿带回了三十九个挑夫。穆萨的手下说，他们总共招募了一百二十个挑夫，并把这些挑夫都带了过来，结果在距这里不到十英里的地方，一些旅行者告诉这些挑夫："你们这些蠢货怎么现在还敢进入卡泽？马努阿·塞拉或已经杀了所有阿拉伯人，或把阿拉伯人之间的联系切断了，正在追击阿拉伯人呢。"这些挑夫惊吓不已，除了三十九人外，其他人都跑了。这一消息实在令人失望，我有"万念俱灰"（beam-ends）之感。[099]不知何故，穆萨的奴隶都不愿意加入我们，阿拉伯人也不愿意让他们的奴隶离开这里，而我们又太缺人手了。当下最好的办法是，我先带一些行李前往伦古阿，邦贝留在穆萨那里，等我到了伦古阿、找到更多人手后，我就派他们过来搬运剩下的行李。临走之前，我把最后一块印度政府送给我的金表送给了穆萨，[17]并交代赛义德谢赫，一旦道路通畅，就把我们的信件和标本带回沿海地区。随后，格兰特、巴拉卡、我的其他手下（除了邦贝）和穆萨手下的几个头领，开始向北进发。我的手下身体恢复得不错，已经能够挑起担子，而穆萨手下的几个头领知道哪里能够找到挑夫。

3月17日，动身；3月18日，抵达马桑盖（Masange）；3月19日，抵达伊维里村（Iviri）；3月20日，进入乌萨加里（Usagari）；3月21日，渡过贡贝河（Gombe）[18]。我们穿过了马桑盖和津比利（Zimbili），决定在伊维里村扎营过夜。伊维里村位于乌年延贝的北部边境。我们在那里见到了几个官员。他们奉姆基西瓦之命，前来征兵，并要把士兵送往卡泽，让他们与阿拉伯人一道抵御马努阿·塞拉的袭击。为此，他们四处走动，摇铃铛，大声吼叫，若没有一定数量的村民聚集过来，他们就要抓村长，没收村民的园子。在这里，我的所有手下也开始躁动不安，纷纷要求提高每日补贴。自从离开卡泽后，我每天都会给他们每人一串用珠子做的项链，以代替之前的布料，让他们自己找吃的。这一补贴算是非常慷慨了，阿拉伯人从不给三人一串项链以上的东西，而且项链的质量也没有我的好。最终，我让他们挨了饿，接着我们继续前进。我们走入两个山群之间的山谷，那里草木茂盛，间或有富饶的种植园。我们进入了乌萨加里。[100]第二天，我们渡过了贡贝河，贡贝河上游称库阿莱河。

3月22日，进入乌恩古古（Ungugu）。我们一路爬到种植园所处的高度，进入乌年贝瓦（Unyambewa）的酋长辛金亚（Singinya）的官邸，他的妻子是我的老朋友，也是已故酋长乌恩古古（Ungugu）的女仆。我们一入官邸，辛金亚妻子就出门迎接我，犹如王妃，和蔼可亲，还请我以后就像以前那样，常常过来看她。我们一行人如沐春风，既高兴，又舒服。她说，她的女主人多年前不幸去世，而她则继承了酋长之位，但继承一事引来非议，所以当地人替她找一个乘龙快婿，最好也是酋长，出身好，人品好，既配得上她，又能领导这里的战士，把这里治理得井井有条。这个乘龙快婿就是辛金亚。只是眼下辛金亚已经率军伐敌在外了。辛金亚妻子说，若辛金亚得知我来了，他一定会因为没有见到我而深以为憾。

3月23日，抵达乌森达（Usenda）。我们继续进发，抵达了乌昆比（Ukumbi），并在当地的一个村庄里扎营，但村民见状后却开始攻击我们，以为我们是他们的宿敌。村民四处挥舞着长矛，拿着弓箭，张牙舞爪。一些挑夫吓得把担子一扔，跑开了。乌昆比地区农耕发达，但当时只有印度玉米成熟了。方形平顶土屋已经不见了，取而代之的是一群小草屋，其周围有高大树木做的木栅栏。

之后，我们继续前进，在乌森达的一个小定居点扎营，其主人是阿拉伯商人，但他有一半黑人血统，名曰桑戈罗（Sangoro）。他养了许多女人，但他当时已经到北方的卡拉圭去做生意了。然而，我们收到的消息是，[101]苏瓦罗拉已经把桑戈罗扣留在乌苏伊了，因为苏瓦罗拉需要借助桑戈罗的枪队来抵御图塔人，图塔人完全以抢掠别人的牛群为生。

3月24日，抵达米宁加（Mininga）。我们交替穿过森林和耕地，间或会见到一些小山。我们渡过贡贝河的一条支流楚安代河

（Quande），进入富饶的米宁加地区，这里有大量仅具有观赏价值的棕榈树。我们在这里遇见一个象牙商人，名曰西尔博科（Sirboko），他的事业垮了，但真是一个大好人，为我们提供了一个舒适的小屋。第二天一早，西尔博科请我在这里稍作停留，因为图塔人最近已经侵袭了伦古阿，那里已经一片狼藉，招募挑夫的话，这里比伦古阿更容易些。我明白，西尔博科一定是听了获释奴及其头领巴拉卡的建议。种种迹象表明，这也是事实，当地农业比我见过的其他地区都更发达，我也确实觉得有必要停顿下来，因为拖着病人进发，实非我愿；而且，我也不愿离后方物资太远。但是，不按照穆萨的意见，我又担心出现差错，所以我叫来穆萨手下的几个头领，咨询他们的意见，毕竟他们最近才从伦古阿回来。他们说，西尔博科所言非虚，也建议我停顿下来。于是，我接受了他们的建议，立即令穆萨的手下出去招募挑夫。

听到这一决定，获释奴高兴得跳起舞来了。而我却担心这里面有诈，于是又叫来穆萨手下的几个头领，说我改变主意了，希望下午就进发。出发时间到了，可不见一个挑夫。我无计可施，只得冷静下来，向穆萨的手下分发礼物，恳请他们竭力把所有人集中起来，并说我相信所有人最终还是会变得好起来的。[102] 西尔博科的关切既令人暖心，也令人感动。他送给我们一些牛、大米、牛奶，让出他最好的房间，一直很体贴地照顾我们，就像我们的父亲一样。若是对西尔博科有戒心，实乃不义。

西尔博科亲述了自己的故事：他过去为桑给巴尔的一些阿拉伯人从事象牙贸易；他刚穿过乌苏伊，就与当地一个酋长发生了冲突，并杀死了这个酋长；而西尔博科安然无恙，当地人死亡人数是他这边的两三倍，余下的当地人四下逃窜，不敢再接近他的火枪；他访问过布干达（Uganda）[19]，当时国王苏纳（Sunna）[20] 还在世；他甚至与乌索加也有商业往来；就在他从北方地区回来的时候，他所居住的村庄发生了一场火灾，所有的财产都被烧毁了，他只得来到这里；机缘巧合，当时图塔人要袭击米宁加地区，当地居民都吓跑了，但西尔博科拦住了当地酋长乌加利（Ugali）[21]。正当乌加利酋长也要逃跑之际，西尔博科

西尔博科的奴隶正在搬运柴火、收割稻谷

阻止了他，并说："若你有勇气跟我一起战斗，图塔人绝不会靠近一步；若图塔人真的过来了，那么我们共生死。"当时，图塔人已经包围了米宁加地区，聚集于周围的小山上，对米宁加地区虎视眈眈；但是，图塔人担心阿拉伯人枪支众多，很快就撤离，米宁加地区恢复了平静。乌加利酋长觉得，有了火器，就有了安全。为了报答有勇有谋的西尔博科，乌加利酋长为他建造了我们现在所住的这座大房子。西尔博科不敢返回沿海地区，以免因为债务而受到处罚。此后，西尔博科一直住在这里，替其他商人做些零工，生儿育女，从事农耕，主要种植稻谷，因为当地人不喜欢吃大米，所以也就不会有人来偷窃了。

[103]3月25日至4月2日。这段时间，我开始工作，搜集、补充标本，绘画。4月2日，穆萨的手下带回了三百个挑夫。于是，我马上派他们把我的书信、标本送回卡泽，通知穆萨、邦贝赶来，立即跟我们会合。就在我们等着他们过来的时候，西尔博科的一个奴隶，当时已经被捆起来了，他向我哀求道："主子（Bana wangi），主子，可怜可怜我吧！我在坦噶尼喀湖畔的乌维拉（Uvira）见过您，我当时还是获释奴；后来在乌及及（Ujiji）与图塔人作战，他们用长矛把我刺伤，任由我慢慢死去；结果，当地人抓住了我，把我卖给了阿拉伯人，从此后一直被关在这里。主子，若你救我，我永不叛逃，一辈子为您效劳。"这番话深深触动了我的心，于是我向西尔博科表达了自己的想法，如果他愿意把这个奴隶交给我，也算一桩善事。西尔博科答应了。我替这个奴隶起了教名法尔汉（Farhan），意为"欢乐"，编入获释奴队伍。接着，我询问贝姆贝人（Wabembe）[22]是不是食人族、是不是也要实行割礼。我很容易就在本贝人的奴隶那里证实本贝人实行割礼。我也确认这个奴隶是食人族。本贝人一旦无法获得人肉，就会用山羊从近邻那里换来生病或垂死的孩子……是不是还有其他食人族我就不清楚了；但是，马赛人（Masai）以及与他们同源的胡姆巴人、塔图鲁人（Watataru）、卡桑盖人（Wakasange）、尼亚兰巴人（Wanyaramba），甚至戈戈人和金布人都实行割礼。

4月15日，邦贝把我余下的物资和穆萨的大量物资运送过来了。令我吃惊的是，穆萨那个老头子并没有过来。我读了赛义德谢赫的书信才得知：我离开卡泽后，**[104]**阿拉伯人站在姆基西瓦这边，打听马努阿·塞拉在基古埃的下落，结果马努阿·塞拉又一次逃跑了；之后，阿拉伯人返回卡泽，却发现穆萨正准备离开卡泽，他们勃然大怒，指责穆萨想抛下他们，劝穆萨放弃北方之旅。所以，邦贝只得带上物资先行一步，穆萨需要拍卖斯奈谢赫、贾富以及其他死了的阿拉伯人的财产。但是，穆萨私下说过，他会在收割完稻谷后，尽快与我在卡拉圭会合。赛义德谢赫还在书信中建议我能走多快走多快，那些阿拉伯人认定我跟马努阿·塞拉互相勾结，若我不即刻离开，他们可能会追击我。

4月2—30日。我实在讨厌穆萨迎合阿拉伯人。4月22日，我派人给他送去一封信，些许透露出我的不悦。我已经给他许多布料，以作为其手下挑夫的报酬，还给了他一块金表和一大笔钱，所以我在信上建议他立即过来，因为把第二批物资送过来的挑夫不愿意去卡拉圭；因此，我又耽搁了下来，坐等穆萨手下的几个头领前往伦古阿，以寻得更多挑夫。五天后，一伙桑戈罗人从卡拉圭过来了，他们说苏瓦罗拉把他们扣留在乌苏伊三个月，抢夺了他们大量财物，极力折腾他们，而他们手下的挑夫都逃跑了。这算不得什么大事，但我的手下连连摇头，不敢设想我们过去的遭遇。感叹之余，我只得派巴拉卡再送一封信给穆萨，表示愿意以五十个奴隶的价格买五十个武装人员，此外，我还会以手下仆人的标准支付他们酬劳。第二天（4月23日），乌加利酋长拜访我们。他是个英俊的年轻人，大约三十岁，**[105]**娶了三十个老婆，却只有三个孩子。乌加利酋长对于我们行李里的各种物件感到非常好奇，他说我们的"睡衣"——其实是毯子——比他的袍服都要好。最令他好奇的是我们的画册，尤其是沃尔夫（Wolf）所画的鸟。

诸事不顺。次日（4月24日），穆萨手下的几个头领从伦古阿回来，说图塔人已经"走了"，图塔人刚刚从伦古阿抢夺了五十头牛，当地居民人人自危，不敢离家，也不敢离开家人。我已经实在没有其他办法了，只能寄希望于巴拉卡。保险起见，我又派穆萨的手下前往卡泽，在原先的人数之上又追加了三十人。

感谢上帝，我尚有足够的耐心。4月30日，卡泽方面捎来一封信，说巴拉卡已经抵达卡泽，但他对穆萨、赛义德谢赫的态度相当傲慢无礼。看完信后，我十分不安。捎信过来的人想要立刻前往伦古阿，招募挑夫，但他对于我所提的武装人员一事只字未提。同时，另一方的信息也传来了，大意如下：卡泽、姆塞内（Msene）的阿拉伯人通过贿赂，把图塔人拉入他们这一边，控制了从乌戈戈到乌苏伊这一整块地区。因此，我本想招募这一带的当地人作挑夫，结果从尼亚萨到乌苏伊一线西边的居民，恐惧于四处流窜的野蛮人，即图塔人，抛弃了土地，没有一人敢出门。阿拉伯人的决定乃愚蠢而仓促，即便他们不打算借助这一邪恶联盟去作战，也会有损于阿拉伯人自身的利益，也不利于我。而且，穆萨也没有过来。于是，我决定立即返回卡泽，[106]打算跟穆萨、阿拉伯人交心谈一次，解决所有问题。

形势如此之局促，我只得做了这一决定。随后，我又决定把剩下来的霍屯督人送回去。剩下来的霍屯督人共有四个，他们虽然希望继续跟随我，但他们一直发烧，患有黄疸病，三个霍屯督人浑身蜡黄，另一个霍屯督人由于肤色太黑，所以没有变色。他们的身体已经经受不住远途折腾了。我觉得自己就像是在卖自己的孩子。我之前想要带他们走完所有旅程，但我现在不把他们送回去，以后就没有机会了。于是，我决定把他们送回去，理性战胜了感性。

5月1—2日，返回卡泽。5月1日早上，我派几个人护送霍屯督人悄悄回到卡泽，自己则于5月2日夜里带十二个手下赶到卡泽与穆萨会面。穆萨告诉我，巴拉卡已经回去了，没有带一个人，因为阿拉伯人与图塔人建立联盟的消息已经传到卡泽，穆萨的奴隶都不敢随巴拉卡过去。苏瓦罗拉已经下令让所有臣民竖起栅栏，保卫边境，声称要杀死每一个胆敢踏上乌苏伊的沿海人。上床睡觉时，我的心已经凉了半截，甚至想抛下所有人，因为没有一个人胆敢挑起担子，跟我一道前进了。

5月3—13日。听说我回到卡泽，巴拉卡也过来了，他也证实了穆萨的说法。阿拉伯人也蜂拥而至，恳求我帮助他们摆脱困境。许多阿拉伯人已经完全破产了，其他阿拉伯人的家里堆满货物，却没有买家。在乌戈戈的一些阿拉伯商人希望到卡泽来，但他们手下的大多数挑夫死于饥荒，所剩无几。当时，马努阿·塞拉到处流窜，日夜开枪，或射杀村民，[107]或把村民赶跑。阿拉伯人说，如果我愿意在他们与马努阿·塞拉之间作调解的话，一定会解决问题。届时，我想要多少武装人员，他们就会给我多少。我说，他们的行动实在是愚蠢，我做任何事都会徒劳无功；他们已经与图塔人建立了联盟，却又不准备采取行动；我骂他们就是傻瓜。他们有些心虚，承认了这一点，但又说现在补救还来得及，如果我愿意站在他们这一边，联盟就可以结束了。简而言之，长时间交谈后，我权衡利弊，做出如下决定：草拟一个和平条约，列出所有条款，若他们日后食言，其全部财产将归为沿海地区所有；请求他们第二天过来，签署和平条约。

阿拉伯人刚走，穆萨就告诉我，他们已经残忍地杀了鲁布加的马乌拉酋长，详情如下：阿拉伯人之谦谦君子哈米斯，在奴隶的陪同下从乌戈戈回到卡泽，听说马乌拉酋长想要求和，于是邀请马乌拉酋长及其儿子过来；马乌拉酋长带着儿子如约而至，还带来一些象牙、牛，哈米斯让他们跪在地上，并让两人与他歃血为盟；就在这时，哈米斯提前安排好的奴隶开枪射杀了马乌拉酋长及其儿子。此事极其令人厌恶，我也感到非常遗憾。第二天，阿拉伯人过来，期待我能帮他们说话；但是，事情已经发生了变化，我质问道，我是马乌拉的保护人，结果他们却杀了马乌拉，如此背信弃义，对于我的帮助如此不信任，又怎么能够指望马努阿·塞拉相信他们。[108]他们倒吸一口气，说："哦，忘掉过去的事情吧，帮帮我们！我们现在只有找您做保护人了。"

最终，阿拉伯人同意了停战协议。但是，除了我的手下外，没有人敢同马努阿·塞拉谈判。我允许自己的手下拿取阿拉伯人的酬金。5月4日，我的十个手下每人拿取了四码布，我还答应等他们回来后可以吃顿大餐。穆萨前妻太胖，入不了穆萨的眼，被穆萨抛弃了，她从私产中给了我三个人，还连连责骂穆萨"没脑子"。她反复劝穆萨跟我离开这里，以防那些欠他债的阿拉伯人把他弄死。但是，穆萨仍然留在这里，等着收回余下的债务，卖掉斯奈谢赫和贾富的财物，就可以收回一部分的债。这两人的财物以五倍价格售出，女奴的价格较低，而每个男奴的价格达到一百美元。霍屯督人和我的一些手下也抵达了卡泽，看到有人正在拍卖他们的"老相好"——斯奈谢赫的女人，纷纷央求我给他们一些钱，把她们买下来。之前在卡泽的时候，这些女人曾是他们的情人，如今实在不忍心看到她们像牛一样，去往无人知道的地方。我没有答应，带着女人只会把队伍搞得混乱不堪。事实上，为了让我的手下放弃在旅途中结婚的想法，也为了激励他们继续前进，我许诺，只要他们在路上不结婚，一到埃及，我就许配他们所有人桑给巴尔的妻子和庄园。

5月6日，以巴拉卡为首的代表团凯旋，回到卡泽，带来了马努阿·塞拉的两个大臣，其中一个只有一只眼睛，我称之为"独眼龙"；还带来了名叫基坦比[23]的酋长的两个大臣。[109] 代表团走了一天，赶到马努阿·塞拉、基坦比酋长的住处。他们受到了马努阿·塞拉和基坦比酋长的热情接待，听了我的提议后，马努阿·塞拉当即接受和解，放弃敌意。他们一致认为，若没有我从中斡旋，马努阿·塞拉永远无法重获自己的一切。基坦比酋长非常热情，希望巴拉卡等人留宿一晚。听说马乌拉酋长惨死后，马努阿·塞拉有些犹豫不决。我的手下作了一番解释，马努阿·塞拉最终退让了，并说："不要留他们过夜了，他们要立即回去。此事关乎我的王国的安危。如果他们不立即回去的话，白人主子（Bana Mzungu）[24] 可能会焦虑不安。"他还坚持认为：会见阿拉伯人的地点只能在乌年延贝，否则有损于他的尊严；而且，他希望所有仪式将在穆萨的住所举行。

第二天，5月7日，我把所有阿拉伯人、我的所有手下和两个头领、马努阿·塞拉和基坦比酋长手下的四个大臣召集到穆萨的"宫廷"。巴拉卡把我草拟的和约放在腿上，向全体人员宣布了其中的内容。阿拉伯人表示同意和约。马努阿·塞拉手下的"独眼龙"完整叙述了整个战争的来龙去脉，语速较快，却颇为雄辩，犹如英国首相。他说，他的主子只反对斯奈，而如今斯奈已经被杀了，所以希望跟阿拉伯人交朋友。阿拉伯人予以回应，颇有分寸，补充说道，他们发现，所有的矛盾只是源于马努阿·塞拉在生气的时候说了一句不明智的话，结果引发了他们与马努阿·塞拉的争吵，因为马努阿·塞拉对阿拉伯人颇有特色的穆斯林成人仪式开了一个下流玩笑。如今，马努阿·塞拉希望与他们握手言和，他们自然会接受我所提出的一切。[110]那个棘手的问题又出现了，阿拉伯人打算把哪一块领地交给马努阿·塞拉？我以为，马努阿·塞拉是想要回原来的领地。"独眼龙"说，以他之见，并非如此，乌年延贝的领地之前也分裂过，这一问题只有另开一次会议、马努阿·塞拉亲自参加才能解决。

5月8—9日，我送走了所有人，立刻派人邀请马努阿·塞拉过来解决问题，如果他不愿意过来的话，我就要继续前进了，因为我不能再耽搁下去了。派去的人刚走，我就请穆萨派一些手下前往伦古阿，请求伦古阿的酋长派一些挑夫到米宁加，把我们所有的行李运到他的府邸。同时，我还希望伦古阿的酋长不要害怕图塔人的威胁，一旦阿拉伯人和马努阿·塞拉缔结和约，我和穆萨就会赶过去，会在他的官邸周围修建栅栏。早些年，伦古阿的酋长为了维持他和卡拉圭的贸易，也修建过栅栏。顺便说一句，穆萨已经下定决心，说他顶多陪我到乌苏伊，保护我不至于被"撕成碎片"，这也是他对于"沿海地区的责任"。为此，穆萨挑选了一些手下。然而，这些手下当时正在忙于把所有阿拉伯人的奴隶转化为穆斯林。尽管我已经给了他们所期望的津贴，但他们坚持说"等此事完成之后才能动身"。仪式，比如我们的受洗礼，有助于宗教传播，犹如在皈依者身上盖上一个有效的标记，以防他们叛教，因为一旦举行了仪式，皈依者所属的部落就不再接受他们了。最终，穆萨的手下动身随我过去。穆萨突然生了病。为了跟我同时离开卡泽，穆萨开始吃其所称的训练药片：[111]掺了糖的干燥玫瑰花蕾。他说，服用十个玫瑰花蕾，足以应对普通病症；如果把同样多的玫瑰花蕾放入米汤或牛奶里煮沸，服用效果更佳。

一些从乌戈戈过来的人，在丛林里迷了路，他们向我们讲述了他们在那里的损失和不幸遭遇，所说的内容令人恐惧。今天，穆萨的土屋里的女人发生了极大的骚动，穆萨的一个女人诞下了一对双胞胎，却是死胎。这些女人四处走动，把自己身上涂上颜色，行为方式极其古怪，悲哀不已，时有尖锐的叫喊声，唱着，跳着，甩胳膊，甩腿，就像喝醉了一样。直到傍晚，她们安静下来，接着收集一大捆灯芯草，又拿了一块布盖在上面，并将之用肩膀抬至门口，仿佛抬了一个棺材。然后，她们将之放在地上，在大门的两边都插上一些灯芯草，所有人都跪在地上，又开始放声哀嚎、尖叫了几个小时。

此后（5月10—12日），有一个人从乌苏伊过来，替一个名曰科延戈（Kyengo）的巫医送来一些象牙给穆萨。这个人说，科延戈是从一个老朋友那里搜集了这些象牙，想从穆萨这里换取一些精良的布料；科延戈已经成为商队领队（mtongi），把所有本地想去布干达的商人召集了起来。对我来说，此乃交友之天赐良机，科延戈是真正能够帮助我的人。由于我没有带任何东西过来，所以我恳请穆萨应允下来，记在我的名下。但是，穆萨却反对这么做，并认为最好的做法是说我即将过去，如果科延戈愿意在乌苏伊帮助我，我再给他一些布料；如果现在把布料交给这个人，他保不齐会把布料拿走。[112]而且，穆萨还极力劝我不要见科延戈。穆萨违背我的意愿，也不听我的建议，此事不了了之。紧接着，苏瓦罗拉也派来了一个信使来见穆萨，询问阿拉伯人与图塔人结盟的真相。信使说，苏瓦罗拉完全信任穆萨；如果阿拉伯人对苏瓦罗拉、穆萨没有恶意，穆萨派出两人，阿拉伯人派出两人，前往乌苏伊；而且，苏瓦罗拉希望穆萨能够送给他一只猫。随后，信使带着一只黑猫返回。穆萨还让信使传话说，我致力于实现和平，阿拉伯人已经接受了我的观点，并要苏瓦罗拉耐心点，穆萨会安排四人跟我一道抵达乌苏伊。

晚上，我的手下又带着"独眼龙"回到营地。"独眼龙"说，马努阿·塞拉非常希望实现和平，跟阿拉伯人交朋友；由于阿拉伯人只字未提姆基西瓦的处置问题，所以他本人不能过来。不妨设想一下，阿拉伯人可能会答复说，他和被他视为奴隶的姆基西瓦共同掌权。处死姆基西瓦是更好的选择。马努阿·塞拉虽然信任我这个白人，但是他一定会像抓野兽一样去搜捕姆基西瓦，只要姆基西瓦没有死，他就不会罢手。因此，和约又被破坏了。晚上，"独眼龙"挥舞着马努阿·塞拉赐给他的弓箭，试图射死姆基西瓦，未遂，于是偷偷溜出了营地。之后，阿拉伯人恼羞成怒，不愿见我，只有书信往来。穆萨的病更重了，但是他不听我的建议，即让他躺在吊床上，这也是治愈其疾病的最佳方法。穆萨总是推三阻四，不愿跟我同去，于是我决定再次北上。我交给了赛义德谢赫更多的信件和标本，令他尽快把霍屯督人送回沿海地区。[113]穆萨说，除非他第二天死了，否则他一定会赶过来，他还说他要把苏瓦罗拉所要的四个人也带来。我倒是真想不久后就听到穆萨的死讯。我知道他不会来了，若他真的决定跟我走，早就跟我一道出发了。

5月13—14日，前往米宁加。我在离开卡泽前，听说马努阿·塞拉已经集合了一支由罗里人、戈戈人、苏库马人（Wasakuma）组成的部队，且已经又一次前往基古埃，而阿拉伯人、姆基西瓦让他们的人吃饱牛肉，准备迎战马努阿·塞拉。据说，马努阿·塞拉财力雄厚，他的父亲丰迪·基拉非常富有，埋了大量财富，除了马努阿·塞拉外，无人知晓埋在哪里。马努阿·塞拉慷慨大方，深受尼亚姆韦齐人爱戴，所有人都认为他有神明庇佑，足以应对阿拉伯人的武器，如果马努阿·塞拉愿意的话，他也能与阿拉伯人周旋。

穿过乌扬贝瓦（5月14日），我第三次受到老朋友，辛金亚妻子的接待。辛金亚派人传话说，他希望我能去他的军营，他已经给我备下一头牛；由于战争，他无法回家，也无法与妻子团聚，而如果回去的话，他就会"失去力量"。

5月15—19日，米宁加。我抵达米宁加后，发现格兰特的病已经康复了，实在太令人高兴了。在我离开这里的几天里，有两头狮子袭击了三个村民。其中两人侥幸逃脱，第三个村民正要进屋时，却被狮子咬住，拖走了，葬身狮腹。此外，格兰特和西尔博科都遭到偷窃，丢了财物。几个小偷一直跑到米宁加与另一个地区之间的边界。然而，[114]此事无须烦心，西尔博科已经通知乌加利酋长，乌加利酋长答应派出巫师，会追查到小偷，除非临近的酋长要包庇小偷。我们等了两天，结果没有一个人从伦古阿回来。我恳请格兰特带着来自沿海地区的手下先行一步，前往伦古阿对面的乌库尼（Ukuni），而我则留下来，等穆萨的手下把挑夫带过来，再把剩余物资挑过去。如此一来，除了老部下外，我只有二十二个挑夫，其酬劳与我从沿海地区带来的人完全一样。与往常一样，我一下达继续行进的命令，就会有很多人说生病了，或是真病了，或是装病。

5月20—21日，**抵达姆比苏（Mbisu）**。两天后，穆萨的手下把挑夫带来了，但这些挑夫只能挑两段路。图塔人随时都可能入侵，所以挑夫们的酋长严禁他们在外工作太长时间。挑夫索要的两段路的酬劳，是从这里到卡拉圭的常规酬劳的四分之一。我也明白穆萨的"苦心"了，怪不得他不过来呢。原来，穆萨待我不诚，前面还会遇到新的难题。但是，每往前走一步都极其重要——因为我的手下在以惊人的速度消耗我的物资——我付清了挑夫索要的珠子。第二天，我和格兰特在乌库尼地区的一个名曰姆比苏的村庄会合了。乌库尼地区的小酋长名曰姆齐梅卡（Mchimeka），他刚刚与农达（Nunda）地区的酋长乌库利马（Ukulima）打完了一场长达两年的战争，而每方只死了三人。夜里，穆萨的手下逃跑了。据说，乌年贝瓦的酋长打完仗后，为了取悦妻子，教妻子射箭，结果误伤了自己的脚。脚伤随后恶化，有致命的危险，于是他叫来巫师，而巫师说，这并不是他妻子的过错，[115]一定是有人在箭上施加了法术。随后，巫师手持"魔角"探查，揪出藏匿起来的罪人。结果，巫师确定四个可怜的人为罪人，这四人立即被处以极刑，酋长的脚伤也逐渐康复了。

5月22—31日，**姆比苏**。我们经历了太多波折之后，遇到了一个名曰乌恩古鲁埃（Ungurue）[25]的向导（kirangozi）。他精通多种当地语言，曾好几次带商队前往卡拉圭。但是，我们后来发现，他确实人如其名。然而，我没有预见到这一点。我相信了他，也相信自己有好的运气，于是开始招募新的挑夫；虽然我开出的价格是其他商人所开价格的三倍，但是当地人来也匆匆，去也匆匆，就是没有愿意加入的。情况一日比一日糟糕。穆萨的几个手下过来替穆萨要一些棕榈酒（palm-toddy），他身体虚弱，都站不起来了，无论怎么做总是觉得冷。然而，穆萨并没有托他们带话给我。穆萨的这几个手下也没有过来看我，我只能推测，穆萨完全忘记了我，关键是，穆萨一直在欺骗我。我也不知道该怎么办。每个人都劝我停顿下来，等收割季节结束再招募挑夫，毕竟乌库尼是乌苏伊最富饶的一块土地。

我们停顿了下来，不知要停留到何时。我们又没有那么多补给。因此，我又一次试着分批前进，格兰特带着获释奴先行前往乌库利马，我则留在后面。分开队伍是为了让我的手下明白，所有人都有责任为集体利益出份力。我的手下和我、格兰特在一起的时候，他们真正关心的不是付出多长时间的辛劳，而是彼此戏弄，我能够给他们提供什么食物。

[116] 村民倒是生活惬意，自酿啤酒（pombe），轮流喝啤酒，从一家喝到另一家。酋长通常可以随意喝任何一家的，且比任何人喝的都多，也会把村里的男男女女召集起来。只见大陶罐放在一排，一群群人用稻草制成的长吸管喝碗里的酒，一边喝酒一边发出阵阵欢快的笑声。酒至微醺，他们开始大喊大叫起来。为了助兴，一两个顽皮的儿童，头上系着斑马的鬃毛，使尽全身的力气，吹着一种类似于巴松管（bassoon）的长管，脸蛋、身体都扭曲了，做出各种下流动作，吸引了众人的目光。这还不算完，重头戏才刚刚开始。陶罐里的酒一空，立即"变成"五面大小不一、音调不同的鼓，并把它们系在一条绳子上，悬挂起来，狂乱地击打起来，所有男人、女人、孩子随着节拍一起鼓掌、歌唱，并跳起舞来，持续数小时。

西尔博科的几个手下过来了，他们之前给我们送过少量大米。他们说，一个阿拉伯人穿过姆萨拉拉（Msalala）北进的时候，被一个小地区的酋长抢去了所有武器，唯一的理由是，在阿拉伯人没来之前，尼亚姆韦齐人一直是自己人做贸易，而且做得好好的，可如今阿拉伯人抢夺了尼亚姆韦齐人的财富，制造了混乱，所以尼亚姆韦齐人以后要像阿拉伯人那样，夺走所有能夺过来的一切。

我的耐心又一次地受到了考验，不禁产生了这样的想法：当地的酋长之所以阻止村里的男人跟随我，是因为当地的酋长想把我留下来，吓走图塔人。于是，我叫来当地的一个官员，他有十三个孩子，都想跟我北进。[117] 我问他知不知道我招募不到其他人的原因。他却闪烁其词，他的借口是一些村民在收玉米以及害怕图塔人之类的别的话。于是，我决定立即动身前往农达，如果在农达也招不到人手，我就带着现有的手下继续前往乌苏伊、卡拉圭，然后再返回，搬运滞留物资。

1234 当季收获的谷物、玉米等　5. 用长拍捶打高粱的男人　6. 一个妇女正在田地上用刀具"收割"高粱，并将之放入篮子里　7. 三个妇女正在用木杵和木臼去除玉米杂质　8. 一个妇女正在用一块石板剥玉米粒

1861 年乌尼亚姆韦齐的丰收季节

乌库利马的村庄

虽然我不愿意跟格兰特分开，但为了英国的利益，我必须这么做。

5月31日，抵达农达。那位向导说，原本有少数人愿意跟我北进，但阿拉伯人在姆萨拉拉的遭遇让那些人都打了退堂鼓。这更坚定了我要去农达的决心。我先去农达，把格兰特留在乌库利马酋长的官邸。格兰特告诉我，乌库利马酋长向他讨要四码布，因为格兰特绕着一头死母狮转了一圈，破坏了乌库利马酋长为保护当地村民、抵御狮子而施加的魔法，不过四码布就可以再一次恢复魔法的效果。[118]乌库利马确实把他杀死的人的手、头系在官邸的柱子上，以示警他人，但是乌库利马酋长确实也是一个善良的人，是一个好人。他有五个妻子，但其他四个妻子必须尊重第一位妻子，她们看起来也非常和蔼可亲。他年事已高，但只要地区有需要，他愿意赴汤蹈火。当地人见他时，会一起鼓掌致意，以示尊重，当地女人见他时，还会像英国王室礼节那样行屈膝礼——可见，当地人尊重乌库利马酋长，而他也是一个伟大的统治者——这在其他小国却难得一见。乌库利马酋长也很好客。有一次，一个酋长过来拜访他，他以相当隆重的仪式接待了客人及其侍从，并让所有村民跳舞，他们击鼓、放枪，一派黑皮肤恶魔乱舞之象。

6月1—3日，在农达停顿下来。我们并不是这里唯一有不幸遭遇的旅行者，马苏迪和其他几个阿拉伯人所组成的大商队抵达姆齐梅卡后，也因缺乏人手，无法继续前进。他们对我说，他们第一次走这条路线，如今后悔不已。他们的挑夫挑着价值五千美元的珠子逃跑了，商队不知道该怎么继续前进了。事实上，他们离开沿海地区，紧随着我们抵达了卡泽。他们也经历了跟我们一样多的磨难才抵达这里，现在也因为缺乏挑夫而滞留了下来。

招募挑夫的希望破灭了。我叫来邦贝、巴拉卡，共同商议一下，我的计划是我带着最珍贵的物品先走。他俩都摇头反对，劝我留在这里，一直等到阿拉伯人从战争的泥潭之中挣脱出来、局势好转之后。届时，阿拉伯人会同我们一道开始"大远征"（sufari ku）。**[119]** 乌库利马和其他人说，如果我只带少数人穿过乌苏伊，我们会被撕成碎片。于是，我一遍又一遍地告诉他们，我已经派人捎口信给卡拉圭的鲁马尼卡、乌苏伊的苏瓦罗拉。我还以哥伦布成功的故事为例：当年哥伦布力排众议，坚持前进，最终永垂史册，恳请他们听从我的意见。

6月3日，在普洪泽（Phunze）扎营。最终，他们让步了。我挑选了所有最珍贵的物品之后，抵达普洪泽，并在那里扎营。格兰特和邦贝则留在后面。根据邦贝过往的诸多表现，我觉得邦贝在我的手下中是最好、最诚实之人。接着，我以"猪"[26]为向导、译员，以巴拉卡为听差，继续前进。然而，获释奴又挑起事端，要求我给他们每人一块布，否则就不挑担子。这一要求当然激发了严重的争吵。我说，我已经给他们很多东西了，他们不能再要了，他们应该自惭形秽。然而，他们说，他们做的是双份工作，就像穿越姆贡达·姆卡利原始森林时那样，不愿意挑担子。

在普洪泽停顿三天。争吵是无用的，也吵累了。他们不明白领取一天酬劳就要做一天工作的道理。其中有几个获释奴还站到我这一边。最终，他们退让了，但我也满足了他们的要求。我们继续前往下一个村庄，但当地人的效率太低，"猪"的孩子还没有聚齐。我们走完第二段路程，抵达一个小村庄，当地酋长是一个年轻人，名曰吉亚（Ghiya）。

6月7日，**抵达吉亚的村庄。**吉亚对我很礼貌，还想把当地最迷人的年轻女人卖给我。令我没想到的是，他兴高采烈地翻看了我的画册，[120]还跟我讨论了不少地理方面的问题，颇有见地。吉亚似乎已经完全明白过来了，只要我沿尼罗河而下，维多利亚湖湖畔就会像桑给巴尔沿海地区一样，他的所在地就能用当地产品换取布、珠子、铜丝，且没有太大的难度。我送了他一件礼物。赛义德谢赫派人送了一封信，信上说穆萨已经去世，而马努阿·塞拉仍然在卡拉圭活动。我回信让赛义德谢赫尽量把穆萨的奴隶送过来，替我效力。根据《古兰经》的教义，穆萨死后，其所有奴隶就都自由了。

6月8日，**抵达乌恩古鲁埃的村庄。**我们收拾行李，准备离开吉亚的村庄。结果，村庄里的所有人都出来了，关闭了出门的栅栏。他们说，我没有给他们酋长足够多的布，所以希望再多要一些。然而，他们很快就发现，我们身处他们自己"要塞"的里面，占据地理优势，只得作罢。随后，我们前往同属一个地区的乌恩古鲁埃酋长的村庄。村民闻讯后，纷纷赶来看我。有趣的是，村庄里的女人还想成为我的妻子，并问我最中意哪一个。她们吵闹不已，甚至我都没有听到村庄里的牛遭到袭击的声音，原来是村庄里的一个男人不愿向其岳父支付聘礼。于是，所有人都飞跑出去看热闹。

邦贝带回最后一个逃跑的挑夫。于是，我再一次与邦贝道别，走了一下午路，抵达了姆萨拉拉区的塔基纳（Takina）。我们刚踏上塔基纳，当地人就全部出来了，用弓箭向我们发起攻击。他们并没有造成伤亡，只是发出警告而已，但邻近村民却趁机偷走了我两头牛。我的几个手下一路追了过去，结果小偷进入栅栏里，关上了栅栏门。[121]我的几个手下大声喊叫，要这些无赖把牛还给我们，但他们就是不愿意，还说："根据当地的规矩，谁捡到归谁的；既然我们发现了这些牛，它们就归我们了。"看到获释奴过去追牛，我倒是非常高兴，因为那些获释奴从不把我托他们看管的东西放在心上。于是，第二天一早，我没有让他们再去吵闹，我自己直接去拜访地区酋长姆永加（Myonga），他以敲诈勒索而臭名昭著，不择手段，甚至封锁道路。

6月9日，姆永加。我们接近姆永加府邸时，四周的每个村庄都敲起了战鼓，没有姆永加的允许，乌恩古鲁埃不能往前走了。不久后，酋长说他从未去过沿海地区，但其岳父告诉他，白人甚至比沿海地区的苏丹还要有权势，所以酋长很想见一见白人。一靠近官邸，就有人把我领入一个新修建的小屋安歇；虽然我知道格兰特希望停下来休息，但我确实不希望在这里停留，所以我不愿意进去，并派巴拉卡尽快交付过路费，然后我们继续前进。同时，我也交代巴拉卡要向酋长表达我和格兰特的态度：所交付的过路费都是出于我的私人财产，希望我们能够坦诚相待；如果酋长谈起被偷的那两头牛，那么就告诉他，我们不能再等下去了，我的兄弟等不起了，如果我们不能完成这趟旅程，尽快把他送回去，他可能会命不久矣。随后，巴拉卡带着一队人离开了，连开数枪，一直到晚上，巴拉卡才回来了。鼓声响起，谈判结束了。最终，我们需要向姆永加支付一块巴萨蒂布、一块卢戈伊布（lugoi）、六码梅里卡尼布。[122] 巴拉卡凯旋，说了他处理此事的过程。姆永加不想见我，因为他不懂沿海地区的语言，但非常满意于我的礼物，并说阿拉伯人对他实在太坏了，从来不走这条路线，到处说他是个坏蛋。姆永加乐意见见格兰特，也不会向格兰特索要任何东西。虽然姆永加没有见我，但如果我不在他那里住一夜的话，他会觉得受到侮辱。同时，他会让人把那两头牛还给我们，他可不想让任何人说他属地的坏话。

我的手下展示了射击和刀剑之术，逗得姆永加开心不已。我知道，我们逗留越久，布料就会损失越多。于是，我下令立即进发，但我的手下却显得犹犹豫豫。我说，如果他们不肯走的话，那我就把那两头牛送给村民，省得他们老想着那两头牛。这话一出，群情激荡。没有一个人愿意放弃这两头牛。此外，他们还说，白天早已经过去了，远处除了丛林，别无一物。乌恩古鲁埃也无法给我们引路，也没有人愿意挑起担子。接下来又是一片混乱，我知道他们是在说谎，但我不愿意入村。就在我的手下进村的时候，我开枪射杀了还回来的那两头牛给村民吃，以此向我的手下表明，我什么也不关心，只想继续前进。我们露营了一夜。果不其然，第二天一早，酋长派大臣过来说，姆永加的姐妹和家里其他人哭了一夜，也折腾了酋长一夜，抱怨酋长这么轻易地就放我走，还说他们没有衣服遮体，我必须给更多东西才行。于是，又引发一场争吵。鼓敲起来了，又索要过路费了。但是，我不能支付更多过路费了。[123]然而，乌恩古鲁埃说，如果不给他更多东西，他就不愿动身，以防姆永加在他回来的路上抓他。他的孩子们也这么说。况且，倘若我跟姆永加闹僵，格兰特将只会遭遇不测。于是，我又多给了四码梅里卡尼布，接着自己动身出发了。

我带着一行人走了数英里路，其间见到一些村庄，之后又在丛林里走了很久，那里的动物主要有羚羊和犀牛。从外观上看，这片丛林比乌尼亚姆韦齐绝大部分地区都更荒凉，丛林里还有一条贡贝河的支流，当地人称之为努尔洪古雷河（Nurhungure），它也正是伟大的月亮之地与乌津扎王国的分界线。

CHAPTER 6

乌津扎

❦

[124]6月10日，跨过乌尼亚姆韦齐边境，进入乌津扎。我们进入乌津扎，当地的两位酋长是希马人，即阿比西尼亚人（Abyssinian）后裔。乌尼亚姆韦齐全境都有希马人，甚至南方的菲帕（Fipa）也有希马人。但是，旅行者几乎看不到希马人，因为他们是游牧民，会带着牲畜四处迁移，在远离农耕区的地方搭建营房。在希马人入侵前，这里的地区小酋长都是当地人，也接待过往旅行者，并跟他们做生意。希马人的衣着非常简单，穿着干牛皮制成的衣物，戴着黄铜手镯以及其他"附有魔力"的装饰品，小腿上还套着大量的薄环，就像长筒袜，看起来非常不便于行走。他们把全身涂上有腐臭味的黄油，而不是头油（macassar），只有黑人的鼻子能够接受这种味道，其他人

津扎人

都受不了。[125]弓箭和长矛是当地人的常规武器，但最主要还是长矛。南部地区的津扎人（Wazinza）与尼亚姆韦齐人长得很像，不仔细观察，基本看不出有何差别。北方地区多丘陵，当地人精力更加旺盛，善于造房。所有人都居住在由草屋组成的村庄里。南部地区的村庄周围建有栅栏，而北部地区的村庄是开放式的。乌津扎海拔较高，越是接近月亮山脉的地区，其海拔越高。总的来说，与我们之前经过的地区相比，乌津扎农耕发达，周期性降雨量更大。泉水并不多见。我以为，这里与月亮之地应该一样，山泉多出于小山的侧腹。

穿过几英里低矮丛林后，我们来到为图塔人不久前所摧毁的村落。我们希望找到一个新修建的村庄，我们继续前进，走了很远才见到一个。当地酋长名曰马丰布·万图（Mafumbu Wantu）[1]，我们觉得当地人都是野蛮的掠夺者。当地村民以为我们是乔装打扮的图塔人，不让我们入村。这些野蛮的村民说，图塔人曾经谎称自己是象牙商人，进入村庄，而他们真实身份是细作。"球先生"同姆永加一样，以敲诈旅行者而臭名昭著。于是，我们继续前进，抵达乌津扎第一个大村庄博古埃（Bogue）。村里人口众多，[126]所以我打算在这里招募一些挑夫，并派人回去把格兰特接过来。然而，我却招募不到足够多的挑夫，只得把那些愿意过来做挑夫的人立即派出去，去为格兰特做事。

6月11日，鲁海（Ruhe）的地盘。博古埃汇集了四面八方的人，他们要一起攻打姆永加。当地酋长鲁海听说我来了，立即请我到他府邸做客。他说，他要见我，他从没有邀请过白人来家里做客。听说我来了，鲁海非常高兴，撤退了军队。鲁海总是对我呼来唤去，我真想快点离开这里。乌恩古鲁埃与鲁海有亲戚关系，他发了"猪"脾气（in the most piggish manner），坚持要求我留下，严格遵守当地的规矩，否则他和孩子们不会再为我带路了。最终，我妥协了，前往鲁海的府邸，柱子上悬挂着敌人的头骨。然而，我没有见到他，因为他害怕见到我"那双邪恶的眼睛"。我只好派巴拉卡出面解决过路费问题，就像与姆永加谈判那样。我告诉巴拉卡，过路费只能限制在一块巴萨蒂布、四码基尼基布之内。

6月12日，抵达米汉博（Mihambo）。鼓声响起，谈判结束了。鲁海把我们放行了。我们动身前往米汉博，该地处于乌津扎东区乌坎加（Ukhanga）的西部边境。站在米汉博，能够俯瞰隶属于西区乌苏伊的索龙博（Sorombo），索龙博的酋长名曰马卡卡（Makaka），也以敲诈勒索而声名狼藉，没有一个阿拉伯人愿意接近他。马卡卡的府邸位于我们的必经之路，但我也不想接近他，我的手下也一致认为应该绕开东边。[127]我甚至向"猪"承诺，只要我们每日前进十英里，避开所有酋长，我将在他原来的报酬基础上每天再多给十条项链。如此一来，我们还能避开四处游荡的图塔人，他们的抢掠行径几乎已经使得这片地区沦为一片废墟。然而，事与愿违，"猪"为了满足一己之私，竟然"陷害"我们。他瞒着所有人，把我们直接带入索龙博，再去卡拉圭。² 索龙博的一个小酋长名曰姆丰比（Mfumbi），我们一到他的地盘，他就采取敌意立场：在我们支付过路费之前，他禁止任何臣民卖给我们粮食，因为他不清楚我们是不是与图塔人有勾结，是不是过来掠夺财富。我送给他一块巴萨蒂布、两码梅里卡尼布、两码基尼基布。鼓声响起，过路费问题解决了。但是，有人告诉我，大酋长马卡卡就住在这里以西十英里的地方，离我所走的路线很远，但马卡卡也派人捎口信，邀请我过去。马卡卡还说，他是这一地区的大酋长，我应该去拜访他。而且，马卡卡非常想见一见白人。他曾经穿过布干达和乌索加，去过马赛人的王国——姆萨瓦（Masawa），也曾在沿海地区见过阿拉伯人和印度人，却从未见过英国人。马卡卡还说，如果我愿意过去，他可以把我引荐给苏瓦罗拉国土（makama）。当然，我很清楚这里面的意思，于是婉言谢绝了他的邀请，并做出承诺，派巴拉卡为他带去一份礼物，以示结交之谊。

我们不得不在索龙博稍做停留。马卡卡不愿接受这一结果。他说，送给他礼物自是理所应当，但更重要的是见我。巴拉卡和其他手下都劝我让步。他们以为，马卡卡应该是一个好人，否则不会发出如此善意的邀请。因此，我再固执己见，那就毫无意义了。如果我不听从他们的意见，就没有一个人愿意挑起担子了。[128]在姆丰比的陪同下，我心不甘情不愿地前往马卡卡的府邸，而这时姆丰比简直就像是与我交情匪浅的老友。但是，前景如何呢？一踏入马卡卡府邸的大门，就有人把我们带到一个既没有树，也没有遮阴处的牛舍。如果没有支付过路费，无人敢卖给我们粮食。

当天，过路费没有谈妥，我的手下只能空着肚子上床睡觉。巴拉卡曾送给马卡卡一块普通布料，随后又送了一块，可马卡卡断然拒绝了，退了回来，巴拉卡完全蒙了。马卡卡只想要一块代奥莱布（deole）[3]，舍此之外什么都不要。我抗议道，我没有代奥莱布，而且在姆贡达·姆卡利的时候，我从沿海地区带过来的高档布料全部被人偷走了。其实，我还有三块代奥莱布——是以每块四十美元的价格从穆萨那里购买的——而我打算将之献给卡拉圭国王和布干达国王。

马卡卡与我们交锋了好几个小时。最后，巴拉卡安抚了这个纠缠不休的年轻酋长。巴拉卡说，他有一块代奥莱布，可以献给马卡卡。后来的事情说明，这一做法实在是再糟糕不过了。巴拉卡把代奥莱布送到我的帐篷，告诉我这块代奥莱布是他花八美元在沿海地区买的。我让巴拉卡把这块代奥莱布送给马卡卡。马卡卡拿到后，立即就要求我们再送给他一块。马卡卡以为，白人不可能没有大量布料。每当马卡卡遇见阿拉伯人，阿拉伯人都说自己是穷人，但阿拉伯人都是从白人那里赊购商品，然后再把销售象牙的大部分利润交给白人。

6月16日，停歇下来。当晚，我拒绝了马卡卡。第二天，一番唇枪舌剑之后，巴拉卡交付了一块杜巴阿尼布、一块萨哈里布、一块巴萨蒂布、一块基苏图布、八码梅里卡尼布。马卡卡的贪婪实在令人作呕。[129]巴拉卡交付完毕后，马卡卡还安慰巴拉卡说："这些礼物是友谊的见证；如果你早把代奥莱布拿出来，哪里还有这么多麻烦事？你们会明白的，我可不是一个坏人。"交付过路费后，我的手下终于在这里吃上第一顿饭。然而，这次的过路费问题算是轻易解决了。马卡卡还说过，如果没有那块代奥莱布，我们应缴的过路费至少是现在的两倍。果真这样的话，我的物资将会流失不少。看到我心痛不已，"猪"笑道："是的，这些酋长都是野蛮人，全都一个样；从这里到乌约富（Uyofu）[4]，每一站都需要缴纳过路费，这次只是起点。别看这些人端着酋长架子，他们其实不过是苏瓦罗拉手下的官员而已，而且他们必须要向苏瓦罗拉进贡，稍有不当之处，苏瓦罗拉就会大发雷霆。"

　　鼓还没有敲响，因为马卡卡说我们需要交换礼物，以此证明我们是最好的朋友。为此，我把即将送给马卡卡的礼物准备好，而马卡卡会带一头公牛过来拜访我。我还必须向马卡卡行礼，否则他不会令人敲鼓。我从未遭遇如此奇耻大辱，但还是下令我的手下在马卡卡走近我的帐篷时鸣枪致意。我吞下这份屈辱，见到这位年轻的酋长之后，装作什么事情也没有发生。然而，我的手下没有在马卡卡到来时立即射发足够多次枪声，而马卡卡又是急脾气，希望别人都要一窝蜂似的做事。第一枪刚刚打响，他就说道："现在，再开枪啊，再开枪啊；快点，快点！这些玩意（枪支）究竟还能有什么用？就在你们上膛的时候，我们就可以用长矛刺穿你们。我告诉你们，快点，快点。"[130] 巴拉卡倒是懂规矩，说："不行。我必须首先告诉巴纳（Bana，即斯皮克本人），我们要按照规矩做事，这毕竟不是打仗。"

　　一切准备就绪，我的手下听从号令，鸣枪致意之后，这个年轻酋长进入我的帐篷。我让马卡卡坐我的椅子。结果，我发现，马卡卡穿的那件由巴萨蒂布做成的衣服还有一块布滴着染料，把我的椅子都染成黑色了，而他衣服所用的布料正是我送给他的巴萨蒂布。为了使其色泽更亮丽，马卡卡又用臭气熏天的黄油浸透了这块巴萨蒂布，然后将之缠在腰上。马卡卡三十岁左右，外形俊朗，前额上系着一个用大海贝根部切割成的圆形头冠。此外，他还佩戴了各种各样的羚羊角，里面填满了"魔粉"，以"辟邪"。侍从对马卡卡极尽奉承之能事，马卡卡打喷嚏时，侍从会打响指以掩盖喷嚏之声。寒暄一番之后，我又送给他一块巴萨蒂布，以示友谊，询问其在马赛人之地的所见所闻。他告诉我，"那里有两个湖，不是只有一个湖"，他从乌索加到马赛人之地需要渡过一个宽阔的海峡，这个海峡把巨大的维多利亚湖和东北角上的另一个湖连在一起。[5] 马卡卡性子急，一回答完我的问题，就急不可耐地说："我已经回答了你的问题，你该让我看看你所拥有的一切东西，让我们成为好朋友吧。第一天，我没有见你，因为你是个陌生人，我必须先看看魔角，以确认见你合不合适，安不安全。结果，我看到你所走的路线将来会繁荣起来。其实，我非常乐于见你，因为我的父亲和我的祖辈在有生之年都没有机会见到白人。"

接着，马卡卡查看了我的枪、衣服和其他东西，还乞求我送给他一些东西。马卡卡要看画册，看到那些鸟后，他特别高兴，[131] 甚至还想用长指甲去扎画中的鸟毛。那个长指甲就像是中国贵族所养的长指甲，以示他们是肉食者。随后，他的目光又转向那些动物标本，每见一个就吼叫起来，并叫出它们的名字。随后，他又看上了牛眼灯（bull's eye lantern），我不得不佯装生气，以打消他的贪念。他接着又向我索要火柴（lucifer），他极其迷恋这些火柴，我感觉自己好像永远都摆脱不了他了。他想要一盒火柴，而我却说不能给。他继续乞求，我继续拒绝。我决定换一把小刀给他，但他不同意。他的魔角告诉他，这些火柴才是真正值钱的东西。我费尽周折，最终用一双拖鞋打发了他。马卡卡当着我的面就把自己脏兮兮的双脚伸了进去。他的行为实在令人恼火，于是我拒绝了他送来的公牛。但是，马卡卡却亲切地说，他将考虑一下，我可不可以用价值相当的布料来代替本应给他的第二块代奥莱布。

我真的在考虑，要不要一枪崩了这个酋长，以"回敬"他对我的压榨，也起到以儆效尤之作用。但是，"猪"说，阿拉伯人在乌贝纳（Ubena）也遭受如此待遇，不过阿拉伯人觉得立即缴纳过路费、按照当地酋长的要求去做是最佳选择；若我想赶紧启程，那么就接受那头公牛，再交给马卡卡一块代奥莱布。巴拉卡说："只要您下令，我们就击毙他，只是别忘了格兰特还在后面呢。一旦开枪，往后就要杀出一整条血路来，因为这一地区的所有酋长都将与您为敌。"

于是，我只好立即派"猪"和巴拉卡去谈判。一切谈好后，鼓声敲响了。马卡卡过来了，以极其幽默的方式告诉我，我随时都可以走，但走之前，他希望我能送给他一支枪、一盒火柴。简直欺人太甚！[132] 马卡卡无休止地胡搅蛮缠。在此期间，巴拉卡发烧了，我也感到身体不舒服。我说，倘若再要枪或火柴，我将与他斗争到底，我来这里可不是为了吵架的。于是，马卡卡退让了，请我让我的手下去他的府邸外面放几枪，因为图塔人就住在他的地盘西侧一排小山的背后，他希望以此来告诉图塔人，他已经有了一支力量强大的部队。

我答应了他的这一请求。这一虚张声势的请求说明他有点聪明，但所谓的"聪明"很快就转变为笑话。当晚，图塔人就袭击了他的村落，杀了三个村民。幸好我的手下一看到图塔人过来，就及时赶过去，向空中放了几枪，把图塔人赶走了，这才没有让村落受到更大损失。放了几枪后，我的手下就跑回营地，像往常一样，自吹自擂起来。

第二天一早，我下令队伍继续前进。我则跑到野外去进行常规的纬度测量。巴拉卡同我手下的另一个获释奴——瓦迪莫约（Wadimoyo）一道陪我，但是他们惊恐不已，窃窃私语。我隐约间听出他们交流的是一个坏消息。他们说，我们的行程又要耽搁下来了：此事重大，而且处于关键当口，不说为妙。我说："一派胡言！立即告诉我，我们是胆小鬼吗？难道我们不能像个男人那样说话吗？立即说出来。"

随后，巴拉卡说："我刚听马卡卡说，几分钟前，一个从乌苏伊回来的人说，苏瓦罗拉突然对阿拉伯人大发脾气，在乌苏伊扣留了一个阿拉伯人商队，还把这批阿拉伯商人分开关押在不同的房子里，并向村庄里的官员下令：倘若图塔人来犯，[133] 立即把所有阿拉伯人处死。"我说："巴拉卡，你怎么这么傻？你还没有明白这是谎言吗？马卡卡只是想把我们留在这儿，以吓跑图塔人罢了。你清醒一点，要像一个男人，不要让这些有的没的把自己搞得一惊一乍。你总是对我唠叨，说邦贝是'大人物'，你是'小人物'。邦贝绝对不会因为这些小招数而心生害怕。你有没有想过，我把你选入我的队伍，如果你跟着我，完成这趟旅行，你将会声名大噪。所以，不要放弃，尽量鼓励大家，第二天早上出发。"同从前一样，我又提到佩瑟里克的远征队，说我已经安排了与北方过来的白人会面一事，鼓励大家自信一点。最终，巴拉卡说："好吧。我不害怕了。我将按照您的意愿去做事。"但是，就在巴拉卡和瓦迪莫约走开的时候，我却听到瓦迪莫约问巴拉卡："他不害怕吗？不打算回去吗？"起初，我还有些不以为意，但后来我有些警觉，我觉得不是马卡卡，而是他们编造了那个故事。

马卡卡的人在村庄里巡逻了一整晚，不停地敲鼓，提醒大家小心图塔人。第二天一早，所有挑夫和"猪"的孩子全都不见了。他们走的走，躲的躲，还留下话说，他们可不是傻子，不会再往前走了，图塔人四处出击，会在半路上切断队伍。实在太令人沮丧了。

我知道这些挑夫没有逃远，于是派"猪"去把他们叫回来，我们可以再讨论一下。然而，无论我说什么，他们都坚决不愿再往前走一步。大多数挑夫是乌坦巴拉人，图塔人侵袭过他们的故土，毁灭了他们的家园，杀光了他们的妻儿老小，[134]夺走了他们所珍视的一切。他们不想抢走我的东西，也不想离开我，但都不愿意向前多走一步。随后，马卡卡也过来了，说："就待在我这里吧，等风头过去再走。"但是，巴拉卡比其他任何人都更畏惧于马卡卡，他说，不能留在这里，他可以做任何事情，就是不想留在这里。马卡卡的强盗做派令巴拉卡心有余悸。随后，我对我的手下说："如果你们不愿再向前走，那么我觉得最好的办法就是返回博古埃的米汉博，在那里建一个仓库，存放所有物资；如果'猪'愿意带格兰特去见苏瓦罗拉，并请苏瓦罗拉派给我八十人，我愿意给'猪'一担或六十三磅的姆齐齐马（Mzizima）珠子[6]；我将前往乌尼亚姆韦齐，看看已故的穆萨还有没有手下可用，随后再与格兰特会合。"巴拉卡立即反驳道，"您想让我们送死吗？您觉得我们见到苏瓦罗拉后还能活着回来吗？您可以一等再等，但我们恐怕再也回不来了。"我回答说："巴拉卡，不要这么想。如果邦贝在这里，他一定会立刻动身。苏瓦罗拉已经知道我过去，他一定盼着我们留在乌苏伊，就像马卡卡想把我们留在这里一样，所以他不会伤害我们，而且他上面还有鲁马尼卡呢，而鲁马尼卡也希望我们过去呢。"巴拉卡听后非常绝望，说如果"猪"去，他就去。然而，"猪"也不愿意接受我的安排，但他说，兹事体大，他要用一晚上的时间来问问魔角，等第二天我抵达米汉博再告诉我答案。

6月19日，返回米汉博。第二天，我们抵达米汉博。所有挑夫把工钱还给我，说他们不愿意去，无论怎么样也不能让他们再往前走一步了。我没说一句话，但失望透顶。我给了他们应得的那一部分工钱，[135]示意他们可以离开了。随后，我去找"猪"，让他给我一个明确的答复，虽然没有一个手下愿意继续前进，劝"猪"也没用，但我还是想劝劝"猪"。所有人都说乌苏伊是一个火坑，我无权让他们作出无谓的牺牲。果不其然，"猪"最终拒绝了，说即便给他三担珠子，他也不改初衷，因为所有人都反对；他说，倘若丧命，这些珠子又有什么价值？事情简直糟透了！所有人都一致反对我的决定。于是，我命巴拉卡把所有物资都搬到了栅栏中央，这也是最坚固的住所了。我让巴拉卡拿出一些珠子，以供所有手下日常开销，并令巴拉卡挑选一些人，随我返回卡泽。我说，如果我招募不到我想要的所有挑夫，我会找一个胆大之人跟我一道前往乌苏伊；如果还行不通，我就返回桑给巴尔招募人手；无论怎样，我决不放弃这次旅行。

这一番话依然没有触动巴拉卡，他一声不吭，闷闷不乐地开始挑选一些人，随我一道返回卡泽。起初，无人愿意跟我返回；随后，他们开始起哄，索要更多珠子，抱怨不迭，说他们一直被呼来唤去，而我不听取他们的意见。其中，最大的抱怨是我给乌尼亚姆韦齐那帮临时挑夫的钱比他们这些长工的还多，他们说，"人为刀俎我为鱼肉"，我以自己的喜好随意摆弄他们，他们不愿再忍受这一切了。然而，他们不得不忍受这一切。第二天，我终于说服了他们，把我的帐篷和财物交由巴拉卡照管，踏上返程之路。一路上，我咳嗽不停。此时正值一年里的干燥月份，从东面刮来的寒风一遍又一遍地吹向高原，我想这是非洲特有的哈麦丹风（Harmattan），会刮六个月。

[136]第二天，我又一次与格兰特会合。他已经带着在索龙博招募到的几个人赶过来。于是，我把自己在索龙博的所有遭遇告诉了他，我的手下全都吓得不敢走了。我由衷觉得，这次旅行前途未卜，我不知如何是好。最终，我下定决心，如果所有努力都失败的话，我就找个木筏，从维多利亚湖南边溯源而上，进入尼罗河。我咳嗽得一天比一天厉害，不能侧躺，夜不能寐。与格兰特相聚一天后，我的心又激动，又焦虑。第二天，我带上邦贝，继续前进，在姆齐梅卡吃了早饭。

在姆齐梅卡，"猪"说，要是他接受我允诺的珠子就好了，他跟他的酋长谈了此事，酋长认为我的想法是正确的。"猪"还说，巴拉卡和获释奴说的都是谎话，若不是他们当时阻拦，他已经去乌苏伊了。他还说，他现在希望我带着他和邦贝一道去乌苏伊。虽然我有点想接受他的提议，如此一来，我们就不必再返回卡泽了，但是他已经欺骗我多次，我已经不相信他了，除非我能找到一些沿海地区的译员，他们不会像"猪"那样，跟当地酋长联合起来敲诈我。随后，我赶到了西尔博科的家里。第二天，我跟西尔博科谈及我的计划，谈了一整天。西尔博科认为，沿湖漂流是一个好办法。但是，他认为，除非卡泽商人一起北上，否则我没办法穿过乌苏伊，而且我也不能强迫我的手下过去；如果我不能约束手下，他们都会跑掉。

我咳嗽得越来越厉害了。第二天，进入乌恩古古（Ungugu）前，我们翻越了一座小山，当时我就像一匹老马，气喘吁吁，体力不支，不得不休息了一天。又走了两段路程后，我们于7月2日终于抵达卡泽，[137] 来到穆萨长子——阿卜杜拉（Abdalla）的家里。如今，阿卜杜拉已经不再是那个整日醉醺醺的混小子了，成熟了不少，但他跟他父亲穆萨一样，喜欢整天蹲着。我觉得穆萨的住所已经不同于往日了，当地人没有像尊重穆萨那样去尊重阿卜杜拉。赛义德谢赫在替阿卜杜拉做事，也是阿卜杜拉家里的常客，那些霍屯督人吃羊肉，身体恢复得不错，当然那些羊肉也是我提供的。听说我遇上了困难，阿卜杜拉就像他父亲早前所做的承诺一样，表示自己会跟我同去，但他有一个商队滞留在乌戈戈，所以他必须再等等。

当时，马努阿·塞拉在基古埃，已经与当地酋长结盟。但是，马努阿·塞拉的胜率似乎不大，因为阿拉伯人已经与附近酋长结盟，其中也包括基坦比酋长。现在，阿拉伯人的势力已经包围了马努阿·塞拉，切断了马努阿·塞拉的水源。阿拉伯人每天都在期盼听到马努阿·塞拉投降的消息。最新的消息是，阿拉伯人这一方，一人死亡，两人受伤；马努阿·塞拉一方，损失惨重，深陷绝境，情急之下的马努阿·塞拉向阿拉伯人大喊，如果阿拉伯人要杀他，他就会再逃出去；阿拉伯人回应说，无论马努阿·塞拉逃到山顶，还是下到地狱，他们也要抓到并处死他。

7月3日。历经许多挫折，我倍感失望，我已经明白：只有战争结束，阿拉伯人去乌戈戈拿回滞留在那里的财物，我才能招募到足够多的人手。我招募了两个向导，一个名曰布伊（Bui），个头不大，颇

格兰特与乌库利马共舞

为自负，是阿卜杜拉送来的；另一个名曰纳西布（Nasib），旅行经历丰富，是丰迪·桑戈罗送来的。这两个奴隶认识当地所有酋长，会说当地各种语言，甚至包括布干达的酋长和语言，[138]他们还答应跟邦贝一起前往乌苏伊，为格兰特、我招募到足够多的挑夫，以便我们继续前进。当我提及巴拉卡和获释奴已经吓坏了一事，两个向导乐坏了，说穆萨以前也胆小怕事，而那些人，尤其是巴拉卡，他们在第一次离开卡泽时就下定决心，不愿进入乌苏伊，也不愿再北上了。

我向两位向导开出了跟邦贝一样的薪酬。同时，我也想从阿拉伯人那里买一些珠子：如果我想去贡多科罗，就需要多储备珠子。然而，阿拉伯人的开价是市价的二十倍，我的计划落空了。因此，我致信里格比上校，请他派五十个武装人员带上珠子和布料前来支援，这将至少花掉我一千英镑。7月5日，我们又一次向北进发。

我们的行进速度很慢，途中不断有人生病。直到7月11日，我才又一次见到格兰特。格兰特的身体已经好了起来，甚至在鼓声伴奏下，可以跟乌库利马一起跳舞了。我必须再等一小段时间，替布伊、纳西布、邦贝找到一个当地的向导，由这个向导带领他们穿过丛林，前往乌苏伊。其间，我和格兰特射杀了一些珍珠鸡，以作膳食，也借此放松一下心情。不久，我们接到消息：苏瓦罗拉听说我一直想过去拜访他，而关于他的一些恶毒的传言却让我止步不前，所以特别不悦。这个意外的好消息令我欣喜不已。我更加坚定了自己的看法——巴拉卡确实是懦夫，我建议邦贝去劝劝巴拉卡，克服懦弱心理，清醒过来，去做他之前害怕做的事情。邦贝说："我当然愿意去劝。遇上困难只知逃避，只关注事情的表面而不去深入思考，简直愚蠢至极；况且在非洲，敲诈勒索屡见不鲜，谁都不明白那些'野蛮人'究竟在想什么，[139]每个人都只有一条生命，冥冥之中自有上帝安排。"我说："说得好！只要你一直这么想，我们就会一往直前。"

我们终于在当地找到了一个向导，与他一道前来的还有"猪"的几个手下。这几个手下之前就已经回来了。他们说，大家都想跟随我，只是巴拉卡和其他人把他们吓住了。我彻底明白了，于是决定改变计划。一抵达巴拉卡的营地，我就动员所有人一道前往乌苏伊。我认为他们现在不会再拒绝前进了，因为苏瓦罗拉已经发出了邀请，倘若只派邦贝等三人前往乌苏伊，而把其他人留在原地，这太浪费时间了。

与格兰特分开是我最不舍之事，却又无可奈何。一切安排妥当后，我跟格兰特道别——彼此都说要尽最大努力——踏上新的旅程。不妨设想一下吧，不能让自己的手下与我同心同德，真是可怕。我的手下尽是些头脑不开窍的傻瓜，其中有些人之前也旅行过，理应懂得更多。如果他们不开窍，我跟当地酋长打交道的经验、金钱、枪支也发挥不了作用。

我接到了更多关于苏瓦罗拉的消息，也都表达了邀请我们过去的意思。一路无话。最终，我们抵达了边境地区的姆萨拉拉。当地官员是姆永加的手下，但他声称自己权势盖过酋长，要求我缴纳过路费，我拒绝了。一番争吵之后，他竟然从纳西布的手中抢走了枪。我觉得这并不是多大的事情，但会耽搁我们的行程。如果我去姆永加的府邸，告他一状，姆永加肯定不允许他胡作非为。然而，我还没有发话呢，惊恐不已的布伊、纳西布就交付了四码梅里卡尼布，把枪换了回来。[140] 为此，我们发生了争执。布伊胆小、处事草率，而我秉持"驾驭领主"的"压制"处理方式，如果动辄妥协，我无法带领队伍走下去。

7月18日，我们在鲁海家吃过早饭，然后走入米汉博，整个营地的人都吓了一跳。营地升起了英国国旗，高于所有树木。巴拉卡说，之所以如此做，是要提醒图塔人，这里有配备枪支的人。自从我离开之后，图塔人抢掠了周边所有村庄，所以升英国国旗也是必要之举。卢梅雷西（Lumeresi）是米汉博的酋长，住在营地以东十英里处。卢梅雷西三番五次强迫巴拉卡离开营地，前往他的府邸。我们避开他，而去了鲁海家，卢梅雷西觉得这是对他极大的侮辱。他说，他不想要什么财物，但访客住在其子民——鲁海的家里，而不住他的府邸，这是说不过去的。他还认为，巴拉卡执意如此，定是受到村里头领的影响。卢梅雷西威胁说，如果巴拉卡不立即拜访他，他就砍了村里头领的人头。随后，他又改变了主意，禁止村民卖给我们粮食，以使巴拉卡等人屈服，而且还说，他必须收过路费，价值与鲁海的相当。巴拉卡回复说，他只不过是仆人，奉主人之命，只能原地待命；只有主人来了，他才能离开营地；但是，为了表示营地对卢梅雷西没有恶意，巴拉卡送给他一块布。

听完这番话后，我进入自己的帐篷。令我吃惊的是，巴拉卡竟然一直住在我的帐篷里，铜丝散落一地。我心下不喜，立即宣布由邦贝取代巴拉卡的总管一职，并且要清点财物。就在这时，一个村民拿着铜丝过去找我，**[141]** 问我可不可以用它来换一块布。我立即明白是怎么一回事了。于是，我问这个村民是从哪里弄到铜丝的，他的手指立即指向巴拉卡。周围的手下一阵嬉笑，压低声音说："哦，他可真丢人啊，听到巴纳说什么了吗？听到那个傻瓜怎么回答的吗？他太无耻了，怎么能那么说。"我装作什么都不知道，什么话都没有听到，任由巴拉卡继续表演。我问巴拉卡："这个人怎么会有我的铜丝，我离开的时候不是告诉你不许任何人触碰、打开铜丝吗？"人证物证俱在，而巴拉卡故作镇静，说："这不是您的铜丝；我从来没有把您的东西给别人；除了您的铜丝外，这个地区也有很多铜丝；他在说谎，他早就有了铜丝，如今看到您的布，所以想来交换。"我故作轻松地说："如果是这样的话，那你为什么碰我的东西，还弄得满地都是。""哦，那是因为我要看管它们。我想，如果这些铜丝与其他物资都放在外面，夜里会有人偷窃的，那我就会受到您的责备。"

再作口舌之争，毫无意义。铜丝、布都不多了，最好一点也不要丢了，那样我就可以安抚我的所有手下，完成剩下的旅程。巴拉卡想骗我，而他也以为他能够骗到我，让我相信他是一个不错的人，既诚实，又勇敢。他还对我说，自从我回卡泽后，他跟营地里的人发生了许多次争执，因为营地里的人已经分成两派势力：一派是那些在桑给巴尔就闹事的人，支持那些站在马吉德苏丹一边的阿拉伯人，即"保王党人"；另一派则支持那些造反的阿拉伯人，即"反对派"。**[142]** 巴拉卡说，两派展开了斗争，"保王党人"斥责"反对派"在叛乱期间的所作所为，而"反对派"则鼓吹自身势力更为强大；巴拉卡率领"保王党人"迅速恢复了秩序，但只维持了一小会儿，因为"反对派"随后又出来闹事，要求改善伙食；巴拉卡还说，一些"反对派"人士甚至想杀了他，如果他不给"反对派"买一些牛过来、稳定局面的话，"反对派"恐怕已经杀了他。这也正是巴拉卡打开我的担子的原因。巴拉卡跟我说了事情的原委，并说如果他做错的话，也希望我能够原谅他。虽然我当时没有发现他说谎，但是我后来得知实情：巴拉卡用我的物资买了几个奴隶，后来他又跟营地里的几个男人打了一架，因为这几个男人调戏了巴拉卡从普洪泽得到的女人；为了得到这个女人，巴拉卡给她母亲十条用珠子做成的项链，而这些珠子是我的，并保证在旅途中不抛弃那个女人；之后，巴拉卡还会把她带回家，如果他对这个女人满意，他会再送给她母亲十条项链。

第二天，巴拉卡告诉我，他昨天看到随我一道过来的人，他紧张极了。我明白，他说的正是邦贝和他曾经力劝不要随我前进的挑夫。我说："别再胡说八道了。你已经找了那么多的借口了。当务之急是尽快离开这里。像个男人那样，利用你跟村里头领的交情，再招募五六个人过来，补充人手，绕开索龙博东部地区，直接前往乌苏伊，苏瓦罗拉已经邀请我们过去了。"然而，计划总是赶不上变化。卢梅雷西一听说我回来了，就派村里的长老（Wanyapara）过来，邀请我去见他。卢梅雷西虽然经常去沿海地区，但是从未见过白人，而且其父亲、祖辈都没有见过白人。他还说，他什么都不要，既然我已经见过了他的子民鲁海，那我一定也要去见他。其实，[143]他只是想让我过去一趟，以便他日后可以在朋友面前吹嘘说有个大人物曾经住过他家而已。

如果我过去，再遭遇到我们在索龙博的刁难，那就太可怕了。我心下犯嘀咕，我第一次来这里的时候，"猪"就耍弄过我。我当时真的想继续前进，不让卢梅雷西知道，就这样悄悄溜走。

我不得不冲着几个长老发脾气，说我着急赶路，不想见任何人，索龙博的马卡卡诡计多端，浪费了我太多时间。布伊听到我的话后，吓得直哆嗦："您一定要让步，必须让步，要像路过的阿拉伯人那样与这些野蛮的酋长打交道，因为我回来的时候，可不是一群人，对付不了他们。"但是，我执意如此，坚持让长老如实向卢梅雷西禀报。

第二天，卢梅雷西又把这几个长老派了过来；卢梅雷西身为地区酋长，不接受这样的搪塞之辞。但是，我依然不想妥协，我对这几个长老喋喋不休整整一天，因为酋长不解禁，我就招募不到人手。随后，我打算让邦贝、布伊、纳西布及当地向导趁夜出发。邦贝爽快地答应了，但是布伊和纳西布却犹犹豫豫，不肯动身。由于身处困境，布伊央求我让他见见卢梅雷西，看看他索要什么礼物才肯罢手。布伊现在是我唯一的障碍，我得把他打发走。如果布伊被甜言蜜语蒙蔽了心智，就像受到马卡卡欺骗的巴拉卡那样，布伊就会相信卢梅雷西是好人，没有别的企图，只是想见见我而已。卢梅雷西派人传话，说他的府邸离我不太远，而且他不想拿走我一块布；他不但不会扣留我，而且会给我派够人手；为了表示自己的诚意，[144]他还把自己的铜斧头送给我作抵押，这种铜斧头是地区酋长的标识。

7月23日，前往卢梅雷西府邸。我知道，再耗下去，只是浪费时

卢梅雷西府邸

间。于是，我令所有手下收拾行李，立即前往卢梅雷西府邸。我们赶
到时，卢梅雷西并不在那里。晚上，卢梅雷西回来了，令人敲响所有
的鼓，还令人朝天开了一枪，而我也令手下开了三枪，以示敬意。当
晚，我坐在外面进行天文观测，以星象来确定自己的位置。夜里的温
度很低，我一看完星象，就躺到床上起不来了。我已经咳嗽一个月
了，晚上又着了凉，有点发烧，咳嗽得更厉害了。第二天早上，我站
都站不起来了。上个月，我若是侧躺，就会咳嗽。现在，我已经只能
靠着某个东西才能休息。[145]病情让我忧心忡忡，我的心脏像是一
团火，随时可能会爆炸。每一次呼吸都会感到刺痛，原本就一直咳嗽
不停，吐痰、发火又让我咳嗽得更厉害。左臂几乎不能动，左鼻孔鼻
塞，左肩胛骨中间的地方异常疼痛，好像被热铁烫上一样。此外，我
经常感受到剧烈的疼痛，脾、肝、肺似乎都出了问题，而不仅是咳
嗽那么简单。睡觉时，还做各种各样的怪梦：比如，我打算跟罗德里
克·默奇森（Roderick Murchison）爵士来一次横跨整个非洲的旅行；
我还梦到一些奇怪的生物，半人半猴，进入营地，告诉我佩瑟里克正
在维多利亚湖西南角的船上等我。

　　早上醒来后，我恍恍惚惚。一旦想起旅行、如何摆脱卢梅雷西，
我的大脑又兴奋了起来。卢梅雷西过来看望我，和颜悦色地说，探望
我的病情是他今天早上的头等大事。为了取悦于他，我在帐篷入口处
布置了一支仪仗队，并让他们在卢梅雷西进来时鸣枪致意。接着，我
请卢梅雷西坐在我的小铁椅上。他打趣地说，他太胖，坐下去会把椅
子腿弄坏。我们谈了很长时间。当时，我有些激动，但意识不太清
楚，想不起来太多内容。卢梅雷西长相、说话都很和蔼可亲，但他忘
记了自己的承诺，即不贪恋于我的财物。寒暄一番后，他就开始向我
索要许多东西，尤其希望能够得到一块代奥莱布，以便日后在所有重
要场合穿上它，向其他酋长显示他的白人访客是多么地慷慨。卢梅雷
西竭力索要过路费，但是我已经失去耐心，发起火来了，他或许会有
代奥莱布，但我手头上没有了。

　　[146]7月24—31日。早上，我连说话的力气都没有。卢梅雷西违
背诺言，一直在要挟我。我失去了理智，开始大吼大叫，犹如一个疯

子。第二天，我吃了些药，但胸口起了一大片水泡。卢梅雷西一直不让我清静，也不想跟我好好谈。7月25日，他想要替他孩子要些精美的普通布料，替他自己要一个红毯子。他妥协了，我高兴得都跳了起来，立即派人把布料和红毯子送了过去。终于自由了！我令人把吊床收起来，准备第二天动身。第二天一早，卢梅雷西见到我确实准备动身，又说除非我再给他三块布，否则他不能放我走，因为他家有些人没有得到任何东西。一番讨价还价之后，我交出了三块布，并令我的手下把我抬出他的府邸，我再也不想在这里过夜了。卢梅雷西挡在我的面前说，在我康复前，他不允许任何一个当地人帮助我，因为他不想听到有人说，他从我这里拿到这么多布料，却让我死于丛林中。接着，他劝我的手下不要听从我的命令。

我请他行个方便。我说，只有躺在吊床上，一路前进，呼吸新鲜空气，才能治好病。但是，这一说辞显然没有任何作用。卢梅雷西不愿听我说话，道貌岸然，名曰关怀，实为掠夺。如今，我已经明白了，如果我不给卢梅雷西更多东西，他绝不会令人敲鼓，但他打算第二天再确定缴纳多少。第二天，卢梅雷西没有过来，但派人传话说，我肯定有代奥莱布，[147]否则我不会冒险前往卡拉圭，因为没有代奥莱布，谁也甭想"觐见"鲁马尼卡。陷入僵局的谈判停滞比争吵更加糟糕。事态不断恶化，我也觉得特别沮丧。最终，我说，只要卢梅雷西愿意令人敲鼓、放行，我可以给他与代奥莱布等值的任何东西。卢梅雷西说，如果我不把准备送给鲁马尼卡的那块代奥莱布送给他，那么我就要想想会不会成为阶下囚，而不是座上宾了。随后，他又一次下令，不允许任何一个当地人帮助我挑担子。随后，卢梅雷西换成一副慷慨大度的嘴脸，送给我一头牛，但是我拒绝了。

8月1—4日。卢梅雷西一直想要让我收下那头牛。8月2日，为了取悦于他，也是在手下的建议下，我收下了那头牛。但是，事情并没有完结，卢梅雷西说现在他需要两块代奥莱布，否则他决不让我离开其府邸。索龙博的小酋长姆丰比也过来了，油嘴滑舌地说，马卡卡听说我在这里生病，特别派他过来探望一下。姆丰比还告诉我：从这里到乌苏伊的道路已经封闭了；之前，他与贡巴（Gomba）酋长大打一仗，结果他杀死了贡巴酋长，烧毁了贡巴酋长的村庄，并把所有人都赶入丛林，如今这些人就盘踞在丛林里，见人就抢。这些毫无根据、包藏祸心、阴险恶毒的恐怖故事，意欲再一次挫败我们的勇气。我知道，这些都是无稽之谈，但是布伊、纳西布吓得要跑，连连哀求我放他们回去。虽然我有些不好的预感，也有些焦虑，但是我恳求他们要有些耐心，先把过路费谈下来，无论如何，实在没有必要手忙脚乱；我希望布伊、纳西布和邦贝先过去，四天内就能抵达苏瓦罗拉的宫殿。但是，他们说不愿意，不愿离开这里向前迈进一步。[148] 前面的酋长也会像卢梅雷西那样来对待我，大概整个地区所有酋长都虎视眈眈。苏伊人（Wasui）索要的布料，我拿不出一半。我的那些忠诚的手下将会看到苏伊人把我"撕成碎片"。

8月5—6日。整整一天半，我们都在讨论下一步的计划。今天，我第一次能够坐起来跟他们议事。最终，我说服了布伊，一旦谈妥过路费，他就去乌苏伊。不过，布伊说，我要承担由此带来的一切后果。闻听此言，我精神大振，坐在树下的椅子上，抽了病后的第一管烟。我的手下见到我能坐、能抽烟，高兴地随着鼓声的节拍，跳起舞来，通宵达旦，直至第二天夜里才作罢。这场漫长的聚会是我的手下庆祝我的病情好转。在我坐椅子之前，他们一直以为我肯定熬不过去。随后，他们还模仿了我和卢梅雷西谈判时的荒谬之事，当时我的大脑一片空白。当时，邦贝向卢梅雷西说过一句愚蠢透顶的话，如果他"真的想要一块代奥莱布"，那就得派人到格兰特那里去拿。一句话激起千层浪。卢梅雷西知道我的箱子里有一块代奥莱布，如果我不给他的话，那他一定要拿到格兰特的那一块。若不给他代奥莱布，他就不让我北进。布伊、纳西布从我身边溜了出去，在隔壁的栅栏里睡了一夜，而我却一点也没有察觉。

8月7—9日。最终，我把准备献给鲁马尼卡的代奥莱布送给了卢梅雷西，他拿走了这块布，拿的不是我的布，而是鲁马尼卡的布。既然我已经给了代奥莱布，那么卢梅雷西就应该敲鼓放行。这个无赖把那块漂亮的丝绸披在肩上，[149] 笑着对我说："是的，这是我们友谊的见证。至于过路费嘛，再给之前的两倍吧。"索龙博地区的这种把戏，我在马卡卡那里已经领教过了，这些野蛮人总是不忘乘人之危。我已经两次穿越了卢梅雷西的地盘，如今他把我困在这里。当那个油嘴滑舌的姆丰比过来探病的时候，我就觉得，依据我跟马卡卡打交道的经验，当务之急就是让卢梅雷西告诉我，他究竟想要什么，否则这场拉锯战迟早要了我的命。我已经没有代奥莱布，只有铜丝。随后，卢梅雷西确定过路费为十五个铜手镯、十六块各色各等布料、一百串红珊瑚珠子做的项链，这些东西都是格兰特和我自己买的。我当场付清了过路费。鼓声终于响起来，卢梅雷西"满意了"。我如释重负，下令所有人出发。

然而，布伊、纳西布却消失不见了。他们已经逃跑了。我甚为震惊，沮丧至极。我之前一路走到卡泽，又回到那里找到了他们，为了给其他手下树立一个好榜样，以邦贝、巴拉卡的标准支付了酬薪和伙食费，结果他们还是逃跑了。我不知道怎么办了，如今看来，无论我怎么做，这次探险也不会成功。我身心俱疲，回想起整个过程，我哭得像个小孩。我宁愿死，也不愿中途而废。但是，在此关头，失败似乎不可避免。

8月8日。我没有译员了，自己就不能再往前走了。于是，我决定立即让邦贝带着所有手下回到格兰特处。然后，邦贝再返回卡泽，招募其他译员，再接上格兰特一道与我会合。[150]我的手下对于这一决定感到恼怒不已。他们说，这么做对去卡拉圭没什么帮助；他们不会跟着我继续前进了；他们来这里可不是为了送死；如果我因此丢掉性命，那与他们无关，而且他们也不愿看到我丢掉性命。他们都想离开，但不会逃跑，并希望我写封信给他们，让他们带着信回到桑给巴尔的老家。[7] 他们喋喋不休，而我不为所动。于是，他们说要回去找格兰特，但完成这项任务后，他们将自行离开。

8月10—15日。最终，此事决定了下来。我就此事给格兰特写了一封信，并把那些没有生病的人全都打发走了。他们走后，我开始思考如何治好我的病：由于无法治疗水泡，所以我试着用针挑破水泡，可惜针头太钝，手又没劲，刺不进皮肤；喊来巴拉卡帮忙，结果也没有成功，于是我让巴拉卡替我生火，因为我一直咳嗽，晚上无法入眠。我不再想其他事情了，只希望自己躺着的时候能舒服一点，疼痛能够减轻一些。我的双腿瘦得像两根棍子，所以有时想煮点肉汤，以补充体力。8月15日，巴拉卡沮丧着脸，就像在索龙博时的那样，跑过来对我说，他想跟我聊聊。巴拉卡说，这件事实在太可怕了，如果我知道了，肯定会放弃旅行；卢梅雷西是这里的当家人，但是他会等到格兰特过来后才说这件事。我对巴拉卡说："那就等格兰特过来后再说吧。届时，我们会有一个人，他不会听风就是雨。"我的言下之意，这个人就是邦贝。我只想把话说到这里。格兰特过来后，巴拉卡终于说了出来，原来只不过是卢梅雷西所说的预言：我们的布料太少，根本无法穿过乌苏伊。

[151]8月16—19日。晚上，我呼吸特别困难，吸气时会发出奇怪的声音，营地里所有人都感到吃惊，纷纷冲入我的帐篷，看看我是不是行将就木。8月17日早上，卢梅雷西出远门访问伊萨米罗（Isamiro）酋长；卢梅雷西刚走，伊萨米罗酋长就抵达这里来拜访卢梅雷西。伊萨米罗酋长的府邸位于维多利亚湖附近。8月18日，伊萨米罗酋长到访我的营地。后来，我听说，伊萨米罗酋长告诉乌坎加希马人的统治者——罗辛达酋长——我送给卢梅雷西的礼物。乌坎加地区属于博古埃（Bogue）。伊萨米罗其实正是罗辛达酋长派过来打探消息的，想看看卢梅雷西从我这里榨取了多少东西，而罗辛达酋长是大酋长，其所得的东西理应最多。卢梅雷西回来后，所有村民和我的手下都跳起舞了，鼓声昼夜未歇。

8月20—21日。第二天晚上，鼓声再起，却是另一番景象。图塔人抢走了马卡卡所有的牛，四处游荡，宣称不抢走卢梅雷西栅栏里所有的牛，决不罢休。巧合的是，卢梅雷西已经同意一帮图西人（Watusi）[8]把他们的牛寄养在自己的栅栏周围，估计图塔人早已盯上了这些牛。然而，图塔人顾忌我的手下有枪支，所以想了一下，没敢立即闯入。

今天，终于有了好消息，我高兴不已。一个由阿拉伯人和沿海地区人组成的大商队，自卡拉圭过来，说鲁马尼卡和苏瓦罗拉都在等着我们过去，都纳闷我们怎么还没有过去。尤其是苏瓦罗拉，他特别想见到我们，甚至已经派出四个人来接应我们，[152]要不是其中一人在路上生了病，他们早就到这里。我太高兴了，简直无以言表。我想，我的运气来了。我把这个消息告诉了巴拉卡，可他却反应平淡，只是摇摇头，说这个消息未必是真的。事不宜迟，我立刻写了一封信，派人送给格兰特。

8月22日，苏瓦罗拉派来的四个苏伊人过来了。他们彬彬有礼，相貌堂堂，个头不大，但衣着颇为得体。他们走进我的帐篷，风度翩翩。随后，他们跪在我的脚下，一边拍头，一边说："大酋长啊，大酋长啊，我们希望您一切安好，苏瓦罗拉听闻您受困于此，特意派我们前来。您尽管放心，关于苏瓦罗拉敲诈勒索过往商队的传闻都是不实之词，毫无根据；对于您受困于此，他深感抱歉，并希望您立即过去见他。"我把这里发生的一切、格兰特和我的处境都告诉了他们，希望他们能够尽力帮我，替我前往格兰特的营地，并鼓励在那里的人，让他们尽快把我滞留在那里的物资运过来。这四人表示愿意效劳。我说："我给你们一些布料和珠子，以作开支；一旦你们回来，我会再给一些。"巴拉卡见状，立即过来对我说，这四人不可信，其中最为年长的人曾在米汉博以同样的方式欺骗过他，知道这个人是一个捐客（touter），擅长于先用花言巧语迷惑别人，随后再趁机敲诈；所以，巴拉卡当时就把他赶出了营地。于是，我又写了一封信，派其他人送给格兰特。

一听说我送给苏瓦罗拉的使者一些礼物，卢梅雷西立即勃然大怒，称他们为冒牌货，因为没有人在他们过来前告知他，并说他不会放他们走。[153]于是，我们大声争吵了起来。我说这是我的事，不是他的事；他无权干涉，他们应该去。然而，卢梅雷西固执己见，依然坚持不让他们走，因为我是他的客人，他不愿见到有人来欺骗我；即便他们果真奉苏瓦罗拉之命，想把我从他的家里接走，那么这件事之于他本人也是一种极大的侮辱；也就是说，他不愿见到我与几个陌生人联手，他可是花了大工夫才把我引诱到他的"巢穴"，直到他把铜斧头送给我后，他才得以左右我的意见。

一番争吵之后，卢梅雷西走了。我让四个苏伊人不要在意卢梅雷西的话，按照我说的去做。他们表示，他们的确是奉苏瓦罗拉之命，前来接应我；倘若卢梅雷西不让他们去找格兰特，他们就原地待命；若苏瓦罗拉发现他们迟迟未归，必然会再派更多人过来找他们。然而，如今已经没有和平可言了。卢梅雷西得知这几个人安顿了下来，与我的手下同吃同住，于是令他们立即滚出他的地盘，否则他就动用武力驱除他们。我尽力挽留他们，但他们担心耽搁太久，并说，他们要回去禀报苏瓦罗拉，八天后再返回，届时会带来一些东西，卢梅雷西见到后将全身发料。多说无益。我又送给他们一些布料，一直把他们送到地区边界。巴拉卡认为我太慷慨了，但也有点荒唐，抱怨说，与其把布料赏给他人，还不如把布料赏赐给自己人。

第二天（8月26日），我的身体还是不舒服。于是，我又派四个手下去找格兰特，看看他过得如何，顺便拿些药回来。四天后，这四个手下带回消息说，邦贝还没有从卡泽回来，格兰特已经找到人手了，准备9月5日动身；[154] 他们还说，图塔人已经包围了鲁海的府邸，抢走了周边所有村庄的牛，图塔人还声称下一个目标就是卢梅雷西。因此，近几天，卢梅雷西每天都把长老召集到他的鼓屋（drum-house）商议；虽然臣民一直向卢梅雷西输送兵力，而卢梅雷西却从不帮助臣民。

8月31日，又一支商队自卡拉圭而来，其中还有一个我的老朋友——有一半阿拉伯血统的萨伊姆（Saim）。上次探险期间，我曾住在卡泽的斯奈谢赫家，就是萨伊姆教我酿制大蕉酒（plantain-wine）。与商队里的其他挑夫一样，萨伊姆也穿着一件由无花果树皮制成的衬衫，当地人称无花果树树皮为"姆布古"（mbugu），也就是树皮布。在后来的旅行日志里，我将经常提及树皮布，所以我在这里先做一番解释。这个商队里的挑夫告诉我，赤道附近的当地人都穿树皮布，它是用许多条树皮制成的：先把树干上下切一圈，再一圈一圈地、由上至下剥取树皮；这样做，树不会死，因为当地人会用大蕉叶覆盖留下来的新"伤口"，"伤口"处会长出新树皮；然后，当地人把树皮浸泡在水里，使树皮变软，犹如布一般；最后，当地人用加重的木槌把树皮捶打成灯芯绒式的布。[9] 萨伊姆告诉我，他在布干达生活了十年，

[155] 也曾渡过尼罗河，做生意的时候曾向东去过马赛人地区。他觉得，维多利亚湖是鲁伍马河（Ruvuma）的源头，鲁伍马河穿过布干达和乌索加之间，进入布尼奥罗，再环绕坦噶尼喀湖，流入桑给巴尔以南的印度洋。萨伊姆说自己的母语，但也能够像说母语那样说干达语（Kiganda）[10]。我正想招募一个译员，而他也乐意为我效力。我当然求之不得了，实乃天赐机缘。我非常痛快地答应了他的请求，还给了他一身新衣服，他穿上去颇有绅士风范。随后，我派他第二天送一封信给格兰特。

9月1—2日。图塔人打了过来，整个地区混乱不堪、人心惶惶。图塔人杀死了一个当地妇女。在之前的战争中，图塔人曾经抓住了她，但她后来逃跑了，并在这里落了脚。为了报仇，卢梅雷西带着他的手下和我的手下，追击图塔人，结果只把图塔人吓跑了，并把那个妇女的尸体带了回来。9月2日，又是一场骚乱，因为有三个希马族妇女失踪了。由于图塔人没有现身，所以卢梅雷西怀疑萨伊姆所在的商队把她们抓走作奴隶。于是，卢梅雷西派人去找商队首领，并把这个商队首领带了回来，加以审问。这个首领矢口否认。卢梅雷西下令，囚禁此人，直到那三个女人获释为止，因为女人以这种方式失踪可不是第一次出现了。一个从索龙博买牛归来的当地人，刚到村里，卢梅雷西就把他抓了起来。在卢梅雷西外出的这段时间，他的一个女儿竟怀孕了，当问起谁是孩子的父亲时，这个女儿说就是这个刚刚买牛归来的男人。[156] 怀孕意味着这个女儿的市场价值会下降一半。为了弥补自己的损失，卢梅雷西没收了这个男人买回来的所有牛。

9月3—10日。两天之后，三个失踪的希马族妇女中的一个出现于村庄附近。她说，因为丈夫虐待她，所以她逃跑了。卢梅雷西令人对这个妇人处以鞭刑，令其恪守妇道。有消息称，有人在姆永加的地盘看到了另外两个妇女。我还得知，这两个妇女的丈夫已经外出四下寻找，但他们也即将回来。如果他们申索，姆永加愿意开出赎回价格，因为这两个妇女已经属于姆永加的合法财产，有权索要寻找、喂养她们的费用（buni）。

接下来的四天里，我们只听到了一些战报和关于战争的谣言。不知什么时候，图塔人四处出击，抢夺牛群，焚烧村庄。当地的希马人偷偷赶着牛群，前往附近一个酋长的地盘去避难，而卢梅雷西手下的一个长老正在那里访问。这个长老见状，拿起鞭子又把他们赶了回来，一路上都在责备他们对不住卢梅雷西，忘恩负义，当初他们寻求庇护，正是卢梅雷西收留了他们，如今战事刚启，他们就背主而去。

9月10日。为了进一步了解格兰特的近况，我想再派人给格兰特送一封信。但是，我的手下都担心在路上遇到图塔人，个个避之不及。就在此时，有消息说，卢梅雷西的一个儿子去乌坎加首府附近买牛，结果罗辛达酋长把他抓了起来。伊萨米罗酋长告诉罗辛达酋长，卢梅雷西从我这里拿走了太多的东西。除非他立即交出这些东西，或把我送过去，否则，罗辛达酋长将一直扣押他的儿子。[157]卢梅雷西焦头烂额，过来问我有何建议，但一无所获。其实，我有些窃喜，告诉他这就是他太贪婪所带来的后果。

9月11—15日。马苏迪带着商队自姆齐梅卡而来。乌恩古鲁埃，就是那个把我引入歧途的"猪"，正是马苏迪商队的向导。马苏迪告诉我，他的手下一拿到报酬，就一个接一个地逃跑了，所以他损失惨重，深之为苦。他认为，伦古阿附近的男人都希望能够出去做活，因为那里的庄稼已经收割完毕，格兰特很快就会跟我会合。马苏迪与姆永加打过交道，但遭遇想来令人胆战心惊：马苏迪向姆永加交付了一支枪、一些火药，还有大量的布料。马苏迪交付给鲁海的过路费，不但包括马苏迪交付给姆永加的同等份额，而且还有二十捆铜丝、一担姆齐齐马珠子、一担红珊瑚珠子。听完后，我感到非常震惊，于是立即召集所有得空的手下，并派他们前往格兰特处，提醒他避开鲁海的地盘，因为卢梅雷西已经答应我：不让别人再榨取我任何东西。如今，卢梅雷西已经收敛不少，吸取了经验教训，也得益于我的教导：处事需要温和而有节制。起初，卢梅雷西想从马苏迪那里榨取财物，甚至想比鲁海所榨取的财物还要多些。由于我的斡旋，卢梅雷西让步了，只收了少量过路费便予以放行。他现在已经明白过来了，不加节制地索取过路费，终会自食其果，乌年延贝和乌戈戈现在就深受其害。我对卢梅雷西说："想想看，鲁海和你，谁的权力更大。任何一个抵达这里的人都会觉得鲁海的权力最大，因为他先征收过路费，所有人都觉得只要交了过路费，就可以畅通无阻了。鲁海对我这样说过，对马苏迪也这样说过。如果你的权力最大，那么请听取我的建议，我强烈建议你教训一下鲁海，把鲁海从阿拉伯人那里收到的过路费拿过来，然后还给马苏迪。"[158] 听完这话，卢梅雷西有些羞愧。

9月16日午夜，突然有几个人冲入营地，也惊醒了我。他们自称是格兰特在博古埃招募的挑夫，但是他们已经离开了格兰特。他们说话语无伦次，说起话来又短又快，慌慌张张：他们离开时，格兰特站在一棵树下，手中只剩下一支枪；姆永加的手下向格兰特的队伍冲了过来，又开枪，又投掷长矛，抢走了所有东西，获释奴不是被杀，就是逃散了。这几个挑夫眼看着格兰特孤立无援，却又无能为力，只得跑过来告知于我和卢梅雷西，他们也只能做到这一步了。我虽然不相信他们所说的所有细节，但觉得肯定有大事发生了。事不宜迟，我立即派出了仅剩的几个手下，带着一袋珠子去营救格兰特。巴拉卡走出我的帐篷，又说起风凉话："现在想想看，再去卡拉圭又有什么用呢？我早就说过，这是不可能的。"他刚说完，我就让他站在其他手下面前，对着他说，无论如何，只要没死，我一定继续前进，决不会像巴拉卡那样退缩，我觉得那太可耻了。巴拉卡回答说，他并不害怕，他的意思是，既然是不可能之事，我的手下就无法展开行动。我说："不可能之事？为什么不可能？只要我喜欢，我可以为下一个过来的商队效力，甚至买下这个商队。为什么不可能？看在上帝的分上，别再说那些话吓唬人了，你这样说，已经差点要了我的命。"

第二天（9月17日），我收到格兰特的一封信，信上讲述了他所遭受的灾难：[11]

[159]　　　　1861年9月16日，写于姆永加府邸附近的丛林
　　亲爱的斯皮克，我们今天早上前往姆永加的地盘时遭到了袭击、洗劫，随从人员也作鸟兽散了。

　　公鸡打鸣时，我睡醒了，于是叫醒营地里的人，所有人都盼望着跟你会合；就在整理担子的时候，我听到手下几个头领与

姆永加首长派来的七八个武装人员之间激烈地争吵起来，原来姆永加坚持让我住到他的村庄里。我简短地告诉他们，你已经给姆永加送了礼物，我就不去拜访了。但是，他们还是坚持奉首长之命，要当我们的向导，直到我们与他们分开，我心下也没有怀疑，就让他们在队伍前面带路。然而，他们却站在路上，举起长矛，不让我们前进。

突如其来的袭击更加坚定我们离开这里的决心，我们从长矛之间穿梭了过去。我们大约走了七英里路，没有遭遇任何干扰。突然，丛林里传来一个响亮的口哨声，大约有两百人向我们发起突然袭击，似乎极其兴奋。不一会儿，这些人就冲到我们队伍的中央，抓着那些可怜的挑夫。我们的人基本没怎么抗争，还没来得及组织防御，敌人手持弓箭和长矛，抢走了他们的衣服和装饰品，挑夫把担子一撂，转身就逃了。我们共计有一百人，却只有三个人跟我并肩作战，而其他人只顾及自身性命，跑进丛林里，我只能大声呼喊他们出来。小个子拉汉（Rahan），面对五个拿着长矛的野蛮人，临危不惧，始终举着枪守护着自己的担子。其他人都不见了。据说，我们这边只有两三个人死亡，但也有一些人受了伤。珠子、箱子、布料等物品散落在丛林里。[160] 当时，我已经崩溃了，我想到姆永加那里追回损失，但手下人把我拦下了。我坐在一群无赖之间，极度绝望，而这帮无赖却在周围嘲笑我们。其中，有几个无赖还穿上刚从我的手下身上扒过去的衣服。

下午，大约有十五人挑着担子过来了，他们还带来了姆永加的口信，说这次袭击是其臣民之过错，已经砍了一个人的脑袋，并会让人把所有财物都交还。

J. W. 格兰特

从姆永加派人捎给格兰特的口信来看，我以为姆永加的手下似乎把姆永加的命令领会错了。姆永加明显只想从格兰特身上敲诈过路费，否则就不让格兰特通过或绕过他的地盘；因此，姆永加派人去邀请格兰特到他的府邸来，肯定也指示说，如果必要的话，就动用武力。姆永加后来的表现也能印证这一点：得到财物后，姆永加也觉得有必要做一番解释。这些酋长虽然本性贪婪，但都遵守俗规，以避免战争、吓跑未来的旅行者。为了帮助格兰特，我请求卢梅雷西立即派人前去支援，但他拒绝了。卢梅雷西说，姆永加已经与他为敌了，如果他派人过去，姆永加会杀了他们。更麻烦的是，我第二天晚上又收到格兰特的一封信，格兰特在信上说，他无法把所有手下都召集起来，想问问我该怎么办；除了六担珠子、八十码梅里卡尼布以及许多小物件外，格兰特已经收回所有物资，但每一担都多少丢了一些物品。[161] 格兰特还在信上请我找一个希马族女人，她是送信的这个男人的女人，但是她在乌库利马府邸跟萨伊姆好上了，之后又跟我的手下逃了过来。

我就此事询问这个希马族女人。她说，真是红颜祸水，那个索要她的男人，把她从乌及及的家里带走；她被迫成为这个男人的妻子；后来，男人一直虐待她、打她，从来不给她好吃、好穿的。随后，她爱上了萨伊姆；萨伊姆同情她的遭遇，并答应带着她跟我一道探险，最后会把她送回乌及及的家。她长得确实漂亮，瞪羚眼，鹅蛋脸，鼻子高挺，薄唇。她和萨伊姆很般配。我觉得，萨伊姆有阿拉伯人的血统，兼有闪－含米特人的容貌。我实在不愿意让营地有太多女人。于是，我痛下决心，给了她一些珠子，把她交给了那个信使。我让信使给格兰特捎话：卢梅雷西已经侵占了姆永加八英里的领地，格兰特应该带人分批越过姆萨拉拉的边界，届时我将派一些从博古埃招募的人过去接应他；卢梅雷西虽然不愿冒险派人进入姆永加的领地，但是他非常希望能有第二个白人访客过来。

9 月 20—21 日。我又一次力劝卢梅雷西支援格兰特。我说，卢梅雷西理应让姆永加作出解释，即姆永加为什么对付格兰特的挑夫，这些挑夫都是卢梅雷西的子民；否则，这条道路就会封闭了——姆永加将不能再从商队那里征收过路费——姆永加也不能把他自己搜到的象牙运往沿海地区。我的话起了作用：卢梅雷西立刻召集手下，让他们自告奋勇，结果有十二个挑夫愿意去接应格兰特。这些人刚走，[162]

我就接到格兰特的信，格兰特在信上说，他把人手召集得差不多了，姆永加已经派人送回一个担子，并向格兰特保证一切都会顺利，但是另外五个担子还是丢了。

第二天，我从格兰特那里收到了两个截然不同的消息：第一条信息是早上传来的，格兰特兴高采烈地说，他希望当天抵达鲁海的府邸；第二条消息是晚上传来的，我大吃一惊，格兰特传话说，姆永加把所有担子都还回来了，但担子里的货物却少了许多，过路费确定为两支枪、两盒弹药、四十捆铜丝、一百六十码梅里卡尼布；此外，他要抽调格兰特手下十个获释奴到他的地盘的西边去修建一处要塞，以抵御来犯的松加人（Wasonga），否则，姆永加不会让格兰特离开他的府邸。格兰特手足无措，他不愿给姆永加枪支，这违背了我的原则，所以，他希望听听我的意见，之后再答复姆永加。但是，他所招募的挑夫已经坐立不安了，有两个已经逃跑了。危急时刻，我派巴拉卡前去营救，令他不惜一切代价把格兰特带出来，但要保证不伤人命、保住枪支弹药不外流，多滞留一天，就越有可能造成我所不愿见到的后果。同时，我提醒巴拉卡，尽可能地保全我的物资，因为姆永加以前说过，只要我交了过路费，一切都没有问题了。

之前劫掠格兰特的那些人"抓了一个极难对付之人"，抢了他的树皮箱子里的珠子。随后，他们似乎接到姆永加的命令，要去卖掉许多女奴，其中包括从这里逃过去的两个希马族女人。相关头领并不知道这些女奴的来历，结果把她们带到这里来出售，因此卢梅雷西的手下一眼就认出了其中的两个希马族女人，并把这两个女人带了回来。[163] 由于卢梅雷西不在场，此事没有立即审理。姆永加的手下趁机拿来一些珠子给我，想换得别的东西，殊不知格兰特的营地也是我的营地，他们拿走的是我的珠子，而不是格兰特的珠子。我从他们手中拿回珠子，但没有鞭打他们，因为如果这样做的话，他们会报复格兰特。卢梅雷西回来后，就令她们的丈夫处决了那两个可怜的希马族女人，因为她们沦为奴隶了，已经为族群所不容了。

9月22—24日。终于，我的身体开始康复了。想到很快就能见到格兰特，心情大好。我射杀了一些小鸟以作标本，还观看当地铁匠制

铁匠铺

作用具、长矛、手镯，还替一些希马族女人治好了眼疾，她们送我一些牛奶以作回报。然而，我只能偷偷地煮牛奶，否则她们就不会给我牛奶了，因为煮牛奶就是在施巫术，牛会生病，死光。**[164]** 我说服了卢梅雷西，他派出长老去威胁姆永加，如果姆永加不立刻释放格兰特，卢梅雷西就会和我联合起来共同对付他。然而，卢梅雷西的长老去得太迟了。第二天，离开格兰特六周的邦贝从卡泽回来了，还给我送来了格兰特的信，信里说过路费问题已经解决了。邦贝还把纳西布和另一个人带了回来。邦贝说，就在我向卢梅雷西缴纳过路费的那一天，纳西布和布伊躲在卢梅雷西府邸附近的一个房子里；但是，鼓声响起，我的手下开枪庆贺，他们却错以为是我们与卢梅雷西发生了冲突，立即就逃跑了。这两个懦夫径直逃回了卡泽。由于纳西布离开了我，丰迪·桑戈罗还对其实施了鞭刑，而纳西布也对自己的所作所为深感羞愧，并说他再也不会这样了。布伊也受到了鞭刑，但他承认自己胆怯，所以丰迪·桑戈罗让他有多远滚多远。邦贝带来了三块崭新的代奥莱布，我须支付一百六十美元。邦贝还带来消息说，阿拉伯人与马努阿·塞拉之间的战争还未结束，马努阿·塞拉像以前一样，到处躲藏，阿拉伯人只得一次又一次地展开追捕。

今天早上（9月25日），我期待能够见到格兰特。我尽力走到很远的地方，后来由于起风了，我去了鲁海的府邸。但是，鲁海又要了我，他扣留了格兰特，并向格兰特索要过路费。卢梅雷西也听说了此事。按照卢梅雷西和我达成的协议，一旦发生这样的事，他就要干预。卢梅雷西派手下去见鲁海，要求鲁海不要为难我的"兄弟"，因为我已经付清了过路费。当天晚些时候，格兰特传信说，鲁海索要十六块布料、六捆铜丝、一支枪、一箱弹药、一担姆齐齐马珠子，否则就不放行，而且鲁海还冷冰冰地说，我给的过路费根本不值钱，[165]既然大队伍来，格兰特就要补足过路费。我立即把这封信交给卢梅雷西，问他该怎么办。我没有指令，格兰特不会给鲁海任何东西。

卢梅雷西说，鲁海是他的"孩子"，等他的手下一到，鲁海就不敢扣留格兰特了。卢梅雷西建议我等到晚上再看看情况。若是无果，他将亲自带人过去，让鲁海把格兰特放了。晚上，又一个信使送来了格兰特所列的损失、开支清单，包括一百码布、四千六百串用珠子做的项链（支付给挑夫的酬劳，而我还要补足欠款）；遭到盗窃的有三百条用珠子做的项链、一捆铜丝、一把刺刀、格兰特的眼镜、一把锯子、一箱弹药；过路费包括一百六十码布、一百五十条项链、两条猩红色毛毯、一箱弹药、十捆铜丝；野蛮人还打死了一头驴，实乃大不幸。在上次的旅行中，这头驴曾带我抵达维多利亚湖的南边，与我感情深厚。

9月26日，我没有收到任何消息，完全不知进展。我写信给格兰特，提及了我与卢梅雷西面谈一事，让他不要给鲁海任何东西。但是，信写得太迟了。我第一个见到的人正是格兰特，我高兴不已，无以名状；格兰特走入营地，相视一笑，所有困苦都已经过去了。可怜的格兰特，确实度过了一段极其艰难的时期。[166]鲁海这个无赖对于卢梅雷西的命令嗤之以鼻，已经不再向卢梅雷西及其手下提供口粮，并说，幸亏卢梅雷西直接回去了，如果卢梅雷西胆敢过来，他已经做好万全的准备，定然让卢梅雷西有来无回；鲁海也不听我本人的说法；不放手他所得到的每一件物品；最终，在格兰特不愿意满足他的要求后，他令人敲响战鼓，恐吓挑夫，令格兰特的队伍离开他的府邸，并说他的手下将与这些挑夫决一死战。我的口信传到那里的时候，格兰特已经给了鲁海一支枪；但是，他们再谈关于过路费的协议，则需要等到我和卢梅雷西知道所有交涉后，而这正是我和卢梅雷西所乐见之事。

9月27日，我去见了卢梅雷西，问他想不想展示酋长权威，要求鲁海归还从我这里拿走的财物。鲁海蔑视他的长老，对我也极尽盘剥之能事。卢梅雷西耷拉着头说，在我过来之前，从没有外人来过，而且我已经支付给他大量过路费，如今听到我的怨言，实在于心不安。他非常感激我对他及其地盘所做出的贡献，感激我开辟了一条商路，若处理得当，日后所有商队也会随之而来。一个地区有两个首领，实为最危险不过的事情了。但是，他已经腾不出手来了，目前确实无能为力了。他首先必须应对罗辛达、图塔人、姆永加，之后才能对付鲁海。等他腾出手来后，定要让鲁海知道谁才是酋长。一波未平一波又起，卢梅雷西夫人说，她也应该得到一些东西，因为鲁海是她和前夫的儿子，而卢梅雷西骗了她，并成为她第二任丈夫。因此，她算得上是当地的女王。

9月28日，麻烦又一次出现了。[167]所有获释奴都不愿干活，说不愿再前进了。我说一句，他们顶一句；他们就想多要报酬，而我不愿再多给。在我的手下中，邦贝似乎是唯一急于跟格兰特和我继续前进的人。邦贝建议我妥协，否则他们都会逃跑。我依然不让步，说如果他们真的逃跑，沿海地区当局一定会抓住他们，并让他们坐牢。我已经派人再去招募五十个挑夫，所开的报酬与他们一样，任何情况都不能改变我在英国驻桑给巴尔领事馆里所确立的约定。

9月29日至10月4日。我的话让获释奴闭了嘴，但晚上还是有两个人逃跑了。尼亚姆韦齐挑夫也逃跑了，我必须再找更多人手。同时，我写了几封信，连同打包好的标本，派仆人拉汉送回去，并捎口信给赛义德谢赫，让他抓住那两个逃跑的获释奴，一旦他们逃到沿海地区就把他们关起来。10月4日，由于权力更大的罗辛达索要布料，卢梅雷西头疼不已。卢梅雷西至少要交三十块布给罗辛达，否则罗辛达不会释放卢梅雷西的儿子。而且，罗辛达还以不容置喙的口吻，命令卢梅雷西把身边所有希马人派过去，如果卢梅雷西不服从命令，罗辛达就会立即发兵追捕卢梅雷西，再找他人取代卢梅雷西的位置来统治这个地区。一听到这个消息，卢梅雷西就过来咨询我的意见。他说，罗辛达酋长对他非常不满，指责他骄傲放纵，把两位尊贵的客人扣留了下来，而这于罗辛达酋长而言是一种不敬。我说，既然如此，他越早放行，越有利于他，并提醒他别忘记之前的承诺，即帮助我前往乌苏伊，而且他现在就可以体面地送我们出发。

[168]卢梅雷西非常赞同我的建议，并派一个名曰桑吉佐（Sangizo）的官员充当我的向导。桑吉佐以之为荣，乐于充当这支气派的队伍的向导，一接到命令，就张罗着为我们招募挑夫。8月25日离开的那几个苏伊人也返回了，还带来了苏瓦罗拉的权杖，也是一根长长的木棒，上面包裹了黄铜，名曰卡楚恩津吉里里（Kaquenzingiriri），意为"万物之主"。苏伊说，苏瓦罗拉不要过路费，只想见见我们。他们还说，有了这根权杖，无论我们到哪里去，都会受到尊重。

10月5日。卢梅雷西没有再见我们。个中原委，明显是看到苏瓦罗拉权杖后感到窘迫，于是他当天晚上就离开了，丢下话说，他要去鲁海府邸，把鲁海从格兰特那里勒索过来的枪和其他东西要回来。当天夜里，有人神不知鬼不觉地偷走了牛栏里的一大群牛；第二天一早，当地人才发觉有人偷走了牛，于是所有希马人开始循着足迹追踪过去，结果我就不得而知了。

10月6日，抵达穆万巴（Muamba）。目前，我的手下只能带走一半的物资，所以我先行一步，留下格兰特断后。我觉得自己就像一个落魄鬼，胳膊像木棍一样耷拉着，不能摆动。格兰特一向为人友好婉转，但也一改往日作风：在会合后第一眼看到我时，他觉得我生病后的样子令他吃惊。10月7日，格兰特把剩下的物资带了过来，而所雇的挑夫只负责这一段行程。

[169]10月8日，**停顿下来**。接下来，我们要穿越荒野，走五段行程，附近一带只有少数村庄。由于索龙博人、图塔人的侵犯，村庄里已经没有人了。因此，我们必须要储备一些口粮。我们招募不到人手愿意前往卡拉圭，我们只得付高薪，让手下把物资送给乌苏伊。在乌苏伊，赛义德谢赫的三个手下带着里格比上校的一封信过来了，我们大喜。然而，打开信后，我们的心立即凉了。里格比在信上说，他已经派人送来各式各样的好玩意，还有几封家书，所有物品都打包成箱子，从沿海地区的出发日期是1860年10月30日。

这三个小伙子告诉我，一个绰号叫姆索波拉（Msopora）的商人把这些箱子丢在乌戈戈，由滞留在那里的几个阿拉伯人看管。姆索波拉迅速绕南而行，沿鲁阿哈河直上，前往乌森加和乌桑加，稍作停歇后，再前往卡泽。他们说，赛义德谢赫向我致以特别问候，而且他已经听说了格兰特的遭遇，甚为震惊；他曾三次梦见我已经顺利抵达开罗，三是个幸运的数字，他确信我一切安好，定会勇往直前。马努阿·塞拉仍在四处游荡，一切都无定数。接着，邦贝说，他之前忘记说了，他上次回卡泽，赛义德谢赫说，虽然他很清楚我的手下没有一人愿意北上，但只要邦贝和我一起努力，我们一定会成功。

10月9日，**抵达卡贡戈（Kagongo）**。我们终于有了足够多的挑夫，再次一道出发，走在一个风景独特的地区。这里不同于乌尼亚姆韦齐，那里的山脉连绵不绝，还有山谷，而这里道路两侧只有两排小山，且离我们有段距离。[170]我们所走的不是山谷窄道，而是又高又长的石头路，覆盖有小森林，我们经常能看到类似于报春花的花朵，只是大得多，且大都是粉色的。事实上，我们一道高兴地前进。我的手下的报酬和口粮是原来的三倍，他们之前跟过的人从未开过这么高的报酬。不同于他们所设想的那样，我给每人的工资都不一样，他们每天都感到不满，不是撂挑子，就是跟我争吵。我告诉他们，我会按照协议来分配工资，短期工有权比长期工得到更多的报酬；然而，我的话并不管用。长期工说他们遭受不公，我应该一视同仁，不能偏袒。

10月10日，**抵达卡盖拉河（Kagera）**[12]。晚上，我手下的头领训话，提醒所有人一定要一道走，不要间隔太远，因为图塔人一直到处游荡，所以他们不能与主人争吵、冲突，否则再没有白人愿意走这条路线。10月11日，我们离开了乌贡巴（Ugomba）的博古埃。10月12日，我们抵达了乌贡贝（Ugombe），渡过了乌孔戈河（Ukongo）。乌孔戈河一直向西流入马拉加拉齐河。在乌贡贝，一些挑夫想逃跑。沿海地区人把他们拦了下来，彼此大打出手。那几个挑夫向沿海地区人射了箭，但沿海地区的人把弓弄折了。整个营地陷入一片混乱。挑夫的同胞觉得受到了侮辱。邦贝拿出了几串珠子，平息了彼此之间的矛盾。邦贝的所作所为是使得营地恢复平静的最好方法。

10月13—14日，停歇下来。乌贡贝的酋长蓬戈（Pongo）拜访了我们。[171]蓬戈酋长担心我们向西进入乌约富（Uyofu），所以离开府邸来见我们，并邀请我们到他那里去。他送给我们一头牛，并说他希望能够得到一些回礼。马苏迪已经通过了此地，只给了他一些小物件，还谎称是我们的先头队伍，并告诉他，等大队伍过来，我们会满足他的一切要求。我们希望与他会谈，但他不愿见我们，因为他要问问魔角，想搞清楚我们到底是什么人，毕竟以前没有像我们这样的人走过这条路线。

又是老一套的把戏。我送给蓬戈一块基坦比布、八码基尼基布，还向他解释我遭过偷窃，也有手下逃跑了，所以希望他能网开一面。然而，一天后，他就生气地送回了我的礼物，并说，除了这些东西外，他还想要一块萨哈里布、一块基坦比布、八码基尼基布。没过多久，我派人如数送了过去，请他敲响放行鼓。但是，他拒绝了，又索要十捆铜丝，并叫我们第二天送到他府邸，等我们给予他如此尊重，他才会放行，否则周围酋长会说他不好客。

10月15日，前往蓬戈的府邸。我知道自己如今深陷泥潭，只好妥协。我派邦贝捎话过去，说如果他只再要十捆铜丝，我给，再去他的府邸，此外无他。蓬戈同意了。然而，一收到铜丝，蓬戈就改口，又索要更多精美的布料，或是再添五捆铜丝，届时他一定敲鼓放行。又是一番讨价还价，我叫来所有手下共同见证，我们最终又交了四捆铜丝。

鼓声一响，**[172]** 苏瓦罗拉手下的那几个手持权杖的苏伊人，虔诚地跪在我面前，祝贺我结束了这烦人的交涉。我们感觉轻松一些，走了过去，在蓬戈的府邸安顿了下来。我们不得不停歇一天，招募更多挑夫，因为我有一半的手下都逃跑了。招募挑夫绝非易事，因为我已经没有梅里卡尼布和基尼布。蓬戈第一次现身了，带着一个护卫鬼鬼祟祟地出来了，他还用一块布把头包了起来，以免我们的"邪恶之眼"迷惑了他的心智。10月16日，他说服自己的手下过来替我们做事，但是每人每天的报酬是十根用珠子做的项链，这个要价非常高，几乎是阿拉伯人所开出的价格的十倍。当地人养了许多鸡，随处可见，但只把鸡卖给旅行者，也会杀掉鸡，查看鸡血和鸡骨，用于占卜活动。

10月17日，抵达尼亚鲁万巴（Nyaruwamba）的府邸。我们穿过乌贡贝，进入万加（Wanga），这可谓是刚离狼窝，又入虎穴。我们拜访了尼亚鲁万巴酋长，立即交涉过路费问题。尼亚鲁万巴酋长要送给我一头牛。我说，等谈好过路费后，我再接受这头牛。我交了两捆铜丝、一块基坦比布、一块基苏图布。随后，他又另外索要两捆铜丝、六串用姆齐齐马珠子做的项链，后者用于送给谈判过路费的头领。一旦付清追加的过路费，尼亚鲁万巴酋长就会敲响放行鼓。

我立即同意了，给予他特别的尊重，表现出友好之态，相信他会信守诺言。然而，这个无赖拿到东西后，说刚刚有人过来说，我给蓬戈十捆铜丝、十块布料，所以我要再添一捆铜丝，否则他不会敲鼓放行。**[173]** 我说了很多气话，给了他一捆铜丝。但他故技重施，又要我添一捆铜丝、一块布，否则他明天不会放行。我的手下被激怒了，扬言要一决雌雄。一个酋长怎么能出尔反尔！然而，我们最终还是如数奉上；晚上九点，放行的鼓声终于敲响了。

10月18日，抵达乌坎加边境。我们从这里出发，继续前往万加北端，而眼前是一片荒野。我们把献给罗辛达和苏瓦罗拉的礼物分别整理出来。我们扎营于一个屋子，安顿了下来。没过多久，村民竟向我的手下扔东西，意欲挑起争吵，趁机夺走我们的物资。然而，他们并不是我们的对手。我们亮出了枪支，他们全都吓跑了。我的手下开始追击，朝着空中不停放枪，村民吓得在田野上飞奔，任由我们放纵胡闹。傍晚，少数村民又过来了，悄悄逃回村庄。天黑后，小村庄再次进入戒备状态。图塔人又有动作，据传图塔人的目标是尼亚鲁万巴的府邸。从蓬戈那里招募的挑夫逃跑了。我们重新安排一下后，穿过荒野，在乌苏伊边境停歇了下来，接待我们的是苏瓦罗拉的边防官尼亚马尼拉（Nyamanira）。

在这里，我们又一次停歇了一段时间。

乌苏伊

[174]10月20—21日，**在乌苏伊边境停歇下来。**目前我们身处乌苏伊。手持权杖的苏伊人到了自己地盘，一反常态，蛮横地向我索要工钱，否则就不让我们前行。起初，我想搪塞过去，向他们保证，只要尽快带我们去见苏瓦罗拉，之后绝少不了他们好处。可这四人根本不为所动，每人索要四捆铜丝。我实在付不起，想让他们减点，但他们不答应。他们说，他们有权把我们扣留在这里一个月，让每个关卡官员都勒索我们。如果我向他们的酋长反映，也没有任何作用。在这些地区，"背信弃义"乃家常便饭，于是我令人付给他们工钱。同时，边防官（Mkungu）[1]尼亚马尼拉送给我们一只山羊和两罐大蕉酒，想以此换取四捆铜丝。为了第二天早上能够顺利上路，我答应了他。

我与尼亚马尼拉成为好友。他不仅是一个官员，而且也是一个大巫医。他的小屋前有一个"教堂"，**[175]**其实也就是一棵树，树上绑着装有魔粉的羚羊角，还绑着一个斑马的蹄子，斑马蹄上系着一根绳子，绳子一直连到地下的一个装有水的罐子。尼亚马尼拉把官阶徽章固定在前额上，所谓官阶徽章，就是一个贝壳脊。他的太阳穴上还固定了一个小绵羊角，以示其巫医身份。我对这个"教堂"哈哈大笑。尼亚马尼拉想测试我的法力，请我在地上随意抓几下，看看能不能变出一口永不断流的泉眼。他的话让我的手下兴奋不已。我向他保证，如果他先变出泉水，我也会变出泉水。

10月22日晚上，营地丢了一把钢鞘和一些布料，我想请尼亚马尼拉使用魔角以查明真相。他答应了，却没有行动。我希望离开这里，而且四个苏伊人收到酬劳后，也答应同我们一道前进。但是，他们要推迟出发时间，其中一人要先去禀告酋长，请酋长批准我们前行。他们说，如若不然，我们将被"撕成碎片"。我觉得权杖就能确保我们的安全。但是，他们说："不行，必须先禀告苏瓦罗拉，说您来了，让他做好准备。您与我们其中的两个人先在这儿待三天，第三个人前往宫殿，再回来接应。您知道的，这些地区的酋长，只有去'教堂'看看，才会觉得有安全感。"

其中的一个苏伊人走了。这个苏伊人刚走，一个名为马金加（Makinga）的人就前来拜访我们。他说，此次来访乃奉义兄科延戈的命令。他还说，苏瓦罗拉听说我们要来，起初非常害怕，以为我们要废黜他，所以不允许我们入境。后来，苏瓦罗拉征询了科延戈的意见，这才放下心来。科延戈在桑给巴尔见过我们一行中的许多人，[176]也知道我们几年前去过乌吉吉和乌凯雷韦（Ukerewe），而我们并没有给当地带来不利影响。穆萨早前已经派人过来说我在乌年延贝竭尽全力调解战争，也会到乌苏伊来竭力调解矛盾，因此科延戈、苏瓦罗拉一直在焦急地关注我们的动向，期盼我们过来。听上去，这似乎是一个好消息，我们决定第二天一早动身。这时，我突然想起我在索龙博的遭遇，原来马金加以前做过我的挑夫，而且我一直以为他是"猪"的"孩子"。马金加当着我的所有手下（包括巴拉卡）的面说，他希望能够得到一担姆齐齐马珠子，因为我之前答应"猪"，如果"猪"愿意带着巴拉卡去告诉苏瓦罗拉我需要一些挑夫才能抵达那里，那么我就给"猪"一担姆齐齐马珠子。原来马金加不是"猪"的"孩子"，而是科延戈的"孩子"。但是，巴拉卡不愿意给马金加一担姆齐齐马珠子，因为他是自己去找科延戈的，还告诉科延戈发生的一切。为什么苏瓦罗拉会派苏伊人过来？原来是这么一回事。我内心无比感谢巴拉卡，但是我没有对他说一句感激的话，因为我担心他还会再玩出一些花招。格兰特说，早在米宁加的时候，巴拉卡没有给当地一个无赖巫师礼物，结果这个巫师说我们的旅行将会遇到一些可怕的灾祸，把巴拉卡吓得不轻。当姆永加发难时，巴拉卡以为，那个巫师的预言应验了。

我希望10月23日早上队伍开始动身，叫所有人做好准备。但马金加对我说，先要解决他的报酬问题。他现在索要四捆铜丝，等我们抵达王宫后还要再给他更多的报酬。我不同意：难道真的像穆萨所说的那样，我们会被"撕成碎片"？因此，我向那几个手持权杖的苏伊人抗议道，马金加无权向我索要东西，他又不是苏伊人，[177]是乌坦巴拉人。马金加无法反驳我的话，声称那个权杖是假的，相继与那几个苏伊人和我的手下大打出手。

为了结束这一切，我下令让队伍停下来。我去见地区官员尼亚马尼拉，让他帮助我们，因为他说过，如果我们第二天早上不能出发，他将护送我们到苏瓦罗拉的王宫。尼亚马尼拉同意了。晚上，有人偷了我们三只山羊。尼亚马尼拉说，他不会放过此事，否则苏瓦罗拉知道了，也不会放过他。他极力要求我们在此地再停留一天，由他替我们找回山羊。但我说我们不能再停留了，他的魔角能力太弱了，否则我早前丢掉的钢鞘早就找回来了。

10月24日，抵达维伦博（Virembo）的府邸。我们终于启程了，在森林中蜿蜒而行，走了很长一段路，进入乌苏伊第一个人口稠密的地区，那里群山环绕，看起来令人颇为震撼。所有未开垦的土地都长满了灌木丛。村落里的房舍都是小草屋，没有栅栏，四周种了大片的大蕉树。希马人养了许多牛，但不愿意卖给我们牛奶，因为我们吃家禽和一种名为马哈拉古埃（maharague）的豆类食品。

10月25日，抵达维科拉（Vikora）的府邸。一路上没有人敲诈我们，实在太令人高兴了。紧接着，我们前往另一个名为维科拉的官员的府邸，他住在尼亚卡森耶（Nyakasenye），位于一座小山脚下，那座山还有一道白色的石英脉层，一小股溪水从堤上流下，距地面七十英尺。据说，当地遭受旱灾时，苏瓦罗拉会进行祭拜活动。维科拉的父亲死于米宁加的西尔博科的枪下。因此，维科拉对于过往商队特别厌恶。但是，当我们抵达这里的时候，前去禀报苏瓦罗拉的信使也返回了，所以维科拉没有刁难我们。信使说，我们必须立即出发，[178]苏瓦罗拉急于见我们，并令其手下官员不准刁难我们。当天夜里，几个小偷翻过荆棘栅栏，趁我的一个手下熟睡之际，偷走了他的一块布。

10月26日，抵达卡里瓦米（Kariwami）的府邸。苏瓦罗拉释放了欢迎我们的信号，而我们以为那只是平常的号角声。我们一路欢笑，登上了尼亚卡森耶的那座小山，甚至为苏瓦罗拉唱起了赞歌。突然，有一大群人出现在我们面前，令我们停下来，索要过路费。

苏瓦罗拉可能是自己改变了主意，也可能是听信了其手下两个官员的谗言。一个官员是住在这里的卡里瓦米，另一个官员是住在离这里有两段路程的维伦博，但是他们当时都在苏瓦罗拉的身边。迫不得已，我下令原地扎营，派纳西布和那几个苏伊人前往禀告苏瓦罗拉，说有人藐视其命令，而我身为苏瓦罗拉的贵客，甚至我身边还有象征其权威的权杖，却遭到如此之待遇。我不是携带商品的商人，而是王子，跟苏瓦罗拉一样。而且我是带着建立友好关系的使命前来拜访苏瓦罗拉和鲁曼尼卡（Rumanika）的。晚上，我在等信使回来。其间，我拿出六分仪，坐在营地外，观测天象以确定我们所在的位置。几个胆大妄为的窃贼，趁着夜色，借助于灌木丛的掩护，搭讪营地中的两个女人，假装问我在做什么。这两个毫无戒备之心的女人刚说完，这几个窃贼就扒光了她们的衣服，逃跑了，害得她们光着身子从我面前跑了回去。营地中的山羊和其他物品失窃，我并没有放在心上，但目睹了这一幕后，我再也无法忍受这样的抢劫，于是向手下下令，如果再有小偷胆敢靠近，可以用枪射杀他们。

[179]10 月 27 日，*停止行进*。晚上，有一个窃贼一定被枪击中了。第二天早上，我们循着他留下的血迹追踪过去，后来听说他已经死于枪伤。出乎我的意料，那几个年纪较大的苏伊人出来后，庆祝我们击毙了窃贼。他们认为，我们拥有超自然力量，是极其优秀之人。这个窃贼是巫师，当地人此前以为他是不可战胜之人。那几个苏伊人说，许多商队里的阿拉伯人其实都遭到当地人劫掠；阿拉伯人的枪虽然比我们的多，但是他们未能杀死一个当地人。

随后，纳西布返回营地。他告诉我们，国王听到我们的抱怨之后，也感到有些抱歉，但其手下官员有这样的权力，他也不便多加干涉；他本人不想从我们身上拿取任何东西，但希望我们能给其手下官员一点小恩小惠，尽快过去见他。维伦博派手下送给我们一些大蕉酒，劝我们少安毋躁，他最近正忙着跟王宫附近的马苏迪商队进行交易。这个地方窃贼太多了。白天，他们会引诱我的手下进入小屋用餐，然后把我的手下剥个精光，再把我的手下赶出去；晚上，他们会向我们的营地投掷石块。后来，又有一人被击毙，另有两人被击伤。

10月28日，停止行进。我知道，苏瓦罗拉的话是骗人的，其手下官员只能扣留过路费的百分之一，其余财物全部上缴王室仓库。我想，我们这次又在劫难逃了。于是，我立即派邦贝前往马苏迪的营地，去找一个名为因桑盖兹（Insangez）的人。因桑盖兹奉穆萨儿子之命，随马苏迪一道抵达了乌苏伊。我让邦贝传话：如果他能够前往卡拉圭，让鲁马尼卡派人把其权杖送到这里给我们，[180]就像苏瓦罗拉帮助我们脱身于博古埃一样，让我们脱身于乌苏伊，我定有重赏。因桑盖兹认识穆萨，有一次还说他自己愿意跟我们去卡拉圭。邦贝走后，维伦博委托卡里瓦米过来一次性地拿取他们两人的过路费：四十捆铜丝、八十块布、四百条用各种珠子做成的项链。这简直是在开玩笑，我向卡里瓦米抱怨了自己所遭受的损失，奉劝他们网开一面。然而，等了一天后，卡里瓦米说："不要斤斤计较了。交给我们过路费后，你们还要向维科拉交更多过路费，他就住在我们的下面。"

10月29日，停止行进。第二天早上，我说，无论如何，我也拿不出那么多的过路费。卡里瓦米让我出个价，我给了他四捆铜丝。卡里瓦米不屑一顾，予以拒绝。于是，我送给他一个旧箱子，结果也被退了回来。也就是说，至少需要二十捆铜丝、四十块布、二百条不同珠子做成的项链，他才满意。他还说，因为我是国王的贵客，他已经很友善了，也没有抢劫我们的财物，所以我应该交付这些过路费。我又送给他六捆铜丝，并告诉他这是我的底线——这些铜丝可比他们给我的山羊更有价值——我还说，跟苏瓦罗拉一样，我也是我们国家的王子，给他这么多过路费后，我就得像穷人那样，以谷物为生了，如果苏瓦罗拉知道的话，他绝对不会让我沦落至此。若是他们还不知足，那么我就不得不在这里停下来，等候苏瓦罗拉的再次传唤。这个恶棍一听这话，把我给的铜丝拿进屋里，并说他要外出，因为我已经没有布了，所以他希望在他回来后我送给他二十捆铜丝和一千条特别长、用珠子串成的项链，我要把所有东西准备好。

随后，邦贝回来了，满脸兴奋，看起来大获成功。他在马苏迪的营地把我的话转达给了因桑盖兹。[181]邦贝说，马苏迪已经在那里逗留了两周，仍然没有解决过路费的问题。虽然阿拉伯人每天都去王宫请求觐见国王，但国王并不愿意屈尊接见马苏迪。我说："好吧，你说的话很重要，那么接下来呢？国王会接见我们吗？""哦，不。我一进入宫殿，就见到了苏瓦罗拉，并立即跟他说了话。世界上最幸运的事情，莫过于此。但是，苏瓦罗拉喝得烂醉如泥，不明白我在说什么。"我问道："这算什么幸运之事？"邦贝回答说："宫中的每个人都祝贺我，说我第一次来就见到伟大的君主，阿拉伯人在那里蹲了整整一个月，也几乎见不到国王，甚至马苏迪也没能见上国王一面。"纳西布也连连附和道："对，没错。那确实是一次巨大的成功。宫里有宫里的仪式和规矩，等您到布干达，就会更明白了。这些希马族国王可与您在乌尼亚姆韦齐和其他地方见到的酋长不一样，他们类似于桑给巴尔的马吉德苏丹，都有自己的大臣和士兵。"我问邦贝道："那么，苏瓦罗拉长得什么样子？""他长得很不错，个子很高，脸长得非常像格兰特。如果格兰特是一个黑人，那么他俩就没有什么区别了。""他的大臣也喝醉了？""哦，是的，他们都喝醉了，那里的人整天喝酒。""你也喝醉了？"邦贝咧嘴一笑，露出一排尖尖的牙齿，说道："是的。他们想把我灌醉。他们还带我去看了将来让我们扎营的地方，不在宫里，而是在宫外，附近没有树，绝对不是一个好住处。"

乌松古山谷

我们在乌松古山谷的营地，苏伊人出售商品

随后，我派邦贝去处理过路费问题。邦贝与卡里瓦米争论到了晚上，最后卡里瓦米告诉邦贝，还须交十四捆铜丝、两块布、五个白瓷珠（mukhnai of kanyera，五颗白瓷珠相当于三百条项链），[182] 否则我将在这里待一个月。

10月30日，停止行进。最终，我交付了过路费，但以七捆铜丝代替布。这桩烦心事就此结束，我感到很高兴，于是令队伍进发。然而，维科拉就像变戏法一样，突然出现了，说我们需要先付给他过路费，然后才能动身。他的地位和维伦博、卡里瓦米一样，我少给一颗珠子都不行。我跟他争吵了一整天。第二天早上，维科拉派人过来取走九捆铜丝。我们又踏上了旅程。

10月31日，抵达乌松古（Uthungu）。我们走过一段山路后，接着下山，进入一条布满香蒲（bulrush）的泥泞水道，然后又翻过一座山。在山的高处，我们看到了苏瓦罗拉的宫殿，它就位于乌松古山谷；宫殿后又有一座山，山顶部还有一道白色的石英脉层。周边的景致令人震撼，正好把宫殿围了起来。三圈乳白色的灌木丛，一圈又一圈，形成了天然的栅栏。[183] 酋长（我认为他配不上国王的称号，因为其所在的王国已经一分为二）的府邸远在尽头，且有其他酋长的府邸的三倍大。附近的其他小屋供大臣和仆人居住，但排列成一组组，彼此有一定的间隔，所有小屋共同形成的圆形空地，足以在晚上圈养牛群。

格兰特走在队伍的前面，一进入乌松古山谷，就看见马金加拦在路上，阻止我们前进，索要他的报酬。他就像一个陌生人，因此我们对他满眼不屑，但他坚称他有权这么做，还把担子从我的手下的肩上卸了下来。格兰特向马金加发出威胁，马金加屈服了。我们继续前进，但是我们没有按照之前的计划前往宫殿，而是在手持权杖的苏伊人的指引下，前往距离宫殿两英里、苏瓦罗拉手下的统帅的府邸。到那里后，我们才发现那里原来是马苏迪的营地。我们刚扎下营并搁好行李，阴魂不散的维科拉又来了。我们已经解决了过路费问题，但他还想索要更多的铜丝、布、珠子，因为他收到的过路费少于卡里瓦米和维伦博。我当然不同意，因为我已经给了他的手下索要的一切，这对我来说已经够多了。正在此时，马苏迪和几个阿拉伯人来到我的营地，询问起我们对于乌苏伊征收过路费的看法。马苏迪刚刚交给了苏瓦罗拉过路费：八十捆铜丝、一百二十块布、一百三十磅珠子，而且他还给了每个大臣二十至四十捆铜丝、一些布和珠子。得知我的交涉后，马苏迪连说干得不错，没有给太多。

第二天（11月1日）早上，马苏迪及其商队动身，前往卡拉圭。他们辗转于卡泽至乌苏伊之间，来来回回一年了，一直想离开乌苏伊。当地的商品一应俱全，当地也有叫卖的，腰上都系着一条干净的皮裙。[184] 但是，也有当地人像尼亚姆韦齐人那样喜欢装饰品。当地人到底是什么血统，实难定论，因为当地人与希马人、尼亚姆韦齐人互有通婚，其面部特征各式各样。当地许多男女的眼睛颜色都是棕红色，我在其他地方从未见过。

晚上，一个名为尼亚姆贡杜（Nyamgundu）的干达人拜访我们。他穿着一件宽大的皮袍，由许多小羚羊皮缝制而成，质地柔软，做工就像我们的手套一样精细。尼亚姆贡杜的言谈举止、衣着打扮颇令我们吃惊。我和我的手下都为之倾倒，但只有纳西布可以与其交谈，纳西布告诉我们，他俩之前就认识了。尼亚姆贡杜是布干达王太后的兄弟，奉布干达国王穆特萨（Mtesa）之命，带了一大帮官员访问乌苏伊，替穆特萨讨娶苏瓦罗拉的女儿，因为布干达国王听说苏瓦罗拉女儿特别漂亮。尼亚姆贡杜一行人已经在乌苏伊逗留一年多，在这期间这位漂亮的公主却去世了。苏瓦罗拉非常担心布干达国王动怒，所以他正设法筹集一些铜丝，作为贡品献给穆特萨，以弥补女儿之死所带来的问题。这实在不是一个好消息，我们应该会遭到敲诈。

第二天（11月2日），西尔希德（Sirhid）前来拜访我们，他说他是第一个拜访我们的当地人。西尔希德浑身透出希马人的气质，年轻而帅气。他身着艳丽的服装，戴着头巾。他找了一把椅子坐了下来，似乎一直习惯于坐在椅子上说话，然后语气和蔼地跟我们聊了起来。我说了我们的困难，一路饱受大人物的刁难。他听完后，表示会把我们遭受抢劫的不幸经历禀告苏瓦罗拉，力劝苏瓦罗拉对我们手下留情。[185] 我说，我给苏瓦罗拉带了欧洲制造的一些玩意儿，希望苏瓦罗拉愿意接受这份礼物，只有像苏瓦罗拉这样的大人物才配得上这些东西：一把可以装五发子弹的左轮手枪、一个大锡盒以及其他小物件。西尔希德看到这些物件、看完这把手枪的射击展示后，说道："不行。你们先不要把这些东西拿出来，国王可能会害怕，以为它们是巫术。如果你们准备献出这些东西，我的脑袋可能保不住了，而且其他后果更是难料。""那么，我能不能立即觐见国王，以示敬意，我大老远过来就是为了能够觐见他。"西尔希德答道："不行。我要先去禀告一声。国王和我可不一样，没有十足的把握，他不会接见任何访客。""那他为什么邀请我过来？""他听说马卡卡和卢梅雷西前后都把您拦下，所以就想看看您是何方神圣，于是命我派几个人前去接应您，您知道的，我先后两次派人去了。他想见您，但又不希望行事仓促。这里的人不像您和我这般见过世面，他们是很迷信的。"西尔希德接着说，他会请苏瓦罗拉尽快接见我们。西尔希德走的时候，恳请我把他坐过的那把铁椅子送给他，但我告诉他，如果他把铁椅子拿走了，我们就只能坐在地上了。听我这样说，他一声不吭地回去了。

11月3日，维伦博又向我们索要更多的铜丝和珠子，因为之前的卡里瓦米太容易满足，要价太低。一怒之下，我把他赶出营地，但他很快又回来了，还拿来我交给卡里瓦米的一半过路费，并说他一定要拿到一些布料，否则就不要任何东西了。正在此时，西尔希德过来了，并及时制止了维伦博的一根筋做法。西尔希德说，如果我们有布料，他派去的手下一定知道，因为他们是跟着我们一起过来的。[186]然而，维伦博刚悻悻而去，西尔希德就暗示我们道：在他替苏瓦罗拉谈过路费的时候，他通常都会从阿拉伯人那里拿到一点好处，什么都可以，但更喜欢布料。

这个问题相当棘手。西尔希德很清楚，我只有少量的精美布料，普通布料已经用完了。西尔希德是我和苏瓦罗拉的中间人，为同西尔希德搞好关系，我说我把剩下来的布料送给他，但他不能告诉苏瓦罗拉和其他人。西尔希德欣然接受。于是，我送给他两块精美布料，他送给我两只山羊以作回礼。可我万万没有想到，此番交涉之后，他说："我奉苏瓦罗拉之命，要去为苏瓦罗拉的一个亲戚治病，所以要离开这里五天。整个王国内就数我最懂药物了。我走后，我的弟弟卡兰布莱（Karambule）会接替我，跟你商讨过路费问题。卡兰布莱明天开始跟您谈，而我自己先要就这个问题禀告苏瓦罗拉。"

一个名为伊伦古（Irungu）、长相俊美的干达人前来拜访我，并向我索要一些珠子。他说，布干达国王已经听说我们过来了，特别想见见我们。听到这话，我请他再等一等，等我们解决了这里的过路费问题后，我们可以同他一道前往布干达。他说，不行，他不能再等了，因为他已经在这里滞留一年了。他告诉我，如果我愿意的话，他会把一些手下留给我，苏瓦罗拉一看到他们，很快就会给我们放行。

我请他带一把柯尔特六连发步枪（Colt's six-chamber revolving rifle）给穆特萨国王，以表达我这个王子对穆特萨最诚挚的问候。我说，穆特萨国王声名远扬，甚至我远在桑给巴尔也听过其威名；为了见到穆特萨国王，恐怕世上没有其他人像我一样，踏过千山万水，历经重重磨难。[187]然而，伊伦古却不愿意，因为穆特萨国王从未见过如此厉害的武器，可能视之为恶毒的符咒，砍掉伊伦古的脑袋。于是，我又劝他带一把刀和其他精美玩意儿，但他也担心惹来祸端。最后，我只好让他捎上一封信或曰卡片作信物，以示我的到来，确保他路上的安全，我还送给他一条价值六便士的红色小手绢，这次他接受了。他说，我去布干达绕了太多道，他有些吃惊，因为从马赛人地区的那条道过来会近得多。伊伦古还说，在布干达老国王苏纳去世后、布干达大臣尚未推选穆特萨为国王之前，有一支阿拉伯商队穿过马赛人地区，一直走到乌索加，并请求进入布干达；因为布干达当时王位继承人未定，所以王公大臣建议阿拉伯人再等等，或者等新王确立后再来。我说，我之前听说过此事，还听说马赛人爆发了动乱，因此阿拉伯人也遭遇了一场灾难。伊伦古回应道："确实如此。当时的形势的确凶险。但是，马赛人地区如今秩序井然，穆特萨也特别想开通那条路线，如果我想从那条路线回去，我要多少人手，穆特萨就会给我多少人手。"

这的确是一个令人高兴的消息，却又不是新消息，因为阿拉伯人曾告诉我，穆特萨特别想开通那条路线，甚至经常主动帮助阿拉伯人。一离开博古埃，我就给皇家地理学会写了一封信。我在信上写道，只要我在布干达或维多利亚湖的北部找到佩瑟里克，就能确定尼罗河的源头，然后我会通过马赛人地区返回桑给巴尔。[188] 此前，我已经知道，布干达国王只要听说有阿拉伯人想去布干达，他就会派人前往卡拉圭，甚至有时会一次派出两百人去帮助阿拉伯人搬运行李。因此，我请求伊伦古回去后禀告穆特萨，就说我至少需要六十人。伊伦古说他一定不辱使命，并索要珠子，我欣然送了他一些。

11月4—6日。卡兰布莱告诉我们用姆瓦莱树（Mwale tree）的纤维把珠子串起来，于是我们从当地的苏伊人那里买了一些。卡兰布莱打算进宫住上几天，跟苏瓦罗拉商定我们的过路费，然后再回到我们这里拿取过路费。但是，我们也要留心、做好准备，无论苏瓦罗拉要什么，我们都必须立刻奉上。我们跟苏瓦罗拉没有任何讨价还价的余地，最好尽快上缴过路费，以便脱身，否则我们只有等一个月之后才有机会再谈过路费问题。我立刻让手下动起手来，按照一定数量把珠子串起来，这项工作进行得有条不紊。然而，第二天，我们却听说卡兰布莱生病了，也可能在装病，反正他压根就没有去王宫。11月6日，我实在忍不住了，卡兰布莱对我们实在太无礼了，于是我派人向卡兰布莱捎去口信，如果他不立即去王宫，我就自己去，用枪支开路，我又不是他们的奴隶，不能整日在丛林里狩猎以制作标本或搜集一些石头。卡兰布莱回复说，维科拉和维伦博把他们所收到的过路费退了回来，等他们俩消停了，他才能去跟苏瓦罗拉商谈。

11月7日。因为营地里的日常开销就是一笔费用，所以为加快事情的进展，我给了这些烦人的家伙一捆铜丝、一块精美布料、五百串由白色珠子制成的项链。[189] 与西尔希德一样，卡兰布莱收到礼物后说，在他觐见国王之前，我给他一些值钱的东西，他自然会替我说话。为了过路费谈判能够启动，我送给卡兰布莱一条红毯子，当地人称之为"约霍"（joho），以及五串姆齐齐马珠子，相当于五十串普通的白色珠子。

11月8—9日。这段时间，营地混乱不堪。营地外喝得醉醺醺的苏伊人，不时闯入我们的小屋，令我们苦恼不已，他们会看着我们用餐，还向我们乞讨，毫无廉耻之心。他们没有小费或礼物的概念；但是，他们像埃及人那样坏，伸出手，拍着肚皮，喊着"卡尼瓦尼"（Kaniwani，意思是我的朋友），以至于我们听到这个词就觉得厌烦。然而，这些家伙头脑简单，倒是也有可爱之处，孩子气十足。为了驱散他们，我们有时会向他们泼水，但他们很快就又回来，以为我们在和他们开玩笑。

十天过去了，事情毫无进展（11月10日）。卡兰布莱说，苏瓦罗拉正在忙于召集军队，以处罚一个不交税的官员，而且这个官员还无视苏瓦罗拉的权威，竟然胆敢自封为王。午夜时分，卡兰布莱激动地告诉我，他已经觐见了苏瓦罗拉，苏瓦罗拉决定由维伦博来拿取王室和王族成员（Wahinda）[2]的过路费，缴纳完毕后，我们第二天早上就可以离开。苏瓦罗拉忙于召集军队，这次不能接见我们了。然而，在缴纳王室、王子的过路费之前，我必须给西尔希德和卡兰布莱二十捆铜丝、三条红毯子、三块巴尔萨蒂布、二十串姆齐齐马珠子、一千串白色珠子。我给了他们。

11月11日，邦贝和巴拉卡又爆发一次激烈的争吵。我的许多手下不顾我的禁令，[190]偷偷结了婚。例如，巴拉卡娶了普洪泽酋长乌恩古鲁埃的女儿；瓦迪莫约娶了一个名为玛纳玛凯（Manamake）的女人。桑吉佐还带来了他的妻子和他的妹妹。然而，邦贝至今还没有娶妻，但他看上了一个女孩，且为此大伤脑筋。不幸的是，邦贝的想法正好助长了巴拉卡的信心，让巴拉卡有了指控邦贝的好借口。巴拉卡知道，邦贝若想得到那个女孩，就必须拿出一大笔钱，因此借机指控邦贝偷了我的物资，想取代邦贝成为财务总管。狡猾的邦贝雇用了我的几个手下，按照此前商谈下来的聘礼，送给他准岳父五捆铜丝、一条红毯子、五百串珠子。后来，邦贝的准岳父退回聘礼，要求邦贝再多给一捆铜丝；邦贝又追加一捆铜丝，但是他的准岳父贪婪无比，闹得沸沸扬扬。巴拉卡把这一切都看在眼里，立刻向我报告了此事。

事情传开后，营地一片哗然。邦贝、巴拉卡以及我的大部分手下都喝得醉醺醺的，我根本无法判断孰是孰非。邦贝承认自己确实很想得到那个姑娘，两人已经在一起好几天了，心心相印，都想结为夫妻。邦贝说，巴拉卡可以养一个妻子，他也可以，而且那些铜丝都是他自己的财产，而不是我的财产，因为他在替我缴纳过路费的时候，当地酋长会给他一些赏钱。他觉得，巴拉卡如此说，既不公平，又不正大光明，但他并不觉得意外，从旅行之初到现在，巴拉卡一直恶意中伤他，企图篡夺他的职位。[191]巴拉卡则反驳说，旅行期间没有赏钱一说，无论从酋长那里得到什么，都是公共财物，应该大家共享——这也是我经常说的话。邦贝气得直发抖，说："我就知道这事肯定于我不利。巴拉卡太能说了，我笨嘴拙舌。但是，我可干不出用主人的铜丝为自己买奴隶的勾当（讽刺巴拉卡在米汉博所干的龌龊事），永远也不会做出只想自己发财的事情。但是，这次的事情完全不一样，我只是想娶妻而已。"

坦白地说，我内心更喜欢邦贝。但是，我也欣赏巴拉卡，他太机敏了，很快就揪出了这件事，几乎把邦贝逼疯了。巴拉卡希望我认为邦贝不诚实，降邦贝的职，把邦贝摔倒在地，让邦贝亲吻我的脚。巴拉卡觉得，一旦我认为邦贝不诚实，就会把邦贝贬为挑夫，让他做苦工。邦贝没有巴拉卡那么能言善辩，无法替自己开脱，但他在博古埃接管财物之前，我的铜丝就少了不少。等我们旅行结束，回到桑给巴尔，并审查所有财务之后，我们就会知道谁才是最诚实的人。应邦贝的请求，抛开他作为聘礼的铜丝，我清点了所有铜丝，结果数量对得上。但是，这里面还有一个疑问，这些铜丝长短不一，邦贝若动手脚，完全可以截取一些铜丝。然而，我还是希望他们能够和解，于是我声明这些铜丝是我的，并提醒营地里的每个人，如果财物处置不当，每个人都会有损失，因为这些财物是供大家路上开销用的，等旅行结束后，无论剩下多少，我都会把它们分给大家的。

[192]11 月 12—13 日。冷静之后，邦贝又来找我，匍匐在我和格兰特脚下，亲吻我们的脚趾，一遍又一遍地请求我们原谅他的所作所为，并发誓说我是他的再生父母（Ma Bap）；他说，他的父母没有把他教育得更好；他现在的一切都是我给的；每个人都会犯错；如果我不能原谅他，他就会怎样怎样，诸如此类的话。我明白，若非那个女人的吸引力太大，邦贝肯定不会做出这样的事。之后，邦贝又像往常

那样去工作了。邦贝没有娶旧爱,而是以赊账的形式娶了桑吉佐的妹妹,用工钱来抵聘礼,并答应旅行结束后,把妻子送回到桑吉佐身边。

晚上,维伦博和卡兰布莱过来了,替苏瓦罗拉收取过路费。我们需要缴纳:六十捆铜丝、一百六十码梅里卡尼布、三百串姆齐齐马珠子、五千串白色珠子。但是,他们可以把过路费减少一些:五十捆铜丝、二十块精美布料、一百串姆齐齐马珠子、四千串白色珠子,若我没有那么多白色珠子,可可果叶(cocoa-nut-leaf)颜色的珠子也行。然而,当时夜色已深,不便清点,他们决定第二天再过来拿取。他们说,我们只要跟王子(Wanawami)协商好,就可以走了。因为苏瓦罗拉忙于军务,这次无暇接见我们;如果我们从布干达回来,苏瓦罗拉希望接见我们,以示对我们的尊重。我内心发誓,我绝不想觐见他,回程也不会再走这条路线。我说,苏瓦罗拉怕是没脸接见我们,他邀请我们过来,结果却如此盘剥我们。他也太迷信了,我们来了怎么说也得住在王宫里啊。他们听完这一番含沙射影的话,连连辩解,岔开话题,开始谈及王子的那份过路费,我最终还要再给三十四捆铜丝和六块精美布料。

[193]11 月 15 日,**抵达基塔雷**(Kitare)。第二天一早,我们又一次上路了。我内心暗自庆幸,他们索要的过路费没有我设想的那么多。乌苏伊官员充当我们的向导和保护人,一直把我们送到边境。何等荣耀!之前,我们来到这个集傲慢与贪婪于一身的国家;如今,在一群官员的护送下,我们匆匆离开了这里。这些官员实际上把我们视为危险且恐怖的巫师。对我们来说,他们又何尝不是如此呢?如今,我们已经解脱了,想起往昔,唯有一笑。

我们走出乌松古山谷,那里的道路起起伏伏,溪水湍急而浑浊。当地人口稀少,分散居住在一群群小草屋里,周边的灌木丛已经清理干净了。路上有一座石冢,每个过路的人都要往上扔一块石头。石冢的起源,我并不清楚。我们在第一次踏入希马人统治的地区时就见过这样的石冢。而且,我以前在索马里人的地区也见过这样的石冢。古时,阿比西尼亚人统治了索马里人地区,这是确凿无疑的。

我们刚刚扎营，就有一帮官员朝我们走来，说是奉地区长官塞曼巴（Semamba）之命而来。塞曼巴住在距离此地十公里的地方，一听说我们过来，就派人过来收取过路费。起初，我不愿缴纳，担心他像维伦博那样贪婪无度。但是，我最终让步，给了九捆铜丝、两块印花棉布、两块宾代拉布（bindera）。之后，他们充当我们的向导，确保我们安全上路，免受进一步骚扰。

11月16日，抵达维亨贝（Vihembe）。我们踏上红色砂岩的山，又一次欢欣如云雀，步伐轻快，穿过了一片森林，抵达了洛胡加蒂（Lohugati）深谷。**[194]**这里的景色太美了，我们不禁停下脚步，赞叹不已。在我们的脚下，绿树交映，溪水潺潺，还有一个捕捉鲟鱼的渔夫，溪水流向维多利亚湖。溪流周围，绿树成荫，植被繁茂，间或有棕榈树、大蕉园，格外引人注目，最为常见的植物是体型特别大的蓟（thistles）和野生的靛蓝植物（indigo）。我们继续向前，脚下的路又崎岖不平了，远处可以看到一排锥形火山，顶部光秃秃的，呈红色，火山中下部有白色条纹，应该是火山最近喷发后留下的印记。在更远处，群山巍峨高大，覆盖着绿色植被，那里就是卡拉圭和基夏卡（Kishakka）[3]。

我们再次出发，途中有一种名为洪戈塔（khongota）的小鸟飞过。特别迷信的纳西布见后，开心地叫了起来："看呀，那可是个好兆头，我们的旅程肯定顺顺当当。"我们趟过小溪，就地休息。当地所有人都凑了过来，瞧个热闹。我们以前从未见过如此赤身裸体的人。所有年轻女人，甚至是处于青春期的少女，都赤条条地站在我们的面前——她们天真无邪。我们翻过一座小山，来到一个名为维亨贝的村落，这也是乌苏伊边境最后的一个村落。我给每位向导三捆铜丝，给所有向导共计四块宾代拉布。纳西布说，这是他们应得的。邦贝的那个准岳父虽然沮丧不已，却追上了我们。他说，他是过来拿过路费的，还说苏瓦罗拉没有允许我们出境，过路费问题还没有解决呢。此外，苏瓦罗拉特别想接见我们，如果我们不老老实实地回去，苏瓦罗拉就会立刻派兵过来抓我们。

第八章

CHAPTER 8

卡拉圭[1]

❧❧❧

[195]11 月 17 日，抵达维古拉（Vigura）。今天的旅程，又愉快又轻松。那几个乌苏伊"保护人"离开了，我们心头的重担总算放下了。想来确实令人欢欣鼓舞，从这里到卡拉圭，只有野兽出没，别无他物了，这是一片"无主之地"，也就是说，没有人居住。对于之前关于过路费的磨难，我们只想暂时道一声别。

我们从一道山脊缓缓走了下来。这道山脊把罗胡加蒂山谷和乌里吉湖（Lueru Io Urigi）²分开。我们继续向前，穿过一片美丽的草原，接着又穿过山丘之间。此前，我们从罗胡加蒂山谷的高地望去，这些山丘形如"马鞍"。那里的新型地质构造，引起了我的特别注意。[196]绿色的山坡，犹如一个斜面；山丘顶部的中间段，重压在山丘的

一个希马人

地层上，使得砂岩像黏土一样凸出于外，深褐色或紫色与奶白色交织在一起，好似一块牛肉三明治。石英和其他种类火成岩，四处散落，于山坡上形成一层红砂岩，于山脚下形成一大堆红砂岩，由此可见，这里产铁。土壤肥沃，呈红色，颇类似于英国的德文郡。

我们刚在树下扎好营地，一个官员就过来了，原来是奉鲁马尼卡之命，前来迎接我们，助我们离开乌苏伊。这个官员名为卡楚楚（Kachuchu），是纳西布的老朋友。老友相见，格外开心。纳西布对我们说："我说的没错吧。我们在罗胡加蒂山上看到的飞鸟，真的是好兆头。听听这个人说的话：鲁马尼卡命他立即把你们带入王宫，无论你们在哪里停歇，当地村庄的官员都会为你们提供粮食，且记在国王的账上。卡拉圭王国不向陌生人征收过路费。只听说过互赠礼物，而没有征收过路费一说。"格兰特在此地猎到了一头犀牛。我们把犀牛肉、从维汉贝（Vihembe）带来的面粉混在一起，大家饱餐了一顿。

11月18日，抵达乌里吉湖附近的第一站。我们昨日站在山顶上，发现的一大片水域，**[197]**实为乌里吉湖，而大家都误以为是维多利亚湖。我们兴致勃勃地走了过去，心想卡泽的阿拉伯人怎么会认为这片水域是一条从维多利亚湖流出的河流呢？我们刚刚抵达营地，当地的村长就告诉我们，我们的看法是错的，那是一个独立的湖泊，但是基坦古莱河穿过群山，把这个湖泊与维多利亚湖连在一起。他还说，乌里吉湖周边以前是一片水域，一直延伸至乌哈（Uhha）；从乌苏伊到这里，我们如今走的是低地，但以前只能坐船过来；那座形如"马鞍"的山丘也只是水域里一连串的岛屿罢了；但是，这片水域已经变为干地了，乌里吉湖也成了小沼泽。村长还补充道，在已故国王达加拉（Dagara）的时代，这里还是一片水域，但达加拉国王死后，这里也就成为我们现在所看到的样子。

我们今天的行程，又新奇又有趣。四周的丘陵和山谷，让我想起自己在印度度过的愉快时光，我当时曾和鞑靼人一起去过中国西藏地区的山谷，但这里的景色更如诗如画。这里与西藏的山谷虽然都属于荒野，人烟稀少，但这里绿草成片，高坡上浓密的金合欢灌丛星星点点，且有犀牛出没，既有黑犀牛，又有白犀牛；在山谷的平坦之地，成群的羚羊和牛，就像西藏的羚羊和温顺的牦牛一样，四处漫游。更令人高兴的是，完全不同于过往的经历，当地的酋长把我们当作客人，遵照鲁马尼卡的命令，我们刚到，就送来了绵羊、家禽、甜薯。我送给他几条红毯子以作回报，他感激不尽，也没有索要更多的回赠。

11 月 19 日，抵达乌里吉湖附近的第二站。我们越深入这个王国，就越喜欢它，这里秩序井然，[198] 村长们也很有礼貌，我们可以自由活动。我们沿着山谷左侧而下，进入村庄，和当地人互赠了礼物。为了更好地欣赏这里的景致，我在最近的几座小山上逛了逛，山坡上树林茂密，间或有小羚羊从草地奔向山上。我射杀了一只羚羊。我之前从未见过白犀牛，但在这里射杀了一头。然而，没有人愿意吃白犀牛肉，我为此而感到后悔。傍晚，我回到营地，看到一群孩子向我兜售麻雀。我由此想起穆萨说过的话：卡拉圭的麻雀，泛滥成灾，当地人为了预防饥荒，被迫种植麻雀不喜欢吃的苦玉米。果然，所言非虚。晚上，我坐在外面测量纬度，却看到一群人吵吵闹闹，男人肩膀上扛着一个身上盖有一块黑色兽皮的女人，从我身边走过，令我感到很吃惊。经过询问，我才知道原来那个女人是要以"包裹方式"送到其丈夫的床上，而且只有处女才会以此麻烦的方式出嫁。

一个荒诞且富有当地特色的传言传到我的耳中。马苏迪，就是那个收留了因桑盖兹的商人，一直在游说鲁马尼卡，说我们沉迷于巫术，希望鲁马尼卡不允许我们入境；若非因桑盖兹对鲁马尼卡说我们是穆萨派来的人，那我们的处境将会完全不同。正如我经常听到的那样，穆萨确实是鲁马尼卡的恩人。八年前，鲁马尼卡的弟弟罗盖罗觊觎王位，发起叛乱，穆萨帮助鲁马尼卡平息了叛乱；此后，穆萨在卡拉圭声名大震，当地人视之为忠义之士。

[199]11 月 20 日，抵达洪泽（Khonze）。我们的下一站是洪泽，位于乌吉里湖的弯曲处，与汉吉罗（Hangiro）遥遥相对。洪泽的酋长是一位德高望重的老人，名为穆泽吉（Muzegi），乃达加拉国王统治时期的重臣。他语重心长地告诉我：他记得过去从这里到维古拉需要坐船，而且基坦古莱河里的鱼和鳄鱼也会游过来；老国王死后，这里的水就干了。穆泽吉语气平淡地说，由此可见，这是老国王一手策划

的，以此让后来人缅怀他。交换礼物后，我请老人介绍一些周边的国家。他以其特有的方式作了一番介绍：在地上放一根长木棍，两端代表南北方向，又用一些短棍代表远邦的都城。如此一来，他让我明白了周边的地理情况，也知道了我们所走路线东西两边的国家。

11月21日，在基韦拉（Kiwera）扎营。我们早上出发后不久，乌里吉湖府邸最后一站的官员邀请我们一起吃早餐，因为他不能未向国王的客人表达敬意，就让客人走了。这位官员极其友善，要留我们至少住一晚再走。他送给我们一些口粮，以供我们路上吃，而这也是他应该做的事情。同时，他还说，当地正在闹饥荒，给不了那么多口粮，心下还感到有些歉意。我们彼此互道珍重，依依惜别。我们没走多远，就进入乌里吉湖原来的湖床，那里的野生动物种类繁多，令人目不暇接。犀牛非常多，有几次还在路的右侧跟我们形成对峙之势。[200]胆子比较大的获释奴，三四个成一组，开始大狩猎。为了保证自身安全，获释奴站在距离犀牛较远的地方，一起开枪；犀牛跑在一条道上，他们则在另一条道上追。日落后，我们在平原的几个水塘边扎营。就在此时，科延戈过来了。他携带着苏瓦罗拉送给穆特萨的礼物，即铜丝，以弥补苏瓦罗拉女儿之死而造成的影响。第二天，我们和科延戈一道前往乌森加。

11月22日，抵达乌森加。我们走出乌里吉湖原来的湖床，越过一个不高、"牛肉三明治"式的山脊，进入乌森加山谷，群山环绕，陡峭如壁，高达一千英尺，宛如苏格兰群山之壮美。山谷之中，不仅有参天大树，而且也有耕地，数量之多令人吃惊，庄稼长势喜人，据说主要作物是香蕉。尽管土地肥沃，但尼扬博人（Wanyambo）[3]生活穷苦，住在小方屋里。他们所抽的烟草是从盛产咖啡的乌海亚（Uhaiya）买来的。我们进入村庄后，竟然遇到了布干达的官员伊伦古！这个无赖压根没有像他之前答应我的那样，把我的礼物送给穆特萨，前往布干达，而是待在这里骚扰尼扬博人，喝着他们的啤酒。当地语言称这种酒为马鲁瓦（marwa），是用香蕉酿制而成的美酒。伊伦古甚至还向我索要珠子。他见我没有再次上当，于是令手下的鼓手和横笛手奏乐，试图赢得我们的好感。

11月23日，**抵达罗佐卡（Rozoka）**。自那以后，不管我们到哪，伊伦古的鼓乐队就跟到哪，一路吹奏。我们听说，只有布干达官员（wakungu）才享有这样的特权，无论他们身处布干达境内还是境外。但在其他国家，鼓声用于伴舞、节日，此外鼓声还是发生战争的信号。我们离开乌森加山谷，[201]登上尼亚姆瓦拉（Nyamwara）山脊，海拔高达五千多英尺。实在太棒了！想到很快就要见到鲁马尼卡这个明君，每个人都感到高兴。我们踏着草地下山，进入罗佐卡山谷，随后在那里的村庄里扎营。

在这里，卡楚楚告诉我们，他奉命前来接应我们，鲁马尼卡国王想知道我们喜欢住在哪个地方，是住在阿拉伯人设在库夫罗（Kufro）的补给站[4]（位于通往布干达的主干线上），还是住在国王的宫殿里，又或是住在内宫外？如此周到，倒让我们大吃一惊。因此，我送给卡楚楚一捆铜丝，感谢他的热忱。我说，我和格兰特只要能够觐见国王就心满意足了；国王无论如何款待我们，我们都没有意见；但是，我们有必要提醒国王一句，我们不是来做生意的，而是特地前来拜访他及其他国王，而且我们跟阿拉伯人没有丝毫关系。解决了这个小问题后，卡楚楚一如既往，与我们和气地道别了。我又出去看了看周边的山丘，以确定其地质构造，发现这里山丘的地质构造与之前看到的大体相同，山丘底部是一层黏土沙石，还有一层薄薄的纯蓝色页岩，再上面是石英层，四周还散落了一些变质岩和火成岩。

11月24日，**抵达卡塔万加（Katawanga）**。第二天早上，我们继续赶路，翻山越岭，来到两条路的交会处。伊伦古带着鼓乐队、手下去了库弗罗（Kufro），搬运苏瓦罗拉的礼物的人紧随其后。我们踏上另一条路，直达鲁马尼卡的王宫。正如我们在乌苏伊所见到的那样，一些山顶也覆盖着一层纯白色的石英岩脉，只是石英岩脉的位置更偏北一点。这里山丘的主体是由纯蓝色的黏土沙石构成的，这太令人好奇了，我不禁猜想，[202]那些山丘原来是低地，但现在已经升高了，所以这些山丘成为非洲大陆中部的轴心，因此也比其他山丘的历史更为悠久。

在距离王宫几英里的地方，有人令我们停止前进，等卡楚楚回来。我们临时在一片大蕉林里歇息，当地人正在那里酿酒，我的手下都去尝几口。他们没喝多少，就有重要信息传了过来，让我们立即动身，因为国王特别想见到我们。由于贪恋美酒，我的手下都佯称太累了，不能再前进了。于是，我派邦贝和纳西布先过去作一下解释。晚上，他们两人回来了，还带回了一大罐大蕉酒和一些王室专用烟草。鲁马尼卡叮嘱说，这些东西是赐给我和格兰特的。我的手下虽然也有许多酒烟，但都比不上王宫里的。王室的烟草清甜如甘露，大蕉酒太烈，非壮汉不能饮。

11月25日，抵达韦兰汉杰（Weranhanje）。第二天，我们吃过早饭后，翻过了韦兰汉杰山脊，其最高处海拔有五千五百多英尺。随后，我们继续走至南纬1°42'42"、东经31°1'49"的位置，看到一片树林；再向下五百英尺，山坳间有一片水域，风景宜人。我们心里对此已经有数，穆萨生前跟我提过，邦贝昨天回营后也说过那里有一个大水塘。其实，那片树林正是王宫围场（enclosure）。我们不知道那个小湖的当地名字。格兰特认为，它很像英国的温德米尔湖。所以，我将之命名为"小温德米尔湖"（Little Windermere）。这个湖和其他湖都像乌里吉湖一样，流入基坦古莱河，最后汇入维多利亚湖。

为了向这片迷人之地的国王致敬，[203]我命所有手下放下担子，鸣枪致敬。之后，我们前往宫门。我们立即就被邀请入宫，鲁马尼卡在见我们前已经处理完其他事务。我们把行李放在宫外。在邦贝和几个获释奴头领的陪同下，我和格兰特进入前厅。在宫里官员的护卫下，我们穿过有许多大屋子的围场，抵达一座单坡屋顶的屋子，那里正是阿拉伯人为鲁马尼卡修建的办公地，供国王处理政务。

我们进门之后，发现鲁马尼卡国王盘腿坐在地上，旁边坐着的人是国王的兄弟恩纳纳吉（Nnanaji），两人体型相仿，气质高贵。国王衣着朴素，只穿了一件黑色的阿拉伯长袍，腿上戴着各色珠子做成的脚镯，手腕戴着铜镯。恩纳纳吉是一个巫医，自命不凡，全身裹了一块带有方格图案的布，布外有许多符咒。他们身边有几个巨大的黑色黏土管。有六七个小伙子，就像老鼠一样，蹲坐在他们的身后，每人腰间都系着一块兽皮，下巴还系着一个小符咒。鲁马尼卡国王用流利的斯瓦希里语，首先向我们打招呼，我和格兰特立即就能感受到国王既热情又周到。鲁马尼卡国王看见陪我们一道过来的人，觉得他们不像是周边地区的本地人。当地人通常是鹅蛋脸、大眼睛、高鼻梁，明显有高贵的阿比西尼亚人的血统。我们以纯正英式礼仪——握手——互相致意，而握手也是卡拉圭特有的礼俗。鲁马尼卡一直面带微笑，请我们坐在他对面的地上，随即询问我们对卡拉圭的印象。他说，卡拉圭的山川举世无双，湖泊亦是如此，不知我们有没有赞叹过？ **[204]** 说完后，他哈哈大笑，还询问——他早已知道我们的所有遭遇——我们对苏瓦罗拉以及我们在乌苏伊所受到的接待的印象如何。我向他作了一番陈述，并说为了他的王国的利益着想，他应该约束苏瓦罗拉，因为苏瓦罗拉征收太多过路费，阿拉伯人难以过来觐见他，而且阿拉伯人所携带的世界各地的商品也进不来。接着，他又问我们为何要在全世界探险。在我上次探险的时候，他还见到我写给穆

我们在王宫外的营地

萨的信，穆萨一看完信就说，我曾拜访过他，但穆萨要回去了，因为我要去乌吉吉。

当然，探险嘛，说来话长了，需要描述整个世界，需要谈到陆地、水域、那些足以运载大象和犀牛的大船，我们可以用大船把世界上所有动物都运送到英国动物园里。另外，我们住在北方，因为国王的朋友穆萨向我保证，一定能够为我们开辟一条通往布干达的道路，所以我们就过来了。[205] 时间转瞬即逝，国王的脑子转得非常快，对世界充满好奇。白天就要过去了，鲁马尼卡国王大方地让我们自己挑选心仪的住处，无论是住在王宫里，还是住在宫外，并给我们一段时间去决定。从宫外远眺，湖光山色美不胜收，所以我们决定在宫外扎营，并令手下立即砍去树枝和高草，搭建帐篷。

鲁马尼卡国王令所有王子一直陪同我们。其中的一个小王子碰巧看到我坐在一把铁椅子上，立即兴冲冲跑了回去，告诉父王他所见到的情形。整个王室都感到十分好奇。最终，鲁马尼卡传唤我入宫，让我展示白人坐在王位上的样子，因为他们都以为我是高贵的国王。我只能勉为其难，再次入宫。鲁马尼卡一如既往，彬彬有礼，见到我后欢欣地笑了，开诚布公地询问我，且对我的回答非常满意，极受震撼地摇着头，说道："哦，这些欧洲人啊！这些欧洲人啊！什么都懂，什么都做。"

随后，我自己也问他一个问题。我们自从进入卡拉圭以来，就没有喝到牛奶，既没人赠送，自己又买不到，希马人为何把牛奶攥在自己手里呢？我听说，希马人有顾忌，还很迷信：如果一个人吃猪肉、鱼肉、禽肉、名为马哈拉古埃（maharague）的豆，那么他就不能再吃牛肉或再喝牛奶；否则，他就会对希马人的牛造成伤害。我劝鲁马尼卡不要相信如此荒谬的说法。鲁马尼卡答道，只有穷人才这么想；[206] 若我们需要，他会送给我们一头奶牛，让我们自取所需。和上一次情形一样，我们握手道别。我回到营地后发现，周到的国王又派人送给我们一些精酿啤酒。

国王手下的官员一直向营地送山羊和家禽，全国各地都要遵国王之命为其客人送来供应品，因此获释奴高兴得眉飞色舞。这样的招待持续了一个月，但是每日开销也没有减少，流出的珠子也不少，因为谷物、大蕉根本不够吃。然而，这里刮冷风，来自沿海地区的手下冻得瑟瑟发抖，怀疑我们已经快走到英国，因为他们只听说英国是一个寒冷的地方。

11月26日。听说，如果我急于进贡（tributary offering），那是不体面之举。早上入宫时，我只带了一把左轮手枪，因为鲁马尼卡曾说他非常想看看这玩意儿。鲁马尼卡看后，感到非常惊讶，他从未见过手枪。于是，我请他收下这把枪，以回报其慷慨，也想借此表明自己并不是唯利是图的商人。随后，我们一起去了他的私人住所，屋内特别整洁，令人吃惊。多根柱子支撑着屋顶，还有各种各样的长矛靠在柱子上，数量颇多，做工精良，既有铜头铁柄的长矛，又有铁头木柄的长矛。巨大的立式屏风把屋子隔成两个房间。屏风是用草编成的，十分精美。屏风背后，只摆放了装饰品，有大量铜猫和奶牛模型，而奶牛模型是库夫罗的阿拉伯人用铁打制而成，以取悦于他。[5]当天，我们刚吃完早饭，鲁马尼卡和恩纳纳吉就到访营地。[207]他们说，既然我们能够在全世界探险，那么用魔法杀死他们的兄弟罗盖罗想必也不是难事，罗盖罗就躲在一座能够俯瞰基坦古莱河的小山上。我请他们坐在我和格兰特的椅子上，他们觉得特别有趣。我虽然听说过罗盖罗叛乱一事的来龙去脉，但不明白为何国王现在要痛下杀心，所以我请鲁马尼卡说一说事情的经过。

他们的父王达加拉在世时，曾经无意间对罗盖罗的母亲说，罗盖罗虽然是年龄最小的王子，但具有成为国王的资质。按照传统，卡拉圭实行长子继承制，且该制度只适用于国王登基后生育的孩子。尽管如此，罗盖罗的母亲仍教导罗盖罗以后统治国家。

达加拉国王死后，三个同父异母的兄弟竞相争夺王位，最后，鲁马尼卡和恩纳纳吉联手赶走了罗盖罗。然而，全国一半人口，或是出于恐惧，或是出于爱戴，竟然支持罗盖罗。罗盖罗觉得自己有民意基础，组建了一支军队，意欲用武力夺取王位。当时，人们普遍认为，若不是慷慨大度的穆萨，鼓动所有象牙商人，调动居住在库夫罗的阿拉伯人的奴隶，以火枪为武器，罗盖罗定会夺权。罗盖罗吓跑了，跑前还信誓旦旦地说，等阿拉伯人离开库夫罗，他定会卷土重来。

我们当然没什么魔法。然而，鲁马尼卡却不相信。鲁马尼卡为了能够说服我们，甚至说，即便他们抓住了罗盖罗，也不会杀死他——在卡拉圭，残杀兄弟有违人道——只会挖掉罗盖罗的双眼，再让他自生自灭；罗盖罗没有双眼，就不能伤害他们了。

我当时所能给出的最好建议，是采取强力措施，约束苏瓦罗拉，阻止苏瓦罗拉在乌苏伊征收太多过路费。只有这样，有识之士才能够来到卡拉圭，只有靠知识，才能实现良治。苏瓦罗拉确立了征收太多过路费的制度，实在愚蠢，而且把五分之四的象牙商人都阻挡在卡拉圭境外。接着，我告诉鲁马尼卡，如果他愿意的话，我可以带走一两个王子，让王子在英国接受教育。我欣赏他的种族，相信王子日后定会成为我的一些阿比西尼亚人老朋友那样的人，而且阿比西尼亚人的国王萨赫拉·塞拉西（Sahela Selassie）已经从英国女王那里收到了大量礼物。阿比西尼亚人和我们一样，也是基督徒。如果希马人没有丢掉上帝的教导，也定会成为像阿比西尼亚人那样的人。

随后，我们长时间探讨了神学和历史问题。鲁马尼卡非常高兴地说道，如果带走他的两个儿子去英国，那么等他们学成回来，他自己也就会有知识了，他自然也感激不尽。接着，他又回到了原来的话题：我们花了这么多物资来旅行，他非常不解，希望知道我们此举目的何在。他认为，人一旦有了如此多的财富，应该安定下来，享受生活啊。我答道："哦，不。我们已经过够了奢侈的生活。如今我们早已不贪图安享富贵的生活，我们也不是追求利润的商人，我们只想周游世界。我们以为，探寻大千世界远比享受富贵更有意义。我们已经跟您说过，我们之所以过来，就是想拜访您和非洲其他伟大的国王；[209] 同时，我们也想开辟另一条通往北方的商路；如此一来，欧洲最好的商品就能运到卡拉圭，您也将见到更多的客人。"鲁马尼卡高兴极了，说道，"既然你们来拜访我并想一路欣赏景致，那我派人带你们去湖上泛舟吧，乐师在你们面前演奏；如果你们还有其他愿望，我都会尽力满足。"临走前，鲁马尼卡还兴致勃勃地翻看了我们的画册，对我们的床、箱子和一应器具赞赏不已。

穆萨以前对我说过,鲁马尼卡国王的妻子、儿子特别胖,胖到站不起来。下午,我拜访了鲁马尼卡的长兄瓦泽泽鲁(Wazezeru)。在达加拉登基前,瓦泽泽鲁就出生了,所以他没有王位继承权。我也希望从他这里了解当年的真相,他的说法应该没有偏见。进入小屋后,只见瓦泽泽鲁及其大夫人并排坐在铺满草的土凳上。这些土凳子有点像正厅前排座位,隔出几个卧室,而且各个卧室前放了许多木质牛奶罐。许多支柱把这个蜂巢型的房屋支撑了起来,几个支柱上还悬挂着几张有六英尺长的弓,下方则是一些长矛,且数量更多,还有各种各样、制作精美的盾牌。他的接待方式、他的妻子的美貌和肥胖的体型,并没有让我吃惊。他的妻子已经胖到站不起来了,胳膊上都是肉,胳膊肘处的肥肉就像下垂的大布丁。随后,他的孩子们也进屋了。他的孩子们具有典型的阿比西尼亚人血统,长相俊美,举止优雅,风度翩翩。他们从国王那里听说我有画册,都希望能一睹为快。他们看到画册后,非常开心,尤其是看到一些他们认识的动物。接着,我转移了话题,问他们这些牛奶罐是干什么用的。[210]瓦泽泽鲁指着他的妻子告诉我:"她就是喝罐里的牛奶长胖的,从小喝到大。有胖老婆是宫里的风尚。"

11月27日。我急于继续赶路,每待一天,物资(珠子和铜丝)就会少一点。我拟定了英国产品的清单[6],让邦贝替我送给鲁马尼卡。坦率地说,这份礼品实在寒酸,但希望鲁马尼卡原谅,而且他也知道我一路过来经常遭到劫掠。我相信,看在穆萨的面子上,他应该会放我继续前往布干达,多待一天,补给就会多消耗一分。我的手下说,我们也应该送些礼物给恩纳纳吉。因此,除了送给国王的礼物外,我又为恩纳纳吉挑选了一份礼物,并让邦贝把两份礼物一道送入宫里。[7]看到这两份礼物的数量、品质,营地里的人都觉得吃惊,我听说后却觉得有些欣慰。自从在乌戈戈遭到劫掠后,我们在路上耽搁太久,物资消耗巨大。我需要付给挑夫高昂的报酬,在姆萨拉拉和乌津扎缴纳了巨额过路费,更别提营地一直遭到偷窃了。营地里的人一直在说我们的遭遇,以至于我们的遭遇已经众所周知了。没有人想到我还留有一些东西。

[211]不管怎么说，鲁马尼卡非常高兴，就像发了大财一样。他派人回话说，那件插肩大衣是珍品，那块猩红色宽布也是，他从未见过品质如此好的布。除了穆萨，没有人曾给过他如此漂亮的珠子，也没有人献给他这么多礼物；鲁马尼卡的父亲乃至先辈都没有这么大的福气。后来，鲁马尼卡也坦承，他最初听说我们要来，也吓了一跳，担心我们并非人类，而是令人害怕的怪物，如今见到我们，别无他说，只有高兴。鲁马尼卡立即向布干达派去一个信使，捎去他的口信，向布干达国王通报我们想要拜访的愿望和行程。根据卡拉圭的惯例，这是必不可少的礼节。没有鲁马尼卡的推荐，当地人会阻拦我们的；只要鲁马尼卡一句话，我们前往布干达就会畅通无阻。如果鲁马尼卡没有守在布干达的门户，他还有这样的底气吗？从这里到布干达王宫，路途遥远，信使来回一趟，至少需要一个月。但是，在这一期间，国王允许我在卡拉圭到处逛逛，而且会派恩纳纳吉及其儿子全程陪同我；若是我在动身之前还没有准备好献给布干达国王的礼物，鲁马尼卡将从国库里帮我添补一些，而且他本人或他派恩纳纳吉送我们到卡拉圭边境，以免受到罗盖罗的骚扰。夜里，马苏迪、桑戈罗和另外几个商人一道，从库夫罗过来，拜访我们。

乐师们

11月28—29日。国王的长兄瓦泽泽鲁暗示我们，他的地位高贵，希望我能送给他一些礼物。我派人送给他一条毯子以及七十五颗蓝色蛋形珠子。[212]秉承王室风范，他接受了这些礼物。国王时刻不忘我们是他尊贵的客人，派来王室乐师，为我们演奏。这些乐师既有干达人，又有尼扬博人，他们共同组成了一支乐队。他们手持芦苇制成的伸缩式乐器，以手鼓来把控音乐节奏。起初，他们站成一排，前后行进，所演奏的音乐非常像是土耳其的军乐；随后，他们随着节奏跳起"号管舞"（hornpipe），吹得十分卖力。表演结束后，我赏给他们一些珠子。接着，恩纳纳吉走了进来，邀请我一同前往湖边的山坡打猎。陪他一起过来的有国王所有儿子、许多猎手，还有三四条狗。这些身材高大、体格强壮的王子，沿着郁郁葱葱的山林而下，不时会停下来，比试一下谁能把箭射得更远。我得承认，我以前从未见过如此高超的射箭技术。他们能够拉开六英尺的长弓，把箭射向树木，并且能够击中远处的标靶。随后，他们把我带到一个位置，并圈定一个范围，把周边猎人等都赶走了。其实，他们确实太沉溺于狩猎了。然而，[213]我们只看到了两三只树鼩和一些小羚羊，因此我们没有狩猎到一个猎物，实在是太惭愧了。

傍晚，落日余晖把天空映照得红彤彤的，我们返回营地。远处，卢旺达境内的山峰直插云霄，我不禁想起阿拉伯人跟我讲过的话，他们说那里的一座山，极其壮观，山峰处云雾缭绕，一直有落雪和冰雹。这是一个非常有价值的发现，我觉得那些山正是中部非洲的分界线。我立即召集了卡拉圭一些旅行者，并根据他们的描述，把卡拉圭的边界线延长了，在地图上标记了边缘地区的地理特征，确定了卡拉圭的疆域范围：北至北纬3°、东起东经36°、西至西经26°。后来，我更清楚边界线的情况，也弄清楚一些小的存疑点，又对地图作了一些小修订。

这些旅行者告诉我大量关于一些遥远地区的信息，我曾到过这些遥远地区。他们所说的地理知识，既丰富，又具体，而且我自己后来的观察、别人的陈述都验证了这些旅行者的地理知识是正确的。这实在令人感到吃惊。目前为止，我觉得我手头上收集到的地理信息没有问题，除非有人亲临实地观察，否则请大家不要怀疑这些数据的正确性。只有一些没有维多利亚湖那么大的湖泊的面积，尤其是小卢塔·恩齐盖湖（Luta Nzige）[8]，我不敢确定。上次探险期间，我听说它是一个盐湖，岸边和湖心的小岛上都发现了盐。现在，我暂时抛开这些细节，只想感谢鲁马尼卡——若不是他令其臣民告诉我所有信息，他们肯定不会配合。目前我只知道，[214] 驾驶独木舟需要整整一个月才能穿过维多利亚湖，而即便要穿过卢塔·恩齐盖湖，也需要一周。我以为，卢旺达境内的姆丰比罗山脉（Mfumbiro cones）[9]的海拔超过一万英尺，据说"月亮山脉"的最高峰有盐矿、铜矿、温泉。除姆丰比罗山脉外，姆波罗罗（Mpororo）[10]和罗盖罗的所在地也有一些温泉。

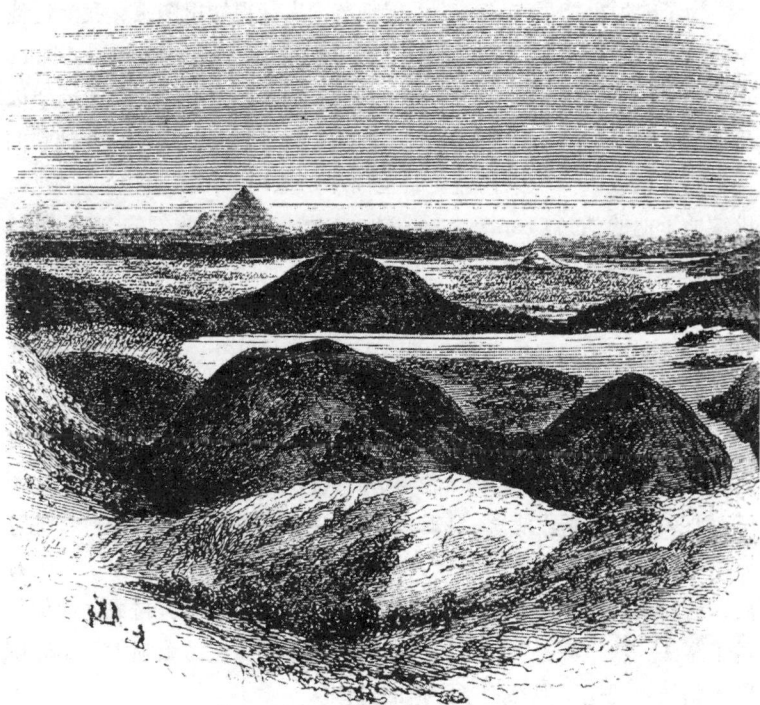

姆丰比罗山脉和月亮山脉的水文情况：站在海拔 5500 英尺处所看到的景象

11月30日。鲁马尼卡令卡楚楚尽快去觐见布干达国王穆特萨，禀报我们即将前往布干达、拜访穆特萨的消息。卡楚楚所要传达的口信是：我们是非常了不起的人，远道而来就是为了拜访非洲伟大的君主和伟大的王国。鲁马尼卡相信，我们一定会受到布干达国王的礼遇，[215]必定能够在布干达境内到处转转。但是，鲁马尼卡本人需要对我们的活动负责。最终，我们还将回到他的身边，因为他自认是我们的父亲，需要确保我们安全无虞。

为了使口信更加体面，鲁马尼卡要我附上一点小礼物或名片。我说不妨送穆特萨一支连发步枪，鲁马尼卡说不妥，因为穆特萨可能会害怕，并视之为邪恶之物，并认为我们是邪恶的巫师，关闭国门，拒绝我们入境。随后，鲁马尼卡说，最好送些布料过去，这样的礼物更能反映我们的意图，于是我挑选了三块棉布，托卡楚楚带过去。

为了取悦鲁马尼卡，也为了展现英国人懂得知恩图报，我又送他一把锤子、一把水手刀、一把罗杰三刃削笔刀（Rodger's three-bladed penknife）、一张烫金纸、几个信封、几支镀金笔、一个象牙笔架以及其他一些小玩意。鲁马尼卡向我询问了每件物品的用途，并把它们小心翼翼地放入一个大锡盒里，里面尽是他视若珍宝的物品。随后，我参加了他的朝会（baraza），见到了在索龙博祸害我们的"猪"乌恩古鲁埃和在乌苏伊祸害我们的马金加。他们过来向鲁马尼卡禀报说，图塔人一直在乌苏伊四处侵袭，已经占据六个村庄。鲁马尼卡问我对此有何看法，还问我知不知道图塔人的起源。我说，图塔人觊觎乌苏伊，一点也不奇怪，苏伊人靠劫掠致富，图塔人自然想去抢夺他们的财富；至于图塔人的来历，恐怕没人能说清楚。图塔人的穿着打扮有点类似于南方的祖鲁地区的卡菲尔人，[216]从当前的情况来看，图塔人似乎来自尼亚萨湖[11]。科延戈如今成为鲁马尼卡的首席巫师，他补充道：他住在乌坦巴拉的时候，图塔人包围了他所在的村庄；六个月后，村庄里所有的牛和粮食都耗尽了；图塔人杀了所有村民，但他得益于魔法，捡了一条命；他躺在地上，但由于魔法力量强大，尽管图塔人用长矛刺他，但都刺不穿他的身体。

谈话结束后，鲁马尼卡想看看我携带的所有科学仪器，因此跟我一道回到营地。鲁马尼卡虽然没有向我要东西，但我还是给了他一些金子和珍珠制成的衬衫扣，足以为其大锡盒增彩。当天晚上，我决定从阿拉伯人那儿买一些珠子。于是，我派巴拉卡前往库夫罗，去跟阿拉伯人谈价钱。我觉得，如果这群"吸血鬼"得知我的处境，肯定会漫天要价，我必须买些珠子，否则以后的日子定然不好过。

12月1—2日。两天后，一群阿拉伯商人前来拜访我。他们说，最差的珠子每箱八十美元，以沿海地区的象牙价钱来核定价钱。如此价格，交易自然进行不下去。他们开的价格是桑给巴尔的两千五百倍。我开的价格是每箱珠子五十美元，但他们不接受。于是，我想从鲁马尼卡那里买些珠子。恩纳纳吉是一个好猎手，他一直暗示我送他一把枪。为了让他闭嘴，我给过他不少珠子。后来，他回赠我一头公牛和几罐大蕉酒，再加上鲁马尼卡每天送来的东西，我的手下整日喝得酩酊大醉。[217]有一次，营地里的一个女人喝醉了，对巴拉卡破口大骂。巴拉卡对这个女人大打出手。营地里所有喝醉的人，都对巴拉卡恼怒不已，结果营地里陷入一片混乱。黑人之间一旦起争执，动辄拳脚相加，恶语相向。每个人都觉得在尽力解决问题，但实际上只是火上浇油罢了。

我好不容易把巴拉卡从人群中拉了出来，当面问巴拉卡冲突的缘由。那个女人知道巴拉卡嫉妒邦贝，还与他们两人搭讪、调情，并假装更喜欢邦贝，所以巴拉卡恼怒不已。那个女人和巴拉卡恶语相向，搞得营地乌烟瘴气。规劝是没有用的。巴拉卡扬言，只要那个女人胆敢再骂一句，不管我怎么样，他都照打不误。巴拉卡根本听不进去我的话，还说我以势压人，错在邦贝，我待他不公平。在乌苏伊，他说邦贝偷窃东西，而我并没有把邦贝打发走，现在还在偏袒邦贝，去觐见鲁马尼卡总是带着邦贝。巴拉卡头脑发热，多谈无益。于是，我让他回去，希望他第二天早上能够冷静下来。

巴拉卡回去后，邦贝告诉我，营地里除了他自己，没人愿意跟我走到埃及。营地里的人一直在争论这件事情。邦贝总说，我去哪里，他就会跟到哪里。巴拉卡和那些支持他的人则对邦贝极为不满，咒骂邦贝在桑给巴尔把他们骗了过来，还说路上会很安全的。邦贝说，主人比任何人都懂得多，他会永远跟随主人，始终信命，因为一切都是上帝安排好的，人要死也就一次。[218]巴拉卡的观点则截然相反，他说主人前景未卜，主人自己任由运气、恶魔摆布，但即便主人不在意自己的人身安全，也不能枉送别人的性命，邦贝及那些支持邦贝的人只是一群盲信主人的傻子。

12月3日。天亮时，鲁马尼卡派人通知我，他要前往莫加－纳米林齐（Moga-Namirinzi），也就是"小温德米尔湖"后面的那个山脊。站在山脊上，可以眺望到把基夏卡和卡拉圭相隔开来的因盖齐·卡盖拉河（Ingezi Kagera）。在那里，我将会明白小湖泊和沼泽地的水是如何注入基坦古莱河的。我以前一直想去看看月亮山脉的水系。所以，鲁马尼卡希望我和格兰特跟他一道过去，不是走陆路，而是坐独木舟沿河而下。我欣然接受他的邀请。不久后，我们就出发了。走到湖边，我发现独木舟已经准备妥当了，独木舟不大，除了两个船夫外，每只独木舟只能坐下两个人。湖上芦苇遍布，独木舟穿行其间，行至芦苇荡尽头，前方霎时豁然开朗。我们沿着湖岸划行，穿过一个狭窄的水道，进入另一个湖泊，湖水流向北部一个长满灯芯草的开阔的沼泽地，只有零星的小片水域没有高高的灯芯草，那里正是因盖齐·卡盖拉河和卢楚罗（Luchuro）山谷之间的一个天然水道。

湖光潋滟，景色宜人。山坡上长满嫩绿的青草，远处金合欢树一簇接着一簇，高出湖面几英尺，就像云团一样。树木葱茏，可药用的大芦荟随处可见。独木舟在第二个湖划行到莫加－纳米林齐山脊的脚下。船夫麻利地把独木舟靠在岸边。岸上聚集了一大群人，原来是恩纳纳吉率人迎接我们呢。[219]我像王子一样上了岸，王家乐队奏乐开路，我们一群人前往鲁马尼卡的边境行宫，谈笑风生，犹如有教养的东方人，彬彬有礼，场面华丽。

我们朝鲁马尼卡走了过去，只见他穿着一件羚羊皮外套，安详地坐在那里，笑容满面。鲁马尼卡热情地招呼我坐在他的身边，询问我玩得开不开心，喜不喜欢他的国家，还问我饿不饿。用餐时间到了。我们吃着大蕉，喝着大蕉酒，餐后还用烟斗抽上王室专用烟草。鲁马尼卡对地理越来越有兴趣，似乎也非常想借助于我的笔让他扬名于世界。我们越过山脊，来到因盖齐·卡盖拉河的河畔。令我吃惊的是，把我运过来的独木舟又出现在我的面前，原来船夫从第二个湖的北端出发，进入卡盖拉河，划到我们现在所站的位置。由此可见，这些湖泊把月亮山脉各个山脊流出的河流连接了起来。卡盖拉河深邃幽静，水流量不大，经由基坦古莱河，注入维多利亚湖，但卡盖拉河也只是注入维多利亚湖的多条河流之一而已。这里水量丰富，我随即明白，注入维多利亚湖的基坦古莱河的水流量一定非常大。

最终，我们离开了这里。经过这次考察，我获得了不少关于周边地区的地理信息，而且这片非洲地区的地形地貌给我留下了深刻的印象。我由衷地觉得，鲁马尼卡太好了。为了取悦他，我问科延戈鲁马尼卡真正喜欢的是什么。[220]令我吃惊的是，鲁马尼卡惦记着我想献给穆特萨的连发式步枪。鲁马尼卡曾劝我不要让卡楚楚把它带去布干达。鲁马尼卡大可在此之前向我索要，但这么做就会违背了他所确立的不索取礼物的原则。我对科延戈说，鲁马尼卡完全值得拥有这支枪，前几个国家只想敲诈我，而我却不想索取任何东西，我非常厌恶那些恶棍，但是鲁马尼卡是一个例外，他慷慨大度。接着，我们又开始野餐。餐后，我回去找格兰特，而鲁马尼卡则留下来过夜，用一头公牛祭拜其父王达加拉。

我没有再泛舟于湖上，而是到附近的小山上转了转，登上小山北端的时候，我想射杀一些鸭子。但是，陪我过来的船夫非常迷信，阻止了我，他们说这么做会唤醒湖神，湖水会干涸。

12月4日。第二天早上，鲁马尼卡沿着山路走回王宫，随行的是一大帮官员和一群轿夫，轿夫用肩膀抬着一个王室专用轿子，轿子由一个宽敞的篮子和两根长杆组成，篮子放于长杆之上。我进入王宫后，立即觐见了他，感谢他对我的照顾，献给他一把柯尔特连发式步枪，以示我发自肺腑的谢意。鲁马尼卡有了这件非同寻常的武器，觉得自己比罗盖罗更具优势，高兴坏了，由于罗盖罗一直反对他，他为之苦恼不已。他再次催促我制定计策以打败罗盖罗。鲁马尼卡似乎越来越自信，[221]跟我说，诸多神灵都现出神迹，他才是王位的合法继承人。他还讲述了如下内容：达加拉死后，只有他、恩纳纳吉、罗盖罗有王位继承权；有些官员把一个神秘的小鼓摆在他们兄弟三人面前；小鼓轻若羽毛，但被施了魔法，不配继承王位的人拿不动，只有神灵选中的王位继承人才能拿得动；三兄弟中，只有鲁马尼卡能够让小鼓离开地面；鲁马尼卡的两个兄弟拼尽全力也没能把小鼓拿起来，而鲁马尼卡用小拇指就把小鼓拿了起来，不费吹灰之力。

卡拉圭历史被揭开了一角。我们又谈起达加拉之死和葬礼：按照祖辈的规矩，达加拉的尸体被缝在牛皮袋里，随后放置于湖上的一只小船中；三天后，尸体开始腐烂生蛆；宫里派人取回三只蛆，以确定王位继承人；但是，这些蛆不老实，一只钻进狮子体内，一只钻进豹子体内，一只钻进一根棍子里；后来，老国王下葬于莫加－纳米林齐山，但没有埋葬于地下，人们为老国王的遗体搭建一个屋子，并赶入五个少女和五十头牛，封闭出入口，所有少女和牛都饿死在里面。

有了这个开端，家族秘闻自然就会被更多地透露出来。鲁马尼卡告诉我：他的祖父是一个极其幸运之人；卡拉圭确实比其他国家更受到超自然力量的眷顾；他的祖父罗辛达六世（Rohinda the Sixth）在位的时间很长，臣民以为他永远都不会死；[222]然而，他却担心自己的儿子达加拉没有机会登上王位，于是吞下了"魔粉"，了结了自己的生命；他的遗体被运到莫加－纳米林齐山上，葬礼与达加拉的葬礼完全一样。接下来的故事比那个关于蛆的故事更加奇幻：一头小狮子从罗辛达六世的心脏处跳了出来，守护着莫加－纳米林齐山，召集了其他狮子，占据了那里；此后，卡拉圭变成一个强国，为其他国家所忌惮；当北方国家侵犯卡拉圭的时候，达加拉没有组建人力大军，而是集结狮子大军，所向无敌，横扫一切。

后来，科延戈觉得，鲁马尼卡虽然继承了王位，但不足以服人心，于是劝鲁马尼卡再测试一次。这也是继小鼓测试后的另一次考验。所有有资格继承王位的人都置身于卡拉圭的某一指定地点。如果他们过去，那里的土地就会缓缓升起，甚至会升到天空。届时，如果神灵认为谁是继承卡拉圭王位的合适人选，那人就会毫发无损地从高空缓缓着陆，否则那人脚下的土地就会瞬间崩裂，那人也会摔成碎片。鲁马尼卡说他经受了此番严苛的考验。我问他，升到那么高的地

卡拉圭"小温德米尔湖"附近的羚羊

方，会不会觉得有些冷。鲁马尼卡说，确实是的，但又嘲笑我的问题太奇怪了。我说，我觉得他已经了解了一些宇宙的结构，而且还有很好的实践经验，所以希望他能给我解释一下。鲁马尼卡听完后感到更困惑了。科延戈和其他人看到我在笑，觉得事情有点不对劲。他们转身又商量一下，[223]说道："不。上面应该是很热的，因为升得越高，离太阳就越近。"

接着，我们又讨论了关于地质学、地理学的问题，一个问题接一个问题，还讨论了自然科学。最后，鲁马尼卡拿出了一个铁块，形状、大小宛如一根胡萝卜。鲁马尼卡说，这是一个村民在耕地时发现的，埋在地下，但不管他怎么挖，就是拿不出来，于是叫来许多人帮忙。尽管如此，他们还是不能把铁块挖出来。他们觉得，铁块里面一定有魔力，于是把此事禀告了国王。鲁马尼卡说："我立即赶到那里，看到了铁块，轻而易举就把铁块拿了出来，所以你现在能够看到它。这意味着什么呢？"一脸谄媚的官员们说："当然意味着您注定是国王呀。"鲁马尼卡兴致勃勃地接着说："那么，达加拉在世时，有一次他和许多人坐在宫外，突然风暴骤起，电闪雷鸣，只见一道雷电劈向地上坐着的众人。众人见状，立刻逃散开来，只有达加拉面不改色，拾起雷电，并把它带入宫里。然而，我登上王位、罗盖罗开始跟我争夺权力后，那道雷电就消失了。你又怎么解释这件事？"那些谄媚的官员说："哦，这再清楚不过了。神把雷电给了达加拉，以褒奖其统治。后来，神见到俩兄弟争夺王位，就收回了雷电，以示他们的所作所为乃大逆不道。"

12月5日。早上，鲁马尼卡派人送给我一头雄性小羚羊[12]。这头小羚羊是他的船夫奉了国王之命，在湖畔灌木丛中抓住的，以取悦于我。在卡泽的时候，穆萨和阿拉伯人曾经向我描述过这一特殊的品种，[224]我一直很想一睹为快。它与利文斯通在恩加米湖（Ngami Lake）[13]边上所发现的羚羊颇为相似，但身上没有条纹，只有一些淡淡的斑点，羊蹄很长，可见它几乎无法在干地上行走；羊毛很长，显然适应于潮湿的生活环境；皮毛质量非常好，当地人喜欢以此制作衣物，其他品种羚羊的皮毛都不及它；这种羚羊只吃纸莎草的草尖，吃饱喝足后就会静静地躺下来，若有人接近，它会变得凶猛起来。

国王的新月仪式

下午，鲁马尼卡邀请我和格兰特一起去参加新月仪式。这样的仪式每月都会举行，以判断有多少臣民忠诚于他。进入王宫，我们首先见到的是一个装满"魔粉"的羚羊角。为了显灵，科延戈把它插在地上，羚羊角的开口正对罗盖罗所处的方向。进入内殿，我们看到地上放了三十五面鼓，每面鼓的后面都站了一个鼓手。王子们和众臣在内殿等我们，以带领我们入正殿。[225]正殿大门半掩，我们看见鲁马尼卡正蹲在地上，笑容满面，欢迎我们进来。鲁马尼卡戴着一顶用珠子做成的王冠，王冠中央插着一束红色羽毛，羽毛一直垂落到前额，各色珠子串成的冠带垂落到一大把白胡子处。我们同这次新月仪式的司仪恩纳纳吉蹲在一侧，而一大群大臣蹲坐在门廊外。三十五面鼓同时敲了起来，鼓声震耳欲聋。鼓声停后，手鼓和用芦苇做的乐器也演奏起来。

第二场演奏结束后，地方大员屏着呼吸，一个挨着一个地踮着脚尖向前走，接着又暂停下来，扭动躯体，接着又一蹦一跳地向前行进，展开手臂，用力之大，手臂似乎都要脱离关节。他们手里拿着鼓槌或树枝，狂喊着要效忠于国王，若落入敌手后回来，就请国王砍掉他们的脑袋，随后他们跪在鲁马尼卡的面前，伸出手中的鼓槌或树枝，近到鲁马尼卡都能触摸。跪拜、奏乐，一番又一番重演，间或有许多女孩在一个小乐队的奏乐下跳舞助兴，跳的舞颇似苏格兰高地舞（highland fling）。白天的仪式就这样结束了。

12月6—7日。接下来的两天里，我发现我的手下的衣服都穿破了，于是向每个人分发三十串用珠子做的项链，让他们去买一套树皮布做的衣服。关于树皮布，我在前文已经有过介绍。卡拉圭的面粉，若单吃，有苦味。[226]于是，我们把成熟的大蕉与面粉拌在一起，做成美味的蛋糕。鲁马尼卡已经明白我不愿意用枪或魔角去对付罗盖罗，便让我给他一个"药方"或符咒，让他长命百岁，让他家族人丁兴旺，因为他的家族不大，不足以维持像他本人这样伟大君主的荣耀。我推搪一番，转了话题，告诉他人类起源的历史。鲁马尼卡聚精会神地听完我的讲述，并问我世上最伟大的造物是什么。在他看来，一个人最多能活一百年，一棵树却可以万年常青；地球定是最伟大的，永不消亡。

接着，我又一次提出，带一位王子去英国，让他知道摩西（Moses）的故事，知道地球也有寿命，只有人类的灵魂可以永世长存。鲁马尼卡有许多评论性看法，颇为敏锐，也让我们的谈话更加丰富有趣。鲁马尼卡问我国家衰亡之原因，例如基塔拉（Kittara）[14]希马人的分崩离析。他还说，卡拉圭以前的疆域还囊括基夏卡、布隆迪、卢旺达，当时统称为梅鲁（Meru）王国，只有一个国王。我说，基督教的教义塑造了我们。对于鲁马尼卡，我有同情之心，希望带一个王子去英国接受教育，等他学成回来，就可以让鲁马尼卡知道得更多，也能发展教育，卡拉圭定会更加强盛。接着，我们又讨论了英国的政策和治理。鲁马尼卡承认，笔的威力胜于剑，电报、蒸汽机是世上最奇妙的东西，他闻所未闻。

[227]谈话结束前，鲁马尼卡要送我一些象牙，数量甚至高达三四百根，因为我曾有意无意地提起过。鲁马尼卡觉得，我不远万里来到卡拉圭，他感到十分荣幸，希望我把象牙作为这次访问的纪念品。他的父亲达加拉曾赏赐象牙给有色人种的商人，而他是卡拉圭历史上第一位赏赐象牙给白人的君王。我婉言谢绝了。我告诉他，按照英国

的习俗，大人物之间只要彼此交往愉悦就已经足够了，不能再接受贵重的礼物了。我很享受在卡拉圭的日子，我会把那些充满智识的谈话、善意款待记录在书中，留给后人。如果他愿意送我一个牛角，我一定好好保存，作为我在卡拉圭愉快生活的纪念品。他答应了，给了我一个三点五英尺长、底部周长十八点七五英寸的牛角。接着，他还要送给我一个由小羚羊皮缝制而成的被单，做工精良，品质上乘。他说，这是别人献给他的。我又拒绝了，并说我们英国人从不转赠友人礼物。鲁马尼卡深受触动，说他绝不会把我送给他的任何东西转赠他人。

12月8—9日。12月8日，我又觐见了鲁马尼卡国王，送给他一副扑克牌，鲁马尼卡将之放入锡盒。经我问询，鲁马尼卡解释说，他希望以后的来访者能带来一些金银饰品。但是，我发现他其实更喜欢玩具，如美国产的人形钟，在拧紧发条后，钟上人的眼会随着钟摆一眨一眨；牛奶瓷罐；小人盒子；人、马车、马的模型。其实，他有所有动物模型，还有铁路模型。

[228]9日，听说我想射杀几头犀牛，礼貌的鲁马尼卡令王子们为我开辟狩猎场。太阳刚出山，我们就出发了，来到可以俯瞰小温德米尔湖的山脉的山脚下。我们抵达狩猎地，把周边地区所有人都赶走了。我选好伏击地点，确定好视野方向，以便及时发现动物踪迹。王子手下的人把我前面的覆盖物清理干净。没过多久，一头公犀牛朝我这边走来，却完全没有确定要在哪里停下来。我趁机悄悄潜伏在灌木丛里，接着突然起身，靠在一棵树上，看清了它的位置，朝它开了一枪。犀牛迅疾跑开，后因失血而倒地，奄奄一息，我又开了一枪，结果了它。

一两分钟后，听到枪声的年轻王子们跑了过来，想看看所发生的一切。他们惊讶不已，简直不敢相信眼前的一切。他们缓过神后，犹如绅士一般，抓住我的双手，向我表示祝贺。他们还指着一个旁观者，说这个人曾经遭到袭击。这个人的腹部、肩胛处还有一些吓人的伤疤。他们觉得，面对猛兽，我能如此沉稳应对，实在是太令人敬佩了。

就在此时，我们听到远处的喊声，原来是有人发现灌木丛里又出现了一头犀牛。我们立即赶了过去。到了那里后，我决定只带两个人提着枪过去，因为那里荆棘太多，只能沿着犀牛的足迹追踪下去。我

向鲁马尼卡展示我的"战利品"：我在卡拉圭射杀三头白犀牛的头

带着两人，弯下腰，悄悄走进荆棘中，**[229]** 踏过一半的荆棘，只见一头母犀牛像一头野猪一样从洞里出来了，母犀牛的身后还有一头小犀牛，呼哧呼哧地向我扑来。危急之下，我闪到一边，荆棘刺得我浑身是伤。我朝着母犀牛的头部开了一枪。受惊后，它向开阔地逃窜。我追了过去，又开了一枪。随后，母犀牛向小山跑去，越过一个山嘴，进入峡谷的又一片荆棘丛里。结果，我在那里看到了三头犀牛。这三头犀牛看见我后，立即朝我冲了过来。幸运的是，两个枪手还跟在我的身边。我跳到一旁，依次开枪打中了三头犀牛。其中一头犀牛跑了一小段路后，倒地毙命；另外两头犀牛跑到低地处，停了下来。今天的狩猎，我已经尽兴了，本想罢手，但闻声而来的王子们却不肯收手。于是，我又追了过去。我看到，剩下来的两头犀牛中有一头犀牛的前腿已经断了，所以我去追那头没有受伤的犀牛，朝它又开了一枪，结果让它翻过小山的一块地势较低的山地跑了。于是，我又回到那头已经不能跑的犀牛的所在地，让随行的尼扬博人用长矛和箭杀了它，我也好看看他的狩猎方式。我们靠近它的时候，它还在不停地发出怒吼，尼扬博人不敢动手。我只好又补了一枪，它终于不动了。之后，尼扬博人蜂拥过去，极其野蛮一顿残杀，那一场面我前所未见。每个人都把自己手中的长矛、刀、箭刺入犀牛的身上，直刺到他们精疲力竭，结果这头犀牛变成了一头"长满了刺的豪猪"。狩猎结束了。我返回营地，吃了早餐，并派人砍下犀牛的头送给国王。这也是白人处理战利品的一种方式。

　　[230]12月10—11日。第二天，我觐见了鲁马尼卡。战利品已经送入宫里。他吃惊地说："如此战绩，唯有比魔粉更厉害的东西才能做到。阿拉伯人、恩纳纳吉虽然都自诩枪法高超，但从未取得如此战绩。难怪有人说，英国人是世界上最伟大的人。"

　　尼扬博人和希马人都不吃犀牛肉。库夫罗的阿拉伯人手下的尼亚姆韦齐挑夫听说后，跑了过来，拿走了所有犀牛肉。他们把切好的犀牛肉挂在肩膀上的担子两端，腰都压弯了，出了我的营地。第二天，我听说，阿拉伯人认为这些犀牛的喉咙没有被割断，禁止尼亚姆韦齐挑夫吃"腐肉"。真是令人讨厌。这些挑夫平时抱怨吃不饱，还遭到阿拉伯人鞭打。他们所言非虚。阿拉伯人以食物作为挑夫的报酬，而且给得特别少。

12月12日。我又觐见了鲁马尼卡，谈起了地理问题。他也证实了穆萨说的话：卢旺达有俾格米人（pgimies）[15]，生活在树林里，晚上有时会从树林里溜下来，站在门口偷听小屋里的人的谈话，听到屋里的人说起某个家人的名字后，他们就会把这人喊出来，用箭插入这人的心脏，随后逃之夭夭，溜回树林。比起这些小矮人，状若猛兽的巨人则更加令人恐怖，他们不能与人正常交流，轻易不露面，若是有女人经过，就兴奋不已，抓住女人，把她们掐死。鲁马尼卡还告诉我许多其他诸如此类的奇闻轶事。在我准备起身告辞之际，鲁马尼卡问我能不能杀死河马。我回答说可以，鲁马尼卡亲切地说，他明天上午会派人给我准备一些独木舟，供我去射杀河马。我婉言谢绝了，[231]因为格兰特患上了严重的腿疾，不能陪我一道打猎。于是，鲁马尼卡令我明天上午去打野猪，我同意了。第二天，我与王子们一道出发了，同行的还有许多随从。我们找了一整天，可老天下起一阵阵雨，结果我们没有找到一头野猪。

12月14日。早上，我和鲁马尼卡又进行了一次漫长而有趣的谈话。之后，我拜访了鲁马尼卡的一个嫂子，她嫁给了鲁马尼卡的一个哥哥，这个哥哥是达加拉未登王位就已经生的孩子。她很胖，需要四人搀扶，才能站起身来。我想把她看个清清楚楚，并测量她身体的各个部位。为了让她答应我的请求，我愿意给她看一下我自己裸露的大腿、胳膊的一部分。她同意了，扭动着肥胖的身躯，一点一点地挪到了屋子的正中。我也兑现了自己的承诺。随后，我测量了她的身体，具体数据如下：胳膊周长，一点一一英尺；胸围，四点四英尺；大腿周长，二点七英尺；小腿周长，一点八英尺；身高，五点八英尺。除了身高外，其他数据非常精确。如果她躺在地上，我会获得更精确的身高数据。只是没有想到，面对如此庞然大物，要想把她扶起来，实在困难重重。我和她费了老大的劲，才完成了测量，结果她又倒在地上，昏厥了过去，可能是因为躺着时血液涌入大脑所致。她的女儿十六岁，赤裸裸地坐在我们面前，吸食牛奶罐里的牛奶。她的父亲在旁边拿着棍子监督她喝牛奶。卡拉圭的女子以肥为美，变肥乃女子第一要务，家人还会用棍子强迫女子进食。我逗了逗这个女孩，请她站起来跟我握了握手。她长得很可爱，但身体胖得像个球。

晚上，我手下的两个头领又发生了冲突。巴拉卡指控邦贝想用魔法杀他。[232]巴拉卡明目张胆地在营地里拉帮结派，反对继续探险之旅，排挤邦贝。邦贝愤而离开营地，去找科延戈的一个手下，问他有没有魔粉可以改变人的心智，进而让所有获释奴都支持他。这个小巫师说有，于是邦贝用一些珠子买了这种魔粉，将之倒入一罐大蕉酒，并把这罐大蕉酒放在巴拉卡的身边。巴拉卡从科延戈那里听说了此事，而科延戈会错了意，说邦贝要用魔法取了巴拉卡的性命。我把所有人都召集到一起，最后下了结论：科延戈会错了意思；邦贝之前多次宣称自己不再相信这些愚蠢的魔法，应该从自己的愚蠢行为中汲取教训；为了以示惩罚，我宣布以后如果有机会觐见国王，我会带上巴拉卡。而在彼此充满极大敌意的两派人看来，这一惩罚几乎无足轻重。

12月15—16日。我又觐见了鲁马尼卡，并送给他一个双筒望远镜和三棱形的罗盘。鲁马尼卡开起善意的玩笑，说他担心自己想抢走我所有东西。我们彼此又寒暄几句。鲁马尼卡问道：你们可以把人的头颅打开，检查大脑，然后再把头颅合起来，这是不是真的；你们航行于世界各地，有没有一个地方没有白昼和黑夜之分；海上航行时，巨船如何同时运载两万人，水手又该怎么去操作。虽然他对这些事有所耳闻，但从来没人能够向他做出解释。

我向他一一做出解释。鲁马尼卡答应明天早餐后会派人给我准备好一只船。但是，我们第二天准备出发的时候却出现了一些状况。于是，我请求鲁马尼卡允许我们去卡楚楚那里，再从那里前往基坦古莱河。[233]他像以往那般彬彬有礼地回答说，只要是我们希望做的，他会尽力满足，但他担心由于干达人十分迷信，我们这么去定会遇到麻烦。所以，他不能答应我们的请求。鲁马尼卡补充道："你们不能指望再遇到一个像我这样明智的君主。"随后，我送给鲁马尼卡一本论述卡菲尔人戒律（Kafir laws）的书。他说，他常常会送一些新奇玩意给布干达国王穆特萨、布尼奥罗国王卡姆拉西，这也是君王之间的友好往来，但看在我的份上，他一定会像对待其他礼物一样，好好珍藏这份礼物。

12月17日。鲁马尼卡向我引见了一个老妇人。这个老妇人来自小卢塔·恩齐盖湖上的加西岛（Gasi）。她的上、下门牙都拔了，上嘴唇还打了不少小洞，长相虽然丑陋，但也颇为有趣。她向我讲述了她被奴役的过程，卡姆拉西把她送给了鲁马尼卡，以满足鲁马尼卡的好奇心，此后她一直是鲁马尼卡王宫的女仆。一个来自卢旺达的人告诉我们，食人族（Wilyanwantu）厌恶其他食物，唯喜人肉，鲁马尼卡也证实了这一说法。我心下仍有怀疑，但又想起佩瑟里克所说的食人族（Nyam Nyams），两方所说的食人族所处之地颇为一致。

后来，我又见到卡姆拉西的另一个男仆，他是阿马拉人（Amara），我和他的谈话更为有趣。里昂（Leon）先生曾说，阿马拉人是虔诚的基督教徒，果不其然。这个阿马拉人告诉我，阿马拉人会在自己的上下嘴唇中央各打一个小孔，左右耳垂挂有黄铜制成的耳环。他们住在维多利亚湖附近，有一条向北流去的河把那个湖与一个盐湖连在了一起。[234]阿马拉人房屋住起来非常舒服，有点像尼亚姆韦齐人的土屋。杀牛时，阿马拉人会跪下来，合拢双手祷告，双手并拢，再把掌心朝上摊开，口中喊着"Zu"，但这个阿马拉人却不知道这个词的意思。我问他这个词是不是与基督教有关系，也就是说"Zu"是不是耶稣（Jesu）的变音，但他也说不清楚。阿马拉人没有割礼习俗，也不知道上帝或灵魂的真正含义。有一个名为库阿维（Wakuavi）[16]的白人部落，其肤色与我们没什么不同。库阿维人经常从水路过来，掠夺阿马拉人的牛群。库阿维人的主要武器是双刃剑。由于经常受到侵袭，阿马拉人有时也会长途奔袭库阿维人的地盘，即基西古伊西（Kisiguisi），库阿维人穿红色衣服。这个阿马拉人认为，基西古伊西的珠子来自东方和乌基迪（Ukidi）。他还说，有一个大山脉把马赛人的地盘与乌桑布鲁（Usamburu）[17]连在了一起，但这个大山脉具体位置却说不上来。

我记下了他所说的许多单词，发现这些单词与北方人[18]的一些方言有联系，例如基迪人（Kidi）、加尼人（Gani）、马迪人（Madi）的语言。而南方人¹⁹则分别称之为 Wakidi、Wagani、Wamadi，但在南方人自己的方言中，wa 是音节，而不是前缀，表示复数的"人"。鲁马尼卡非常高兴，觉得自己帮我解决了难题。鲁马尼卡看见我把这一切都记在本子上，他更加相信我来自北方，只要带珠子去阿马拉人地区，我一定能开辟商路，给他带来更多访问者。他也清楚，开辟这条商路，也是再次见到我的唯一一机会了，因为我曾发誓决不会再经由乌苏伊回去，苏瓦罗拉带给我太大羞辱了。

[235]12 月 18 日。为了讨好鲁马尼卡，我又带着一套餐具，即餐刀、汤匙、叉子入宫，交代了用途后，献给了鲁马尼卡。鲁马尼卡把这套餐具也放入了他的宝箱中。鲁马尼卡说，他还是想不明白我为什么花这么多的钱来到这么远的地方，也不明白为什么英国这么伟大的一个国家的国王是一个女人。他询问了女王的名字，女王有多少孩子，王位继承制度。听完我的回答后，鲁马尼卡又向我说他的父亲达加拉的故事：达加拉想知道地心究竟是什么构成的，于是令人在王宫后院挖了一条好几码长的深沟，一头连接到王宫，另一头形成了一个小口洞穴；达加拉自己认为，这次试验失败了，没有更近地看到地心，放弃了挖掘工作，但他把那个洞穴当作一个神秘的居所；据达加拉自己的描述，他可以不吃不喝地待在里面许多天，甚至有时变成年轻人，有时又会变成老年人，他沉迷于这种体验。

12 月 19—22 日。12 月 19 日，我去捕鱼，结果一条鱼也没有捕到。当地人告诉我，湖里是捕不到鱼的。第二天，格兰特的伤还没有好转的迹象，至少还需要很长一段时间才能康复。我带上那些年轻的王子，看看能不能打到湖里的河马。据说，河马栖息在一个名为孔蒂（Conty）的小岛上。这次的狩猎非常愉快，我们乘坐好几条独木舟前往小岛，结果没有看到一头河马，倒是看见一大群晒太阳的鳄鱼。王子们觉得我是狩猎河马的"生手"，但我无须担心，只要他们喊出某些名字，河马就会来到我的脚下。果不其然，他们喊了几声后，四头大河马、一头小河马就出现在我们面前。[236]这些河马看上去非常无辜，我觉得射杀它们实在是罪过。但是，国王又一次想考验我的狩猎能力，于是我朝一头河马的头部打了一枪，河马沉到水里，再也不见了。12月22日，我觉得那头河马的尸体应该已经浮出水面了。国王派人去搜寻。但是，这些人回来后汇报说，其他三头河马还在老地方，而另外一头却不知所踪。

在我向鲁马尼卡说起河马的时候，科延戈碰巧也在那里。科延戈解释说：我没有献上山羊、奶牛等祭品，擅闯恶魔的禁区，所以恶魔迁怒于我。经我提议，鲁马尼卡把我送给他的那把左轮手枪给了恩纳纳吉，还斥责恩纳纳吉不应以好猎手之名向我索要礼物。之后，我们又聊起了占星术。鲁马尼卡思维敏捷，他问我：我们一天内所见到的太阳是不是同一个太阳？月亮呈现出不同的面孔，是不是在嘲笑我们这样终归一死的人？

12月23—24日。今天，鲁马尼卡向我介绍了他的五个胖胖的妻子，以彰显他在周边地区是多么地受人尊重：姆波罗罗[20]的卡奥盖兹（Kaogez），乃大酋长卡哈亚（Kahaya）之女；布尼奥罗的卡乌扬吉（Kauyangi），乃卡姆拉西之女；安科莱（Nkole）[21]的坎比丽（Kambiri），已故卡西扬加（Kasiyonga）之女；乌通比（Utumbi）的基兰古（Kirangu），已故基泰因布阿（Kiteimbua）之女；最后一位，是他自己手下大御厨之女切乌阿伦吉（Chiuarungi）。

鲁马尼卡给我介绍了他的妻子们，我深感荣幸。为了表达谢意，我送给他一根印度皮筋。像往常一样，他非常高兴，欣然接受。此后，有一群齐瓦人（Waziwa）带着象牙，从基迪那里过来，前来拜访鲁马尼卡。经过我的询问，他们说：他们在基迪确实见过长相像获释奴的人；[237]那些人是从北方过来做买卖的，虽然手中有枪，但全部被基迪人杀了；这已是众所周知之事。这件事也验证了我以前听到的说法，但是其他一些事情却没办法得到验证，例如这些商人是不是沿着尼罗河抵达基迪的？这也是卡姆拉西几年前就有粉色珠子的原因，桑给巴尔商人有这种珠子，但他们从未把珠子带到那里去。邦贝对此也非常确信，我们对于这种解释都感到满意，心下颇为高兴。然而，鲁马尼卡谈起格兰特的腿伤，我和邦贝的心情一下子变得沉重起来。鲁马尼卡说，病人不能入境，这是布干达的规矩，很严厉的规矩。鲁马尼卡还说："这些规矩实在荒谬，布干达不允许驴子入境，因为驴子没有裤子；甚至你也要穿上长袍，因为你的裤子可不得体。"接着，我请求鲁马尼卡帮忙：用象牙换库夫罗的阿拉伯人的珠子，以充实我的珠子储备；我会按桑给巴尔的价格来付款，即每三十五磅象牙五十美元；我会寄信给英国驻桑给巴尔的领事，确保鲁马尼卡的价格是合理的。然而，鲁马尼卡拒绝了，故作姿态地说不会跟我做任何交易。邦贝和巴拉卡在旁边劝说这桩交易可以让我更顺利地完成接下来的旅行，而且也不会有损于他的颜面。最终，鲁马尼卡同意了，还特别诚心地派人送给我一根大象牙，还说他的象牙没有放在王宫里，等他手下官员搜集起来，我就能得到更多象牙。

12 月 25 日，圣诞节。鲁马尼卡听说我们要吃顿牛肉大餐，以庆祝救世主的诞辰。于是，他派人送给我们一头公牛。我立即回访了他，表达谢意。[238] 我还表达了自己的遗憾：他是古老的阿比西尼亚人的后代，而阿比西尼亚人是历史上有据可查的最古老的基督徒，他怎么能够忘记这一神圣的日子呢；我希望能够看到这么一天，即白人牧师过来了，告诉他的部落，他们已经沦为异教徒，并让一切溯本清源了。正说着话，一群哈亚（Wahaiya）[22] 商人抵达了王宫（是我请求鲁马尼卡邀请他们过来的）。像齐瓦人一样，哈亚人也跟基迪人做生意。他们不光证实了齐瓦人的话，还进一步证实获释奴乘船已经抵达布尼奥罗北部，意欲进行贸易的信息。但是，那里的人太野蛮了，只会跟外国商人刀兵相见。一个卢旺达人告诉我们，布尼奥罗有许多贝币（cowrie-shells）[23]，是从其他地方或西边地区流通过来的，但他不知道具体源自哪里。鲁马尼卡还告诉我，图塔人已经把苏瓦罗拉吓坏了，图塔人扬言要一点一点蚕食掉乌苏伊，只给他留下一小块地方，所以苏瓦罗拉请求鲁马尼卡在卡拉圭给他一块地，以储存他的财产。

12 月 26—28 日。来自北方的一些其他旅行者告诉我们，他们听说获释奴曾想在加尼、乔皮（Chopi）进行贸易活动，但惨遭当地人杀害。我向鲁马尼卡保证，两三年内，卡拉圭与埃及的贸易量将会超过卡拉圭与桑给巴尔的贸易量。一旦我计划的这条商路开辟了，定当吸引四面八方的人过来拜访鲁马尼卡。然而，鲁马尼卡却嘲笑我太傻了，何必前往一个陌生人只会送命的地方呢。出于关心，他不愿让我去那里。但是，他的说法值得警惕，因为他所说的这句话可能会毁掉我的所有计划。[239]我担心他的话传到我的手下的耳朵里，导致他们心生恐惧，不愿跟我继续前进。我觉得，最好的办法是告诉鲁马尼卡，穿过非洲的道路有很多条，这样他就不会认为我所说的那条路是唯一进入非洲内陆的道路了。我说，我以后可以沿着尼罗河北段或从东边的马赛人地盘来卡拉圭。鲁马尼卡问道："如果你想打通其中任何一条道路，至少需要两百杆枪。"他还说，如果从布干达回来，他倒是可以帮助我们；穆特萨、卡姆拉西对他言听计从，都极其尊重他。

接着，我们又谈起了伦敦：车水马龙，街道上的车就像正在搬家的蚂蚁。鲁马尼卡说，卢旺达的村庄规模大，那里的人擅长狩猎，成群结队，带上猎犬，猎犬脖子上还系着铃铛，吹号角，捕杀豹子。然而，卢旺达人也非常迷信，不允许陌生人入境。多年前，一些阿拉伯人到过卢旺达，随后那里发生了一场严重的旱灾，出现了饥荒。于是，卢旺达人把所有阿拉伯人都赶了出去，并声称再不允许阿拉伯人和像阿拉伯人这样的人入境。我说，尼扬博人其实也同样迷信；有一天，我出去散步，看到路上有一只葫芦，心下好奇，询问后才得知，这么做是为了让路人祝福路旁的庄稼，原来路旁的庄稼枯萎了。尼扬博人认为，如果神灵听到路人的祝福，心生怜悯之心，便会救活庄稼。

在此期间，有人禀报了一桩有趣的官司，让我们来裁决：两男同娶一女，都说自己是孩子的父亲，因为这个孩子是个男孩，而男孩的抚养权只能属于父亲。[240]国王任命巴拉卡为仲裁者。巴拉卡立即把婴儿的脸与两个男人的脸做了一番对比，做出了判断。巴拉卡宣布时，我的手下发出阵阵笑声。无论发生什么事情，哪怕是没有任何一点值得兴奋的事情，获释奴也会冲上去瞧热闹，点评一番，并把这些事作为以后开玩笑的谈资。

12月29—30日。第二天，我向鲁马尼卡谈起这桩官司。鲁马尼卡说："卡拉圭有趣的事情真不少。"他向我讲了不少家庭趣事，最后总结道："卡拉圭的婚姻不过是一桩交易而已。" 男方需要送给新娘的父亲一些奶牛、绵羊、奴隶，其价值约等同于新娘的价值；如果新娘觉得嫁错了人，她可以退还聘礼，换得自由身。希马人蓄奴，也跟纯种黑人通婚，但是希马人的女儿不允许嫁给氏族外的人，以免玷污血统。作战时，王子要身先士卒，鼓舞士兵斗志。希马人作战时，一般先使用弓箭进行远程射击，随后手持长矛或匕首展开近距离搏斗。卡拉圭没有死刑，希马人珍视生命，无论是犯下谋杀罪，还是畏敌、临阵脱逃，都不会被处死，但需要依照罪行大小，赔偿一定数量的牛。

12 月 31 日。自从我告诉鲁马尼卡他是阿比西尼亚人和大卫王（King David）的后代以来，鲁马尼卡一直为自己的出身而感到骄傲。而且，我还告诉他，大卫王的头发和我的头发一样，都是直发。对于我的理论阐释，鲁马尼卡极其兴奋，还想知道阿拉伯人和我们白人之间有什么不同之处。巴拉卡用简洁的语言、最便于让鲁马尼卡理解的方式作了解释：阿拉伯人只有一本《古兰经》，但白人有《旧约》和《新约》。我补充说，确实是这样的，事实上我们的经书更好，这是可以推断出来的，我们的生活明显更加富足，[241]各方面都胜于阿拉伯人。如果他允许我带一个王子去英国学习《圣经》，就会知道我所言非虚；届时，鲁马尼卡会发现他的部落比阿拉伯人更加富裕。鲁马尼卡非常高兴，说会派两个王子跟我去英国学习。

随后，我又转移了话题。鲁马尼卡说，他没有关于上帝、未来的任何想法。所以，我问鲁马尼卡，那他为什么每年都要在其父王墓前献上一头奶牛呢？鲁马尼卡笑着回答说，他也不知道，但是他觉得，如果这样做的话，可以实现粮食丰收。他还说，他在山边的一块巨石上放置了大蕉酒和谷物，也是为了实现粮食丰收，而且祭品既不能吃，也不能作他用。沿海地区人的信仰都跟鲁马尼卡一样，当地人也是这样的。鲁马尼卡说，没有一个非洲人会怀疑魔法和咒语的力量；倘若他带兵打仗时听到狐狸的叫声，他一定会立刻撤兵，因为这是不祥之兆。非洲人还崇拜许多其他动物，比如代表幸运或不幸的鸟类。

我告诉鲁马尼卡，我们英国人在战场上不相信运气或征兆，只相信技术和勇气。如果鲁马尼卡能够像我们这样想，那就厉害了。巴拉卡还以其在印度的作战经验来加以佐证。最后，我向鲁马尼卡解释说，过去的英国也像非洲一样处于蒙昧状态，那时的英国人也同样迷信，也像尼扬博人那样穿兽皮；但是，如今的英国人摆脱了蒙昧时代，越来越聪明，成为世界上最优秀的人。鲁马尼卡说，以后再也不信阿拉伯人的鬼话了，只相信我说的话，我是他见过的最聪明的人，**[242]** 而且阿拉伯人自己也承认，他们的所有珠子和衣服都是从白人那里买来的。

1862 年 1 月 1—3 日。新年新消息，而且这个新消息简直让我们高兴得快疯了，我们得知佩瑟里克先生正在沿着尼罗河探路，想要与我们会合。事情是这样的：四年前，鲁马尼卡派一个官员前去拜访卡姆拉西，执行公务；最近，这个官员带着卡姆拉西的一些手下回到卡拉圭，而且卡姆拉西的这些手下还运来了象牙，想卖给库夫罗的阿拉伯人；卡姆拉西的这些手下还特别得意地向鲁马尼卡通报，像鲁马尼卡一样，卡姆拉西也已经有外国访问者。这些外国访问者其实并没有进入布尼奥罗，而是进入了他的附属地加尼，正准备乘船沿着尼罗河而上。他们受到了加尼人袭击。他们在船上开枪射击，甚至把河岸上的树木都击断了，人员伤亡严重，且造成大量财物损失。有人把其中的一部分财物献给卡姆拉西。作为回报，卡姆拉西下令臣民不要再骚扰他们，让他们过来拜访他。鲁马尼卡听到这个消息后，也跟我一样高兴，尤其是我告诉他佩瑟里克承诺跟我们会合的时候。卡姆拉西的这些手下说，佩瑟里克正在努力跟我会合。我告诉鲁马尼卡，如果他帮我联系上佩瑟里克，佩瑟里克本人可能会亲自来到卡拉圭，或派一个手下送给鲁马尼卡一份大礼。鲁马尼卡听后，更加高兴了。届时我已经在布干达，而且我和佩瑟里克会一道离开布干达，前往卡姆拉西的地盘。

1 月 4 日。这个重要的消息确实令人振奋，鲁马尼卡反复确认信息的真实性，最终觉得这个信息的真实性无懈可击。于是，鲁马尼卡说，他将派一些手下跟卡姆拉西的手下一道回去，希望我在他们启程前稍微耐心一些；卡姆拉西是他的小舅子，所以没有任何危险，卡姆拉西会听他安排的。

[243] 我想派巴拉卡跟两拨人一道去。巴拉卡不愿意，并说如果由他来挑选鲁马尼卡的手下，他愿意去；否则，一旦他在路上生病

了，鲁马尼卡的手下会把他抛弃在丛林里，任由他像一条狗一样等死。我们答应了巴拉卡的要求，允许他挑选同伴，并请鲁马尼卡保证巴拉卡的安全。巴拉卡挑选乌莱迪（Uledi）作同伴，鲁马尼卡赐给他们一些树皮布，以便他们在穿越布干达边境时可以装成布干达的官员。我们问这是何故。鲁马尼卡说，若想抵达布尼奥罗，他们需要穿过乌德杜（Uddu）的部分地区。已故国王苏纳在世时把乌德杜并入布干达，但乌德杜已经四分五裂了，但不是一分为二，而是为穿梭于安科莱王国至维多利亚湖之间的许多匪帮所瓜分。

1月5—6日。为了让鲁马尼卡更加了解其所属群体的起源，我把我的一个名为赛义迪（Saidi）的手下介绍给鲁马尼卡：赛义迪曾是一个奴隶，被俘虏于阿比西尼亚边境的瓦拉莫（Walamo）。我向鲁马尼卡阐释了他和希马人的相似之处，并告诉他我的结论，即他有希马人的血统。赛义迪告诉我，他所属的部落养牛，牛角特别大，希马人的牛也是如此，都把牛奶和动物血液混在一起食用，这一信息也验证了我的说法。晚上，天空出现月偏食现象。获释奴在鲁马尼卡的宫殿和恩纳纳吉的府邸之间，又唱又跳，把锡罐敲得叮叮响，想吓跑太阳神，不让太阳神把他们所崇拜的月亮全部吃掉。

1月7日。一个名为朱马（Juma）的信使刚觐见了布干达国王，并已经返回了卡拉圭。朱马有一半印度人血统，又有一半斯瓦希里人血统。他还带回了大量象牙和奴隶。他回来的消息令我们感到更加振奋。[244]朱马说，穆特萨听说我们想去拜访他，非常开心，立即派出官员来接应我们。我们听到这个消息，非常高兴，鲁马尼卡也一样。他欣喜若狂地说："我将打开非洲的大门，这也是白人的愿望。达加拉允不允许让我们显示出与陌生人之间的差异呢？"他接着又转身对我说："我唯一的遗憾就是，你斥巨资前来拜访我，却没有得到多少回报。"确实如此。我已经被迫从阿拉伯人那里购买了四百英镑的珠子。我需要储备这么多珠子，以便我能离开布干达，继续前往贡多科罗。我觉得，此举完全有必要，乌尼亚姆韦齐的消息都在提醒我们，商人在那里又遭受了更大的磨难。当时，赛义德谢赫还在那里，那些可怜的霍屯督人无法把我的口信传达到沿海地区。

1月8—10日。我们终于听到了熟悉的布干达鼓声。布干达王室官员马乌拉（Maula）[24]带着一群衣着精致的干达人和小男仆，牵着狗，吹着芦笛，向我们传达了布干达国王对探险队的盛情邀请。尼亚姆贡杜曾在乌苏伊见过我们，已经回布干达禀报国王我们的旅行进度和我们想要拜访他的愿望。布干达国王非常高兴，特别期待能够招待白人，并希望我们立即启程过去，不要浪费时间。马乌拉告诉我们，穆特萨的官员已经接到命令，他们将给我们在布干达境内的旅程提供一切必需品，且无须缴纳任何财物。

现在只有一件事让我忧心，那就是格兰特的腿疾，至少一两个月后才能康复。但是，这一群干达人不可能等那么久。若想旅程顺利，务必要抓住机会，尽快启程。[245]第二天，我不得不再次忍痛同格兰特分别，把格兰特托付于鲁马尼卡，并安排了几个获释奴照顾格兰特。我又整理出十担珠子、三十捆铜丝，以作为我在布干达的开销；我还写了一封信给佩瑟里克，并把信交给了巴拉卡；我给了巴拉卡及其同伴一些珠子，足以支撑他俩六个月的生活，还让他们给卡姆拉西、加尼酋长一份礼物。我把搜集到的自然史资料、写给皇家地理学会的探险进程报告，托付给了恩桑盖兹（Nsangez），由他交给卡泽的赛义德谢赫，再由赛义德谢赫带回桑给巴尔。

这些事情安排妥当之后，我让手下准备启程，自己则进宫跟鲁马尼卡告别。鲁马尼卡派一个名为罗扎罗（Rozaro）的官员陪我前往布干达，结束访问后，罗扎罗再把我安全送回来。穆特萨的侍卫奉命前来索要一些弹药。在鲁马尼卡的请求下，我给了他们一些强化后的火药和一些普通火药，让他们尽快送给布干达的伟大国王穆特萨。最终，也是在鲁马尼卡的提醒下，我送给马乌拉两捆铜丝、五串珠子。所有事情都安排妥当了，我们再次踏上旅程，我心想尼罗河源头这个大难题还要很久之后才能解决。抛开这些外，我只希望格兰特在我返回卡拉圭前能够再次跟我会合，而我此前从未想到我将来会在离开布干达后还要向北进发。鲁马尼卡心中非常清楚，自从布干达脱离布尼奥罗以来，布干达国王一直从周边地区向布尼奥罗发起侵袭，抢夺布尼奥罗的牛群和奴隶。

第九章
CHAPTER 9
希马人的历史

阿比西尼亚人或盖拉人—优等种族征服劣等种族的理论—希马人与基塔拉王国—布干达王国的历史传说—布干达王宫的组织结构和典礼

[246] 读者已经知道我所经历的几个小国家，现在我也介绍一下布干达，它也是古代伟大基塔拉王国里最强大的国家，但基塔拉王国如今已经分裂了。我在布干达王宫待了很长一段时间，所以我将记录那里的生活。开始记录前，我将先从人种学的角度，谈一下居住在这片非洲土地上的人口群体——希马人，也称盖拉人或阿比西尼亚人。我的观点是根据几个国家的历史传统而得出的，也结合了自己在穿越这些国家时的所见所闻。从外形特征来看，我们似乎很难相信，希马人跟埃塞俄比亚的半闪－半含的后代同属一个种族。阿比西尼亚帝国的历史可以追溯至《圣经》中的大卫王时代，而已故国王萨赫拉·塞拉西是大卫王的后代。

很多人认为，阿比西尼亚人和盖拉人是不同的种族。我认为这是无稽之谈。[247] 这两个群体都是最古老的基督徒群体。阿比西尼亚的本土人大都从事农耕，而盖拉人基本上是一个游牧民族。[1] 我认为，这两个种族之间的关系，跟希马人与其周边的群体的关系一样：希马族国王、牧民在乌津扎统治了从事农业的津扎人，在卡拉圭统治了尼扬博人，在布干达统治了干达人，在布尼奥罗统治了尼奥罗人。

这些国家的权力把持在外族人的手里。外来人入侵、占领了土地，让原本从事农业生产的土著人继续种地，让统治氏族里地位较低的成员养牛。阿比西尼亚就是如此，阿比西尼亚人和盖拉人就展现出这种关系。

一个亚洲的游牧氏族从阿比西尼亚人手中夺走了权力，从此一直统治阿比西尼亚人。这个游牧氏族也跟非洲人通婚，发质、肤色都发生了一些变化，但仍具有亚洲人的面部特征，例如高鼻梁。

我们不妨这样猜想：过去，阿比西尼亚有一个强有力的外族政权，这个政权变得越来越强大，四方出击，尤其是南方、东南方、西方，抓捕奴隶，所经之处皆被夷为平地，地盘越来越大，以至于一个统治者已经无法控制了。王室中的弱势成员为谋求权力，决定从家族中分离出去，建立独立政权，并出于某些无法确知的原因，改了原来氏族的名字。盖拉人很可能就是这样从阿比西尼亚人中分离出去，从而在阿比西尼亚南部地区安定下来的。

　　另一部分阿比西尼亚人，或另一部分盖拉人——当然不管他们叫什么、我们怎么称呼，这并不重要——[248]也离开了阿比西尼亚，作战于索马里人地区，并占领了那里，随后又大败于对面大陆的阿拉伯人，只得把目光投向南部，其统治最南处扩展至朱巴河（Jub）[2]流域。他们曾经进攻奥姆维塔（Omwita，即今天的蒙巴萨），结果再次失利，随后消失于非洲内陆地区。只知道有些人渡过尼罗河，迁徙至尼罗河源头的地方，发现了布尼奥罗这样肥沃的牧场，并在那里建立了伟大的基塔拉王国。他们失去了自己的宗教，忘记了自己的语言，学当地土著人那样拔掉下门牙，改名为希马人，记不起自己是盖拉人或阿比西尼亚人的后代。关于如今统治那里的国王，还有一个特别的口头传说，即他们先辈的身体一半是白人，一半是黑人，白人那一半身体上的毛发是直的，而黑人那一半身体上的毛发是卷的。这个传说很奇怪，但倒也印证了他们具有外族血统。听说白人要同时分两路过来，布尼奥罗国王以为我们要从他们手中夺回土地。他们认为，非洲以前是属于欧洲人的，但他们与黑人结盟，从白人手里夺走非洲。希马人占据了被赶出非洲的欧洲人的小块土地。鉴于希马人比土著人少得多，所以这一推论就更加说得通了。

　　据说，布尼奥罗的王族起源于维图人（Wawitu）[3]。若问他们的国家乌维图（Uwitu）在哪，他们会指着北方；若问乌维图有多远，他们会含糊地答道："我们怎么知道祖辈生活的环境？我们觉得乌维图离你们国家不远。"希马人是一个非常有趣的民族，特别喜欢别人说他们是欧洲人的后代。[249]然而，仔细考察一番，他们又承认说，他们最初可能来自北方，但后来是来自东方；他们是势力强大的希马人，基迪人根本不在话下；希马人武器精良；据说，在战争中，基迪人瑟瑟发抖，无一人能够站在希马人的面前。如果我们的认知是准确的话，那么希马人也就是盖拉人。在希马人看来，所有游牧民都是希马人。如果我们认定"Wawitu"一名起源于"Omwita",也就是盖拉人在非洲东海岸所占领的最后一个地方,那么一切都说得通了:每当询问国王属于哪个种族,他们必定先从王族谈起,布尼奥罗的王族起源于维图人,卡拉圭的王族起源于欣达人(Wahinda);情况极有可能是这样的,从未有人直接问过国王这个问题,于是他们渐渐地以国家之名来称呼自己。

这就是我在人种学方面的猜测。接下来,我们再说希马人。他们渡过尼罗河,建立基塔拉王国,其疆域南起维多利亚湖、基坦古莱河、卡盖拉河,东至尼罗河,北起小卢塔·恩齐盖湖[4],西至乌通比王国和安科莱王国。

基塔拉一名渐渐不再为人所知,只有原来基塔拉王国西部的极少数地区仍然沿用基塔拉的国名。基塔拉王国都城所在的东北部地区现在名为布尼奥罗,乌德杜(Uddu)也分裂了出去。后文还将提到这方面的情况。

没有人能够告诉我们,布尼奥罗的希马人政权更迭了多少代。最近的三位国王分别是契阿万比(Chiawambi)、尼亚翁戈(Nyawongo)、现任国王卡姆拉西。[250]起初,王室家族可能是为了争夺权力而发生纷争,我们不妨设想一下,阿比西尼亚一定发生了这样的纷争,旧有的王国分裂了,弱势的王室分支被迫前往安科莱避难,并在那里建立独立的、第二个希马人政权。追溯二十个世代,卡拉圭的希马人政权也是以同样的方式建立起来。后来罗辛达(Rohinda)叛乱,带着一群希马人从基塔拉逃往卡拉圭,寻求尼扬博人的国王诺诺(Nono)的庇护。罗辛达及其追随者极力讨好尼扬博人,最终却篡夺了当地的王位。罗辛达举办宴会,杯中下毒,毒死诺诺,窃取了王位,从而成为希马人在卡拉圭的第一位国王。此后,先后继位的是恩塔雷(Ntare)、罗辛达二世、恩塔雷二世。但是,在第十一代国王鲁萨蒂拉(Rusatira)继位后,这一王位继承秩序发生了变化。鲁萨蒂拉之后,先后继位的是梅欣加(Mehinga)、卡里梅拉(Kalimera)、恩塔雷七世、罗辛达六世、达加拉以及现在的鲁马尼卡。在此期间,希马人主要分布于赤道以南地区,且仍然在扩散。兄弟争权再次出现，落败者远走乌津扎，在那建立了第四个独立的希马人政权，一直到上一代国王鲁马统治时期，乌津扎只有一个国王。鲁马去世后，其长子罗辛达与苏瓦罗拉争夺王位。由于受到卡拉圭已故国王达加拉的挑唆，乌津扎一分为二，罗辛达占据王国的东部，苏瓦罗拉占据王国的西部。

在希马人所建立的四个王国中，乌津扎位于最南部地区，但希马人的分布还不止于此。图西人（Watusi）也属于希马人，他们从卡拉圭迁徙至可以俯瞰坦噶尼喀湖的乌哈（Uhha）山脉，并受到当地黑人酋长的保护，在乌尼亚姆韦齐全境养牛，且与那里的希马人拥有一样的血统。从乌哈的山脉到坦噶尼喀湖，图西人在乌尼亚姆韦齐各地酋长的管辖下养牛。[251]鲁库瓦湖（Rukwa Lake）[5]以南的菲帕（Fipa）的波卡人（Wapoka）亦是如此。他们为何以及何时改希马人为图西人，我们不得而知。追溯过去，我们不妨如此猜想：Galla 是自Hubshi 改称的，Wahuma 是自 Galla 改称的，Watusi 是自 Wahuma 改称的。南部地区氏族的名称改变了，但王族仍然沿用卡拉圭的"欣达"称号，而没有沿用布尼奥罗的"维图"称号，以彰显其出身的高贵，甚至许多黑人酋长也乐于向不明缘由、途经此地的旅行者自称为"欣达"。希马人遵从不同地区的社会规则，因此过往的旅行者就更加辨识不清了。例如，尽管布干达、卡拉圭离布尼奥罗非常近，但布干达、卡拉圭的希马人并不拔掉下门牙；尼奥罗人作战时只用长矛，而卡拉圭的希马人却是非洲最优秀的弓箭手。除了外貌特征外，希马人更多地继承了出身于含米特人的父系的暴躁脾气，却较少地继承了出身于闪米特人的母系的冷静睿智，这一性格特征是他们起源于闪米特人和含米特人的一个确凿的线索。

我们还要提一下从布尼奥罗分裂出去的乌德杜，也就是现在的布干达王国。至少可以说，乌德杜极其有意思，那里的统治方式完全不同于周边其他地区，差异之大犹如欧洲之于亚洲。

起初，布尼奥罗的希马人把维多利亚湖周边的所有土地视为自己的花园，称其属民为伊鲁人（Wiru）[6]，并强迫他们进献食物和衣物。[252]这片地区生长着数不尽的无花果树，伊鲁人把咖啡与树皮布做

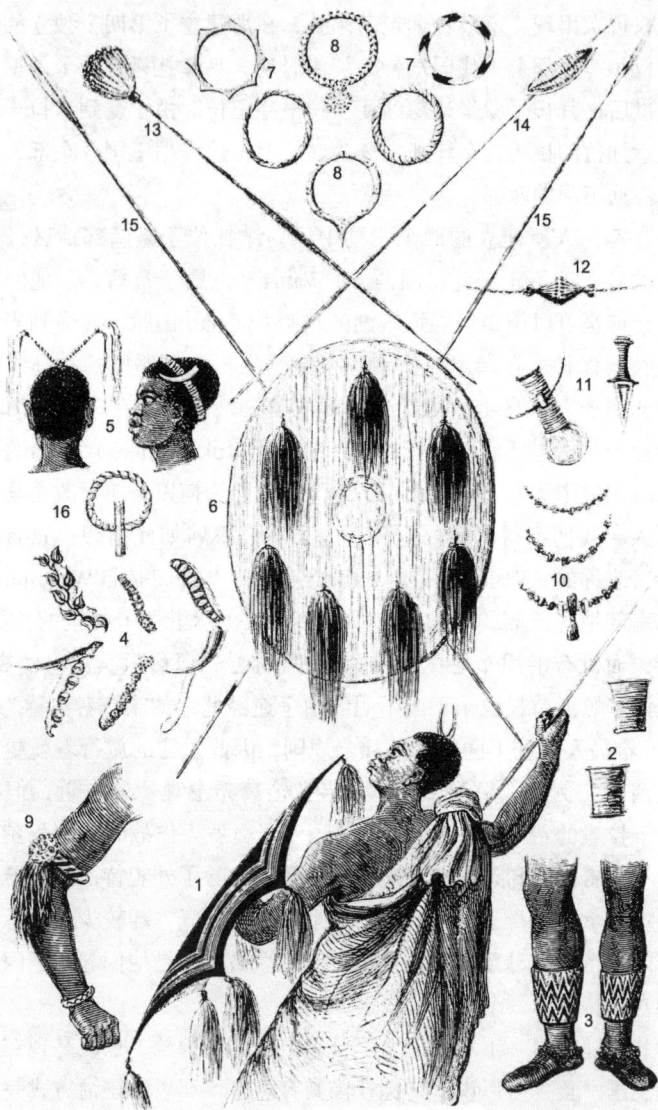

1.干达人的致敬仪式　2.腿部的象牙饰品　3.国王的腿饰　4.男人的花冠　5.头饰　6.盾牌和长矛　7.8.项链　9.用珠子做成的国王的护身符　10.项链　11.女人用的匕首　12.13.14.魔咒物品　15.长矛　16.用蛇皮和木头做成的脚镣

干达人的作战武器

的斗篷送往布尼奥罗的都城。很快，伊鲁人之地因其物产丰富而声名
远播。

现在，北部方言已经不说"伊鲁人"，而是改用南部方言所称的
"德杜人"（Waddu）。因此，八个世代[7]之后，乌德杜的奴隶还生活在
尼罗河、基坦古莱河、卡盖拉河一线。根据口述传统，一个名为"乌
干达"（Uganda）的布尼奥罗猎手，带着一群狗、一个女人、一根长
矛、一块盾牌，在距离维多利亚湖不远的卡通加河（Katonga）左岸
打猎。起初，"乌干达"不过是个穷人，但狩猎大获成功，大量伊鲁
人蜂拥而至，索要新鲜猎物，也越来越喜欢"乌干达"，并拥戴"乌
干达"当他们的国王，还说道："我们的国王什么也不能给我们，住
得太远了，我们进贡一头奶牛，结果这头奶牛生下一个小牛犊，小牛
犊长大后又生下小牛犊，如此往复，而原来的那头奶牛还能抵达目的
地吗？"

起初，"乌干达"觉得他们已经有了国王，所以拒绝了，但伊
鲁人一再恳求，"乌干达"只好同意了。伊鲁人听到他的名字后说：
"好，那就这样吧，以后就把尼罗河与卡通加河之间的地区称为布干
达（Uganda），您更名为基梅拉（Kimera），就此成为布干达第一位
国王。"

当天晚上，基梅拉手持长矛，站在一块石头上，还有一个女
人和一只狗坐在他的身旁。直到今天，当地人还说，基梅拉的脚
印、长矛、女人、狗留下的印记依然清晰可见。伊鲁人拥戴基梅拉
为王一事，很快就传到布尼奥罗国王的耳中，但布尼奥罗国王却嗤
之以鼻，说："这群可怜的奴才一定是挨饿了。他愿意做国王，就
让他给那帮奴才喂食吧。"基梅拉之后，先后继位的国王有马汉达
（Mahanda）、卡泰雷扎（Katereza）、察巴戈（Chabago）、西马科基罗
（Simakokiro）、卡马尼亚（Kamanya）、苏纳以及还没加冕的穆特萨。

[253] 这些国王都延续了基梅拉开创的统治制度，成为令布尼奥
罗深为恐惧的对手，我们在后文里将会看到这一点。基梅拉突然位高
权重，日渐骄傲，刚愎自用，组建了一个小集团，任命他们为官员。
然而，基梅拉又能做到赏罚分明，布干达很快就强盛了起来。基梅拉

的宫殿最宏伟，后宫最庞大，官员最聪明，臣民穿着最好，甚至还养了大群宠物——事实上，这也是他最值得称道的地方，唯有如此，基梅拉才满意。基梅拉还建有一支船（不是独木舟）队，还组建了陆军，基梅拉国王的荣耀从未消逝。简而言之，从野蛮人的角度来看，布干达的统治制度完美无缺。布干达切断了与邻国的交通要道，在所有河流上都架了桥。在布干达，如果没有必要的清洁设施不能修建房屋；所有人，无论穷富，都不允许赤身裸体。若有人胆敢违反这些命令，定会遭到处决。

　　基梅拉死后，布干达不仅没有衰落，反而愈加昌盛。基梅拉所提拔的官员群体，特别骄傲于摆脱了奴役，于是十分拥戴基梅拉。这些官员为基梅拉举行了国葬，把基梅拉的遗体交给国王生前最宠爱的妃子，并让她把国王遗体烘干：遗体被放在木板上，木板下是一个敞口的陶罐，底下再点火加热陶罐。国王遗体需要三个月才能烘干。在此期间，有人会把国王的下颌切掉，整齐地盖上珠子；国王出生时，脐带就保存了下来，也需要盖上珠子。但是，这两项操作是分开进行的。遗体需要移送到陵墓，陵墓由负责处理遗体的官员、国王生前的一些宠妃加以守卫，[254] 他们需要自己耕作，以养活自己，不得面见后继国王。

　　基梅拉妻妾无数，诞下许多王子（Warangira）和公主。官员从王子中间挑选最适合统治王国的王子继承王位。被选中的王子，其母系家族的地位不能太高，以防王子继位后为维护自身权威而杀掉所有王子，只留下一个地位较低的王子作玩伴。[8]被选中的王子登基后，其余王子及其妻子则全部被软禁在一组房子里，由专人看守，以防止他们谋权篡位。这些王子活到了储君加冕之年。在这些王子中，除了两个王子外，其他王子都将被烧死。之所以留下两个王子，也是为了让国王有伴。但是，其中一个王子被流放于布尼奥罗，另一个王子则留在布干达，且丰衣足食。国王的母亲成为王太后（Nyamasore）。王太后会把没有为先王守墓的先王的一半妻妾送给他的儿子，由新王挑选。王太后的宫殿比国王的宫殿要小一点，王太后会教导储君如何处理政务，直到储君亲政。如果没有王太后的允许，王国绝对不能实行激进的政治变革。公主则成为新王的妻子，其他人都不能娶她们。

母子二人都有属于自己的统帅（Katikiros，头衔为Kamraviona）和其他高级官员。按照地位由高到低排列，这些官员的官职分别为：国王出生时有幸割断国王脐带的产婆（Ilmas）；萨瓦甘齐（Sawaganzi），王太后的妹妹、国王的理发师；卡格加奥（Kaggao）、波基诺（Pokino）、萨基博博（Sakibobo）、基通齐（Kitunzi）等地区长官；均巴（Jumba），水军元帅；卡苏朱（Kasuju），公主的守护人；姆库恩达（Mkuenda），宫廷总管；昆萨（Kunsa），一级刽子手；乌松古（Usungu），二级刽子手；[255]姆盖姆马（Mgemma），守陵官；塞鲁蒂（Seruti），宫廷酿酒师；姆丰比罗（Mfumbiro），御厨。除此之外，还有许多侍从，他们负责传达口信，照顾宫里的女人、数百位低级官员。每个月都会有一个官员看护王宫，安排守卫（Wanagalali），守卫每月更换。还有一个官员，随时监守王宫，捉拿胆大妄为之人。宫里还有乐队：鼓手（Wanangalavi）；用豆荚、葫芦做成的乐器的演奏者（Nsase）；长笛吹奏者（Milele）；木箫演奏者（Mukonderi）；为演唱伴奏的木制口琴、竖琴的演奏者；打响指的人。音乐只是宫廷娱乐项目的一半。每个干达人都应该备有长矛、盾牌和猎狗，官吏有权使用鼓。维多利亚湖深处住有水神（Neptune Mgussa），水神借助于人间的官员传达旨意，圈定国王的航行范围。

一般来说，所有官员都要在宫里随时候命，倘若渎职，就会被没收土地、妻妾和所有财产。国王会将之赏赐他人。不难想见，经过漫长等待后能够觐见国王自然令官员感到喜悦，但国王的傲慢或不满会让他们的喜悦荡然无存。面见国王时，官员必须衣着整洁，否则可能会脑袋不保。然而，若有此冒犯，戴罪之人可以献出牛、山羊、家禽、铜丝，以减轻罪责。国王的一切决定都是一种恩泽，臣民一定要感恩。无论是抽鞭子，还是交罚金，国王对臣民所做的每件事都是一种恩赐。[256]若非如是，臣民无以成为更好的人，难道还不应该吗？臣民需要匍匐在地，感恩戴德，像条快乐的狗一样，追着邀宠。随后，他们会突然站起身来，拿起木棒——长矛不允许带入宫里——似乎要冲向国王，舌头快速弹动，嘎嘎作响，宣誓终身效忠国王。

面见国王，高贵者需要鞠躬致意，低贱者需要跪在地上，像在祈祷一样，张开双手，口中念念有词，重复着某些词语。其中，"nyanzig"这个词重复次数最多。因此，这些做派一般就被称为"nyanzig"。后文将经常提到这个词，我觉得其用法类似于英语中的动词。这些致意举动，与其说是政事，倒不如说是仪式。国王一直在想着他的财库，不断挑朝臣的错，威胁着要犯错臣子的脑袋，索要罚金，若没有，则罚俸禄。

无论国王是静静地站着，还是坐着，没有人胆敢站在国王面前，他们须低垂着头，弯膝，或跪，或坐，靠近国王。若有人无意中触摸到王座、国王衣物，或直视王妃，则必死无疑。国王在宫里接见客人时，总会带上一些王妃、巫师（Wabandwa）。巫师谈起话来，先用假声，然后提高嗓门，音量接近于尖叫。巫师的头部戴着风干的蜥蜴，穿着小山羊皮裙，系着铃铛，拿着用公鸡毛装饰的小长矛和盾牌。巫师负责看护国王的大蕉酒酒杯，以免有人下毒。若想对王宫有一幅完整的画面，可以这样想象一下：在王宫里，有一群侍从负责传递国王的口谕；他们不敢步行，必须快跑，步行显示不出对国王的赤诚，并可能会因此丢了性命。[257]王宫里还有一些上文已经提及的象征物——一条狗、两根长矛、一面盾牌。

国王端坐于王座上，朝臣呈半圆形，或沿着广场的三边，蹲在国王的前面，正中央是鼓手和乐队，国王会下达白天的命令，例如："布干达缺少牛、女人、孩童。我们一定要组建一支一两千人的军队，去劫掠布尼奥罗。索加人一直侵扰我的臣民，我们必须另组建一支同等规模的军队以备不时之需，这支军队还要水陆并进，展开行动。另外，海亚人近来没有过来朝贡，必须让他们交税了。"统帅会把国王的命令下达到国王所任命的各级官员，朝会这才结束。各级官员再通知下属官员去招募人手，随后大军进发。若战事不利，会有增援兵力前去支援；若有人做了逃兵，抓到后会被炽热的铁块烫去男根，做不成男人，被斥之为女人，他们要为自己的懦弱付出生命的代价。英雄之举定会受到嘉奖，国王会以盛大仪式来迎接将领，聆听他们的战绩，赐之以女人、奶牛和部分人口的管辖权（command over men）——布干达最宝贵的财富，且出手阔绰。

　　宫廷也会处理一些小事。官员会把罪人押送至宫廷，并做禀报。国王可能不经审判、调查，就立即下判决，可能会把罪人折磨致死，因为国王所获得的消息，可能是不怀好意之人的逸言。如果犯人想要申辩，其声音会立即被压下去，而且忠君的官员会以最粗暴的方式把这个可怜鬼拖走，立即执行国王的命令。[258]犯了罪的官员会向国王进献自己的女儿，以抵消罪责。这些年轻的处女，赤身裸体，身上涂了油脂，为了遮羞，她们双手拿着一块方形的树皮布，遮挡着上身。国王会把她们纳入后宫。有些官员，哪怕只是举止轻率，也会被抓起来，其土地、妻子、孩子、财物也会被没收。国王可以下令把任何一个没有向其鞠躬致敬的官员处死。此时，国王身边的所有人都会立即站起来，随后鼓也会敲起来，鼓声会淹没这个即将被处死的官员的喊叫声，十几个人会把这个粗心大意的可怜人拖走，用绳子捆绑起来。听说还有一个官员，可能是因为他在蹲下的时候裸露出腿的一小块地方，或是因为违反规定穿错了树皮布衣服，也遭到了同样的下场。

　　有些罪人会进献奶牛、山羊、家禽，他们会亲自送来"礼物"，用脸贴一贴"礼物"，以示"礼物"里没有邪灵。随后，他们还要感谢国王的宽大处理，这么轻易地就赦免了他们，然后满脸笑容地回到蹲着的人群中。有时一次劫掠，或抄了犯罪官员的家，所得的"战利品"会有数以千计的牛、好几排用绳子绑起来的妇女儿童。如果犯罪官员希望平息国王的怒火，最常见的办法是献给国王一些年轻漂亮的女人，而国王以后可能会把她们赏赐给有功之人。

　　所谓魔杖，只是各种形状的木棒，但据说具有超自然的力量。宫廷里的巫师还会制作一些有色的土，也具有同样的力量。[259]猎手需要进献猎物，如羚羊、猫、豪猪、长相奇特的老鼠等，所有这些猎物都是用网捕获的，但捕获后的猎物需要放在篮子里，还要进献斑马、狮子、水牛的皮；渔夫要进献鱼，农民要进献作物；刀匠要进献镶铜的铁质刀叉；皮货商要进献上等小羊皮缝制的皮裙；裁缝要进献树皮布；铁匠要进献长矛；制作盾牌的人要进献盾牌；等等。所献之物，需要提前擦拭干净，然后还要用脸贴一贴，国王接受贡品时，臣民还需要长时间行礼致敬，以感恩国王的垂怜。

国王一旦厌倦政事，就会站起身，手拿长矛，牵着狗，一声不发地离开那些像狗一样的随从，任由他们自行其是。

宫廷之外，律法森严，宫廷内部也是一样。所有侍卫的头上都戴有用芦荟纤维制成的长头巾。若妃子的言行有轻率之处，国王会当场下达处决命令，让侍卫把妃子绑起来，拖出去。男仆和赤身裸体的成年女仆都要遵守严格的规定，保持行为端正。

每月出现新月的那一天，国王会闭口不言，接下来的两三天他会一直观察、摆弄自己的魔角——野生动物的角，里面装有魔粉。这几天可谓国王的"礼拜日"或宗教节日，他需要专心于祈祷。在其他日子里，国王会带上数百个女人在池塘里沐浴、戏水。如果国王厌倦了戏水，就会出远门走走路，妃子们紧跟其后。乐师们走在队伍的最前面，其后是官员和侍从，国王走在队伍的中间，从而把男性随从和妃子们隔开。[260] 国王出门郊游时，普通百姓不敢瞧上一眼。若侍从发现有人在观瞧，会立即把那个人抓起来，抢走他所有财物，若没有发生其他不幸的遭遇，那他就算是万幸了。国王常常出远门游玩，有时还会乘船游玩两周。无论国王做什么、去哪里，乐师、官员、侍卫、妃子都要侍奉在侧。

加冕礼是布干达最盛大的典礼。储君需要获得所有周边国家国王的支持，因而要向周边各个王国求娶一位公主，或做些其他能够赢得周边国王认可之事。而且，为储君接生的产婆会前往先王陵墓祭拜，观察特定植物的长势和其他迹象，以判断国王的命运。根据观察结果，产婆会告诉国王，要么过平稳的生活，要么率军亲征，或向东进军，或向西进军，或东西两路同时进发，通常第一次向基拉塔进发，第二次向乌索加进发。据说，有人能够听到水神的声音，但如何能听到，我却不得而知，因为这是布干达的国事，禁止谈论。这些准备工作安排妥当后，正式的加冕礼就开始举行了，之后国王也不再与王太后协商大事。其他王子会被烧死，而国王则成为大军统帅。

由于布干达发起的武力征服，乌索加和乌德杜一半的国土都已并入布干达。

第十章

卡拉圭与布干达

离开保护者—渡过尼罗河第一大支流基坦古莱河—进入乌德杜—布干达—富饶的国度—驱魔—营地里的一场冲突——个冒充有王室血统的人—布干达国王派三个侍从传递口信—布干达的缺德行为

〰️🎔〰️

[261]1月10日，**抵达库夫罗**。我们越过韦兰汉杰山脊到达库夫罗后，阿拉伯人招待了我们。我在这里，也是在非洲第一次看到了英国豌豆。第二天（1月11日），我们走过一连串分叉路，抵达卢安达洛（Luandalo）扎营。罗扎罗在这里从后面赶上了我们。他招募了许多尼扬博人，还亲切地称他们为"他的孩子"。罗扎罗答应给他们一口吃的。这些可怜的家伙为了换得一口吃的，总是四处寻找类似于我们的旅队。

1月12日，**抵达基萨博**（Kisabo）。我们在大山脊上兜兜转转，从山顶的岔路下来了。在那里，我们看到卡拉圭被一个深谷分割开来，深谷起自多山的乌哈伊亚。乌哈伊亚以盛产咖啡和象牙而闻名。我们刚进入基萨博富饶的大蕉园，就接到消息：我们需要在此停留一天，等马乌拉过来。鲁马尼卡把马乌拉留在卡拉圭，想送给马乌拉一份礼物，为此还把罗扎罗的妹妹召入宫来。[262]罗扎罗的妹妹改嫁了，还生了两个孩子。近日，她的丈夫犯了错，鲁马尼卡肯定要没收他的所有财物。

1月13日，**停顿下来**。当地人总是醉醺醺的，日夜喝大蕉酒。我在这里射杀了一只羚羊，派人把羊头和羊皮送给了格兰特，并向鲁马尼卡转达了我的日常报告。

1月14日，**抵达纳鲁埃里**（Narueri）。马乌拉过来后，我们继续前进，走到了山顶岔路的尽头，在那里可以俯视基坦古莱平原。行进时，干达人的鼓敲起来了，有人还吹起了口哨。

1月15日，**抵达基坦古莱河**。我们从月亮山脉走了下来，穿过一大片冲积平原，抵达了久负盛名的基坦古莱河附近的村落，鲁马尼卡在这里养了成千上万头牛。从前，平原周边的沼泽地中生长着热带地区特有的茂密绿林。据说，这里曾经有许多象。然而，随着象牙贸易的扩大，大象或逃至基西瓦（Kisiwa）和乌海亚之间的群山里，或逃

摆渡于基坦古莱河

至基坦古莱河水域外的乌德杜，或一路逃至维多利亚湖。

　　1月16日，抵达恩东戈（Ndongo）。今天，我们抵达基坦古莱河的支流卡盖拉河。1858年，我就确认了卡盖拉河是从西部注入维多利亚湖。天公不作美，我们正准备渡河，天却下起瓢泼大雨，大家都手忙脚乱。我当时无法以素描的形式把卡盖拉河画下来。幸运的是，格兰特后来做到了。我既不知道河宽，也不知道水深。我还跟那些迷信的船夫争吵了很长时间，他们才让我穿着鞋子登上独木舟。这些船夫认为，如果我穿着鞋子登上独木舟，水神会迁怒于我，进而掀翻独木舟，令河水干涸。[263]我又一次眺望这条著名的河流，心中充满骄傲。这条河就像一条巨大的运河。河宽约八十码，河水深不可测，独木舟的船篙根本探不到底。独木舟以每小时三四节（knots）[1]的速度行进。

　　我可以骄傲地说，仅仅借助于地理学的科学推理，我就可以做出如下推断：这条河起源于月亮山脉上的泉水；根据河水的流量，我认为那里的山脉海拔有八千多英尺，相当于我们所见到的卢旺达的山脉。我在鲁马尼卡的卡拉圭第一次见到姆丰比罗火山群的时候，就已经收集了远处的地理信息，[264] 月亮山脉孕育了刚果河和尼罗河，还孕育了赞比西河（Zambeze）²的一条支流希雷河（Shire）。

同时，我也断定，我们之前所获得的关于这些地区、月亮山脉的水文信息全部来源于古印度人，古印度人又把这些信息告诉了尼罗河流域的祭司。为了出名，埃及地理学家四处传播"他们"的知识，号称已经明白了这条圣河的起源，揭开了亘古以来的一大谜团。其实，这些知识只是假想而已，埃及地理学家所说的都是假的。有鉴于此，我觉得当时的印度商人的认识失之偏颇，他们从阿比西尼亚人那里听说了阿马拉人地区和维多利亚湖，从尼亚姆韦齐人那里听说了坦葛尼喀湖和卡拉圭的山脉。我还听说，有两位传教士——雷布曼（Rebmann）和埃哈特（Erhardt）——完全不知道印度人绘制的地图，而他们仅凭桑给巴尔商人所提供的信息，就绘制出一张地图，却误以为维多利亚湖、坦葛尼喀湖、马拉维湖是一个湖，由于月亮之地的人正好生活在这个湖的南方，于是他们把这个湖命名为"月亮湖"。此事给我留下的印象更加深刻。后来，另一位传教士里昂先生听说尼罗河把阿马拉人地区和维多利亚湖分开了。

我们继续前往恩东戈。恩东戈是一片大蕉园，当地人极其富裕，令我们吃惊。这里的地质与卡拉圭一样，都有一条条陶土砂岩。其实，这里并不适合种植那些喜欢潮湿和温热的作物。这里几乎是黑人的乐园，作物生长周期短，[265] 因此不缺粮。我必须得说，当地人的房屋、大蕉园错落有致，秩序井然。

1月17日，停顿下来。马乌拉想在这里停下来，我也要停歇一下。河岸一带、附近密不透风的森林里有羚羊，主要是麋羚（hartebeest）。但是，我只有返程的时候才去射杀麋羚，因为我听了当地村民的话，转而去射杀水牛。结果，我没有看到一头水牛，只射伤了一头麋羚，并一直追它，几乎追到我们的营地。最终，我放弃了，让一些黑人去追踪。今天，我派人向鲁马尼卡捎去口信：若格兰特没能在特定时期赶过来，我将在维多利亚湖乘船沿着基坦古莱河而上，与他会合。

1月18日，**抵达恩甘贝齐（Ngambezi）**。我们翻过一道低矮的山脊，这座山从位于我们左边的山地王国安科莱一直延伸至维多利亚湖。纳西布告诉我，这里有一个名为恩甘杜（Ngandu）的村庄，这个村庄是桑给巴尔象牙商人的最远贸易点，是穆萨获得鲁马尼卡许可后一手创建的。苏纳把乌德杜的这块地区并入布干达之后，又把其中的一部分地区给了鲁马尼卡，以防布尼奥罗以后的国王进犯，把这些地区夺过去。阿拉伯人也曾随穆萨来到这里从事贸易，但他们受制于干达人。于是，鲁马尼卡召回他们，并把他们安置于库夫罗。目之所及，山脊的尽头就是维多利亚湖。在我们的右边有一片富饶的沼泽平原，林木繁盛，其中还有好几块开阔的水域。几年前，我确信有数英里水域可以通航。但现在，这几块水域同乌里吉湖一样，已经慢慢变得枯竭。其实，我觉得维多利亚湖水以前一定延伸至这里的山脚下，但是后来湖水逐渐退去了。

[266]我抵达恩甘贝齐后惊呆了，这里房屋错落有致，秩序井然，风景优美，生活富足。无论从哪方面说，这里都远胜于孟加拉国和桑给巴尔。我的手下异口同声地大喊："干达人真棒啊！"随后，他们还有一番评论，大意如下："他们建造的小屋、大蕉园跟我们桑给巴尔的一样好，都在圈定范围内竖起屏障和栅栏，村落前还有出入口，房屋前面还设有用来接待客人的小屋。可以说，这里的景色美不胜收——肥沃的沼泽平原上，小山丘随处可见，山丘上长满许多伞状的仙人掌和其他常绿树木；再往前行进，又是另一道山脊，跟我们翻越过来的那道山脊差不多。"这片土地的主人是穆特萨的一个叔父。已故国王苏纳登基时，他没有被烧死。不凑巧的是，他不在家，我们没有见到他。然而，他的下属让我住在他用于接待客人的小屋里，还送来许多礼物，如山羊、家禽、甜薯、大蕉、甘蔗、印度玉米。即便如此，他的下属还为招待不周而感到抱歉。当然，我也送给他一些珠子。

1月19日，**抵达塞米扎比（Semizabi）**。我们继续前进，翻过了一

穆特萨叔父的府邸，位于恩甘贝齐

个又一个山脊，山上都是条状红陶土砂岩。我们投宿于伊萨姆盖维（Isamgevi）的家里，他是鲁马尼卡的地区官员。同穆特萨的叔父一样，伊萨姆盖维把房屋拾掇得干净别致，但房屋前没有用于接待客人的小屋。他还有一座院落，里面有三间小屋，专门用于祈祷、安抚邪灵——简而言之，按照当地人的观念，也就是他的"教堂"。伊萨姆盖维送给我一头牛，一些大蕉。我回敬他一捆铜丝和一些珠子。**[267]**当地有不少行乞的女人，有人称之为维契韦齐（Wichwezi），有人称之为马班杜瓦（Mabandwa）。她们穿着树皮布做的"华服"，上面镶嵌了一些珠子、贝壳、小木棍。她们在我们面前跳舞唱歌，歌曲听上去很滑稽。她们声音很尖，而且拖得很长，合唱完"Coo-roo-coo-roo, coo-roo-coo-roo"后才结束。同黑人的宗教一样，她们的身份也难以理解。有人说她们是"驱魔者"（devil-drivers），有人说她们是"辟邪者"（evil-eye averters）。有些人觉得他们必须奉献出一些东西，以安抚邪灵，希望在尘世过上安稳的生活，但他们又说不出邪灵是什么。这些人会请她们来驱魔，也会给她们一点财物。东印度群岛也有一些行者（fakirs），所作所为与她们完全一样。

1月20日，**抵达基苏埃雷**（Kisuere）。我们穿过一片低洼的沼泽地，抵达基苏埃雷。这里重峦叠嶂，连绵起伏，一直延伸至维多利亚湖。基苏埃雷是鲁马尼卡的边防官姆永博（Myombo）的管辖地。基苏埃雷的北边与布尼奥罗王国接壤。当地人说，巴拉卡就在这里走了一条岔路，前去拜访卡姆拉西。马乌拉的家离这里很近，这个无赖要离我而去，独自回家。他还找个借口，说穆特萨令他在我抵达这里后，立即去找一个信使，向穆特萨禀报，以确保我们一路安全；因为干达人都是暴民，唯有杀头才能维持秩序；穆特萨一听说我过来了，同往常一样，砍掉了许多干达人的脑袋。我知道，这些话都是骗人的鬼话，我也这样告诉他。但是，这样说根本没用，而我不得不停顿下来。

1月20—24日，**停顿下来**。1月23日，一个名为马里布（Maribu）的官员过来拜访我，并说穆特萨听说格兰特病了，留在卡拉圭，所以命令他前往卡拉圭，把格兰特接过来，无论格兰特的病好还是没好，穆特萨迫切想见白人。**[268]** 因此，我立刻写信给格兰特，若他身体条件允许，把我最值钱的财物也一道带过来。马里布的话也让我明白过来了，原来鲁马尼卡并不诚实，说什么无法离开布干达北进，还说什么病人不能进入布干达、为了体面驴腿也要穿裤子等，都是谎言。若格兰特行动困难，我建议他原地等待。等我觐见穆特萨之后，我会从维多利亚湖，或从基坦古莱河乘船过去接他，或让穆特萨国王派船去接他。我确实很希望能够走一下水路，这样我们也能更了解维多利亚湖的情况。

1月24日，抵达尼亚古萨（Nyagussa）。我多次派人给马乌拉捎去口信，并表达了我的愤怒之情。今天，他终于回来了。马乌拉带我直接去了他家。他家真的非常不错。马乌拉把我安排在一个干净、舒服的大屋子，但他没有给我和我的手下送来大蕉。马乌拉说："如今，您已经进入布干达王国，未来不必买更多粮食了。各地官员都会送给您大蕉，而且您的手下可以到大蕉园里自取所需，这是迎接国王贵客的规矩。而且，任何人都不能卖东西给您或您的手下，否则定会受到惩罚。"于是，我不再每天发放珠子，而我的手下随即就叫苦不迭，说吃不惯大蕉。我的手下说，干达人每天吃大蕉，已经习惯了，但他们吃大蕉填不饱肚子。

1月25日，停顿下来。马乌拉见我令人搬出行李，准备出发，于是一脸奸笑地劝我要有耐心，**[269]** 还说十天之内，国王的信使一定会回来。我受够了他的胡扯，令人搭起帐篷，拒绝了马乌拉送来的大蕉，并给我的手下发珠子，让他们去买谷物。我觉得有必要立威，于是告诉马乌拉，我可不愿成为一条被链子拴住的狗，如果他不想继续前进，我就抛下他出发。接着，马乌拉说他先去朋友家拜访，然后再回来。我说，如果他不听我的，我就自己走。谈话不欢而散。

1月26日。前后两天，村子都在驱魔（drive the Phepo），鼓声、歌声、尖叫声、舞蹈持续不断。整个仪式极其滑稽可笑。小屋前坐着一个老头和一个老妇，浑身上下涂满了白泥巴，大腿间夹着大蕉酒罐，其他村民不停地送来大蕉面和更多罐大蕉酒。这对老人正前方的院子里约有数百人，他们穿着精致的树皮布衣服，男人裹着头巾，戴着由藤草种子串成的环，环上还插有抛光过的野猪牙，个个精神抖擞。村民和鼓手都喝得醉醺醺的，不停地大喊大叫，想以此吓跑恶魔。我在人群中发现了卡楚楚，也就是鲁马尼卡的特使，鲁马尼卡派他提前去拜见穆特萨，禀报我们即将前往布干达的消息。卡楚楚说，还有穆特萨的两个官员也同他一道过来了，他们奉命要把我们和科延戈一行人带过去。卡楚楚还说，穆特萨特别想见到我们，他一抵达布干达王宫，就告诉穆特萨我们想拜访他；当时，穆特萨下令处死"五十个大人物和四百个小人物"。穆特萨说，他的臣民太骄横，竟然不让任何来访者来拜访他，否则他早就见过白人了。

1月27日。我在乌苏伊的老朋友尼亚姆贡杜来访。[270] 他说，他是第一个告诉穆特萨我们抵达乌苏伊、想要拜访他的人。尼亚姆贡杜还拿走了我送给伊伦古的手帕，并把手帕作为信物献给穆特萨国王。穆特萨国王一拿到手帕，就把它缠在头上，高兴地说："白人啊，白人啊！白人确实想来拜访我。"随后，国王赐予尼亚姆贡杜四头牛，请他转交给我，并说："尽快出发，把白人接到这里。"尼亚姆贡杜说："有人从另一条路线把牛赶往基苏埃雷，我会把牛赶到这里；马乌拉已经接到您了，我要去接格兰特。"我劝他不必操之过急。马乌拉待我如狗，我不想再让他护送。尼亚姆贡杜则说，只要我的手下和行李落在后面，他就算不上完成使命；所以，如果我愿意的话，他会留下他的"孩子"引导我去穆特萨的王宫，他去接格兰特。我说，有一个官员已经去接格兰特了，他不必再想这件事。最终，他改变了计划，派他的"孩子"去接格兰特，而他自己跟我一道前往穆特萨的王宫，这样他也算完成了使命。随后，我们又争论很久。最终，我掀翻了桌子，质问他到底谁说了算，是我还是我的手下？他回答说："我明白了，您说了算。我会按照您的意思来办。等我把牛从基苏埃雷赶过来，我们明天日出之时就出发。"

1月28日，抵达马松代（Mashonde）。太阳出来了，但是尼亚姆贡杜并没有如约而至。我极其恼火，怀疑马乌拉把他赶跑了。我等到中午，耐心已经没有了，于是令邦贝收起我的帐篷，准备出发。然而，我的"总管"突然发起脾气，令我大吃一惊。邦贝说："我们怎么去？"我说："拆帐篷！"邦贝说："谁当向导？"我又说一遍："拆帐篷！"邦贝说：[271]"鲁马尼卡的手下都走了，没有人给我们引路。"我说："没关系，听从我的命令，拆帐篷！"然而，邦贝一动不动，于是我自己动起手来。在几个随从的帮助下，我收了帐篷，当时邦贝、所有女人、所有财物都在我帐篷里。邦贝见状，大声斥责那些帮我拆帐篷的手下，因为帐篷里面有火器弹药。我也忍不住发怒了，斥责了邦贝。结果，邦贝更加生气了，又大骂那些帮助我拆帐篷的人，因为整个营地都可能会爆炸。我对邦贝吼道："你凭什么辱骂他们，他们比你好，因为他们还听我的命令呢。即使所有财产被炸掉了，那也是我的事情。如果你不履行自己的职责，我也把你炸死。"听完这话，邦贝大声吼叫、咆哮，说他不愿站在这里受辱。我对着他的头就是一拳。邦贝被击后站直了身子，满脸怒火，恶狠狠地瞪着我。我又打他一拳，他差点跌倒，等他再次站直身子，我又打了他一拳。最终，邦贝被打出了血，气呼呼地走了，并说他再也不愿替我做事了。随后，我让纳西布接替邦贝的职位。我们出发了。但是，纳西布是一个不错的老人，他劝邦贝妥协，并跟我们一道出发。跟我们一道出发的还有一群干达人，他们都亲眼看到这一出闹剧，纷纷挥出拳头，模仿我这个白人的打人动作。尼亚姆贡杜后来赶了过来，恳请我们再停歇一天，因为他在基苏埃雷还有一些女人。邦贝一改往日的溜须拍马态度，对此嗤之以鼻："不行，你说的是谎话，我不会把你要求我们停下来的借口告诉巴纳，你要说就自己去说吧。"尼亚姆贡杜也觉得似乎行不通。我们继续前进。[272]这是我第一次也是最后一次对他人拳脚相向，实在有辱斯文，但是这一次打人也是为了维持我的控制权和尊严。此前，有手下人偷窃，我也曾令人对他们执以鞭刑，抽打一百鞭，甚至有时抽打一百五十鞭。但是，这一次不能坏了规矩，邦贝的地位是一人之下众人之上，我只得亲自出手。

我们绕过左边的数个山丘，而这几个山丘的右边是一大片低洼的平原。我们很快踏上旅程，并见到一条急流。这里水网密集，河道纵横。我认为，这里可能是原来也属于维多利亚湖的最后一片水域。这条河特别大，宽约一百五十码。我们所渡的河段如同运河，水深约十四英尺，河水里混有大量泥沙。由于河太深，我不得不脱下裤子。渡河后，我们在山下的一个村子里安营扎寨。我站在山顶能够看到维多利亚湖，这也是我这次探险旅行中第一次看到维多利亚湖。尼亚姆贡杜哄我开心很有一套：把我当作国王，跟我说话时总双膝跪地，让营地里的"孩子"把我照顾得十分妥帖。

1月29日，**抵达乌卡拉（Ukara）。**我们继续前进，所经之处与原来的地方完全一样，大蕉园与河流交替出现。当地居民听到我们一行人的鼓声，纷纷吓得躲了起来，他们知道规矩，如果直视国王的客人，就会有人把他们抓起来，加以惩罚。我们抵达乌卡拉，却没有看到一个当地人。村民紧闭屋门，也没有举行任何欢迎仪式。护送我们的尼扬博人在这里喜欢什么，就盗取什么。我竭力阻止他们这么做。他们说，干达人去卡拉圭，也是这么干的，所以他们现在有权报复。[273]为了杜绝此类掠夺行径，我向我的手下分发了一些珠子，希望他们消停点，但他们仍然不听劝阻，讨厌我以遵守当地规矩为由指手画脚，他们觉得自己有权这么干。

1月30日，**停顿下来。**我不得不停下来。我匆匆忙忙离开马乌拉的家，但尼亚姆贡杜的一些女人却落在后面了。一个英俊的年轻人为我送来格兰特的信，他的脖子上系着豹猫皮，这种皮料只有布干达宫里的人才有权佩戴。尼亚姆贡杜看到后觉得他没资格佩戴，当即授意手下将之夺来。两个脾气暴躁的家伙抓着那个年轻人的手臂扯来扯去，几乎就要把他的手臂扯下来了。这个年轻人一声不吭地反抗，尼亚姆贡杜叫那两个家伙停下来，既然这个年轻人这样反抗，那就听听他有没有申辩的理由。于是，那两个家伙坐在地上，但仍然抓住了这个年轻人。尼亚姆贡杜拿起一根长木棍，并把它分成等长的几根小木棍，一个接一个地摆在这个年轻人的面前，用木棍来代表可以继承王位的王子，以便确认这个年轻人有无王室血统。结果，尼亚姆贡杜确认他没有王室血统。尼亚姆贡杜对众人说，他要为自己的愚蠢之举付出什么代价呢？若穆特萨在场，穆特萨肯定会砍掉他的脑袋；他恐怕要拿出一百头牛？所有人都点头称是，这个年轻人也点头称是，悄悄解下豹猫皮。那两个家伙随之拿了过去。

1月31日，抵达梅鲁卡（Meruka）。第二天，我们又渡过了多条激流，着实令人恼火。我们翻越几座景色极美的小山，山上树木翠绿。在此期间，我又看到了维多利亚湖。[274]随后，我们在梅鲁卡扎营。梅鲁卡有不少大人物，其中有一位酋长是国王的姑姑。她派人送给我们一只山羊、一只母鸡、一篮鸡蛋、一些大蕉。同往常一样，我送给她一捆铜丝、一些珠子作为回礼。我真想在梅鲁卡住上一个月。梅鲁卡的一切都令人满意，这里气候宜人，道路四通八达，且有英国车道那么宽，草地、山坡、山谷的丛林中都有路可循，与周边落后的交通状况形成鲜明对比。房屋干净整洁，简直无可挑剔，大蕉园也是一样。所到之处，一派繁荣景象，这里未来一定会富足起来。梅鲁卡背靠大海，一片宁静祥和。我站在山顶，不禁畅想起来：梅鲁卡的海拔曾几何时一定达到过我所处的山顶的高度，后来由于频繁的降雨，这片土地持续下沉，演变为眼前的这些美丽山峦。我在这里没有看到乌苏伊、卡拉圭那样的石英层，也没有看到有火山喷发后的各类迹象，否则这里就不会有如此平静祥和的景致。

2月1日，抵达桑古阿（Sangua）。我们继续前进，目之所及皆为山峦，山谷中有一些泥泞的河流。我索性拎着鞋袜，光脚行走。罗扎罗的"孩子们"让我越来越头疼。他们路过村子，总要顺走一些东西。我们到达桑古阿后，他们又溜进了别人家中，结果当地几个胆大的村民抓住了他们中的几个人，并将之关押了起来。[275]这几个村民向我索要两个奴隶和一担珠子，否则就不放人。我派人前去调查，并令他们带回"犯人"。我本想公平处理此事，但派去的人竟自作主张，开枪赶走了村民，强行把那几个小偷带了回来。随后，当地村长向尼亚姆贡杜提出控诉，并要求我暂停行程。但是，我不愿意停下脚步，把此事留给地区长官波基诺来处理。我听说，波基诺就住在我们的下一站——马萨卡（Masaka）。

2月2日，抵达马萨卡。波基诺的居住地有一大片草屋，但草屋是一个个分开的，都位于大的院落里。这些草屋遍布于一个矮山的山顶。我们一到达那里，就有人要我们撤离，去远处的一些屋子里安歇，因为波基诺不在家，所以我要等他回来后接见我。第二天，波基诺在一大群官员的陪同下来到我的营地，还带来一头奶牛、各式各样装满大蕉酒的罐子、大量甘蔗、一大捆当地的咖啡。这里有许多咖啡树，生长在大片灌木丛中，咖啡树的树枝上果实累累，像冬青树上的一簇簇浆果。

2月3—4日，停顿下来。波基诺的管辖区，从卡通加河一直延伸至基坦古莱河。一番介绍和寒暄后，波基诺处理了桑古阿官员的控诉。波基诺认为，根据当地的规矩，村民无权对国王的客人动手动脚。就在此时，马乌拉来了，并大声斥责尼亚姆贡杜。我当然无法忍受，于是说了这事的来龙去脉，并请波基诺把马乌拉赶出营地。波基诺说，他不能这么做，因为马乌拉是奉国王之命过来的。[276] 波基诺想到马乌拉背后的国王，笑道"马乌拉这只鸟已经飞出了自己的手心"。他决定由尼亚姆贡杜来当我的向导。随后，我送给波基诺一捆铜丝，而波基诺送给我三块树皮布。他说，我们还要走不少水路，这些布正可以派上用场。第二天，我的一些手下可能是因为一直在渡河而发烧了，所以我们不得不又停顿了下来。这里不缺食物。我从未在其他地方见过这么多大蕉，大蕉在地上堆了一堆又一堆。当地人每天都用大蕉酿酒、做晚饭。

2月5日，抵达乌贡齐（Ugonzi）；2月6日，抵达基通图（Kituntu）。我们又翻过许多座小山，趟过泥泞的山谷，其间总是能看见维多利亚湖。我们抵达了乌贡齐后继续向前，抵达了基通图，也就是乌德杜的最后一站。从前，基通图属于一个名为艾索（Eseau）的俾路支人的私产。他原来是为桑给巴尔老苏丹赛义德·赛义德做买卖的，带着商品来到基通图；然而，他在途中丢掉了所有商品，还交了过路费，不敢回桑给巴尔，随后结交当时的布干达国王苏纳。艾索有大胡子，苏纳非常喜欢他，还任命他为布干达官员。几年前，艾索去世了，他生前把所有家人和财产都留给了一个名为乌莱迪的奴隶。如今，乌莱迪成为这里的边防官。

2月7日，停顿下来。乌德杜最好的狩猎场是哪个？我实在没有头绪，因为这里的狩猎场太多了，都非常好。但是，细想一下，我觉得最好的狩猎场是基通图，它靠近维多利亚湖，在这里总能看见干达

正在酿造大蕉酒的干达人

人的宝地，即维多利亚湖。湖上的名为塞塞（Sese）的大岛或岛屿群，正是布干达国王一支船队的驻扎地。

[277]2月8日，**抵达姆布莱（Mbule）**。今日，有一些男孩来到营地。这些男孩的头顶两侧只保留了两块圆形的头发，其余部分的头发都剃光了。他们是布干达国王的侍从。他们说，国王做了三根木棒，并让他们把这三根木棒带给我，而国王希望能够从我这里拿到三个符咒或三份药。这些侍从把三根木棒摆在我面前的地上，说道："第一根，指的是头部，因为国王总是苦于梦到死去的亲属，希望获得解脱；第二根，国王希望举办一场关于男根崇拜的祭祀活动；第三根，国王想要一个符咒，让所有臣民都敬畏他。"我向他们许诺过，抵达王宫后我一定尽我之所能，但这里离王宫有点距离，我无能为力。我想继续赶路，但尼亚姆贡杜阻止了我。他说，他已经接到了命令，要在这里给我弄些牛，国王极其牵挂我能不能吃好。第二天，我们下山进入卡通加河河谷。阿拉伯人说，这里有一大片水域，结果并非如此。这里有许多沙洲，我不得不涉水穿过沙洲之间的激流。我把衣服卷到手臂处，以防受潮。我们花了两个小时才穿过这片地区。其间，我们中的很多人的脚上缠满了水草，我觉得我们就像是在沼泽地上行走。

所有干达人都说，在一年中的特定时间段内，无人能够涉水穿过激流，那时洪水会泛滥。奇怪的是，在布干达降雨最多的季节里，这里的水位却最低。然而，无人能够解释这一独特现象，也无人知道维多利亚湖湖水会不会流到这里或激流的水源在哪。我确信，这里的河水最终会流入维多利亚湖，因为我看到有几处地方的河水就是这样的。这里正好位于赤道线附近。走出这片沙洲，眼前的景象和以往一样，属于多山地形。[278]许多激流向北流去。山峦处，树木繁茂，令我非常吃惊。树木几乎没有树枝，却高耸入云，巨大的树冠宛如天篷，笼罩在我们的头顶。我不禁想起了澳大利亚的蓝桉树，但这里的树木更胜一筹。我们抵达姆布莱后受到当地官员的热情接待，他还送给我一份小礼物，并告诉我，国王现在非常激动，总派人打探我的消息。说这话时，这位官员甚至浑身发抖，坐立不安。

　　2月9日，抵达纳库西（Nakusi）。我们继续跋涉，穿过这片风景优美的地区，这里绿茵遍野、农田肥沃、树木葱茏。与之前一样，这里仍然是水道纵横，但水道上常常有用棕榈树树干搭成的桥，我们没费什么劲就穿过了。

　　2月10日，抵达基比比（Kibibi）。我们抵达基比比。尼亚姆贡杜的家就住在这里。我想在这里停顿一天，打算狩猎一些水牛。马乌拉也过来了，还冷冰冰地告诉我，他必须检查我准备送给国王的礼物，并说这是布干达的规矩，检查完，他还要赶过去禀告国王。我当然予以拒绝，并说这一行为是对我和国王的不敬。起初，马乌拉还在坚持，但看到我态度坚决，检查无望后，他竟恶狠狠地命令尼亚姆贡杜至少让我在这里待上两天。尼亚姆贡杜颇为精明，告诉马乌拉说，他必须奉命尽快把我带过去。随后，我送给尼亚姆贡杜及其家人一些铜丝和珠子，马乌拉见状后悄悄溜走了。

　　2月11日，停顿下来。山脚下的四周，草丛密密匝匝，里面有许多水牛。这里的草实在是高，是我身高的两倍。我见到一些水牛，但无法开枪射击，[279]因为草丛很好地把水牛掩护了起来。跟踪这群水牛时，我总会发出嘈杂声，水牛非常警觉。夜里，一只土狼闯入我的屋子，还叼走了一只山羊。当时，那只山羊被拴在一根木头上，木头两边还有两个手下，但他们睡得太死了，竟没有发觉。

　　2月12日，抵达纳卡泰马（Nakatema）。我们穿过一些长有许多树木的山谷，继续前进。道路的右边有几个小湖。我推测，这几个小湖的湖水最终将流入维多利亚湖。在这里，我遇到了一群猎场看守人（gamekeeper），他们正在沿着山边布网，他们派一些人和狗把附近的人都清理了出去，希望能够抓到一些羚羊。接着，我看见一群人正赶着大约一百头奶牛。他们说，这些牛是穆特萨送给鲁马尼卡的礼物，感谢他派人把我送过来。原来，国王之间是这样互通"信件"的。

　　2月13日，抵达尼亚马·戈马（Nyama Goma）。第二天，我们只走了一小段路，就抵达了姆瓦兰戈河（Mwarango），河宽约三百码，但桥只延续到河面的三分之二处。直到现在，我才确信，自从我们离开卡通加河后，我们所渡过的许多激流，最终都流向北方。我在桥的尽头，脱掉衣服，跳入河里，结果发现这里的宽度只有十二码，但水深却高于我的身高。我大吃一惊，却也惊喜不已，我确实身处非洲大陆的北部斜坡（the northern slopes of the continent）。根据这条河的特征来判断，这条河可能就是尼罗河的一条支流，其源头就在维多利亚湖。我令邦贝在此观察水流，自己把当地所有人召集起来，询问他们这条河的源头。有人说这条河源于南方的群山；但是，大多数人说，这条河源于维多利亚湖。我同他们争论了一番。我以为，这么大水量，唯有维多利亚湖才能吸纳。[280]随后，他们都同意我的这个说法，而且他们还向我保证：这条河流向布尼奥罗的卡姆拉西的王宫，并在那里汇入尼罗河。

我们抵达尼亚马·戈马后，遇到在乌苏伊见过的使节伊伦古及其"孩子们"，其中就有马金加和带着铜丝的苏瓦罗拉的代表团，共计约有一百人。他们正在等待国王的召见，已经在这里等了一个月。方圆几英里，我们没有见到一个村民，既没有看到一根大蕉，也没有在地下找到一个甜薯。据说，这里原本富饶，但国王的客人来到此处，迟迟得不到传唤，竟然把这里的食物搜刮殆尽。这件事提醒了我。我担心自己也会受到戏弄。所有人都说，但凡伟大的君主都是这样，想要保持自己的尊荣，急于召见只会纡尊降贵。邦贝也笑着补充道，国王们就是这样，他们诱使远在他方的客人过来，一旦客人进入他们的统治范围，他们又自负起来，一心只想着向客人施加压力，以便在臣民面前显示自己的地位。

2月14日，停顿下来。我们也需在这里停顿下来。尼亚姆贡杜说，我必须在这里等待国王的传唤。尼亚姆贡杜说他很想看看我为穆特萨准备的礼物，但我拒绝了，以维护我的尊严。其实，看看礼物并不是什么大事，我也不是不信任他。我不是商人，为了能觐见国王，已经付出了巨大的代价。我请尼亚姆贡杜尽快向国王传达我已经过来的消息，并向国王解释我来这里的动机；我想尽快与国王会面，因为格兰特还滞留在卡拉圭，希望国王明白我的处境，我现在没有一个能够谈心的朋友，实在令人难以忍受；[281]在英国，上等人不愿与奴仆交往，所以我想尽快觐见国王，并交上朋友，如此就再好不过了；我有许多话想跟国王说，因为他是尼罗河之父，而尼罗河正是源于维多利亚湖，向英国所在的北方流去。于是，尼亚姆贡杜匆忙离去，向国王带去我的口信。

2月15日，我向每个手下分发一顶土耳其毡帽和一条红毯，让他们做一套制服。随后，我指导他们如何组建一支仪仗队，陪我进入王宫。我教会邦贝宫廷大臣（Nazirs）在印度王宫里的进宫礼节。我们还演练了一番。我和纳西布登上了附近的一座小山。从山顶望去，一边是维多利亚湖，一边是一大片房屋，据说那里属于国王的叔父、先王苏纳的二弟，苏纳登基时他没有被烧死，躲过一劫。

2月16日，我很想去考察姆瓦兰戈河，搞清楚它的流向，而且我对它的源头很感兴趣，很想知道它是不是源于我们渡过姆瓦兰戈河前见到的那些小湖。但是，没有一个手下愿意陪我过去。他们都说，我应该先获得国王的许可，否则当地人会怀疑我在施展巫术，进而向国王告发。他们还说，这条河绝对源于维多利亚湖，若国王许可了，他们就会带我去那里。我只得作罢，也确实需要谨慎点，届时让格兰特乘船从卡拉圭过来时看看这条河。我们在这里见不到一只珍珠鸡，当地人的家里也没有一只鸡。于是，我派罗扎罗立即去禀告穆特萨，请他给我送点吃的。罗扎罗听后哈哈大笑，问我究竟知不知道自己在干什么。[282]若没有得到许可，任何走到国王面前的人都会丧命。我说，我可不愿以这种屈辱的方式饿死在这里，否则我就返回卡拉圭。罗扎罗又笑着回答道："谁允许您离开了？您在这个国家可不能想干什么就干什么。"

2月17日晚上，尼亚姆贡杜满面笑容地回来了，他和他的"孩子们"跪在我的脚下，向我行礼，即"nyanzigging"。关于这个礼节，前文已经叙述过了。尼亚姆贡杜激动得几乎说不出话来。然而，渐渐地，我得知他第一次入宫时国王已经乘船去了默奇森溪谷（Murchison Creek），于是他便追了过去；他禀告国王，说我已经过来了；结果穆特萨国王吃惊地都不相信他的话；国王像个孩子一样开心地手舞足蹈，直呼说，若不能立刻见到我，就会寝食难安；国王一遍一遍地重复道："这是真的吗？白人真的大老远跑来拜访我吗？这个

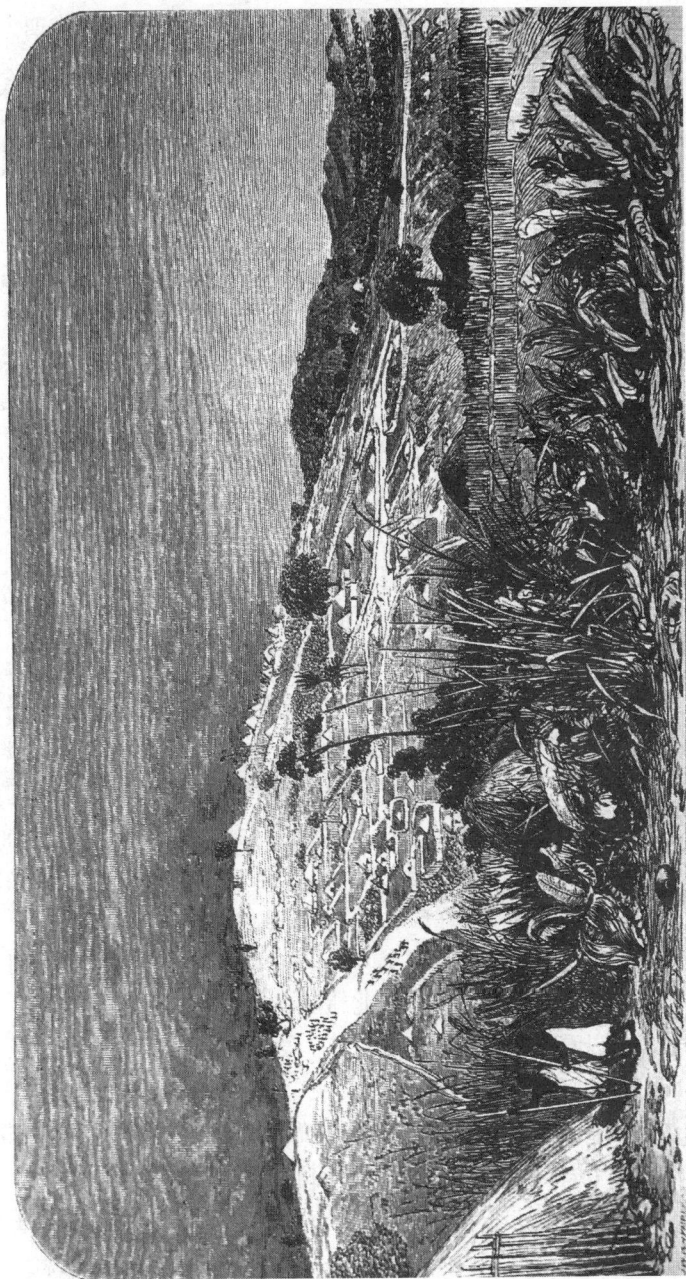

布干达：从我住的房子所看到的穆特萨王宫

白人这么快就来了，是多么厉害的人啊！这里有七头牛，其中四头还在产奶，你不是说这个白人喜欢牛奶吗？那就把四头奶牛给他；你这么快就把他带来了，我把另外三头牛赏赐给你。赶紧回去告诉他，我和他一样，也希望能够会面。不过，这里不适合接见他；我已经出来游玩了，还要在这里待七天；但是，我太想见他了，我立即回宫，到时派人传话让他过来。"

2月18日，抵达苏纳王宫（Kibuga）[3]。中午，国王的几个侍从跑来说，我们一刻也不要耽搁，立即启程，国王已经下令了，而且国王非要见到我后才肯用膳，现在每个人都知道国王对我有多么尊重。[283] 国王还想从我这里得到些火药，我迅速拿出一些火药，交给那几个侍从，让他们尽快回去，并说我随后就到。但是，我的手下不是病了，就是出去找吃的，若要动身也只能到晚上。我们出发了，走了一段路，来到了比姆瓦兰戈河更宽的姆扬扎河（Myanza River），河水很深，我不得不脱掉裤子并把衣服夹在胳膊下渡河。这条河最终流入姆瓦兰戈河，但几乎没有湍急处。当地人告诉我，姆扬扎河源于附近的群山，流向南方，并没有汇入维多利亚湖。姆扬扎河上没有桥，因为河水不深，所以当地人总能涉水而过。我觉得当地人的说法是有道理的。尽管姆扬扎河比姆瓦兰戈河宽很多，但姆扬扎河的河中心并没有湍急处。在旱季正是根据河水的流量来判断河流的水文信息，因为河流周边的大部分草已经焚烧殆尽。我们渡过河后，天几乎已经黑了。于是，我下令找个好地方扎营。然而，我们必须远离已故国王苏纳的王宫，因为任何人都不能在已故国王的王宫附近逗留。

2月19日，抵达班达瓦罗戈（Bandawarogo）。我们又走了一程，终于抵达了班达瓦罗戈省，位于北纬0°21'19"、东经32°44'30"。在这里，我们可以看见穆特萨国王的王宫。眼前的景象，真是壮观：硕大的房屋遍布整座山，我在非洲前所未见。我恨不得立即前往王宫，但是身边的布干达官员说："不行，这样做在布干达是不体面的；您必须把您的手下召集起来，鸣枪致意，让国王知道您在这里；接着，我们会带您到安歇处，第二天国王才会召唤您。天在下雨，而且国王现下正在接待客人，没法接见您。" [284] 于是，我令手下鸣枪致意。随后，布干达官员把我领到由许多间小屋组成的接待处，这些小屋太脏，但布干达官员却说，这里是特地为国王的客人修建的；阿拉伯人过来后也住在这里，所以我也必须住在这里。我宣称自己好歹也是外国王子，出身高贵，实在忍受不了这样的待遇，我应该住在王宫里，如果不能安排我在王宫里的一个小屋住下，我宁愿回去，不见国王。

　　我的这一通抱怨着实把尼亚姆贡杜吓得不轻。他跪在我的脚下，恳求我不要着急。国王并不知道我的身份，而且还没有和我说过话。他恳求我暂时忍耐一下，若国王知道此事的话，一定会满足我的要求。但是，陌生人入住王宫，绝对是史无前例。尼亚姆贡杜是个好人，我妥协了。随后，我令人把屋里的地面烧一下，清理一下屋子。这里所有屋子都像是狗窝，到处都是跳蚤。我刚安顿下来，国王的几个侍从都跑来，捎来国王的口信说，国王感到很抱歉，因为下雨，他没办法当天接见我，但第二天他一定会乐于见我。伊伦古、苏瓦罗拉的手下当时也过来了，住在离我不远的一些小屋里。晚上，我已经躺在床上了，伊伦古带着他所有老婆过来见我，乞求我送给他们一些珠子。

CHAPTER 11

布干达王宫（一）

[285] 入宫觐见布干达国王穆特萨的准备工作—仪式—非洲人的外交与尊严—枪技—残酷与浪费生命—侍从—寡居的布干达王太后—入宫觐见王太后—为一座宫殿的谈判—与国王及王太后的对话—王太后的娱乐—奢靡的王室

❦

　　2月19日至7月7日，暂停勘查。今天，国王派侍从过来宣旨，说国王有意接见我，以示对我的尊重。为了在宫廷的第一次亮相，我穿上了最好的衣服。然而，比起干达人的盛装，我的衣着还是相形见绌了。他们穿着整洁的树皮布披风，像是用上好的黄色灯芯绒布制作而成的，虽有皱褶，却如上了浆般硬挺，很是合身。树皮布披风外面还有羊皮斗篷，羊皮斗篷由小羚羊的羊皮拼接而成，其缝制手法在我看来不亚于英国手套匠人。他们头戴头巾帽，脖颈、手臂和脚踝处还戴有其他饰品：头巾帽一般用藤草（abrus）编织而成，插有深度打磨过的公猪牙、香木棒，镶有种子、珠子或贝壳；其他饰品则多为香木制品或撒了魔粉的动物角制品，这些饰品一般用包裹着蛇皮的绳子固定。尼亚姆贡杜、马乌拉以及他们的上级官员要求先看一下我给国王

干达人

准备的礼品。**[286]** 我拒绝了，但他们劝我说，呈送给国王的礼物要盖上印花棉布，若呈送不加任何覆盖的礼品，将被视为无礼之举。这个小插曲之后，礼品[1]便在庄严的仪式下运送到宫殿：尼亚姆贡杜、马乌拉、侍从和我走在两侧；向导托着英国国旗在前带路，身后是十二个仪仗卫兵，他们身穿红色法兰绒披风、手臂斜跨刺刀；仪仗卫兵的后面是我的其他手下，每个人都拿着一些礼品。

在仪仗队走向宫殿的路上，朝臣艳羡不已，惊讶地注视着这一不同寻常的阵仗，为之欢呼，**[287]** 又惊又喜。一些朝臣用双手捂住了嘴，另一些朝臣则用手抱紧了脑袋。朝臣高喊着："Irungi！Irungi！"或许意为："漂亮！漂亮！"我本以为事情进展会如我所愿，不承想进入宫殿前，却发现一些拿着苏瓦罗拉的礼品的人受命走在我们前面，着实出人意料，也令人不悦。苏瓦罗拉的贡品仅是一百多卷铜丝，却获得了优先觐见权，让我落于下风。此外，还有一个特别令人恼怒之处。干达人所见到的这些铜丝，本是我呈送给穆特萨的礼品的一部分。正是在乌苏伊，苏瓦罗拉把它们从我这里夺走了。若我不抗议，这些人还不知如何耀武扬威地在我面前显摆。然而，我的抗议没有改变结果，他们的礼品还是被护送到宫殿。我走在又高又宽的马路上，怒火中烧，恨不得把它们夺回来，直到我们步入一个被清理过的广场。这个广场的南边是穆特萨的居所，北面是他的统帅的居所。走过广场，我们便进入宫殿。宫殿和入口令我惊讶不已：规模庞大，非常清洁。大型草棚屋布满了我们所在的这个山的整个山头和山腰，犹如伦敦理发师打理出来的很多清爽脑袋，四周竖起我们常见的以布干达棕叶草为材料的黄色藩篱，且藩篱非常高。在围栏内，棕叶草墙将草棚屋连接起来，又呈一条条线分割开来，一直延伸至宫殿。这里住着穆特萨的三四百个女人，其他家眷主要与穆特萨母亲即王太后住在一起。她们一小群一小群地站在门口，看着我们，显然在品头论足，对觐见队伍开起玩笑来。我们经过每个门时，**[288]** 当值的官员为我们开门关门，叮叮当当地敲起悬挂在他们头上方的大钟，他们有时也会站在门口，以防有人悄无声息地进出。

过了外殿后，迎接我的仪式不同寻常，甚至令我咋舌。前来迎接的朝臣身份高贵，穿戴整齐，彬彬有礼。一些男人、女人、公牛、狗和山羊被用绳索牵引着；这些男人还抱着公鸡和母鸡。戴着绳状头巾帽的小侍从跑前跑后，传递口信，似乎他们的生命就寄托在这种迅捷的跑动上，每个小侍从都紧紧裹着皮质披风，生怕大腿不小心裸露出来。

接着，我们便进入了一座专门用于接见的宫殿。我似乎成为这个草棚屋的主人，乐师弹奏着九弦大竖琴，颇似努比亚人（Nubian）的坦比拉（tambira）。他们边弹边唱，还有口琴伴奏。然而，等待在那里的朝臣想以对待阿拉伯商人的方式来对待我们，要求我和我的仆人顶着太阳坐在地上。我决定，绝不像当地人和阿拉伯人那样坐在地上。阿拉伯人曾告诉我，他们一直遵守布干达宫廷的礼节，这样就会相安无事。但除了英国的礼节外，我绝不接受任何其他礼节。如果我不立刻站起来以示我的社会地位，接下来我就会被屈辱对待。我本打算以王子而非商人的形象出现，以便更好地赢得国王的信任，但这个计划也由于我遵守布干达的宫廷礼节而泡汤。然而，为了避免操之过急——我决定赌一把，不愿再席地而坐，我的仆人开始惊慌起来——我说我只给宫廷五分钟接见我，如果不答应，我就离开。

然而，没人理睬我的立场。[289] 我的人了解我，也担心我：我发出了威胁，他们不知道一个"野蛮的"国王会做出什么事来。干达人对我的不敬之举惊讶不已，却依然如木柱般站在那里。最终，我让邦贝把礼物放在地上，并让他们随我直接打道回府。

据说，穆特萨国王难得一见，只在上朝时露面，而他又很少上朝。关于我生气和匆忙离开的消息很快就传到了国王那里。穆特萨一开始想离开厕所追我，却发现我走得很快，且已经走远，便改变了主意，派官员追我。这些可怜的家伙！他们追到我，跪在地上，恳求我立即回去，因为国王还没有用餐，如果见不到我，国王就不用餐了。面对他们的诚心恳求，我深感同情。我不理解他们所说的话，只是拍了拍胸口摇了摇头，快速地离开了。

我回到草棚屋后，邦贝和其他人也进来了，由于出汗浑身都湿透了。他们说，国王知道了我的不满；他们已将苏瓦罗拉的礼品扔在宫外；如果我愿意的话，可以带一把椅子去，这是国王对我的尊重。毕竟在布干达，除了国王，没有人敢坐在一把人造椅上。

我的目的达成了。我喝了杯咖啡，抽了一斗烟，静了静。接着，我便返回宫殿，为我的胜利，尤其是战胜了苏瓦罗拉感到高兴。折返回第二排草棚屋时，每个人都感到窘促且兴奋，甚至都不知道这前所未有的紧张局面是如何缓和下来的。[290] 在那里候命的官员，以最礼貌的方式，恳请我坐在我自己带来的那把铁椅上，其他人则匆忙跑进宫殿宣布我的光临。我心下悬了几分钟，直到一支乐队从我面前经过才落下心来。乐师们身披长毛山羊皮，边走边唱，像熊一般，用漂亮的珠子敲打着用豹猫皮裹着的簧片乐器——此刻，满耳都是长手鼓的击打声。

有人报告说，国王在第三排草棚屋，即王宫，此刻正坐在王座上。我走向前去，手里拿着帽子，后面跟着我的出身于"各个阶层"的护卫，再之后便是拿着礼品的人。我没有直接走上前去握手，而是走到由官员组成的三边方形人阵的外面。这些人都穿着兽皮，大多是牛皮。其中一些人还系着豹猫皮的腰带，此乃王室血统的象征。我被要求停在这里，顶着毒辣辣的太阳坐下。我只好戴上帽子，撑开伞。干达人对此感到好奇，笑了起来，并让护卫紧靠在一起，让他们坐看这一奇观。我从未见过如此戏剧性的场面。国王是一位高大英俊的二十五岁青年，坐在王宫方形棕叶草席上的一块红毯上，穿着一件得体的新的树皮布衣服。

国王的头发修剪得很短，只是头顶的头发高高梳起，像是一个鸡冠。国王脖子上戴了一个漂亮的大项圈，项圈上穿着精心加工过的小珠子，绚丽多彩；一只胳膊上戴着珠子做成的手链，设计精美；另一只胳膊上戴着一个用蛇皮绳穿起来的香木手链；每根手指和每根脚趾都戴了铜圈；脚踝到腿肚中间戴着很多漂亮珠子。[291] 一切都显得明亮、整齐和优雅。国王"起床"后的表现没有一丝不妥。他拿着一块用精致的树皮和金绣丝绸做的手帕，笑的时候不停地用它掩住大嘴，喝一口大蕉酒也会用它擦一下嘴。他用干净的小葫芦杯不停地喝，一旁的女人不停地给他倒酒。这些女人既是他的姐妹又是他的妻子。国王身旁有一条白狗、一根长矛、一块盾牌和女人———边有一小群幕僚官员，国王在和他们欢快交谈，另一边是我已经提到过的女巫师。

国王让我靠近一点，坐在方阵中间的空地上。空地上铺了多块豹皮，还有一架半球形的大铜鼓，上面有用绳子串起来的一串铜铃，呈拱形。此外，还有两架小一点的鼓，装点着贝类和彩珠。我渴望交谈，但不会他们的语言，我周边的人也没一个敢开口，甚至都没敢抬头，以免被斥为偷窥国王的女人。因此，国王和我就这样彼此干瞪眼整整一个小时——我一直没开口，国王则与其周边的人对我们评头论足，他们对我的护卫和我们的整体形象非常好奇。国王甚至还要求看看我脱下的帽子、能开合的伞，还要我的护卫转一圈以便看看红披风——这些东西在布干达前所未见。

天色渐渐暗下来了，国王派马乌拉问我是否曾见过他。"是的，见了整整一个小时。"听到我的回答，国王站起身，手拿着矛，牵着狗，溜达着穿过围栏，[292]走进王宫的第四层。这完全是休闲的一天，没有事要处理。

性情孤僻的布干达国王

国王的休闲步伐似乎在展现威严之态，但没能给我留下这种印象。国王走的是贵族传统步伐——狮步。腿的外摆范围似乎代表着这只猛兽的高贵地位，在我看来却只是滑稽可笑。我不禁问邦贝，是否只有严肃的事才是国王的事。

我不得不等了一段时间，这几乎也是人道之举。因为有人向我透露这个国家的机密——国王破了禁食，[293]这也是国王听说我要来后的第一次进食。进食一结束，国王就准备了第二场炫耀其荣光的活动，并邀请我和我的人参加，但除了留下两人作为我的向导外，国王的其他大臣却被排除在外。像之前一样，进入第四层后，我看到国王站在一块红毯上，靠在右门上，拿着手帕，和他令人艳羡的一百多位蹲坐在外面地上的妻妾有说有笑。这些妻妾分成两组，都穿着新衣。我的人不敢直接向前走，也不敢看这些女人，都弯曲着腰，低着头，眼瞅别处，紧随在我身后。我本人则出于无意识，不耐烦地大声指示我的护卫，斥责他们像是受到惊吓的笨蛋。我手拿着帽子，站在那里注视着这些女人，直到被要求坐下和致敬。

穆特萨接着便询问鲁马尼卡传来何信息。对马乌拉来说，能与国王说话实在值得高兴，便回答说，鲁马尼卡已知道溯尼罗河至加尼和基迪的英国人的情况了。国王认可了这些说法的真实性，说他本人也听说了同样的情况。按照布干达传统，两个官员跪在地上——没有人可以在君主面前站着——像是在做祷告，摊开双手，不断说着"N'yanzig, N'yanzig, ai N'yanzig Mkahma wangi"等，且持续了很长一段时间。他们似乎觉得"祷告"做够了，但还不足以表达敬意，于是又将肚子贴在地上，就像在地上挣扎的鱼，反复说着同样的话；接着，他们站起身来，重复一遍，满脸是土。臣民必须卑微，甚至像是可怜虫，布干达国王才觉得满意。谈话结束后，国王又看了看我，[294]并和其妻妾聊了很长一段时间，第二场活动算是结束了。天色渐晚，第三场活动随即举行。国王只是带着妻妾进入另一个屋子。国王坐在王座上，妻妾簇拥在身旁。国王请我像之前那样坐在离他最近的地方。国王又一次问我是否曾见过他——他显然沉迷于其王者的高贵身份；于是，我想利用此次机会来打开话题，告诉国王我之前就听说过他的丰功伟绩，正因此，我才不远万里来拜见他，我为实现此愿望可谓费尽周章。与此同时，我从手指上摘下一个金戒指，呈献给他，说道："这是友谊的象征。您仔细看看，它是按照项圈的样式做的。黄金是金属之王，只有黄金才配得上您这样的种族（race）。"

国王回应说："你想获得友谊？若我告诉你一条能在一个月内回到家的路线，你怎么说？"国王的每句话都是先告诉邦贝，再告诉我的干达语翻译纳西布；我的话则先传给马乌拉或尼亚姆贡杜，后再传给国王。在布干达，若不经过大臣之口，直接向国王传递信息乃无礼之举。干达人语速非常快，我都来不及回答。国王却又换了话题说："你有什么枪？给我看一把你用的枪。"我还是希望先回答国王的第一个问题。我明白，国王指的是经马赛人地区直接到桑给巴尔的那条路线。我没有迟疑，想聊聊佩瑟里克和格兰特的事，但没人敢转达我的意思。我非常失望，便说："我带来了世界上最好的枪，**[295]**那就是魏渥斯步枪，请陛下笑纳。我还带来了其他一些薄礼。如果您允许，我将这些枪放在您脚下的一块地毯上。这也是我国拜见元首的惯例。"国王同意了，将其所有妻妾打发走，派人铺了一块树皮布。在我的指示下，邦贝在树皮布上又铺了一块红毛毯，接着将礼品一件挨着一件摆放出来。就像之前所提的那样，纳西布用脏兮兮的双手将礼品抹平整，用黑黢黢的脸蹭蹭礼品，以示没毒没巫术，再将礼品呈给国王。穆特萨端详着礼品，对各式稀罕物感到非常好奇，简直就像一个孩子在那琢磨着。天已经黑了，有人点起了火把。枪支弹药、盒子、工具和珠子，所有东西都被乱七八糟地捆起来，放进树皮布里，并被侍从运走。穆特萨说："天晚了，也该休息了。你想要些什么？"我说："每种东西都要一点，不要一直都送同一种东西。""明天你想见我吗？""是的，每天都想见到。""明天不行，我有事。不过，你可以后天来。你现在可以走了，这里有六壶大蕉酒送给你。我的人明天会去搜集些食物。"

2月21日。早上，下雨了，一些侍从送来了二十头奶牛和十只山羊，并传达了国王的问候，似乎国王对我很满意。国王希望我收下这些薄礼，日后再多送我一些。马乌拉和尼亚姆贡杜高兴得不得了，正是他们将一位受欢迎的客人带到了布干达。他们不停地向我说，我能得到国王的接见实乃幸事。在宫廷看来，下雨是吉兆。每个人都说国王高兴坏了。[296]我希望能和国王谈谈佩瑟里克和格兰特的事，便请官员转达我对国王的谢意，恳请国王原谅我昨天的无礼，还请求能早点觐见国王，我有重要事情要谈。然而，非洲国王和东方皇帝一样都受到宫廷繁文缛节的限制，我的话并没有传达到国王那里。我听说，国王在那天接受了苏瓦罗拉的铜丝，让苏瓦罗拉等人带过来的大臣坐在空荡荡的宫廷，而国王坐在幕帘后，一直未露身。还有人向我透露，国王一直在问那位大臣苏瓦罗拉是如何得到铜丝的，说那些铜丝本是白人要送给他的，苏瓦罗拉一定是从我这里抢走的。正是如此，穆特萨才没能见到任何拜访者。那位大臣回答说，苏瓦罗拉一点也不尊重白人，因为白人都是巫师，晚上不在屋里睡觉，却飞到山顶，实施各种令人生厌的巫术。对于这一歪曲，国王以一种真正的非洲人的方式斥责道："撒谎！在这个白人身上，我没有看到一点恶意。如果他是一个坏人，鲁马尼卡也不会领他来见我。"晚上，我已躺在床上。国王派来的几个侍从说，如果我想赢得国王的友谊，就借国王一支枪，加上我已经送过去的五支枪就能凑足六支了，国王明天早上打算见亲戚。我觉得反正也不会失去什么，不如大方一些，便给了三支枪。

2月22日。今天，国王走了一圈亲戚，向他们展示白人送给他的好东西——此乃"神灵"眷顾他的明证，无论是国王的父亲还是任何一位先祖都未获得如此承认和如此尊敬。此乃布干达王位合法继承者的"征兆"：[297]在这些黑人地区已普遍流行，颇似尼布甲尼撒国王（King Nebuchadnezzar）统治时期的情况。半夜，国王派人还回了三支枪。对于这位年轻国王这么快就归还了枪和他的诚实品质，我十分欣赏，便恳请国王接受这些枪。

2月23日。中午，穆特萨派侍从过来邀请我去他的宫殿。我去了，并带上我的护卫和椅子，却发现在国王接见我之前，我不得不和他的统帅，以及其他高官在宫殿前面的屋子里坐等三个小时。在这次觐见中，弹奏坦比拉的乐师和吹口琴的男孩着实令我们开心不已。一个小侍从抱着一大捆草，跑到我这边说："面见国王时，请坐在草上。国王希望你不要不高兴。在布干达，无论官职多高，没人能在觐见国王时坐在高于地面的任何东西上。除了国王外，也没人可以坐在这样的草上。这是国王的威严所在。国王上次允许你坐在椅子上，只是为了平息你的怒气。"

我的地位得到如此慷慨的承认，便同意"入乡随俗"，旋即，国王召我进宫，我发现王廷的位置安排与第一次觐见时差不多，只是蹲坐在那里的官员数量大大减少了。国王没有戴他的那十个铜圈，他的中指戴上了我送给他的金戒指。这一天实际上也是交易日，除了一群官员外，还有一些妇女、奶牛、山羊、家禽、没收品、几篮子鱼、几篮子小羚羊皮、豪猪、猎手捕获的稀奇古怪的老鼠、亚麻布商做的几捆树皮布和变戏法的人带来的彩土及彩棒。然而，天却下起雨来，我无事可做，便撑开伞四处闲逛，[298]心下生怨，这位高傲的国王竟不邀请我进宫避雨。

雨停了，我们再次被召了回来。国王还像先前那般坐着，但他面前摆放着一个黑公牛头，一只牛角被卸了下来，放在一旁。四头活奶牛在宫中四处游走。

国王叫我尽快射杀这四头奶牛。我的枪没有子弹，只得借来我之前送给国王的左轮手枪，并在很短的时间里射击了这四头奶牛。不过，最后一头奶牛起先只是受了伤，径直向我冲来，我又打了第五枪，击杀了它。精彩表演获得了满堂喝彩，这些奶牛被赐给了我的人。国王亲手给我之前送他的一支卡宾枪装了子弹，将上膛的卡宾枪交给了一个侍从，让他去外殿射杀一个男人。一完成任务，这个小鬼便回来宣布大功告成，满脸喜悦，犹如一个掏了鸟窝、抓了鲑鱼或做了其他淘气事的男孩。国王对他说："你做好了？""嗯，是的，非常好。"他说的肯定是实话，他怎敢和国王开玩笑。然而，此事没有让这个侍从得到任何好处。我没再听说，也没有兴趣知道这个小鬼究竟剥夺了哪个人的生命。

官员散去了，国王让我靠近些，并向我展示了我之前送给鲁马尼卡的一本书，恳求能得到他早前曾用魔杖祈求的灵药。夜幕降临，宫

里点起了火把。宫里令我们离宫，我本想说佩瑟里克和格兰特的事，
却一直没机会说一言半语。我的译员害怕国王，[299]若国王不对他
们说话，他们都不敢张嘴。国王起身离开之际，我以一种担心和急迫
的口气，懊恼一天就这样过去了，用斯瓦希里语说道："我希望您能
派邮差给格兰特送封信，并给格兰特派一只船到基坦古莱，离此只有
到鲁马尼卡宫殿那么远，因为格兰特完全不能走路。"我本想吸引国
王的注意，但他没听懂我嘀咕的一个词。结果便是，国王在等翻译，
并回答说，邮差没用，没人可以将信息安全送达；他会派尼亚姆贡杜
去接触格兰特，但他认为鲁马尼卡不会同意他派船沿着基坦古莱河，
一直到小温德米尔湖那么远。接着，国王便转身走了，一如干达人的
急性子，不等我的一句回话。

　　2月24日。这天一早，几个侍从就过来说，穆特萨希望我派三个
获释奴过去，在他面前射杀奶牛。这正合我意。我觉得，私人会面时
国王总容易激动，总稀奇不已。因此，我让邦贝带七个人去。我告诉
邦贝，在射杀前，一定要引出我想办的那件事——告诉国王我在加尼
有一艘满载货物的船，上面还有两个白人，以此吊起国王的胃口。如
果国王能为我的人派几个向导，那两个白人就能为我所用；而且，格
兰特不能走路，我希望国王能派船去接他，至少要接到基坦古莱的渡
口，鲁马尼卡会想办法用独木舟把格兰特送到那里。我派的人一到达
王宫，穆特萨就接见了他们，并命他们去射杀奶牛。然而，邦贝听
了我的话，先要说几句。他说，不，在他射杀前他必须遵照主人的吩
咐，传达主人的话。国王一心想看射杀奶牛，邦贝一说完，便不耐烦
地说道：[300]"好的，我派人去。经水路还是通过基迪的陆路²，随你
主人的意。你主人最好派几个人和我的人一起去，但现在你们射杀奶
牛，立刻射杀。我想看看获释奴是如何射杀奶牛的。"他们射杀了七
头奶牛。回来时，国王将那七头奶牛赐给了他们。夜里，几个侍从过
来问我愿不愿意和他们国王在宫殿里射击风筝。我回答说：我不愿射
杀小于大象、犀牛和水牛的任何东西；即便是射杀这些，若国王不和
我一起，我也不会去做。这是我编的借口，此外也没有其他办法能让
我和国王有相处，并突破王宫里的繁文缛节的机会。正是因为这些繁

文缛节，所有计划都搁置了。

2月25日。国王邀请我到王宫附近和他一道射杀真正的水牛。我拒绝了，抱怨说我总是受骗，在觐见国王前总要等上好几个小时，或受到无礼对待；我不希望在王宫里发生任何不快，建议邦贝在第二天做好觐见安排；还有，我现在身体有些不舒服。我急匆匆地将几个侍从打发走，估计他们都没有听到完整的抱怨。这些侍从害怕国王发怒，离开后不久，一个小伙子就过来告诉我说，国王听说我身体不好，表示不安，但还是希望我去王宫，哪怕一分钟，并让我随身带点药，因为国王本人身体也有一些地方疼痛不已。在我看来，这第二条信息无疑是编造的，因为那些侍从离去的时间并不太长。不过，我还是抓了点药去了。一旦发生任何不快，我就将责任推给这些淘气的家伙。

不出所料，到了王宫，我便发现国王并没有准备好见我。侍从希望我和其他官员坐在那里等待国王召见。[301]我立即火冒三丈，骂那些侍从是一帮骗子和流氓，掉转身去，穿过王宫径直往回走，要离开王宫。所有人都震惊了。我要回去的消息很快就传到国王那里，他派了一些官员来拦我。我撑着伞疾步如飞地往回走，这些官员在最外一层宫殿处追赶到了我前头，关了入口处的大门。这太过分了，我停住脚步，用我会的各种语言举手发誓说，若他们不开门的话（他们已经当着我的面关了门），我绝不离开门口处，就站在这里。这些官员深感恐惧，跪在我的面前，似乎命悬一线。为了安抚他们，我立即转回身去，面见国王。此时的国王正坐在王座上，责问官员怎么得罪我，害得我要回去。官员们深吸一口气，心怦怦直跳，回禀道："我们很害怕——他太可怕了。但是，我一开门，他就立即回来了。""到底怎么回事？什么门？告诉我整个过程。"官员们复述了事情的整个过程，结果此事被视为一件趣事。过了一小会儿，我问国王哪不舒服，我已知晓国王生病了。然而，国王并没有回答这个问题，摇了摇头，似乎在说我问了一个非常不恰当的问题，随即便命人去射杀奶牛。

在布干达，射杀奶牛是王家体育项目，我却对此幼稚消遣提不起兴致，满脸不屑。国王似乎对我表现出失望之态，便问我带的盒子里装了什么。一听说里面是他想要的药物，国王便叫我拿得近一些，将其他侍臣打发走。除了我以外，只剩下一名信臣和几名翻译，国王想知道我能否在不触碰疼痛处的前提下使用这些药物。[302] 为了让国王对我的外科处理有信心，我将手指从药箱拿开，问国王知不知道药效。国王回答说不知，我便做了一场关于解剖学的演讲。国王大喜，立即同意实施手术，我旋即给国王处理了一个水泡。整个过程非常滑稽可笑。处理后的水泡依次在邦贝和纳西布的手和脸上擦揉一下，以示"医生"没有注入恶魔。我心下在想，这正是说正事的好时机。此时国王就在我身边，而这在布干达是一件极大的幸事。在布干达，每个人都在讨好国王，视国王为神，而国王也借此与臣民保持距离，以此更能凸显自己高高在上的地位。我一告诉国王我打算尽快联系佩瑟里克和格兰特，国王就表示期待他们的到来，这种期待甚至比我的还迫切。国王答应翌日就安排妥当。

2 月 26 日。早晨，我如约觐见国王，发现国王身上的水泡已经消了。我放掉了水泡里的水，邦贝称这些水为病源。国王高兴不已。国王叫人上了一篮像是印度枇杷的水果，我们一边吃着，一边讨论格兰特和佩瑟里克的事。国王最后决定派一名官员经水路到基坦古莱，派两个我的人经乌索加、基迪到加尼。不过，我的人有必要化装前去，我便请求国王能送给我四块树皮布和两根长矛。穆特萨展现出一个伟大国王的慷慨，送了我二十块树皮布和四根长矛，一串晒干了的鱼干。这些鱼干串在一个木棍上，犹如一个盾牌。

2 月 27 日。最终，一切就绪。按照昨天的约定，国王派一名干达族官员和一名基迪向导来到我所住的草棚屋。我从我的人中选派马布鲁基 [303] 和比拉尔（Bilal）两人，让他们捎上给佩瑟里克的信和地图，还给了他们一担珠子作为路上的住宿费，同时要求他们严格遵照尼罗河流域的规矩办事。打发走他们后，我觐见国王安排格兰特的事，并抱怨说我在布干达的住所不舒服，离王宫有一英里。我的住所位于国王安排阿拉伯拜访者的地方，那地方也不卫生。在我看来，象牙商人就是奴仆，让我和他们住在一起，不符合我的身份。我来此只是为了拜见布干达国王和大臣，并非寻求象牙和奴隶。我恳请国王将我的住所换到西边。如此一来，我相信他的朝臣到访我这儿也不会像现在这样觉得不体面了。国王对我的诉求保持沉默，转而开始谈论地理，进而希望我去俗称索里·索里（Soli Soli）的马索里索里（Masorisori）拜见他的母亲，即王太后，因为她也需要药。而且，他还提醒我道，按照布干达王室礼节，我应该连续两日觐见国王，第三日就应觐见国王的母亲，也就是王太后，此乃国王和王太后各自权力使然。

直到今天，受限于该国严格的律法，除了国王外，我还未能拜见其他人，更别提送给别人礼物或贿赂别人。除了国王的侍从受国王之命拜访我之外，他人也未能拜访我。任何人都不许卖东西给我，我的人不得不从朝臣指定的花园里采摘些东西，或是从给王宫运送米酒、大蕉的干达人那里弄些过来填肚子。这种不得接触外人的命令是王室实行的一种政策，[304] 这样国王就可以最大限度地盘剥来访者。

觐见王太后是一场公开仪式，以示尊敬。除了药箱，我还带了八卷铜丝、三十颗蓝色蛋形珠子、一捆小珠子、十六腕尺[3]印花棉布、一小队护卫和一把草编椅。王太后宫殿离国王宫殿有半英里，但我不能走直通王太后宫殿的大道，因为走这条大道要经过国王宫殿的大门。经过国王的大门，却不进去，不合礼仪。我绕过几座后花园和班杜瓦罗加（Bandowaroga）贫民群落后，才踏上通向王太后宫殿的大道。王太后宫殿规模较小。一大块空地将王太后的住所与其统帅的住所隔了开来。外层的院落和宫殿都围有棕叶草藩篱。宫殿里的草棚屋数量不多，规模也不大，建筑风格与国王宫殿完全一样。宫门由侍从把守，门上还挂有警铃。候在一旁的朝臣注视着王太后的房间。除了接待用的房间外，其他房间都是女人住的。接待间里鼓琴争鸣。第一次到访，在没有宣布我的到来之前，我被领到接待间坐下。王太后比她儿子和蔼得多，王太后设了一场礼乐，而非刻板的宫廷表演。宫殿大门打开了，我进了王太后的殿堂。我脱下帽子，但伞还在头顶上撑着。我向王太后走去，直到她让我坐在一个草垫上。

王太后四十五岁，体态丰腴、风韵犹存，穿着树皮布衣服，隔着树皮布布帘坐在地毯上。王太后的胳膊肘靠在一个由树皮材料做成的枕头上。仅有的装饰品为一个藤木项链和头上包着的一片树皮布，[305]身旁还竖着一个折叠的梳妆镜。这个照不清楚人的梳妆镜此时展了开来。入口处还有一个像烤肉叉一样施了魔法的铁棒，铁棒顶端有个杯子。此外，还有一些其他魔杖。房间里有四个女巫（Mabandwa sorceresses）或女舞者，穿得就像之前所描述的那样花里胡哨，此外还有一大群女人。我们远远地坐着，互相对视。不一会儿，王太后将女人都打发出去，叫来一支乐队调节氛围。王太后让我靠前一点坐在她面前。王太后喝着布干达最好的米酒，并递给我和周边的朝臣尝尝。王太后还吸起烟管来，并怂恿我也吸。王太后命穿着长毛山羊皮的乐师开始击鼓，这些乐师摇啊晃啊地舞着，犹如市集上的熊。乐师击打着不同的鼓，王太后问我能否分辨不同的鼓声。

兴头上的王太后突然起身离去，留下我在那傻坐着。王太后去了另一个殿，换了身衣服又回来接受我们膜拜。王太后心满意足，不一会儿就下令清场，只留下三四名心腹。她拿了一小把修剪整齐的小木棍，抽出来三根，告诉我说她有三个烦恼。她说："这根是我的肚子，它让我非常不舒服；这第二根是我的肝，它让我浑身刺痛；这第三根是我的心，我总是在夜里梦到我的亡夫苏纳，这些梦总是令人难过。"我告诉王太后说，多梦和失眠是寡居妇人常见的烦恼，只有下定决心再婚才可去除。[306]在给王太后治病前，我要看看她的舌头、把把脉搏，也要看看身体两侧。官员听闻，便说："哦，没有国王允许，这可使不得。"然而，王太后从座位上站起来，斥责说她可不会听从一个乳臭未干的年轻人，接着便让我给她检查身体。

我拿出来两片药，让官员先尝尝药粉，以示药片没有施毒，并嘱咐王太后晚间服用，在我再次见到她之前不要喝米酒、不要进食。此时，我心下另有盘算。我发现通过王太后可以对国王施加影响。除了禁止她喝烈酒外，王太后对我所做的一切非常满意。在这个喝米酒成风的国家，酒管够，王太后说酒难戒。

治疗完毕，王太后说想看看我带给她的礼物。邦贝和纳西布立即将礼物呈了上来，并按惯例轻抚礼物以示无毒。一看到礼物，王太后

当地人称之为萨马基·坎巴里的鱼

满心欢喜，将礼物展现给朝臣看。朝臣以极其欣喜的语气说王太后确实是最受爱戴的人。王太后说，没有人送过她这些宝贝。接着，王太后美美地喝了一口酒，送给我一个漂亮的、用来喝米酒的吸管作为回礼。众人皆说这是王太后给我的至高殊荣。

不仅如此，王太后还让我挑选一些贡杜人（gundu）[4]，这实非我所愿。这些干达人脚踝处戴着脚铐，脚铐为长颈鹿毛、细铁丝或铜丝编成的圈状物，干达人所戴之处业已有了伤口。王太后还送给我一些王室用的各类米酒罐、一头奶牛、[307] 一捆干鱼和一些木雕画。我的仆人称那种鱼叫萨马基·坎巴里（Samaki Kambari）。此后，王太后叫我给她看看画册。看到画册后，王太后非常高兴，叫女巫、其他女人和她一道观赏。然后，我们开始了一次热络又恭维的会谈，王太后最后想看看我的戒指和口袋里的东西以及手表。王太后称手表为鲁巴里（Lubari）。"鲁巴里"一词相当于礼拜堂、礼拜对象、铁角或魔盘。王太后还说，我还没能让她尽兴，让我两天后一定要再来，因为她喜欢我——甚至非常喜欢——但她不能说多么喜欢这类话。然而，一天就这样过去了，我得回去了。王太后站起身来，离我而去。这种告别方式实在令人感觉奇怪。我和仆人将王室礼物搬运回家。

2月28日。我一直在脑海中盘算，如何在宫殿里弄到一个草棚屋。如此一来，我既可以维持尊严，提高在王宫里的影响力，又可以更好地观察这些陌生人的行为方式和此地风俗。国王总拽我到王宫，而我在白天只能像朝臣那样整天坐等，直到殿堂里人满或国王出面，但不管怎么说，这是个不错的开始，我可以借此确立地位。故，我也没有对此感到太不舒服。

这天早晨，没等国王的侍从过来，**[308]**我就派邦贝带几个人去王宫捎话：我期盼能天天见到国王，但受不了在太阳底下曝晒；在其他国家，我觐见国王时就能住在宫殿里；国王应该让我在王宫里有个住处，否则我会觉得受到了怠慢；而且，我祈愿能与国王共享一个围墙，这样我就可以一直与国王坐谈，教国王如何使用我送给他的那些东西。听邦贝说，对于我的这个谦卑请求，国王非常在意，并回话说，他希望巴纳一直待在身边，但他的宫殿里住满了女人，如此一来就不好管理了；巴纳要是有耐心，他可在郊区给巴纳建个屋子，他以前可从没给其他访问者如此待遇。接着，国王就转移了话题，打量着我的人。国王非常喜欢他们戴的小红毡帽，并派侍从过来，央求我送一个小红毡帽作样品，我便送了好几个。看到侍从拿回来好几个小红毡帽，国王盛赞我的慷慨，并询问邦贝什么样的回礼最好。邦贝早已做好准备，马上说道："哦，巴纳在他自己的国家里可是个大人物，不想获取象牙和奴隶，只接受诸如长矛、盾牌、鼓之类的东西，他可以把它们作为布干达制造物品的样本带回国，也能回忆起拜访国王时的愉快经历。"

穆特萨说："啊，要是他只想要这些，我倒确实能满足他。我给他两根长矛，我用这两根长矛征服了全国。在征战中，一根长矛曾一次刺穿了三人。话说回来，我听说，巴纳愿意和我一起出去狩猎，这是真的吗？""哦，是的。他可是一个狩猎好手，**[309]**能击杀大象、水牛、飞鸟。他愿意出门狩猎，教您怎么用枪。"

然后，国王转移了话题，以极其幽默的方式提拔了两个官员——尼亚姆贡杜和马乌拉——为百夫长。国王说，他们干得好，带来了我这样的贵客。尼亚姆贡杜和马乌拉两人非常高兴，以最快的速度跑回我的营地，扑在我的脚下，不停地感谢我，还恳求我这样的大人物借给他们一些牛，以便献给国王，感谢国王对他们的赏识。我告诉他们，这些牛是国王送来的，不能再送回去，因为白人是不会把礼物分给别人的；我觉得，他们获得提拔是因为我，也确定这是国王对我的最高褒奖，于是我决定给他们每人一卷铜丝，以示对他们的肯定。

这就足够了。这两位官员都喝醉了，敲着鼓，在营地里唱着小曲儿，直到傍晚才消停。随后，令我吃惊的是，统帅把一个年纪颇大的干达女人带入我的营地。统帅说着好话，颇有隐喻，希望我笑纳，让这个女人"为我提水"。统帅还补充说，如果我觉得她不够漂亮，希望我不要客气，随意从另外十个"各种肤色"的女人（包括希马女人）中挑选我喜欢的女人，她们当时就在统帅的府邸候着。

我必须承认，我对这种社交活动毫无准备，所以感到十分为难，但也清楚地知道，要是立即予以拒绝，确实有点唐突。因此，我当下决定把这个干达女人留下，准备明天早上把她送回去，在她的脖子上挂一串蓝色的珠子。当天晚上，她逃跑了，我也松了一口气。邦贝说，这一点也不奇怪，她显然是没收官员财产时被当作财产的一部分而被抓，肯定会逃往她朋友处。

[310] 今天，我收到许多大蕉，这是我来这里后的第一次，也是我早前抱怨的结果。我曾经抱怨说，国王的命令使得我的手下只能靠别人的食物才能活下去，实际上也就使得我的手下成为一群小偷。

3月1日。我收到格兰特2月10日的来信。格兰特在信上说，巴拉卡于1月30日前往布尼奥罗，后来巴拉卡由卡姆拉西的人护送回来，一大群鲁马尼卡的人也一道过来了，还带着鲁马尼卡送的礼物，以作信物；格兰特本人希望在月底前离开卡拉圭。看完信后，我派邦贝去见王太后，询问她的健康状况，并请她在宫里为我提供一个小屋。我还让邦贝转达以下内容：我应该自己去，但是我担心她的大门一直关闭着，我没有马或大象可骑，不能在太阳下走这么远的路。王太后让我第二天早上再来。我还接到一个好消息：国王在魏渥斯步枪里放了两份火药，想用来射杀一头牛，子弹不但穿过了牛身，还穿过宫殿的栅栏，接着又穿过了一个女人的身体，随后又穿过外面的栅栏，后来不知呼啸着飞到哪里去了。

3月2日。我早早就去觐见王太后，她立即召见了我，狠狠地骂我在她吃完药后没有过来或派人去看她。她说，她服用了这些药，但没有用，要我给她另开药方。然后，她让仆人拿了一满袋装酒用的葫芦，让我选六个最好的，接着就要我的表。我当然舍不得，但我借机告诉她，我不喜欢我的住所，我的住所不仅远离所有人，而且配不上我的身份。我来布干达王国是为了见国王和王太后，因为阿拉伯人说国王和王太后一直极其尊重他们。但是，我如今才明白那些阿拉伯人根本不知道真正的尊重为何物。阿拉伯人是穷人，[311]赏给他们一头牛或一只羊，他们就感恩戴德了，可以住在任何类型的小屋里。因此，我必须告诉王太后，我可不一样。我既不能坐在太阳下，也不能住在穷人的小屋里。我起身准备回去吃早餐，王太后请我留下来，但我拒绝了，离开了那里。然而，我感到有点不对劲。一旦有人拜访王太后，马乌拉总会奉命作陪。王太后把马乌拉留下来，问他为什么我不愿意在她那里多待一会儿；如果我想吃东西，她的宫殿里有的是，而且她的厨师是世界上最好的；她希望我明天早上能过来看她。

　　3月3日。我和宫里的分歧似乎越来越大。我对国王的接见感到不满意，而国王也派人去找尼亚姆贡杜，想知道我为什么不去见他。我送给国王一些好枪和许多好东西，但国王不知道怎么用，而我却又不去看他、告诉他怎么用。尼亚姆贡杜告诉国王，我住得太远了，想要一处官邸。之后，我带着几条毯子、一个枕头和一些炊具去了王太后的宫殿，想用十六腕尺宾代拉布、三品脱⁵佩克珠子（peke）、三品脱姆腾代（mtende）珠子来赢得王太后的欢心。干达人都喜欢说客套话（figurative language），因此我说这是送给王太后仆人的小费。

　　我马上被带进王太后的宫殿，看到王太后坐在一块印度地毯上，身穿绣有金边的红色亚麻布衣服，王太后的身边还放着一个盒子，形状像女士的梳妆盒，小珠子在盒上拼出各种图案，颜色非常漂亮。王太后的大臣们也在作陪。院子里有一支乐队和许多低阶官员，这些官员蹲在地上，排成半圆形。这是王太后的仪仗。马乌拉代表我开始谈话，提到王太后咋天的问题：我已经向穆特萨申请一处府邸，这样我住的地方离国王和王太后的宫殿就比较近，就能经常拜访他们。王太后热心地回应说，[312]这的确是一个非常恰当的请求，看得出来我的善意，应该立即得到满足；但穆特萨只是一个小伙子，而她对全国各地都有影响力，会把我的这个请求落实下来。好话也说了，礼物也送了，我的请求也获得批准。王太后想吃东西，并以为我也一定饿了，于是要我去另一个屋子吃点东西。我遵令而行，铺好床垫，点了早餐。但是，屋子里到处都是人，于是我挂起一块苏格兰格子布，使王太后的树皮布屏风黯然失色。

有人立即把我这边的重要情况禀告王太后。王太后派人过来问我还有多少毯子，能不能送给她一条。她还想看看我的勺子、叉子、烟斗—— 一个镶银的英国梅花烟斗。因此，吃完早餐后，我又回到王太后那里，给她看勺子和叉子，我还在那里抽了一会儿烟，但是我告诉王太后，除了那条用来做床垫的毯子外，我没有毯子了。王太后看上去非常高兴，身体也不错，没有再提毯子的事情，并令人给她拿来一个烟斗，坐着跟人聊天，不时笑声阵阵。我也跟王太后一道抽起烟来。

我告诉王太后，我走遍各地，见过各种肤色的人，但不知道她的烟斗是从哪里来的，她的烟斗有一个长柄，很像是土耳其人的烟斗。对于我的奉承，王太后非常高兴。她说："我们听说像你这样的人是从另一边来到阿马拉的，还把牛群赶走了。"我说："像鲁马尼卡那样高大、漂亮的盖拉人或阿比西尼亚人可能会这样做，他们就住在另一边，离阿马拉不远。但是，我们不会为了这些微不足道的东西而作战。在战斗中，如果牛落入我们的手中，我们会让士兵吃掉牛，但会把敌国的政府掌握在我们自己的手中。"王太后接着说："我们听说你不喜欢尼亚姆韦齐人地区的那条路线，[313]那我们给你开放科里人（Ukori）地区的路线。""谢谢殿下，"我以一种干达人喜欢听的委婉方式回答道，把王太后抬得高高的，"您的确说到点子上了，我不喜欢尼亚姆韦齐人地区的那条路线，那里的人和他们的国王抢了许多好东西，您不妨大胆猜想一下有多少。干达人还没有真正明白我的意图。如果干达人耐心等上一两年，开辟出科里人地区的路线，那么我们两个国家[6]就可以通商。届时，干达人就会看到我此番来的成果，而且每个干达人都会说，第一个白人访客的到来，为干达人地区开辟了新纪元。不妨这么说，我的到来，就像在地里种一颗咖啡种子，以后会结出很多果实。"所有人都赞赏我的这番话："这个白人会说话，说得好！说得好！说得好！"他们把手放在嘴边，斜视着我，点头表示赞许。

接着，王太后和她的廷臣们开始畅饮大蕉酒，喧闹起来，大声欢笑。小小的酒杯不足以维持兴奋之情，一个盛满大蕉酒的大木槽出现在王太后的面前。如果有酒洒出来，大臣们会立即争抢起来，或用鼻子在地上擦，或用手抓捧，唯恐失去王太后的宠爱。凡是王室的东西，不管是王室赏赐还是无意间从王室流落出来的，都必须珍视。王太后把头伸向水槽，像猪一样喝起酒来，大臣们也跟着喝了起来。随后，乐队奉命奏起名为米莱莱（Milele）的曲子，摆弄着十二支用珠子和牛角装饰的芦苇、五面大小不等且可以发出不同音调的鼓，一时间鼓乐齐鸣。乐师们兴致勃勃，一边吹打一边跳舞，四位领班也在跳，但他们四个背对着大家，[314]这样就可以展示他们身上穿的长长的、毛茸茸的山羊皮夹克，他们有时直立，有时弯腰，踮起脚尖，像西方国家的角笛舞者（hornpipe-dancers）。

场面欢快，但很快就令人厌烦了。这时，邦贝卖乖奉承，想看看王太后的衣柜里有什么东西，于是跟王太后说，无论多么丑的女人，只要穿得漂亮，都会显得好看。听完这句话，亲切的王太后立即起身，退到她用来如厕的屋子里换衣服。王太后很快就穿着一件普通的格子布衣服，戴着藤草编织成的头饰、一条用珠子做的项链、一副折叠的眼镜回来了。王太后像之前那样坐了下来，一个裸体的少女递给她一玻璃杯大蕉酒，酒上还浮有一块软木，玻璃杯口盖着一块用树皮布做成的餐巾。王太后刻意换了衣服，虽然衣服一般，但所有人都高声称赞。接着，王太后令女奴们拿来大量脚镯，要我挑几个好的，以示对我的恩宠。我想拒绝，但徒劳无果：王太后已经给我足够多的纪念品了，虽然我对财物没有那么看重，但我还是要挑几个，否则就冒犯了王太后。随后，王太后又送给我一篮烟草和几个鸡蛋，鸡蛋用来当我——她"儿子"[7]的早餐。诸事完毕，乐队又奏起一支名为穆孔代里（Mukonderi）的舞曲，演奏的乐器有点类似于单簧管。舞曲刚一响起，外面就下起瓢泼大雨，并伴有强风，搅乱了乐声，但没有影响演奏。没有王太后的命令，没有乐师敢停下来。王太后没有展现出她对乐队的同情，而是为她行使蛮横权力的事情大笑起来：糟糕的天气几乎击败了这些不幸的乐师。

雨停后，王太后第二次退到她那个用来如厕的屋子，换上一件紫红色的衣服。此时，由于拿走了王太后那么多脚镯，我感到有些羞愧，于是我问王太后允不允许我送给她一块英国羊毛布，以代替她在冷天里会挂起来的树皮布做的屏风。[315]王太后当然不会拒绝，于是她的面前就有了一条大的双层猩红毛毯。"哦，实在是好东西中的好东西！"所有人都用双手捂着嘴巴，惊叹不已。他们以前从未见过这一"样式"的东西。这条猩红毛毯沿着屋边展开，比人能够触及的高度还要高。的确，这是一条完美的毯子。能够把这样的宝贝送到乌德杜来的人，一定是好人。"为什么不说送到布干达呢？"我问道。"因为这个国家叫乌德杜，布干达是穆特萨的化身。在觐见国王前，没有人可以说他已经看到布干达。"

我让大家兴致益然。于是趁机抱怨说，我还没有看到足够多的干达人，每个人都穿得很好，因此我没办法把大人物和小人物区别开来；王太后能不能颁发命令，允许大家来拜访我，因为没有王太后的允许，他们都不敢这么做；如果他们来拜访我，我就会回访他们。听完这话，王太后把她的首辅大臣、财政大臣、女管家、行刑官、御厨——这里的头等贵族——介绍给我。如果我在路上遇到他们，就会认出他们。所有人都对王太后感恩戴德，并说很高兴结识我这个贵客。接着，他们拿出一条普通的"约霍"毯子来跟我送的毯子作比较，并问我知不知道这是什么毯子。我说："当然知道，我的国家也有，用的材料也一样，只是这条毯子的质量差点，所有同类型的东西白人国家都制造。"随后，所有人都异口同声地说："我们确实喜欢你，也喜欢你的布——但最喜欢你这个人。"我谦虚地低一低头，说我的主要愿望是获得他们的友谊。

这番话也引起极大的欢呼声。王太后和廷臣们又都开始喧闹起来。王太后开始唱歌，廷臣加入合唱。大家唱了喝，喝了唱，兴致高涨，把王宫变成喧闹场。[316]喧闹还不够，又叫来乐队，抬来鼓，还叫来一个小丑（tomfool）——乌干达和欧洲古老的君主国一样，也一直有个宫廷小丑——用粗鲁、嘶哑、不自然的声音唱歌，且一直用这种声音来保持他的角色，喉咙唱干了，就喝点大蕉酒润一下嗓子。

突然间，所有人就像被魔鬼附身了一样，首辅大臣和所有其他廷臣都跳了起来，手抓自己的棍子，所有大臣都跳了起来，抓住棍子——因为所有人在觐见王太后时都不允许携带长矛。他们笃定地说王太后不再恩宠我，说完跑到院子里，然后又回屋，冲着王太后叽叽喳喳地说个不停；接着又退出去，再回屋，好像是让王太后不要再恩宠我。其实，这是他们表达对王太后的效忠与爱戴的方式。王太后称她对这一仪式无动于衷，但她的神情透露出她很享受。这时，我在低凳子上坐累了，于是请求离开，但王太后可不想听到这话。她太喜欢我，不想让我这个时候离开，并令人上了更多大蕉酒。同样的场面又一次出现：杯子太小，抬来木槽，王太后像猪一样喝了几口，然后令人把木槽抬到廷臣们面前。

我希望现场能够庄重一点，然后溜之大吉。我问王太后我的药有没有减轻她的病症，如果不太见效的话，我下次再多给她点药，以便让她恢复体力。王太后说，现在还说不好，虽然药让她活蹦乱跳，但她还没有看到蛇（病魔）离开她的身体。我告诉王太后，我明天早上再给她送来一些强身健体的药，但现在天色已晚，回家的路途也比较远，我要告辞了；虽然我要走了，但我的心仍然留在这里，因为我非常爱她。

[317] 这个消息让所有人都大吃一惊。他们看看我，又看看王太后，接着又看看我，并笑了起来。我站起身来，挥挥帽子，说："再见，夫人。"到家后，我见到一个名为马里布（Maribu）的官员，他奉穆特萨之命要带一帮人从塞坦古莱经水路去接格兰特。马里布不愿带我的手下到卡拉圭去拿回我的装备。马里布说，穆特萨令他去找所有可以调用的运输工具。于是，我让他派人给格兰特送一封信，并叮嘱他把信保管好，否则格兰特可能在他到达那里之前就已经通过了基坦古莱。"不要紧，"马里布说，"我将步行到卡通加河河口，乘船到塞塞岛，穆特萨的大船都放在那里，我很快就会抵达基坦古莱。"

3 月 4 日。我派邦贝送给王太后一些奎宁（quinine）。国王的侍卫看到邦贝走向王太后的宫门，急忙挡住邦贝，强行把邦贝赶了回来。邦贝诚恳地对我说道，如果他不服从我的命令，我会鞭打他，但这件事要怪他们——是国王下的令。而且，他们还编造了一个谎言，说我想见国王，让邦贝尽快跑回来，但我要等邦贝回来后才能觐见国王。就这样，可怜的邦贝跑回来了，汗流浃背。就在这时，又一个侍卫匆匆奉命赶来，要立即带我去王宫，因为我已经四天没去了。这确实无礼，正当我想要发火的时候，那个厚颜无耻的侍卫在我的地毯上像猪一样打起滚来。我暴跳如雷，发誓要把他赶出去，除非他在我面前恭恭敬敬，因为我可不是他们见惯了的小商贩，忍受不了侍卫的做派。还有，除非我愿意，否则即便是国王或其他任何人下令，我也不会离开我的屋子。

[318]我的愤怒让每个人都感到震惊。然后，我告诉他们，我对穆特萨拦挡我的信使一事非常生气；以前从来没有人敢这么干，在药品没有交给王太后之前，我不会原谅国王。至于去王宫，那是不可能的。我以前多次告诉过国王，除非他愿意在自己王宫附近给我一个合适的住所，否则我不会见他。郑重起见，我派邦贝带上奎宁和一帮手下去见国王，陈述所发生的一切。此外，还告诉国王，我不能经常去见国王，感到非常痛苦，还为我的住所感到羞耻——太阳太毒，屋子里太热；在我进入王宫后，那些等着国王接见的廷臣总是叫我像仆人一样等着，有损于我的荣誉和尊严。现在，国王要解决这些障碍。除了马乌拉外，所有关心此事的人都去了王宫。马乌拉说，他必须留在营地里照顾巴纳。邦贝一进宫，就见到国王坐在御座上。国王问邦贝怎么来了。"奉巴纳之命过来的，"邦贝回答说，"因为巴纳不能顶着太阳走路，白人都这样。"

听完这话，国王不屑一顾地站了起来，没有回应，而是走到另一个殿里忙起事来。邦贝仍然坐在原地，等了几个小时，等累了就派一个人去禀告国王说，邦贝只把我的口信说了一半；他给王太后带来了一些药，而国王还没有给巴纳回复。或许是傲慢导致的冷漠，或许是因为不能随心所欲命令我有损他的自尊，国王派人传话说，如果给王太后带了药，那就拿给她吧。于是，邦贝前往王太后的宫殿。抵达那里后，邦贝托人捎话说他把药带来了，但一直等到晚上邦贝也没有得到回话。实在等倦了，邦贝把奎宁交给尼亚姆贡杜，由尼亚姆贡杜呈给王太后。**[319]**随后，邦贝回来了。不久后，尼亚姆贡杜也回来了，并说王太后今天不服药，但王太后希望我明天早上亲自侍奉她服药。

宫里的事情实在是烦人，但显然是强烈的嫉妒心所致，因为我就像所有人认为的那样，更喜欢王太后。喝醉了的马乌拉，不顾法令，把一个在宫里等着觐见国王的官员带到我的面前。迄今为止，除了国王的侍卫外，还没有一个干达人敢进入我的营地。这个官员神情有些鄙夷，也有些坚定，还有些吊儿郎当，粗鲁地闯入我的屋子，取下王太后送给我的大蕉酒吸管，展示这些吸管，手势稀奇古怪，意在暗示王太后和我有点什么。他还说了不少笑话：除非我用这些吸管，否则不能喝大蕉酒；如果我离开布干达后想送一些吸管给我的朋友，且我喜欢这种吸管的话，那么王太后会再送给我二十根。这脏兮兮的家伙不但嘴上说笑，而且还动起手来。他把我的一根普通吸管从罐子里取出，然后把这根普通吸管插进王太后送给我的吸管里，并自己喝了起来。见到这一幕，我把两根吸管抢了过来，并扔掉了。

在我想来，马乌拉的朋友是个间谍。这个人还问我在母亲（王太后）和儿子（穆特萨）之间，更喜欢谁。但是，我还没有回答，马乌拉就随口而出："母亲，母亲，当然是母亲！他不在乎穆特萨，也不愿意去见穆特萨。"马乌拉的这个朋友哄着马乌拉说："哦，不，他喜欢穆特萨，也会去看他，难道不是这样吗？"两个译员都不在场，我担心说错话，拒绝回答。两人继续说着。马乌拉笃定地说，他最爱母亲，而他的那个朋友反驳说，不，他最爱的是儿子，并以期盼的眼神看着我。结果，他们发现我不想被人抓住话柄。两人都说累了，随后走了。临走前，马乌拉的朋友还建议我下次进宫时穿上阿拉伯人的长袍，**[320]**因为每个乌干达人都觉得穿长裤实在不体面。

3月5日。我不想卷入此类宫斗，于是叫来尼亚姆贡杜，告诉他昨天发生的所有事情，包括在国王和王太后宫殿里的事，以及马乌拉和他朋友在我的屋子里说的话。我恳请尼亚姆贡杜向国王转达我的建议：召集五位长老开一次会，看看能不能达成某种恰当的理解。但是，尼亚姆贡杜没有接受我的建议，并且大发雷霆，要把马乌拉叫来，还告诉我说，要是把这件事捅到国王那里，一些人就会没命。狡诈的马乌拉恳请尼亚姆贡杜原谅，并说我完全误解了他的意思，还说我非常幸运，在宫里备受恩宠，国王和王太后都喜欢我。

此时，尼亚姆贡杜已经从穆特萨那里接到命令，穆特萨令他走陆路去卡拉圭把科延戈接过来。尼亚姆贡杜不敢把此事告诉我，毕竟我待他不薄。因此，尼亚姆贡杜编了一个谎，说要回老家待六天，并恳求我送给他一卷铜丝，用来献祭。我给了他后他就走了。后来，我从尼亚姆贡杜的仆人那里听说，尼亚姆贡杜奉命要走陆路去接格兰特和科延戈。因此，我又给格兰特写了一封短信，要他赶快过来，用船把能带的东西都带过来，带不过来的东西就留下，交给鲁马尼卡照看。

中午，几个混蛋侍卫匆匆赶来，命令我所有手下全副武装到国王那里去，因为国王想抓一些不听话的官员。我拒绝了这种滥用武力的行为，并说我应该先亲自跟国王谈一谈这个问题，不要让我的手下做这样的事情。说完，我就向王宫走去，给我的手下留下几句话，叫他们待会儿再行动。但是，宫廷来的信使反对我和我的手下如此行事。于是，我让邦贝停下来等其他人，[321] 然后抓紧时间赶过去。我走在路上，时刻盼着我的手下赶过来。就在这时，那些接到命令、要去抓同一批官员的津扎人，从我身边经过，前往目的地。同时，我听到王宫对面的方向传来开枪的声音，应该是我的手下放的枪。想来，我上当了，于是我回到自己的住处，想看看究竟是怎么回事。这些小子把我们所有人都骗了。邦贝上了他们的当，他们说要带邦贝抄近道去王宫，结果邦贝突然发现自己和所有人都来到一座有栅栏的花园的对面，而那座花园正是他们要拿下的目标——那个不听话的官员的府邸。国王的侍卫知道，所有黑人都想抢劫，于是说道："那么，现在就去那个房子里抢吧。能抢的尽管去抢，不要落下任何东西——男人、女人、孩子、树皮布、贝币之类的，你们是奉国王之命来抢的。"我的手下立刻包围了那里，开枪冲向那里的犯人。有一个犯人想要越过栅栏，结果死于长矛之下，其他犯人都被抓住了，并被带回到我的营地。在我这样一个英国绅士的住地，我的手下拿到战利品并为之兴奋得脸都红了，挑着树皮布担子的人站都站不稳，把孩子、孩子的母亲、山羊、狗赶到各自的小屋。这实在是一个奇特的场景。在我的所有手下中，只有邦贝听我的命令，什么也不碰；当我责备邦贝、说我早前命他约束其他手下的时候，邦贝说他无能为力——那些侍卫像骗我一样也骗了他。

现在，我觉得有必要在非洲采取一些重要的外交措施。于是，我命令所有手下把缴获的东西上交给国王的代表马乌拉，并威胁说，如果有人胆敢留下一件东西，我就把我的屋门关上，在里面忏悔两天，除了邦贝和我的厨师伊尔马斯（Ilmas）外，任何人都不准接近我，因为国王已经使我的手下犯了罪 **[322]**——玷污了身上穿的红色制服，侮辱了我，而且我无法接受这样的侮辱。我很羞愧，不敢露面。就在我关上屋门的时候，又有几个国王的侍卫把魏渥斯步枪拿过来清洗，并要进入我的屋子。但是，没有人敢接近我，于是这几个侍卫又回宫了。

3月6日。我还在忏悔。根据我在屋里发出的命令，邦贝准备去见国王，告诉国王昨天发生的一切，也想确定一下，让我的手下去抢劫是不是真的出自国王本人的命令。这时，那些讨人厌的侍卫又拿来一支枪和一把刀，要我修理。他们看到我屋门紧闭，于是去找邦贝，叫邦贝把东西送给我，并告诉邦贝，国王想知道我愿不愿意早上跟他一起狩猎。邦贝回答说："不行，巴纳今天正在祈祷，希望上帝能原谅穆特萨的罪过，因为穆特萨给巴纳造成了严重伤害。穆特萨让巴纳的手下去做他们本不该做的事情，而且还没有经过巴纳的同意。巴纳对此很生气，想知道这件事究竟是不是国王下的令。"这几个侍卫说："没有国王的命令，我们什么事都不能做。"他们又讨论了一会儿，邦贝表示，巴纳希望国王派五个长老过来跟他谈谈，把所有不愉快的问题都解决掉，否则巴纳不会再去王宫。但是，这几个侍卫说，宫里就没有长老，只有像他们这样的小伙子。于是，邦贝想和侍卫一道去见国王，跟国王解释一下，并把所有红色制服送给国王。我早前叫我的手下把红色制服脱了下来，因为他们抢劫女人和小孩，不配穿这身红色制服。但是，这几个侍卫说，这时谁也见不到国王，国王正在妃子们面前射杀奶牛呢。邦贝希望这几个侍卫把红色制服拿上，但这几个侍卫拒绝了，并说碰这些东西违反规定，他们不能这么做。

CHAPTER 12

布干达王宫（二）

外交依然困难重重—黑人的玩笑—国王穿新衣—调适与王宫射秃鹳—住所变了—宫廷里的一幕幕—总司令—争吵—与国王密谈—宫廷管理与管理者—与王太后又相处一天

❦

[323]3 月 7 日。闹剧继续上演。如何与这些捉摸不定的黑人打交道，着实令我头疼不已。我想，若是我现在不挺起腰板，日后就不会受到更好的对待。我派纳西布去向王太后解释我没去拜访她的原因：我敬佩她的智慧，确实想去拜访她；但是，若去拜访王太后，就得去拜访国王，以防遭受邦贝送药那天所受的屈辱。派邦贝过去后，我再次来到王宫。我发现前厅有大量官员。他们躺坐在地上，吸烟、攀谈、喝酒，一如往常。一些索加人唱着歌、弹着竖琴在给他们解闷，一群小男孩在旁和声。

这些官员天生有耐心，受过训练，忠于职守。他们的生活就靠每年几个月在宫廷里的工作维持，无论住得多远都得来。[324]如果没来，他们的财产就会被没收；如果逃跑，抓住了就没命了。我找到一个信使，让他向国王通报说我想见到国王。这个信使回来后说，国王正在睡觉——这明显是谎话。我一肚子火，便回去吃早饭，让陪同过来的马乌拉和乌莱迪（Uledi）留下来解释。他们见到了国王。国王淡淡地问了一句："巴纳在哪？"他们回答说我来过，但又回去了。国王所说的和我所知的一样："那是在撒谎！既然巴纳来这见我，就不该回去。"接着，他站起身走开了，让他俩去找我。

我一直在思考这些荒唐的麻烦事和最佳解决办法。王宫里的人总在刁难，一大帮侍从索要珠子——通常要一袋珠子，因为国王要带妃子们去维多利亚湖游玩。我暗自思忖，自己一方面非常幸运，轻易就能买通国王的耳目，但另一方面又很不幸，于是派马乌拉去王宫陈述处境：这里没有人明白我的社会地位，否则他们不会这样对待我；我最好能住在宫里；若是不能在宫里有一处宅邸，我就离开布干达；我的首要愿望便是常见国王，如果国王去尼扬扎，我相信国王会允许我一道前往。几个侍从说："你怎么能和国王的妻妾一道去呢？国王不允许任何人见她们。"我说："好吧。如果不能与国王一道前往尼扬扎

（提到Nyanza，他们可能只会想到王宫里国王和其妻妾嬉闹的水池），我就去乌索加、阿马拉人地区乃至马赛人地区。在这里，除了乌鸦和秃鹳，我压根就没有见到其他的了。"他们答应替我传话，但回话对应的是另一件事。在王宫里，只要不被问起，没人敢说话；说一句不应景的话就会掉脑袋。

[325] 马乌拉回来对我说，国王不相信像巴纳这样慷慨的人只送给他这么点珠子；国王认为，珠子一定是在路上被偷了，并问我明天来不来。国王还暗示，以后只要我进了王宫，就在等候厅放一枪，那样他就会知道我来了。今天早上，国王已经起来了，本想见我，只是侍从不敢进入内宫，便对我说了谎话，也就错过了见面，而国王一直希望能见到我。此番诚恳的话与其他事情一样令我费解。我在想，这可能吗？近期我一直在抗争，难道国王就没意识到？现在，国王的这番话就像是给我一把打开其大门的钥匙，我将好好利用这把钥匙，看看结果如何。就在这时，纳西布从王太后的宫殿回来了，但他在那里耐心地等了一整天却没有见到王太后。原来是王太后在出席庆祝活动，宫里有女人生了一对双胞胎，庆祝活动就在她的宫殿里举行，鼓声、奏乐声一直不断。不过，王太后宫里的人建议纳西布第二天早上再来。

3月8日。早餐后，我步行到王宫，心想我已经拿到尚方宝剑了。我走进王宫，放了几枪，期待能立即得到召见。然而，与往常一样，我被要求在那里坐等，国王很快就会过来。所有的官员都在窃窃私语，却听不到他们说什么，竖琴声和其他奏乐声一直未断。过了一小会儿，我就感到厌烦了，希望挂起一个布帘，围成一个私密的空间，躺下来睡觉，直到国王到来。但是，在那等候的朝臣却不让，说这么做违反律法，让我撑开伞挡住毒辣的太阳光在宫廷里来回走走打发时间。我走了一小会儿，就感到烦躁不安。[326] 干达人注意到了，担心又出状况，便关了门以防我走掉。我冲向他们，告诉邦贝说此乃无礼之举，要他们把门打开。国王很快就听说此事，派人给我送来了酒，让我静下来。我没有碰酒，说我的心受伤了。又一个侍从冲出来说，国王准备召见我了。他打开了侧门，将我领到宫廷里一处露天处，里面没有一座草棚屋。正是国王在那里。他坐在一块阿拉伯人的驴皮毯上，靠在一个侍从身上，旁边还围着四个侍从。

国王就在我面前，他让我坐下，我便在草垛上坐下了。国王觉得我这样坐着会有点热，便让我撑开伞。国王非常着迷这把能带来阴凉的伞，但更好奇我为什么需要它。我向国王解释说，我住在比布干达寒冷得多的国家，所以是白皮肤，比起黑皮肤也就更受不了灼热的太阳。同时，我还补充了一句，如果没有不妥的话，我更想坐在王宫栅栏的阴影处。国王没有反对，开始和我谈了起来。国王问我是谁冒犯了我，让我的护卫去抓官员。接着，那个曾令我恼怒的小侍从被拖了进来，脖子和双手都被捆着。国王问他何人指使做了此等勾当。国王知道我反对这样做，但他还是希望就此事先问问这个小侍从。这个可怜的小侍从，怕得要死，说他受总司令之命才如此行事，他也没有做坏事，巴纳的人都没有受伤。国王说："那好吧。如果他们没有受伤，你也只是依令行事，就不责罚你。不过，你现在滚得远远的，我不想看到你。总司令要吸取教训，没有我的授权，不要再叨扰我的客人。"

[327] 现在，我就面对着国王，且国王看上去兴致不错。我想给国王上一堂课，教教他英国人的行为方式和习俗，以此反衬我到布干达所受到的怠慢。然而，作为布干达国王，穆特萨依然威严淡然。我的话必须经过他的近臣和我的翻译才能传达到他的耳里。穆特萨没有耐心，我的话没听一句，突然就问马乌拉我的住所在哪，怎么每个人都说我住得太远，假装他不知道似的。马乌拉回禀后，穆特萨说："哦！那实在是远，他得住近点。"我还没来得及说一句话，穆特萨又不问了，他总是这么大惊小怪和自负。

下雨了，国王退到一个屋门边，我则退到另一个屋门边躲雨，直到雨停。天一放晴，我们又回到那块小空地。这次会谈更加私密。穆特萨问了很多关于英国的问题——英国国王是否精通医药？是否和他一样养了大量女人？宫殿什么样？这也给了我一个说话的机会，我说我想看看他的船只，听说他有很多船，也想看看他豢养的动物。穆特萨说，船离这里很远，但他会派人运过来；他之前养过很多动物，但他试枪时已将它们射杀殆尽。接着，有人将一把魏渥斯步枪搬到我的面前，让我拆解，并让我教国王如何使用。然后，又是航行表。接着，国王问我是否想去打猎。我说："如果国王和我一道，我就愿意。""猎杀河马？""是的。河马能从水下打翻船，猎杀河马非常有意思。""你会游泳？""会。""我也会，你想猎杀水牛？""如果您想，我就愿意。""那么，晚上我派人去探探。[328]这里有一种耳朵后有白毛的豹猫，还有一种短毛豪猪。我的臣民非常喜欢吃它们的肉。如果你喜欢动物，我送你一些。我的手下每天都会网住一些活畜。这一篮子豪猪就当礼物送你，你带回家去吃吧。"我的手下恭送国王离开。临走前，国王还指示另一个大臣问问早前去乌科里的人，让他们尽快将佩瑟里克带过来。我也回家了。

这可真是幸运的一天啊。到家时，我看见王太后派来的一个信使，带来一只山羊作为礼物，说"给巴纳，我的儿尝尝"，还带来了一袋大蕉，但他们却称之为土豆。我给这名信使一袋珠子，又一次解释了我没去拜访王太后的原因，并希望尽快去拜访，因为国王已经答应给我一处更近的宅邸。然而，我怀疑我的话不能传达到王太后耳中。这份礼物明显说明王太后希望我能到她的宫殿去，但是她或许是碍于脸面，或许是过于谨慎没有这么说而已。

晚上，我无意间听到桑吉佐（尼亚姆韦齐人）和恩塔罗（Ntalo，桑给巴尔获释奴）之间的一次会谈，非常能体现出他们会谈的打趣方式。桑吉佐打开话头："恩塔罗，你是何人？""一个获释奴。""确实是一个获释奴！那你母亲在哪？""她在安古贾（Anguja）去世了。""你母亲在安古贾去世了！那你父亲在哪？""他也在安古贾去世了。""好吧，那就奇怪了。那你兄弟姐妹在哪？""他们都在安古贾去世了。"（接着，桑吉佐将安古贾换成了安古扎[Anguza]）"我听你说你父母都在安古扎去世了，是吗？""是的，在安古扎。""那么你有两个母亲和两个父亲——一对父母在安古贾去世，[329]另一对父母在安古扎去世。你是一个骗子，我不相信你。你不是一个获释奴，而是从一个家庭里被抓出来，却不知道家在哪的奴隶。哈哈！"营地所有人都一道嘲笑在对话中败下阵来的恩塔罗。然而，恩塔罗并没有就此打住，而是反击说："桑吉佐，你可以嘲笑我是一个孤儿，但是你呢？你是一个野蛮人——一个姆森齐人（Mshenzi）。你来自马森齐（Mashenzi），你穿的是兽皮，而不是文明人穿的衣服。所以，你就这么无礼吧。"营地所有人又一次兴奋起来，笑声更大。

3月9日。一早，我还躺在床上，国王派来侍从，请我去看望王太后，带点止痒药。王太后身上有点痒。我说，我不能顶着太阳走那么远，另外我在等着国王答应我的靠近王太后宫殿的宅邸。与此同时，我还准备去拜访国王。事实上，我发现我已经成为两宫的争夺对象，如果能纵横捭阖、立场坚决，我就能控制形势，确保北边通道目标的实现。那几个侍从又返回我的住所，带来一把需要清理的手枪，并传话说我想去拜访国王是没有用的，我现在要立即拜见王太后，王太后病得不轻。直到现在，王太后等了一天了，但我还没有得到我的新住所。在我想来，得到新住所是完成更大目标的第一步。我将一个铁块远远地抛到火里，说我不是任何一个人的奴隶，在得到一处王宫里的宅邸前我哪也不去——邦贝可以教那些侍从如何清理手枪。然而，这些小鬼可不愿做这些粗活，站在一旁让乌莱迪去做。

3月10日。为了让王太后感到惊讶，我又使一计，带了所有餐具和床上用品前去拜见王太后，以便能愉快地度过一天，晚上美美地睡上一觉。[330]王太后立即接见了我。我给了她奎宁，但我得留在这里一整天提醒她按剂量服药，并告诉她我之前没有来的原因。对于在来看望她时穆特萨打扰我仆人一事，王太后非常恼火——同情我要大老远跑过来——并下令清理一间草棚屋给我过夜，告诉我在另一间房子里吃早餐。旋即，王太后突然站起身来走开了。中午，我听到国王过来了，鼓声阵阵，随身物品叮咚作响。然而，一直等到下午五点，我才受召来到内室。在这个相邻的宫殿，我听到母子两人纵情欢笑。母子两人大声说话，纵是一英里之外也能听到，似乎在告诉人们他们乐于纵情欢乐。很快，王太后、国王二人和我之间的那道门打开了，国王就像一个小孩站在我们面前，第一次在公开场合穿上欧洲人口中的衣服。国王头上戴着一顶马斯喀特阿尔菲亚帽子（Muscat alfia），脖子挂着一块阿拉伯绸巾，用一个环扣紧；上身穿着一件印度上衣，下身穿着一条黄裤；手上模仿我，用手指不停地将推弹杆拨来拨去。我走向前去，脱帽致敬。国王站在宫殿中央，面带微笑，跟在他身后的是一名身着红衣的少女，拿着我之前送给他的椅子和两根崭新的长矛。

国王此时拿过椅子，第一次坐上椅子。我曾在上一次见面时告诉过他，所有国王都要发起新时尚，否则世界就不会进步。国王叫我坐在他前面的草垛上。我一直想和国王交谈，但根本没有可能。没有人敢和我说话，我也不能自言自语。我们就这样坐着笑着。过了一会儿，王太后满脸堆笑加入了我们，坐在一块布毯上。

[331]我把药箱递过去给她坐，但她不敢拿。事实上，根据布干达王制，无论地位多高，甚至包括国王的母亲都不敢在国王面前坐着。开了几句玩笑后，我们对此戏剧性一幕报以大笑。约二十名官员过来了，他们肚子贴地一字列开，宛如游鱼，高呼万岁，还喊着其他好听的话，如"我的主上！我的国王！"他们像在水中挣扎一样扭来扭去、踢腿、磨脸、双手拍地。国王今天以奇怪的新时尚展现在他们面前，这是国王某种超乎寻常的恩典，标志着卢旺达新时代的开启。

国王正眼都没瞧一下这些卑躬屈膝的臣民，便说："母亲，服药吧。"国王被叫过来目睹了我如何给王太后治疗。就在王太后侧过脸去服下奎宁的时候，两个黑皮肤少女挂起了我给王太后的双层红毯。什么事，哪怕再小的事情，都不能瞒着国王。整个宫殿陷入一片欢腾。国王抿着嘴以示首肯，头歪到一边侧视着。王太后看看我，又看看红毯和国王。我的手下则耷拉着脑袋，害怕被指责偷窥宫殿里的女人。官员又一次高呼万岁，似乎他们有幸看到这一幕是天赐恩宠。之前从没有人将如此好的东西带到布干达来，所有人都喜欢巴纳。

此时，我本想向王太后和国王发一顿火，过去的一切实在令人不满。但是，国王的孩子气、[332]欢乐场景和母子其乐融融的一幕——母亲在朝臣面前对儿子满怀骄傲——立马让我的心软了下来。我和他们一样，开怀大笑，说自己特别高兴，能看到他们母子两人相处得如此愉快。国王坐在铁椅上，穿上欧式衣服，打破了布干达陈规陋俗，实在太好了；国王正在开辟一条将布干达和我国连接起来的道路；我也应该知道送何物过来才会令国王满意。国王听着，却没有直接回应，只在最后的时候说，"天色已晚，我们回去吧。"国王走了，以那种著名的狮步走了。王太后也走了。我被领到外面的一个草棚屋里过夜。这是一间狭小、新建的草棚屋，只够放一张床，角落处可以安置一个仆人。因此，我将所有人都打发走，只留下一个——我要吃晚餐，希望能过一个安静、凉爽的夜晚。突然，马乌拉拿着火把带着一帮随从进来了，他们铺上地毯准备在这过夜。我说我不能接纳这么多人在这过夜，否则就太窒息了。尤其是那些干达人，他们吃生的大蕉；除非他们能让空气纯净，否则我就不愿意。结果是徒劳。马乌拉说，他是奉了王太后的旨意和巴纳睡在一起，他也愿意睡在这。我很想把他踢出去，但没有这么做。一整夜，我就抽着烟斗、喝着啤酒，将所有人都赶出去，自己一个人待在草棚屋里，准备第二天一早和王太后小吵一架。

3月11日。这天一早，正如我所预料的那样，王太后立即召见我，但我打算制造一桩外交上的小事故。我佯称我还躺在床上，没有吃早餐。上午十点，又一个信使过来了，说王太后对我没有过去感到惊讶。王太后已经按照我的意愿，将一切安排得妥妥当当。没来算怎么回事？王太后可以按时服药吗？[333]我依然没有起床。但是，由于害怕王太后，没有人敢让我继续躺着。过了一会儿，我叫邦贝带上奎宁去拜见王太后，告诉王太后这里所发生的一切。邦贝到了那里后，王太后勃然大怒，说不会吃除了我之外任何人拿来的药，也不相信邦贝所说的每一句话，无论是关于马乌拉的还是关于那间草棚屋的话。马乌拉出于职责所在，将我的仆人带到王太后的面前，就此事编了不少谎话。王太后偏爱马乌拉，马乌拉的确是一个聪明的骗子和淘气鬼。王太后让邦贝回来领我过去，没有人敢违背王太后的指令。

此时已经是中午了，我已做好准备去见王太后了。王太后决心摆摆威风，让我等了很长时间才露面。王太后过来了，走到布帘边，气呼呼地躺了下来。王太后的头高高抬起，大发雷霆，想知道那么大的房子我怎么就能把官员赶出去只留自己一个人过夜。我本就对此情形感到满意，这确实也不是马乌拉的过错。我想让纳西布来做翻译，但王太后说纳西布是一个骗子，她只愿听谎话连篇的马乌拉的话。王太后要了药，服了下去并说今天的剂量很少；接着，与来时一样，王太后带着点怨气离开了。我决心一直坐到下午三点，希望能再次见到王太后。其间，我和一些基迪官员聊天。他们倒是不顾及布干达的律法，跟我谈起了地理。他们说的话很是令人费解：盖拉人地区除了阿苏阿河（Asua river）之外，还有一个湖，当地居民的大船可以在湖中航行；[334] 邻近的某个地方还有一座高山，覆盖着黄土，当地人还收集那些黄土；等等。

时间渐渐流逝，王太后没有如期而至。准备离开时，我派人去请求王太后和我友好地交谈一次。我想尽力说服王太后，我和她之间缺乏热忱是译员误解之故，译员无法传达我诚挚的情感。此番话令王太后笑容满面，令人送来一篮甜薯，"给巴纳，我的儿"。我以一番热诚的言辞开始了与王太后的谈话。我解释了我在卡拉圭怎么离开了我的兄弟格兰特和我的好友鲁马尼卡——受国王之邀，急匆匆过来觐见国王和王太后，希望在布干达交朋友。但是，现在我来了，我却非常失望：我没有见证到国王和王太后一半的威严，朝臣也没来拜访我，和我聊聊以便打发时间。所有人都非常愉悦，连声夸赞我的话。王太后转向朝臣说："如果是这样，我让这些人去找你。"听到这句话，朝臣非常高兴，期待着能见我，对王太后大声称颂，我觉得他们的手都快拍碎了。就在我的话说了一半的时候，王太后站起身来，让周边的人停下来，径直走开了。这实在令我生气。朝臣走近我，请我在这里再住一夜。但是，他们并没有给我提供比昨夜那间草棚屋更好的住所，我便拒绝了，也准备回去了，并请他们来拜访我，同我交朋友。

3月12日。刚吃完早餐，国王就派侍从匆匆忙忙地跑过来，说国王在山上等我，请我立即把所有的枪都带过去。我做了点准备，心想一些水牛已经成了枪下鬼。[335] 这些侍从和往常一样，完全不知国王意欲何为。在我爬上那座山（从我住所到王宫一半路程的地方）后，我吃惊地看到国王就站在那里，身穿金边银丝马甲，把玩着登山杖，头戴一顶阿尔菲亚帽，几个侍从拿着椅子和枪支。国王的身前还蹲坐着很多朝臣，还有几条狗和用来献祭的山羊。

我来到国王面前，手里拿着帽子。国王面带微笑，查看我的火器后便准备打猎。国王将我带到一棵高树前，树上有一些鸟在筑巢，还有很多秃鹳在树上栖息。打猎开始了。为博国王欢心，我必须射落一只鸟。我请国王自己开一枪，我实在不想失了水准去射落树上的鸟。然而，我的话不管用，没人能像我那样开枪打鸟。我提议扔石头将这些秃鹳吓散，但石头扔不了那么高。为了将事情简单化，我开枪射杀了一只待在巢里的鸟，秃鹳受惊四下飞散，我又开枪射中了一只秃鹳的翅膀，被击中的秃鹳掉落在一座花园的栅栏内。

所有的干达人都目瞪口呆，国王兴奋地跳来跳去，欢欣鼓舞，双手拍着脑袋大声叫道："哇，哇，哇！了不起！哦，巴纳，巴纳！你真了不得！"在场的干达人也随声附和。兴奋的国王叫喊着"现在上膛，巴纳，上膛，让我们看看你是怎么做的"。就在我要上膛时，国王又说："这边，这边，让我们看看那只鸟。"接着，国王又指示朝臣走哪条路。按照布干达宫里的规矩，每个人都必须走在国王的前面。国王让朝臣穿过一座宫殿。住在这座宫殿里的王妃们害怕打枪，都躲了起来。一些新修建的栅栏挡住了前路，但国王咆哮着让朝臣推倒。国王的话音刚落，朝臣的身体就碾压过去，[336]将栅栏推倒了，宛如一头大象碾压了挡在前路的小树。推倒栅栏，碾过大蕉树和灌木，一人紧挨着另一人。若是没有给国王开路就会受到处罚。朝臣找到了那只掉落在地的鸟。国王又一次叫喊道："哇！哇！哇！它在这里，确实在这。到这来，妃子们，来看看巴纳了不起的枪法。"所有妃子都兴奋不已，和国王一样"哇哇"赞叹。然而，这还远没有结束。国王说："来这边，巴纳。我们还得再打一些。"话音一落，国王又指向了通往王太后宫殿的路，其他朝臣开路，侍从随后，其后为国王，我跟在国王后面（我从不走在国王的前面），最后是一直陪伴国王的约四五十个妃子。

为了使国王有好兴致，在撑伞遮蔽毒辣太阳光的时候，我问国王是否愿意享受打伞遮日的乐趣。还未及国王回答，我就将伞挪到国王头上，同国王并肩走着。官员惊呆了，妃子们则高兴地叽叽喳喳说个不停。国王难以控制自己的情绪，侧身走到奉承者面前与他们说话，似乎他是所有地界的君主。过了一会儿，国王似乎和我更熟悉。他说："巴纳，告诉我，你不只是用普通弹药将那只鸟射落了下来，对吧？我敢肯定，你一定施了魔法。"我说没有，但国王不信。"那就让我们再看到一次，"我说，"要射杀水牛吗？""不，水牛离这里太远了。等我赐给你一处附近的宅邸后再追踪水牛吧。"就在此时，我们头顶上飞过几只苍鹭。国王说："看，射，射啊！"我又射落了两只苍鹭。国王和所有人都目瞪口呆，都认为我是巫师。国王说他要去看看我射落的苍鹭，[337]并把它们带回宫。国王又说："我们得再去射杀一些，这实在神奇。"结果，我又射落了两只苍鹭。苍鹭一直在我们头顶盘旋，附近一棵树上有苍鹭的巢。国王命令侍从把所有射落下来的苍鹭都搜集起来，要带给王太后看看。但是，他们没有拿上那只秃鹳，干达人出于某种原因不碰秃鹳。

国王下令继续前进，我们所有人便都回到了王宫。抵达正殿后，国王落座，将一直跟随着他的妃子们和官员遣散，从目光凶狠的女侍从手中接过了酒，令我和我的手下在太阳底下面向着他坐下。我抱怨说外面太热，国王这才允许我坐在他的身旁。老鹰、乌鸦和麻雀在枪声惊吓中四下飞散。国王兴奋得像个孩子，我必须射杀一些才能令他满意。侍从将我射落下来的鸟雀捡起来送给王太后。我带的火药已经用完了。但是，国王还希望我取些火药再开枪打鸟。我回禀国王说，这得等我的兄弟回来了。国王吃了两三口饭，并令铁匠造些类似的弹药。

有人牵了一些奶牛过来，国王要我一枪射杀两头。然而，就在开枪的时候，一头奶牛却跳走了，子弹穿过附近的一头奶牛后，又穿过了宫殿和栅栏，最后不知所终。国土非常高兴，说晚上好好看看这把枪。我请求和国王谈些重要事情，国王便将女人都打发走了，想听听我要说何事。我说，我非常担心马布鲁基所走的那条路，我之前让他告诉佩瑟里克走这条路过来，将价值一千美元的货物运送过来。我之所以担心，是因为王太后手下的朝臣觉得干达人不见得能进入基迪。[338]国王说我无须担心，他比我更期盼白人过来，他不会让我的手下置于危险之中。就此事而言，国王周边的人若知道了，确实非常不妥。过了一会儿，国王又召集了女人过来，并要我将魏渥斯步枪给他。国王双手拿枪，抵在大腿处，射杀了剩下的奶牛。这场射杀当然是一场盛宴，女人们纷纷给国王庆祝。一天就这样过去了，我也回家了。

3月13日。马布鲁基和比拉尔来到我的营地：他们昨晚就回来了，但护送他们回来的干达人担心我比国王先知道这一信息，故意将他们隐藏了起来。在基拉东部边界的乌索加，穆特萨的边防官纳戈齐贡比（Nagozigombi）擒获了他们，并将他们带到住所。纳戈齐贡比给了他们两头小牛，并建议他们返回后立即禀告国王：独立的索加人和已经臣服于他的索加人已经作战了一段时间，除非国王派军队过来援助，否则战斗无法在两个月甚至更长一段时间内结束。

我立即派邦贝去王宫请求国王召见，说我有要事要禀。但是，邦贝没有立即见到国王，国王正在内宫与妃子欢娱。邦贝发现有女侍从在外候着，仅有的机会便是国王出来时女侍从能传句话。终于等到这机会了。国王问邦贝他送给我的女人是不是真的跑了。邦贝回禀说是。国王说："哦，他该锁她两三天，到那时她就能适应环境。女人总认为陌生人是食人魔，心下害怕便会跑了。"但是，邦贝回应说，"巴纳觉得她不够好，像放狗一样放她走了。他想要一个年轻漂亮的希马族姑娘，否则就不要了。"[339]"哦，原来如此。若如此，他得等一段时间，我们现在手头上可没有。我送给他的女人，与我们赠送给所有贵宾的女人是同一类型的。"国王派一个索加人去将昨天在巢外被打死的那只大秃鹳捡回来——索加人擅长攀爬，但干达人却不精此道。但是，那个索加人爬树爬到一半，被一窝蜜蜂挡了道又爬了下来。

3月14日。为了得到一处宅邸，我费尽了脑筋。今天，我终于得到了，为此还行贿了，当然我也一直有此准备。我成功地送给了总司令一份礼物——十五品脱混色珠子、二十枚蓝色蛋形石和五卷铜丝，以示友好。早前，干达人的目光充满嫉妒，我就没敢这么做。我向总司令暗示一下，希望能借其影响力得到一处体面的宅邸，并希望他和其他布干达贵族能到这处宅邸拜访我。我在布干达过得实在惨，整天闭着门，每天过着宛如隐士般的生活。总司令立即送给我大量草棚屋。这些草棚屋位于山坡上的一座种满大蕉树的大花园里，离大路很近。这处宅邸被称为"西端"（West End），除了欣达使臣外没有其他来访者住过。这处宅邸离王宫近，地理位置优越，居住环境舒适，从山坡上可将王宫尽览眼底。我既能听到延绵不绝的宫乐，又能看到宫殿进进出出的人流。我没有拖延，把所有财物搬进宅邸，把宅邸里原来的物品清理出去，给自己选了一间最好的草棚屋，剩下来的分给我的三个得力干将，并令我的手下在我的草棚屋到大路之间修建起营地。只有一件事未做：按照干达人的如厕习惯，每个男人都要为自己修建一个整洁干净的厕所，[340]这也是其他黑人部落的风俗。

3月15日。昨天国王不接见任何人。今天，我去了王宫，放了三枪。枪声立即就得到了回应，国王用手枪打了两枪。这把手枪是国王归还我步枪后我借给他的。不一会儿，国王穿好衣服，迈着狮步，牵着白犬，走了出来，并招呼我随他进入正殿。与往常一样，一些人蹲坐在正殿里，穿戴整齐，秩序井然。国王坐上王座，并让我坐在他的身旁。接下来的一幕，与第十章描述的情形一样，只有一点不同：首席行刑官（布干达高官之一）的儿子被拖出去处以死刑，而他犯的事是在向国王致礼时不合规矩。

就在此时，一些官员抱怨说尼扬博人在夜里侵袭了他们的房屋，粗暴地对待他们的女人，对他们没有一丝尊重；尼扬博人被抓后说他们是巴纳的人。在场的邦贝听此抱怨后说，这些人是苏瓦罗拉的人，他们利用巴纳宅邸距离近，将自己的罪行转嫁到巴纳头上。一直在阿谀奉承着国王的苏瓦罗拉的代表否认了这一指控。国王向所有人发出警告，他会派守卫夜里当值，调查出真相。

直到此时，关于先前派去接佩瑟里克的人被扣押一事，国王一点也不知道。他的王国可能会失去土地，他可能也没有那么多的办法。边界军官派来的马布鲁基走上前来，告诉国王所发生的一切。除了我先前所听到的内容外，马布鲁基还说，他们派出八十人去作战，三次都无果而终。然而，[341]国王撇开此话题，转过来对我说他这辈子还没看到过比我射击更妙的事情。他确信我施了魔法，因为我弹无虚发，他希望我能教他射击技术。对此，我说除了直直拿着枪外，也没有其他什么技术。国王摇了摇头，并让我为他的左轮手枪上膛。国王在众人面前向两头奶牛打完了五发火药。接着，国王要打实弹，丢下坐在那里的朝臣，希望我随他一道。国王走在前面，入了内殿。在内殿，只有少数近臣获准陪伴左右。鸟在野外，我们在内殿中无事可做，我便教国王把枪架在肩膀上射击。所有人都笑了起来，觉得我像是对待学生一样在教他们的国王陛下。很快，国王不别扭了。我将丝绸领带和黄金项圈送给了国王，说明这两个物件的价值，国王却无法理解。我告诉国王说，我们这样的绅士从不穿戴铜质饰品，且以此为傲。

国王此时一心想打枪。但是，我又一次告诉他，若想获得成就，国王就要开辟一条道路。我今天正是为此才来觐见国王的。国王回答说："我会派一支军队到乌索加。你的那些人现在调转回头了，我会为他们打通道路的。"我说，这可没什么用。我看到国王派出的人像傻瓜似的，压根就不知道加尼的方向，也不知道要去哪。我提议说，国王把那些有旅行经验的人召集到一起，我拿出带来的一张地图，向他们说明来龙去脉。只有见到佩瑟里克，我才能安下心来。

我展开了地图。国王似乎立即明白了怎么回事，把官员召集起来。然而，国王只顾自己高谈阔论，这是典型的干达人说话方式。国王说了一大堆废话。[342] 接着，国王问他们如何将事情做得更好。侍从回答说："嗯，交朋友，做事小心。"国王骄傲地抬起了头，嘲笑他们，斥责道："去和把长矛对准我们的家伙交朋友！废话！他们只会嘲笑我们。用布干达的长矛去解决问题。"听到此番言论，统帅、侍从和长老全都像男子汉那样立起身来，手拿木棍，面向国王，誓言践行国王之愿。就在我和统帅回过头之际，国王起身径直走开了，会议突然就中断了，豹头蛇尾，有点令人不舒服。统帅恳求我再给十多颗蓝色蛋形石，做一条项链，并告诉我的手下第二天早上来见他，到时将给我好吃的。接着，他们又问邦贝我平常吃些什么类型的食物。邦贝以干达人的习惯，将一根木棒折为十段，每一段代表一份不同的食品。邦贝说，"巴纳总是吃得很杂"，解释说第一段木棒代表蜂蜜，第二段代表羊肉，第三段代表鸟禽，第四段代表鸡蛋，第五段代表鱼类，第六段代表土豆，第七段代表大蕉，第八段代表大蕉酒，第九段代表黄油，第十段代表面粉。

　　3月16日。今天，国王又在与妃子嬉戏自娱，未能得见。我派邦贝带了十个蓝色蛋形石送给统帅，委婉表达了我想觐见国王的意思。统帅送我一只山羊和十个禽蛋，说他今天有事要办，不能接待客人。我推测，没有国王允许，他不敢接见我。两个人都没有见到，实在令人沮丧，哪怕见到一个也是好的。我们的牛肉吃光了，我的手下不停地吵着要食物。虽然我禁止，但他们还是忍不住从干达人那里弄食物。见到此情此景，我深感难受。第一起偷盗发生时，我就反对，[343]告诉国王我的手下偷盗我就会施以鞭笞。可现在呢？国王让他们变成了一窝贼。我力劝国王要么允许我购买给养，要么就让我像鲁马尼卡那样从王宫里得到食物。但是，国王总是不听，要不就说苏纳定下的规矩不能破，除非我的手下快饿死了。

　　面对此等紧迫形势，我决定请见王太后。一抵达宫殿，我就让一名官员回禀王太后说我来了。我在那里坐等了整整半个小时，抽着烟，听着王太后宫殿里的欢声笑语。宫殿里奏着乐，王太后时不时爆出大笑。

　　传话小厮回来告诉我说，现在没人进入宫内，也没人敢扫了王太后的兴。我必须得等，就像布干达朝臣那样耗着时间。唉！又是一场外交危机，只能像往常那样来处理。"我在耗时间！"说着，我猛地站起身来，当着前来请见王太后的官员的面，将手杖在空中一通乱舞。"王太后曾答应我，她的大门将一直向我敞开！我该立即离开，她对我就像对一条狗，除非向我道歉，否则我发誓绝不再踏入她的宫殿。"我回家后，将王太后送给我的所有礼物捆在一起，叫来马乌拉和其他人，告诉他们将这些礼物送回去。我留着这些友谊的信物，可我与王太后并无友谊可言，实在别扭。我和王太后交朋友，并非为了贸易或从她那里得到东西。黑人警卫马乌拉笑道："巴纳不知轻重。在布干达，将礼物送回去是一个大禁忌。没人敢这么对王太后，不要命啦。王太后发火可不是闹着玩。她会说，'我从巴纳那里拿了他们国家的一点东西，[344] 可这些东西都要返还回去。国王收到的东西也要返还回去，我和国王可是一家人。巴纳不会感到抱歉吗？而且，很多官员也会因此而死，王宫将响起哀歌，抚慰将灾难降临在他们身上的恶魔'。"邦贝也担惊受怕地说："可别这么做。你和我们一样都不了解这些野蛮人，也不知道会发生什么。此举可能会让我们的旅程受阻。还有，我们已经四天没有食物了。我们偷东西，你鞭笞我们；我们向干达人要食物，他们打我们。我们不知道该怎么办。"然而，我心意已决，说道："马乌拉明天必须把这些东西送回去，就坐等结果吧。"我发现，就得像伦敦的街头艺人，只有拉下脸来才能有所收获。

3月17日。马乌拉和纳西布将王太后的礼物送了回去，我则去拜见统帅。甚至这位也让我等了一段时间，以示自身位高权重。他让我进入内间，他和几个长者坐在地上。索加乐师弹琴唱歌，歌颂国王、衣着华丽的贵客，让之前的拜访者相形见绌。进去的时候，我看见了一个漂亮的小伙子，二十来岁，趾高气扬头都没抬。接着，他请我坐下，甚至问起我的健康状况，傲慢地问个没完，似乎这样的谈话都太侮辱他的身份。不过，我一开口，他就不再问这些无聊问题，而问我为什么不在我的房子里见干达人。我说我倒是非常想这样，并请他将我向在场的人引荐一下。

[345] 干达人的言行有界限，越界便有性命之虞。此时我才明白干达人的话题范围。没人敢谈起王家世系、被征服的国家甚至邻国。若没有得到允许，则没人敢拜访国王的客人，否则国王就会担心有人会从国王的客人那里分得一杯羹，国王就会说你为什么去宰客？无论王宫里的女人在外行走还是待在宫里，都没人敢向她们瞟一眼，否则就会被控图谋不轨。象牙或奴隶换来的珠子和铜丝，是干达人可以放在家里的仅有的外国制成品。一旦发现干达人家里有其他物品——如布匹——物品就会被充公，而干达人则会丢了性命。

我被引荐给在场的人。姆盖马（Mgema）曾扶持已故国王苏纳登上王位，是一位长者，德高望重；姆彭古（Mpungu）为苏纳做过饭，在王宫中地位也很高；乌松古（Usungu）和昆扎（Kunza），两位都是行刑官，地位高，受恩宠；最后两位是均巴（Jumba）和纳蒂戈（Natigo），其世系可追溯到布干达开国国王时代。我记下他们的名字，看到自己的名字被我写下来，每个人似乎都很高兴。行刑官昆扎极力恳求我去见国王，让国王饶他儿子一命。也就是我前文提及的上次觐见国王时被拖出去要处死的那个孩子。为了彰显我的身份，我觉得有必要拒绝这一请求，并说以我的身份如果提出可能被拒绝的请求，可不是一件好事。统帅向我保证，此事不会被拒绝，每个人都赞成昆扎的提议。我说能为昆扎说话令我深感荣幸；昆扎亲切地握着我的手，非常高兴。

[346] 这次会谈就像是一场梦，却也无趣。在场的那些人闭口不谈外事，只是讨论内部事务，以干达人惯有的方式极力奉承"贵宾"。统帅仿效国王，也从一个屋子走到另一个屋子，要我们也陪着一道，让我们见识他的位高权重。接着，他单独把我领到一个独立的屋子里，让我看看他的女人，是一些五岁至二十岁的布干达丑女。统帅补充说，这是为了表达对我的尊重，以前他可从没有让其他人看过他的女人。但是，统帅又有些担心，担心我误解了他的意思，觊觎他的女人，便又说道："提醒一下，你也只能看看而已。"

我们回到其他客人之中，统帅又对我客套起来，说所有干达人都非常乐见我的到访。统帅得知我的国家由一个女人统治，便要让干达人罢黜她，由我取而代之，我都不知道该如何回应。我没有直接回答，只是向他展示了一幅地图，标识了英国人和干达人的地理位置，让他打消此念头。统帅和他的所有女人都没有孩子，迫切想知道我的医技能否改变他的厄运。他很慷慨，送了我一只山羊和一些禽蛋，还告诉我的手下去花园里自行摘些大蕉，但不得进入屋子或拿其他东西。随后，统帅说累了，没有再说一句话便走开了。

回到家里，我发现纳西布和马乌拉正在等我，本应还给王太后的东西就放在他们身旁，折叠得整整齐齐。他们拜见了王太后。王太后收到了我的口信，假模假式地对看门人大发雷霆，[347] 责备他昨天没有传话说我来了，重重地鞭笞了他，检查了被送回来的东西，又亲手把它们整整齐齐地折叠起来，说她为此错误而感到难过，希望我原谅、忘了这件事，她的大门将一直向我敞开。

我笑话马乌拉和邦贝这两个朋友，两人昨天的担心多余了，告诉他们我更懂人性。但是，他们只摇头说，这也只是因为你巴纳这样做了，要是阿拉伯人或其他人要这一出，就另当别论了。我说："是这样。但是，你们不明白吗？我知道我在这里的价值，让所有事都变得跟你们说的不一样。"

3月18日。在觐见国王的路上，我见到了我的两个手下，他们的头被矛刺伤了，流着血。他们曾自行取食干达人的大蕉，但干达人人多势众。按照干达人的规矩，我的手下抓了一个男孩和一个妇女作为证人一起跑了，证人的手和脖子被捆在一起。得知此事，我先是去拜访统帅，但是他没有立刻接见我。我便又去拜访国王。像往常一样，我放了三枪，并立刻获得了国王的接见。我看到国王站在院子里，身穿布衣，身后放把铁椅、装了一半火药的双筒枪和少量铁弹，四下寻找头顶有无老鹰飞过。国王很快就看到了我的两个受伤的手下和犯人，也看到干达警察带来的几个津扎族犯人。这几个津扎人因闯入干达人的屋子袭击女人而被抓。我的手下得以洗脱罪名。国王称赞了他们，并下令让所有津扎人在第二天早上离开他的领地。

另一个案件很容易处理，只需要我那受伤的手下一直被看押待审，直到被认领，一旦有人站出来，那人就会受到处罚，否则干达人的人力损失就太大了。[348]获释奴常在公路上抓人，否则他们就会挨饿。这是老规矩，现在也是这规矩。我们想改变这种规矩，但没有用。话接上文，国王看到飞鸟过来了，非常激动地喊"射杀这只老鹰"，接着又喊"射杀那只老鹰"。但是，火药没上足，老鹰飞走了，爪子动了动，似乎只受到一点点冲击。

就在这时，统帅趁机走了进来，前来致礼。铁匠制作了两把非常漂亮的长矛，渔民捎来一篮子鱼，其中两条鱼被拿出来送给我。国王坐在铁椅上，我则坐在一只木箱上。国王给了一些王室用的草，我把草塞进了木箱中，使木箱完成了一个王座仿制品。这一创意让国王笑了很久。既然国王蠢到不让我坐在自己的便携式铁凳上，那我就得心灵手巧，要像一个英国人那样坐在国王的面前，以示尊严。我希望能交流些话题，便给了国王一袋钱，告诉国王硬币的用处和价值。但是，国王看不上这些玩意儿，很快就将它们放在地上。外部世界是令人好奇，但布干达的琐事更能引起他的兴趣。他一直在和统帅聊着，后来天下起雨，国王便结束了这次会见。

3月19日。为了避免误会，王太后希望在我拜访她前让我的手下提前告知一声。一早我就派纳西布去说我将在下午拜访她。纳西布一直等到晚上才把口信传上去，[349] 而王太后一整天都在载歌载舞。王太后抱怨我的手下在路上抢了她的园丁的东西，想知道为什么我不经常拜访她，并安排第二天早上接见我，恳请我带些肝药过去，因为她身体两侧持续刺痛，还送我一窝鸟蛋和一只家禽。

纳西布去传口信的时候，我去拜访统帅，对他就像对国王那样尊重。统帅今天似乎比较友善，但依然只是对那些并不重要的事情感兴趣。例如，谈话主要就是围绕我的胡子而展开。所有干达人将来都会满脸长毛。我告诉他们说，要长成我这样的胡子，得用牛奶洗脸，再让猫舔掉，他们鼻孔朝上，满脸不屑。

3月20日。我对独自生活感到非常厌烦，除了每天在办公信纸上记录笔记外，我无事可做，我的后勤物资都留在卡拉圭。除了一些烦人的侍从外，我没有机会见到任何访客。而那些侍从每天只会要我给国王一些东西或为国王做什么事情。我对未来感到不乐观，在格兰特回来之前我想访问索加人之地的请求被直截了当地拒绝了。为打发时间，我交往了一个名为卢戈伊（Lugoi）的侍从。卢戈伊是瘦瘦的小伙子，父亲已经去世，乌莱迪成了他的养父，视他为己出，而他也愿意接受乌莱迪。卢戈伊甚至说，相较于养父乌莱迪，他更喜欢我。他说，他不喜欢布干达，这里的人像傻瓜般生活着，他希望能在沿海地区生活，沿海地区也是他听说的唯一远方。获释奴都是从那里过来的，卢戈伊猜想那里有一些大海湾。今天，卢戈伊穿着一件白色枕头状的新衣服，衣服上有些孔，孔边有黑带，头和胳膊从孔中露出来，[350] 腰上别着插在红色刀鞘里的匕首，肩上披着一块红毯，用来为我扛枪，或在想坐下时作为坐垫。我走过去，向统帅问安，我还带了一些图片。

卢戈伊的衣服吸引了干达人的注意。只要有新访客过来，他们就会叫卢戈伊把衣服脱来脱去，除此之外大家都没有说些别的话；甚至连统帅曾经非常想看到的图片也没能引发他多少兴趣。我请求统帅允许我画他的宠物狗。就在此时，国王的姐姐米恩戈（Miengo）走了进来，并坐了下来，毫无忌惮地和我开起玩笑来。

一开始，他们反对我画狗——是不是担心我对狗施魔法，我说不上来。不过，他们牵来了另一个宠物，一条漂亮的有奶白色斑点的普通黑狗。我把这条狗拴在米恩戈的面前，画这个女人和狗。没有国王的允许，我就画国王的姐姐，这是不符合规矩的。觉察此景，所有人都报以大笑，却又假装紧张兮兮，害怕我也这样对他们。昨晚，我的一个名为桑戈罗（Sangoro）的仆人出去寻找食物，却一直没有回到营地。我的手下怀疑是干达人谋害了他。我告诉统帅此事，并请求他能四下寻找。但是，他冷冰冰地说道："你们自己先找两天。获释奴常常与干达人交友，因此不乏从主人那里溜走的，也常常会遭到谋害。如果你们不能在两天内找到他，我们就派巫师来找。"

3月21日。昨夜，我被一阵惊悚的喊叫声唤醒并起了床。喊叫声来自罗扎罗及其尼扬博族同伴的住处。虽然在国王的允许下，我的手下从干达人那里弄些大蕉酒和大蕉，但干达人还是威胁着要逐一杀死我的手下。[351]我发现尼扬博人靠近马路边，在月光下彼此依偎，拿着长矛和棍棒，恶狠狠地对待来犯者。随着支援者的到来，尼扬博人占据上风，夺得两把长矛和一个盾牌，驱散了敌人。早上，我派官员带着战利品去见国王，再次抱怨国王让我的手下变成了一伙匪徒。正如我预见的那样，干达人和我的手下之间产生敌意，实在令我恼火。因此，我恳求国王能采取一些措施防止再发生此类事件，否则我将使用火器自卫。

官员去办差时，我带上卢戈伊和肝药去拜访王太后。卢戈伊是我的首要谈话对象，事实上在各个地方都是这样的。我一直向前走，身后跟着一群人，几乎成为当地一景。接着，我们谈起了肝脏问题；最后，正如我希望的那样——王太后抱怨我的手下在路上抢东西，恰好给了我表达的机会，我告诉她国王现在所做的正好是我自离开沿海地区就想避免的事。我恳请她利用她的影响力去阻止此类不愉快事情的发生。她告诉我，以后让我的手下到她的宫殿里去拿食物，不要再抢东西了。与此同时，王太后还给了一些大蕉。然而，王太后起身离我而去。我倍感失落，无法再和她达成更切实的协议——诸如，如果我的手下前来，发现宫殿大门紧闭，到时他们怎么办？我的手下共计有四十五名，她能给多少食物？等等。然而，这就是布干达王室典型的办事风格。他们只给出指令，却不知道怎么去贯彻执行，认为实际操作是小事，不足挂怀。

[352] 此次不尽如人意的会见后，我转而去觐见国王，心里知道放枪能获得召见，也怀疑官员能否传上话。情况确实如此。这些官员坐了一整天，也没能见到国王。我放了三枪后，国王打开大门，立即接见了我。国王坐在宫殿阴凉处的铁椅上，指间的登山杖玩得呜呜响，周边围着约八十个女人。国王看到我的登山杖比他的好，便换了过来。我给了他一把龟壳梳，让他把头发梳直。他不停地夸赞我，说我将头发整理得漂漂亮亮，让我脱下帽子给他的女人看看，接着便让我的手下说说昨晚的事情。我的手下说有女人在场，他们不敢说此事。我恳请私下会见。在不断地鼓励和催促下，他们才敢说话。我用斯瓦希里语说道："国王（Kbakka），我的手下害怕告诉您我想说的话。"虽然国王没有听懂一个单词，但马乌拉趁国王注意到我之际，以一种讨好的方式谈及自己："我看到鲁马尼卡手头上有把漂亮的枪，六发的，不像您的五发手枪那么短，是把长枪，有我手臂这么长。"国王说："哦？那我们得拿过来。"马乌拉便叫来一个侍从，让他拿着一根小木棒，代表所要的枪，让他立即取过来。

国王接着问我："火药是什么做的？"我 开始讲的是硫黄，还想着把所有物质都解释清楚。但是，国王一听到硫黄，便发了第二根小木棒要人去取硫黄，有人急忙过来拿了小木棒。国王令一直在等候的朝臣走上前来。这些朝臣几乎跪着走过来，眼睛不敢看女人。[353] 口中高呼万岁，身上都出起汗来。四名少女，也是这些朝臣的女儿，打扮得花枝招展，宛如新娘，受令和其他女人坐在一起。一个猎场看守人拿来了几篮子小羚羊——长着犬羚样的直角，体肤像印度的豚鹿。干达人称之为姆佩奥（Mpeo），并要把它们送到御厨那里。穿着山羊皮的老朝臣不惜冒犯，径直走过去请求放过这些羚羊。接着，有人又牵进来十头牛，这些牛是从布尼奥罗那儿抢夺过来的。抢夺这些牛的勇士在宫外高呼万岁。最后，一些精美的盾牌被送了过来，大家都在啧啧称赞。突然，国王起身，径自走开，留下我的手下像傻瓜一样在那里，既没有食物的说法，打破了头也没有说法，就像我没来过一样。

3月22日。我拜访了王太后，询问她的健康状况，也想知道我的手下怎样才能得到食物。但是，王太后压根就没有给我说话的机会。她又一次劈头盖脸地指责我的手下抢夺东西。老调再次重弹。我的手下共计有四十五名，饥肠辘辘，必须得有食物，除非王太后或国王能提供食物，否则我也爱莫能助。她又一次向我保证喂养他们，但她反对他们携带刀剑："他们携带刀剑，意欲何为？如果干达人不喜欢获释奴，刀剑就能在我们国家横行吗？"说了此话，王太后就走了。我心下思忖，昨晚肯定是王太后指使人袭击我的营地，恼怒于获释奴拿着刀剑将她的人赶跑了。下午三点，我觐见了国王，和国王私聊了一会儿，表达了我的郁闷；三次枪声后，他出来接见了我，周边还有一些动物和其他杂七杂八的东西。官员得到嘉奖，[354] 因为他们在上次从布尼奥罗人那里抢夺东西时表现英勇。

老行刑官昆扎也在场，我请求国王能宽恕他的儿子。令人奇怪的是，穆特萨一开始说："巴纳怎么问起此事？"知道前因后果后，穆特萨高兴地下令释放昆扎的儿子。每个人都开怀大笑。老昆扎激动不已，感激涕零，跪倒在我脚下，表达其深深的谢意。他内心澎湃，都无法用语言表达感激之情了。国王兴致很高，也很幽默地说道："你觐见我多次，但我们都没有触及索加人的问题。你可能会想，我们没有在这件事上施加影响力；但是，我的军队刚从战场中返回（意指从布尼奥罗抢牛一事）。我还召集了另一支军队，将会真正在索加人之地打开缺口。"就在我想说些什么之际，国王像惯常一样，站起身来邀请一些亲信随他一起到另一座宫殿。在检查完我的药箱后，国王让我给一名行刑官治疗瘘管。我甚至都没有机会说愿不愿意承担这份责任。正在准备治疗之际，国王一阵风似的离开了。

到家后，我看到了桑戈罗。此前，我们认为他失踪或被谋害了。桑戈罗安静地、舒服地坐在营地里。他离开营地到很远的邻地去找食物。在那里，国王养了很多女人。由于是禁地，他被禁地的守卫抓了起来，关在仓库里，倒也提供吃的，但一直关到今天。就在今天，他用刀砍断了腿上的捆绑带，逃了出来。我的手下一直抱怨声不迭，再次围着我，吵着要食物，说看到我的羊了，说我活得倒自在，却忽视了他们的需求。尽管徒劳，但我还是告诉他们，自从我们进入布干达以来，他们已经索要不少了。我留了些羊，保证每天都能吃点羊肉，可他们很快就吃掉了牛，[355]用牛皮换大蕉酒喝，而我从没有喝到过。只要看到，他们就会抢走我的布匹和珠子。现在，他们肥得像猪一样，从布干达人的土地上拿食物。我无法使他们安稳下来，但下令说明天一早，马乌拉去国王那，纳西布去王太后那。我则打算到统帅那，希望借他们三人之力去解决食物问题。

3月23日。根据昨晚的计划，我一早就去拜访统帅。他答应帮助我，但似乎也就说说而已。其他人受饿，对我意味着什么？我回家吃早饭，心下嘀咕究竟有什么事情能兑现。地位第二高的朝臣卡格戈（Kaggo）之前想来看我。我派邦贝去他那里解决食物问题，坐等结果。就在此时，国王派人来说他想见我，让我带上罗盘。马乌拉曾告诉过国王，我有一个好工具，靠它可以在全世界找到路。我应约前去，看到国王坐在宫殿外，就坐在我送给他的那把椅子上，身着华服，戴着我送给他的丝绸领带和黄金项圈，吹着长笛，他的兄弟在一旁附和着。他的兄弟有三十余人，有的成年了，有的还是孩子。一半的兄弟戴着镣铐，另一半的兄弟则没有，国王派一名官员监控他们，以防他们阴谋夺权。

我们都坐在宫墙阴影下，聊天、摆弄乐器。为了取悦我，国王将他的兄弟都召集了过来，此举也是为了获得梦寐以求的罗盘。国王要我把头发露出来，称赞一番，又要我把鞋脱掉，看看我的脚，再要我把裤子脱掉，确认我从头到脚都是白皮肤。就在此时，邦贝急切地跑了过来，就站在我们的面前，背着不少大蕉。这是一个千载难逢的机会。国王问邦贝干什么去了，也知道了我在获得食物方面的困难处境。[356]我猜想，国王也是第一次知道我的处境。国王有些愤怒地说道："我曾一天杀了一百个官员，如果没人给我的客人提供吃的，我再杀一百个。我知道怎么对付狂妄自大的人。"接着，国王便让他的兄弟走开，邀请我随他到宫殿的后侧，他实在太喜欢我了，想向我展示一切。我们撑着伞，一起走着，起先看到一排草棚屋，接着又是一排草棚屋，最后来到寝宫，在一个草棚屋处驻足。国王说："那间屋子是我睡觉的地方。我不叫，我的妻妾没有一个敢进去。"国王立即让我明白了，给我看这处神秘之所是给我的殊荣，我得有所回报。我能拒绝国王，不给他像罗盘这样的小物件吗？我告诉国王说，他不妨别让我看，让我回家。那个小物件对国王来说没用，他看不明白，也不懂怎么用。但是，此话只是激发了他的贪心。国王看着罗盘指针转个不停，指向北方。他看了又看，恳求了一次又一次。我实在厌烦了他的强求，说如果到索加人之地的道路开辟了，我就将罗盘给他。听到这话，国王骄傲地昂起头，拍着胸脯说道："包在我身上，只要我活着，就会这么做。那个地方没有国王，我一直想夺取。"然而，我没有给他罗盘，要他先兑现承诺。国王便去吃早饭了。

我前往乌松古的住处看看能为他做些什么。结果发现，他已经出现了并发症，我已无计可施。干达人的一些疾病与他们的文化、交往方式密切相关，[357]我无法医治，但承诺尽我所能减轻他的痛苦。

3月24日。早饭前，我去拜访乌松古，让他每天早上喝杯加奶的热咖啡。这让他着实吃惊不小，因为黑人只咀嚼咖啡。他给我的手下一些大蕉酒和大蕉。回来后，我遇到一位侍从，他受令过来邀请我去王宫。去后，我看到国王和很多女人坐在一起。国王身着欧式衣服，还穿上了昨天我给他的一条裤子，看上去和我穿着一样。这是国王第一次穿裤子。在他看来，整体打扮可能会让当地人感到好奇。我却觉得有些滑稽。裤腿和马甲的袖子太短了，国王黑肤色的手脚都露了出来，像只猴子。国王头上有王冠，戴不了帽子，让他坐得没那么自然。帽子可是国王出席活动时的特殊物件。衣着展示完，国王遣散了女人。我进入宫殿，地上摆放着大量大蕉，国王叫我的手下拿回去。国王还承诺每天都会提供这么些大蕉。接着，我们走到另一座宫殿。我们一起坐在阴凉处。女人又返回了，我们却都成了哑巴。即便为了我，我的译员也不敢冒生命之虞对国王的女人说一句话。我感到有些无趣，便拿出素描本，画了只宠物。国王认得这只宠物的冠子，高兴不已。

二十名裸体少女，在我们面前一线排列开，犹如房里来了新欢，她们都是官员的女儿，油脂让她们的皮肤显得脏兮兮，却也亮闪闪。每个少女拿着一块树皮布。父亲们匍匐在地，高呼万岁，[358] 看到国王称赞宝贝女儿高兴万分。这一切就在我的手下面前静悄悄地进行，而我的手下却不敢抬头看，我不禁一阵大笑，国王受到感染也笑了起来。笑声还没有结束，原先一本正经的侍从也笑了。我的手下也突然咯咯笑了起来。甚至周边的女人也捂嘴偷笑，害怕被人察觉。我们所有人都一起笑了起来。一位老妇人从蹲着的人群中站起来，让这些少女向右转，叫她们退出。我们看到了她们更加裸露的后背。今天，国王准许官员拜访我，而且在我说事情时，我想让译员像一个男人那样翻译，让听者知道我住布干达，既是高兴的事，又是有意义的事。我们共同见证这良好互动的一幕，国王支持了我。但是，我发现一旦我走了，国王就改变了之前的决定。事实上，当地官员一直不敢接近我。

3月25日。今天我又一次去拜访乌松古，发现他身体好了一些。他给了我的手下一些大蕉酒和大蕉。虽然我告诉他可以来看我，但他还是不愿意和我说话。

我已经在王室地区待了一段时间，也有机会了解到王宫里的规矩。自从我换了住所后，每天所见之事都令人不可思议。我曾看到过有两三处宫殿里的女人被拉出来处死，手被绑住，被守卫拖走，死前高声哭喊："哦，天啊（Hai Minange）！""国王啊（Kabakka）！""妈妈啊（Hai N'yawo）！"既绝望，又悲凉。很多人私下曾称赞她们的美貌，[359] 也听到了哭喊，可没有一个人敢出手拯救她们的性命。

3月26日。今天，为了取悦国王，我作了一幅画，画的内容是国王正在接见来宾。我前去拜访国王。前往王宫的大路上满是从尼奥罗

一个被拖出王宫、即将被处死的王妃

人那里夺来的牛。抵达前厅后，我便和在那等待国王接见的人站在一起，其中就有王后的叔叔马辛比（Masimbi）和率军前往尼奥罗人之地的年轻将领康戈乌（Congow）。他们说，他们已经得到国王准许了，我可以去拜访他们，他们也很期待。有人立即点起了火，我受召进入国王最喜欢的地方，也就是宫墙的阴影处，国王坐在一把能动的椅子上。我们谈了一会儿。国王把我的画传给女人浏览。国王希望能有更多这样的画，便准许我在宫中随时作画。国王还要看看我的画盒，只是看看。然而，尽管我后来多次敦促他还给我，但直到我准备离开布干达的时候才从国王那里索要了回来。

3月27日。早饭后，我前去拜访康戈乌。[360]但是，康戈乌已经按照惯例前往国王那里。我便去拜访马辛比，结果他也不在家。于是，我就近拜访了王太后。我一直在那等了好几个小时。第一，王太后在吃早餐；第二，她正在"吃药"；第三，太阳太毒了。我实在等得不胜其烦，便说道："如果王太后不想见我，她最好现在就说，否则我就走了。上一次我拜访她，她就给了我几分钟，便粗鲁地转身而去，让我一个人坐在那里。"结果我被告知，不要着急，王太后将在晚上接见我。这一说就意味着要等六个小时才可能获得王太后的接见。我心下自忖，待在家里和待在布干达其他地方都一样，都没有陪伴。因此，我决定就在那里坐等，宛如一尊纪念碑那般耐心，倒也期待能发生点有趣的事。

最终，王太后召见我，蹲坐在我送给她的红毯后，不过红毯已经变成固定的屏风了。王太后话说很快，也很烦躁："巴纳不觉得天气不好吗？乌云飘来飘去，大风一阵一阵。只要是这样的天气，我就不敢出门。"对她的推托之辞，我没有回答。我说，我已经在布干达待了五十天左右了，可什么事情也没做。没有一个与我同等身份的人来看我，而我也不能和那些比王太后和我身份低太多的人交往。事实上，我在家唯一的乐趣就是看母鸡在我的空床上下蛋。王太后变得和气了些，与往常一样，承诺让我多参加合适的交际。我告诉王太后，我曾让我的手下去问国王，布干达婚礼与我国的完全不同，干达人怎么操办婚礼；然而，他们总是说，他们不敢问国王这个问题。现在，我希望王太后能给我解释一下。[361] 由于两宫之间充满嫉妒，告诉王太后我从国王那里得不到任何东西，肯定能激发王太后，从而得到我所想要的，这是一个最有效果的办法。就在这当口，事情完全如我所料，王太后立即欢快起来，我从她那里知道布干达婚礼的情况，王太后兴致很高地做了长篇解释：

布干达没有婚礼这类事情，也没有与婚姻相关的仪式。如果官员犯法了，恰好他还有个漂亮女儿，他可能就会把女儿送给国王以求宽恕；如果邻国国王有个漂亮女儿，布干达国工想要得到她，她可能就会被作为贡品送给布干达国王。布干达的官员由布干达国王为他们提供女人，给不给女人得看官员的品行，这些女人或是在境外战斗时抓获来的，或是从布干达国内反叛大臣家里抓获来的。根据传统，当地人不把女人当作财产，但许多当地人彼此交换女儿。一些女人如果犯了点小错，就会被卖为奴隶，或遭到鞭笞，或被贬为承担所有家务劳动的女仆。

官员随后岔开了话题，问我道，如果我娶了一个黑女人，会有后代吗？后代的肤色是什么？王太后对这些问题也感兴趣，做了一个重要的手势，表示赞成这个想法。一阵大笑后，王太后问我是否想当她的女婿，她有好几个漂亮女儿，拥有希马人或干达人的血统。对于这个郑重又可怕的提议，我内心一开始很纠结。我咨询邦贝："如果我得到她的一个女儿，我该怎么对她？"邦贝觉得可以要不止一个女人，并说道："无论如何，接受这个提议。如果你不喜欢她，我们可以让她离开这个死亡之地，这是一个好办法，所有黑人都喜欢桑给巴尔。"而且，无须告诉其他人。**[362]** 当然，我必须得表达出万分感激之情。推杯换盏间，所有人都开怀大笑。然而，我必须得等上一两天才能做出恰当的选择。一旦要娶王太后的女儿，我还要将那个漂亮女儿关上两三天，直到她习惯与我相处，否则单纯出于害怕，她也可能会逃跑。

王太后不停地喝着大蕉酒，已经喝得够多了。为了保持她的好兴致，我称赞了她的项圈。这条项圈是铜丝做的，外面包裹着铁片。我问王太后为何戴着这样的藤叶状的项圈，我也常常能在官员身上看到这样的项圈。王太后有很多条类似的项圈。听到此话，王太后脱掉项圈，将它戴在我脖子上。然后，王太后指着项圈说道："这是徽标，谁戴上，谁就能抓小孩。"我由此推断，此乃王家证章，赋予佩戴者抓捕的权力，就像布干达的印章对官员来说意味着权力。

有人过来宣布说，现在是王太后用晚膳的时候了。王太后希望我在这里再待一小会儿，她去用膳了。王太后派人从她的桌子上端几盘菜送给我，还有一些精心烹制的牛羊肉和各种蔬菜，外加不少圆片湿巾，用来擦手脸。这些湿巾是由新抽出来的大蕉纤维做成的。毋庸置疑，王太后的厨子烹饪造诣颇高。在王太后回来后，我告诉了她我的看法，并说很高兴与她会见和共进晚餐。王太后满脸欢笑地喊道："多上点大蕉酒，多上点大蕉酒。"王太后要每个人依次喝酒，喊着笑着，说着干达人的玩笑话。虽然我听不懂一个单词，但欢愉的场景已经说明了一切。太阳落山了，王太后要回宫安寝，她说："我起床了，巴纳也会起床吗？不会责备我抛弃了他？"**[363]** 说完，所有人都起身，注视着王太后回宫安寝。我手拿着帽子站在那里，所有官员则跪在地上。然后，大家都散了。

3月28日。我去了王宫，与往常一样，我看到很多人都在等着国王的接见。其中有统帅、马辛比和国王的姐姐米恩戈。我放了几枪，立即得到召见。但是，除了米恩戈外，没有一个人随我前去拜见国王。国王坐在椅子上，旁边围着他的女人。国王令人将阿拉伯来访者的礼物，即十二件衣服拿到他的面前。看到这些衣服，我就想把它们都改制成欧式服饰，就像我自己的外套、裤子和马甲。说这些没用，我毕竟没有带裁缝来。但是，这件事得通过其他途径来完成。国王特别喜欢我的衣服，只要他有足够的布料就想仿制我的衣服，再不用穿干达人的布了。

我曾常常恳请国王给我引荐他的一些人，这些人都是绝顶聪明的艺术家，可以仿制我送给国王的椅子和其他物件。我告诉国王，如果他令一些裁缝来我的营地，且这些裁缝在针织方面远比我的手下聪明，那我就剪一些布料，教这些裁缝去缝制衣服。国王赞同此提议，并给我五头牛作为奖赏。但是，他的裁缝一直没来，只得我的手下来完成此项任务。

马乌拉引起了国王的注意，国王和他谈了整整一个小时。马乌拉告诉国王巴纳屋子里有哪些好玩的物件，问国王想不想去看看。马乌拉这个骗子，竟然因此让国王奖赏给他三个女人。就在此当口，一只秃鹳飞了过来。我半开玩笑地掏出枪。此时的国王兴奋得像放学后的孩子，跳了起来，忘了周边人，叫喊道："来啊，巴纳，射那只秃鹳。我知道它跑哪去了，跟我来。"我们都跑了去，穿过一座又一座宫殿，然后看到那只秃鹳栖息在一棵树上，[364]就像一位安静的秃头老绅士，鼻子又尖又长。彼此的客气让我们失去了那只秃鹳。我希望国王来射击，而国王希望我来射击，担心自己射不中。他不在乎秃鹳，任何时候都可以射击秃鹳，但他特别在乎这只秃鹳。然而，这只秃鹳似乎明白了过来，径直飞走了。

第十三章

CHAPTER 13

布干达王宫（三）

拜访一位杰出的政治人物—国王到访—王室竞技—王太后送来多
位妻子—王室美人及其背离—布干达的司法程序—狩猎水牛——场音
乐会—我的施诊—王室的尼扬扎之旅—布干达的独木舟—赛舟—步枪
射击—内政困境—巫师的介入—国王的兄弟

❦

[365]3 月 29 日。依照约定，我一早便去拜访康戈乌。康戈乌让我在外屋等了一段时间，便叫我进去见他。康戈乌与他的一大群女人坐在一起，但他的女人谈不上漂亮。康戈乌的屋子很多，花园和庭院非常整洁，维持得不错。对于我的到访，康戈乌非常高兴，拿来大蕉酒，还把女人们的上衣撩到腰部，问我对其女人的看法。他向我保证，他对我青睐有加，其他人可没有过这样的待遇。干达人彼此间充满嫉妒——甚至在路上盯着一个女人看，都可能招来杀身之祸。我问康戈乌要这么多女人干什么？他回答说："没什么；国王把她们赏给我们，是为了维持我们的地位，有时一次能赏赐一百个，我们不是让她们做老婆，就是让她们做女仆，随我们的意。"[366]就在此时，我听到有人说王太后的手下姆库恩达（Mkuenda）在外面等我，却不敢进来，因为康戈乌的女人都已经出去了。我便请求回去吃早饭。康戈乌非常吃惊，他本以为我会在他那里做客一整天。在布干达，一天内拜访两人，即便其中有一个是国王或王太后，也不合礼节。我实在没有其他办法，便说饿了，康戈乌就不能留我了。康戈乌拉着他的独子，充满为人父的骄傲，说道："国王和王太后来我家，就是为了看看这个小机灵鬼。"我们分别时约好改天再见。在康戈乌家门口，我见到了姆库恩达。姆库恩达说，王太后派他来，请"她的儿子"明天早上送点胃药过去，再和她聊聊天。我和姆库恩达一起走回家。姆库恩达看到我的草棚屋用毯子和棉布做装饰，壮观威严，心生敬畏，甚至都不敢坐在牛皮上，问我干达人敢不敢到这里来。他要么是惊得不知所措，要么是太胆怯，没有回答任何问题，待了几分钟就走了。

姆库恩达走后，我还没来得及吃早饭，国王就派人捎来口信，要我去见他，和他一起出去狩猎，叫我带上所有全副武装的获释奴和我的枪支。我前往王宫，看到国王和一大帮人，包括年轻侍卫、官员和女人都在一个大蕉园里。国王四下寻找鸟雀，而其他人则在一旁嬉戏。国王穿着英式衣服，戴着头巾，阳光似乎让他睁不开眼。事实上，他希望我能送给他一顶像我戴的那样的呢帽。国王心血来潮说起话来，但是我知道，那是马乌拉的话激发了他的好奇心。国王说："巴纳住在哪？前面带路。"官员、女人和所有其他人，都炸窝似的，咋咋呼呼地奔赴我的草棚屋。[367] 如果统帅和其他孩子走得不够快，怕踩踏地里的庄稼，国王就会戳他们的后背，几乎都能戳破皮。然而，他们并不介意，高呼万岁，一路小跑，似乎国王的行为让他们感到无限荣光，而国王待他们犹如待一群狗。

抵达我的草棚屋后，我脱下帽子，国王也摘下头巾坐在我的凳子上。费了老大劲，统帅被引导坐在一块牛皮上。女人最初被下令蹲坐在外面。每一样东西都吸引着国王的眼光，眼光里满是赞许和恳求，尤其是我的呢帽和蚊帐。接着，国王允许女人进屋瞧一眼，看看屋里的巴纳。我给了她们两袋珠子，让她们不枉此行。这也是我塑造好客形象的唯一办法，因为没有人会用我的杯子喝水。而且，根据布干达规矩，我也应该准备一份礼物。

国王既兴奋又急不可耐地再一次率众人离开，还穿过我们的营地，匆忙打了几枪，射向一棵高树上的秃鹳巢，巢里还有一只秃鹳幼崽。很多人都在评论我的营地和干达人的住所有多么的不同。结果，国王没打中，还得开火。可爱的国王想要炫耀一下，希望我和他同时开枪。我们一道开火，但是我的子弹击中树枝，巢还在那里。我们再次开火，子弹穿过了巢，却没有打中鸟。于是，我便请求国王让我用他的魏渥斯步枪试试，魏渥斯步枪的扳机护环下有个小支架，可以用来瞄准目标。这一次，我打断了鸟腿，几乎将鸟击出了巢。我跑向国王，指着支架说，就是这个东西起作用，希望他不要再想歪了。但是，国王对我的玩笑很入心，[368] 对着他的人评论着支架的作用。就在这时，我拿出另一支步枪，将鸟击落了下来。国王跳了起来，拍着手，不停地喊道："喔，喔，喔！巴纳，了不起，了不起！"国王全速跑向跌落在地的鸟，官员击着鼓，紧随其后。"看，这是不是一个奇迹？我们得再去射击另外的鸟。"我说："到哪？我们没有其他东西，光靠肉眼的话，可能走很长一段路也找不到鸟。派人去拿你的望远镜，我告诉你怎么去找鸟。"听我这么提醒，国王派几名年轻侍卫飞跑去拿望远镜。望远镜拿来后，我告诉国王如何使用它。国王用它看东西，立即明白了它的威力，大为吃惊。接着，国王转向官员，笑道："我一直把它放在宫殿里，今天才真正明白这东西的用处。那么远的树，我都能看到树枝。往右看，那里有一座草棚屋，入口处还坐着一个女人。王宫周边还有很多只山羊在吃草。它们那么远，又那么大，好像触手可及。"

大半天就这样过去了，所有人向王宫奔赴。在路上，人们指着一棵槲寄生树，认为它是一棵降雨树。这可能是因为：在早前的一个场合，我建议国王在王宫周边种些咖啡树，既能丰富王宫景观，又能为王宫提供健康食品——并说树木可以提高布干达的降雨量，但是特别高的树也有危险，招致闪电。接下来就是开枪射击了，我为浪费铅弹感到惋惜。在雷鸣般的欢呼声中，国王肩膀架枪射杀了五头牛。

白天的事都是在野地上而不是院落里完成的。我还没到那里，几个年轻侍卫就跑过来要火药和子弹、帽子、布料和其他东西，[369]还有一袋珠子。这就是身在黑人之地的坏处，主人每天都向客人索要东西，借机免费得到一些东西，却毫无羞耻之心。不过我通常会在国王毫无预料的时候给他一些小玩意儿。他主动要的时候，我则找借口说还得等加尼那边的新物资运到。

3月30日。为了履行与王太后的约定，我带上胃药步行到了她的宫殿。我想，我们现在是好友了，那些彰显尊严和地位的仪式可以砍掉了。结果，事与愿违。我又等了好几个小时。我派人传话说，如果王太后不要药的话，我就回家了。直到这时，王太后才接见我。我实在厌烦布干达，厌恶布干达的一切。王太后来到门口，站在那里开怀大笑。有人将王太后之前答应我的两个希马女孩领来了，一个女孩十二岁，另一个女孩年龄大一点。她们俩受命蹲坐在我们面前。年长些的女孩青春貌美，四肢修长，肤色黝黑，大声哭喊。年龄小些的女孩也很好看，但鼻子短而上翘，嘴唇外翻，嘴上带笑，似乎她认为这次命运的改变很有趣。我做出了选择，选了那个年龄小点儿的女孩，说把她交给邦贝，只要到了沿海地区，她就会被认为是哈布施

（Hubshi）或阿比西尼亚人[1]。王太后看到我的选择后，她让我也收了另一个女孩，并说那个年龄小点儿的女孩太年轻，不能一个人过去，如果将她们俩分开，那个小女孩会害怕，最终逃跑。我优雅地鞠躬致谢，带着两个精致的自然史标本[2]离宫而去。我其实希望能带几个王子回去，这样就能让他们到英国接受教育。但我们一走出宫殿，王太后就派人传话说，她改天一定会去看望她的"儿子"及其妻子们。[370]王太后还笑道："我肯定会去的；你们看上去都很漂亮，现在回家去吧。"我们一路小跑回家，年龄大点儿的女孩伤心地抽泣着，年龄小点儿的女孩则眉开眼笑。

　　一回到家，我就开始询问她们的身世，可她们似乎也不清楚。我给年龄大点儿的女孩起名梅丽（Meri）。这个女孩是已故国王苏纳从安科莱那儿得来做老婆的。老国王死前，她还只是个女孩（Kahala），老国王曾分给她二十头牛，让她能像在老家一样喝上牛奶。但是，苏纳死后，他的女人被当作遗产来分割，梅丽就这样落入王太后的手中。那个年龄小点儿的女孩，依然保留了卡哈拉的名字。据她说，她是干达人从布尼奥罗抓过来的，干达人将她献给了王太后，但她说不清父母为何人。

　　到了晚餐时间，与往常一样，甜薯和羊肉端到我用盒子做的餐桌上。我请她们俩和我一道用餐。我们变成了很好的朋友。她们还确信最终在桑给巴尔会有好房子和花园。但是，不管怎么劝，她们俩没有一个吃那些用黄油烹制的食物。接着，手下人又端来一碟大蕉和羊肉。卡哈拉想吃羊肉，但梅丽不吃，还不让卡哈拉吃。因此，家里总有一些不顺的事情。我不禁问道，我怎样才能处理好这些小矛盾。她们告诉我，希马人自尊心强，脾气大，比驴子更犟、更难驯服，一旦被驯服，她们就会成为最好的妻子。

　　3月31日。我想去拜访王太后，感谢她送来两个迷人的女孩。但是，我的人还在挨饿，让我到国王那里找吃的。我又打了几枪，穆特萨出来了。穆特萨准备来一次狩猎旅行，官员带路，年轻侍卫搬运步枪和弹药，[371]还有一大群女人跟在身后。出了宫门，众人首先看到的是一群牛。国王挑选了其中的四头，距离约五十步，枪架在肩膀上，在一片雷鸣般的欢呼声中射杀了它们，并与年长者握手庆祝。之前，我从未看到年长者敢触碰国王的手。穆特萨转身亲切地对我说："你也来射杀吧。"但是，我婉拒了，说国王自己射杀即可。国王想射杀牛的同时，却又将手指向一棵树上的几只苍鹭。国王射击五六次，击中了其中的一只。国王不敢相信自己有此枪技，一开始像石头般地站立在那里，接着疯了一般地跑向那只射落在地的鸟，叫喊道："哇，哇，哇，这怎么可能？是真的吗？哇，哇！"国王跳跃了起来，所有男人和女人都跟着他大声叫喊。国王冲到我的面前，抓起我的双手——握了又握——喔，喔！接着，国王又冲到女人和男人面前，和他们握手。喔，喔！然而，握手和喔喔地欢呼，压根就只能表达其一半的心满意足，他对自己的表现实在太满意了。

被射落下来的鸟，立即就被送到王太后那里。国王也回宫了，喔喔地叫喊不停，一路上谈到此事不止"十或十二次"，吹嘘着自己的枪技。"巴纳，你现在告诉我——如果你我射向大象两次，你觉得大象还有活下来的机会吗？我会射击了，我现在对此毫不怀疑。你曾要我和你一起去射杀河马，但我没干，我得学会射击方法。然而，现在我会射击了，而且射击得特别好，我都忍不住夸自己了。我现在能射击河马了，我们俩一到到湖边去。"说话间，我们到了王宫；乐师在国王面前演奏，官员受令庆祝国王今天的壮举。王室刀匠拿来镶嵌着铜片的铁质餐刀。与往常一样，有人端过来羊肉和蔬菜。[372] 点起火把时，我们就散场了，我的人尽可能多地拿了大蕉。

4月1日。一整天，我都待在家里。国王和王太后今天在查看和整理他们的魔角——马佩姆佩（mapembe），或曰学者所称的护身符，祈求布干达再无厄运之虞。此举旨在探求国家运数，也是一场宗教仪式，通常在新月出现后的第一天举办。算起来，这已是第三次出现新月了。按照旧例，王室所有人包括国王在内，都要理发。然而，国王还是留着鸡冠发型，年轻侍卫留着两道发线，朝臣则依照官阶在后脑处或脑袋一侧留着一道发线。我的人一整天都在忙着为国王做裤子。派来学缝纫技术的年轻侍卫，压根就不学，只是一味地替国王要这要那。

4月2日。王太后也想看看打猎，早上派人过来，叫我带上人，负枪荷弹到她宫殿里射杀一只冠顶鹤。然而，我们抵达后，又被要求等到下午晚些时候才能见到王太后。官员反对她参与射杀，因此我们所谈的不是猎杀。王太后询问两个女孩的情况——是不是跑了？喜不喜欢新住处？我回答说："很抱歉，由于种种缘故没能及早来道谢。王太后打破常规戒律，送两个美人过来，让我的房子蓬荜生辉。对此，我深表谢意。我没有遵照她的嘱托，用铁链把两个美人锁起来。爱的力量已经够强大了。对于爱这种东西，白人深谙其味。"王太后听后满心欢喜，说再送我一个女人，[373]年龄介于头两个女孩之间。在我想来，王太后此举意在让我时常来看她，比她的儿子还勤。不过，我还是向她说声谢谢，恐怕日后也不敢再拜访了。

王太后骄傲满满，不屑于穆特萨国王的待客之道。王太后接着说道："以前啊，无论何时，只要拜访者过来，苏纳马上就会给些女人，接着又会给些粮食。苏纳特别关照客人的生活，完全不是你现在看到的这样。"这一天剩下来的时间，我都在忙着施药和治疗，结果却难令人满意。

4月3日。今天，国王的侍卫长卡通巴（Katumba）送了些代奥莱布过来，用来做裤子和马甲。我送给他一大块价值六十美元的丝绸，让他盖在国王的椅子上。国王喜欢色彩绚丽的东西。有人郑重地告诉我说，国王绝不会穿其他衣服，除非是像巴纳的衣服那样的。

4月4日。中午，我带着枪，受邀去了王宫，却发现国王正在主持早朝。这也是新月出现后的第一次早朝。我在前文已经说过所有人都要理发。不久，国王就站起身来，穿过宫殿来到一个池塘，据说是国王沐浴之所（Nyanza）。国王的女人紧随国王身后。侍卫拿着国王的枪在前带路。我们从池塘一路来到一个树林。树林位于王宫所在山头与湖北面另一座宫殿之间。树林泥淖有大量纸莎草丛，野牛常常出没其间。但是，此时却未见一头。我们又返回了宫殿。国王向我展示了几块土堆，呈帽子状，乃私人观景台。站在上面，可以将周边地区一览无遗。观景台的旁边是草棚屋，比普通住家的草棚屋小一些。[374]国王在"瞭望"山河后就在那里休息。国王叫人上了些水果——

马通古鲁（Matunguru），一种红壳水果，里面尽是酸籽，只生长于布干达河边或水边，还有一种名叫卡索里（Kasori）的甘草根。国王和我们一起吃起水果，并再度请求我送给他罗盘，但我没有答应。我想再让国王明白，对魏渥斯步枪施加魔法是荒谬的，但国王丝毫不感兴趣。其实，国王会错了意，随口问我是不是想要拥有魔法。我说："不，要是这么做，我担心上帝（Lubari）会发怒。"即便如此，国王还是觉得我太固执己见。这种认知在国王心中已经根深蒂固了。接着，国王吩咐随从与我们一起走入宫殿的另一区。国王进入一座更衣屋，一大群发育成熟、裸体的妇女也随之而入。同时，国王还令不少妇女坐在门口的一侧，令我和邦贝坐在另一侧，让我们一直坐等到他结束另一次早朝的时候。此后，我们又回到王殿，官员立即出现了，议事开始了。其间，一位名为姆博戈（Mbogo）或布法洛（Buffalo）的官员，描述了他受命清晨去寻找佩瑟里克的旅程。他穿过以大蕉为食的地区后，遇到了以肉类为食的人，他们从不穿树皮布，不是穿布衣，就是穿兽皮，他们不用长矛，使用双刃刀（sime）[3]。这位官员称他们为赛维人（Wasewe），称他们的酋长为基萨瓦（Kisawa）。但他的同僚说他们是马萨瓦人（Masawa，也就是马赛人）。

随后，大约有八十人进入宫殿，脸面黢黑，头上戴着大蕉树皮扭成的树条，每人手里都拿着一根木棍，而不是长矛。按照宫规，[375]任何人都不准在宫殿里携带武器。一名官员犹如军团的司令，令他们蹦蹦跳跳，称颂国王。接着，国王转身对我说道："我没有告诉你，我已经派出很多人去作战吗？这些人是已经回来的士兵；其他士兵正在回来的路上。所有士兵聚集在一起，最终将组成一支部队，前往乌索加作战。"再接着，有人前来告状，呈送过来几只山羊和其他用于和解的礼物。最后，一大群官员带着一个老汉和一个年轻的女人进来了。这个老汉年轻时长得太英俊，被割了双耳；有人在找那个年轻女人，四天后才发现她藏在这个老汉的屋子里。老汉和年轻的女人被带到国王的面前，接受国王的裁决。

国王只听原告的陈述。原告说，那个年轻的女人丢了后，他找了四天，结果发现是那个老汉把她藏了起来，那个老汉论年纪都能当她的爷爷了。从所有迹象看来，人们可能会认为，那个可怜的姑娘受到了虐待，这才从原告家里逃了出来，自己躲在那个虚弱的老汉的家里，并没有让老汉收留她。然而，我们听不到姑娘和老汉辩驳的话。为了以儆效尤，国王立即下令取他们的性命，但要给他们吃的，尽可能维持他们的生命，要凌迟处死他们，每天都要割他们的肉，直到丧命。两名罪犯听到判决后，惊愕不已，异常绝望。在鼓声中，他们被野蛮地拖了出去。

关于这起经他判决的悲剧，国王完全无动于衷。罪犯一离开，国王便说道："巴纳，现在我们来打枪吧。让我们看看你的枪。"我的枪已经上了膛，所幸的是只装了火药，[376] 以便放空枪宣告我来到了宫殿。国王随即把火帽装在了枪管的火帽座上，意外地放了一枪，火星都飞到草棚屋顶上。人们一阵惶恐，因为草棚屋顶可能会着火。一放下心来，孩子似的国王就又一次让他的朝臣惊恐不已。国王仍然坐在王座上，把枪从肩头放下来，平举起来，朝着蹲坐着的官员的脸上又放了一枪，接着就因这个恶作剧而开怀大笑。与此同时，有人牵了数头牛过来。国王下令让官员用卡宾枪射杀，官员射不中。国王拿起魏渥斯步枪，向官员展示他的枪术，结果弹无虚发。人群散开了，但我还紧跟着国王，恳请他让我用珠子买些粮食。我需要粮食，我的人总是处于挨饿的状态。然而，国王应声说道："你得让我们知道你到底要什么，你手中总应该有粮。"以我在布干达获得的经验，这句话的意思是说，别再烦我了，把你的闲钱给我，到我大花园里去自取吧——布干达就在你面前。

4月5日。今天，国王去看望他的母亲，因此拜访者见不到他们俩。我朝着尼安扎湖方向溜达，路过国王女眷管理的大蕉树丛。我的人桑戈罗在那里被抓了两次，关在库房里。大蕉花园修整得非常漂亮，由众多女人打理，她们看到我后都跑开了。然而，有个女人大吃一惊，重重地摔倒在地上，用树皮布把自己裹起来，裸露的脚踝到处乱踢，叫喊着杀人了，救命啊。我把她扶了起来，责备她别犯傻了。这个小意外让女人们胆子大了起来，一个挨着一个向我走来，围在一起，与我一道坐在地面上。接着，她们抱紧脑袋，欣赏着我这个白人，喔喔地赞叹不已；[377] 她们一辈子也没看见过这么好看的人，他的妻子和孩子一定跟他长得一样好看；苏纳要是有这样的福气，肯定愿意为这个白人付出一切。但是现在注定由穆特萨来负责了。如果说穆特萨没有得到神灵的眷顾，那么此行此景又该怎么解释呢？我想要离开，但她们都吸了一口气，倒不是兴奋的那种表情，而是表示不答应："再待会儿吧，摘下帽子，让我们看看你的头发；脱掉鞋，卷起裤腿；你口袋里究竟装的什么？哦，真是稀罕物！是铁块！"我把手表拿到一个女人耳朵边。"嘀嗒、嘀嗒、嘀嗒——喔、喔、喔"，每个人肯定都听到嘀嗒声，看见这个物什。一个女人说道："哦，真可怕！把它盖起来吧。收起来吧，巴纳，收起来；我们看够了；不过，你下次来，记得给我们带些珠子来。"这一天就这样过去了。

4月6日。今天，我派邦贝去王宫弄点粮食回来。天上下起瓢泼大雨，但邦贝却发现国王正在接见众臣，根据大臣功德，赏赐官职、种植园、女人。其中的一位大臣只得到一个女人，便想要国王赏赐更多女人。国王骂他忘恩负义，当场下令把他砍成碎片。邦贝告诉我，处决得很快——不是用刀，因为王宫里严禁出现刀具，而是用边缘锋利的草叶。行刑人先是一鼓作气，割断那个大臣的脖子，然后再用锋利的重头棒敲下他的头。

国王倒是盼着邦贝过来，但没有给我们粮食，只给了我一担烟草、一担黄油、一担咖啡。我在布干达的住所如今变得更热闹了。营地里的女人每天都会过来看望我所得到的两个小女孩。她们吸食我的烟草，嚼着我的咖啡豆，喝着我的大蕉酒，也常常向我讲起她们家乡的趣事，以取悦我。罗扎罗的妹妹也会过来，还想要嫁给我，[378] 说马乌拉是残酷无情的人，因为不喜欢就曾杀了一个老婆；如今，有个老婆想从他家逃走，马乌拉就把那个可怜鬼的一只耳朵揪了下来。一旦有人责备马乌拉的暴行，他就说道："这可不是我的错，国王就是这么做的。"

晚上，我带着卡哈拉、卢戈伊去散步。卡哈拉穿着红披肩。我要到花园里在昨天结识的新朋友面前炫耀一下我的孩子。姆盖姆马央求我们与他坐在一起喝大蕉酒。他很慷慨地向我们提供大蕉酒，直到我们满意为止。他惊叹于卡哈拉的美丽，希望我能给他一个像卡哈拉这样的女人做老婆，还抱怨说国王不让他的女人穿这样漂亮的衣服。我们又往前走了几步，另一个男人，即鲁卡尼卡（Lukanikka）邀请我们与他坐坐，一起喝大蕉酒，嚼咖啡豆——与姆盖姆马一样，他也说了同样的话。受到王宫的教导，干达人比世界上任何一个民族的人，包括法国人，都更会夸人。

　　4月7日。早上，雨下得很大。国王派人传话说，他已经开始射杀水牛了，希望我能过去和他一起狩猎。我们走到宫殿一英里外的地方，发现国王正在一个大蕉花园里，他穿着和我一样的衣服，戴着呢帽，完全就是虚荣心作祟。国王送给我一罐大蕉酒，我派人把酒送回家给家里的女人。接着，我们继续走向两英里外的射击场。乐队在前面开路，随后是数百名官员和年轻侍卫。国王、我、宫殿里的女人依次跟在后面——地位高者走在前面，地位低者垫后——国王还派人拿着长矛、盾牌、多罐大蕉酒，没有这些奢侈品，国王绝不会迈步。我打眼就能看出，四周没有狩猎地，但多说无益，一切依着众人的心意。与布干达各地的情况一样，我们在山上、山谷里所走的也是一条宽阔而笔直的道路，山头上覆盖着高草、大蕉树丛，[379]山谷处的沼泽覆盖着高高的灯芯草，半截露出水面，沼泽四周有浓密而壮观的林木。队伍继续开拔，我开始调戏穆特萨的女人，穆特萨和其他人都对此感到吃惊。接着，我们第一次遇到水域。那里有座由原木做成的桥，桥面当然也是崎岖不平的。桥隐身于水下，前面的人用脚尖挨个地趟了过去，因此后面的人也就不至于绊倒。国王为我打了前站，而我又为后面的女人打了前站。前面的人勇敢地为后面的女人开了路，她们可能一辈子也没有受到如此厚待，不禁笑出声来，国王也听到了，每个女人又咯咯笑了起来。在此之前，可没有哪个凡人胆敢与国王的女人说话。

　　我们离开大路不久，掉头向西前进，穿过一片浓密的丛林，奔赴默奇森溪谷[4]东岸，那里被溪流割断开来。我打起手势，提议让人把美丽的女人们背过去。当第二个女人被背过去后，我准备用手扶着一根原木穿过溪流。第一个女人起初还不敢这样做，渐渐地变得大胆起来，也接受了这样的安排；当轮到最漂亮的美人卢布加（Lubuga）过溪流的时候，我猜她急着想看看白人长什么样，目光满是哀求，她的双手姿势优美，引来众人的注目，虽然我担心这会耽搁更多时间，但也难以自制，一直在观瞧。国王也看到了，但他没有谴责我，认为这只是一个玩笑。国王跑到统帅面前，戳了一下统帅的肋骨，轻声说他看见了，好像这是一个秘密似的。统帅说道："喔！喔！接下来会发生什么怪事呢？"

我们终于到达了水牛出没地，但是除了一些水牛的旧脚印外，什么也没有，要抓到水牛，谈何容易。此时，国王已经疲惫不堪；[380]国王看到我找根木头坐下后，令一个年轻侍卫跪在地上，双手撑地，自己则坐在侍卫的背上，就像猴子一样学起我的样子。其实，按照以前的习惯做法，国王可能会坐在铺在地上的一块草垫上。我们返程了，辗转于一条又一条道路，没有说一句话，国王一路上玩起他刚学会的小孩把戏，乐此不疲。我们离开大路，走入高高的灌木丛。乐队和官员必须极力向前奔，以维持行进秩序，并要在丛林远处的出口处等着国王。统帅率领年轻侍卫和我的人，也走在前面，他们就像一群水牛，快速穿过边角锋利的草丛，以便让王家队伍顺利通过。那些可怜的女人，已经精疲力竭了，只能尽力跟随，担心会在那里丢了性命。

我们在外面待了一整天。国王一直玩闹不停，不嫌累。直到临近日落时分，我们才回到宫殿。女人、官员们离开了我们。国王、统帅、年轻侍卫和我一起坐了下来，吃了些甜薯、饭蕉，最后还喝了些大蕉酒，吃了些水果。围在身上的餐巾都湿了。这种薄薄的餐巾是用大蕉树纤维做成的，浸了水，又成了抹布。吃完后，枪膛里的子弹要清空，否则就会浪费。国王下令让人牵了四头奶牛过来，并射杀了。这一天就这样过去了，我的人得到一头奶牛的牛肉。

4月8日。穆特萨昨天累坏了，今天不见任何人。我、卢戈伊、卡哈拉捎了一束珠子作为回礼送给姆盖姆马，感谢他上次请我们喝大蕉酒。他家人看到我们过来，极其高兴，还说我们的来访是他家的荣耀。他们给了我们比上次还多的大蕉酒，并向我们介绍了王太后众多姊妹中的一个，[381]她对我和我的两位女孩的到来也同样欣喜不已。姆盖马说，他不知道该怎么招待我们，因为他是一个穷人。他说要抓几只鸡，让我捎回去。我没答应，说我们来看他，可不是来抢劫他。姆盖姆马说，这是他听过的最好听的话，他会自己把鸡送到我的住所。我还补充说道，我希望他送鸡的时候也带上自己的老婆。姆盖姆马答应，但他肯定不敢这么做。我们告辞时，姆盖姆马让所有仆人把我们送到他家门外。晚上，国王的乐师路过我的营地，我让他们吹奏长笛，让我的人在一旁跳起舞来。我送给乐师一捆珠子，他们离开时非常高兴。

4月9日。我去拜访康戈乌，结果他不在家。他和往常一样，在等着国王的接见。国王派人传话说，希望我带上大点的步枪来射鸟。

4月10日。我之前向国王解释过蒸馏的原理和做法。今天，国王送来大量陶罐和大蕉酒，希望我能给他制作一些烈性酒。但是，这些陶罐做得不合要求。我只得到宫殿里去见国王。然而，我等了一整天，也没有人敢入内宫禀报。国王一整天都在内宫里玩魔角。因此，那些大蕉酒都变酸了，也没用了。干达人总是这样。

4月11日。国王出去狩猎了；我无事可做，便邀请乌莱迪的漂亮妻子古里库（Guriku）过来吃早餐，吃的是羊肉。我还叫梅丽别那么自满得意。就此而言，我们做得很不错。但是，究竟梅丽是不是像邦贝说的那样得意忘形，还是别的什么，我们就不知道了。梅丽既没有出来走走，又没有说说话，就那么平躺了一整天，懒洋洋地躺着抽烟。

[382]4月12日。我为国王蒸馏了一些新鲜的大蕉酒，下午把酒送了过去，鸣枪宣告我的拜访。我没有看到国王，只听到从内宫里传来一阵阵惊恐的尖叫声。不久，一个漂亮的妇女，她是国王的一个姐姐或妹妹，梳着直挺挺的鸡冠头，被拖出宫外问斩，一路哀号，依次哀求国王、统帅、我饶她一命。我只能祈祷上帝。我不知道她犯下何罪，如果她确实有罪，那么我也只得闭嘴。统帅、官员出来了，看上去毫不关心此事，也不敢妄言一句。此时，伊伦古恰巧也在前厅。马乌拉也随我的人过来了，他们为国王带来的贵宾，却没有受到礼遇，

因此闹了起来。据说，穆特萨赏赐给尼亚姆贡杜的女人和男人比马乌拉更多，而马乌拉才是第一个把我们、科延戈、苏瓦罗拉征收过路费的信息告诉国王的人。然而，尼亚姆贡杜最终越过了马乌拉，没让马乌拉再接触我，而且尼亚姆贡杜后来确实做了更多事，派人去卡拉圭接格兰特和科延戈。

论功行赏，虽然马乌拉只列次等，但他实际上没做什么事。伊伦古长年不在乌苏伊，但最终带回一份可观的过路费，而所得的赏赐还不如马乌拉。伊伦古说，这不公正，他不能接受。尼亚姆贡杜得到了应有的赏赐，但马乌拉肯定会耍手段，争取得到比尼亚姆贡杜更多的赏赐。伊伦古将拿出数量可观的铜丝，在宫廷里表达自己的不满。马乌拉笑道："哎哟，哎哟，一派胡言！我将给国王献上比你更多的铜丝，看看国王到时听谁的。"接着，这两个像孩子样的男人开始搜集铜丝，一直吵到太阳落山。我回家了。[383] 我没能安静地吃顿晚餐，就接到了国王的召唤。按照规矩，我要听从召唤，却发现国王正在宫里等我来。对于没有还我枪，国王表示歉意，并喝了几口像是棕榈酒（toddy）的烈酒，我也曾蒸馏出这样的烈酒。喝酒时，国王满是惊讶。这是很好的烈酒，国王肯定想要更多。如果要酿造出更好的烈酒，国王需要在早上送来一支老式火枪的枪管，还要送来更多的大蕉酒和木材。

4 月 13 日。一整天无事可做。像往常一样，我在王宫公园（Seraglio Park）里散步，陪我散步的是一个非常漂亮的小妇人，名为卡里阿纳（Kariana），是敦巴（Dumba）的妻子。她穿得非常整洁，刚拜访完客人回来。起初，她一路小跑追我。我回头走近她，随后风姿飒爽地站着。她怯生生地停下了脚步，接着又走向前来。最终，她提起勇气，哇哇地赞个不停，挑逗不已，尽显干达族妇人之风情。她一定要看看我的头发、手表和我口袋里的东西，在看到所有的一切后，她似乎还觉得没看够。我挥手向她告别，但她依然跟了过来。我伸出手臂，教她如何按照欧洲方式来挽起我的手臂。我们并肩同行，每个人都惊讶不已。我们一路互相打趣、挑逗，似乎身处海德公园（Hyde Park），而不是在中部非洲。令我吃惊的是，竟然没有人过来指责她胆大妄为。直到我快到家的时候，才有人出来严厉斥责，让她回去，但她并没有回去。虽然她没有恳求过我，但我还是表示，将来有时间会去拜访她。她说到时会给我呈上一些大蕉酒。

4月14日。关于格兰特的消息，充满矛盾。在我的请求下，国王非常有礼貌地给格兰特捎去几封信。白天，我忙着蒸馏大蕉酒。晚上，我和梅丽、卡哈拉、卢戈伊、一大群尼亚姆韦齐族妇女一道拜访了敦巴夫人。敦巴夫人非常高兴。然而，由于丈夫在宫殿里有事，[384]敦巴夫人无法用大蕉酒招待我们，而是给我的女伴几篮大蕉和土豆，算是晚饭。在送我回家的半道上，敦巴夫人像往常一样，对我挑逗不停。

4月15日。我带着已经酿好的烈酒和甜得发腻的残渣去觐见国王。国王正在主持仪式，接受进贡过来的女孩、奶牛、山羊和其他一些稀松平常的物品。其中的一只山羊，让我在这个陌生的国度听到了前所未闻的奇事：昨天，一个男孩看到国王独自在外（实属罕见），便走向前去，意欲杀死国王，因为这个男孩说国王草菅人命。国王连说带比画地解释了事情的经过。当这个男孩袭击国王的时候，国王手里拿着我给他的那把左轮手枪。国王把手枪拿了出来，向我们展示他是如何用手枪对准那个男孩的。虽然手枪并没有上膛，但足以把那个男孩吓跑。这只山羊就是弑君的处罚物。国王屈尊告诉我们这件事后，朝臣高呼国王万岁。在王宫里，微不足道的冲撞都会招来杀身之祸，而这个男孩如此严重的罪行却被如此仁厚地放过，这背后肯定还有我所不了解的其他特殊原因。罪犯是个漂亮的男孩，年纪约莫十六七岁，牵来那只山羊，跪在地上，把脸压在手上，高呼国王万岁、国王饶命，随后奉命退下。

随后，有朝臣禀告了一件令人震惊的事：卡姆拉西那里有两个白人，一个白人留着像我一样的胡子，另一个白人的脸则刮得干干净净。听到这个消息，我一下子跳了起来："是的，他们原来在那儿。我要写封信给他们。"我认定他们是佩瑟里克及其同伴，我认得佩瑟里克的同伴。[385]然而，国王让我冷静下来，说这个信息未必确凿，我们必须要等那些派到布尼奥罗的官员回来后再做打算。

4月16日。王宫周边地区陷入一片骚乱。有些男男女女四处逃命，官员及其仆人紧随其后。骚乱的源头是王宫下令抓捕那些不服管束的官员及其家人，没收他们的财产、妻子、小妾——如果在这个国家能够分辨出财产与妻妾之间的差异的话。穆特萨在宫里听着乐队的演奏，偶尔自己也会吹吹长笛。吹完长笛后，穆特萨让我坐在他的身旁，并说道："巴纳，我希望你能教会我像你那样做事，我想学习所有的一切，只是以前没有这样的机会。"我不知道他最想学习什么，便恳请他尽管问，我来逐一回答——我希望他能问些境外的事情，但他脑子里压根就没有这根弦：他的臣民的所思所想似乎也从未超过布干达的边界。

谈话随之转到了医药方面，或者说是疾病的原因和影响，例如霍乱。在特定的季节，霍乱肆虐于布干达，造成众多人口死亡，疫情神秘地暴发，又神秘地消逝。是什么导致霍乱，又如何去治疗霍乱？如果一个人头痛、腿疼、胃疼、皮肤痒，那么应该服什么药？事实上，他问遍了他所知道的每一种疾病，抱怨不已，直到他问起他本人非常感兴趣的疾病。可惜的是，我无法解释清楚用于治疗心脏的药物所引发的精神错乱。

4月17日。按照约定，我前来觐见国王。[386]宫殿里满满都是人，昨天抓来的官员被问责待斩，他们缴来了牛、年轻女孩——他们的女儿，以抵消罪责。宫殿里陈放了大量护身符，其中的一个是用很多木棒做成的，上面插着羽毛，还裹了蛇皮。一个名为卡戈加奥（Kaggao）的地区长官，让我带着药品去拜访他，据说他地位崇高，可谓一人之下万人之上。我又一次要求国王派人并带上我的人去卡姆拉西的地盘找找佩瑟里克。起初，国王拒绝了，说他们会遭到杀害，但国王最终还是同意了，并任命驻布尼奥罗使节布德贾（Budja）去完成任务。接着，国王解散了朝会，带着一群以统帅为首的亲信官员退朝了，他们将继续讨论国王及朝臣最为关心的议题。

4月18日。今天，我带着药箱去拜访卡戈加奥。他得了地方病，但他说是被人施了魔法，并希望能得到像我给姆库恩达的那种药，姆库恩达说用了我的药后身体特别爽快。不幸的是，对于这个新病人，我却没有合适的药，但我提醒他需要注意，不要把病传染给全家人，并向他说明了整个病情。然而，卡戈加奥并不满足于此。他说，如果我能治好他的病，他将给我奴隶、奶牛、象牙以作回报。我明白，他是一个大人物，房产众多，妻妾成群，应有尽有。要是去除日常坏习惯，他就没病。我婉谢了他的赏赐，给他开了降温剂、甘汞和泻药。他像喝大蕉酒一样喝了药，大声说好。他举起双手，不断地说："好，好！这些药太好了！巴纳好！药箱好！药也好！"说着，他带我去看他的女人。[387] 在我的请求下，这群女人穿上了战服——很多条彩色串珠将一把短剑绑缚在腰部。女人约有五六十个，都是淑女，但没有一个是漂亮的。卡戈加奥告诉我说，国王已经告诉官员，如果佩瑟里克来了，国王希望我能继续做客四个月；如果佩瑟里克没来，国王将给我一处房产，配上男仆、女人、牛，这些财富永久属于我；如果我想离开布干达，我总会有所念及，也会回来。因此，我此时知道了我的命运。离开前，卡戈加奥送给我两头奶牛和十篮土豆。

4月19日。我送了两捆铜丝和十二根串珠给卡戈加奥，以作回礼。我听说国王按照我的风格穿起衣服，到王太后那里显摆去了。晚上，王太后的弟弟卡通齐（Katunzi）刚从布尼奥罗回来。他前来拜访我的时候，我正在吃晚饭。我不认识他，也很惊讶，因为在布干达如此鲁莽的人也属罕见，他也是第一个敢以如此方式接近我的官员。我递给他一副刀叉，邀他与我共进晚餐，结果他颇为尴尬。他认为我的行为是对他的冷落。于是，他立即就他的冒失而向我道歉。按照布干达的礼节，客人不应在主人就餐的时候前来拜访。他说，如果我请他留下来，他就离开。接着，卡通齐告诉我，布干达军队已经从布尼奥罗返回了，得到大量奶牛、女人和儿童，但没有男人，因为男人战死也不会逃跑。他送给我一个女人，并要我到他家做客。

4月20日。我发现，国王不愿派官员去布尼奥罗。因此，我就此事去觐见国王。幸运的是，国王要我说一句英文，他想听听英文的发音。此举给了我说话的机会，如果国王信守承诺，[388] 派布德贾来找我，我早就传信给佩瑟里克了。我的话刚被翻译完，国王就说，如果我明天早上派人把信送来，他就会派一支军队把信送过去。我问派出军队是不是为了作战，国王简短地回应称："先去探探路。"听闻此言，我向国王力荐道，如果他想保持道路永久畅通，应该设法与卡姆拉西和解，给卡姆拉西送些小礼物。

接着，有人押了三十多个女人过来，以待惩罚、处决。国王最近一直在学斯瓦希里语，以便能够与我直接交谈。此时，国王用斯瓦希里语问我想不想留些女人，如果想，那想要多少个女人。我说："一个。"国王让我挑，我便挑了一个非常漂亮的女人。只有上帝才知道，其他的女人究竟是何种命运。一到家，我就把挑过来的妇人送给我的仆人伊尔马斯做老婆。对于这份意外之喜，伊尔马斯和其他家仆都欣喜不已。然而，那个可怜的姑娘，从被挑选出来的那一刻起，就沾沾自喜，以为自己会成为巴纳的妻子。现在，她却发现自己被转给他人，变得极其愤怒。我想把她送给伊尔马斯做老婆，一来是想对伊尔马斯过去的良好服务给予犒赏，二来是想在其他仆人面前树个榜样。因为我早前向他们承诺过，如果他们在旅行期间表现良好，一旦到了桑给巴尔，我将给他们每人"一座花园"、一个老婆、一袋钱，让他们开启新生活。梅丽和卡哈拉也火冒三丈，立场强硬：她们希望这个姑娘做我的侧室，并把她叫到屋里聊到半夜，告诉她不要嫁给伊尔马斯。后来，她们没有像往常那样，睡到床上，三个女孩都睡在地上。我的耐心有限，无法容忍母鸡司晨，[389]于是叫来管家，一个尼亚姆韦齐女人，名为玛纳玛卡（Manamaka）。玛纳玛卡是我为几个女孩挑选的家庭教师。我让玛纳玛卡去帮助伊尔马斯，并让玛纳玛卡把三个女孩"捆"到床上去睡觉。

4月21日。早上，我还没来得及写信，国王就派人过来叫我到他新开凿的水库处见他，这个水库位于他的宫殿与他弟弟的住所之间。到了那里后，国王和他的弟弟们正在合奏长笛。我用斯瓦希里语问他知不知道格兰特在哪儿。国王说不知道。于是，我说起送信的事，国王同意了，派布德贾和一支军队去找佩瑟里克。

4月22日。马布鲁基、比拉尔、布德贾启程去找佩瑟里克，同去的还有另外三个人，他们带着一封写给格兰特的信。随后，我又去觐见国王。国王约我24日后与他一道在维多利亚湖狩猎河马三天。

4月23日。今天所发生的事情，充分暴露出这个暴君的反复无常、任性。中午时分，几个年轻侍卫急匆匆跑过来告诉我，国王已经启程去了尼安扎，希望我不要拖延，立即跟过去。我已经说过，Nyanza的意思是一片水域，可以是池塘，也可以是河流，或是湖。没人知道国王所说的Nyanza指的是什么，也没人知道国王去了哪里。于是，我赶忙启程，把所有事情都抛在脑后，快速穿过花园、翻过山头，跨过长满灯芯草的沼泽，沿着默奇森溪谷的西侧赶了过去。直到下午三点钟，我才发现穿着红衣服的国王，官员在前，女人殿后，多条猎犬四下乱窜。国王不时会打一枪，我这才知道他身在何处。早前，国王似乎玩得有些尽兴。随后，当国王从我面前经过时，我发现一个妇人的双手被捆了起来，或许是因为冒犯了国王而受到了惩罚，但我不知道这个妇人犯了何罪。国王自己当起了行刑人，直接开枪毙了她。

[390] 为了考验下人是否乐于伺候他，国王在约定日期的前一天，就开始了在尼安扎湖为期三天的短期旅行。国王希望看到每个人都像变魔术般地出现在那里，完全没有顾及他们的财产安全、情绪、身体

默奇森溪谷（一）

状况。为了不让这个易冲动的国王心生哪怕片刻的失望之情，他们没来得及与家人告别，没来得及吃口晚饭，甚至没来得及为第二天晚上备份口粮，就离开了家。结果可想而知：很多人不知道要到哪里去；我的枪、床、寝具、笔记本、炊具都忘带了，虽然派人去拿，但直到第二天才取了过来。

我们抵达了湖边码头，却没有看到一艘船，天黑前也没有一艘

默奇森溪谷（二）

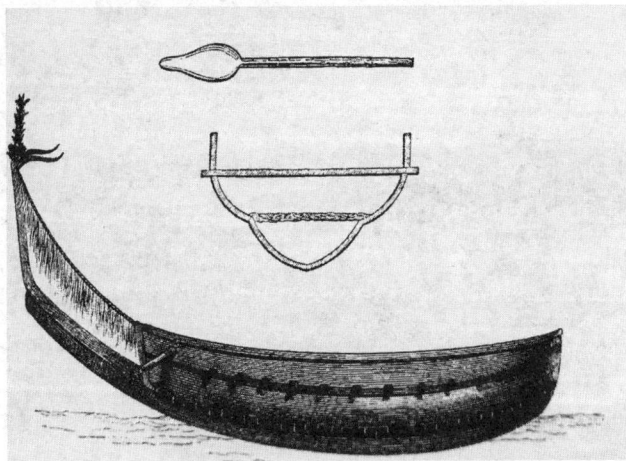

布干达的船

船过来。天黑时，约有50艘大船出现了，鼓声喧天，枪声阵阵。大船用红色黏土染成红色，每艘船都配有10—30只船桨，船头像一个长长的虹吸管或是天鹅颈，还装饰着一对羚羊角，[391]羚羊角的中间还竖插着一簇羽毛，活像英国士兵佩戴的翎毛。我们乘船穿过一个长满灯芯草的沼泽口，便到了王家帆船所在地，即布干达的考斯（Cowes）⁵，这里离王宫有5小时的路程。晚上9点，我们打着火把抵达了布干达的考斯。与我共进晚餐后，[392]国王便带着女人找乐去了，并为我安排了一座潮湿的草棚屋，我只得在地上铺上草，睡了一夜。我们不得不走这么远，着实令人吃惊。我们乘船穿过默奇森溪谷口，一路划到现在的位置。一问之下，有人告诉我，默奇森溪谷源头处的沼泽位于尼安扎湖清水区的前面。因此，若按陆上距离算，我们已经走了很长一段路了，想来不免好笑。那个不幸的妇人一定是累坏了，之前她也不得不一路小跑，跟在穆特萨身后，以每小时4英里的速度大步行进。这里的景色——小山、山谷、湖——太美了。陪我过来的获释奴还把这里的景色与他们老家美丽的海岸做了一番比较。然而，在我看来，这里的景色远远超过我所见过的一切，无论是海洋，还是桑给巴尔的海岸。

4月24日，考斯。早晨，国王起得很早，趁着召集船只的空档，派人过来叫我过去与他共进早餐，而我还没有洗漱，浑身都不舒服。早餐是在露天场地上吃的，包括几篮子用大蕉叶包着的烤牛肉、大蕉泥。吃早餐时，国王偶尔会用一把铜质刀具和用来挑起食物的物品，更多时候是用双手，就像狗一样。若是肉块太硬，难以咀嚼，国王就会把肉块从嘴里吐出来，赏赐给年轻侍卫。年轻侍卫高呼万岁，张口吞食，吃得津津有味。残羹剩菜都会分给这些年轻侍卫，篮子则送还御厨。国王喝起大蕉酒，就像喝茶、喝咖啡一样，他还会喝点啤酒。他的客人若是尝上一口，便会觉得三生有幸。

接着，我们就要去尼安扎湖了。每个人都快速跑到国王那里，那里的位置最好，官员在前，妇人垫后。他们一路喋喋不休，穿过直径7—9英尺的大树下的大蕉树丛和灌木丛，抵达景色怡人的水域——一幅河流（Rio）的画面在我们面前展开，远景是高耸的群山，眼前最具代表性的就是美丽的小山丘，[393] 也最为令人心旷神怡。

15架名为马扎古佐（Mazaguzo）的鼓大小不一，组成一支鼓队，鼓声错落有致，犹如工厂里的机器，迎接国王的驾临。所有的船只都被召集到岸边。此情此景与英格兰完全不同，英格兰贵族在家邀请女士入座，会得意于如此多张漂亮的脸蛋。这里则不同，每个可怜的家伙，面有惧色，越过舷缘，跳入水中——把头沉入水里，以防被认为偷窥异性，那是死罪——熬过这段时间。他们穿着大蕉叶衣服，看上去就像奇形怪状的海神。国王穿着红色外套，头戴呢帽，指挥着一切，令所有人各就其位——妇人乘坐一艘船，官员和获释奴乘坐另一艘船，我和国王乘坐同一艘船，我坐在国王的脚下，三个妇人拿着大蕉酒，坐在后面。国王的斯瓦希里语派上了用场，国王及时沿着我指的方向去追寻河马。然而，水域太开阔，动物易受惊，我们奔劳一整天，却颗粒无收，只得靠岸吃些东西。但是，妇人不得吃东西，这些可怜人啥也吃不到，只有国王、我、年轻侍卫、近臣可以。白天的游乐接近尾声，国王指挥鼓队，并让鼓手根据击鼓所需的力气调换了位置，令他们一道击鼓，国王俨然是一个音乐家，但鼓声明显有些不协调。

4月25日，考斯。这一天与昨天并无二致，无须多说。只有一项，那就是国王在与我谈话的时候变得更自信了，更喜欢玩闹，与我也更熟悉，他也觉得有意思。例如，[394] 船晃晃悠悠之际，他会时不时地揪住我的胡子。

4月26日，考斯。与往常一样，我们很早就动身了。我们沿着溪谷来来回回，察看河马出没的水湾，以便确定狩猎位置，疲惫不堪。国王改变策略，亲自划着一对白色的船桨，最终把船队带到姆古萨（Mgussa）[6]所占领的一座岛。姆古萨这个伟大的灵媒或是熟悉布干达，或是出于职责，会把一些机密告诉布干达国王。换句话说，姆古萨可能是伟大的尼罗河源头的现任祭司。如此一来，我当然乐于见见他。抵达岛边，我们先就餐，下人为国王准备了很多大蕉酒。接着，所有人徒步行走，穿过树丛，采摘水果，自得其乐。突然，一位极其迷人的王妃（在众多佳丽中，她确实长得好看），摘了一个果子，呈献给国王，无疑是想讨国王欢心。然而，国王却像一个疯子，暴跳如雷，斥道这是第一次有女人敢直接献给他东西，于是令年轻侍卫抓住她，捆了起来，并把她拖到外面问斩。

听到国王下令，所有年轻侍卫立即从头上扯下头巾绳，就像一群猎犬扑向那个漂亮的王妃。对于这些顽童般的年轻侍卫的犯上之举，王妃大为光火，口里对国王抱怨不迭，并像赶苍蝇似的打他们，但很快就被抓了起来，并被拖走，她大声喊叫着统帅和我的名字（Mzungu），恳请我们替她求情，救她一命。王妃的妹妹卢布加（Lubuga）和其他女人都跪在地上，抱住国王的双腿，[395] 哀求国王饶了她们的姐妹。这些女人越哀求，国王越绝情。最后，国王拿起一根粗棍子，恶狠狠地抽打那个可怜妇人的头。

现在，对于国王的肆意妄为、残暴之举，我已经极为谨慎，不加干涉。我明白，在事情的初始阶段，此类干涉有害无益。然而，对于我这样的英国人来说，国王最后的野蛮之举实在难以接受。听到王妃哀声喊着我的名字"Mzungu"，我冲到国王面前，捉住国王举起的手臂，请他饶王妃一命。当然，这样去阻止这个反复无常的暴君，我也冒着极大的风险，甚至会丢了自己的性命。但国王随即改变了决定，也验证了我们之间的友情。我的干涉甚至让国王笑了起来，并立即释放了那个妇人。

我们在这个美丽的、长满了树的小岛上继续行进，来到姆古萨挚友的草棚屋。草棚屋位于小岛偏远的另一端，装饰着许多神秘的象征物，其中还有一个船桨、一位高官的徽章。我们坐在那里聊了一会儿天，下人拿来了一些大蕉酒。那位灵媒来了。他穿着巫师风格的衣服，系着一条白色山羊皮小裙，佩戴着很多护身符，拿着一个船桨，可能是权杖，也可能是手杖。他年纪不大，但看上去显老，走起路来不慌不忙，慢慢悠悠，有些哮喘、咳嗽，眨巴着眼睛，说起话来叽叽咕咕，像个女巫。他费力地坐在草棚屋边上，紧挨着附在草棚屋的象征物，整整咳嗽了半个小时。接着，他的妻子也以同样的方式来了，没有说一句话，行为举止与他完全一样。国王有些打趣地看着我，哈哈大笑，随后又依次看了看这两个怪物，向我问道："你觉得他们怎么样？"然而，除了灵媒的老妇想喝水而发出的像青蛙的呱呱声，在场的人听不见一句话。[396]下人取了一些水来后，那个老妇又发出呱呱声，因为下人所取来的水不是湖里最干净的水。老妇换下第一杯水，又用舌头舔了舔第二杯水，接着就像来时那般步履蹒跚地走了。

就在此时，姆古萨的挚友注意到，统帅和数个朝臣在他身边来回走动，便压低声音，告诉他们所有神秘指令，随即走开了。姆古萨的挚友所透露的似乎是不祥的讯息，因为我们立即就要回到船上，打道返程。我们一回到原来的地方，一大群刚从布尼奥罗战场上回来的官员便前来觐见国王：他们已经回来6天多了，出于礼节，他们不能立即觐见国王。他们大获全胜，而且自身毫发无损，没有一个男人战死。国王向这些人讲述今天所有的经历，还特别提到我救了他本想处决的王妃一事。所有人都对此事称赞不已。他们异口同声地说，巴纳知道如何处事，因为他在他的国家里就像国王一样主持公道。

4月27日，考斯。一大清早，我就听到很大的喊叫声，原来是获释奴在尼安扎湖里裸泳，斯文扫地。一整天，我都在划船，有时去追寻河马，有时在湖上玩起划船比赛。国王和官员依次划桨、掌舵，实在累了就去岸边就餐，国王有时也会玩起鼓来。晚上，国王召集一些近臣，让他们听一堂关于宫里不同女人特性的课。国王则兴致盎然地说起这次湖上游玩的乐子。

4月28日，考斯。我拿起测速仪，想告诉国王如何使用。[397]结果，国王没有带我一道，独自带人划船去了。而我却无法使用剩下来的几只船，因为朝臣没有接到指令。我鸣枪示警，也没有得到任何回应，只得带着仆人走向田野，希望能发现一些猎物。然而，结果令人失望，我在一个好客的乡下老妇人家里待了一上午。这个老妇人拿出家里仅有的大蕉酒招待我，因为国王的奴仆几乎抢了她家所有东西。她让我也吸她的烟管，与我不停地攀谈。对于白人国王的驾临，她表示深感荣幸。当我的仆人说起我救了王妃一命时，她也感叹于布干达可怕的刑罚。回到原来的地方后，我们又在一位好客的官员家里待了一下午，直到我的仆人喝得酩酊大醉，这位官员才让我们离开。由于天色已晚，他还叮嘱我们路上小心。一到营地，国王对于自己抛开我一事也深感吃惊，并问我有没有听到他的枪声。他曾派出二十个官员到田野里四处找我。国王一整天都在湖上玩乐，现在又与朝臣逗乐，玩起射箭，甚至国王自己也射起箭来，接着又让朝臣依次射箭。有一箭赢得满堂彩，所有朝臣都跳了起来，欣喜不已，高呼万岁，也不知这一箭是朝臣射的，还是国王射的。

　　射靶是一个盾牌，只竖立在30步远的地方，但他们的射击技术太差，连这么近都几乎射不中。国王厌倦这个游戏后，开始展现他的高超技术了。国王令人在他面前依次放好16个盾牌，然后用魏渥斯步枪打了一发子弹，子弹射穿了所有盾牌，几乎穿过了每一个盾牌的中心。国王在朝臣面前把步枪举过头顶，得意扬扬地迈着大步，说道："哈！长矛、箭有何用？我以后只会用枪来战斗。"**[398]** 那些刚从布尼奥罗返回的官员，以前从未见过国王坐椅子，也未见过有人像我那样坐在国王的边上。在他们看来，这太陌生了，或者说，看到一个外国人坐得比他们高，他们心里不舒服。因此，他们开始抱怨我坏了规矩，请求国王下令，让我站起身来。我的铁凳子成为众矢之的，我站了一会儿，完全明白了他们的意思。随后，我转过身去，直接走回营地，做了一个草凳子，免得他们说闲话。

　　4月29日，考斯。昨晚没有晚餐，今天早上又没有早餐。然而，没有人向国王汇报此事。天在下雨，国王和他的女人们又关了门。随即，我突然想起来了，步枪总是让我在王宫里迅速得到国王的接见，现在可能也会起作用。因此，我举起枪，朝国王营地附近的一只鸽子射了一枪。不出所料，国王立即醒了，派年轻侍卫察看响枪的原因。我告诉那个年轻的侍卫长，说我从御厨那里既没有弄到肉，又没有弄到喝的，因此想射几只鸽子做早餐。对于我所说的话，那个年轻的侍卫长可能没有明白，于是自行猜测，因此曲解了我的意思。他告诉国王说，我不能从国王那里弄到粮食，也不愿意接受其他人的东西，以后只得到丛林里找吃的。在我想来，国王可能不信那个年轻的侍卫长的话，于是又派了几个年轻侍卫过来了解事情的来龙去脉，让他们听清楚了，明白究竟是怎么回事。这批年轻侍卫直接向国王汇报了原委，国王派人送了我一头奶牛。后来，我听说国王割了那个可怜的、挑拨是非者的耳朵，因为他未能尽忠职守。由于那个年轻的侍卫长是国王的一个朝臣之子，于是他被送回家去疗伤了。[399] 吃过早餐后，国王叫我去划船。我坐着草凳子，结果令在场的所有人都生气。国王在他们面前笑道："你们看，巴纳就这样；他在国王面前坐习惯了，就让他坐吧。"接着，他话锋一转，令人把所有鼓都搬上船，要在湖面上击鼓。国王和随从轮流划桨、掌舵，先是沿着溪谷往上划，接着又把船划到开阔的湖面。

据说，这样一路划过去，就会到达乌索加。但是，由于有暗礁、浅滩，这条水路特别绕道，要经过基蒂里岛（Kitiri）。虽然有时沿着湖的西岸可以航行到乌凯雷韦，但干达人不知道有没有其他的岛。湖上最大的岛是塞塞岛[7]，远离卡通加河河口，那里住着尼安扎湖湖神手下的另一个高级祭司，也是国王的大船的停泊处，素以向王国进贡树皮布闻名。不久，我们靠岸就餐。下人为国王送上一头用鱼叉穿透了的河马、一头猪、一只猴子。我提议玩划船比赛，国王痛快地答应了，乐子不少，50艘船一字排开，伴着鼓声，疯了般地向我指定的目的地划去。

白天过去了。国王大喜，对马乌拉这个无赖宠爱有加，因为马乌拉讲了许多有趣的故事。国王任命马乌拉为抓捕队队长，或可称之为官员绑架队队长。由于很多官员从战场上返回，战场上自然也有很多事情需要处理，也就没有值得宫里信任的人去执行国王的命令。所有人都回了营地。令我吃惊的是，我们抵达一个草棚屋的时候，却发现那里的仆人都走了，罐子、盘子、肉，所有的一切都不见了。[400] 原来国王已经令人把鼓搬到船上，这颇不寻常，也是国王的计策，意味着国王船队会即刻出发。他没有告诉仆人他要去尼安扎湖，现在却又原路返回。我准备生火做晚饭，却总是打不着火。国王令年轻侍卫询问我需要什么，但他们未为我做任何事情就又离开了。

4月30日，考斯。在我的恳求下，国王派船去查询据说3月3日就已经去找格兰特的人。接着，国王又令所有人回宫。对此，我高兴不已。尼安扎湖确实美丽，但是为了迎合别人、每天在太阳底下划船却也让我疲惫不堪。国王行事慌乱，事前没有任何预判、准备，也不听劝，不禁让我想起自己的孩子，我也愿意与他们一道找乐子。我的内心竟然对这些黑人滋生出一种父爱，他们似乎是我的子孙。对于英国人来说，这可能难以理解。有些黑人每天都会到我这里来抽烟，并告诉我一些小故事，就像家人一样，而我也会告诉他们一些故事，彼此都很高兴。

我们没有吃早餐就以每小时四英里的速度原路返程了。走了一半路程，国王笑道："巴纳，你饿吗？"这实在荒唐可笑，因为他分明知道我已经二十四小时没有吃东西了。于是，国王带领众人进入一个大蕉园，进入第一个草棚屋，屋内被彻底清理，用来让国王安顿下来就餐。然而，国王却让人把我的那份拿出去，让我与年轻侍卫待在一起吃，既没有给大蕉酒，又没有给些水。于是，我开溜了，疾步回到家里。卡哈拉一脸傻笑，[401]看到我们很开心；梅丽装病在床；女

格兰特上尉正在离开卡拉圭

管家玛纳玛卡满脸堆笑，与我们说个不停。玛纳玛卡说，自从我们走后，梅丽不吃不睡，一直干呕。大家对此事都忧心忡忡。我立即就想到用药来缓解梅丽的病情。但是，梅丽的脉搏、舌苔和所有其他部位都正常，看不出任何异样。头疼事还有，伊尔马斯的女人在我离开的时期想上吊自杀，因为她不甘心只做一个仆人，希望成为我的妻子；邦贝的妻子服用了奎宁，结果流产了。

5月1日。接到国王的请求，我带上药箱去看他。国王得了感冒。国王还叫来几个身上起了脓包的妃子，希望我立即实施治疗。随后，我回到家，看到20个人，他们曾在卡拉圭见过格兰特，他们旁边只有一个担架，[402] 没有其他任何物件。梅丽还是那样，拒绝吃药，但私下告诉我，如果我给她一只山羊去祭祀魔角，她的病立马就会好。她说得似乎也有点信誓旦旦，但我却不喜欢，此事实在不靠谱。我信心满满地说道："不要这样做。我是这里最好的大夫。除了我，没有人能治好你。我若给你一只山羊去祭祀，上帝会迁怒于我们俩，因为我们太迷信。你以后不要再提这件事了。"

5月2日。今天，王宫周边又陷入一片混乱。马乌拉及其手下到处抓捕那些刚从战场上回来的官员。这些官员在尼安扎湖还没有尽到臣子的孝心。他们本以为，虽然国王回来了，但在这么短的时间内又去觐见，似乎也不合适。因此，马乌拉的屋子里到处都是啤酒和大蕉酒，而院子里的男女老少的双脚都上了足枷，与英格兰教区里的老式足枷像极了。马乌拉满脸得意，而犯人则在猜测送多少礼才能获释。我也在一旁着急地观瞧。然而，由于我不让伊尔马斯的女人住在我的屋子里，梅丽对我生起气来，希望我收回成命。虽然我说这得看伊尔马斯的意见，他非常爱那个女人，但梅丽把手指伸入喉咙，使自己痛苦不堪。我责备梅丽太犟了。梅丽说自己病了，但不是装病；如果我给她一只山羊去祭祀，她的病马上就会好；因为她已经看过魔角，并发现如果我给她一只山羊，以示我爱她，她马上就能恢复健康。哎！从父亲的角度去看，这也就意味着梅丽有个惧内的夫婿。我立即就明白过来了，一定是在我离开的这段时间，有人干涉了我的家事了。[403] 于是，我开始展开调查。不一会儿，我便了解到，在我离开家的这段时间，罗扎罗的妹妹曾把她家一个巫师带过来，就是这个巫师要梅丽向我索要一只山羊。如此一来，巫师便会独自得益，他会吃掉羊肉，留下羊皮。

我立即叫人把巫师抓过来，把他绑在旗杆上。与此同时，我召集马乌拉、乌莱迪、罗扎罗、邦贝过来，一道见证我的调查。罗扎罗情绪激动，一看到巫师，就希望我能放了巫师，非常愤慨地说我应该秉公执法，并说此事乃鲁马尼卡的一个手下干的。我把详情告诉了罗扎罗。罗扎罗大失颜面，承认他常常管不住下人，下人常常干坏事。于是，我嘲笑他不要再帮倒忙。罗扎罗大为光火，径自走开，随便我们怎么处理。事情彻底查明了。这个无礼的巫师，未经许可，违反了布干达的规矩，在我离开的期间进入我的屋子，挑起事端，还想敲诈我一只山羊。因此，我决定抽他五十鞭。二十五鞭是对他在我屋子里挑起事端的惩罚，另外二十五鞭是对他图谋偷窃的惩罚，也就是说，他想敲诈我一只山羊及羊皮。现在轮到我剥了他的皮。闻听此言，梅丽大叫着说，都是她的错："打我的背吧，饶了我的医生。与其让他受苦，不如让我去死。"

梅丽的话让我明白，这背后还有一些我所不了解的内情，可能更复杂。因此，我当场喝退了梅丽，像对待一个妹妹、一个有人身自由的女人一样，把梅丽交给乌莱迪及其漂亮的希马族妻子，并令邦贝继续行刑。[404]天黑后，我回屋却发现里面空无一人。在这个充满不确定的悲惨世界上，抛下一个如此无助的人实在太残忍了，我的心里不免有些担忧。伊尔马斯的女人也逃了出去。她肯定是受到了罗扎罗妹妹的怂恿，因为罗扎罗的妹妹卷入了这件事，我也禁止罗扎罗妹妹再踏进我的屋门。

5月3日。我想我是太残忍了，一整夜都不安心。早上，按照布干达的习俗，我派人送给巫师一些象征性的礼物：一只山羊，以示尊重；一条黑色的毯子，以示悲痛；一包脚镯；一包烟草，以示原谅。

第十四章

布干达王宫（四）

宫里为得胜归来的军队举行典礼—王家狩猎—检阅部队—关于沿着尼罗河开辟路线的谈判—格兰特归来—抢劫—王家婚礼—国王的兄弟—占卜与祭祀—路线最终获得国王的允许—准备继续探险—告别

∽⭕⭗∾

[405] 我收到格兰特的来信，他在信上说他将坐船从基坦古莱过来。我立即进宫把这一好消息告诉国王。去王宫的路上挤满了人。宫门外的广场上蹲坐着很多人，国王穿着民族服装，坐在一块布上，身旁放着两个长矛和一个盾牌。侍从坐在国王的右手边，随时候命；一小群女人坐在国王的左手边，打头的是女巫师，她们为国王倒大蕉酒。很多最近从战场上回来的官员，也坐在广场上，位于国王的前面，他们穿着不同的衣服：贵族穿着豹皮，佩戴短剑；普通官员穿着染色的树皮布，戴着牛皮或羊皮做的披风；所有官员的脸和胳膊都涂成了红色、黑色或烟熏色。广场上的布干达将士在国王面前坐成三列，[406] 他们前面摆放了一个大战鼓，鼓上盖着一张豹皮，犹如一张大地毯。鼓后有作战用的武器，大都为铁质武器，或竖着，或悬挂着，既有攻击型武器，如长矛，其中有两个长矛是铜质的，其余都是铁质的，又有防御型武器，如木质或革质盾牌。再其后是一系列超自然武器，或称之为布干达之神，包括各种符咒，数量众多，令人震撼。广场外还摆放着王室武器，与国王形成一线：一个漂亮的、法式的铜质定音鼓，鼓边配有青铜小铃铛，悬挂在天鹅颈似的铜丝上；两个新制长矛、一个涂色的革质盾牌；一张豹皮毯上还摆放着各种各样的魔杖。这幅景象给人留下极为深刻的印象：真正的、野蛮的王权。

与平常一样，我坐在国王的边上，国王似乎有些不高兴，令我坐在女人的外边。这明显是一次盛大的典礼。每个军团的司令依次称述作战表现，选出那些能够很好贯彻指令的下属，指出那些临阵脱逃、裹足不前之辈。国王听得仔细，也会做出精明的评价。对于值得嘉奖的勇士，国王赐之以大蕉酒。勇士接过从大陶罐里倒入葫芦杯的大蕉酒，高呼万岁；对于胆怯之辈，国王则处之以死刑。一旦国王宣布某人死刑，场面就变得非常混乱。死刑犯全力反抗，其他人会到人群里抓他，把他揪出来，并把他的双手和头绑在一起，直接带走，或者把他推滚着走。

[407]不一会儿，所有事情都处理完了。国王恳请我随他入宫。原来国王又在向我要烈性酒——在他脑子里，这是头等大事——而且怎么也不相信烈性酒最终对身体有害无益。当着国王女人的面，我给他读了格兰特的来信，并请国王把尼扬博人打发走，因为他们不但骚扰我和我家，还抢劫布干达人，却嫁祸给我，让我背负恶名。然而，国王却没有做出回应。一回到住所，我就发现国王的一个女人躲到我的草棚屋里来了。她哀求我保护她，因为尼扬博人经常抢她东西，殴打她，她已经受不了了。

5月4日。一大早，我就派马乌拉带着那个女人进宫，并希望马乌拉请求国王赶走那些尼扬博人。马乌拉回来后说，他已经传达我的请求，但国王还是没有答复。于是，我去找国王，结果发现他在他兄弟的住所吹长笛。我刚坐下，国王就得意扬扬地指着他用子弹打下的两只秃鹳，对他的兄弟说："你们看看这里的两只鸟！巴纳得用散弹打，我用的是子弹。"随后，我为了试探他，便请求他允许我离开这里，前往乌索加，因为格兰特离这里还很远。然而，国王却说："不行，还是等他来吧，然后你们一道走；你觉得他那里他离这儿远，但我心里清楚。我的一个属下看到他躺在一副担架上正往这里来呢。"我说："这肯定是搞错了，因为他来信说他将坐船过来。"

暴雨突降，我们只得找地方躲雨。但是，国王的兄弟们却纹丝不动，有几个兄弟甚至就坐在屋檐下的排水沟里，一旦被国王看到就高呼万岁。国王的大弟给我递了一杯大蕉酒，以为我不会喝，当他看到我一饮而尽后，大喊道："慢点喝（lekerow）！"[408]我假装不明白他的意思，还要喝，他便粗鲁地从我手中夺走杯子。国王与他的兄弟们又开始演奏起来，接着又谈起狩猎。突然，屋顶有东西掉落，正落在我跟前，此事中断了他们的交流，一天也就这样过去了。

5月5日。所有获释奴都出去找吃的去了，他们硬让我待在家里。然而，国王派出一位官员去寻找格兰特，因为我不相信国王昨天的说法，即格兰特将从陆路过来。我也派了很多人，并让他们带上一副担架去帮这个官员，以便给我消息。

5月6日。我奉国王之命进了宫。国王让我们等了一个小时，随后国王从一个侧门出来，招呼我们跟着他走。国王穿着欧式衣服，带着枪和一个装衣服的锡皮箱子走在前面。国王随即问道："巴纳，你的枪呢？我不是叫你出来打猎嘛。"我说："那些侍从没提打猎啊，所以枪丢在家里了。"国王完全不在意，继续走到他的兄弟们那里。他的兄弟们已经提前准备好了，打头的是一支乐队和众多随从，国王见此夸赞了一番。国王和他的兄弟们上演一场盛大的长笛演奏会，其中的一个年轻点的弟弟一直在击打一个长长的手鼓。接着，乐队开始演奏了，众人随之跳舞、唱歌，王家兄弟与乐队联合奏乐。一番表演、恭维、高呼万岁后，我请求离开这里，从水路去见格兰特。国王连忙说，我们从尼安扎湖返回后，他已经派出两只船去接格兰特了。两个刚从卡拉圭回来的下人说，格兰特已经在路上了，离这儿不远了。随后，像孩子似的国王又换了一套衣服，以便在他兄弟们面前显摆。国王既没有赏赐大蕉酒给我喝，又没有给我的下人拿点大蕉来吃。我愤然离开。到家后，我更加生气，获释奴涌入我的草棚屋，[409]吵着要吃的，并说如果我不给他们串珠，他们就说是我下令让他们去抢东西。我手上的串珠已经不多了，于是只好让他们到卡拉圭去拿串珠。其实，即便他们拿到串珠，也不见得能换粮食，除非国王收回禁止干达人卖东西给我们的命令。

5月7日。今天，我去拜访王太后，但我和宫里的一些侍从等了五个小时。在此期间，王太后偶尔会送些大蕉酒过来。等到天快黑，王太后把侍从打发走了，因为她太忙，没时间见他们，但希望我留下。我问这些侍从能不能用串珠从他们那里换些粮食，但他们说未经允许不能卖给我。晚上，王太后走出内宫，走向宫殿另一端，即宫中女巫首领的住所。对于这位首领，每个人都极其尊重。在路上，王太后大为光火，说道："你不愿来见我了！我给了你这么个可人儿，你美人在怀，恐怕早把我们忘记了。"我当然拿梅丽的事来搪塞。王太后说："如果是这样的话，我再送给你一个美人。但是，你必须把梅丽送走，否则她会给我们带来麻烦。你应该知道，我以前从没把宫里的女孩送给任何人，因为她们会把宫里的事情告诉百姓，那就不妙了。"于是，我向王太后解释早前没来拜访她的原因：我曾四次派信使前来约见王太后，但他们都被王太后拒之门外。王太后不信此话，用最粗鲁的话骂我是骗子，直到我把那些信使叫出来，他们都证实了我的话。

女巫首领见王太后时头都昂得高高的，但却从我的草凳子上抽取一把草，示意我坐下。[410]女巫首领与王太后一直在聊天。只见女巫首领叫人拿来一只陶质盘子，这是她吃美食用的盘子。女巫首领吃东西时活像一只豚鼠，啧啧称赞，满足得很。她扔给我一点，令众人颇感意外。我伸手接住，放入嘴里，感觉有点甜。但是，味道太刺激了，我很快就吐了出来，众人哈哈笑了起来。一回到家，我就得知国王派人请我尽快带上药箱去见他。

5月8日。从昨晚到今早，我没有吃一口东西。一大早，我们就前往王宫，特别期待国王所需的药物能给我们换来一些东西。但是，我们一直等到下午四点，国王也没有露面。我把邦贝丢在后面，径自走开，在王宫里打了一只珍珠鸡。此举很是奏效，有人把我用枪打鸟的消息传给了国王。国王派人传话说，如果巴纳过来了，他将很高兴见到我。因此，邦贝得以向国王禀告实情。国王闻言便用斯瓦希里语叫我的侍从卢戈伊随他过去，令人给我们这帮饥肠辘辘的人很多大蕉，众人立即一扫而光。

5月9日。昨晚进宫有了效果，今天国王派人给我们送来了四只山羊和两头奶牛。我兴冲冲地去觐见国王，结果发现他正拿着一支卡宾枪在王宫四周转悠，急切地寻找狩猎目标。侍从拖来五只半死不活的秃鹳，用绳子把这五只秃鹳的腿绑在了一起。国王晃了晃脑袋，骄傲地说道："这些鸟都是我用子弹击落的，当时它们还在飞呢。这些小子也会告诉你的。我非常喜欢卡宾枪，但你一定得给我一把双筒滑膛枪。"我答应国王说，格兰特来后，我一定给他一把，以示感谢，因为国王派出众多官员去接格兰特。

我们接下来想打几只珍珠鸡，我告诉国王说，[411]英格兰人非常喜欢打珍珠鸡。但是，天色已晚，我们没有看到一只珍珠鸡。随后，国王叫出一个侍从，这个侍从十天前在乌德杜见到过格兰特。如果这个侍从所言不虚，那么他一定已经跨过卡通加河。这个侍从说得活灵活现，但我还是不相信。上个月15号，我派人去了，并要他们带信回来，以确定格兰特身在何处，但他们还没有回来。如果格兰特离得这么近，我的人肯定已经传信回来了。为了搞清楚情况，国王建议我再派一些人带着那个侍从去一趟。我拒绝了，因为没有意义，那个侍从的话是假的。闻听此言，国王看了看那个侍从，又看了看女人，想知道他们对我的话怎么看。结果，那个侍从大声喊叫起来。深夜，卡哈拉这个小机灵鬼换下衣服，穿上树皮布衣服，悄无声息地逃走了。对此，我从未想到，因为她最近比过去都要高兴得多，对我毕恭毕敬，就像一个听话的孩子面对父亲那样。我们到处去找，鸣枪示警，希望能把她吓回来，但还是不见她的踪影。

5月10日。我昨天答应国王今天早上教他如何打珍珠鸡。早上6点钟，我就到了王宫。国王已经在场地上了。听完卡哈拉逃跑一事后，国王立即下令，让人去把她抓回来。国王带着枪向前走，依次开了八枪，射向树上的珍珠鸡，但都没有射中。枪声把所有鸟都吓跑了，国王也把散弹、子弹都打光了。于是，国王带我们到他用来更衣的草棚屋，他自己进去了，多位发育成熟的裸女在一旁伺候。国王令人给我送来早餐，有猪肉、牛肉、鱼、大蕉，并叫我在屋门左侧进餐。一大批女人坐在屋门的右侧，不说话，却也在卖弄风骚，模仿白人吃东西，自娱自乐。小可怜鬼卢戈伊也到我这边来吃，[412] 他说他本想回到我的草棚屋，因为他走到这里时就已经半饿了，但没有人会注意到他。然而，他注定只能做一名宫廷侍从，国王离不开他。我突然打了个冷战，正准备请求离开时，国王却下令让人鞭打他的一个女人。我不知道那个妇人做错何事要受到如此残忍的对待。国王一下令，那个妇人便恳求侍从赶快来鞭打她，只有如此才能平息国王的愤怒。我远远地看到十二个侍从解下头巾，把那个妇人直接拖到院子的中央，用棍子打她。那个妇人在地上到处翻滚，朝我尖叫，让我救她。我所能做的只有快速掉头走开，眼不见心不烦，最好不再干预王宫里的规矩。其实，我认为有时国王这么做，就是让其客人看到他专横无情。一回到家，我就看到卡哈拉像犯人一样站在门前。我心下想，她不会承认是梅丽鼓动她逃跑的。卡哈拉说，她在我这里一直很开心，直到昨天晚上，罗扎罗的妹妹告诉她，与白人住在一起实在愚蠢至极，便让她逃出去；等她朝着王太后宫殿的方向逃了出去后，却被几位官员发现了，他们看到她脖子上的串珠、发型（头发从前额处斜梳到双耳），猜测她是国王的女人，于是关了她一夜；今天早上，穆特萨派人过去，把她带了回来。我令她和邦贝住在一起，以示惩戒。然而，没人与我一起用餐，屋子里冷冷清清，我便收回成命，可把她高兴坏了。

5月11日。今天，我收到格兰特的好几封来信，分别写于4月22日、25日、28日和5月2日。[413]这几封信是我的三个下人带回来的，他们还从卡拉圭带回了豌豆、面粉、弹药。格兰特住在马乌拉的屋子，可见国王的那个侍从说的是真的。护卫队害怕走水路，便骗了格兰特，从陆路把他带过来了。这是黑人的一贯做派。

5月12日。我派那三个刚从格兰特处回来的下人进宫控告护卫队，护卫队不但让格兰特错过了舒服的航行，而且也打破了我长期以来念念不忘的勘测维多利亚湖的计划。与此同时，我还让那三个下人给国王带去一罐子弹。对于这份意外的礼物，国王欣喜不已，立即射了十五只飞鸟，并令人向我通报了他的高超枪技。

5月13日。今天，国王令人送给我四头奶牛、一批黄油，算是回礼。经我恳求，国王同意派出一位官员与我的十个手下一道去接格兰特。国王还传信说，他刚刚又射了十三只飞鸟。

5月14日。马布鲁基、比尔、布德贾及其十个手下一道从布尼奥罗回来了，随行的还有卡姆拉西派出的四人代表团，团长是基德圭加（Kidgwiga）。据说，穆特萨已经听取了我的建议，送给卡姆拉西两捆铜丝，化干戈为"铜丝"，从而与卡姆拉西建立了友好关系，而且卡姆拉西还送给穆特萨两根象牙。基德圭加说，佩瑟里克一行人并不在布尼奥罗，他们从未到过那里，只是抛锚停泊在加尼。回来的人说，他们只看见了两个白人，一个白人满脸胡子，一个白人脸上没胡子。我们在找他们，他们也在急切地打探我们的消息：他们坐的是椅子，穿的和我一样，还有枪，也有我屋子里的东西；他们有一次献给卡姆拉西一条串珠项链，卡姆拉西则回赠他们很多女人和象牙；如果我想过去的话，卡姆拉西会用船把我送到他们那里。如果从陆路走，我们要穿过基迪，[414] 就要花10天穿过丛林，可那里住着野蛮人，见人就杀，见物就抢。

布尼奥罗、加尼做奶牛、猴皮披肩生意的商人有时会在夜间偷偷地走这条路线，但是他们担心小命不保，也极少这么做。1月30日，巴拉卡、乌莱迪从卡拉圭出发，抵达卡姆拉西的宫殿，并在那待了一个月，请求卡姆拉西允许他们走前往加尼的路线。由于没有得到允许，他们希望与马布鲁基一起来我这里。然而，卡姆拉西也不同意，理由是他们是从卡拉圭来的，如果要走必须回到那里去。卡姆拉西听说过我与穆特萨狩猎一事，也得知马布鲁基、乌莱迪意欲经过乌索加到加尼。他已经从巴拉卡那里收到我送过来的串珠，还拿走了乌莱迪的剑。卡姆拉西对乌莱迪说道："如果你想要回剑，你就必须在我这里终生做因犯，因为你还没有付歇脚费。"马布鲁基告诉我，他一直在一个村庄里等着见卡姆拉西，那个村庄离卡姆拉西的宫殿有一个小时的路程。五天前，他们两人奉命见到卡姆拉西，双方互换了礼物，但卡姆拉西令他们第二天早上就离开那里，并说干达人就是一帮打家劫舍的土匪。

往轻了说，这个消息令人窘迫不已，既是个好消息，又是个坏消息。如今，我能确认的是，佩瑟里克正在四下找我们；他的手下到过卡姆拉西的领地，但在巴拉卡抵达那里前又回去了；然而，卡姆拉西又不准巴拉卡去找佩瑟里克，告诉佩瑟里克我们就在附近；布尼奥罗非常讨厌干达人，因此我几乎不可能通过书信联系到佩瑟里克。更让我沮丧的是，格兰特没能勘测从基坦古莱河至维多利亚湖的地理信息，也没能看到乌索加和维多利亚湖的东部地区。

5月15日。自5月10日得了感冒以来，我一直卧床休息，[415] 今天竟然开始低烧了。我派邦贝进宫禀报国王相关消息，并请国王考虑下一步该怎么办。国王回答说，他会督促巴拉卡和乌莱迪直接前往加尼一事，并让邦贝给我这个病人带回一罐大蕉酒。

5月16日。今天，国王派人询问我的病情。奇怪的是，他竟然没

布干达国王正在检阅康戈乌上校的军团

有向我要东西。

5月17日。然而，好景不长。一大早，国王就派人过来要东西，我已经拒绝100次了。我心下想，国王明显在猜我还有些东西，而我却不想告诉他。

5月18日、19日。我派邦贝进宫要大蕉酒，这也是我唯一想要的东西。然而，除了我，国王谁也不想见。国王把步枪清洗杆弄断了，需要维修。侍从把步枪拿给邦贝，并说谁也不敢在没有修好前把它拿给国王。天黑后，国王派人送给我一只珍珠鸡，想以此说明他已经是一个善于狩猎的人。

5月20日。国王借走了我的火药桶，出去打猎了。获释奴涌到我的草棚屋，索要食物。我以黄金计时器、英格兰最好的枪支为代价，换得获释奴可以去国王果园采摘食物的特权。获释奴虽然已经知道此事，但嫌麻烦，不愿这么做。

5月21日。今天，我第一次看到国王召集所有军队的场面。大路上挤满了干达族战士，全身涂上各种颜色，头戴大蕉叶，腰系小块山羊皮，手拿长矛和盾牌，高唱战歌，大步行军，最后反复喊叫一个单词Mkavia（君主）。根据邦贝的说法，[416]他们在人数上超过了萨义德·斯韦尼（Sayyid Sweni）扬言进攻桑给巴尔时马吉德苏丹所能召集的军队和流民。其实，邦贝从未见过如此大规模的军队。

邦贝进宫想为我的人要些大蕉，看到国王正在议事，讨论向某处派兵一事，但是没人愿意说话。我的人已经去过布尼奥罗，到过卡姆拉西的地界。国王看到他们，便问他们去那里的任务。得知那里没有白人后，国王大怒说他们一派胡言，他的人看到了白人，不可能弄错。国王还说，卡姆拉西肯定把白人藏了起来，卡姆拉西担心周围出现那么多枪；出于同样的原因，卡姆拉西说谎了，是的，说谎了，但没有人胆敢说他说谎了。现在，穆特萨无法通过公正的手段去实现目标，只得动用武力。接着，国王转向邦贝问道："你的主子是怎么想这件事的？"根据邦贝回来后的说法，邦贝当时回答道："巴纳希望在格兰特回来、所有人都聚齐前，什么事都不要做。"闻听此言，国王转过身去，径自走开了。

5月22日。听说我生病了，基通齐今天一早就过来看我。我问他为什么干达人反对我坐椅子。然而，他不便回答这个棘手问题，借口说他听到王宫附近有吵闹声，这一定是国王下令抓某些人，他必须过去，不能再多待了，便走了。我的人代表我进宫去要些大蕉和大蕉酒。但是，国王没有给任何东西，还摘下他们的毡帽，据为己有，并令他们告诉我说他的啤酒都喝完了。

5月23日。基德圭加过来告诉我说，卡姆拉西特别希望加尼的白人前去觐见他，[417]卡姆拉西已经给加尼的酋长送去了三十根象牙，以此确保白人能过去。基德圭加信心满满地说，如果我过去，卡姆拉西会给予我最高礼遇。这样的话，我便有机会去说些和解的话。我说，在我的请求下，穆特萨曾送给卡姆拉西一份礼物。现在，如果卡姆拉西与干达人建立友谊，白人去觐见卡姆拉西一事便没有难度了。

5月24日。今天一整天，穆特萨的军队仍然聚集在大路上，来来往往，就像一群蚂蚁。基德圭加再度拜访了我。今天我进宫时没有带枪，好让国王认为我用完了弹药，他也几乎用完了我所有的储备。然而，我等了一整天，压根就没有见到他。晚上，国王侍从通知我说，格兰特已经抵达尼亚马·戈马，离这儿只有一天的路程了。

5月25日。我准备派二十人，带上我这里四分之一的羊肉去接格兰特。然而，如果没有当地官员带路，他们走不成，一定会被抓起来。国王出来狩猎，离我的草棚屋比较近，于是叫我出去。我发现他正押解着罗扎罗和四个尼扬博人，这些人在抢劫时被基通齐发现，竟然联手把基通齐痛打了一顿。国王指着那四个人对我说，他不喜欢这种抢劫行径，问我卡拉圭有没有抢劫。我当然借机重申立场，表示反对这种抢劫行径。然而，国王改变了话题，告诉我在加尼的白人在找我们，并希望到这里来。我提议由我自己用船去接他们，但国王反对，并说他先派人过去，那里离上次派船去接格兰特的地方的北部不太远。国王说，他不喜欢布尼奥罗，[418]因为卡姆拉西就像河神一样躲在尼罗河地区；穆特萨的人每次到那里拜访，都得不到尊重，卡姆拉西都会把他们安排在河外。正是出于这个原因，穆特萨决定开辟经过基迪的路线。

国王谈起这个话题，有点出乎我的预料。我当然特别想继续谈这个话题。然而，我的运气实在不佳。因为就在此时，众人看到树上有一只秃鹳，激动不已，场面一片混乱。国王令女人散到一边，令随从散到另一边。我只有最后一袋火药，并迅速把子弹上了膛，而国王的子弹袋还有一半火药。国王还能装十次火药，他留了一些火药，根本不明白射击大鸟需要大量火药。国王看我不惜用上所有火药，非常吃惊，却又说我用的火药量还不够。

当时，那只秃鹳所处的位置非常高，第一枪只是擦到了它，并把它赶到另一棵树上。国王大叫说："喔！喔！我敢肯定，鸟被射中了；看那，看那。"随即，国王开始追鸟，翻过一个又一个藩篱，脚步乱得一塌糊涂，而其他人都在竭力帮助国王，以便让他站到最佳位置上。最终，国王及众人跑到了秃鹳所在的那棵树下。国王最后一枪命中。然而，那只秃鹳却没有掉下来，像一只站在高枝、张开翅膀的老鹰。国王令几个索加人爬树把秃鹳拿了下来。国王欣喜若狂，犹如一头疯牛在土豆地上跳了起来，奔上奔下，把枪举过头，不停挥舞着。鼓声乍起，国王的随从都惊喜不已，女人也随着国王唱着、跳着，犹如一群疯子。随后，众人互道祝贺，互相握手，最后都来看看那只被索加人拿下来的秃鹳。喔！喔！太棒了！这只秃鹳舒展开来的翅膀比人都高。[419]这还不够，我们必须把秃鹳拿给王太后看看，我们所有人都一路狂奔，腿好像都不是自己的了。

国王到了王太后的宫殿后，出于对母亲的尊重，脱下欧式衣服，换上一身幼兽皮做的白色便袍，这才入宫见王太后，并让我们在外面候着。在此之前，康戈乌上校身着全套制服，已经来到外面的广场，并让他的军团列队以待检阅。听到禀告后，国王立即带着长矛和盾牌走出王太后宫殿。国王站在王太后宫门处，摆好了姿势，面前放着那只秃鹳，随从围着秃鹳坐成一个圈。我们面前是一个开阔的大广场，而广场边上便是王太后的统帅的屋子。

随后的景象就更狂野，或者说更奇异了——男人近乎裸体，腰带上挂着山羊皮或猫皮，并依个人喜好涂上颜色；一半身体是红色或黑色的，另一半是蓝色的，没有规律可循——例如，一只脚踝处涂成红色，另一只涂成黑色，而上面的短裤则涂上相反的颜色，袖子和马甲也是如此。每个人都拿着同样的武器——两支长矛和一面盾牌——就像准备应敌一样，他们就这样排成三排，间隔十五到二十步的距离，并把腿抬得一样高，迈出长步，只有站在地上的那条腿有点弯曲，以便让跨步更有力量。[420] 所有士兵起跑后，各连连长也跟着起跑，只是他们的打扮更加奇幻，最后跟上来的是伟大的康戈乌上校，他几乎就是鲁滨逊·克鲁索（Robinson Crusoe）的化身，他穿着一身长白毛的山羊皮，拿着一面皮革盾牌，全身上下白毛飘飘，膝盖下面系着长毛带，戴着一顶华丽的头盔，上面装饰了大量各种颜色的珠子，极其有品位，头盔顶上还插着一根深红色的羽毛，羽毛的中部有一处弯曲，装饰着山羊毛。接着，他们以连队为单位来回冲锋；最后，高级军官冲向国王，大声宣誓效忠于国王，赢得满堂彩。游行队伍解散

S. 霍里尔（S. Hollyer）根据厄克特·丁沃尔（Urquhart Dingwall）
所拍摄的照片临摹而成的斯皮克画像

穆特萨国王接见客人

了，所有人都回家了。

5月26日。国王的一位官员同意让我的人跟他去尼亚马·戈马，我给格兰特送去了一只羊的四分之一的肉。我后来听说，格兰特千恩万谢，当场就把羊肉煮了、吃了，并请求我去见国王，请求国王把他从那个没东西吃的地方救出来。罗扎罗被交给基通齐看管，以示惩罚。同时，王太后听说了她的兄弟和女下属遭受了暴行，下令禁止我的部下和罗扎罗的部下再从王宫里拿任何食物；因为我们是一道来的乌干达，所以按照她的逻辑，我们都要为这次犯上之举负责。我请求进宫解释，但不愿开枪示意，所以未能见到国王。

5月27日。国王派人说他需要药来平缓闪电所带来的惊恐。我进宫向国王描述了避雷针的作用，并向国王说希望自己马上就能去布尼奥罗。国王表示反对，因为他没有见到格兰特，但又委派一名官员经由布尼奥罗去加尼，并让我也派人捎几封信过去。远处的枪声打断了我们的谈话，原来是格兰特来了，[421] 我随即告辞，去迎接我的朋友。这么多天，我们都很焦虑，都希望相聚在一起，如今相见，其间的兴奋无须多说。看到格兰特能够一瘸一拐地走动，我甭提多高兴了。格兰特向我讲述他艰难旅行时的所见所闻，既有美景，又有趣事，我忍俊不禁。

5月28日。早上，国王派他的大使布德贾和卡姆拉西的手下基德圭加过来，让我派人重返卡姆拉西那里问问去加尼的路。我想先跟国王说一声，但他们说他们没有接到命令，所以不敢耽搁，直接走了。我给国王送去了一支双筒枪和一些弹药。国王派人回复说，国王邀请我和格兰特都去参加一次盛大的欢迎仪式，届时国王将主持这次国事活动，有卫队护卫，就像我第一次觐见国王一样。下午，我们应邀前往王宫，但发现参加的人很少，第一次座谈很快就结束了，之后我们又前往另一座宫殿，还看了一些女人的表演。国王很快就厌倦了这种愚蠢的表演。于是，他令人搬来了铁椅子，又跟我们聊了起来，国王起初所谈的永远是那个令我生厌的烈性酒，直到我们问他喜不喜欢枪，这才换了个话题。国王说，枪支是一种著名的武器，他将大力推广。然后，我们开始泛论起苏瓦罗拉和鲁马尼卡，以及经由乌尼亚姆韦齐的那条路。我们希望这条路很快就会不复存在，为经由布尼奥罗的另一条路所取代。

之所以逗留王宫，并且容忍所有令人困惑、恼火的会谈，都是因为我们要实现一个目标，那就是到达尼罗河，它源于维多利亚湖，我很早之前就对此确信无疑。如果这个反复无常的野蛮人不同意，或不提供帮助，我们的目标是不可能实现的。我自然会抓住每一个机会，把谈话引向这一伟大的目标，当下就有这样的机会。[422] 我们冒昧地向国王要些船只，我们猜测湖泊和河流应该是相连的，可以通航，我们可以探探去加尼的水路。我们恳求国王派基通齐陪同我们一道探路，再不济，我们也可以开辟出一条新的商路，这条路，有望成为欧洲制成品进入布干达的永久路线。然而，这是"行不通的"。国王听后，作了一番评论，似乎已经理解我们的申请，但却没有直接回应。我的策略是尽量把自己的目标说得轻淡些，所以不得不强忍着内心，表现出漠不关心之态。我借机索要我的画箱。国王说他只借一天，结果已经放在他那里几个月了。然而，国王竟然也没有回应我的这一请求，甚至马上催要我的罗盘。我以前确实答应过国王，若格兰特来了，我就会送给他罗盘。我说，明天就把罗盘送过来。听闻此言后，国王说他去看看女人准备给我们送来多少大蕉酒。随后，国王道了声晚安，径自走开了。

5月29日。我派邦贝把罗盘送了过去。国王非常高兴，一看到罗盘就跳了起来，因为自己得到宝物而兴奋得哇哇大叫，说这是巴纳送给他的最棒的礼物，因为巴纳就是靠着它找到了所有的道路和国家——事实上，巴纳一半的知识就是源于这个罗盘；巴纳愿意割爱，由此可见巴纳与他的友谊常在。接着，国王叫来马乌拉，并问道："马乌拉，你说的确实是实话，没有任何东西可以与罗盘相提并论。"国王一遍又一遍地重复了他已经告诉邦贝的话。晚上，国王带上所有兄弟，带着铁椅子、箱子来回访我们，看到格兰特最近画的关于土著人的画，大加赞赏。[423] 但是，这一次我们没有给他任何东西，反而还向国王催要画箱。随后，我们一道步行到我平常看天象的山头，我给国王做起向导来。国王站在山顶上，告诉他的兄弟们他的统治范围。我问国王上帝住在哪里，国王指了指天空。

5月30日。国王终于派人送回了画箱，还送来了一些他自己所射下来的鸟，并希望我们画一画这些鸟。他还希望我们画他本人的肖像，还想临摹格兰特的所有画作。这些要求似乎并不过分，但他还想多要一些火药，并让我们把所有枪支都送到宫里，供其把玩。

5月31日。我画了一只白黑相间的大犀鸟（hornbill）、一只国王送来的绿鸽；但国王并不满足，又派人来更多的鸟，还想看看我的鞋子。然而，那几个年轻侍从在传达国王的第二条口令时，显得很是无礼。我拿起一本书，砸到他们的头，要他们给我滚。我打算亲自去见国王，并向他讨要一些食物，以安抚一直抱怨不迭的获释奴。我前往王宫，结果得知穆特萨出去打猎了。于是，我拜访了统帅，抱怨说我们正在挨饿，也没东西可以给国王，所以想离开布干达。统帅以为国王之所以没有给我食物，是因为我没有更多的礼物给国王，因此羞愧不已，于是把他家一只山羊、一些大蕉酒送给了我，并说他会跟国王汇报我所说的问题。

6月1日。我为国王画了一幅画，画的是国王清晨射杀的珍珠鸡。然后，我和格兰特一起去拜访王太后，陪同的还有七个下人，而其他下人宁愿自己去找吃的，也不愿去王太后那里拿些大蕉。我们等了一个小时后，王太后微笑着接待了我们，并送给新访客一些大蕉酒和大蕉，但刻薄地说没啥东西可给我的。[424]这话背后有布干达的潜规则：把格兰特当作一个独立的人，就可以索要礼物或过路费。我会心地笑了笑，感谢她亲自拿啤酒来招待我。我告诉王太后，要是我的行李从卡拉圭运过来，她可以多拿几样东西；但是，派过去的人既没有按照命令用船把我的兄弟接过来，也没有把我的行李从卡拉圭运过来。

王太后还是不满足：她当然希望从格兰特那里得到一些东西，哪怕是一点点，因为她有权得到，而且也不愿意接受我们是一家人的说法。我们换了个话题，说了说我的那个伟大目标，恳请她利用她的影响力打通去往加尼的道路，毕竟那是把新物件运进布干达的最好办法。王太后狡猾得就像一只狐狸，答应了我的请求，但前提是格兰特必须留下来，因为她还没有把他看个够，她会在第二天早上跟儿子说

斯皮克把格兰特引荐给乌达王太后

说我提的那件事。

　　我确实看到了一线希望，着手安排今后的行动，既要有成效，又不惊动那个反复无常的国王。我可以勘察河道，摸清去往加尼的水路，格兰特可以从水路返回卡拉圭，把我们的行李带过来。而且，在航行穿越湖泊时，他还能获取那些因随从马里布的阻挠而未能得到的情报。格兰特也同意了我的计划，一切似乎都很顺利。只要我们能够确保与佩瑟里克沟通一次，我们在布干达和乌索加就可以做许多事情。回家前，我们和王太后又进行了一次比较礼貌的会谈，其间王太后一直在玩一个类似可可豆的玩具，上面缀满贝壳：这是一种玩偶，或者说是假娃娃；王太后把玩它，是想告诉大家她恪守妇道，永远当寡妇。晚上，[425] 国王归还了我们所有的步枪和手枪，并要求得到其中的一把；还归还了他拜访我们时坐过的铁椅子、铁床架、英国国旗，因为他不愿让我们白白拜访他一次；国王还派了一个年轻侍卫长去监督货物交接，看看有没有不妥之处。我告诉那个年轻侍卫长，说我们来布干达，可不是让人以这样的方式来诈骗我们的。他可能会禀告国王说，我不愿意给国王一件货物。国王必然会暴跳如雷。

　　6月2日。与格兰特一起过来的科延戈想觐见国王，但未获许可。我在处理梅丽的问题时又遇到了一些麻烦，她说她从出生到现在从来没有在穷人家里住过。我想安抚她，准备把她嫁给鲁马尼卡的一个儿子，也就是她所属族群的一个亲王，但她又不同意。

　　6月3日。过去几天里，一直有人成群结队，往国王、王太后、统帅的宫殿里搬运柴火、砍得干干净净的木材；我今天觐见国王时，发现国王并不直接清点柴火和木材，而是忙着让姆卡维阿（Mkavia）上校的兵团把这些柴火从一个宫殿搬到另一个宫殿，这是他确定柴火数量的方法。大约有一千六百人在搬运柴火，而国王则站在第一座宫殿中间的小屋前的地毯上，手里拿着两根长矛，身边还有他的狗，周围是他的兄弟和一大批官员。国王令士兵排成纵队来回搬运柴火，以便能够看清楚有多少柴火；接着，国王转身面向他的官员，命令他们跟着士兵来回跑，去搞清楚士兵在想些什么。这个命令实在荒唐，但官员都飞奔了出去，很快又回来了，拿着棍子跑向国王，一边跳，一边说，柴火已经很多了，他是世界上最伟大的国王，[426] 他们的生命永远是国王的，他们将永远为国王效力。随后，兵团又接到命令，士兵放下柴火，拿起棍子，把棍子当作长矛，跟着官员跑了过来，叫喊着表忠心。接着，姆卡维阿献上了五头毛茸茸的乌索加山羊，高呼万岁，并举行了其他仪式。我问国王，他是否知道军队规模。国王只是说："我怎么知道呢，你看到的这些士兵只是军队中的一部分，他们奉命来这里运木头。"

国王解散了士兵，请官员随他进入另一座宫殿，国王称赞他们召集了这么多人；官员不但亦步亦趋，而且还愚蠢地回禀，他们很抱歉没有召集更多的人，因为有些人住得太远，一时召唤不过来；接着，总是滑稽的马乌拉竟然说，如果干达人听他的命令，那么人手肯定不会不够。听闻此言，国王说："如果他们不服从你，就是不服从我；因为我已经任命你为我的勤务总管，因此你就是国王命令的化身。"话音刚落，马乌拉拿着棍子跑向国王，就像得到了奖赏一样，扑地而行，高呼万岁。我以为马乌拉会遭到国王某种处罚，但国王一贯任性，其行为属实难料。国王突然起身，走向第三座宫殿，身后只跟着少数人。

在第三座宫殿，国王转过身来对我说："巴纳，我喜欢你，因为你大老远过来看我，自从你来了后，教了我很多东西。"我站起身来，把手放在胸口，对这个突如其来的说法优雅地鞠了一躬——那一刻，我又饿又怒——我表示受宠若惊，但是我的人饥肠辘辘，我相信国王会考虑这个问题。国王说："什么？你想要山羊吗？""是的，特别想要。"于是，[427] 年轻侍从奉命给了我十只山羊，因为国王的农庄已经空了，如果国王没收了更多山羊，他会补偿我的。我说，这还不够，获释奴想要大蕉，因为他们这十五天都没有弄到大蕉。国王又转身向年轻侍从说："什么？你们没有给他们大蕉，我不是已经下令了吗？现在就去取些过来，再拿些大蕉酒给巴纳。"

然后，话题转到了我要走水路去加尼，并派格兰特去大湖边的卡拉圭。但是，国王的心思完全系在我给他的罗盘上，要我给他解释一下怎么用罗盘。接着，国王解散了大家。

6月4日。鲁马尼卡派了一个名为维亚伦吉（Viarungi）的官员护送格兰特到布干达，并恳请穆特萨国王派一支部队帮他去打他的兄弟罗盖罗。维亚伦吉和罗扎罗一道过来找我。维亚伦吉说他奉国王之命，要我给鲁马尼卡四十头牛和两个男奴，因为阿拉伯人在接到穆特萨邀请，借道鲁马尼卡的地盘去布干达时总会给鲁马尼卡这些礼物。我告诉维亚伦吉，我们英国人从不把自己收到的礼物送给任何人，也从不蓄奴，只会把奴隶释放。接着，我又抱怨起罗扎罗，因为他给我的营地带来了许多麻烦和耻辱，也给我自己带来了许多麻烦，并请他离开我的营地。罗扎罗竭力为自己开脱，但我不相信他的话。他说，他已经从我的营地搬了出去，他已经跟他的上级官员维亚伦吉住在另一个独立的处所。

下午，我觐见了国王。年轻侍卫已经给我的下人送来了大蕉，给我送来了大蕉酒。国王非常亲切地问我是否愿意去加尼，我立即回道——是的，马上就可以跟他的一些官员一起出发，他们能够判断我说的一切在未来有没有价值，[428]将来道路能不能永久保持畅通。国王又一次任性了起来，他说无论如何，我都要等到他的信使从布尼奥罗回来后再说。我告诉他，他的人白跑了一趟，因为布德贾走的时候既没有捎上我的信，也没有带上我的人；此外，对布干达最有利的道路只有河道，越早打通越好。我恳求国王听从我的建议，派我的人直接去卡姆拉西那里，让他知道我打算乘船顺河而下去他那里；但是，国王没有回复我的话。接着，邦贝有些胆大妄为，想替获释奴要几头牛，结果受到众人嘲笑。国王退了朝，离开了。

6月5日。我准备觐见王太后，半路上遇到了康戈乌。康戈乌告诉我，王太后去过他家，而他刚把王太后护送回宫。我跟康戈乌开起无伤大雅的玩笑，想从当地人那里问问维多利亚湖流入尼罗河的出口处可不可以通航。我告诉他，国王已经任命他护送我们顺河而下，前往加尼。他信以为真："好吧，那我的日子不多了；如果我拒绝，就会没命；如果我想穿过沿河的卡姆拉西的地盘，也会没命；我在那里也算是个人物，我曾经率领一支军队打到他的宫殿，然后又返回布干达。你说这次使命是和平的，那也没用；因为布尼奥罗人完全不信任干达人，他们立即就会拿起武器。"

在前往王太后宫殿的路上，我们还遇到了曾经到过马赛人边境的穆隆多（Murondo）。他说，从布干达最东边的基拉（Kira）地区坐船到马赛人那里，需要一个月。马赛人那里也有一个大湖，有一条水道把那里的大湖与尼扬扎湖连在一起。[429] 穆特萨国王的船经常去那里运盐。两个大湖之间的距离，相当于基拉地区到马赛人地界，但只要走四天陆路，再坐三天的船。我们等了一整天，也没有见到王太后。王太后派人送来了三包大蕉、一罐大蕉酒，还说她太累了，不能接见客人，让我们改天再来。

6月6日。上午散步时，我遇到了乌德杜长官波基诺。格兰特觐见国王的时候，波基诺也过来了。他邀请我到他家喝大蕉酒。他的徽章是一把铁斧，镶嵌着铜，象牙柄。他想送我们一头牛，但要改天送来。他很惊讶我们竟敢在没有得到允许的情况下冒险进入国王的居所。后来，我们一道进宫，恰巧国王和他的兄弟们散步回来。国王看见我们，就派人过来说要见巴纳。我们进去后，送给国王几幅画，国王非常欣赏，近看看，远瞧瞧，又给兄弟们看了看，再反复观摩。就在此时，波基诺带着许多面制作精良的盾牌进来，敬献国王，高呼万岁。波基诺虽然是一个重要省份的长官，但是国王已经多年未见，对波基诺的态度就像对待一个普通的官员一样。我带来的一份关于湖泊和尼罗河的计划，向国王解释我们如何能够到达卡拉圭和加尼，国王仔细听了一小会儿；但在国王的信使未从布尼奥罗回来之前，他仍然不同意启动任何事情。我发现国王不会变通，就提议送一封信过去，在国王的人穿过布尼奥罗后，安排我的人指导他们怎么去加尼。国王同意了，但前提是我要在明天之前给佩瑟里克写一封信。然后，我教国王怎样使用罗盘。为了展示如何使用罗盘，我搬过来一面鼓，站在鼓上。只见朝臣都向我飞奔过来，[430] 好像害怕我惹怒国王，而国王却大笑不已。我这才意识到，当地人以为鼓有非常强大的力量。我这样做，把它当作普通物件，在当地人看来是一种亵渎。

6月7日。我给佩瑟里克写了一封信，但当地官员没有按照约定过来拿。科延戈奉命带着鲁马尼卡的礼物，包括少量铜丝、小珠子、我给他的一块布，以及从恩纳拉吉得到的一点小东西，进宫觐见穆特萨。我让邦贝代表我，去提醒国王派官员去加尼，派船去卡拉圭，但邦贝只带回一个信息，说国王一直在咕哝，未知所以。

6月8日。我进宫后，发现国王正在散步，于是跟他一起散步。国王突然转过身来，返回宫殿，一句话没说就把我打发回家了，实在是再粗鲁不过了。这个善变的家伙见我走了，又派人寻我，他以为我会一直等他呢。

6月9日。夜里，我们睡得很沉，有人潜入我的草棚屋，拿走了一盒子弹向王宫跑去，却又落在了路上。马乌拉在回家的路上，恰好看到了，知道一定是我的，就又把它带了回来。我待在家里，身体不舒服。

6月10日。科延戈把铜丝献给了国王，国王给了他六头牛作回礼。我的病还没好，待在家里。梅丽过来看我，她似乎已经完全康复了。谈到现在的住处，她说她非常喜欢乌莱迪的妻子，认为"人以类聚"。她自己吃了四分之一的羊肉，并说她还会再来。

6月11日。今天，维亚伦吉发现罗扎罗的人偷了干达人三十头牛、十二个奴隶和一车树皮布，于是就把它们据为己有，准备送给鲁马尼卡，而不是还给穆特萨。这实乃我们邻居之间的家常便饭。

[431]6月12日。晚上，有人偷走了我们预备在离开时送给国王的一盒火药和一袋子弹。这明显是国王的手下偷的，而且他们很可能是奉了国王之命，因为只有他才用得着，也只有他的手下知道到我这里的路。此外，之前的一盒子弹也是在通往王宫的路上被发现的。众所周知，没有国王的同意，没有人敢碰欧洲人的物品。

6月13日。我派人告诉国工失窃一事，并请他派人来调查，查查是谁行窃。同时，为了表示我们的怀疑，我们将禁止年轻侍从再来我的屋子。国王两次匆匆传话下来，说他正在召集所有人进行搜查，如果还不行的话，他就会派巫师来调查；但是，国王什么事情也没有做。统帅受到国王严厉斥责，因为他未经允许，就带科延戈过来觐见他，从而骗走了王室财库中的许多好东西，而这些东西都只是孝敬国王的。晚上，那几个无耻的年轻侍从又来打劫，但卡哈拉比我清醒，听到他们开门把手的声音，连声喊我，把他们吓跑了。

6月14日和15日。格兰特替我进宫，结果在宫里遭了一天的罪。他在前厅坐了一整天，乐师也奉命过来奏乐，但没有人叫他入内厅。穆特萨令科延戈带上他的人一起参加官员的抢劫任务——对科延戈来说，这可是个肥差，因为他自己可以得到大部分战利品。

6月16日。我把卡哈拉送出门，最终把她交给邦贝做妻子，因为她宁愿跟脏兮兮的小孩一起玩，也不愿意做淑女，竟然还挠痒痒。卡哈拉十分不情愿，[432]发誓不会离开我，直到我们动粗把她送出去；她是慷慨的王太后赐给我的，结果却成为我的负担，我也真的没有其他办法来打发她。科延戈带着五十个俘虏去了王宫。国王带着女人去了小池塘，他最近在那里放了一只笨重的独木舟自娱。所以，科延戈白跑了一趟。

6月17日。养病期间我第一次出门散步。国王一整天都在外面打猎，晚上派人过来要火药。乌莱迪前不久前往基通图，去处置一个信奉天主教的大员。今天，乌莱迪回来了，还把那位大员的十个女人带过来了。估计那个大员自己抛弃了地产。这些土地属于"教会"，或者说是"义产"，不受民事管辖，动不得，而早前国王曾承诺把这份地产赏给乌莱迪，所以乌莱迪也失去了一份地产。马詹加（Majanja）的妻子是个产婆，我在上文已经提过她，是她接生了国王，因此她的地位显赫。我们今天听说她奉命去已故国王苏纳的陵墓，她观察了那里种的一些树木，用秘术占卜，从而得知布干达未来需要做什么，她将在一个特定的时间回来，命令国王在加冕时要么带军队上战场，要么朝圣，要么舒服地待在家里。不管是哪种选择，都是老国王陵墓给她的指示，而国王必须服从。

6月18日。我和格兰特一起去了王宫，还带了一些画，画上画的是士兵、马匹、大象等等。我们发现一群侍从为了牛肉、大蕉争吵了起来。邦贝说，如果获释奴没有宗教上的顾虑，不愿把割断了喉咙的动物作为食物的话，那么他们每天都会吃牛肉。我告诉他，这都是他们自己的错，他们确实没有自己的宗教或主见；[433]如果他们是在英国而不是在非洲长大的，肯定就会是另一番样子。邦贝回道："我

用餐中的布干达王宫侍卫

们不能像你一样抛弃穆斯林的信仰。"这些声音粗犷的男人轮流唱歌、吹起口哨。侍卫长卡通巴看到了我们的画，也知道我是贵宾，认识国王，于是让我们进了宫。

国王坐在一道宫门后面的小屋的地上，四周都是他的女人，而我们就在小屋外坐了下来。起初大家都没有说话，直到有人告诉国王我们有一些精彩的画作要给他看，国王瞬间活跃起来，喊道："哦，让我们看看吧。"于是，我们给他看了这些画作，邦贝一一做了解释。接着，国王的三个妃子进来了，每个妃子都要献给国王两个处女妹妹，她们不停地高呼万岁，恳求国王笑纳，因为这样一来她们就会跟国王亲上加亲。[434]然而，其他人似乎无意促成美事。后来，坐在国王旁边的一个老太太，明显懂得宫廷的礼仪和规矩，说道："看看他会不会拥抱她们，如果不拥抱，那就是说他不乐意。"听闻此言，那些女孩似乎明白了过来。接着，国王开始拥抱那些女孩。国王先是坐在一个女孩的腿上，把她搂在怀里，把脖子伸到女孩脖子的右边，然后再伸到左边。此后，国王坐在第二个女孩、第三个女孩的腿上，在她们每个人身上重复同样的动作。然后，他又回到原来的位置，结婚仪式结束了，安排妥当后，又一切如初了。

国王又看了看画，赞叹不已。我们想跟国王私聊一些事，于是把国王引到外面。我恳求说，他的手下不在布尼奥罗的时候，能否允许我去马赛人的地界，看看维多利亚湖东北角的盐湖，并借我一些船，让格兰特到卡拉圭去取些火药和子弹。国王立即同意了这一重要计划，比我们预期的更为痛快。我们还想要一头牛、一些大蕉、大蕉酒，但国王只给了牛。有传言说，我们的人只吃素食。看到国王心情不错，我趁机说道，放任国王的客人在大路上靠暴力自行解决吃喝，容易产生问题。我还向国王汇报了最近尼扬博人抢了三十头牛和十二个奴隶一事。国王听说后，虽然有些吃惊，但只是说布干达的客人实在太多了。这一天里，我们至少听到了四个女人的惨叫声，她们被拖出王宫，押到刑场。

6月19日。为了推进我们的计划，敦促国王兑现承诺，[435] 我又进宫了。但是，他已经出去打猎了。为了确保实现我的目标，我去了王太后那里，想向她告别，要表现得好像我们第二天就会离开似的；但是，没有人敢入内宫通报说我们来了，我们只得回家，真是又累又恼。

6月20日。中午，国王派人来接我们；我们到达王宫时，却发现他已经出去打猎了；于是，为了充分利用时间，我们准备再次觐见王太后，目的和昨天一样，同时也想把我的关于鸟和其他动物的书取回来。书在王太后那里放了几个月，她只看了一天多。我们等了几个小时后，王太后出现在一个敞开的门前，示意我们进去，并招待我们喝大蕉酒；不一会儿，天下起小雨，她说她无法忍受这鬼天气，随后一言不发便离开了。不过，有个官员在到处找书，最终还给了我。

6月21日。今天我去了王宫，但没有找到人；国王又出去打猎了。

6月22日。今天，我们决心对王宫施加更大的诱惑。格兰特曾带一个跳跳乐（jumping-jack）去卡拉圭王宫，以取悦年轻的王子；结果，不但王子喜欢，而且鲁马尼卡国王本人也喜欢得不得了，爱不释手，直到格兰特答应用树木给他做个更大的跳跳乐，鲁马尼卡才放了手。我们决心试一试这个玩具，看看它能不能吸引穆特萨国王。此外，我们还带来了一个面具和一些画。宫里虽然挂了个会客的牌子，但内宫门却一直没有打开。有鉴于此，加之天又快要黑了，于是我们把面具和画放在王座上就走了。我们后来才知道，这样做违反了宫里的规矩：侍从看到我们的所作所为后，[436]以玷污王座的罪名扣押了获释奴，并说如果他们不拿走那些东西回去交给我们的话，就把他们绑起来。

6月23日。一大早，听说王室队伍又要出远门打猎，我们立即派邦贝戴上面具和画去追，以便告诉国王我们想见他，而且我们一连四天入宫找他，结果都无果而终，我们的目标是想就盐湖和卡拉圭之行达成共识。玩具产生了预期的效果。国王停下脚步，玩起了玩具，让邦贝和侍从轮流戴上面具。他答应明天接见我们，并解释说他昨天生病了，所以没有接见我们。晚上，卡哈拉和营地里的另一个小姑娘一起潜逃了，方向与她上次逃跑的方向相反；但她们俩四处游荡，不知道要去哪里，而且她们没有换掉所有的衣服，很快就有人认出了她们，并认为她们与我有某种联系，把她们抓了起来，带到我的营地。在营地，我们使劲嘲笑她们的愚蠢之举，接着又嘲笑她们每次逃跑都无果而终，实在是荒谬。

6月24日。为了让国王信守承诺，我早早地去了王宫，却发现国王已经去见他的兄弟了，于是追了过去，发现他正和他的兄弟一起吹口琴。他对我的闯入感到惊讶，先是问我是怎么找到他的，然后又继续演奏了一会儿。突然，国王停了下来跟我说话，我趁机告诉他，我想送格兰特去卡拉圭，我自己明天早上就去乌索加和盐湖。"什么？要走了？"国王说，好像他从来没有听说过这件事似的；然后，他又把这个话题谈了一遍，特别关心我在卡拉圭储存了多少火药，[437]并答应明天早上派些官员护送我们各自上路。

国王兄弟的妻子想见见我，于是来到我们面前，我不得不像往常一样脱掉帽子和鞋子，我的顺从让王子们对我的人品和性格赞不绝口。然后，国王的兄弟给我看了一张木头做的凳子，是按照素描画里的凳子的样式做的，还给我看了一个他们自己做的皮革枪套，做工和我在印度见到的一样好。接着，国王站起身来，他的兄弟也跟着起身，我们走到了池塘边。国王可能是喝多了酒，也可能是虚荣心作祟，又让人举起火把，带我们进宫，向我们展示了许多刚刚竣工的漂亮小屋。最后，国王开始准备举行一场音乐合奏，自己打头阵。八点钟，我又累又饿，提醒国王要守承诺。国王答应说，明天早上会让官员去提醒他，然后就离开了。

6月25日。马詹加听说我们打算穿过乌索加，很高兴，并说他愿意加入我们，他可以在那里买些奴隶和象牙。我到王宫去找国王，让国王按照约定派人护送。然而，侍从刚说我来了，国王就跑进内宫了。我别无选择，只得到统帅那里碰碰运气。然而，统帅跟他的主子一样盛气凌人，压根就没理这一茬。一天就这样浪费了。

6月26日。早上，卡德杜（Kaddu）告诉我们，他已经接到命令，准备动用二十条船，与格兰特一道前往卡拉圭，但是出发日期还没有确定。我们这才放下心来。这次航行肯定十分艰难，因为基坦古莱河河口风高浪急，只有晚上风平浪静时小船才能通过。**[438]** 我去了王宫，虽然宫里有许多官员，但我没有见到国王。除了女孩、山羊和各类其他物件外，那里至少还有一百五十个女人，都是从不听话的官员家里抢来的，据说，这些官员一度占有太多财产，太自大了，都不愿在宫廷里露面。

有人向我保证，这些女人和财物，以后都会作为回礼送给国王的客人。由此可见，非洲部落到处都有混血儿，也就不足为奇了。在等待国王接见的官员中，有我的朋友布德贾，也就是和卡姆拉西副手基德圭加一起派驻布尼奥罗的大使。三天前，布德贾回来了，但还没有见到国王。不出意料，他说布尼奥罗并不待见他。卡姆拉西不愿接见他，让他吃不饱也饿不死，把他晾了八天，这才派人传话说，卡姆拉西不愿意与无耻的干达族盗贼打交道，建议他小心别丢了自己的小命，尽快哪里来哪里回。看到康戈乌后，我又开起玩笑，告诉他穿过布尼奥罗的那条路已经关闭了，他只能跟我一起穿过乌索加和基迪；这位英勇的上校吓得说话都开始颤抖了，他说那将是一次可怕的任务。

6月27日。不知何故，国王不肯露面，而我们也不愿开枪示意，以免让他认为我们的火药取之不尽，继续把我们留在这里，直到他勒索完最后一批火药才放行。我发现干达人和卡拉圭的尼扬博人都有一个荒唐的观念，即他们都认为卡姆拉西有超自然力量，能够把尼罗河的水分开，就像摩西把红海的水分开那样。

6月28日。国王派了个小信使通知我们，他刚从布尼奥罗那里听到消息，说在加尼的白人还在打听我们的下落；但是，国王对布德贾的失利却只字未提。我立即派邦贝进宫告诉国王，[439]我们已经改变了计划，现在只需要一艘大船，护送我们穿过乌索加和基迪去加尼，因为再联系不上佩瑟里克的话，布干达可能就会失去尼罗河贸易的机会。国王回话说，他将在上午召集所有官员，就这个问题与他们协商，并希望我们也能参加，因为他想进一步了解我们的意见。有人赶着一群牛进来了，大约有八十头，都是从布尼奥罗抢过来的。这表明愚蠢的穆特萨国王一边想与卡姆拉西做贸易，一边又在抢劫卡姆拉西的财物。科延戈告诉我们，国王觉得宫里最近总是怪事连连，担心未来会有变数，因此断然决定做一件事，那就是准备烹杀一个小孩，并由科延戈来操办这个仪式。

6月29日。为了做好两手准备，并尽早出发，我先让弗里杰和纳西布去拜见王太后，递呈了一个锡制刷子盒、一块没有指针的表、两条廉价的小手帕、一条白毛巾，作为临别礼物，以示我们要走了，因为国王答应送我们去加尼。王太后接受了这些礼物，但发现这块表不像国王的那块，不能嘀嗒作响，而且她不相信她的儿子穆特萨会如此草率地允许我们离开，因为穆特萨还没有征求她的意见。按照国王约定的时间，我们去觐见国王，却发现统帅已经在那里了，宫里还有许多官员，都在耐心地等待国王。其间，我告诉统帅，我想要一千人跟我一道穿过基迪，前往加尼。他对我的要求感到十分惊讶，想知道我是不是要打仗。我告诉他一个伟大的原则，即权力需要尊重，[440]

为了防止打仗，就需要一支如此强大的护卫队。他回复我说，他会告诉国王此事；随即，他就起身回家了。

科延戈与乌苏伊、卡拉圭的使节奉穆特萨国王的命令前来告辞，并接受了穆特萨最近抓到的奴隶和牛。由于肚子很饿，我就回家吃早饭去了。我刚走不久，国王就问起了我，又派人把我带了回来。但是，我一整天都没有见到他。科延戈非常善于交流。他说，当苏纳带着所有士兵攻占我现在要穿越的那些国家时，他也在场；尽管苏纳亲自率军取得了战斗的胜利，但也没有做出别的事情。科延戈建议我回到卡拉圭，届时鲁马尼卡会护送我穿过安科莱到布尼奥罗；但是，他也发现这一建议并不符合我的秉性，因为我发过誓，绝不走回头路，所以他又建议我乘船沿着尼罗河去布尼奥罗。

当然，这正是我想要的；但穆特萨国王在遭到卡姆拉西的拒绝后，怎么可能会同意我这么做呢？我说，我打算试探一下穆特萨国王，先走乌索加和基迪的路线，再穿过马赛人地界到桑给巴尔，完全绕开卡姆拉西；如果穆特萨国王不同意——当然，他可能不同意——我再说去布尼奥罗，这是最后也是唯一一条路线了。但我还是见不到国王，无法向他敞开心扉，因此感到特别为难。"哦，你之所以见不到他，是因为他向你许下那么多承诺，而他又永远兑现不了，如今不好意思露面了；等待时机吧，一切都会好起来的。"下午四点，众人觉得见不到国王，于是都散了。

6月30日。出乎意料的是，或许只有他自己知道原因，[441]国王派人送给我们一头牛和一担黄油，这也是我们多天前向他要的东西。国王看到昨夜的新月后，一直待在家里，拿出上文所述的充满魔力的动物角，虔诚地祈祷。这种宗教的精神——如果可以这样称呼的话——与其说是崇拜至高无上的、仁慈的神，不如说是供奉某些邪恶的力量——事实上，也是为了防止某些邪恶力量降灾于国，为了能够获得丰收。天下起了大冰雹，闪电击中、烧毁了宫里的一间小屋，而国王正在那里虔诚地祈祷，实乃不祥之兆。

7月1日。邦贝奉命到宫里指导国王学习射击，我敦促他去恳求国王答应找路线一事，他回来后向我汇报了结果：起初，邦贝说我们要带一千人穿过基迪；国王说，这是不切实际的，因为干达人以前试过多次，都没有成功。既然办不到，国王自己又想怎么办呢？巴纳只提出了穿过乌索加和基迪的路线，因为他认为这条路线对布干达有利。狡猾的国王说："如果巴纳只是想看看乌索加，没问题，我将派些人去护送，其他的就免谈。"邦贝回答说："巴纳永远不会回来了；他会做其他事，但不会回来了——即便他穿过马赛人地界到桑给巴尔，或是穿过了布尼奥罗"；听闻这话，国王为自己的无能为力而感到羞愧，垂头丧气地走开了。

就在邦贝在宫里教国王射击的同时，我和格兰特按照约定，一道去觐见王太后。像往常一样，王太后让我们等了一会儿，随后我们发现她正坐在敞开的宫门旁。王太后邀请我们、许多官员和松布阿人（Wasumbua）靠近她。她非常慷慨大方，让我们所有人喝了点又酸又甜的大蕉酒，但没有给松布阿人喝。王太后对松布阿人非常生气，问他们想要什么，因为他们已经在布干达待了好几个月了。**[442]**这些可怜虫，心下绝望，为自己辩护说，确实如此，他们离开故土索

正在喝大蕉酒的布干达官员

龙博，前来拜访王太后，想要做点生意；自从来到布干达后，他们每天都会去王太后的宫殿，但命运不济，一直未能见到王太后；只有白人来了，宫门才会打开，除此之外，宫门一直紧闭。王太后反驳道："那你们给我带来什么东西，东西在哪？在我未见到东西前，你们既不能见我，也不能做生意。布干达可不是接纳流浪汉的地方。"接着，我们要求跟王太后私谈。就在此时，天上下起小雨，王太后走了，我们奉命稍等片刻。其间，王太后命人鞭打了两个男孩，还派一个官员过来问我们：为什么我们送给她的表不动呢？这很容易解释。因为那块表没有指针；而且，我们没有忘记大事，趁机补充道，如果王太后不喜欢那块表，[443]我们抵达加尼后可以给她换另一块，但她得派一个官员随我们过去。

王太后蹲在她的小屋里，命令格兰特和我坐在屋外，还给了我们五个鸡蛋，每人一只公鸡，哄着我们说："这些东西是给我自己的孩子的。"然后，王太后拿出表。她已经学会用带子把表挂在脖子上的方法，表就挂在她裸露的胸前，她还会开合表，高兴得很，说这个礼物她很称心。指针嘛，不太重要，即便没有指针，她也可以把表展示给周边人看。毛巾和手帕也非常漂亮，但它们有什么用呢？"哦，王太后，喝完大蕉酒后，可以用它们来擦嘴。"王太后回道："当然，太好了。我不会再用树皮布做的餐巾了。我放了一块手帕在杯子上，喝大蕉酒后可以用它来擦嘴。但是，巴纳想要些什么呢？"邦贝替我应道："去加尼的路。他进了宫，但国王不愿见他，所以现在来这里了，相信您有很大的影响力，也有善意，事情也会更顺当些。"王太后说："哦。巴纳不了解情况。我儿子已经试过所有道路，都没有成功，现在他不好意思与巴纳见面。""那该怎么办呢，王太后？""巴纳必须回到卡拉圭，等一年，等我儿子加冕后，他就会跟周边的首领交好，到时道路就开通了。""但巴纳说他不会退缩一步，他宁愿丧命也要试试。""哦？胡说八道。他一定不会刚愎自用；这事稍缓缓，我先给我儿子捎句话。巴纳明天可以和卡德杜、科延戈、维亚伦吉一起去见穆特萨，告诉穆特萨一切，后天再来找我，到时事情就会定下来了。"我们都离开了，[444]只有卡德杜和王太后的一些官员留了下来，他们在等王太后就我们的事情下达口谕，并把这些话传达给她儿子。从卡德杜说的话来判断，王太后说的话可完全不像我们期待的那样。卡德杜追到我们后说，我们压根就没有机会走那条路，因为王太后已经不想再听到任何争论了。

7月2日。有人偷了我们三只山羊。我们怀疑是国王的厨师干的，他们是觅食高手。于是，我们派人去找统帅，请他下令，把那个干达人叫出来；但他只回复说，他也经常丢山羊。他给我们送来了一只他自己的山羊，以备不时之需，并给了我的手下三十筐土豆。国王主持过朝会，但早上八点前就解散了。我们都不愿进宫，因为国王可能也不会再接见我们了。我一直等到晚上，因为邦贝、卡德杜、科延戈喝得酩酊大醉。不得已，我自己进宫，开了一枪，有人把我带到国王射击珍珠鸡的那个地方。国王一见我，就亲切地拉着我的手，我们一起散了会儿步。国王问我想要什么，还带我去看那间烧毁的房子，并答应明天早上解决道路问题。

7月3日。我和卡德杜、科延戈、维亚伦吉一道进宫。宫里有一大群人在准备宴会。我开了一枪，国王就出现了。地方长官萨基博博带着一队手持棍棒的士兵进宫来了，他发表了讲话，并在他的部下前面领舞，所有人都把棍棒向上指着，高唱着忠于国王。

国王转过身来对我说："我出来是想听听你昨晚的请求，你有什么要求？"我说："打开布干达北边的国门，让英国和布干达通过尼罗河保持一条畅通无阻的贸易路线。[445]我可以绕过安科莱（科延戈恶狠狠地看了看我）。"国王令王太后的代表靠过来，他小声地说道："但是，这样做不好，也不妥当。"科延戈应该对我的情况了如指掌，而且他能说 口流利的干达语和斯瓦希里语，所以他必须先开口；出乎我们每个人的意料，科延戈竟然说："一个白人想去卡姆拉西的地盘，而另一个白人想穿过乌尼亚姆韦齐回来。"这句话提醒了国王，因为王太后的随从已经私下告诉了他，说我们两人都想去加尼。国王非常警觉地问我，鲁马尼卡知不知道我们要去拜访卡姆拉西，鲁马尼卡知不知道我们要从布干达北上。"当然知道，巴纳一到布干达就给卡姆拉西写了封信，还告诉他和鲁马尼卡所有的一切。""写过信！

这是什么意思？"国王让我过去解释一下。随后，穆特萨明白了科延戈的话里有漏洞，称他是个骗子，命令他和他的人离开，把我拉到身边。

胜利的时刻终于到来了。国王突然就同意我们走这条路线。国王告诉我们他做出这一决定的动机，他说他不喜欢一遇到什么事就去找鲁马尼卡，他希望他的客人直接来找他本人；此外，鲁马尼卡给他捎过口信，大意是说，我们出了布干达，穆特萨就看不到我们了，但等我们办完事后，我们就会回到穆特萨这边来。鲁马尼卡，谁在乎鲁马尼卡？难道穆特萨不是布干达的国王，不能做自己想做的事情吗？我们所有人都哈哈大笑起来。接着，国王虚荣心作祟，问我更喜欢谁，是鲁马尼卡，还是他本人。这是一个令人尴尬的问题。我回答说，我非常喜欢鲁马尼卡，因为他很会说话，很会交流；但我也喜欢穆特萨，[446]因为他的喜好跟我差不多，都喜欢打猎，喜好四处转悠；我教会了穆特萨很多东西，对他永远都有某种期待。

事情已经办妥了，我很满意。国王命令布德贾护送我们去布尼奥罗，命令均巴给我们准备船，这样我们就可以走水路前往卡姆拉西的地盘。维亚伦吉代表鲁马尼卡，请求穆特萨派出一支干达人军队，开赴卡拉圭，去降服他那不听话的弟弟罗盖罗。但是，穆特萨拒绝了这一请求，理由是所有军队都出去打仗了。穆特萨散了朝，我们也回家了。

晚上，为了不让国王变卦，尽快签署通行文件，我带上一支兰卡斯特步枪和一些弹药，还有他之前索要的那把铁椅子，进宫送给他作为临别礼物。结果，我没有见到他，因为他和他的兄弟已经出去打猎了。

7月4日。格兰特和我一起觐见国王，送上步枪、椅子和一些弹药。国王允许我们走布尼奥罗的那条道路，我们万分感谢，无以言表。我说，我本想送给国王许多礼物，但临别礼物还不到我所期望的一半；等我到达加尼后，希望我能够派佩瑟里克回来，送给国王所想要的一切。我们如今没有更多的火药和子弹，太遗憾了，因为有人偷走了一些我们本来打算在这个场合送给国王的火药和子弹。国王狠狠地看了看他的侍卫长，国王曾经派他去偷现在要送给国王的这些东西。随后，国王巧妙地把话题一转，问我要多少牛和女人。国王举起手，张开手指，希望我要的数量以百为单位；我回答说，五头牛和五只山羊就够了，因为我们希望乘船时能轻装航行，我们要从默奇森溪谷出发。我不要女人，[447]估计穆特萨能够理解。如果国王能给我手下那些裸体男人每人一件树皮布做的衣服，给九个尼亚姆韦齐挑夫每人一根小象牙，那就功德圆满了。

国王毫不犹豫地同意了我的所有要求，然后转过身来对我说："好吧，巴纳，你真的想走？""是的，因为我已经四年多没回家了。"按布干达的算法，一年只有五个月。"你不给我喝点烈性酒吗？""是的。""如果你愿意的话，你就派人从加尼送点过来。那玩意可以让人睡得安稳，给人力量。"接下来，我们准备告别王太后，但没能见到她。

回到家后，我发现有一半手下人闹翻了天。他们为自己讨要女人和牛，结果都遭到了拒绝。他们说，巴纳不要这些东西，但他们要啊，他们来这儿后一直挨饿，去找吃的，结果被打破头，他们不再伺候巴纳了。一旦巴纳去了北边，他们就返回卡拉圭和乌年延贝。然而，邦贝告诉他们，他们一辈子都没有像在布干达这样吃得这么好，他们总共杀了五六十头牛，只要花点心思去找吃的，每天就能喝上大蕉酒，吃上大蕉；至于有人被打破头嘛，不是也有女人去补偿他们吗？因此，巴纳有理由对此感到遗憾，因为他每天都要费尽心机去为他们进宫要吃的；除了他的手下人，没有其他人能够获得如此恩惠；他们原本不应该在布干达抢夺食物，结果他们却又这样做，如果他们不这样做，哪有那么多麻烦事。

7月5日。接到国王的命令，我们一大早就去了王宫。我开了一枪，于是我们很快就入宫了。国王打开话匣子，说："好了，巴纳，你真的要走了？""是的，我已经受到您很长时间的热情款待了，现在想回自己的家。"[448]"你想要什么供给？"我说，五头牛和五只山羊，因为我们不会待在布干达很久了；而且我们国家的习俗是，拜访别人，不应带走任何东西。国王接着说："好吧，我想给你们很多东西，可你们却不要。"这时，布德贾说："巴纳不了解他要经过的国家，那里一路上只有丛林，我们会挨饿的，他必须要有牛。"国王下令给我们六十头牛、十四只山羊，十担黄油、一担咖啡、一担烟草、一百张树皮布。一百张树皮布是用来做我手下人的衣服，这也是邦贝的建议，因为我离开卡拉圭前就已经用完了所有布匹。

这一事件使得我们的计划暂时停顿了下，科延戈趁机制作了一小捆特殊形状的木棍，取了一块土块——为了讨国王欢心，科延戈说所有东西都有特殊的魔力。之后，维亚伦吉替我那些叛变的手下辩护。当着国王的面，我愤怒地对他摇了摇手指，斥责他插手别人的事，并讲了来龙去脉，国王支持我的看法，并说："假如他们弃巴纳而去，会有什么未来呢？"国王派马乌拉和罗扎罗一起前往卡拉圭，去拿昨天我们承诺的火药和其他东西。维亚伦吉和他的人虽然非常想离开布干达，但国王却把他们作为囚犯留了下来。此外，卡德杜和另外两个官员奉命带上两根象牙前往乌苏伊去买火药、枪帽、燧石，如果在乌苏伊买不到，就要去乌年延贝，甚至是桑给巴尔，因为他们不能让国王失望，否则小命不保。

两方人马走了，一句话也没说，也没有更多的安排，真是一群笨蛋——[449]马乌拉没有带一封信，卡德杜没有任何路费，仿佛全世界都属于穆特萨：不管在哪里，只要穆特萨喜欢，他就可以从任何一个花园里自取所需。晚上，我的手下低声下气地乞求我让他们离开，即便我不付给他们报酬，他们也要离开。他们说了一百条希望离开我的理由，但没有一条理由经得起推敲。其实，他们只是害怕去那条通往布尼奥罗的路，因为他们以为我没有足够多的弹药。

7月6日。我觐见了国王，请求国王立即让船只出发；但船队司令却不同意。他说，默奇森溪谷与基拉地区的兵站之间有险滩，因此两处的船只从不互航。此外，如果我们去基拉，我们就会发现我们无法穿过瀑布前往乌龙多加尼（Urondogani）的船坞；因此，我们最好把财物存放在乌龙多加尼船坞，如果我们觉得穿不过湖口的瀑布，那就走陆路，沿着河流而上。

当然，这个人只是自说自话，因为没有人能够反驳他，我们也没有时间先去乌索加，以免耽误时机，联系不上佩瑟里克。经王室许可，格兰特给穆特萨画了一幅肖像画。国王尽量按捺性子，安静地坐着。同时，家里的尼亚姆韦齐挑夫收到了象牙，每根象牙的重量在十六到五十磅之间。除此之外，他们每人还收到欠下鲁马尼卡二十串珠子的欠条，不过一个博古埃人没有拿到象牙。这个人数月前借了一块布给探险队，他认为探险队不会付给他钱，于是拿走了一把剑作抵押；因此，他要先还剑，才能得到象牙；但是，由于行为不检点，他拿不到珠子了。这个无礼的家伙竟然说：[450] "如果巴纳能走通那条经过布尼奥罗的路，自然是好；如果巴纳失败了，我会在去博古埃的路上等他。"基通齐想用象牙来换珠子，我们告诉他，我们可不是商人，建议他到科延戈那里去换。他说他不敢去科延戈的营地，以免有人向国王告发此事，指控他寻求魔法来对付君主。年迈的纳西布请求我们让他离开，我们同意了。他在河岸边拿到了一张五十美元的支票，还有一封释放他及其家人的文件，内容是用斯瓦希里语写的。此外，他还从鲁马尼卡那里领到了十串珠子，高兴得不得了。

晚上，我们又入宫了，带上了国王向鲁马尼卡要的那些画，还有一封信。我们在信上告诉鲁马尼卡怎么处理这些画，以免弄坏了画，还请求国王让马乌拉把这些画再带回来。就在这时，卡德杜的人回来说，他们需要一些过路费，因为津扎人听说他们奉命而来，就问他们：难道不知道去一个陌生的国家需要交过路费吗？但是，国王压根就不听，还冲动地说："如果你们不立即收拾东西出发，把我要的东西拿回来，你们都得掉脑袋。津扎人竟敢干涉我的命令，在你们回来前，他们要留在这里当俘虏。"

在回家的路上，国王的一个宠妃从我们身旁走了过去，她双手抱着后脑勺，大声呼号，声音凄惨无比，她即将被处决。有个男人走在她前面，但没有押着她。因为她对国王言听计从，而且顾及以前恩爱一场，国王允许她自己走，以示恩典。这太荒唐了！我们离开国王不到十分钟，国王竟然这么快就又干起了杀人的勾当。

[451]7月7日。一大早，国王让我们向他告别。我想给他留下一个好印象，就立刻答应了。我把王太后送给我的项链、国王送给我的

刀、我的奖章挂在胸前。我尽可能用友好、恭维的语气跟国王交谈，谈及射击、令人愉快的划船、多次野餐，以及开放国门展开贸易活动的宏伟前景，届时他那把世上最好的手枪再也不缺火药了——以及其他诸如此类的小玩意——他回话时，充满感情，举止得体。然后，我们都站起身来，都像英国人那样彼此鞠了一躬，手按胸口，互道珍重；在告别仪式上，我们的动作完全一致，因为无论我做什么，穆特萨都会沐猴而冠。

然而，我们刚要走出宫门，国王就出来了，他的随从和兄弟在前面带路，女人垫后，列队送别我们。科延戈和所有津扎人也加入送行队伍，他们按照他们国家的习俗，跪在地上，拍起掌来。布德贾刚才告诉我们乌龙多加尼的位置，使我非常焦急，因为我觉得乌龙多加尼太靠北了。我请求国王注意这一点，他说他过一会儿就跟布德贾交代一句，让我不要担心，因为他很喜欢我，希望我一切顺利。送行队伍已接近我们的营地，穆特萨表示希望最后看一眼我的人。于是，我命令他们带着武器出来，感谢国王厚待。穆特萨非常高兴，夸奖他们表现得很好，并敦促他们跟着我一起跨刀山越火海，还说我有了这样一支部队，到达加尼就不难了。穆特萨再次跟我们道别。[452] 之后，穆特萨大步流星地走在送行队伍的前面，上了山，他最宠爱的妃子卢布加挥着小手，娇滴滴地喊着："巴纳！巴纳！"卢布加跟在穆特萨后面小跑着。尽管所有人在分别时都流露出不舍之情，但卢布加在所有妃子中间表现得更显眼。我们再也见不到他们了。

CHAPTER 15

顺着北坡进发

[453] 卡里—那里发生的悲剧—麻烦重现—与土著人争吵—到达尼罗河—尼罗河岸边的风景—狩猎—"教区"—沿河而上，前往河湖交汇处—里彭瀑布—尼罗河源头综述—又下乌龙多加尼—盛气凌人的萨基博博

7月7—11日：7月7日，抵达纳马文杜（Namavundu）；7月8日，抵达纳西里埃（Nasirie）；7月9日，抵达纳马奥扎（Namaouja）；7月10日，抵达巴扎（Baja）；7月11日，抵达卡里（Kari）。

穆特萨任命萨基博博手下一个叫布德贾的中尉为护送队总指挥。在第一个停靠点，布德贾从他手里的牛群中给我们拨了六十头牛。均巴手下一个叫卡索罗（Kasoro，猫先生）的中尉，在乌龙多加尼给了我们船只。下午一点，我们开始向北进发。获释奴仍在抱怨他们没有拿到口粮，发誓不再搬运行李，还威胁说，如果我们施压，他们就杀了我们。他们忘记穆特萨已经给过他们粮食了，其代价为步枪、计时器和其他物件，共计价值两千美元左右。更重要的是，所有弹药都在我们手中。然而，我们用棍棒来威胁他们，这是个不错的方式，可以让事情变得顺当些，我们一连五天向卡里[1]前进。卡里距离布干达都城三十英里，需要越过一个风景怡人的山区，那个山区有丛林，有耕地，交错出现。[454] 卡塔瓦纳河（Katawana）有许多支流，河水从东北方向流入鲁阿杰里河（Luajerri）的大急流处。我们渡过卡塔瓦纳河，开始第二次进发，我们越过了高山的障碍，也远离了布干达南部边界与维多利亚湖交汇处的宽阔草地。

我们每天均速向卡里方向跋涉。走了若干小时后，布德贾让我们晚上驻扎在当地的村子，但要避开那些属于王太后管辖范围的村子，以免引起纠纷，令国王感到不愉快。布德贾选定的村子，是国王最近下令派人抓拿它们头领的村子。然而，无论我们走到哪里，所有村民都抛弃房屋、财物、花园、逃之夭夭。护卫队得之全不费功夫。这种行径实在卑鄙，而我又无能为力。国王允许他们这么胡来，国王的手下冲在前面，闯入每家每户，毫无怜悯之心，拿走山羊、家禽、兽皮、树皮布、珠子、鼓、长矛、烟草、大蕉酒——简而言之，只要手里拿得下，就会拿走一切。这是一场绝佳的抢掠行动，所有人很快就满载而归。

我们需要在卡里停歇几天，以牵来国王给的牛；这里也是国王的一个大牧场。（7月11日）我带上步枪，四处转悠，不知能不能看到以前没有见过的动物。我刚刚打伤了一头斑马，就有信使跑到我面前，说我的一个手下，名唤卡里，被三英里外的村民杀死了。布德贾需要陶罐来酿造大蕉酒，这也是安寨扎营后的第一要事，所以有人劝诱卡里、我的其他手下和护卫队里几个干达族小伙子，一道去抢劫某个制陶村。[455]然而，他们快到村子的时候，只看见一些村妇，但那些村妇并没有像我们的勇士设想的那样逃跑，而是开始大喊大叫，把她们的丈夫叫了出来。我们的勇士只想着逃跑，如果不是卡里跑得慢，滑膛枪没装弹药，所有人都能逃得掉。陶匠们追上了卡里。卡里举起枪，而陶匠们却以为枪是魔角。于是，他们用长矛刺死了卡里，立即逃了。不多久，逃回来的人向营地汇报了这一消息。随后，营地派出一支队伍。晚上，这支队伍把卡里的尸体及其物品运了回来，而卡里之前什么也没抢到。

7月12日。为了能够安心地顺着尼罗河找到维多利亚湖汇入尼罗河的地方，然后尽快继续赶路，我希望布德贾和我的几个手下把牛群赶在一处，带上笨重的行李，从陆路抵达卡姆拉西的地盘。此举还有一个原因，那就是最好事先通知卡姆拉西，说我们是走水路来的，以免卡姆拉西派驻河边的官员怀疑、阻拦我们，或是把我们当作间谍抓起来，如此一来，必将引发一场冲突。然而，布德贾表示，卡里之死没有禀报国王之前，他不会继续前进，以免当地人变得骄横起来，故伎重施；卡索罗说他也不会沿河而上，因为他没有接到命令。

无奈之下，我派人重返王宫，要国王兑现最后对我说的那些话，要不是布德贾下令不让卡索罗跟我走，我们早就出发了。随后，国王派年轻侍卫过来，询问巴纳的健康状况。这个年轻侍卫带着魏渥斯步枪，作为国王的信物。他还恳请我从加尼给国王送来一杆双筒枪。我叫这个侍卫来见证我和布德贾达成的协议，并告诉这个侍卫，如果卡索罗听话，我不但会给国王送去枪，还会给国王送去一个拖曳式计程仪（patent log）。我在维多利亚湖航行时曾用过这个仪器，[456]但现在用不着了。这个仪器的结构非常复杂，将会成为国王藏品库里的珍品。我还补充道，我希望国王能送给我一些象征尊严的华服和长矛，这些东西都是国王早前承诺过的；如此一来，待回到英国，我就可以把布干达的样品展示给英国人欣赏。

我们也从年轻侍卫口中知道了国王的回复，宫里指控那些早前跟卡里一起去抢劫的人，把卡里引到了埋伏圈，所以要把那些人押回宫，但是宫里也对村民心生不满。布德贾禁止任何人跟我出去打猎，他还说村民已经在外面包围了我们的营地，谁敢露面，谁就有杀身之祸；由于那个村子没有大路通向布干达，因此没有人有权让他们离开屋子，也不能抢掠他们的花园。

7月13日。昨晚，布德贾丢了两头牛，看到我们把牛腿拴在树上，就问我们施加了什么魔法，没有丢牛。我们说只是用绳子拴住了牛而已，布德贾却不信。王太后的一个妹妹听说卡里被杀，特地带了一罐大蕉酒前来安抚我们。我们送给她一些珠子。我们不禁怀疑她是不是前来敲诈我们，于是问她王太后姐妹几个，她说只有她一个妹妹。我们说，在她之前，已经有十个女人说自己是王太后的妹妹，她又改口说："是的，我不是唯一的妹妹。但如果我告诉你们真相，我就会没命了。"这话意味深长，透露宫廷秘密，确实会招致灾祸。

营地所有小屋周围都有木桩网和其他陷阱，而且烟斗柄（pipesticks）——非洲这一地区猎人的特殊标志——上留下了许多羚羊蹄印。因此，我断定这里有许多猎物。[457]尽管布德贾一再警告，我还是带上步枪四处打猎。我看到了高角羚（pallah）、小鸻鸟（plovers）、直角绿羚羊（mpeo），女乞丐（mabandwa）最喜欢用绿羚羊皮做围裙。

7月14日。今天，我拿着步枪打猎时遇到一个希马族牧牛人，我问他哪里有猎物，这个无礼的家伙站在一千头皮毛发亮的牛中间，粗声粗气地回答说："除了牛，我哪里能知道别的动物。"然后，他继续牧牛。除了养牛，他似乎对一切都不感兴趣。我射杀了一只雌性白耳鹿（当地人称之为nsunntu），在这次旅行中我也是第一次见到。

7月15日。早上，我们的人去泉边取水。一些设伏的干达人向他们投掷长矛，抓了我们手下的一个鞑靼人（Tartar）。由于我们的人把枪（当地干达人称之为"兽角"）上了膛，所以有两个干达人受了枪伤。傍晚，我们打猎回来。一群干达人也隐身灌木丛，大喊着问我们想干什么；他们说："你们把我们赶出家园，让我们像动物一样生活在荒野里，这还不够吗？"我们告诉他们，我们只是搜寻猎物而已，但他们不相信，他们觉得我们充满敌意，没有别的。

晚上，布德贾的一个手下从宫里回来，说国王对官员处理卡里被杀一事上的表现非常满意，国王还说，我们现在有牛肉吃了，就不必再为食物四处奔波，大家都要聚在"一个花园里"；现在，我们根本就找不到凶手，为了躲避惩罚，所有凶手应该都会惊慌失措，逃得远远的；过了一段时间，等所有人都淡忘后，[458]国王再派官员过来抓那些歹徒；白人是国王的贵客，在宫里住了很久，可不能让任何人怠慢了白人。国王还趁机又一次提醒我，别忘记送给他一杆厚重、结实的双筒枪，这杆双筒枪将伴他一生；国王还透出口风说，长矛和华服过几天就会送过来。

7月16日。我们和向导的大部分牛——国王也给了他们一份礼物，每人十头牛——被赶进了营地。我们还得到五十磅黄油，余下的黄油会陆续送过来。我拿着步枪四处转悠，射杀了两只斑马，准备派人把它们送给国王。按照布干达的规矩，斑马皮是王室专用皮，也只有国王才能有斑马皮。

7月17日。因为向导丢了大部分牛，我们不得不再次停顿下来。我拿着步枪出去打猎，射杀了一头母鹿（当地人称之为ndjezza），我也是第一次见到这种鹿。这种鹿的体型比白耳鹿小，全身呈棕色，经常出没于同类地形。

7月18日。我们还得再等一天，因为布德贾在找牛。这时，我们的首要大事就是快点联系上佩瑟里克，而且格兰特的腿受过伤，不能快走。我和格兰特商量了一下，决定改变计划：格兰特带着行李、牛群、女人直接去卡姆拉西的地盘，再带上我的信件和地图立即前往加尼送给佩瑟里克；我则沿河而上，找到尼罗河源头或维多利亚湖的湖口，然后再尽快航行下来。

晚上，当地的干达人放火烧了我们用来睡觉的小屋，吓了我们一跳。然而，老天眷顾，他们受到的损害比我们更大：我们只有一把剑葬身火海，而他们准备第二天早上清空的小屋被烧得面目全非。为了应对当地干达人再次入侵，我们砍了他们所有的大蕉树，并用大蕉树做了一个栅栏。

[459] 7月19日，渡过鲁阿杰里河；7月20日，抵达基伍凯里（Kiwukeri）。我和格兰特各自踏上旅程。我们走了三英里后，格兰特往西，踏上前往卡姆拉西地盘的大路，而我则往东前往乌龙多加尼，需要渡过三英里宽、河水湍急的鲁阿杰里河，抵达河的右岸。我们只得乘船过去，还要有人抓住牛尾巴，让牛游过去。鲁阿杰里河比卡通加河更宽，渡河也更麻烦。我们至少花了四个小时才渡过鲁阿杰里河，其间无数只蚊子一直叮咬我们裸露的后背和大腿。据说，鲁阿杰里河起源于维多利亚湖，在我们下水点的正南方流入尼罗河。据说，鲁阿杰里河右岸有大量野水牛，但我们一头也没有见到。这片地区丛林密布，间或有肥美的牧草，真是一块绝佳的狩猎地。从鲁阿杰里河右岸到乌龙多加尼，地貌大体上都是这样。不过，也有一些适合打猎的地方，像布干达一样，土地修整得很整齐；种植的大蕉，长势极其喜人。由于缺乏向导，加上受到希马人误导，我们总会迷失方向，直到7月21日早上才到达船坞。这里的希马人数量众多，脾气坏，负责照料国王的牛群，

7月21日，抵达乌龙多加尼。我终于站在尼罗河的岸边；周边景色宜人，无与伦比，简直完美呈现出维护良好的公园的美景。此处的尼罗河是一条六七百码宽的大溪流，中间点缀着一些小岛和礁石，岛上有渔民小屋，礁石上有鳄鱼在晒太阳——两岸长着高高的草，草后则是茂密的树木和大蕉，成群的白耳鹿、麋羚在岸边吃草，河马在水里打呼噜，鸨（florikan）和珍珠鸡不时从我们脚边掠过。真是不巧，当地酋长姆伦多（Mlondo）出门了。**[460]** 但我们还是占用了他的数间小屋。这些小屋干净、宽敞、整洁，面向尼罗河，住在这里似乎都有益健康。然而，酋长迟迟不露面，借口一个接着一个，我们倍感沮丧。我们叫来代理酋长，要他提供一些船只。当值官员说，船只散

散落落，一两天内无法搜集齐整；即便现在手上有船只，也不能沿着尼罗河上下航行；酋长可以去搜集船只，但现在又不在家；国王常常朝令夕改，他们也不知道国王是如何交代的。这个地区归萨基博博管辖，但他从未派人来过这里。我们当然对这些借口表示不满。船只必须搜集起来，没有十只船，至少也要搜集到七只。在我们沿着溪流而上之前，我们必须跟他们达成一些共识：如果酋长自重的话，他就给我们船只，也要承认卡索罗是国王特使。否则，我们就会上报宫廷，我们可不愿在这儿扯闲篇。

我们的对面就是乌索加，这个国家富饶美丽，足以媲美布干达。乌索加人使用很大的短柄铁头矛，我们今天看到了一把，都说短柄铁头矛更适合挖土豆，而不是刺人。据说，附近地区有许多大象，而我们在前两段行程中也看到过。最近，布尼奥罗的一队搜寻象牙的人马把大象驱走了。据说，这里也有许多狮子，常常危及当地人的生活。这里的丛林经常有羚羊出没。河马是当地大蕉园的常客，当地人不时能听到河马发出的声音，但河马喜水，陆地上难得一见。

国王的年轻侍卫又来了，请我不要忘记枪和烈性酒，并带来了我要的东西——两支长矛、一面盾牌、一把短剑、**[461]** 两张豹皮、两张小羚羊皮。我告诉手下人，他们应该剃光头，在摩西的摇篮——圣河里洗一洗。这里的河水含有糖分，很甜，有人一路上运河水卖给那些从埃及到麦加朝觐的穆斯林。但是，邦贝是伊壁鸠鲁学说（Epicurean school）的信徒，他说："我们可不像你那样去想象这类事情；平平淡淡过日子，我们就很满足了，我们只图当下，不求别的。如果做事不顺利，那是上帝的旨意；如果做事顺利，那也是上帝的旨意。"

7月22日。代理酋长送给我们一头牛、一只羊、一些大蕉酒。他还把手下官员带了过来，以示对我们的尊重。他答应给我们七只船，船坞也只能搜集到这个数了，第二天给我们准备好。同时，一些人还把我带到射击场。代理酋长让我给他看看关于动物的图书，一看到沃尔夫手工制作的一些标本，他就非常惊讶地叫道："我知道这些是怎么做的；先抓到一只鸟，然后把它压在纸上。"他是用肢体语言来表达意思的。他的手下官员莫不为书里的内容吸引，赞叹不已。

　　傍晚，我在羚羊出没的地方溜达了一圈，尽情地欣赏风景，过足了打猎的瘾。乌索加的尼罗河两岸有一群羚羊在吃草，但我在这边最先看到了一头雄性白耳鹿，独自而立，站姿高雅。我射了一枪，把白耳鹿打翻在地，一旁观望的众人见到我击中了，立即冲上前去，白耳鹿却跑了，因为它只是受了点伤。接着，众人循着它留下的血迹，一路追逐过去。结果，一只黑猩猩（pango）受了惊，把众人吓得四下乱窜。我又看到另一只形单影薄的雄性白耳鹿，随即把它击倒在地，并让我的手下和干达人把它抬了回去。我继续前进，向第三头雄性白耳鹿射了一枪，**[462]** 子弹打穿了它的肺部，我沿着血迹一路追到天黑。我在回家的路上没有找到它。除了鸨、珍珠鸡外，我还射杀了一只大夜鹰（goatsucker）[2]，它的一些羽毛超长，比双翅还要长得多。我回到家，发现看管那头死鹿的人都很兴奋；他们刚把公鹿的尸体搬走，就有两头狮子从丛林里冲出来，舔着公鹿的血。所有干达人立刻跑开了；但我的手下勇敢得很。比起狮子来，他们更害怕惹怒了我，于是

大夜鹰

他们过来把公鹿扛上了肩膀。

7月23日。三只船到了，就是我们在默奇森溪谷所使用的那种船。我要求代理酋长把余下的船送过来，并问他到底能不能把我们送到卡姆拉西的地盘。代理酋长说他担心发生意外，所以不愿带我过去。[463]尽管我告诉他，我已经和国王协商好了，要把尼罗河作为布干达和英国的联系渠道，但没有什么能吓到这个人的猪脑袋，让他顺从。因此，我请他派向导过来带我沿着尼罗河而上，并令邦贝和卡索罗从国王那里得到新指令，因为今后所有来布干达访问或经商的白人，都喜欢走尼罗河这条通道。晚上，我又打了一头公鹿，因为干达人喜欢鹿皮，还打了一担珍珠鸡——一枪三五只——因为卡索罗和他的手下最喜欢吃珍珠鸡。

7月24日。代理酋长潜逃了，但另一个人代替他来了，并提出明天带我们上路。他还说他去王宫的路就在第一段行程的分叉口，实际情况确实如此。卡索罗竟然还相信他去王宫。代理酋长的女人给我们送来了一些大蕉酒，盯了我们一整天。傍晚，我拿起步枪，其中的一个女人跟在我身后，跑起来像男人一样，要看我射击。但她自己唯一的狩猎活动发生在一座蚁丘上，她在那里待了一段时间，只要白蚁从洞里爬出来，她立即就把它们塞到嘴里吃了——我不屑于吃蚂蚁，且急于让她看到一次漂亮的狩猎，我打了一枪，结果却让见到的唯一一头雄性黑猩猩跑了。

今天有消息说，王宫里又大开杀戒。关于宫里肆意滥杀一事，卡索罗添油加醋地说，穆特萨下令杀了两个统帅、两个地方大员，以及苏纳时代的所有老臣。此外，他还告诉我们，如果穆特萨梦见父亲指示他杀死哪个对他有危险的人，那么穆特萨就会下令处决那个人。我希望让一个马上要去宫里的官员给穆特萨捎个口信。虽然我把口信告诉了这个官员，他也答应传达，但卡索罗却嘲笑我，[464]因为一个字都不会传到国王耳里。无论事情多么合理、多么重要，任何人都不敢违反宫规，把事情告诉国王。除非回答国王的问话，否则任何人不得主动跟国王说话。当地人把我这里第一天打中的第二头公鹿抬了过来，但如果不剥鹿皮，他们就不让我们把公鹿抬入小屋；我发现他们很迷信，以为这样做，小屋里的人就杀不了其他鹿。

7月25日，**抵达伊萨姆巴急流**（Isamba Rapids）。我沿着尼罗河的左岸行进，离尼罗河河水有相当大的距离，穿过了一片茂密的丛林和大蕉园，前往伊萨姆巴急流。那里的地区官员是我们的老朋友，名为南戈（Nango）。他招待我们吃了一盘大蕉末、鱼干，还有一些大蕉酒。他告诉我们，他经常受到大象威胁，但他用符咒镇住了大象；如果大象吃过大蕉，就会把大蕉吃完才离开大蕉园。接着，他带我们去看最近的流入尼罗河的瀑布——非常漂亮，却也是一个非常小的瀑布。尼罗河河水很深，流淌于两岸之间，两岸长满了细草、柔软如云的金合欢、淡紫色的旋花（convolvuli）；急流上方是一个斜坡，满眼尽是红土，犹如德文郡（Devonshire）的土色。在那里，一个天然的水坝拦住水流，犹如一个巨大的磨坊池塘，水面平稳而幽暗，两条鳄鱼正在寻找猎物，游来游去。我们从高高的岸上俯视，只见溪流上一串有斜坡、长满树林的小岛把溪流分割开来，打断了水流，从而形成了水坝和急流。我必须承认，整个画面比我在剧院外看到的任何东西，都更像仙境、更狂野、更有传奇色彩。事实上，这里如此之梦幻，以至于物极必反：[465]月夜下，可能有一伙强盗，图谋不轨，酿造人间悲剧。甚至获释奴也沉迷于这一新奇美景，不想拔腿走人。直到饥肠辘辘，我们这才发觉天色已晚，最好去寻个住处。

7月26日，**抵达基林迪**（Kirindi）。我们准备再次出发。我们跟南戈喝大蕉酒的时候，听说有三个武官因卡里之死被抓了起来。之后，我们开始进发，但不久后又因向导要了花招而停顿下来。向导佯称天色已晚，无论是走通往尼罗河源头的路，还是走通往王宫的路，我们都穿不过前面的丛林，因此只能等到明天早上才能动身。然后，向导借口有事，离开了我们，消失了，我们再也没有看到他。这里有一种黑苍蝇，个小，腹厚，子弹头，用尖刺叮咬我们裸露的四肢，令我们痛苦不堪。

7月27日，**抵达教区**。经过漫长跋涉，跌跌撞撞地穿过宽阔的草地、丛林，我们到达了一个地区，我们只能称之为"教区"（Church Estate），别无他辞。"教区"以某种神秘的方式信奉上帝。虽然国王之于当地一些居民似乎有权威，但是其他居民显然颇有神圣权利，不受世俗权力约束，国王也没有权力处置这里的土地。这片地区没有路，地势又高，每隔五英里才有一些小村庄。由于没有向导，我们经常迷路。我现在才想起来布德贾的话，他在王宫里说尼罗河岸边没有路；如果他把我的队伍派到这里，他们会抢夺"教区"的土地，从而让他和巫师或宗教首领发生争执。[466] 如果我的队伍不受控，我们在这里就待不下去。但是，我确保我的人不去偷盗，因此当地人很友好，也很热情，他们答应给我们提供食宿。有个呆头呆脑的老人——他们说国王夺走了他的房子和家人，于是他也就失去了理智——听说我们来了，马上跑过来，又笑又唱，嬉皮笑脸。他拿来了一些奇怪的棍子、贝壳、一捆树皮布做的破衣服，把它们放在我的面前，接着他又开始跳着、唱着，然后又拿了一些过来，还从园里摘了些大蕉给我吃。国王吃肉，而"可怜的汤姆"也想吃点肉。他住在大蕉园外的小屋，跟大象、狮子为伍，肚子空空。他简直就像是英国教区里的白痴，只是黑皮肤而已。

7月28日，抵达里彭瀑布（Ripon Falls）。我们趁着有力气，越过山丘、宽阔的草地、村庄里连绵不绝的大蕉园，最终抵达这次行程的终点。村庄里的大蕉园新近遭到大象损毁——大象吃了能吃的一切，还用象牙把那些不能吃的东西损坏殆尽，整片大蕉园里没有留下一个大蕉和一间小屋。这里也是探险队所到过最远的地方，与穆特萨国王的宫殿处于同一纬度，离宫殿以东四十英里外。

　　果真不虚此行。这是我在非洲看到的最有趣的"石头"（stones，干达人称瀑布为"石头"）。尽管每个人跋涉很长时间，也很疲惫，但都立即跑过去看，甚至我的素描板也派上用场了。虽然景色很美，但并不完全是我所期望的那样；一座座山峰刺破了宽阔的湖面，而岩石则割破了长约十二英尺、宽四五百英尺的瀑布。然而，这一壮观景象依然让我们驻足了几个小时——咆哮的水流；在瀑布上全力跳跃的数千条鱼；[467] 索加族、干达族渔民划船过来在岩石上抛下的鱼竿和鱼钩；睡眼惺忪地躺在湖面上的河马和鳄鱼；瀑布上方的摆渡；湖边饮水的牛群——无不展示出布干达的壮丽山河——顶部芳草萋萋、山

里彭瀑布——源于维多利亚湖的尼罗河河段

坳树木茂密的山丘、山坡上的花园——画面楚楚动人，无人不想一睹芳容。

我已经完成探险任务了。古老的尼罗河起源于维多利亚湖，我亲眼看见，确凿无疑。正如我所预言的那样，维多利亚湖是圣河的源头，孕育了我们的宗教信仰。然而，想到旅途上多次耽搁，失去了太多东西，没能到维多利亚湖东北角去看看常为人所提及的水道，我又不免叹息不已。那条水道把维多利亚湖和另一个湖连在一起，而且干达人常常前往那里去取盐。那里还有另一条河向北流去，使得"乌索加成为一个岛"。虽壮志未尽酬，但也知足了；我已经看了半个维多利亚湖，也知道了另一半的情况。至少就维多利亚湖重要的地理地位而言，我已经知道了一切。

现在，我们总结一下，看看维多利亚湖的价值。把资料做一番比较，我确信湖的东半部和西半部一样大，甚至东半部更大。最遥远的水域，或曰尼罗河的顶端，是湖的南面，位于南纬三度附近。由此可见，尼罗河的长度令人惊讶。从那里直线测量，跨过三十四个纬度，尼罗河总长度超过二千三百英里，超过地球周长的十一分之一。[468]从我现在所在的维多利亚湖南端，往西边绕到尼罗河的发源地，中间只有一条重要的支流，那就是基坦古莱河；而从维多利亚湖最南端，往东绕到海峡，压根没有大河。在那里有旅行经验的阿拉伯人都坚信：从白雪皑皑的乞力马扎罗山西部到维多利亚湖，中间有盐湖和盐原（salt plains），多山地形，也有点像乌尼亚姆韦齐，而且南纬二度线、一度线还穿过了维多利亚湖。[3] 但是，那些阿拉伯人说，那里没有大河，水源稀少，偶见水渠和小河，经商旅行时总要长途跋涉才能找到水源。此外，那些阿拉伯人还穿过水道，到达乌索加，这一点前文已有陈述，而在水道与乌索加之间，阿拉伯人也没有穿过任何一条河流。

如此一来，还有一个"盐湖"问题。我以为它不是盐湖，而是淡水湖；我的理由是，如前所述，当地人如果在湖泊发现盐床或盐岛，他们就会称那里的湖泊为盐湖。克拉普夫博士去肯尼亚山（Kenia）的时候，听当地人说，肯尼亚山的北面有一个盐湖，还说有一条河从肯尼亚山流向尼罗河。如果后一信息为真，那么那条河与我所听到的盐湖肯定有某种联系，这一点是无疑的。我听说的盐湖和他听说的盐湖，两者之间很可能也有联系，他听说的盐湖名叫巴林戈湖（Baringo）。[4] 然而，这个悬而未决的问题与既定事实并没有矛盾之处，即尼罗河的源头在南纬三度，我于1858年在那里发现了尼罗河源头维多利亚湖。

[469] 我把"石头"命名为"里彭瀑布"，源于探险队成立时皇家地理学会主席的名字；把那里的尼罗河河段流出的水道命名为"拿破仑航道"（Napoleon Channel），以示对法国地理学会的敬意：因为我发现了维多利亚湖，所以他们在我离开英国之前给我颁发了金质奖章。有一件事起初似乎令人费解——基坦古莱河的水量看上去跟那里尼罗河河段的水量一样大；但是，我后来发现，基坦古莱河水流缓慢，那里的尼罗河河段水流湍急。因此，我无法判断它们的相对价值。

7月29日，里彭瀑布。我不满意第一次画的里彭瀑布的素描画，忍不住重画了一次；后来，天气变阴且多云，我无法观测纬度。当地官员说，从那边山丘上可以看到维多利亚湖的壮丽景色，也可以截取里彭瀑布的景色，于是我们打算去那边的山丘。但是，卡索罗拒绝，还抱怨我永远都不会满意。他一直沉迷于鹿皮、羚羊皮，喜欢吃珍珠鸡。卡索罗下令说，我们只能去看看"石头"，如果他带我去一个山头，我就会想去看另一个山头，然后再去看第三个山头。我不禁笑了，我本性确实如此；但是，我心下很恼火，也想哄骗一下这个年轻的"暴君"，于是要求划船去射河马，到山上吃野餐；但是，卡索罗不听，也没有下令让手下去划船。我说："那就搞点鱼来。"我能抓到一些鱼。卡索罗还是不下令。"那你就去王宫吧，我明天测得纬度后，就去乌伦多加尼。"但是，这个任性的家伙，不看到我上路是不会走的。卡索罗不下令，没人愿意为我做事。为了逗大家一乐，我向乌索加那边的渡船开了几枪，众人却不屑一顾，[470] 以为我射不中五百码之外的渡船；然而，还是有一颗子弹穿过了渡船，索加人后来还用一块树皮布把子弹包起来，并送了过来。当时，邦贝还用卡宾枪射杀了一条正在睡觉的鳄鱼，而我则看了一天的瀑布。

7月30日，里彭瀑布。今天，我一直看鱼儿在瀑布上飞跃，觉得需要妻子、家庭、花园、游艇、步枪、活塞杆，就此幸福过一生。这个地方太迷人了，将来也需要派些传教士过来。这里的土地非常肥沃，当地人从不担心挨饿；如果当地人引入农业技术，可能就会有数百名学生。我不用多说什么了。

除了用杆线钓鱼外，还有许多当地人拿着又长又重的杆子，杆子的一端再绑上两根铁钉，冲到瀑布断裂处叉鱼。鱼儿累了，就会把那里当成进食地。当地人用杆子往水里扎，派人下水取鱼，再松开杆子。他们叉鱼比较盲目——得看那里有没有鱼——因此，效果未必都很理想。

7月31日，返回"教区"。我们回到了"教区"。天空多云，加上卡索罗的意志，都于我不利，而且天气也没有好转的迹象，我为了节约时间只好放弃测量纬度的计划。我派邦贝随卡索罗一起入宫，请求

布干达的羚羊

国王下令让萨基博博亲自送来五只船、五头牛、五只山羊，还请求国王下令，允许我到喜欢的地方去，做我喜欢做的事，以便让我有鱼吃。"国王虽然喜欢我，但他手下的官员不喜欢我。"随后，我们分开了，我也回到了"教区"。

8月1日。今天，我们不需要太着急赶路了，所以只走了一个小时。突然，我看到一只漂亮的猴子，有了打猎的冲动。[471]我打算射杀它，并在附近的村子里吃早餐。大家一致赞成。大家抓到这只猴子。我们一进村子，就听说附近高草里有大量羚羊，夜里还有一头大象经常出入大蕉林。听到这个信息，我们决定驻留下来。傍晚，我杀死了一头母鹿，这种动物非常像水羚（Kobus ellipsiprymnus），但臀部没有月牙标记；夜里，大约凌晨一点，一头大象吃大蕉的声音，我们听得真真切切，于是我出去想射杀这头大象。天在下雨，夜又黑，我只得早上再去找大象。

8月2日。我跟踪了大象一段路。突然又看到一只猴子，忍不住放了一枪，子弹击穿了它，但我在大草丛里追了数小时，也没有找到。一条巨蛇，血盆大口，长有尖牙，被手下人用长矛刺死了。傍晚，我打伤了一只羚羊，追到天黑也没有抓到，心想第二天早上就会见到它僵硬的尸体；之后，我们在回家的路上听到那头大象在不远处嘎吱嘎吱地嚼树枝；但是，没有人敢在这么晚的时候跟我去对付这头怪物，只得任由它肆意破坏园子。

8月3日。早上，经过全力搜寻，我们发现那只羚羊躺在一处水里；众人想拿长矛刺它，但它站在水湾处，只得又让它吃一颗子弹，成为我们想要的一个好标本；早餐后，我们行进到基林迪，当地村民听说我们打猎了，兴奋不已，也想吃到肉，于是请我们驻留一天。

8月4日。我们并不相信当地人所讲的关于这里的狩猎环境，于是收拾东西，准备离开。但是，我们刚收拾好，就有几个人匆匆忙忙地跑进来，说附近有一些羚羊。我们实在抵挡不住诱惑，于是扛起步枪出门了，[472]后面至少跟着半村人，包括妇女在内。我们到了这几个人所说的地方，发现的可不止一只羚羊——我决定在村子里多待一会儿——而是一群羚羊。当地人急不可耐，随后我们射杀了一头。

8月5日，又到乌伦多加尼。我们一下子就到了乌伦多加尼，住在原来的地方，伦多族（Mlondo）妇女像以前一样，给我们送来了大蕉酒、大蕉、土豆，有时还会送点鱼。我们一连住到第十天，猎杀羚羊、珍珠鸡、鸨，满心欢喜。第十天，邦贝和卡索罗回来了，我的工作又开始了。这两位俊杰越过十二条溪流，到达了王宫，其中有一条起源于维多利亚湖的鲁阿杰里河。我们是在基拉分别的。第二天傍晚，国王立即接见了他们；国王脑海里闪过一个念头：邦贝是来禀报我们死讯的。干达人把探险队伍的困难说得太糟糕了。听完邦贝的话，国王很快就醒悟过来，除了不能调动船只外，什么大事也没有。除了萨基博博外，乌伦多加尼的官员谁的话也不听。由于萨基博博不下令，没有人帮巴纳做事，哪怕是一件小事。

国王听后大为恼火，气急败坏地说："到底谁是国王，萨基博博的命令难道还比我的命令好使吗？"国王立即下令把刚好在场的萨基博博捆绑起来。然后，国王转问萨基博博本人，如果放了他，他愿意交多少东西。萨基博博命悬一线，没有丝毫犹豫，马上回答说愿意交八十头牛、八十只山羊、八十个奴隶、八十束树皮布、八十担黄油，八十担咖啡，八十担烟草，八十担高粱，再加布干达所有物产各八十担。随后，萨基博博获释了。邦贝说，巴纳希望萨基博博去乌伦多加尼，先给他五只船、五头牛、五只山羊；[473]国王回答说："巴纳要什么给什么，任何人都不能拒绝巴纳，哪怕是鱼，也不能拒绝；但是，没有必要把萨基博博派过去，这帮小子会把我的命令传达给各地大员和臣民。卡索罗将跟你一道回去，听你调遣，而且他和布德贾两人将跟着巴纳去加尼。"然而，邦贝和卡索罗在王宫里等了四天，国王这才把牛给了他们，并让他们与我会合，随行的还有一个官员，他奉命立即找到船只，送我们出发，并向宫廷禀报情况。邦贝最后一次觐见国王时，国王让四个最近抓获过来、即将处决的女人蹲在宫殿里。国王想把四个女人送给巴纳，邦贝婉拒了，说我们无权把女人带走。国王把其中一个女人赏赐给邦贝，并问他愿不愿意现场看看其余三个女人是如何被砍成碎片的。邦贝回来后说，他当时的表现非常得体，他回答说，巴纳从不希望看到如此残酷的杀戮，如果他看了主人没看过的东西，就会走背运。维阿伦吉送给我一些烟草，向我问好，并说他和津扎人刚刚获准可以回家了。所有的客人中，唯有科延戈一个人，仍然留在宫里作人质，只有穆特萨派出去寻找火药的官员回来后，他才有机会回家。最后，小伙子卢戈伊也回家了。以上就是邦贝汇报的主要内容。

8月11日。奉命调船的官员有些放肆无礼，说当地没有一条船。卡索罗把他关进了库房。其他人去基林迪找了一些水手，让他们顺河找船只。听到国王下令让渔夫送鱼给我后，他们都逃之夭夭。由于害怕卡索罗勒索，当地人也不再酿造大蕉酒了。

8月12日。今天，我们宰杀并烹煮了两头牛，以备旅途所需——余下的三头牛和一只山羊已经在鲁阿杰里河丢了——并把珠子送给了当地的妇女，以报答她们的热情好客。[474] 她们几乎都是尼奥罗人。穆特萨国王从布尼奥罗把她们抓了过来，并赏赐给了伦多人。她们说她们的牙齿年轻时就被拔掉了，只留四至六颗下门牙，因为尼奥罗人不遵从这一习俗，就不能就着杯子喝东西。乌索加也有同样的习俗。

第十六章

CHAPTER 16

白尼罗河[1]

第一次航行于尼罗河—启航—对河流与周边地区的描述—遭遇敌船—水上作战—困难和危险—司法程序—布干达国王的口信—穆特萨竭力让我们返回—叛离—布尼奥罗军队—卡姆拉西—潜随大象—恶魔附身

❦

[475]8月13日，抵达尼亚西（Nyassi）。我和十二个获释奴、卡索罗及其手下，以及少量船夫，乘五只船前往布尼奥罗的卡姆拉西王宫。每只船都是用树皮布把五块木板绑在一起而做成的，且树皮布还塞满了木板的间隙处。除了谷物、干肉外，我们还带了几只山羊、几条狗、一些衣物和装备。究竟要航行多少天，没人知道。船只在水面上航行，桨声欸乃。但是，船夫很懒，航行速度很慢。他们有时竞速，随后又会停下来，依桨而息，任由船只在平缓的水面上漂流。与里彭瀑布下面的河道截然不同，我们所航行的这条河，兼具河道和湖泊的特点——河道中央河水清澈，但周边的大部分水面水流湍急，波高浪大。两岸绿草萋萋，倾斜直上，地形就像公园。四周景色宜人，沿途美景如画，本该引人瞩目，但卡索罗挂起英国国旗，干起海盗勾当，虽不足一个小时，但令英国国旗蒙羞，也让我欣赏美景的兴致荡然无存。

[476]有一伙尼奥罗人，乘着十二或十五条用单根树干做成的独木舟，沿河而上，与索加人做买卖。他们的独木舟上载有树皮布、干鱼、生大蕉、熟大蕉、大蕉酒和其他东西。他们正在岸上吃最后一顿饭，准备回家。卡索罗看到这一切后，决定逗逗闷子，完全忘记了我们的港口之行，而那港口也正是这伙尼奥罗人要去的地方。卡索罗令船夫把船划到独木舟之间，他自己则登陆上岸，我还没有反应过来，卡索罗已经把那些尼奥罗人吓得四处逃窜。然后，卡索罗带人大肆掠夺尼奥罗人的财物，据为己有，可尼奥罗人正是我们不久后要拜访的地方的主人。

我们所在的地方位于布干达附属国，仍归穆特萨国王管辖。这里竟然有尼奥罗人，我觉得很奇怪。但是，我很快就明白过来了，随即让船夫把东西全部交出来，把那些尼奥罗人叫回来，让他们保管好自己的东西；我还要卡索罗承诺，不再搞这种恶作剧，否则我们就不能一起旅行。我们回到船上，划了一会儿，把船停靠在靠近布干达那一侧的岸边，打算找地方过夜，这样也可以让那些受到惊吓的尼奥罗人航行到我们的前面。对于卡索罗的行径，我十分恼火，但谁也说服不了卡索罗以后不再干这样的事。我们在布干达边境最后一个村子落了脚。如果我们继续向前航行，事前必须让卡姆拉西的边境官员尼亚姆永乔（Nyamyonjo）先入布尼奥罗禀告一声。获释奴极其放肆无礼，向我索要弹药。我以同样的语气拒绝了他们，我担心他们会像上次格兰特在姆萨拉拉遇袭时那样无耻地跑掉。我说，如果发生战斗，他们马上过来，我会随时把准备好的弹药发给他们。[477]他们听后哈哈大笑，然后问道：战斗打响后，谁还跟着你打转呢？我最担心的就是这一点——他们全都会跑掉。

　　8月14日，沿尼罗河而下，又返回。我召集众人商议，选择最佳的前进方案。干达人想让我们白天停下来，平和地讨论一下，这也是礼节问题。一方面，他们吓唬我说，边境官员尼亚姆永乔有一百只船，如果我们强行穿过那里，他一定会把我们赶回去；干达人曾多次想穿过那里，都遭到拒绝。另一方面，我认为格兰特一定早就到了卡姆拉西的地盘，已经解决了这些问题。我说，如果他们愿意派人过去的话，就让邦贝立即从陆路出发，提前说我们要去，然后我们再乘船跟过去。经过激烈的辩论，他们同意我的主张，邦贝上午十点出发，而我们直到下午五点才出发，其实只有一个小时的航程。我们很快就穿过边境线，河的两岸、乌索加、布尼奥罗，都属于卡姆拉西的地盘。

　　我暗自庆幸，步行已经结束了，现在只需静静地顺着尼罗河而下，因为基德圭加已经奉卡姆拉西之命，答应给我们提供船只，让我们从布尼奥罗航行到加尼。据说，佩瑟里克的船只就停泊在加尼；但是，非洲之旅总是充满变数，这一次也不例外。不一会儿，我们就看到一只巨大的独木舟向我们驶来，满载着衣冠楚楚、装备精良的人。我们继续前进，他们却调转方向，似乎还有些害怕。我们的船夫加快划行速度，他们也一样，侍从把鼓敲得震天响，最后演变为一场激动人心的追逐。尼奥罗人多势众，赢得了比赛。我们到达尼亚姆永乔的管辖地时，太阳已经下山了。河边的一块岩石上，站着一些挥舞着长矛的武装人员，他们在岩石上跳着，叽叽喳喳，[478]就像干达人一样。我原本以为，他们是像干达人那样来欢迎我们的；但我看到卡索罗目光呆滞，知道情况并非如此；恰恰相反，他们说的话和动作表达的是一种威胁，阻止我们上岸。

我们继续前进，河岸越来越高，周围有许多小屋和种植园，前面还站着一群群、一排排的人，他们都全副武装。更糟的是，在这个关口，我们刚才追赶的独木舟打开舷侧，加入岸上的人群，一道向我们示威。我不相信他们是认真的——他们或许是认错了我们——于是，我摘下帽子，在船上站了起来。我说我是英国人，要去卡姆拉西的地盘；我竭尽所能，却丝毫没有影响到他们的态度。他们说他们听到了鼓声，那是战斗的信号，所以应该开战；卡姆拉西的鼓声响彻大河两岸，让岸上所有人准备作战。事态非常严重。此外，第二只满载武装人员的独木舟从我们身后冲了过来，似乎要切断我们的退路，而前面的独木舟又向我们这边推进，从而把我们堵在中间。全体撤退似乎是我们唯一的生机，但天渐渐黑了，我们的船只难以展开一致行动。我下令让船夫把船只靠在一起，拿出弹药激励众人。我们的三只船都向我所乘的那只船靠过来，只有一只船似乎吓得不敢动了，就像一只瘸腿的鸭子一样不停地在水面上打转。

尼奥罗人看到我们撤退，说："他们想跑，像娘们似的，我们冲啊。"我不停地向手下吼道："把船靠在一起，过来拿弹药！"我自己也装上一些弹药，卡索罗笑了起来，问我是不是为了对付尼奥罗人。"是的，杀他们，就像杀珍珠鸡似的。"他又笑了起来。但是，我的手下真是可恶！他们不愿意靠在一起，与我一道撤退。有一只船拿上弹药，[479]为了避免受到伤害，竟然费力地沿河而上。另一只船宁愿紧贴着灯芯草的黑影，也不愿处于开阔的水面，而我则希望他们能保持视野开阔，这样才有利于发挥枪支的威力。天已经完全黑下来了，尼奥罗人正在偷袭我们。虽然我们什么也看不到，但可以听到声响。那只躲在灯芯草黑影处的船受到了攻击。幸运的是，尼奥罗人投掷过来的长矛落入河里，没有击中我们的人。我们用抓钩把船连在一起。

我的手下喊道："救命啊，巴纳！他们要杀我们！"我向他们吼道："进攻！进攻！胜利是属于我们的。"但没有一个人愿意按照我的话去做——他们陷在了那个地方。我们可能都会被砍成肉片，那些怯懦的干达人也是一样的命运，他们只会一直在喊："救命啊！救命啊！（Nyamwo！ Nyawo！）"

躲在黑影里的那只船开了三枪，战斗随之结束。尼奥罗人抓了一个鞑靼人。两个尼奥罗人倒下了—— 一个死亡，一个受伤。我们听见他们说的话，他们说他们的对手不是干达人，最好不要管他们。随后，他们撤退了，给我们留下了一条畅通无阻的河道，而我们的人一个也没有受伤。邦贝这时候在哪里呢？直到我们结束战斗后他才回来，并非常兴奋地讲述了他的活动。他在中午前到达尼亚姆永乔的村庄，要求见酋长；有人要他待在一个小屋里等酋长回来，因为酋长出门办事去了；然而，因为那群尼奥罗人曾向村民痛斥我们的不是，有些村民问邦贝，为什么我们昨天抢劫了那群尼奥罗人。邦贝回答说，这件事不是巴纳的错，他已经尽力阻止来着，还把船夫拿走的东西都还给了那群尼奥罗人。

这些村民随后离开了邦贝，傍晚又回来了。他们诘问邦贝，既然没有人同意让他在那里过夜，他为什么还坐在那里；如果邦贝不马上走，他们就会放火烧屋。邦贝丝毫没有要走的意思，[480] 说他奉命去见尼亚姆永乔，在没有见到尼亚姆永乔之前，他是不会走的。这些村民说："好吧，我们已经警告过你了，你自求多福吧。"说完，他们离开了邦贝及其干达族护卫。接着，鼓声响起了，当地村民急匆匆地拿起了长矛和盾牌。听到我们的枪声后，邦贝猜到了个中原委，带着干达族护卫冲出小屋，进入丛林，毫不畏惧地踏上村民来回穿梭的小路，穿过荆棘和灌木丛，向我这边赶来。回来时，他的腿还瘸了，浑身都是荆棘划破的伤口。

8月15日，返回基伍凯里。早上，所有干达人仿佛要奔赴战场一样，全副武装，边跳边叫，挥舞着长矛，庆祝胜利——我们射杀了尼奥罗人，而我们自己毫发无损。我喊道："但是，我们打通道路了吗？我可不想尼奥罗人从背后袭击我们，我们必须再走一次，因为情况已经有些不妙了；格兰特在卡姆拉西那里，尼亚姆永乔无法阻止我们。如果你们不肯坐船走，我们走陆路，去尼亚姆永乔那里，船跟在后面。"然而，没有一个人愿意动身。据说，尼亚姆永乔是一个有独立地位的酋长，只有高兴时才听卡姆拉西的话。他不想让陌生人看到他在维多利亚湖边的隐蔽住所；如果他不让我们顺河而下，卡姆拉西的命令也不好使。如今，我们枪杀了他的手下，如果我们进入他的地盘，一定是死路一条。争辩是没有用的。先派人传递口信过去，后慢慢划船过去，情况只会变得更糟。因此，我屈服了，离开了尼罗河，于第二天（8月16日）来到了鲁阿杰里河。

在这里，我听说格兰特已经从卡姆拉西那里返回，格兰特的营地此时就在不远处。这个消息令我大吃一惊，我倒不是不愿意相信，而是不敢相信，我猜想格兰特此时会落在我的后面。然而，送信过来的人信誓旦旦，还建议我返回穆特萨国王的地盘——这一建议太荒谬了，我立即拒绝了，[481]因为我还没有收到卡姆拉西给英国女王的答复：他愿不愿意同英国进行贸易。我必须弄明白，他从未跟英国人谈过，为什么就轻视英国人呢。我相信卡姆拉西会比鲁马尼卡、穆特萨更贪婪，尤其是鲁马尼卡，他已经为自己的所作所为付出了代价。当晚，我们在卡里附近过的夜，干达人吃了两只淹死于鲁阿杰里河的山羊；负责传信的侍从已经去了布干达王宫三次，他们带回了国王的问候，并提醒我们不要忘了早前说好了的枪支和烈性酒。

8月17—18日。接下来的两天，我们没有向导，四处游走，尽力朝着格兰特离开我们后所去的方向前进。我们越过一些小山，然后穿过草地和丛林。我们也经常会遇到大蕉园，当地人似乎非常好客。但是，他们抱怨说那些侍从粗鲁蛮横地冲入每一个小屋，只要双手能拿下，就会拿走所有东西，甚至吃掉他们刚刚准备好的晚餐。他们哀伤地说道："如果不是尊重您，我们定会痛击那些小流氓。未经任何官员许可就伤害我们的不是国王的客人，也不是客人的手下，正是国王的仆人。"我注意到，这些村庄都竖起了形状特别的栅栏，以免狮子侵袭。村庄附近也有水牛出没，但村民告诫我们不要射杀，并视之为神兽；初步来看，干达人天生就是好猎手，否则这一地区的野生动物应该会很多。

8月19日，抵达尼亚金亚马（Nyakinyama）。我们听到太多关于格兰特的各类口信。昨晚，我们终于听到了格兰特的鼓声，但我们今天早上过来，还是没赶上趟。那里的人告诉我，**[482]**格兰特已经启程回布干达都城了，而且就在我抵达尼亚金亚马时，格兰特刚刚从那里出发。我不知道到底发生了什么事，脑子里一片混乱。签订条约、给女王一个交代，似乎只剩下唯一一机会了；于是，我写信给格兰特，让他告诉我所有的事情，并等待他的回复。格兰特亲自赶了过来，说他在布尼奥罗待了一段时间，求路无果，卡姆拉西令他离开。格兰特以为，服从卡姆拉西的命令，是我们实现目标的上佳策略。我们现在面临两大阻碍：一、有人说我们是食人族；二、我们分两路过来，卡姆拉西心下生疑。更重要的是，干达人是他的敌人；如果我们是从鲁马尼卡地盘过来的，那我们应该就不会有麻烦了。

我反复思考，觉得伟大的布尼奥罗国王，所谓"众王之父"，明显只是一个有点神经质、前怕狼后怕虎的家伙。一方面，我们不按常规，分两路进入他的地盘，所以他有些害怕；另一方面，他是真的害怕干达人，因为多年来干达人对布尼奥罗的抢掠从未停止。如果我们走基苏埃雷这条路线，就会显得比较友善，他或许会同意我们过来。由于我们现在都在布干达境内，所以我们有必要跟他商谈一次，必须减轻他的疑虑，让他相信我们没有恶意。然而，在场的人都不敢以使节的身份去觐见卡姆拉西，因为边境官员已经警告过访客（Wageni），如果再试图越过边境，边境官员就会执行布尼奥罗国王的命令，用武力把访客驱逐回去。所以，如果访客无视警告，胆敢犯险，那就是犯罪。事情也就在今天搁置了下来。

[483]8月20日，抵达格兰特的营地。为了不吃大亏，也由于"吃光了"尼亚金亚马，我们退回格兰特的营地，跟布德贾协商一下；但布德贾坚决反对派人去布尼奥罗。我们予以反驳，大损其傲气。他同意我的提议，愿意在这里待三四天坐观其变；如果我确信卡姆拉西愿意让我们过去，他会与穆特萨国王保持沟通，但也仅限于此了。我也很犯愁：如果我在这里停留三四天后，卡姆拉西还是不同意让我们过

去，那怎么办呢？卡姆拉西已经拒绝了巴拉卡从基苏埃雷去加尼，现在再从基苏埃雷过去，是不是太冒险了？又或者说，我们彻底放弃卡姆拉西；如果穆特萨派出一千名干达人护送我们穿过马赛人地盘到桑给巴尔，我们就送给穆特萨五百担弹药、布匹、珠子，由护卫队把这些东西从沿海地区运回布干达，这样做是不是更好呢？如果我们走这条路线，卡姆拉西无疑会派人拦截，这样的话风险就太大了。

我们还在胡思乱想时，我在穆特萨王宫里的老朋友基德圭加过来了，他说卡姆拉西非常乐意接见我；卡姆拉西的统帅维塔古拉（Vittagura）说，卡姆拉西急于接见我们，而那些干达人可以过来，也可以不过来，随其所愿吧。我们高兴坏了，都有点怀疑他们是不是一直在听我们说话。他们还说，卡姆拉西此前还怀疑布德贾所言之善意，但自从得知我们撤离布尼奥罗后，他就没有顾虑了。他们说，英国人或尼罗河流域的其他人希望进入布尼奥罗，年苏文盖（Nyanswenge）——我想指的是佩瑟里克——还在加尼；否则他们可能早就过来了；巴拉卡已经动身去了卡拉圭，还带走了卡姆拉西送给他的一根象牙。

8 月 21 日。我下令向布尼奥罗进发。然而，**[484]** 布德贾一直在思考那个口信：干达人可以来，也可以不来，随其所愿。他认为卡姆拉西会"像对待狗一样"对待我们和他本人。究竟如何抉择，他征询我的意见，因为他必须首先向穆特萨国王禀报情况，否则我们不能立即出发。我原本觉得前景一片光明，现在却又乌云重重，特别烦人：由于穆特萨令布德贾把我们一路送到加尼，布德贾在没有收到穆特萨的回复之前，可能会让我们所有人都停顿下来。

我觉得，卡姆拉西如何对待我们，这是容易说清楚的：他听说我们从敌国分两路过来，自然会心存疑虑；我们现在撤退回来了，情势也就变了，他已经邀请我们过去了。毫无疑问，他的统帅从未远离我们，就跟在我们后面。对于卡姆拉西来说，如此戒备，自在情理之中，之前所发生的一切无须多言，以免引人怀疑。"如果你要尽责，那就立即把我们送到布尼奥罗，把我们交给他们；至于你们回不回来，那得看你自己了；如此一来，你就完成了使命，既没有违背穆特萨的命令，又没有违背卡姆拉西的命令。"布德贾说："太好了，就这样吧。你说得太有道理了。不过，我必须先派人回禀国王，因为干达族村民用武器袭击了你的两个手下，² 这在布干达是令人发指之罪行，不能置之不理；若是动用普通木棍，也就罢了，一旦动用武器，涉事双方必须面见国王，听候发落。"我当然反对这么做，这是我自己的事。我是获释奴的主子，无须面见国王。我们就此事妥协：第二天，布德贾带我们越过边界，[485] 然后等送信给穆特萨的人回来，也要等布尼奥罗那边的新指令。

我的策略成功了。布德贾忘了他还要去加尼为穆特萨国王带回一杆枪、一些弹药和药品——白兰地。他派他的手下和我的手下一道回去向穆特萨禀报我们的冒险历程：我们两度受阻；要在布尼奥罗等待新指令；有干达人打伤了我的手下；我替卡姆拉西作了辩护，还指控穆特萨的官员拿走我们十头牛、五只山羊、六担黄油、六十块树皮布。我们并不需要这些东西，而穆特萨国王已经令他们把这些东西给我们；我们应该揭露穆特萨的官员，他们自称服从国王命令，却又侵吞财物。布德贾之前抓了一个村民，因为这个村民袭击了我的手下。布德贾的手下和我的手下动身后，那个村民的友人牵了五头牛过来，希望布德贾能够网开一面。我也为那个村民求情，但布德贾不愿放人，还请求我把我的手下叫回来。原来那个罪魁祸首是王太后的人，如果国王下令取那人性命，势必会引起宫廷风波。于是，我竭力想叫回我的手下，但为时已晚。

8 月 22 日，抵达布干达北部边界的兵站。探险队再次朝着布尼奥罗的方向进发。我们抵达布干达边境最后一个村庄，并在那里过夜。格兰特还在那里射杀了一只羚羊。获释奴吵闹着要弹药，若拿不到弹药，他们就不会挑起行李。他们说："布尼奥罗是一个危险的国家。"他们之前到过布尼奥罗，当时口袋里的弹药还没有现在多呢。其实，由于上次河面上的对抗，我的手下所拥有的弹药比格兰特的手下还要多些，而且我的每个手下都有弹药。那个带头挑事的手下最近向一头死狮子开了几枪，惊动了尼奥罗人，而他的一个朋友也违反命令，[486] 开过一枪。因为弹药越来越少，我正在严控手下人浪费弹药。

我没收了这两人的枪支，以儆效尤，并警告其他手下：无论是有意，还是无心，今后谁胆敢放枪，我就没收谁的枪。

8月23日，抵达布尼奥罗南部边境的兵站。今天，我感到非常庆幸：我们终于越过争议不断的边界线，在卡姆拉西的两位大员的带领下，进入了布尼奥罗，一扫这么多天来的忧虑。我们首先要前往都城，只见森林连绵不绝，触目尽是小树、灌木、高草，以及稀稀落落的村庄，低矮的小屋，还有那些穿着兽皮、脏兮兮的当地人。除了山羊、珍珠鸡外，当地人的主食有大蕉、甜薯、芝麻、小米（ulezi）。据说，这里到处都是肥美的牧场，四处游牧、不善交际的希马人养了许多头牛，可我们却几乎没见到。除了少量锥形土包外，这里一马平川，没有山丘，也没有令人心仪的美景。我们已经把布干达完全抛在身后了，应该与布干达后会无期了；离赤道越远，月亮山所带来的降雨量就会越少，植被也随之减少。

8月24日，抵达基德圭加。边境村落无法养活像我们这样大的队伍，因此我们有幸得以继续前进。我们穿过森林里的金合欢、仙人掌、高高的草丛，抵达基德圭加家的花园，实在是令人高兴不已。完全出乎所料，我们刚到，专门负责向穆特萨国王递口信的侍从，就带着五十个干达人闯了进来，到处寻找"他的国王的朋友巴纳"。穆特萨国王听说河上发生了战斗，断定我手下的那些获释奴都是神枪手。穆特萨国王依然相信我们不会忘记要送给他枪支和弹药，[487] 尤其是白兰地，他想白兰地都想疯了。这也是穆特萨国王第四次提醒我们不要忘记这些重要物件。自从我们辞别穆特萨国王以来，我们不断收到这一口信，而且每次都是由那个侍从传达的。众人不知这个侍从为何带如此多的人过来，整个村庄和营地都为之骚动不安起来：布德贾怀疑，是不是国王抓住了他的小辫子；尼奥罗人则认定这是开战之征兆；我则担心他们受到惊吓，想让我们停下步伐。

但是，一切风平浪静。我拿出拖曳式计程仪，这也是我早前打算送给穆特萨国王的礼物之一，把它包起来，让那个侍从带给穆特萨国王。鲁马尼卡手下的一些人、巴拉卡、科延戈手下的四个人，已经进入布尼奥罗，他们奉卡姆拉西之命前来问候我们。鲁马尼卡的手下说，在我们来布尼奥罗之前，有人传播我们是食人族之类的恶毒谣言，幸亏鲁马尼卡为我们作了一番解释，否则我们绝对进入不了布尼奥罗。尼奥罗人的长相跟尼亚姆韦齐人一样猥琐，穿着也几乎一样不堪。尼奥罗人跑到我们身边兜售象牙饰品、铜质手镯、烟草、食盐，以换取牛皮，再用牛皮换取干达人的牛。与布干达的情形一样，所有村民一听说有访客过来了，全都跑出小屋看热闹。除了护卫队的少数首领、一些职业商人外，没有村民愿意多看旅行者一眼。

8 月 25—28 日。我刚要下令进发，维塔古拉就起身反对。他说，我们需要碰个头，以确定干达人到底回不回去。卡姆拉西虽然希望接见我们，却不愿看到干达人。卡姆拉西还让布德贾把他的意思告诉穆特萨那个"毛头小子（child the Mkavia）"。干达人第一次前来拜见卡姆拉西时，卡姆拉西家族有三人去世了；干达人第二次来的时候，卡姆拉西家族又死了三人；[488] 家族的这一死亡率，实非寻常，卡姆拉西只能将之归咎于干达人恶毒的魔法。如今，携带着厄运过来的干达人，自然不受欢迎。卡姆拉西之意非常明确，布德贾随即声明他必须跟我们一道去加尼。可能是为了吓唬干达人，布尼奥罗统帅回应说，虽然加尼离卡姆拉西的王宫只有九天路程，但是加尼人非常野蛮，他们称直发的人为巫师，肯定会杀死那些肩上打有树皮布小结的人、像干达人那样长有满口牙齿的人。最终，我们必须要再等两天，看看卡姆拉西会不会接见我们。这就是布尼奥罗的外交。

我们很快就接到卡姆拉西一个一反既往的口信。卡姆拉西听说，维塔古拉和基德圭加在布干达第一次拜访我时，我送给他们每人一头牛，所以希望尼亚姆韦齐人确认一下是否属实。我说，当然属实，他们是我在布干达的客人；如果明智的话，他们就会当场吃掉牛；这对于卡姆拉西来说意味着什么呢？卡姆拉西没有像对待那些受邀来访的人那样来对待我们，没有让我们喝过一点大蕉酒，而让我们在这令人苦闷的荒野上挨饿，实在令人遗憾。他为什么不让我们继续前进呢？或许，他是想先确认一下那个大个子白人，也就是我是不是真的已经过来了。真是太虚伪了。

我们在来回传递口信的过程中度过了三天，可能还要这样等更多天。为了博维塔古拉一乐，给他信心，我们向他展示了画作、望远镜、剪刀、刀子等等。维塔古拉答应第二天早上开始动身启程，并留下一个人把派往穆特萨王宫的获释奴带过来，这也是唯一能让布德贾满意的安排，因为布德贾说在布尼奥罗没有生命保障，[489] 每个布尼奥罗的武官都自称是大人物，他们毫无好客之情可言。

8月29日，抵达察加莫约（Chagamoyo）；30日，抵达基拉托西（Kiratosi）。接下来的两天，我们借助罗盘穿过察加莫约抵达基拉托西。卡姆拉西的手下带我们走的这条路线，与布德贾所知道的路线有些出入，因此他说尼奥罗人欺骗了我们。我拿出罗盘，确认了我们所处的位置，也证实了尼奥罗人并没有带错路。我们在基拉托西备受冷遇，当地人质问我们怎么沦落到吃光他们庄稼的地步。然而，他们很快就蜂拥到我们的门口，对我们的行李赞叹不已；他们说，每个铁箱里都有一对白种小矮人，我们用肩膀把这些铁箱子扛过来，而白种小矮人在里面背靠背盘腿而坐，只要我们下达命令，白种小矮人就会跳出来吃人。有一位村民恰好是我的一个手下的妹妹，名为巴鲁蒂（Baruti）。巴鲁蒂一眼就认出了她的哥哥，说不出一句话，双手抱头，大声哭着跑去告诉她丈夫她所见到的一切。卡姆拉西的一个探子说，去穆特萨王宫的获释奴已经踏上回程了，随后又急匆匆去卡姆拉西那里禀报情况。

8月31日。一些干达人匆匆赶了过来，证实了昨晚那个探子的口信，并说那个获释奴走破了脚，滞留在布干达边境，希望我们回去；而且，穆特萨国王高度赞赏我们派人回去通报卡姆拉西的所作所为一事，并请求我们回去，即便卡姆拉西探得我们的返程路线，我们也要回去，因为他有许多要事要跟他的朋友巴纳说。这条口信的大意是这样的：我无须担心去往沿海地区的路线，我要多少人，穆特萨国王就会派多少人；穆特萨国王担心我可能缺少弹药，所以让那个获释奴带了一些过来；穆特萨国王赐给两个获释奴一些女人，以表彰他们的称职；[490] 干达人还带来一个老式的锡盒，是欧洲制造出来的玩意儿，也是穆特萨国王的信物，如果哪个干达人胆敢据为所有，定当死路一条；最后，穆特萨国王没收了我的手下受伤所在地的所有房屋和大蕉园。

干达人传达完所有口信内容后，布德贾说我们必须回去，不能耽搁一天。我则叫来了基德圭加。我不希望看到我的手下在布干达过着囚徒般的生活，并且当众宣布我不会回去。如今，我已经受邀来到卡姆拉西的"家"，如果我返回布干达，那就是对卡姆拉西的侮辱。我希望邦贝立即跟基德圭加一道去觐见卡姆拉西，并按照我交代的那样去告诉卡姆拉西：当初，我力劝穆特萨令布德贾、穆布鲁基（Mubruki）携带礼物前往布尼奥罗，以示友好；后来，我发现卡姆拉西接受了，还给了回礼，因此两国之间不会再有战事发生。我说，之所以离开英国，访问这些国家，为的是开辟贸易路线。我没有奉命用武力开路，只有善意，别无他意。鲁马尼卡已经同意我的意见。巴拉卡已经觐见过卡姆拉西，所以卡姆拉西完全了解这一点；穆特萨显然也同意了，否则绝不会令他的部下陪我去加尼；我现在确信穆特萨国王将允许这些干达人跟我一起去加尼。届时，有了贸易，所有敌意都将消解，两国将重修于好。

我刚说完这番话，体格健壮的卡均朱（Kajunju）突然造访，他向布德贾友好地点头致意，并想知道干达人带我们回去是什么意思，因为卡姆拉西国王昨晚已经明白了他们的意图。布德贾、基德圭加分别作了一番解释，卡均朱听完后消失得无影无踪。布德贾转身来对我说："你不回去，我也要回去；我们必须要永远听命于穆特萨国王，否则性命难保；[491]我会禀告穆特萨国王，你离开布干达、上了路后，已经完全忘记了他。"我说："如果你跟穆特萨国王这样说，那就是在说谎。穆特萨无权命令我离开另一个国度，成为卡姆拉西的敌人，而我正期望跟卡姆拉西建立友谊。出于对卡姆拉西的尊重，我须跟他会谈；与你一样，我也须执行我国的命令；此外，我已经叫人从卡拉圭传信给佩瑟里克，邀请他来卡姆拉西的地盘，如果我现在回去的话，他定会与卡姆拉西为敌，我把他抛弃在敌人手里，实在不妥。"

布德贾对我连哄带骗地说："你的话很有道理，但你不听国王的话，我还是很遗憾，因为国王待你如兄弟。你们不是像兄弟一样去散步、聊天、打猎，甚至一起吃饭吗？干达人都这么看你们俩。如果国王发现你把他抛弃了，他会很恼火。我之前没有告诉你，但国王说过：'如果卡姆拉西伤害了巴纳，我怎么向鲁马尼卡交代呢？如果我知道卡姆拉西如此之野蛮，我就不会让巴纳过去；我现在应该派一支部队把他带走，只是怕卡姆拉西受到惊吓，可能会发生意外；如果有必要，我就动用武力打通去加尼的那条路线。'"布德贾见我还是一意孤行，又转身用国王的权力来威胁我们说："如果你们不听国王的命令，我们就看你们到底能不能走那条路线前往加尼；卡姆拉西正在与其兄弟四处作战，穆特萨国王可能随时会与他们结盟，到那时你们又能到哪里去？"

说完这话，布德贾就走了，嘴上还嘟囔着说我们留在这里会使穆特萨陷入难堪之境。我的那些获释奴，胆小如兔，一直在认真地听我们的对话，他们已经下定决心要离开，[492]还竭力劝邦贝安排他们与我作最后一次面谈。他们说他们知道穆特萨的势力，不服从他恐怕最终连逃跑的机会都没有了。我回答说，我不会听他们的。我已经看透了他们，之前也试过多次，深知跟一群不明事理的懦夫谈话没有任何作用。但是，我派人传了一句话：如果他们最后真的离开，那就把枪留下；而且，又加了一句威胁的话，只要他们到达沿海地区，就会收监三年。这帮无赖傲慢地说了一声，"我们走吧"，就冲到干达人的战鼓跟前，敲起行军鼓。

9月1日。清晨，布德贾敲鼓启程回布干达。我把他叫了过来，给了他一个玻璃雨量计，以作捎给穆特萨的信物，并托他给我带句话，说一旦见到卡姆拉西并商谈开辟道路一事，我就派人给穆特萨送信；我相信他会把这些叛徒的所有枪支都拿走，替我保管起来，但我希望这些叛徒自己去维多利亚湖上的一个岛，绝不允许这些无赖再入我的营地；正是由于受到这种背叛的影响，白人才无法访问这些国家。我说完后，所有干达人都离开了，并带走了二十八个获释奴，二十二支卡宾枪。其中有那个命运悲惨的家庭女教师玛纳玛卡，她一直以为我是一个了不起的巫师，力量非凡，所有黑人国王都心系于我，我还能诱使他们把以前白人从未走过的道路交给我。

我手下只剩二十人，十四支卡宾枪。现在我想出发去卡姆拉西的宫殿，但人手甚至都不足以挑起行李担子。过了一会儿，五十名尼奥罗人举着长矛，疯狂地冲入营地，寻找干达人，却发现他们不见了。据悉，体格健壮的卡均朱回到卡姆拉西那里，[493] 禀告了我们这边的事情。卡姆拉西命他动用武力把我们从干达人手中抢过来，因为伟大的姆卡马（Mkamma）³，急于见到白人访客；白人之前从未进入布尼奥罗，卡姆拉西的父王乃至所有先王都没有见过白人。因此，他派出这五十人，突袭干达人，以确保我们安全。但是，又过了一会儿，大约在上午十点，卡均朱以同样方式，率领一百五十个士兵兴高采烈地冲了进来；每个士兵都戴有徽章——绑在头上的一块树皮布或大蕉叶，矛头套有一个皮鞘，簇着牛尾巴——他们高兴地发现，已经无仗可打，他们不战而胜。他们确实是一群野蛮的乌合之众——与聪明、衣冠楚楚、言语敏捷的干达人形成鲜明对比。我们瞧不上尼奥罗人的一切。然而，他们已经完成了使命。我给了他们一头牛，希望在他们面前把牛杀了；但有几个头领可能是想把整头牛据为己有，不杀牛，还说所有人都是国王的仆人，因此他们不能触碰公产。

卡姆拉西希望我们第二天动身启程，届时会有人提前禀报，卡姆拉西还派人捎来了巴拉卡到布尼奥罗前从加尼送过来的一封信和珠子。我把这封信给巴拉卡看了，希望能走卡拉圭那条路线过去，但没有给马布鲁基看，因为他是从布干达来的。基德圭加告诉我们：穆特萨抢夺尼奥罗人的牛，但卡姆拉西从未为此报复过；干达人就在边境牧牛——那就是说，卡姆拉西没有实力侵扰干达人。剩下的二十个获释奴，一直在讨论这次叛逃事件，一拨获释奴建议派人把那些叛徒找回来，[494] 如果那些叛徒见了尼奥罗人，就会打消原来的顾虑；另一拨获释奴说："什么！那些可恶的家伙说我们留下来，就会全死在这里，不敢跟我们一起面对危险，凭什么现在要我们去帮他们一把？绝不可能！我们告诉过他们，我们要和巴纳同生共死，上帝主宰一切：听天由命吧，该死时谁也躲不了。"

9月2日，抵达乌图蒂（Ututi）。我们第一次在没有音乐的情况下进发，因为布尼奥罗不让击鼓，除了战争和跳舞场合。尼亚姆韦齐人、尼奥罗人以及我们这边的二十人，虽然每个人都选轻的行李挑，

向我们冲过来的大象

但行李还是都运过来了。这次是按照尼奥罗人的方式来前进的，大约持续两个小时。我们到达终点后，听说附近有大象。于是，我和格兰特准备好枪，果真发现一群在吃高草的大象，约有一百头。这一片平原到处都有顶部长着灌木的土丘。这群大象好像都是雌性的，比印度象小得多；我们射中了十头大象，一头也没有杀死，甚至有头大象还想展开回击。当时我和马努阿在一起，隐身于高草，偷偷靠近象群，朝体型最大的那头大象开了一枪。它发出浑厚的吼声。接着，整个象群都受了惊，挤作一团，卷起鼻子，嗅着空气。大象闻到了火药味，确定敌人就在前面，卷起鼻子，走近我藏身的土丘。大象闻到了我的气味，于是拉直了身子，把头抬得高高的，在一侧看到了我们。情况真的很糟糕。我根本不能从正面射击任何一头大象。如果再稍有迟疑，大象会用鼻子把我们俩卷起来，或把我们俩给踩死。于是，[495]我开枪射击大象的太阳穴，不但没有杀死大象，反而使整个象群以更快的速度冲了过去。之后，我放弃了，因为我始终无法把打伤的大象和其他大象分开，而继续打伤更多头大象实在是残忍。事后想了想，我觉得当时应该装上更多火药：这些大象的个头没有印度象那么大，所以我轻视了它们，所装的火药量只相当于我平常射杀犀牛所需的火药量。这群大象虽然对从未听过的枪声感到疑惑，但也没有躲得远远的，又聚成一群，吃起草来。总爱絮絮叨叨编故事的弗里杰面色严肃地告诉我们，我的两个手下乌莱迪和瓦迪·哈马迪（Wadi Hamadi），这两个叛徒在桑给巴尔被魔鬼（Phepo）附身。乌莱迪不想在行军途中受到恶魔困扰，于是遵照恶魔之命，贡献出一头牛给穷人吃，从而躲过一劫；但是，瓦迪·哈马迪却宁愿赌一把运气，被恶魔折腾了好几次。第一次是在乌苏伊；当时，有人告诉他，旅途会很顺利，但恶魔想要一个人的命，想让一个人生病；果然，有一人丢了性命，格兰特在卡拉圭生了病。第二次，瓦迪·哈马迪在卡拉圭看到了魔鬼，有人要在布干达丢了性命，卡里之死也验证了这一点。第三次是在布尼奥罗，他又被魔鬼附身，说旅途会顺利，但也会很漫长。

9月3日。我们备受冷落，身陷丛林，每天都为此暴跳如雷，既无法继续前进，又不知身处何地。我不禁问道，卡姆拉西是不是害怕我们，还在看魔角以确认我们是不是坏人。我所得到的回答是："不，他很想见到你，否则他不会派六位高级官员过来照顾你，以免那些粗俗无礼的农民骚扰你。"[496]"那是谁下令让我们待在这里？""是卡姆拉西下的令。""为什么卡姆拉西让我们待在这里？""他认为你们并不在附近，已经有人向他禀报了。""我们是怎么从上次那个地方来到这里的？""奉卡姆拉西之命。只有他下令，否则我们不能自作主张。""那他一定知道我们在这里吧？""他可能还没有见到我们派过去的人；除非他公开露面，否则无人能够见到他。"整个事件让我们觉得，我们应该和穆特萨一起痛击卡姆拉西一顿，这对卡姆拉西是有好处的。我说，这会给我们与他那些难以约束的兄弟结盟的机会。基德圭加哈哈大笑道："胡说！卡姆拉西是周围所有领地——乌索加、基迪、乔比（Chopi）、加尼、乌莱加（Ulega）——的首领；只要卡姆拉西振臂一呼，成千上万人就会前来支援。"当地官员库维贝亚（Kwibeya）代表国王给我们送来五只鸡，还有几筐土豆。

9月4日。我们又停了下来，据说是因为库维贝亚奉国王之命，要把国王希望给我们的东西都送过来。于是，我派邦贝去给卡姆拉西捎个口信，作一番解释，恳求早日觐见，因为我有许多重要的事情要谈，而且最重要的是，我希望能够看一下他从加尼那里得到的信，因为那封信一定是我们国内的朋友送过来的。库维贝亚送给我们七只山羊、一些面粉和大蕉；基德圭加索要面粉，未果；而且，由于我们在接受这些东西时没有事前与他协商，他为此大发雷霆。他是大人物，也是钦定的协调人，对此无人质疑。维塔古拉说他是统帅，卡均朱说他官职最大，库维贝亚对此附和，甚至连科延戈博士的部下亦是如此，所有这一切也证实了布德贾的话，我们也为此深感惊讶。

9月5—6日。我们又因各种各样的理由再次停了下来。[497]弗里杰昨晚梦见布干达国王来攻打我们，因为我们没有遵守他的命令，我的其他手下都跑了，但乌莱迪和他自己没有跑掉。根据沿海地区的解释，现实与梦境都是反着来的，否则就是他记错了；根据当地人的说法，弗里杰应该灼一下太阳穴，以扭转梦境中的事情；格兰特梦见从加尼来的那封信，我打开那封信并带着它跑了；格兰特认为那封信根本就不存在，卡姆拉西一直在耍弄我们。我们听说邦贝在卡姆拉西面前射杀了一头牛，不把牛吃了，卡姆拉西是不会让他回来的。

9月7日，换了所在地。最终，我们启程了，穿过了一片森林。大象在森林里四处走动，似乎那里是它们的公园。然而，我们只走了两个小时就停了下来。

我们希望能够立即抵达宫殿，但我们必须停下来，静等国王派人通知我们。有人告诉我们，卡姆拉西肯定在看他的魔角（Uganga），以确认能从我们身上得到什么东西；他现在应该没有理由害怕我们。此外，让访客以这种方式来等他，也是卡姆拉西的一贯做派，因为他是布尼奥罗周边所有领地——基塔拉之王，众王之王。

CHAPTER 17

布尼奥罗（一）

[498]最终受邀入宫—入宫之旅—邦贝觐见卡姆拉西国王—我们是食人族的恶名—宫廷盛大接待仪式—再次充当医生—王室乞讨

9月8日，**抵达卡夫河（Kafu）左岸的察古齐（Chaguzi）。我们又停了下来。**傍晚时分，巫医科延戈的一个手下邀请我们入宫。他说，卡姆拉西大发雷霆，因为他听说我们只收到七只山羊，而不是他命令库维贝亚给我们的三十只；此外，卡姆拉西还令库维贝亚无限量地给我们提供大蕉酒和大蕉。我抱怨说，邦贝比我自己更受尊重，立即获得了觐见国王的机会。对此，他给出了两个现成的答复：第一，尊重下级就是尊重我本人；第二，我们一定不要指望野蛮人能以宫廷礼节来接待我们。

9月9日。我们向王宫出发。这也是我们最后一次进发，与其他多次进发的差别并不大。我们让科延戈的手下走在队伍前面，我们不顾所有人的劝阻继续前进，穿过了最后一片丛林，看到了基迪群山。最终，我们身处一片沼泽草丛，站在伟大国王的宫殿前，俯瞰着它。

布尼奥罗：从我住的房子所看到的卡姆拉西王宫

王宫位于北纬1°37'43"，东经32°19'49"，地处卡夫河和尼罗河之间的低地。[499]它是一个又矮又大的草棚屋，周围环绕着许多小草棚屋，这也是我们离开乌津扎后看到的最差王宫。卡均朱气喘吁吁地从我们身后赶了过来，气坏败急地斥责科延戈的手下违规带我们过来，并令我们停下来，等他禀报国王、以确认国王同意我们入宫后再说。我不禁回想起穆特萨说的话：卡姆拉西只会把他的客人安排在维多利亚湖岸边。但是，除了王宫外，我哪个地方也不想去，这是我的权利，而此时只能等着卡均朱回来。不一会儿，只见卡均朱带着大蕉就回来了，给我们指向卡夫河——卡夫河是我们曾在布干达跨过的姆韦兰戈河的干流、维多利亚湖下面的支流——外的一组小屋，叫我们临时住在那里，第二天早上再给我们在王宫里找一处更好的住所。这真是个糟糕的开端，我们恼怒不已，大发一通牢骚。

[500]宫里送给我们两担面粉，用长长的灯芯草捆扎得整整齐齐，以供我们"即时食用"，明天再给我们多送些过来。为了逗我们开心，基德圭加告诉我们：卡姆拉西和穆特萨——事实上，所有希马人——都出身于居住在基迪外的同一个部落；所有希马人死后都会以同样的方式埋葬于地下；但是，国王的遗体先要用火烤几个月，待其肉身变成干肉，再由专人切出其下颌，覆以珠子，保存下来；王陵由特定官员负责守护，而这些官员就住陵墓上方的小屋；当地人的脐带打出生起就被保存下来，死后，男人的脐带要埋在屋内，女人的脐带则要埋在屋外——据邦贝说，尧人也有类似的埋脐带习俗；高官显贵死后，家人也会把其指骨和头发保存下来；不过，有时也会遇到他们刚剃光头发就去世的情形，其家人就会把死者生前所穿的一件树皮布做的衣服埋在原来应该保存头发的地方，家族里的人也会守墓。

我们在卡拉圭听说布尼奥罗有一种长着角的狗。基德圭加证实这一说法，并信誓旦旦地说，他曾经看到一位官员就有一条这种狗，但这只狗已经死了；于是，这只狗的角里被塞进了魔粉；每当大军奉命出征，就把它放在出征大道上，让士兵踩过去，与乌尼亚姆韦齐杀一个小孩以保证大军得胜是一个说道。我们在卡拉圭还听说，基迪地区的人都睡在树上。关于这一说法，基德圭加却给我讲了另一个版本：

只有单身汉才睡在树上，结婚后的人会住在房子里。这些故事大都有一定的事实依据。我们推测基迪地区的人有时要穿越狮子出没的森林，因此他们在夜里会爬上树睡觉——否则，他们才不睡在树上。

9月10日。我派基德圭加把我的礼品呈给国王，**[501]** 并请求国王给我换一个住所，因为我的住处太脏了，必须搭个帐篷；还请求国王早餐后给我一次与他面谈的机会。卡姆拉西给我的回礼是二十头牛、十只公鸡、两包面粉、两罐大蕉酒，由格兰特和我平分，因为卡姆拉西知道我们走的是两条不同的路线，所以判断我们分属两个不同的阵营——这是想从我们身上得到两份礼物的聪明之举，但没有成功。我对国王的回礼表示感谢，并说格兰特这次是"我的人"。国王也派人过来做了一番解释：请求我们能够谅解来时所发生的不快之事，并说如果我们是从鲁马尼卡那边直接过来的，那就不可能会发生那样的事情；他之所以怠慢，是因为他对干达人心存芥蒂；他相信我们会忘记这些事情，也会给予谅解；他明天将给我们换一个住所，然后再和我们面谈；我们想和他做朋友，而他也想和我们做朋友。

最终，邦贝回来了。他说，虽然他说了我希望他回来的话，并力争多次，但宫里还是不让他早点回来；国王唯一的借口是，我们是在许多武官的保护下过来的，而且察古齐地区发生了灾荒，所以国王必须要求我们推迟过来；卡姆拉西的正宫不在这里，而是处于向西再走三段路才能到达的地方；卡姆拉西之所以来到这里，安扎行宫，只是为了监视他的兄弟们，因为他们正在与卡姆拉西交战。邦贝竭力想离开那里，意在催促我进发，于是向卡姆拉西回禀说，他为我们的事非常着急，因为干达人想把我们抢走。

毫无疑问，正是由于邦贝的这个提示，卡姆拉西昨天派出信使，缓解了我们的危机；否则，我们可能还要在丛林里待更长时间。邦贝把我们在尼罗河流域一路的遭遇告诉了卡姆拉西；卡姆拉西先是说我们并不打算见他，否则我们就会直接从鲁马尼卡的地盘过来；**[502]** 即便邦贝说起一道过来的巴拉卡和鲁马尼卡手下的官员，也不足以打消卡姆拉西的顾虑；卡姆拉西低下头，回避了这个话题，说他成就了布干达国王穆特萨，但穆特萨现在忘恩负义，变成坏蛋，对他的地盘又抢又夺；[1] 关于从加尼传过来的、据说是佩瑟里克写的那封信，以及关于与加尼开辟贸易的提议，一旦提起，就会引起卡姆拉西不快。对于此种情形，我们已经见怪不怪了。卡姆拉西实际上从未收到过此类信件，所以弗里杰关于格兰特梦到信件一事的解释是正确的。如果我们想去加尼，卡姆拉西就会派人趁夜而行，因为与他交战的兄弟就驻扎在那条路上。至于布干达问题，以及我希望他与穆特萨交好，发展贸易以防今后的掠夺，他只是摇头。卡姆拉西经常说，虽然他的访客来了，但是他不知道该如何看待他们；邦贝相当成功地模仿起我在类似场合上所说的话："如果你见过他们之后不喜欢他们，就把他们的头砍下来，因为他们都在你手里。"

9月11日。早上，卡姆拉西非常礼貌地派人过来询问我们睡得如何。他"听到了我们的呼喊"——这是一种高高在上的表达方式——并要我们不要惊慌，因为第二天早上他将接见我们，并在接见之后给我们换个住所，如果我们不同意涉水去他的行宫，他将派人在所有的沼泽地都架起桥；但是，目前他需要两发子弹——他要在其后妃面前打一发，再在群臣和许多从基迪地区过来的访客面前打一发。为了取悦于有点孩子气的卡姆拉西，我把邦贝和另外两个手下派了过去。[503] 他们一到那里，一头牛就被牵到他们面前，卡姆拉西令他们射杀。邦贝认为，如果轻易就服从命令，他们只会索要更多，而我们的火药储备已经不足了。于是，邦贝说他没有接到这样的命令，拒绝射杀牛。随后，发生了一场激烈的争论。据邦贝后来陈述，他当时说："射杀牛有什么用，我们有很多肉，我们要的是面粉。"卡姆拉西反驳道："如果你们没有面粉，那不是我的错，因为我命令你的主子慢慢地过来，还要让他一路自带粮食。"

然后，卡姆拉西不耐烦了，因为所有访客都想看乐子。卡姆拉西又命人把牛牵出来，并要我的手下向牛开枪，同时对他的基迪访客夸口说："现在我要让你们看看这些获释奴是什么样的魔鬼：他们用火器，一颗子弹就能打死一头牛；他们要去加尼，我劝你们不要作难他们。"基迪的访客说："不可能；我们不信他们有这种力量，但等会儿就知分晓了。"邦贝既感到失落，又感到愤怒，于是令我的另两个手下准备开枪射杀牛，并告诉卡姆拉西之前不射杀牛的原因——巴纳会迁怒于他。众王之王说："好吧，如果此话当真，就回去找你的主人，告诉他你在这些人面前让我失望了，是我让你第二早上过来射杀那头牛的；之后，如果你成功了，你的主人可以在早餐后来见我——现在你把这罐大蕉酒带给他。"

9月12日。为了支持邦贝所说的话，我又给了他两颗子弹去射杀牛，并让他提醒卡姆拉西要兑现诺言：之前承诺过的面谈、更换住所。邦贝回来后给我作了如下叙述：他把两颗子弹都射进牛身，杀死了那头牛；一千多个现场观众一看到这一情景，异口同声地惊叫起来；[504]基迪的访客都惊恐万分，紧抱胸脯喊道："哦，伟大的国王，请允许我们回国吧，因为您确实得到了一个新人种，我们非常害怕！"说了一大堆奉承国王的话，既谦卑又矫情，却令卡姆拉西大喜。然而，这还不足以使卡姆拉西忘了王家威严；尽管邦贝竭力恳求他接见我们，并恳求他给我们换个处所，但卡姆拉西国王依然不动声色，以示其"众王之王"之帝王风范，只说："你的主人今天见我跟明天见我有什么区别呢？如果他想就去往加尼的道路、他在卡拉圭的财物、他在布干达的枪支与我交流，他大可以经由我的下臣直接传话给我，只要他愿意，我随时可以派人去联络。也许你不知道，我每天都盼着加尼那边过来人。加尼地区的人会把奴隶、象牙、猴皮作为礼物送给居住在那里的外国人，而那里的外国人第一次派了一些穿衣服的人过来，送给我一条用珠子做的项链（把它示于众人）。他们说，有白人要从卡拉圭过来，如果真的来了，可以给打那里过来的白人看看这些珠子。他们是在巴拉卡抵达这里的前两个月离开的。我告诉他们，白人不会到这里来了，听说他们去了布干达。"

邦贝发现，卡姆拉西国王非常健谈。于是，邦贝又抱怨说卡姆拉西国王对我们不热情，两度把我们赶了回去，如今邀请我们过来，却又像苏瓦罗拉那般对待我们。据邦贝的说法，卡姆拉西给出了如下奇怪的理由："你们不明白事情的原委。当时，白人住在布干达。在那里见过白人的人大都把白人形容为怪物，说白人吃光了山里的食物，喝光了维多利亚湖的湖水；[505]他们吃牛肉、羊肉，但还不满足，还要吃'人肉中好吃的部位'（tender parts of human beings），一天三顿。所以，我极度渴望见到这种奇人。我可以忍受他们吃光山喝光湖，但无论如何，我绝不容许牺牲我的臣民供其食用。为此，我第一次派人把他们赶了回去；后来，听科延戈的手下说，白人走遍了他们的国家，并把世界上所有漂亮而奇妙的东西都带了过来，但他们从未听过如此可怕的恶名。于是，我第二次又派人去请他们过来。这就是事情的原委。现在，你说我对他们不好，但这都是他们自己的过错，我命令他们慢慢地过来，路上自取食物，因为这里闹了饥荒；但是，他们违背我的意愿，匆匆赶了过来。你反复告诉我，他们要见我，要给我送礼品，但我是这么想的：我想让他们教我射击的方法，之后，我会把他们带到基迪附近的一个小岛，我想用枪把盘踞在那里的一些人（他的顽固兄弟）吓跑；但是，也不要着急——我让他们过来，他们才能过来，否则不行。"邦贝回答说："我不能把这话转达给巴纳；我已经说了多次关于你第二天早上接见我们的话，结果都没有兑现，恐怕我要挨鞭子了。"说完便离开了。

9月13日。我比以往任何时候都更讨厌卡姆拉西。我叫来了基德圭加，告诉他：依据鲁马尼卡的话，我应该能见到一个有善心、讲道理的国王；鲁马尼卡是一个稳重而折中之人，于是我信了；穆特萨告诉我，卡姆拉西不尊重所有访客，还把他们送到维多利亚湖的另一边。如今，我明白了，敌人的话比友人的话更可信；我希望基德圭加把我的话告诉卡姆拉西。我说："着眼于未来，在卡姆拉西还没有放下对我的戒心之前，[506]我绝不再提及他的名字；仅仅因为我们急于想见他，就陷入吃惊、害怕之境，他竟然完全忘记了自己的真正身份，忘记了他是东道主，忘记了他是国王。"对了，据说他今天确实喝大了。

9月14日，**搬到察古齐西端去住**。由于卡姆拉西贪杯，我们昨天无事可做。今天，他的武官把我的口信传给了卡姆拉西，但一如往常，无果。于是，我想到一个好主意，又派了一个信使去说，如果卡姆拉西不马上给我们换个住所，格兰特和我就决定剪去头发，把脸抹黑，如此一来，众王之王就应该就没有理由害怕我们了。我无视他的帝王风范，坚持认为他之所以不善待我们，只是因为他害怕我们，别无他说。这个口信效果非凡，因为他完全相信我们会这样去做，如果看不到我们作为纯白人之异景，他定生失望之情。我们得到的回复是，卡姆拉西不愿让我们以无发黑脸的形象出现于布尼奥罗，他已经立即派人把我们的行李运到西端；基德圭加、维塔古拉、卡均朱急匆匆赶过来告诉我们卡姆拉西的命令，以免我们真的如此做了。看到我们的脸没有变化后，他们非常高兴。我给科延戈手下的头领送了一头牛，也给鲁马尼卡手下的头领送了一头牛，因为正是受教于他们，我们才得以获准进入布尼奥罗。我们搬到察古齐西端舒适的小屋去住，那里离卡夫河很近，河水在我们住处与行宫之间昼夜奔流。

但是，我们在布尼奥罗的住所的位置仍然不妙。周边尽是水草，一半入水，草高达颈。我们不能散步。除了卡姆拉西那些惨兮兮的草棚屋、远处几个圆锥形山丘外，我们什么也看不到。我们猜想，其中有一个山丘应是乌东戈（Udongo），也就是布伦－波利特（Brun-Bollet）所言的帕东戈（Padongo），地处南纬1°东经35°。[507] 我们才搬进新屋，卡姆拉西就送来了两罐大蕉酒、五只鸡、两捆大蕉，以期我们这下能够感受到其恩惠，心满意足；不一会儿，卡姆拉西又把一切抛到九霄云外，索要一把多刃刀，他的一个官员曾看到它就在格兰特的手里。我怕会冒犯卡姆拉西，于是接过他送来的东西，但我回应说：尽管我对财物不如卡姆拉西对财物那般看重，但他为什么在看我之前要先看我的财物呢？我实在好奇；我可不愿以这种方式把我的东西先送给他；如果卡姆拉西听了我的一番感慨后，仍然要经由一个黑人之手把那把刀送过去，我就会把刀子和我为他带来的所有东西一起打包，交由黑人送过去，也知道了比起白人，他更喜欢黑人。

科延戈的手下告诉我们，卡姆拉西国王曾两次派他们与尼奥罗人的军队一起攻打国王的兄弟，但两次都无功而返。国王的兄弟盘踞在北面一个河岛上，离这里大约有三天的路程。他们说，假如你们身处一支大军，敌人一露面，懦弱的尼奥罗人作鸟兽散，任由盟友落入敌方之手，你们做何感想；卡姆拉西如今指望我们动用枪支去攻打叛军；里翁加（Rionga）是叛军首领；那里的叛军头目以前有五人，现在除了里翁加外，还有他的两个弟弟。

9月15日。卡姆拉西派出一大批首领询问我们的健康状况，睡得如何，之后又提及昨天言及的那把刀。卡姆拉西还是很诧异，为什么他给了我们这么好的食物，他只想看一眼那把刀，而我们都不愿意呢？如果那把刀不是送给他的，他不会把它留下，只是看看就还过来。我又对昨天的回复加了一句，进入布尼奥罗之前，有人让我相信卡姆拉西是众王之王——有史以来最伟大的国王，[508] 配称吾父之人；而如今，他希望我用玩具来取悦他，他在我的心目中已经沦落为吾子之人了。他们说："巴纳话说得漂亮，有感情，很温和。当然，听闻巴纳说他重财不重人，他感到不高兴；所有道理都在他那一边：我们现在要回去看看怎么办——除了极富勇气的白人外，这里没有一个人敢向我们的国王传达这样的口信。"

科延戈的手下因为昨天从我这里拿了一头牛而受到基德圭加斥责。基德圭加不准他们把牛吃了，因为他们和我都是国王的客人，一个客人吃了另一个客人的餐食是不对的。幸运的是，尽管卡姆拉西一直在注视我们的一举一动，但是我早有准备，送给他人作礼物的牛都是从乌干达带来的，任何人也无权干涉。细节如下：科延戈派人到我们营地，调查有没有人接受了我们的礼物，因为卡姆拉西担心其臣民会先于他盘剥我们；这些人回禀说我给过两头牛。卡姆拉西一听说，就派人把那两头牛牵走了，据为己有。科延戈的人为自己作了一番辩解，说如果不是他们先到的布尼奥罗，卡姆拉西根本不会有我们这样的客人；卡姆拉西早前问过他们，干达人说我们吃人和其他怪事是否属实。科延戈的手下全盘否认此说，还担保我们的举止行为绝对没有问题，并告诉国王，如果国王发现我们吃人，他们所言不实，国王可以像穆斯林那样，扔下盾牌和弓箭，从他们身上踩过去。据说，卡姆拉西回答说："我接受你们的说法，但在他们过来之前，你们必须留在我身边。"

[509] 卡均朱奉命前来，说卡姆拉西会抓住任何盯梢我们的人。因为卡姆拉西派人监视我们，所以我要求他把话说明白些。科延戈的手下说，他们等了一个星期后，卡姆拉西才接见了他们。而卡均朱替

国王开脱说:"宫里现在到处都是基迪、乔比、加尼和其他地方来的访客,有些人名为访客,实为敌人,所以国王不希望他们见到你们。他们现在都拿到了国王送给他们的牛,准备回家了。国王打发走他们后,就会接见你们。"

9月16日。我们一整天没有向国王传一句口信,想看看国王会作何反应。基德圭加告诉我们,当他还是个小伙子的时候,卡姆拉西派他和一大群尼奥罗人去拜访一位国王;那位国王住在一座高山附近,从这里的东边或东南边过去,要走两个月的路;他们要去求得一个魔角,因为那位国王的御医的医术超群,盛名在外;他们一行人带了六百把铁锹,每天需要两把铁锹来支付路上食宿费用;那位国王派了一个特使把他们索求的魔角送给了卡姆拉西,而卡姆拉西也回赠一个他自己的魔角;自那天起,两位国王想联络时就会派出使者,并把对方送的魔角挂在使者的脖子上,既可以作为信物,又能确保使者的安全,因为没有人敢碰脖子上挂有国王魔角的人。

我们营地的人有一个共同谈资,关乎那些离我们而去的叛徒;所有人都在想,一旦他们听到我们大获成功,每天能吃上牛肉,他们该多么后悔莫及啊。[510]乌莱迪现在老是拿过去怂恿他叛逃的梅科图布(Mektub)打趣。乌莱迪不会离开巴纳,如果乌莱迪没有跟过来,梅科图布也会离去,他们俩曾在桑给巴尔共事一主,好得就像两兄弟。梅科图布觉得这个玩笑不错,笑道:"我那是已经收拾好东西要走,这是真的;但我又想,如果回到沿海地区,赛义德·马吉德只会让我再次当奴隶。"今天,鲁马尼卡手下的首领(Myinzuggi)送给我一个猴皮披肩,以作我14日送牛给他的回礼。这拨人深得鲁马尼卡国王的真传,也是我迄今为止所见识到的最温和、最礼貌、最细心的黑人。

9月17日。犹如置身牢笼——一边是鳄鱼随处可见的大河,四周都是沼泽;若没有国王许可的话,我们又不能出去狩猎——我们心生厌烦,失去了耐心。我派基德圭加、卡均朱去禀告卡姆拉西,说我们不能再忍受这种生活了。既然卡姆拉西不愿见白人,我们在这里再待下去也没有用了。我希望卡姆拉西能够从邦贝手里接受我们的礼品，并允许我们启程去加尼。这两位武官和我们一样，也认为我们住所差不多就是监狱，于是带上口信匆匆离去，并很快就把国王的口信带回来了。他们说国王正忙着装饰行宫，要给我们举办一个庆典；国王要给予我们比以前任何拜访过他的人更多的尊重；我们昨天原本能够见到国王，只是天下了雨，所以才作罢；为了防止会谈受到天气干扰，国王正在令人搭棚子；听说我们不见他就要离开布尼奥罗，他无法接受。

9 月 18 日。最终，宫里召集我们去参加国王的欢迎仪式；但是，国王是个生性多疑的家伙，竟然令他的官员在我们去那里之前检查我们给他带来的礼品。这又是一桩麻烦事。我不能屈服于这种无礼的怀疑。如果国王希望由邦贝递呈礼品，我无二话。国王作罢了，我们所有人才出发。[511] 我们带了礼品清单上的礼物[2]，英国国旗在前面开路。我们在渡口开了三枪，踏上两只大独木舟，渡过卡夫河；河对岸没有人能够看到我们，而我们到达对岸后，大为惊讶，那里的低地竟然有一个专为接见而建的小屋。

小屋里，伟大的卡姆拉西国王坐在一个高高的草台上的一个低矮的木凳上，木凳上铺着两层兽皮——下面一层是牛皮，上面一层是豹皮。卡姆拉西身着树皮布做的衣服，宛如教皇——静如止水；左手腕戴着一个手镯，是用铜丝精制而成的；发长半英寸，盘有花椒状小结，想来是下人用手在他头顶上一圈一圈揉搓而成；双眼细长，脸窄鼻突，有王室血统之风范；实乃精致之人，身高远超六英尺，却无鲁马尼卡那般块头。屋顶上方固定有一张伸展开来的牛皮，以作华盖，防止灰尘落下；小屋低处前置一块树皮布做的幕帘，十余个重臣坐在国王两边。

我所见到的就是这些了。我们进屋后，坐在自己的铁凳上。邦贝把所有礼品呈在王座前面的地上。没有问候之语，一切如死一般沉静。我首先打破了沉默，询问国王的健康状况，并说为了此次会晤，我已经旅行了六年（按非洲人一年五个月计），[512] 而且我不是从尼罗河，而是从卡拉圭过来的，因为"贡多科罗的贝里人（Wanya Beri）"先前已经阻止了白人前往布尼奥罗的所有计划；我此行之目的在于确定国王陛下愿不愿意与我国开展贸易，愿不愿意用象牙交换欧洲制成品；如果国王陛下愿意，我国商人就会过来，就像他们从桑给巴尔到卡拉圭那样；鲁马尼卡、穆特萨都渴望与我国开展贸易；国王陛下不愿听从我的建议，与穆特萨重修于好，我深感遗憾；除贸易外，其他一切手段都无法阻止干达人掠夺布尼奥罗。

卡姆拉西安静如初，态度温和，没有回答我的问题，只是告诉我们：他从干达人那里听到一些荒唐的故事，但他不相信，否则他的河流就会没了水源，河流就会干涸；他认为，如果我们真的吃山丘和人肉中好吃的部位，那么我们在到达布尼奥罗之前，应该吃得够多的了；如今，他很高兴地看到，虽然我们发直脸白，但也有手有脚，与其他人并无二致。

卡姆拉西令人打开礼品，所有礼物依次放在红色地毯上。护目镜引起了一阵欢笑；剪刀亦是如此，因为邦贝为了展示剪刀的用途，剪掉了他的胡子；他们视火柴为奇物；直到所有礼物都展示了，国王几乎也没有动过身，也没有说过话。朝臣怂恿我们展示一下计时器（chronometer）。朝臣说，这个神奇的仪器（误以为是罗盘）是白人到处找路的魔角。卡姆拉西说，他一定要有一个，此外，枪也是个新玩意。然而，我说，我只剩一个计时器了，不能留给他，[513] 如果卡姆拉西愿意派人到加尼，我会给他一个新的计时器。

随后，卡姆拉西转移了话题，让我松了一口气。卡姆拉西问邦贝："谁统治英国？""一个女人。""她有孩子吗？"邦贝无礼地回答说："有，他们（指着格兰特和我）就是其中的两个孩子。"之后，卡姆拉西问我们有没有杂色牛或纯色牛，以及我们愿不愿意把四头大牛换成四头小牛。他想从我们手里得到一些牛。真是惊掉了下巴。我们完全没有料到，这个愚蠢的国王竟然以为我们只是来和他讨价还价的商人。如果我们有他想要的牛，我们自会送给他，但不能讨价还价。于是，这次会晤就以起始时的那样冷淡收场了。我们原路返回。我们刚到住所，就有人给我们送来了四罐大蕉酒，并庆祝我们安全回来了。见到这份礼物，众人大喜。获释奴说弗里杰的"手不干净"，因为牛肉没放那么长时间就坏了——在穆斯林的信条里，这是真的：如果肉放不到平常一半的时间就坏了，那么割过动物喉咙的手就是不干净的。

9月19日。昨天，国王的注意力都放在礼物上，我们没有谈起其他事情。今天，我派人告诉他：如果他愿意派信使带上我的一个手下，去穆特萨那里拿枪支，我愿意把我留在那里的枪支的三分之一送给他；如果他愿意派够多的挑夫过去，我还愿意把我留在卡拉圭、鲁马尼卡那里的六十担财物同样以三分之一的比例送给他。我还说，我最希望给在加尼的佩瑟里克送去一封信，通报我们的位置，因为他已经在那里等我们四年了，借此机会，我也可以给国王拿一块手表回来。[514] 今天，卡姆拉西派人给我们送来了两罐大蕉酒、一袋盐，还有一担黄油，并保证凡是运到布尼奥罗的东西——都是从很远的地方用船运来的——他都会分给我一半；但目前他只需要一些药品或烈性酒；此外，他还说，如果我没有及时找到人去跑那三条路线，我也不必担心；时机成熟，一切自有安排；他非常喜欢我，并给予我们足够多的尊重，以至于在岁月吞噬了他之前，他的名字将会在颂歌里得到称赞，甚至在他去世之后，后人也会铭记于心。

经过调查，我确认这些很白很纯的盐，出自小卢塔·恩齐盖湖上的一个岛，位于察古齐行宫的西边，约有六十英里之远。据说，那里的湖面有四五十英里宽。我们在卡拉圭也听说过乌通比外围的小卢塔·恩齐盖湖，两者实为同一个水域。而布尼奥罗也是小卢塔·恩齐盖湖、连接着尼罗河的维多利亚湖共同包围的一个岛。由此可见，卡拉圭人和尼奥罗人，乃至所有黑人和阿拉伯人的语言，都有一个缺陷：使用同一个单词来表述半岛和岛屿。尊贵的人（Waijasi）——我们在卡拉圭所看到的那个老妇人，她的上嘴唇边有一排小孔——占领了这个湖上的一个大岛，即加西岛，他们有时也来拜访卡姆拉西。卡姆拉西的附属国乌贡古（Ugungu）占据了湖的这一边，而占据湖的另一边的是乌莱格加（Ulegga）；从乌莱格加再过去一点，是纳马契（Namachi），大约位于北纬2°东经28°的地方；再往西，大约也在北纬2°，是维尔扬万图人（Wilyanwantu），也就是食人族。根据这里和卡拉圭的说法，维尔扬万图人"葬牛吃人"。这些远方的部落需要跨过六个经度的距离，觐见卡姆拉西，以示敬意。**[515]** 我相信，他们属于尼亚姆·尼亚姆（Nyam Nyams）——食人族的另一个名字——的一部分，佩瑟里克说，他于1857—1858年到过这些地区。根据关于这个民族的其他传说，维尔扬万图人在结拜时，要喝彼此血管里的血液；而且，他们以粥（porridge）代替黄油，再就着炸人肉所得的脂肪来喝粥。

9月20日。我本来打算今天去湖边转转；但是，卡姆拉西居心叵测，设法要我们帮助他攻打他的兄弟。卡姆拉西说，勘察湖泊一事，以后有的是时间；我们只会见到所有的湖水都汇集一处流向加尼；他希望我们在布尼奥罗做客三四个月；从加尼地区过来、刚到布尼奥罗的五十个人告诉他，里翁加最近向佩瑟里克的贸易点送去了十个奴隶、十根象牙，想换得一杆枪，但佩瑟里克说，即便是一千倍的价格也换不到枪，以防里翁加用枪来对付我们；佩瑟里克已经听说我们到了卡姆拉西的地盘，所以不能让他人给我们前进之路制造麻烦。

国王邀请我们去见他，商谈此事。我们像上次那样过去了，但没有带上英国旗帜，也没有打枪，所受到的接待也一如既往。谈到加尼方面传来的消息，我们提议马上派邦贝送一封信过去。卡姆拉西没有任何答复。于是，我们想让国王亲口表态一下，他会不会阻止巴拉卡去加尼，因为巴拉卡之前带着鲁马尼卡以及我的命令拜访过卡姆拉西，送给卡姆拉西五十颗蛋珠、七十条姆腾代项链、七十条库土阿姆纳齐（kutuamnazi）珠子做的项链，然后又继续前往加尼，给加尼酋长五十颗蛋珠、四十条库土阿姆纳齐珠子做的项链。卡姆拉西回答说："我没有让他去加尼，因为我听说你已经去布干达了。"科延戈的手下正好也在场，他们补充说："除了呈交卡姆拉西四十颗珠子外，巴拉卡用完了其他的珠子，**[516]** 一路上靠山羊为生；巴拉卡走的时候，还带走了一根象牙。"

这场小小的争论很有趣，但卡姆拉西不感兴趣，他看中了我身上的某个宝贝。他一步步地作出试探。起初，他发表了一篇颇具帝王风范的演讲："我是所有这些地区的国王，甚至也是布干达和基迪的国王——尽管基迪人是野蛮人，不服从任何人的命令——而你们也是伟大的人，可以在国王面前坐椅子；因此，我们不应该谈论像珠子这样的小事。我特别想知道，如果你从加尼那条路线回来，我就会从你那里得到更多东西吗？"我说："请国王陛下原谅。珠子的事情只是题外话，就像散步时碰到的石子；我们想了解巴拉卡在这里的言行，因为他奉鲁马尼卡和我们的命令去开辟道路，之后又返回了，而我们都不知道内情和真相。除了经由布干达外，我们根本不可能进入布尼奥罗，我们也不可能不拜访布干达国王就落脚布干达。"卡姆拉西不想回应，但也以黑人惯常的那种委婉言辞说道："我不想对你保守秘密了，于我也不合适。所以，我想现在就告诉你；我不幸染病了，只有你能治好。""什么病，国王陛下？我从你的脸上什么也看不出来，也许我需要私下为你检查一下。"卡姆拉西说："我的心很不安，因为你不肯把你的魔角给我；我是说，你口袋里的那个东西；有一天，布德贾和维塔古拉正在讨论路线，而你只看看那个东西，就说'那就是通往王宫的路'。"

原来如此！这个狡猾的家伙一直在觊觎那块计时器。只要他没有得到它，我什么也得不到——去湖边的路，去加尼的路，一切似乎都要取决于他有没有得到那块表——**[517]** 可能一天之内就会毁在他手里的一块价值五十英镑的计时器。如果不欺骗他，告诉他我看的其实是罗盘，而不是手表，那么我可能也会失去罗盘；所以我告诉他，我看的不是指引路的东西，而是一个记录时间的玩意，可以借助它知道什么时候要吃饭而已；我身上也只有这一个计时器了；我请他耐心等待，等邦贝到加尼后给他另带一个回来，那时他可以要这个，也可以要新的。"不，我就要你口袋里的那个；掏出来给我看看。"我把它放在地上，说："这东西是你的，但在另一个过来前，我必须要把它留在身边。""不，你现在就给我，我每天派人送过去给你看三次。"

手表、金链子以及所有东西，就这样没了，我甚至也没有听到一句感谢的话；这个极其讨人厌的国王还问，我可不可以再做一个魔角，因为他希望他已经收走了我们的旅行能力，自以为只有他拥有开路之荣耀。我告诉他，另买一个，需要五百头牛。所有人都比以往任何时候更加相信它的魔力；如果一个人理智的话，谁会仅仅为了知道什么时候吃饭而付出五百头牛呢？第二次会晤就这样结束了。卡姆拉西说，明天就让那些从加尼过来的人吃顿牛肉大餐，后天就让他们带上我的手下一起前往佩瑟里克的营地。然后，卡姆拉西手拿长矛，送我们上船，看着我们过河。卡姆拉西的脖子上围有一圈长颈鹿的长尾毛，上面还点缀了不少小球和其他装饰品，都是用小珠子做成的，样式也与布干达的没有区别。傍晚，卡姆拉西派人给我们送来了四罐大蕉酒、一袋面粉，还有那块计时器——当然已经坏了——秒针已经脱落了。

[518]9 月 21 日。我听基德圭加说，现在奉命要和邦贝一起去加尼的那些人，其中有一些其实在邦贝在王宫射杀第一头牛时就来过了，他们回去后说了我们已经到这里的消息，又回来了。我急于继续踏上旅程，急于再次看到欧洲人的面孔，于是恳求国王让我们出发，因为我们的工作在这里已经全部完成了，因为他已经向我们保证，他愿意与英国开展贸易。佩瑟里克的队伍（Nyanswenge，当地人对他们的称呼）迄今一直不敢来这里，如果他们看到我们安全从这里过来，他们就敢来了，而且他们还可以收到我从布干达和卡拉圭运来的枪支和财物，而我们自己却等不及了。卡姆拉西以为，我是因他如此粗鲁地从我口袋里拿走手表而生气。听到这个消息后，他吓坏了，立即派了几个随从到我身边，请求我保管好那个计时的玩意，等另一块计时的玩意送过来，并请求我永远不要再说想离开他这里的话。

9 月 22 日。卡姆拉西派人过来说，邦贝不是今天出发，而是明天，所以我们头脑里的神经又紧绷了起来，说我们必须马上出发；如果卡姆拉西派些向导陪我们去加尼，我们乐于把二十头牛、七只山羊还给他；我要让他了解，我们怀疑他把我们留在这里是为了跟他的兄弟打仗，并告诉他，他必须知道我们绝不会攻击他的那些兄弟；这有违我们国家的法律。"我没有权力介入黑人之间的争斗；我每晚睡觉都会梦到我的母亲（英国女王）叫我回家，如果她听到这件事，一定会非常生气。鲁马尼卡曾经要我攻击他的兄弟罗盖罗和姆永戈（Myongo），我也是作出同样的回答——我不是奉命与非洲国王作战的，而是来跟他们交朋友的。"

结果似乎是我们赢了。卡姆拉西立刻命令邦贝准备出发。**[519]**五个尼奥罗人、五个乔比人、五个加尼人，一起护送邦贝过去。也没有人反对邦贝携带武器。当邦贝回来的那一刻，应该是在两个多星期后，我们就会一起去加尼。同时，卡姆拉西也提出一个恳切的要求，那就是我在这段时期里不能作弄他，不要再提任何离开这里的话。随后，邦贝和马布鲁基带着火器、地图，还有那封给佩瑟里克的信出发了。

9月23—24日。卡姆拉西以为他已经赢得了我们的好感，于是派人过来问我们睡得如何，还说他希望我们告诉他邦贝今天早上到了哪里——他坚信我们借助于书本一定可以占卜到。我们回复说，邦贝的运气很好，我们相信他一定会顺利抵达加尼；但现在他已经走了，我们在这里的日子也不多了，我们想看看宫殿、他的那些胖胖的妃子和孩子以及尼奥罗人的舞蹈，还有这个地方所有热闹之所；我们觉得我们在河边的住所不够体面，住在那里就像是囚犯一般，谁也看不见，谁也不认识。为此，卡姆拉西派人送来了一罐大蕉酒、五只鸡，请我们不要惊慌；如果能够耐心等待，一切自会安排妥当，因为我们是和他一样伟大的人，我们是应他邀请过来的客人；他要我们在这段时期里不要再由他的官员来回传口信了，因为宫中事务繁多，此类口信无法及时传达到位。

我们要过一些黄油，但没有得到，因为卡姆拉西的后妃和孩子喝光了宫里所有牛奶，整天喝，胖得都走不动路了。

9月25日。早上，统帅希望我们实施占星术，看看邦贝在哪里，他是否一切安好。**[520]**我们拒绝了。他又让我们把小屋整理好，因为卡姆拉西要来见我们。因此，我们把一切都布置得精巧、妥当，房间里挂满了地图、兽角、兽皮，还放了一个大箱子，上面盖着红色的毯子，以供国王来坐。当卡姆拉西过来，踏上我们所在的河的这一侧时，我的手下组成一支仪仗队，立即开三枪；弗里杰则为我们用船上的汽笛奏响"流亡曲"（The Rogue's March），以欢迎国王陛下的到来。我们手拿着帽子，向国王陛下鞠躬致敬，引路，带国王陛下入室。我们恭维之至，国王陛下欣喜不已，大赞我们是尊贵的人

（Waseja），随即入座。我们坐在较小的箱子上，以示谦卑。卡姆拉西的黑人卫队蹲坐在门口的地上，"黑压压"一大片，阻挡了光线，也破坏了我们的装饰效果。

在接受我们第一次敬礼之后，国王看到了一个羚羊头，摸了摸；接着，国王陛下又看到悬挂在我床上的蚊帐，要我们送给他。我禀报说，蚊帐只有等邦贝回来后才能送给他，否则蚊子会把我吃掉的。卫兵说："但是，这里有两顶蚊帐，我们在另一个屋子里也看到一顶。"是的，可不是有两个白人吗？不过，如果国王陛下要纱布，这里有一块漂亮的纱布面纱——有人立即就把面纱拿走了。接着，国王陛下检查了一下铁制的营床，赞赏不已；然后是六分仪[3]，国王一直觊觎这东西，还派人要过，但我们没给；国王很是吃惊，他的随从让他错以为，只要他之所想，必为他之所得。接着国王又想要温度计，我们也拒绝了；还要我们的餐刀、勺子、叉子，甚至锅，我们都拒绝了，因为我们没有其他的东西，不能割爱。国王陛下又看到了一些关于鸟兽类的书，赞赏不绝，垂涎欲滴，还想用我之前送给他的多本书中的一本来换取这里的一本书。[521]事实上，他想把我们的一切都搬走；所以，为了让他闭嘴，我说我不会为了一百根象牙而舍弃一只鸟；它们都是我在非洲搜集过来的，如果舍弃了，我就算白走了这一趟；但如果他想要画有鸟的画，我倒可以为他画几幅——现在我想和他谈一谈。"好吧，什么事？我们都在听呢。""我想知道，您希不希望英国商人定期到这里来，就像阿拉伯人到卡拉圭做买卖？如果您希望，您可不可以送我一个魔角作为信物，让所有人都知道布尼奥罗国王卡姆拉西愿意开展贸易？"

卡姆拉西回答说："你的提议很好；我可以给你一个魔角，大小随便你挑；你走后，如果我们听说在加尼有英国人想来这里，我们就用长矛开路，英国人就端枪过来。我的兄弟就被夹在我和英国人之间，必然四下逃散——因为我将亲自率军远征。但是，你已经说了你想说的话，如果你愿意听的话，我也想说一下我想说的话。""好吧，国王陛下，什么事？""我经常发烧，身上疼，除了烧灼术，无药可治；我的孩子常常会夭折；家族里人丁不旺，不足以支撑我的尊严与地位；

事实上，我体弱多病，需要提振精神之物。你已经找到路线了，那里从没有白人来过，所以你能为我开点药吗？想必对你来说一定是举手之劳。"多说无益，我给国王两片药丸、一份饮剂，以作初步治疗；国王说他该回去了，我们心里都很高兴。

我们从座位上跳下来给他指路，希望我们不再遭罪了；但他还在那里坐着，坐着，直到最后他发现我们无意送他一个临别礼物，于是说道："我访问大人物的家，从未空手而归，总会带点小东西给妻子和孩子。"[522] "是的，伟大的国王！那么，你不是过来看我们的，是来乞讨的？你将空手而归，肯定会空手而归；因为我们不会让人说国王不是来看我们的，而是来向我们乞讨的。"卡姆拉西脸色大变；他愤怒地说道："起身回去（Irokh togend）。"随即，卡姆拉西国王径直走出了小屋。弗里杰奏了乐，但我的手下没有鸣枪；国王问个中原委，有人禀告，鸣枪表示我们很高兴看到他离开，如果这样的话，那就是一种冒犯了。国王陛下确实不高兴，因为他今天都没有带大蕉酒过来。

第十八章

布尼奥罗（二）

新月仪式—卡姆拉西的统治和军纪—布干达使团及其任务结果—叛乱的兄弟—非洲巫师及其咒语—布尼奥罗的统帅—葬礼—埃塞俄比亚的传说—因滞留而展开的复杂外交—提议向英国派遣王子—离开

[523]9月26日。我们（这个月以来）第一次看到新月，宫门关闭了，宫里一整天鼓声不断。不过，我们仍然可以私下晤面。我派人入宫询问国王的健康状况，所得到的回复是：国王没有吃药，而且还很生气，因为他克服困难来拜访我们，结果我们什么也没有给他；国王之前到访大人物家，从未空手而归（mwiko）；如果巴纳没有别的东西可送，就不能给他一袋珠子吗？

为了躲开这种无休止的烦扰，我想最好的策略是趾高气扬，作弄他。因此，我们将各类混杂的普通珠子装了一袋，加上国王早前拿走的那块计时器，派人把它们送到卡姆拉西的行宫，并语气强硬地告诉他，我们厌烦所发生的一切；[524]这些珠子是给昨天到我们家来的那个可怜的乞丐的，他不是来看我们的，而是来乞讨的；我们不愿结识乞丐，并下定决心不再叨扰了，也不再接受国王派人送来的面包和酒。

这似乎是一次重击。卡姆拉西显然吓了一跳，他说如果他认为自己的行为会冒犯我们，就不会来要东西了；他有许多牛，不是穷人，但他确实没有珠子；他希望与我们做朋友，无意冒犯我们，也相信我们会原谅他的过失。他打开了计时器，把秒针安了上去，并派人送回来让我们修一下，还给我们带来两罐大蕉酒，以示友好。陪同宫里代表过来的弗里杰，无意中听到国王幕僚告诉国王的话，他们说干达人正在回布尼奥罗的路上，要把我们抢走；听闻此言后，国王问手下是否会允许这样的事情发生；接着，国王拿起长矛，就像要去作战一样，说除非干达人砍掉他的脑袋，否则干达人碰不到他的客人。然后，国王又转身对弗里杰说："如果干达人来了，你会怎么办？——和他们一起回去吗？"弗里杰说："不，绝不，加尼就在眼前了；他们可能会砍掉我们的头，但这就是他们能做的一切了。"此时，那块计时器已经修好了，我也有机会把基德圭加派到行宫，请他去说我们相信卡姆拉西会让布德贾过来的，哪怕让布德贾和一个女人背着他的大蕉酒一道过来呢，否则穆特萨会和里翁加结盟，带兵把这里的行宫围起来；像对待狗一样去对待使节，实非伟大君主之所为。

我的建议犹如出自一位父亲之口，但卡姆拉西听闻后非常高兴，表示将依此行事，只允许布德贾带着一个女人过来；不过，我们不必忧虑，因为卡姆拉西有无尽的力量；即使用矛头说话，卡姆拉西也要为我们打通去往加尼之路；[525]卡姆拉西一整天都在为我们敲着大鼓；他不允许乞丐来见我们，因为他想把我们所有的一切据为己有，还令人在我们住所四周筑起栅栏；但他还没有从格兰特那里得到礼物，他只想要他的蚊帐，也想把我的画册给他的女人看后再还回来。我们把一幅穆特萨的画像作为礼物送给了他，还送了两本书给他看，并承认蚊帐属于他，只是他必须要耐心等到邦贝回来后才能拿走蚊帐；但对于他想给我们建栅栏一事，我们以蔑视之态度加以拒绝。卡姆拉西国王一直在召集人马，准备攻打里翁加——我们猜测，这才是他令人击鼓的真正原因。

9月27—28日。鼓乐喧天，昼夜不歇，兵力已达一千人，但我们这些可怜的“囚犯”却什么也看不到。弗里杰奉命去检查武器装备，同时告诉我们所有消息。尼亚姆永乔的一些手下看到我们有卡宾枪，非常好奇，问这些卡宾枪是不是在尼罗河上射杀他们的人所用的武器——一人手臂受到枪击，后来死了；另一人肩膀上部中弹，还在康复中。鼓放在行宫里只有少数人可以进入的特定房间中。卡姆拉西身体力行，从定罪到执行处罚，总揽一切权力。最厉害的惩罚工具是一种圆头棍，棍背磨得尖尖的，就像干达人使用的那种，用于在将人扔进维多利亚湖之前敲断其脖子。但是，这种严厉的惩罚并不多见，因为与穆特萨相比，卡姆拉西性情温和。他在下令鞭打人时总会提到穆特萨，说要是在布干达，哪有鞭打背部的，打的只会是头部。行宫一整天都在忙于召集兵力，有十位官员因为未能提供足额士兵而被捆绑了起来。[526]但后来，卡姆拉西又把他们释放了，因他们答应会提供更多兵力。

行宫和通往行宫的所有小路实在是太脏了：也许可以这么说，要是没有高跷、口罩，我们绝不愿意到那里去。当然，携带这些东西实际上也行不通；肮脏是当地人的本性。甚至国王的牛也豢养在行宫里，牛犊实际上就住在小屋里。卡姆拉西就像个农夫一样，从上身到脚踝处，全都脏兮兮的，在牛群中走来走去，检查、驱赶牛群。卡姆拉西自己为客人挑选礼物，而不是委以他人。

卡姆拉西曾经三次[1]派科延戈的手下去对付自己那些作乱的兄弟。如今，科延戈的手下请求返回卡拉圭，但是卡姆拉西不愿放行，担心他们在回去的路上遭遇意外。若是他镇压了叛乱，那么他就不担心他们的性命了。我们发现希马人也吃黄油，他们不但卖给我们一些，而且他们自己吃糊糊时也掺了黄油。

9月29日。国王派来一个官员，由他专门负责为我们供应甜薯，还给我们送来一罐大蕉酒。他还作了一番解释：由于公务繁忙，一直未能过来看望我们；在布尼奥罗大军出征之前，他将一直负责我们的餐食。据说，布德贾和卡索罗又带着五十名干达人抵达附近地区，要把我们抓回去。卡姆拉西为此担心不已，派人通知布德贾：如果布德贾胆敢过来，他将用船把我们送到加尼，再与干达人决一死战；这批客人自转交给他后，一直备受尊重。

我们特别希望能够听到关于布干达的消息，而且为了让卡姆拉西信守承诺，我们派弗里杰代表我去禀告卡姆拉西：在举行加冕典礼之前，穆特萨希望与所有邻国国王交朋友，届时他将烧死自己的兄弟，[527]也将不再听从他母亲的建议；对穆特萨派来的使节恶语相向，没有好处，还可能会挑起战事；届时那些叛离我的人也会与干达人联合起来，真的会大举进攻我们；我们如果见到布德贾，就可以安抚他，也可以安抚穆特萨，进而避免这些灾祸。卡姆拉西回复说，如果我们愿意的话，他会安排我们与布德贾单独会面；他不在乎我的那些叛徒站不站在穆特萨国王那边，只是他讨厌干达人，不愿意看到干达人出现在布尼奥罗。

9月30日。吃早餐时，我们听说我的老朋友卡索罗未经允许就来到我们的营地，大家都很惊讶。卡索罗的所有手下都过来了，把布德贾及其手下留在五英里之外卡姆拉西指定给干达人的营地，而且布德贾还生病了。卡索罗想和我们谈一谈，于是我们请他进入小屋；但是，如果没有卡姆拉西的许可，我们还不能直接与卡索罗会谈。不一会儿，统帅过来说，他已经禀告了卡姆拉西，我们可以面见卡索罗，但卡姆拉西的官员必须旁听，而且卡姆拉西还送给干达人一头牛作为礼物。像以前一样，卡索罗及其手下兴高采烈地来到我们面前，寒暄一番之后，卡索罗告诉我们：那些"叛徒"一到布干达，就乞求穆特萨让他们去卡拉圭；但是，穆特萨只让他们中的两人过去说话，还斥骂他们说："我不是命令你们不惜一切代价把巴纳带到加尼吗？如果陆路不行，就走水路；如果水路不通，就在地下打洞走，从天上飞过去；如果巴纳死了，你们就跟他一起去死；你们抛弃他跑到这里是什么意思呢？在我没有见到巴纳的信使，听到巴纳对这件事有什么看法之前，你们不得离开布干达一步。"然而，即便布德贾转达了我的意思，穆特萨也没有收走那些"叛徒"的武器；在我派去信使之前，穆特萨不愿相信布德贾说的话，[528] 也不敢触碰我们的物品。王宫里传来了新闻，其大意是穆特萨在宫殿后面射杀了一头袭击他的水牛，穆特萨让其手下的官员趁水牛还活着的时候把它运到宫里。我曾写信给鲁马尼卡索要弹药，但马乌拉已经把这些弹药带了回来。

　　卡索罗对穆特萨的训斥不置一词。我告诉他，我们在撤退到尼罗河岸边的时候射杀了两个边境官员，而卡姆拉西让我们回来是因为一些干达恶棍捏造谎言，这些干达恶棍对卡姆拉西说我们是可怕的怪物，会吃掉山，吃人肉，能喝光湖里的水。卡索罗笑了，但随后仍保持沉默。于是，我说道："你从穆特萨那里带来了什么消息？"他胆怯而又谦虚地说道："巴纳知道的，还需要我多说吗？巴纳是不是已经忘记穆特萨了？要知道穆特萨是多么喜欢巴纳啊。"我说："没有，我的确没有忘记穆特萨。而且，我也盼着你能再次回来。我此前曾派邦贝给穆特萨送去药品还有从加尼那边运回来的物品，这些物品是我早前答应送给穆特萨的。邦贝两三天后就会回来。"卡索罗说："不，不是这个事。我们必须跟您一起去加尼。穆特萨说他非常喜欢你，除非他的仆人看到您安全回家，否则他是不会让您离开他视线的。"我回答说："如果穆特萨希望你看看我的船只和船只里面的稀罕物，那你就来看看吧，我倒是非常乐意向你展示我们英国人的好客。但是，道路控制在卡姆拉西的手中，我们现在必须听听他的意思。"统帅听完这番话后感到非常满意，于是他说他将去见卡姆拉西，并听听卡姆拉西的指示。随后，我招待卡索罗吃了一顿加了盐的稀饭，还请他喝了点大蕉酒。卡索罗回家时，我还送给他一头牛，因为这个可怜的家伙说，他的人都饥肠辘辘，若没有接到卡姆拉西的命令，尼奥罗人不会让他们从地上拿走一根大蕉。此时，[529]卡姆拉西的回话到了，大意如下："告诉孩子们，那些干达人，我从未下令把他们从布尼奥罗赶出去。如果他们想去加尼，那就去加尼。但是，他们必须先回到穆特萨那里，让穆特萨把巴纳的人都交过来。"我回答说："不，如果那些离我而去的无赖胆敢再出现在我的面前，我就会像射杀狗一样，把他们给毙了。此外，我希望穆特萨收走他们手中的枪支，不取其性命，把他们全都送到维多利亚湖上的一个岛屿上，让他们终日种植大蕉。就是这些人阻碍了我们的旅行，也让我们觐见国王变得困难重重。"卡索罗说："如果你派一个手下过去，穆特萨国王一定会照你的话去做。但是，如果只是我们去传达你的话，穆特萨国王是不会理会的。"

卡索罗说他希望陪同我去加尼。统帅说："如果穆特萨下次再想让一个人去送死的话，到时再告诉我们。我这里有一个人，他可以送你去加尼，不畏艰难险阻，即便丢了性命，也无须你负责任，我们会很高兴把这个人派过来。但我们一直在和加尼人作战，干达人去加尼肯定保不住小命。"我说："卡索罗，你现在明白怎么回事了吧。卡姆拉西不希望你去加尼。听我的话，你回到穆特萨那里吧。把这个最初从穆特萨那里得来的锡皮弹药盒（tin cartridge-box）交给他，让他知道你见过我，跟穆特萨说：这是巴纳的信物；巴纳希望你把那些'叛徒'运到岛屿上，收走他们手中的枪支。当然，我哪天还是会派一个英国人过去，把那些枪支拿回来的。卡姆拉西现在已经敞开国门，向我们开放了，允许我们过来购买象牙，我也绝不会走得太远。"我给卡索罗三个药丸，以治疗布德贾的病和两个年轻侍卫的疱疹。卡索罗请求我从英国送给穆特萨一些他从未见过的精致玩意。[530]随后，卡索罗一行人高高兴兴地离开了。

1862 年 10 月 1 日。卡姆拉西派统帅过来询问我的健康状况，并说：布德贾已经战战兢兢地离开了，担心穆特萨因为他们未能完成使命而把他们所有人的脑袋砍掉；他已经派基德圭加的兄弟带着一罐大蕉酒过去，把干达人护送到边境之外，并在路上给干达人打打气；他认为，锡皮弹药盒会救他们一命，穆特萨看到它，应该会满意，自然也会相信他们确实见过我了。统帅还告诉我，卡姆拉西不希望干达人陪同我经过基迪，因为基迪人不喜欢干达人，基迪人看到干达人的满口牙齿自然会认出他们是干达人，接着就会杀掉他们，如此一来也会给我们带来麻烦。我说，我很感谢卡姆拉西如此厚待这些干达人，让他们来见我，还护送他们回去；但是，如果卡姆拉西把实情直截了当地说出来就更好了，这样我就可以告诉他们，我不敢让他们陪同我一起去加尼。为了报答我守规，卡姆拉西派几个乔比官员过来看望我，他们曾陪同邦贝走过四个驿站。卡姆拉西还让他们送来一些价值不菲的珠子让我看看。这些珠子被放在一个非常精致的大盒子里，盒子是用灯芯草编织而成的。这些珠子也是加尼那边送来的信物，以告诉卡姆拉西加尼那边希望我们从卡拉圭过去。此后，卡姆拉西为了让我们安心，又派人过来通知我们，说二十五个加尼人刚刚过来了，送给他一张狮皮、几个猴皮披肩、一些长颈鹿毛、一捆铜丝；这些人在加尼的地界遇到了邦贝。

10 月 2 日。今天，卡姆拉西派人给我送来了一罐大蕉酒，询问我的健康状况，并希望我让弗里杰派过去，他要吃我给他的药，只是他不好意思当我的面吞那些药片。[531] 在此之前，卡姆拉西一直忙于召集兵力，准备与他的兄弟开战，还没有顾得上吃药。但是，今天他已经派大军出征，所以才得以空闲下来。

我们试探性地问了统帅一下：我们的住所如同监狱一般，我们可不可以摆脱那些恼人的约束。结果，我发现，整件事情完全不是误打误撞或意外，卡姆拉西是刻意把我们变为囚犯的。原来，卡姆拉西的兄弟听说我们要去布尼奥罗，就跟卡姆拉西嘀咕道："你为什么让这些访客过来？他们会施展各种邪术，会给我们招来灾祸的。"卡姆拉西回答说:"我已经邀请他们过来了,而且他们就快到了。如果他们带来灾祸,由我来承受,你们又看不到他们。"然后,卡姆拉西就在卡夫河畔建了一个小屋,私下接见了我们。卡姆拉西故意说我们要到加尼去,所以他打算用船沿着卡夫河把我们秘密送过去。卡姆拉西在他的兄弟面前打开那个计时器,说事情已经安排下去了,他的兄弟们吓坏了,掉头就走。我听说我送给卡姆拉西的那个大锡盒就是他收的过路费。卡姆拉西称那个大锡盒为"白人的玩意儿"。

晚上,卡姆拉西派人送来了他最近从加尼那边得到的珠子,让我检查一下,可见卡姆拉西非常看重这些珠子,并希望我也能送给他一些这样的珠子。卡姆拉西向他兄弟里翁加的那些犯上作乱的盟友派去一些探子,这些探子带回一支长矛,还从一个乔比酋长的屋顶上捎回一些草。捎一些屋顶草是一项国策,也是卡姆拉西下令让探子偷来的。这样,卡姆拉西就可以给乔比人施魔法,控制他们,让他们的长矛无法战胜尼奥罗人。[532] 但是,卡姆拉西认为我们可能也有一些更有效的魔粉。毕竟,我们是远道而来。卡姆拉西更愿意使用我们的魔粉。有一半的乔比人与卡姆拉西的兄弟们结成联盟,守住了去往加尼的道路,而另一半乔比人仍然效忠于卡姆拉西。卡姆拉西不断派军队去攻打那一半站在他兄弟一边的乔比人,但那些乔比人从未进攻过这里以图报复。

顺便说一句,我们来到这里后,卡姆拉西的一个后妃为他生下了一对双胞胎。行宫里鼓乐昼夜不歇,持续四个月之久,而且我们已然习惯了。

10月3日。今天,卡姆拉西的政治部门(political department)又活跃了起来。一些加尼官员过来禀报卡姆拉西:加尼那边一只船上有两个白人;第二只船也即将抵达加尼,还有好几只船要过来。卡姆拉西派人拿了一颗玛瑙过来,让我看看,并说这颗玛瑙是多年前加尼人献给卡姆拉西的,卡姆拉西希望用它来换取我的魔粉。卡姆拉西有许多种类的玛瑙,都是我最想要的,他可以送给我满满一牛角的玛瑙。他还想要长生不老药和永葆体力的药。他还说,我的那些药已经让他失去了体力,他的身体大不如以前了;他想让我和他一起去攻打

我的手下杀死了一头牛，巫师、侏儒、卡姆拉西手下的官员在一旁观看

他的三个兄弟[2]所占据的岛屿。我说我从不和黑人打仗。卡姆拉西又问，如果他们攻击我，我会不会开枪。我提起上次在河上的战斗，回答说："你想想尼亚姆永乔的手下的遭遇？"我发现卡姆拉西竟然有三十个兄弟、三十个姐妹。

10月4日。我给了卡姆拉西一瓶奎宁，我们称之为"灵丹妙药"（strong back），并向他索要一个装有魔粉的牛角。[533]有了这个魔角，我就可以一展口才，与任何黑人交谈了。我们听说卡姆拉西把加尼所有访客都叫到他面前玩乐。我们听到卡姆拉西的布利塞特步枪（Blissett rifle）打了两枪，想来卡姆拉西又在逗加尼访客了。这也是卡姆拉西收到枪后第一次放枪，他自己不敢开枪，是叫我的一个手下替他开的枪。

10月5日。上午九点，我们需要测量过去二十四个小时的降雨量，结果我们发现雨量计和瓶子都不见了。于是，我们派基德圭加去禀报卡姆拉西国王，希望他立即派巫师过来帮我们找到雨量计。基德圭加很快就把巫师带过来了。巫师是一个老人，近乎失明，腰间系着旧皮条，一只手拿着一个装有魔粉的牛角，牛角口盖有皮革，上面还挂着一个铁铃铛。这个老家伙摇着铁铃铛，进入我们的小屋，蹲下身子，先看看这个，再瞅那个，接着问我们丢的东西长什么样，咕哝一声，用他那皮包骨头的手臂绕着头转了几圈，似乎想收集小屋四方的空气，然后把聚来的空气拍在魔角的顶端，闻闻看是否一切正常，又把铁铃铛靠近耳朵摇了摇，咕哝着表示满意；丢失的东西肯定能找到。

然而，为了让咒语发挥更大威力，他让我的手下都坐在屋外的空地上。老巫师站起身来，晃了晃魔角，把铁铃铛靠近耳朵摇得叮叮当当响。然后，他拿着魔角冲向其中一人的面前，好像要打那人的脸，接着又闻了闻魔角头，冲向另一人，以此类推，最终确认我的手下不是贼。然后，他又走进格兰特的屋子，[534]检查了一番，最终走到原来放瓶子的地方。他在草地上走来走去，举着胳膊，一会儿把铁铃铛放在左耳边，一会儿又把铁铃铛放在右耳边。最终，一只土狼留下的痕迹给了老巫师启示，他走了两三步就找到了雨量计。原来，一只土狼把雨量计叼到草地上，并把雨量计丢在那里了。太棒了，万无一失的魔角！国王也很慷慨，把老巫师的那个魔角送给了我！于是，我把那个瓶子和雨量计送给了国王，国王高兴坏了。老巫师要我们给他一些大蕉酒，但我们送给他一只山羊。我的手下回想起我们在布干达丢火药一事，当时我请求穆特萨派人调查，但穆特萨并没有派人把他的魔角拿过来，因为他自己就是那个偷盗者。

10月6日。今天，基德圭加告诉我们：卡姆拉西国王的姐妹不被允许结婚；她们生活在王宫里，从生到死都是处女；她们一生只做一件事，那就是喝牛奶，每人每天要喝十至二十头牛所产的奶，身体胖得都走不动路；一个姐姐或妹妹如果想去看亲戚，或是出门，会坐抬轿（litter），而且需要八个男人才抬得起来；国王的兄弟也不允许脱离于国王的掌控范围；王室有王室的规矩，也是为了避免内战，维护王国稳定。布干达的情况也一样，为了维护王国稳定，布干达的王子到达一定年龄后也会面临同样的命运。

10月7日。早上，统帅代表国王过来询问我的健康状况，还传达了一些重要信息：首先，国王请求我提供一些子弹，以便在邦贝从加尼回来时令人鸣枪致敬；其次，国王请求我给他一些药物，因为他已经吃完了我给他的那些药，完成了初步治疗；再次，国王要求我向他的臣民实施魔法，[535]让臣民心悦诚服于他，无须他召唤就会伏在他脚下；最后，国王希望与我歃血为盟，结为兄弟，至死不渝。我派人送了一些子弹给卡姆拉西，并建议他等一两天再吃药，还说：若想臣民顺从，唯一的魔法是知识，是笔杆子的力量；如果他希望我的一些孩子（传教士）到这里来辅佐他，应该是可以做到的；但是，教育孩子不是一年，甚至也不是十年就可以完成的，而是需要多年。

跟一个黑人歃血为盟，我完全理解不了。鲁马尼卡也曾要跟我歃血为盟。英国人或是直抒胸臆，或是交换一些纪念品之类以示友谊长存。如今，我已经送给卡姆拉西一些英国产品，他可以给我一个魔角，或是其他东西，这样我也可以将之示于友人，而我终生也不会忘记卡姆拉西。

统帅临走前还说：昨晚行宫里发生了一起偷盗事件；今天早上，

卡姆拉西想起之前没有把锡盒上锁，于是去查看，结果发现所有的珠子都不见了；卡姆拉西在众多妃子中挨个嗅了一圈，觉得长得最胖的妃子是偷东西的人，最后果然从她那里找到了珠子。傍晚，行宫里派人过来，给我们带来一罐大蕉酒、一小担黄油，并告诉我，有一些加尼人刚刚过来，他们说在加尼的船只已经顺河而下，离开了加尼；但有人把我手下已经过来的消息传达了之后，那些船只又回来了。一路上，卡姆拉西的人对邦贝款待有加，卡姆拉西的人从一个人那里得到了八头牛，从另一人那里得到了两头牛。

[536]10 月 8—9 日。国王派人过来，要我们带上药箱前往卡富（Kafu）河畔的行宫，但只有少数人可以入宫。10 月 8 日，雨下得很大，未能成行；我们是 10 月 9 日去的。我们到达行宫、行完礼后，卡姆拉西问我们出身于哪个族群，并解释说："鲁马尼卡、穆特萨以及其他诸王都是维图人，而这些王子的地盘本来都在东方。"卡姆拉西的话引起了我的兴趣，甚至我完全忘记要回答他的上一个问题。于是，我说："你是说，你们种族其实是从蒙巴萨过来的，而奥姆维塔是蒙巴萨的古名？据我所知，你们种族已经有两千多年历史了。也就是说，在来到这里之前，你们种族最后所居的地方是奥姆维塔，而你们种族最初起源于阿比西尼亚。那里的君主是我们的朋友，伟大的萨赫拉·塞拉西。"

他笑着念出萨赫拉·塞拉西的名字，并说："以前，我们的肤色是半白半黑，头发一半是直的，一半是卷的。你们肯定知道所有情况。"接着，话题转到了药品。卡姆拉西检查了药箱，询问了药箱里所有的东西，最后要我们把药箱里面的东西分一半给他。卡姆拉西又向我们索要蚊帐，我拒绝了，说等我们离开后再送他。卡姆拉西急切地问我可不可以把他的两个孩子带到英国去接受教育，我答应了，但又说他最好邀请传教士过来，让传教士教给他关于他的整个家族的知识。他的牛常常生病，大量死亡。因此，他又问我可不可以医治。他又开始向我们讨要刀叉等物件。我建议他以象牙为货币，到加尼去购买他想要的一切。这时，佩瑟里克的手下给卡姆拉西带来了一条用珠子做的项链，并且四下打听我们的行踪，卡姆拉西给了佩瑟里克的手下十四根象牙、十三个女人、七块树皮布。这事实在蹊跷，我们之前从未得知这件事。[537]卡姆拉西的一个手下送访客回到船上，并说佩瑟里克拿了象牙，没要女人。

10月10日。下午两点，卡姆拉西又让我们到卡夫河畔的行宫，并要求把药品用不同颜色的布包起来，如此一来，他就知道不同的病症需要用哪种药了。我们像往常一样到达了那里，把药品放在有六个格子的盒子里。卡姆拉西躺在王座上，戴着用各色玻璃珠做的项链，左臂上还系着一道符咒。在接见我们期间，卡姆拉西也允许其他人过来。我们一共带了四种药，并把每种药平均分成十剂，还向卡姆拉西解释了每种药的服用方法和作用。他要我们把药装在四个瓶子里，听到我们说他需要有四十个瓶子后，他哈哈大笑起来；一些药是混合粉末，他怎么再分得开呢？卡姆拉西又快要接近乞讨状态了，于是我说："你一直在要这些药，所以我今天给你送来了。但是，我必须提醒一句，你完全不知道这些药的特性，所以放在你这里其实是有危险的；你不是想送两个孩子到英国去接受教育吗？如果你接受我的建议，那么你就让他们在英国学会如何使用这些药，在此之前，你别碰这些药；如果我要带一些孩子到英国去，那最好是你家里的孩子。"他说："你说话就像我们的父亲，我们非常赞成。这里有一罐大蕉酒，昨天忘记给你了。"

10月11日。今天，卡姆拉西国王慷慨大度，允许我们出去狩猎，但我们只发现了几头水牛留下的足迹。

10月12日。卡姆拉西派统帅过来询问我们的健康状况，并想确认我所知道的有关卡姆拉西所属部落的一切情况：起源、地理分布、都城（government）。我派人给国王送去了一张用各种颜色画成的示意图，[538]做了详尽的解释，并请求国王允许我再派两个手下去寻找邦贝，邦贝已经离开这里二十天了。行宫回话说，如果邦贝在四天之内还没有回来，卡姆拉西就会在第五天派人去找他；同时，卡姆拉西还派人送来了一罐大蕉酒，以示善意。

10月13日。宫里派统帅过来问安，统帅自己也向我们求药，还想进一步询问他所属种族的起源情况。而我则竭力让自己惹人厌，

好让卡姆拉西对我们感到厌烦。于是，我每天都派弗里杰去行宫索
要新鲜的黄油、鸡蛋、烟草、咖啡、家禽，并说等我到了加尼后就
会支付费用，因为我们现在正苦于没有合适的食物。我们一直吵着
要食物，卡姆拉西对此感到很奇怪，询问我们在家乡吃什么，为什
么与其他人如此不同。

今天我们听到了一个离奇的故事，有关布德贾的悲惨命运。他来
到这里后，被卡姆拉西的边境官员施了魔法，那官员把符咒放进一罐
大蕉酒里。布德贾喝了大蕉酒后就病倒了，一直未好。在返回布干达
途中抵达第一个驿站时，布德贾死了。有人发现是那位边境官员的几
个妻子干的，她们很清楚接下来会有什么后果，也很害怕穆特萨报复
她们家人，所以在布德贾喝了那罐大蕉酒后，她们就急急忙忙地逃走
了。我们还听说，那些"叛徒"和三十个干达人返回到当初离我而去
的地方，还带回了一些牛，准备作为礼物送给我。

10月14日。卡姆拉西派人送来了四包咖啡，用灯芯草捆扎得整
整齐齐的。

10月15日。我越来越不耐烦，想不惜一切代价继续启程。[539]
如果卡姆拉西立即给我们提供船只去加尼的话，我甚至可以放弃早前
的诉求，放弃穆特萨送我的牛。卡姆拉西只是简短回话说："何必
这么着急呢？"

10月16日。行宫派统帅过来问我们睡得好不好，并送来了一担
咖啡。咖啡是卡姆拉西用牛皮换来的。我回答：非常不好；如果卡姆
拉西没有把邦贝藏起来，邦贝应该早就回来了；而且，我们也不知道
卡姆拉西究竟要如何对付那些"叛徒"和干达人。后来，卡姆拉西想
让我们给树皮布画上不同的图案和颜色；但是，我们只派人给他送去
了六包红墨粉，卡姆拉西斥责我们傲慢无礼。接着，卡姆拉西想要些
黑墨粉，想要把红色的树皮布涂得更有品位；但是，我们没有给他。
接着，卡姆拉西又让我派人在基迪访客面前射杀牛；如其所愿，我派
了一人过去，卡姆拉西还让我的人用了他的步枪；射杀了牛之后，卡
姆拉西得意扬扬，把长矛如废物般扔掉，并宣称自己以后只使用枪
支。我们得知，邦贝已经抵达加尼，应该会在八天内返回。

10月17—18日。奉卡姆拉西之命，有一大群乔比人过来了。他们解释了他们想从在加尼的白人手里弄些枪支的原因。显然，他们想推翻国王的统治。基迪的访客中有人到尼奥罗人田地里去弄些吃的，结果被尼奥罗人打破了头，于是他们大声抗议，当地的尼奥罗人回复说，如果非要抢东西，那就去抢国王的东西。

10月19日。此事没有引起大的波澜。卡姆拉西给了这两百个基迪访客一些牛和女人，把他们打发走了。

10月20日。我派人向卡姆拉西索要画册，结果他只派人送来了鸟类的书，没有把兽类的书也送过来。卡姆拉西说，他要修建一个新屋，因为卡夫河河水已经上涨了好几天了，且淹没了老屋，所以在新屋建好之前，他没有时间见我们了；[540]卡姆拉西还说，我们不要再提邦贝了，因为大家都说佩瑟里克的人把邦贝扣留了下来，邦贝直至新月出现时才会回来。我说这是谎言，我在加尼的"孩子们"怎么会扣留我的信使，如果他们已经接到我捎过去的消息，不会立即给我一个回复吗？这都是卡姆拉西捣的鬼，他要么把邦贝藏了起来，要么就像对待我们那样，下令让官员慢慢带他过去，每走一段路都要歇上四天。

弗里杰又告诉我：桑给巴尔苏丹赛义德·赛义德曾派兵到沿海地区的拉穆（Amu），支援贡亚人（Wagunya）抵御马赛人的进攻；当时，他就在拉穆；拉穆当地人和卡姆拉西都有希马人的体貌特征，许多人的额头、太阳穴上都有圆圈状的标记，似乎是经过烧灼而留下来的。我以为，这些标记不是文身或装饰，而是治疗疾病留下来的标记——烧灼术是这两个种族（races）最喜欢的治疗方法。

尽管马赛人以千支长矛来对抗阿拉伯人的大炮，但这场战斗只持续了两天。但这并非赛义德在那片土地上打的唯一一场仗；前些年，为了彰显其权力，赛义德不得不去征服生活在沼泽地带的齐瓦人。由于地形恶劣，且齐瓦人使用了用尖刺设防的策略，这场仗持续了数年之久。据弗里杰描述，斯瓦希里人是混血种族，生活在从索马里人地区到桑给巴尔的非洲东海岸，他们说斯瓦希里语；虽然世人常说去斯瓦希里地区，像是说去野蛮人地区马森齐一样，但斯瓦希里人并没有自己的地盘。桑给巴尔岛上有政府，岛上的斯瓦希里人普遍认为，[541]桑给巴尔的土著人（Wakhadim）反对葡萄牙人的压迫，愿意与马斯喀特[3]的阿拉伯人结盟——占据优势地位的阿拉伯人，如果能够永久确保土著人的地位，土著人社会的和平、公正，土著人甚至愿意牺牲其与生俱来的自治权。大酋长（senior chief）穆哈迪姆（Muhadim）谢赫是土著人的仲裁者，没有他的允许，任何有损于当地人土地利益的激进改革都不可能得到实行。最终双方达成的仲裁制度是：阿拉伯人居于统治地位，土著人派代表参政，双方之间拉起一道屏风，以防一切偏袒、腐败、贿赂之举。

早前有人报告说，那些"叛徒"和许多干达人带着一些牛过来了。结果，我发现这一说法不属实：只有一个"叛徒"和一百零二个干达人过来，而其他"叛徒"和牛都留在了布干达。卡姆拉西知道后，下了一道命令，让他们等其他"叛徒"也过来时，再一起回来。

10月21日。有人告诉我，一个尼奥罗妇女生了一对双胞胎孩子，但生下来就是死胎；那个妇人在屋里放置了两个小罐子，以作死去孩子的塑像，她每晚都向罐子里倒牛奶，一连倒了五个月，相当于当地孩子平均哺乳时长，以免死去的孩子的灵魂缠身。这对夭折的双胞胎没有像普通人那样埋在地下，而是像尼奥罗人盛放大蕉酒一样放在一个陶罐里。那个妇人把陶罐带到丛林里，放在一棵树旁，罐口朝下。我的手下马努阿也是双胞胎之一。他说，在恩古鲁，双胞胎一出生就会被杀死，扔进水里，以免旱灾、饥荒、洪水降临；如果有人把双胞胎藏起来，当地酋长会杀死他全家；虽然马努阿也是一个伟大的旅行者，[542]但这确实是他目睹的最残暴的事情。

在乌年延贝，如果双胞胎之一或双胞胎死了，他们的尸体就会被扔进水里，原因与恩古鲁一样。双胞胎会增加家庭人数，所以出生时家里会欢呼不已。不过，我们也知道双胞胎在那里会让当地人产生恐惧；如果双胞胎中的一个死了，母亲就会在自己的脖子上挂上一个小葫芦，并把她给尚活着的孩子的任一小玩意放到小葫芦里，以免死去的孩子的灵魂折磨她。此外，一旦双胞胎中的一个死了，母亲还会把自己身上涂抹上黄油、灰烬，疯狂地奔跑，撕扯头发，发出凄厉的哀嚎声；当地的男人则用最恶毒的话来骂她，表面上看好像是在辱骂她，但实际上是为了吓走那些侵袭其屋子的恶魔。

10月22日。我派弗里杰去卡姆拉西那里，打听一下他是如何处理干达人和我的那些"叛徒"过来一事的，而且我也想和两方代表谈一下。我还需要卡姆拉西派人去寻找邦贝，并把邦贝带回来，我相信一定有人在基迪的一座山上把邦贝绑了起来。卡姆拉西回话说：我们13日听说了相关信息后，那一百零二个干达人和我之前的一个手下，已经在当初那些"叛徒"离我而去的村庄里驻扎了下来；他们没有牛要送给我，但每个干达人都背着一捆木柴，原来穆特萨命令他们要么把我带回去，要么带回一箱火药，否则他们就用自己携带的木柴自焚谢罪。卡姆拉西仍然消极应对，不允许他们过来，并希望他们给穆特萨捎去一个口信，大意是说我已经落入他人之手，穆特萨无权再把我当作他的客人；卡姆拉西、穆特萨、我，我们三个都是国王，可以随心所欲地处置臣民，因此穆特萨应该把那些"叛徒"送到布尼奥罗；[543] 如果我希望和干达人谈话，那么卡姆拉西会把干达人的官员叫过来。卡姆拉西说，邦贝一事无须担心，他正在回来的路上，只是那些护送他的人拖延了时间，每到一处都要停顿下来，大吃大喝；卡姆拉西还说，明天有一些加尼人要过来，我们可以获得更多关于邦贝的消息。然而，我仍然提议说：如果穆特萨不再抢夺尼奥罗女人和牛，那么请卡姆拉西网开一面；如果卡姆拉西能够听我的劝告，我将感激不尽。

10月23—24日。我派人去打听邦贝的消息以及卡姆拉西如何把干达人的官员和我的那个"叛徒"带过来；我还请求卡姆拉西能够从前来拜访他的部落中选派一些人过来，如此一来，我们就可以给他们画像。卡姆拉西派人送来了四担鱼干，还要求我把那个里面有穆特萨画像的鸟类画册送过去，并且他明天还想在卡夫河畔新修建的行宫里接见我们所有人。另外，我们还得知，有人看见邦贝正在回来的路上；干达人得知最近前来拜访卡姆拉西的基迪、乔比访客，正是要把他们驱逐出去、征服布干达的那支大军的核心人物，因此干达人都被吓跑了。穆特萨正在筹备加冕大典，为此把我的那些"叛徒"送到卡里的山上，还送给他们一些牛和一个种植园；举行加冕大典时，访客不被允许住在布干达王宫附近；穆特萨将烧死三十多个兄弟，只有两三个兄弟得以被赦免，其中一个兄弟要送到布尼奥罗——就像布干达前国王苏纳的一个兄弟一样，他现在还在布尼奥罗——另外一两个兄弟将在王宫里作穆特萨的玩伴，直到穆特萨去世。苏纳有两个兄弟仍然住在布干达，[544] 其中一个兄弟住在尼亚马·戈马，另一个兄弟住在恩甘贝齐，他们都可以善终。加冕大典结束后，估计穆特萨将率先攻打布干达西边的基塔拉，再转而攻打索加人。我们认为，如果穆特萨四处征战的话，他必将与卡姆拉西开战。

10月25—26日。我派弗里杰去行宫打听邦贝的消息。所得到的答复是："巴纳为什么这么着急？他做事一向太急了。告诉我的'兄弟'，让他宽心；邦贝现在人在加尼的地界，正在往这里赶，就快要回来了。"鲁马尼卡的手下、科延戈的手下都请求卡姆拉西让他们回家，但卡姆拉西拒绝了，因为返回的路程没有安全保障。卡姆拉西说："难道他们没有听说，布德贾已经禀告穆特萨，说是科延戈的手下不让白人返回布干达吗？由于布干达边境官员胆小怕事，没有执行命令，穆特萨已经处决了那位官员，并新任命了一位官员，要求这位新上任的官员严格执行命令，把所有经过那里的外国人都当作囚犯抓起来；此外，大约二十个尼奥罗人前往卡拉圭，结果受到穆特萨的人的追捕，三个尼奥罗人为此丧命；穆特萨决心要割断布尼奥罗与卡拉圭之间所有联系。所以，他们一定要等到道路安全了再走。"

科延戈的手下，待在这里和待在其他地方都一样，生活过得不错。他们听到这话，也就接受了卡姆拉西的建议。但是，鲁马尼卡的手下说："我们都快饿死了；我们在这里待了太久了，无所事事；无论遭遇何种不测，我们都得走。"卡姆拉西说："你们两手空空地走，有什么用呢？路上不安全，我不能把牛、奴隶交给你们带给鲁马尼卡；你们必须再等一段时间。"但是，他们一如之前那样不断催促卡姆拉西放行。最终，卡姆拉西默许了，但前提条件是，两个头领须留下来，[545] 等鲁马尼卡派人过来接——事实上，鲁马尼卡已经把我们托付给卡姆拉西了，卡姆拉西只是为了安全起见，想在我们离开之前把鲁马尼卡手下的一些人扣留下来而已。

10月27日。我派弗里杰去行宫，再次请求卡姆拉西允许我去西边的小卢塔·恩齐盖湖，并请求他派人到卡拉圭，把我的财物取回来。卡姆拉西派人送来了四担小鱼和一罐大蕉酒，并传话说他明天将接见我，到时会把一切安顿好。深夜，卡姆拉西又派人过来传话，说我可以写信了，因为他已经选派六十人，让他们准备去卡拉圭了。

10月28日。我派了一个手下带着信递呈给卡姆拉西，卡姆拉西把他扣留了半天，然后令他明天再来。这是卡姆拉西第十五次或第二十次使我失望了。我答应明天与卡姆拉西面谈，届时我们可能会了解一切事情。我不指望他明天不会又一次中断面谈，于是派人给卡姆拉西传达一个带有威胁色彩的口信，看看会不会起作用。这个口信的大意是：我害怕派人去卡拉圭，因为我已经看到他把所有拜访他的人都当作囚犯一样对待；为了等邦贝从加尼回来，我已经在这里待六个星期了；我之所以让邦贝去加尼，是因为我从他人那里得知，从这里到加尼来回一次最多只需八天至十天。鲁马尼卡的人是跟巴拉卡一起来到这里的，虽然他们每天都吵着要离开，但卡姆拉西仍然把他们扣留了下来，归期无望。如果我派姆萨利马（Msalima）过去，他可能要十年才能走个来回。如果我去小卢塔·恩齐盖湖，只有上帝才知道卡姆拉西还让不让我回来；为了一揽子解决问题，我愿意放弃所有财物，离开黑人王国；卡姆拉西的所作所为与穆特萨一样，也扣留我派出的两个友好特使；我对此感到有些害怕，不敢派出更多的人去索要枪支，[546] 以免卡姆拉西也把我的枪支抢夺过去；我不愿再与这样的人共处了。

卡姆拉西派人传话：让我不必担心，也没有担心的必要；邦贝很快就会回来。我答应卡姆拉西会耐心地等待邦贝回来，只要邦贝一回来，我就动身离开这里，一天也不愿耽搁，因为我不是卡姆拉西的奴隶，卡姆拉西不能用暴力把我强留下来。尽管返程路上不安全，但卡姆拉西答应让鲁马尼卡的手下回去。不过，卡姆拉西有点担心鲁马尼卡的手下会在路上遭遇不测，到时鲁马尼卡会怪罪于他。

10月29日。今天我在卡夫河畔新行宫觐见了卡姆拉西。我拿了

卡姆拉西第一次学习《圣经》

一本《圣经》解释了我所猜想的一切：埃塞俄比亚人的希马人分支的起源和现状。我从亚当谈起，说《圣经》中提到的国王曾几何时有一半白人血统和一半黑人血统；随着大洪水的出现，欧洲人的肤色依然是白色，是雅弗的后代；阿拉伯人的肤色是黄褐色，是闪的后代；非洲人的肤色是黑色，是含的后代。最后，为了揭示这个部落的伟大之处，我读过《圣经·历代志下》第十四章，其中写道：埃塞俄比亚人谢拉（Zerah）率领一百万人之大军，与犹太人亚撒（Asa）大军在玛利沙（Mareshah）附近的洗法谷（Zephathah）激战；此后，埃塞俄比亚人在索马里人地区与阿拉伯人作战，在奥姆维塔与阿拉伯人和葡萄牙人作战——埃塞俄比亚人在这些地方都占了一些土地，并把土地留给了后代去繁衍人口。

为了解释人类的种类或身体特征因混血而发生的巨大变化，我以穆特萨为例加以说明：穆特萨几乎失去了希马人的所有特征，而布干达国王可能连续几代都是干达族女人所生的。卡姆拉西闻言大喜，[547]并问我他的纯正血统是如何维持下来的——"尼奥罗人的国王是像布干达那样由首领挑选出来的，还是实行长子继承制？"卡姆拉西回答说："兄弟争夺王位，最优者得之。"

然后，卡姆拉西开始数《圣经》的页码——这是每个拿到书的黑人都会沉迷其中的一种娱乐。卡姆拉西以为每一页即代表自创世以来的一年。直到他翻到《圣经》四分之一页码时，我告诉他，如果他想得到更精确的信息，最好数一下书里的字数。卡姆拉西随即把《圣经》合了起来。

我向卡姆拉西索要我的画册，卡姆拉西原本只说是借看几天；结果，我们之间恶语相向：除非我给他画出其他类似的画册，否则他不愿意归还画册；邦贝回来之前，他不允许我去西边的小卢塔·恩齐盖湖；等邦贝回来后，他会派一支长矛大军为我开路，而我的手下要携带枪支殿后。卡姆拉西此举旨在让我们沦为他与其兄弟之间冲突的工具。我抱怨说，他没有和我商量就下令把干达人赶走了，他们要么需要把我接回乌干达，要么需要从我这里拿到火药，他们只是奉穆特萨国王之命而行事，有木柴自焚之虞。卡姆拉西宣称，他之所以赶走干达人，只是出于对我的尊重，因为我不是奴隶，穆特萨无权左右我的行为。我争辩说，卡姆拉西的行为完全不正当，前后所发生的一切都谈不上友好一说。然后，他任命了一位官员，要他在路上召集六十个人，护送我的手下姆萨利马去卡拉圭；鲁马尼卡手下的五个人可以跟这位官员一块去，但其他五个手下必须留在布尼奥罗；[548]直到卡拉圭那边派人过来说道路安全后，卡姆拉西才会让留下来的人带上他送给鲁马尼卡的礼物回去。

　　然后，卡姆拉西转身对我们说："你们为什么不把药箱和那把锯子带过来？我们只想看看而已，又不会把你们的东西抢过来。"我们把那些东西拿了过来，卡姆拉西想要那把锯子，并发现药箱里的药品种类比给他的多得多。我们如实说，不是这样的，因为我们给他的药是用纸包起来的，里面混杂着很多药。"但是，那里面没有药丸。为什么你们不给我们一些药丸呢？我们男女老少像你们一样，需要一些药丸。"卡姆拉西简直就像一只癞皮狗，要这要那，令我们恼怒不已。卡姆拉西又说："好吧，如果你们不给我任何东西，我就走了。"我们立刻拿起帽子，站起身来。卡姆拉西对于自己的草率之语感到后悔，又请求我们坐下来，要我们给他一些药。我们告诉他，只有我们踏上去加尼的路，我们才愿意再多给他一些药品；我们已经说了一百次我们要离开这里了，这也是我们现在唯一的愿望。最后，卡姆拉西站起身来，气冲冲地走了。但不久后，卡姆拉西懊悔不已，又回来派人送给我们一罐大蕉酒。为了结束这场闹剧，我也给卡姆拉西送了一盒药丸。

　　10月30日。我让姆萨利马捎上一封我用斯瓦希里语写的信呈交鲁马尼卡，请求鲁马尼卡命人把我所有财物都送过来。鲁马尼卡的人可以把东西送到海岸再交给姆萨利马，我会送给鲁马尼卡一磅火药作为保管费。姆萨利马还带去了一幅地图，地图上标示了我们路过的所有地区，还有我们观察月亮的记录；我还让姆萨利马捎信给里格比，告诉里格比，他、巴拉卡、乌莱迪只要一到布尼奥罗就会拿到报酬。

　　10月31日。我派弗里杰给卡姆拉西国王带去一封信，信中提到：一旦卡拉圭的财物运到布尼奥罗，[549]我会给他一半，另一半放在布尼奥罗，我以后再派人过来取。卡姆拉西接过这封信，并把它放进了我给他的锡盒里。他说，那些东西送来后，他会精心看管，直到我派人过来后他才会拿他的那一份。有一个乔比居民报告说，他在离家的前一天晚上听到邦贝的枪声。我们送给他一头牛以作谢礼。

11月1日。我从一个尼奥罗人那里买了一只小猫（Felis serval）。那个尼奥罗人说，如果小猫死了，请我把死猫送给他吃。在布尼奥罗，猫肉是美食。

终于，邦贝和马布鲁基兴高采烈地回来了。他们穿着佩瑟里克贸易站送给他们的棉质套衫和内裤。但是，佩瑟里克本人不在那里。这次加尼之行，真正走路的时间只有十四天，其他时间都是向导带错了路的缘故。护卫队官员（jemadar）说，他已经让两百名土耳其人在那里奉命无期限地等我过去；等我抵达那里后，他们会把刻在树上的佩瑟里克的名字指给我看；那里没有一个人可以看懂我的信，他们甚至怀疑我们是不是他们正在寻找的人。

他们全都配有猎枪，已经杀死了十六头大象。佩瑟里克已经顺河而下，需要旅行八天，但估计很快就会返回。邦贝回来后，卡姆拉西没有立即接见邦贝，只派人送给邦贝一些大蕉酒，并说第二天会接见邦贝。

11月2日。我派邦贝送给卡姆拉西一些离别赠礼：一顶帐篷、一顶蚊帐、一卷红棉布、一个蒸煮罐、一把锯子、六圈铜丝、一盒上好品质的珠子，共计六个品种。[550] 我们请求离开布尼奥罗。见到礼物后，卡姆拉西感到非常满意，随即令人在所有朝臣面前支起帐篷，并说白人多么聪明啊，他们制造出铁罐，代替了陶罐。然而，卡姆拉西一贯贪婪，永不知足，没有一句回谢的话，还说他敢肯定，我的珠子一定比送给他的那些珠子多得多。他也没有允许我们离开，只说他会考虑一下，晚上派统帅去传达他的最终答复。然而，最终答复令我们大失所望。卡姆拉西要把之前接我们过来的那些人召集起来后，才允许我们离开布尼奥罗，否则那些人会感到惊讶，可能也会在路上骚扰我们。然而，卡姆拉西还派人还给了我那些关于鸟类、兽类的画册，还要求我们给他画一幅布干达国王的画，并给我们送来了一罐大蕉酒。

侏儒基门亚

11月3日。我派人送给卡姆拉西一幅布干达国王的画，并告诉他我非常生气，因为卡姆拉西本来答应我们离开，并且不会耽搁我们一天，结果他又违背了诺言；我们必须要走，因为我非常想家，吃不下，睡不好。[551]卡姆拉西只回复说，巴纳总是莫名其妙，性子太急。为了满足我们的要求，卡姆拉西派人送了一个名为基门亚（Kimenya）的侏儒过来，统帅也随同他一道过来。基门亚是个小老头，身高不足一码；他拿着一根比他自己还高的拐杖到我们这里，向我们鞠躬敬礼后，非常镇定地坐了下来。接着，他起身跳起舞来，还自行唱起歌来，随后又做出一些古怪的动作。最后，他还模仿战士，表演了战士的"冲锋陷阵"（tambura）之架势，还不断重复喊着战士的口号。结束表演后，他要我们给他一些贝币，并谦卑地说："我是一个乞丐，想要一些贝币。如果你们给不了我五百个贝币，至少也得给我四百个贝币。"

基门亚向我们讲述了他一生的命运：他出生于乔比，奉卡姆拉西之命过来，卡姆拉西之前给了他两个女人，但那两个女人都死了；后来，卡姆拉西又给了他一个女人，结果那个女人又跑了；再后来，卡姆拉西又给了他一个像他那样的侏儒女人，他拒绝了，因为他认为如果他与那个侏儒女人结合只会生下俾格米后代，难以立足于当地社会。最终，邦贝把五百个贝币挂在他脖子上，并把他送回行宫。邦贝和基门亚走后，统帅带着两支长矛、一担面粉、一罐大蕉酒过来了，请我笑纳，并说：卡姆拉西看到我接受了布干达国王的东西，所以要送长矛给我们；长矛送给格兰特，卡姆拉西会留一面盾牌给我；卡姆拉西恳请我们耐心等待，他要先派一些信使到基迪，要求当地人不要在路上为难我们，毕竟他们曾威胁说要这么做；如果当地人执意如此，卡姆拉西就会派我们走经过乌贡古的另一条路线——又一次设计让我们去对抗他的兄弟。

我对卡姆拉西的说法暴跳如雷，视之为背叛；我说，我把我唯一的帐篷、唯一的蒸煮罐、唯一的锯子、唯一的铜丝、唯一的蚊帐和我所剩下来的一切，[552]都给了卡姆拉西国王，因为他向我保证我不再需要支付过路费给任何酋长，他将立即让我上路。如果卡姆拉西现在不打算兑现承诺，我请求他收回长矛，我只愿意把这两支长矛作为临别时的赠礼。统帅看我情绪激动，以黑人固有的奸诈之情说："好了，不说这个话题了，想想当初你送给卡姆拉西那块手表时，卡姆拉西答应送给你的礼物吧。""卡姆拉西的魔角还没有准备好。"第二个搪塞之辞，彻底让我起了疑心。如果说以前我还不相信卡姆拉西说道路有危险的话，那么现在我可以确定他的话的真假了。因此，我向卡姆拉西下了最后通牒，大意是这样的：这样的争论丝毫看不出国王的诚意；我不会屈服于国王或其他任何人所说的谎言；要么拿回那两支长矛，要么明天让我们上路。统帅必须立即把我的话转告卡姆拉西，并立即给我回话，否则我不会把那两支长矛留在我的屋里过夜。统帅显然惊慌失措，要基德圭加、弗里杰替他作证，并让他们两人与他 道返回行宫，禀告卡姆拉西说我们急于离开布尼奥罗，态度极其严肃。他得到卡姆拉西的承诺：第二天或第三天为我们举办一场告别会，届时我们将有大批护卫队护送佩瑟里克的船只，而这些人将能够带回他想要的任何东西，但他不能像布干达的穆特萨那样，不举行告别会就让我们离开。

一行人获得了成功，并对他们的策略感到非常高兴，急匆匆地立即赶到我这边，说他们自己都吓坏了，如果不能把事情安排妥当，他们就会溜回家里，不再见我。卡姆拉西不相信我会把他送来的长矛扔出来，直到弗里杰站出来作证，卡姆拉西这才相信了。[553] 卡姆拉西说："让巴纳留下长矛，喝着大蕉酒，因为我不希望违背他的意愿，让他成为一个囚犯。"邦贝送回那个侏儒时，遇到了布干达王太后手下一个官员。这位官员刚从布干达过来，到布尼奥罗来办理要事。这位官员说穆特萨没有听从我的建议。但是，他替穆特萨做了一番辩护，说穆特萨送给那些"叛徒"七十头牛、四个女人，还下令让他们尽快加入我们这支队伍中来；但是，那些"叛徒"每到一处就会抢劫一番，耽搁了行程，也没有人喜欢跟他们做伴；如果我们返回布干达，穆特萨会让我们走那条途经马赛人地盘的路线，他们认为那条路线比我们现在要走的这条路更近些。

这个官员一直希望见到我们，而我们也希望能够见到他。但是，卡姆拉西不让他见我们。据说卡姆拉西担心干达人知道我们藏身之所后，穆特萨可能会派军过来，把我们抢走。这位官员还说，如果我们想传个信，他会把口信带回布干达。于是，我折了一张拜帖，让这位官员转呈王太后，并表示：我希望我派回到穆特萨身边的两个手下可以继续前往卡拉圭；其余人等在其主子陷入困境之际，背主而逃，应该把他们流放到维多利亚湖的一个小岛上，直到有其他英国人把他们解救出来；同时应当拿走他们的武器，把武器放在王宫里。我还说，如果穆特萨按照我的愿望去做，我就确信他是我的朋友，其他白人也就可以放心大胆地进入布干达；否则，其他白人就会担心穆特萨把他们关起来，抢夺他们的财物与人手；如果那些"叛徒"没有受到惩罚，没有一个白人敢冒着生命危险与他们来往。这位官员说，他可不敢把这样的口信直接传给穆特萨，但他会一字不落地把口信告诉王太后，[554] 这样会更有效果。

11 月 4 日。我告诉卡姆拉西，我们必须今晚就走，因为我们可以趁着月光穿过基迪荒原；如果我们不能及时赶到船队，沿尼罗河而下，就要再等一年，等船从喀土穆（Khartum）[4] 回来。卡姆拉西说："什么！难道巴纳忘了我的话，我说过不是今天见他，就是明天见他吗？我今天无法见他，明天一定见他，跟他告别。"一些跟邦贝过来的加尼人说，他们会护送我们到加尼，但一般来说，他们两年内只有一次能够穿过基迪荒原，因为他们害怕那些无处不在的土著人，那个土著人会把每个人、每件东西都当作野味，换句话说，土著人会抓陌生人、掠走财物，把陌生人当作奴隶卖掉。我们最好是在旱季，也就是每年十二月中旬到来年三月底期间穿过那片荒原，因为那时所有的草都已经烧光了。我给这些加尼人一头牛，他们马上把牛杀了，然后坐下来直接生吃牛肉。

11月5日。统帅过来通知我们：卡姆拉西国王已经准备好接见我们了；届时，我们可以说出心里话，因为到目前为止，卡姆拉西只听到了我们的手下说的话；还有一点，如之前一样，卡姆拉西想要一支铅笔。我提前派人给卡姆拉西送去了铅笔，因为我们素来不喜欢拜访非洲国王时讨论一些琐事。

会晤如期而至。我们这方开始发言：多日来深受国王厚待，我们非常感谢，但如今我们希望回家了；如果卡姆拉西有话传给英国女王，我们乐于效劳。随后，卡姆拉西开始滔滔不绝起来：在我们进入布尼奥罗之时，他的做法过于谨慎；[555]这也怪那些心怀不轨之人，因为他们不想让我们见到他；他随即看穿了心怀不轨之人的申述，如今看到我们，他非常满意；当然，他不会违背我们的意愿，强留我们；但是，为了安全起见，他要提前派信使前往基迪，要求基迪野蛮人不会骚扰我们；在此之前，他希望我们再多滞留一段时间。这一诡计没能吓住我们，卡姆拉西又施一计。他希望我们离开时留下两个人，留下一些枪，守护着我们现在的营地，如此一来，他人就会误以为只是白人的手下走了，而白人没有离开，也可以让那些我们可能会遇到的人有所忌惮，他们不知道我们后面有多少人，以至于断然以为，必要时，自有后面的大军前来解救我们。

这番话透露出狡黠，但明眼人一眼就能识破。布尼奥罗是一个把人当作财产的国家。留下一两个手下？他们明显只会沦为卡姆拉西的财物。我们怀疑卡姆拉西就是为了把他们当作财物，他后来说的话也印证了我们的怀疑。他说："你给了穆特萨几个人，为什么不能给我几个人？"我们回复说："如果有人在布尼奥罗背弃了我们，那么他一旦回到故土就会被绞死，因为他不忠，违背了誓言。"卡姆拉西说："好吧。你说的，我都答应；后天，等召集到陪你去加尼的人手、挑两个随你去读书的王子之后，我们再会晤、告别；但是，你必须给我一杆枪、一些药，还有你早前曾答应过，你上船后也要给我一些火药和子弹。"我们都默许了，还希望给卡姆拉西画一幅画像，但他坚决不同意。[556]统帅、基德圭加回家时跟我们同路，他们告诉邦贝，国王其实希望我们到下个月再走，因为国王到那时就可以利用我们在路上去对付他的兄弟了。这个口信是会晤之后秘密传递出来的，邦贝不愿把口信传递出去，并告诉他们卡姆拉西不敢这么做。

11月6日。行宫派统帅过来，给我们送来了四担鱼，并索要弹药。我们昨天已经说过了，弹药要等我们上船后再给。我回答说："卡姆拉西真可恨！他以为我们是骗子，所以不相信我们的话吗？我们是来开通商路的，且确实抱有这样的期望。为什么比起别人来，他更不相信我们的话呢？我们不愿承受如此之偏见，他不能再这样侮辱我们了。攻击他兄弟一事，我们早前已经回答过了，我们绝不与黑人作战。如果卡姆拉西执意如此，那么我们将不会从他手里拿取一物，王子也去不了英国，其他白人也不会过来。"统帅作了如下回答："但是，国王还想问两个问题，他以前问过了，但忘了答案。一、有没有什么药可以给妇女、儿童吃，避免孩子早夭？有些妇女有这个问题，她们的孩子在能够走路之前全都死了，但另一些妇女却从没有失去一个孩子。二、什么药可以让所有臣民誓死效忠国王？卡姆拉西最想得到一些这样的药。"我回答说："据我们所知，此类药只有关于良治的知识，加上智慧和正义；他的孩子将在英国学到这些，等他们回国后再去教他。"

[557]11月7日。我们到卡夫河畔的行宫去觐见卡姆拉西，跟他告别。他曾胡闹、乞求，把我们折腾得够呛，如今又装起另一番姿态，着实令人感到好笑。卡姆拉西庄严肃穆，端坐在兽皮王座上，视我们为奴隶，并问我们打算送什么东西给他。我们回答说，我们不喜欢反复提及我们过去的承诺。卡姆拉西放下一点架子，说："关于岛上的

事情，你们有什么话想说吗？"（指要我们跟他的兄弟打仗一事）我们自然说不，因为这有违我国原则。卡姆拉西瞥见了格兰特的戒指，于是加以索要，结果被拒绝了。我们告诉卡姆拉西，看见什么就要什么，这是非常不妥当的；如果他执意如此的话，以后无人敢靠近他。

于是，我们为了改变话题，请求卡姆拉西允许科延戈的手下跟我们一块去加尼。卡姆拉西没有回复，直到我们又一次提及此事，并要求他说出不同意这么做的原因。我们说："这将为布尼奥罗带来巨大利益，尼亚姆韦齐人不会只与卡拉圭、桑给巴尔做买卖，也会把象牙带到布尼奥罗，以物易物，布尼奥罗可以借此成为一个伟大的商业国家。"卡姆拉西说："布尼奥罗不需要更多的象牙，这里的象牙已经多如野草了。"然后，卡姆拉西指定由基德圭加来接收我们到加尼后送给他的一切物品。我们定于9日出发。卡姆拉西走了，表情就像来时那样冷冰冰的；而我们则乐开了花，激动得就像是鸟儿从笼子里飞出来一样。

我们看到浮动的草岛顺着卡夫河水而下，不禁想起了穆萨在卡泽说的事情：据说，在特定季节，维多利亚湖湖水上涨，浪高风急，可以把岛屿上的树连根拔起，并冲走。傍晚，[558]行宫派人给我们送来了一罐大蕉酒。负责送酒过来的人自己喝得半醉，像是在用长矛作战一般，疯疯癫癫，令我们哈哈大笑；那人在打败假想敌后，将之踩在脚下，高兴不已，反复刺杀，然后还在草地上擦拭长矛的刀刃，最后还把长矛的刀刃在自己毛茸茸的脑袋上刮了刮，心满意足地哼了一声，扛起武器，径直离去，犹如英雄一般。

11月8日。国王似乎完全不想让我们在旅途中过得舒服。于是，我们向他要牛、黄油、咖啡。结果，我们只得到了1头牛，而无法及时得到其他东西。卡姆拉西指派二十四人护送我们，并让他们从加尼带回我们给他的礼物：六支卡宾枪、一个弹药盒、一个大的铜水壶或铁水壶、一把梳子、若干火柴、一把餐刀，以及其他一些他在布尼奥罗从未见过的东西。

国王派人给我送来两个孤儿，他们都是国王抓过来的奴隶，却让我带他们去英国接受教育。他们都是普通黑人，没有任何吸引力；除了他们自己的母亲，估计也没有人会爱他们。于是，我拒绝了，担心没有英国孩子愿意跟他们玩耍，并告诉卡姆拉西：只有他的孩子才能与英国孩子一起玩耍；除非我带的是王子，否则没有人愿意教从布尼奥罗带过去的孩子。国王非常失望，他说他们都是他收养的孩子，也是他唯一可以割舍的孩子，而他自己的孩子要么胖得像球，要么年纪太小，离不开家。

第十九章

向马迪进发

沿着卡夫河航行—可航行的尼罗河—渔民与猎人—尼罗河上的风景—不友善的地方长官—卡鲁马瀑布—当地的迷信活动—偷窃—在科基受到热情接待

[559]11月9日，**抵达察古齐北部**。在送给卡姆拉西一个素描架后，我们乘独木舟顺着卡夫河航行了两英里，此举是为了不让当地老百姓看到我们。除了自己以外，卡姆拉西国王不希望其他人看到有白人在布尼奥罗！然而，当我们划船离开时，卡夫河行宫那一边挤满了瞧热闹的人，焦急万分，其中最引人注目的是国王最宠爱的保姆。科延戈的手下非常想与我们同行，他们甚至告诉卡姆拉西，如果他允许向他们的同胞开放道路，所有人都会向他缴纳过路费。但是，这位狭隘、思想封闭的国王就是不同意。邦贝来这儿告诉我们：卡姆拉西在最后一刻希望给我一些女人和象牙；但有人告诉卡姆拉西，我们从不接受这类东西，卡姆拉西又想把它们送给我的头等仆人；但这也违反了探险队的规矩，于是卡姆拉西说他会把它们偷运到邦贝的船上，不让我发现。

[560]11月10日，**抵达基图瓦塔（Kitwata）**。我们现在应该再次出发，但我很想在出发前多看看这条河，于是在得到允许后，我乘船沿着这条河能通航的河段前行，同时让我们的牲口走陆路。卡姆拉西作了让步，但索要了一些枪帽，而我们也可以拦住任何一只过来的船只，拿走船上的大蕉酒，因为行宫里的补给都是以这种方式送来的。接着，我们又登上一艘巨大的独木舟，行驶了一小段距离后，就离开了卡夫河，进入一个起初看起来长长的湖泊的水域，在当天行程结束前，这片水域的宽度从最初的两百码扩展至一千码；实际上这又是尼罗河，从乌龙多加尼一路过来的河段都是可以通航的。

河两岸长满了巨大的纸莎草。左岸是低矮的沼泽地，而右岸——基迪人和尼奥罗人偶尔打猎的地方——就像从水面上缓缓升起的斜坡，上面长满了树木和美丽的旋花植物，色彩斑斓。灯芯草、青草、蕨类植物所组成的浮岛随波漂荡，昼夜不息，沿着水流缓慢前进。由此可见，尼罗河正处于全面泛滥之际。有一次，我们看到了河马。我们的人说，河马之所以浮出水面，是因为我们船上有家禽，而他们原本以为河马对家禽没有兴趣。有船过来了，水手们追了过去，但他们没有酒，只得放行。水手们则开始拿起篮子，从河道上的渔网中取鱼，而那些渔网是住在芦苇丛里的小木屋中的渔民布下的。

到了第一段的目的地之后，我们发现船夫们想要离开，而不是执行国王让他们带我们去瀑布的命令；于是我们没收了所有的桨，还送了一头牛给他们吃，让他们闭嘴。基德圭加和牲畜走的是陆路，[561]怎么看，也不如水路有趣；他们走了一整天，穿过沼泽地，还要坐船渡过一条水渠，一些野蛮人还想抢夺他们的山羊。

11 月 11 日，抵达科基（Koki）。 除了原来的那只船外，我们费了很大的力气，耽搁了好几个小时，这才弄到另外两只船，得以继续前进。我们的人在懒洋洋地划了一个半小时的船后，终于抢到两罐大蕉酒，并在国王派出的信使的引导下，把船划到科基。信使说，科基是国王指定的地方，我们可以在这里挑选人手，让他们带我们去加尼。然而，我们一无所获且徒添损失和失望——有人偷走我们一头小牛，五只山羊还差点被人偷走了。幸运的是，我的手下当场抓住了那个想赶着山羊逃跑的小偷，把那个小偷的双手紧紧绑在背后。小偷痛苦不已，脸被涂成了白色。午夜，他的同伙偷偷进入邦贝的小屋，把他放了出来。在经历了这些糟心事之后，当地官员送给我们一只山羊，但我们满脸不屑，把山羊往回赶。他手下的人偷了我们的东西，我们怎么会把他当作朋友呢？

11 月 12 日，抵达古埃尼的南部。 那艘大船漂走了，只留下了船桨。为了替代它，我们找来六只小船，把我们的人变成水手，随意航行。河面依然美丽如画。划了三个小时后，我们发现河道转了个大弯，河宽只有两百码，平均深度为两到三英寻（fathoms）[1]。划到第四个小时时，想到我们的牲畜肯定远远地落在后面，于是我们便停船靠岸，爬上一座精心开垦的小山，到了地区长官亚拉贡乔（Yaragonjo）的住处。然而，向导一看到那用荆棘围起来的屋群，犹如见到宫殿，不由得敬畏、尊重起来，不敢前进，只是指了指，[562]直到有人推着他走。紧接着，我们迎面遇到这位长官及其家人。对于我们的不期而至，府邸主人非常惊讶——可能因为我们戴着帽子，以为我们是国王派来对付"那些兄弟"的巫师——他没有说一句话，默默示意我们，要我们跟着他原路退出大门。然而，我们没动，宁愿在原地跟这位长官谈一谈。

这位长官的长子，正值青年，长相俊美，身高六英尺以上，身上有一大片一大片伤口，说是最近与国王的那些叛乱的兄弟作战所留下来的。他听说家里来了贵客，恭恭敬敬，前来引导我们到稍远处的一些小屋，让我们在那里过夜，因为府邸无法容纳如此大规模的队伍。我们现在所处的红色小山丘，有大蕉园，小屋精致干净，还有茂密的草丛，这让我们不禁想起过去在布干达的住所。当地人明显喜欢打猎：屋里，有捕杀河马用的叉子（hippopotamus-harpoons），结实的绳索把木髓把手与叉头扎得紧紧的；屋外，挂着打猎的战利品，一堆动物头颅，包括水牛、河马的头颅。这里的女人一点儿也不漂亮，她们把树皮布裁成两层褶边，用一根抽绳系在腰上；她们不穿长筒袜，而是绑着一串小铁珠子，明亮耀眼，从脚踝到腿肚子，小心翼翼地一直绑上去。

11月13日，抵达古埃尼的北部。 早上，基德圭加赶着牛过来了。我们停发了肉食口粮，并发现有一个人丢了口袋里的一个弹药盒。我们心下明白，这肯定是同伴偷走的。为了不让他人发现，窃贼把弹药盒扔在路上，任由当地人去捡。奇怪的是，[563]这种小偷小摸的唯一动机是希望能在加尼卖掉弹药盒，以换取一些小玩意而已。亚拉贡乔送给我们一只山羊和一些大蕉。对于昨天把我们从家里赶了出来一事，亚拉贡乔表示歉意。他邀请我们换个地方，前往附近的另一个村庄，他在那里为我们安排一些船只，因为我们现在的一些船只必须返回。我们认为他的提议非常不错，我们也必须穿过那里，而且那里是河曲处，于是听从了他的建议，还送给他一串珠子以作酬谢。但是，我们走过去后才发现上当了。我们失去了之前的那些船只，却又没有得到其他的船只。因此，我对亚拉贡乔心生怒火，带着他送过来的山羊，回到他的府邸。我非常清楚，退回礼物最能触动野蛮人的内心。然后，我对他大发雷霆，说他蔑视国王之命，蔑视国王的贵客，就像对待一群窃贼一样，把我们送到丛林之中，只为把我们赶走。我把那只山羊还给了他，并说我不会再多说什么，因为我会向卡姆拉西索要赔偿。

亚拉贡乔吓得不轻，他马上又牵出一只更好的山羊，求我收下，并答应把我所有的行李都送到下一地的长官那里，到那时我们肯定会得到船只。他并不想欺骗我们，只是犯了一个错误，没有告诉我们他自己没有船而已；为了展示诚意，他陪我们回到了营地。回到营地后，我看到了那头在科基失踪的小牛犊，还有一大群等着我们过来的当地人。他们告诉我，地方长官看到我生气且没有接受他送的山羊后，吓得不轻，所以他把那头小牛犊送了过来，还让这么多人等我过来。他们还说，科基长官一路追踪那头小牛犊，一直追到基特瓦拉（Kitwara）才找到，而且他现还希望把基德圭加送到卡姆拉西那里去做囚犯，因为基德圭加抢走了他五头牛，还从另外一个官员那里抢走了一个女人。[564]此前我还没有听说过这起粗暴的"正义"行径；经过询问，我发现基德圭加是被迫这样做的，因为那些官员发现我们乘船先行之后，都不肯奉国王之命召集人手把我们护送到加尼；可现在他们派人来了，那个女人和五头牛却无法归还了，因为女人和牛已经从陆路被送到了尼罗河的渡口。

当然，我们不会听从把这事交由卡姆拉西裁决的说法，因为那个女人和五头牛都还活着；我们赞扬基德圭加出色地完成了任务，并告诉那些官员，他们应该受到应有的惩罚——如果下级官员不立即执行命令，国家大事如何能够贯彻落实呢？随后，北古埃尼地区的副长官卡索罗又送来了一只山羊和一些大蕉。今天就这样过去了。

11 月 14 日，抵达基均布拉（Kijumbura）。我们带上所有补充过来的挑夫，走了六英里的路，穿过耕地和丛林，到达了卡埃鲁（Kaeru）长官的官邸。刚到那里，所有挑夫就放下担子，跑得不见踪影。然而，那里离目的地还有两英里的路程。我们立即向卡埃鲁长官索要船只，但他说船只所在地离这里还有点远，我们需要在这里等到晚上。卡埃鲁送给我们四罐大蕉酒，并以为如此一来我们就会心满意足。然而，我们怀疑这背后一定有鬼。我们拒绝大蕉酒，并强调说："除非立即把我们送到船只所在地，并让我们在第二天早上能够得到船只，否则我们不想接受任何人的礼物。"我们如愿以偿，卡埃鲁立即就像变魔术一样派来了一群挑夫，让他们把我们的行李、大蕉酒以及其他所有东西都送到这一段行程的目的地———一片隐蔽的小屋群，位于一大片大蕉种植园里，四周都是丛林。小屋屋顶上还挂着许多用来叉河马的大鱼叉，可见此地离尼罗河很近。[565]卡埃鲁又送给我们一只山羊，并答应明天早上把船只准备好。

11月15日，停顿下来。我们虽然争取到了船只，但还得花一天时间等基德圭加及其手下过来。基德圭加称，我们可以一个劲往前赶，不管人员有没有招募齐，这做法倒也无妨，但他也必须为未来作打算，因为他返程时无法独自穿过基迪荒原，他必须有足够多的人手以组建一支护卫队，而这些人此刻正在为旅途研磨谷物。我们在这里逗留期间，接待了众多访客，他们都想看看我们的画册。我们还送给卡埃鲁一些珠子。

11月16日，抵达乔比地区的科基。我们朝着泊船处走了两英里后，进入了隶属于布尼奥罗的乔比地区，顺流而下，一路欣赏着基昆古鲁（Kikunguru）火山锥。到了营地后，乔比地区官员维阿鲁万乔（Viarwanjo）就带着一支护卫队过来了，并送给我们一些大蕉酒和一些家禽。维阿鲁万乔是一个聪明伶俐的人，护卫队员都手拿长矛。他答应明天早上给我们安排一艘船，因为他已无多余船只可用，就连这仅有的一艘船，他也担心前方的人会把它夺走。

11月17日，抵达帕兰戈尼（Parangoni）。我送给维阿鲁万乔一些珠子，乘坐他那唯一的破旧不堪的小独木舟沿河而下——他、格兰特和行李走陆路。我发烧了，所以在帕兰戈尼过了一夜。

11月18日，停顿下来。我在帕兰戈尼停顿了下来，当地长官马甘巴（Magamba）非常高兴。马甘巴是卡姆拉西国王的亲戚。他以国礼召见了我，并送给我一头牛和一些大蕉酒。他看到我的画册，高兴不已，想在屋里观赏我携带的所有新奇玩意。尽管马甘巴知识有限，但他非常健谈。他说，当地人只是马迪（Madi）地区的一个小部落；之所以让我们走尼罗河的右岸，而不是左岸，[566]是因为尼罗河下游的里翁加一直在监视卡姆拉西的盟友，并要将其杀死。在我们追问之下，马甘巴还说：乌鲁里（Ururi）是布尼奥罗的一个省，处于基梅齐里（Kimeziri）管辖之下；基梅齐里长官大名鼎鼎，他用珠子装饰物盖在他的孩子身上，并把孩子扔入维多利亚湖，以求证孩子是不是他的后代，如果孩子沉入湖底，那就足以说明孩子是别人的，如果孩子漂浮上来，那他就会把孩子救回来。卡姆拉西的一个表弟，名为卡奥罗蒂（Kaoroti），带着手下官员前来拜访我们，送给我们五只鸡，以示敬意。他几乎没有说话，只是要我给他一些药；我给他一些液体药剂，他又说他的手下官员也想要一些；接着，躲在人后的基德圭加的妻子也要，我给了她一些药丸，而基德圭加的两个手下也要一些药片，于是我将药片交给基德圭加的妻子，让她带回去。马甘巴及其妻子既要了液体药剂，又要了药片。一来二去，我的药箱几乎空了。[567]甚至还有其他人也想要药，我告诉他们，他们身体健康，无须服药。许多穿着木片似的衣服的基迪人，渡河去拜访卡姆拉西。他们从我们身边经过时，不免好奇地打量我们。一般而言，他们不屑于穿衣服，只有出于尊重、拜访卡姆拉西时才会穿衣服，平时从不穿衣服。他们还戴假发，假发是用其他人的头发做成的，因为黑人的头发长不了那么长。乔比地区长官乌凯罗（Ukero）派人传来口信，要求我们明天不要乘船沿河而下，以免瀑布边的船夫见到我们的奇怪模样感到惊恐，进而匆匆忙忙地划船过河，把船只藏起来，躲着不见人。

　　11月19日，抵达卡鲁马瀑布（Karuma Falls）上方的维雷（Wire）。我们安排所有行李和人都跟在后面，并大步流星地到达了维雷。其间，有人对我耳语，警告我说卡姆拉西的官员的行为在这里如小偷一样粗鄙。当地的官员决定让我们在其各自辖地都逗留一天，以示"好客"。事实果真如此。他们先是力劝，力劝无果则换招把我的手下全灌醉，还往营地送来好几罐大蕉酒。我们所经之地，耕地密集，中间有个深谷，水流潺潺，支流旁生，地面高低不平。砂纸树（sand-paper tree）随处可见，其叶子粗糙不平，像是猫的舌头，干达人用它来打磨棍棒和长矛柄；但在这一段行程的最后，我们却没有看到其他有趣的东西。一百码之外的那个深谷下的河流，原本水流平缓，两三

拜访卡姆拉西国王的基迪人

只中等大小的船可以并排行驶，却突然变成了湍急的洪流。洪流上方就是基迪地区了。从河面往上是一片金合欢树（mimosa tree）树林，缓缓铺陈，犹如一朵朵绿色的云朵。基迪地区的长官基贾（Kija）称这里为狩猎场。[568]河流两岸的居民在那里可以猎杀到大象、河马、水牛。当地居民用一种新型的长矛猎杀大象。长矛头是一把梨形双刃刀，长约一码，长矛手柄可以随意加重。

当地人拿着这种长矛爬到树上等待象群通过，另一些人则把象群赶到树下。然而，当地人并不猎杀河马，而是用伦达（Lunda，一种常见的绊索陷阱，带有尖刺坠物）来诱捕河马。这种陷阱被放置在河马的活动路线上。每个在南非旅行过的人都描述过它，它在亚非语系地区也广为人知。当地人所称的卡鲁马瀑布只是一个水闸或高处黑花岗石（syenitic stones）之间的激流，溪水从一个长长的斜坡直流十英尺，从而形成了瀑布。据说，此地还有其他一些不太重要的瀑布，但

基迪地区的卡鲁马瀑布

下游地区，也就是在人的喊声可以听到的地方，还有一个瀑布，也非常壮观。

[569] 卡鲁马瀑布得名于一个荒谬的传说：某个伟大的神灵的化身，即卡鲁马，搬置石头，阻断河水，只为取悦神灵，而神灵为了奖励卡鲁马，就让世人称那些石头为卡鲁马。附近地区还有一棵树，树上也住着一个神灵，这个神灵能够赐予男女力量和快乐，而男女可以借助神灵的力量变身，以取悦于彼此。这个传说几乎与印度的玛哈迪瓦神庙（Mahadeo's Ligna）[2] 如出一辙。

11 月 20 日。我们停顿了下来，让手下去收集、储存食物，以便穿过基迪荒原。基贾派人用篮子去抓鱼，并把鱼作为礼物送给了我们。我的手下虽然都是低等人种，但胃口都还不错。在卡鲁马瀑布处，基德圭加告诉我们，卡姆拉西在与里翁加作战时抓了一百人，砍了他们的头，并将之扔入河里。

11 月 21—22 日。基贾长官不见到我们就不放我们走。11 月 22 日，基贾长官带着一大群随从和竖琴师，给我们送来了一头牛、两担面粉、三罐大蕉酒。基贾长官想有一把椅子坐，但这里只有一个箱子，而他官邸的座椅只比卡姆拉西的王座稍微次点而已。邦贝之前去加尼的时候，基贾长官曾慷慨招待过他。基贾长官说，他原以为白人过来是为了夺回失去的土地；因为根据口述传统，希马人曾经半为黑人半为白人，头发一半为直一半为卷；若非布尼奥罗之前属于长有直发的白人，之后为黑人所夺走，又怎么去解释这一切呢？我们告诉他：他的先祖都是白人，长有直发，住在死海（salt sea）边的一个国家；后来，他们渡过死海，占领了阿比西尼亚，[570] 他们现在一般都叫哈布施人或盖拉人。然而，基贾长官连这两个名称都不知道。

基贾长官只知道在基迪的东边有一个希马人种族，他们只吃肉喝奶。那里的猎人就像尼亚姆韦齐人一样，在屋外种了一种体积特别大的旋花植物并堆放猎物的颌骨、角，以便日后交到好运；他们若丢了什么东西，只要手拿旋花，就定能找到丢失的宝贝。傍晚，基德圭加冲在他那一支队伍的前面，拿着长矛和盾牌，奔向"巴纳"；他们发誓绝不抛弃巴纳，如有必要，不惜牺牲性命；如果他们抛弃巴纳，所有人都会掉脑袋，或者失去其他同样珍贵的个人财物。

11 月 23 日，在基迪地区的第一处营地。正当我们准备过河的时候，有人看见一队基迪人穿过对面的丛林，意欲在出现新月出现后去拜访里翁加，而里翁加有时会率领他们去与乌凯罗作战。上次交战时，卡姆拉西这边只死了两个人，而里翁加那边却死了九个人。我们在日落时分把最后一头牛运了过去后，除了过河之外，确实也无事可做——渡河的费用是一头牛，此外还送给当地官员一些珠子。基德圭加的队伍在河的两岸各用一只小山羊来祭祀：他们划开两只小山羊的胸部、腹部，剥了皮，再把小山羊的尸体面部朝下放在地上，尸体背部盖上草、树枝，再在草、树枝上面铺放一些小动物的死尸，让旅行者踩踏过去，据说这样旅途就会一帆风顺；祭祀地点的选择是为了尊崇神灵—— 一种类似于巫师或长老的角色，职责与瀑布有关。

[571]11 月 24 日，抵达第二处营地。这一夜，由于渡河，我们浑身都湿漉漉的。一直到中午，我们都在等卡姆拉西派来的四十名挑夫，等他们把我们的行李运到船上，而我们也不知道船只在哪里。然而，只来了二十五个挑夫，其中还包括当地官员的妻子和一个奴隶。由于地方官员未能提供规定的人手，维雷的长官乌凯罗还把这位官员的妻子和那个奴隶抓了起来，充了公。所以，二十个获释奴、二十五个当地挑夫、基德圭加手下三十一个"孩子"，加上我和格兰特，我们共计有七十八人。晚些时候，卡姆拉西派人传来口信，说我们必须推迟进发，因为那个叛乱的里翁加蓄意在路上袭击我们；为了谨慎起见，国王认为我们应该先攻打一下里翁加，以便清理道路。我们没有接受卡姆拉西这个狡诈的建议，直接穿过沼泽，穿过茂密的丛林，穿过高高的草丛。事实证明，我们一路上毫无愉悦可言，浑身汗水，艰辛跋涉。

11 月 25 日，抵达第三处营地。今天一直在下雨。一整天我们都在潮湿的沼泽边缘行进，在快到终点时于一个岔口涉水而过。四周都是同样的丛林，挡住了所有视野；而在这荒野中，人类存在的唯一迹象就是那条狭窄的小径（它常常难以辨认），以及偶尔出现的一两间小屋，那是基迪族猎人的临时住所。

11 月 26 日，抵达第四处营地。在同样茂密难行的草丛中艰苦跋涉五英里，又穿过一片又一片沼泽地后，最终为眼前的景色所震惊。丛林已经变得稀疏了；我们意外地发现自己处于一处高原的边缘，远处是一片低矮平坦被太阳晒黄的草原，表面只稀稀拉拉地散布着一些树木或灌木；在我们身后十五到二十英里处，矗立着由西向南走向的基苏加山（Kisuga），据说位于乔比人地区，[572]离卡姆拉西那几个叛乱的兄弟所在地不远。然而，我们没有太多时间欣赏眼前的景色，又扎入草丛，强行推进；接着看到了大象，也看到了水牛；为了使旅程顺利，向导折了一根树枝，剥去叶子，扯下枝条，一路上拿在手中像魔杖一样挥舞着，自言自语地说着一些听不懂的话，最终又把树枝折成两段，分别扔在小路的两边。

11 月 27 日，抵达第五处营地。再次出发后，向导立即跑到一个蚁丘上，向我们指出了周边地区的所有辉煌之地：后方，是维雷地区和基苏加山；西方，是一片低矮的草原；东南方，是基迪地区的丛林；北方，越过草地，是一些山顶，那里是离科基最近的村子，我们也正在往那里赶。远处的村子也在提醒我们，我们正在接近人类居住地，还有人告诉我们邦贝在那里喝过大蕉酒。然后，我们穿过高达头顶的草丛，穿过一片片沼泽地，来到了一条流向西边的小溪。于是，我们在那里休息了一会儿，大家洗洗澡，也点火烧草，以便给科基地区的人发出信号，好让他们知道我们正在赶路，希望他们在我们到来之前准备好大蕉酒。不久之后，一天的跋涉行将结束之际，有人看到一头孤零零的水牛在小溪边吃草，我向它开了一枪，并让野蛮人拿着长矛以自己的方式把水牛赶走。

这是一个值得我们稍作停留的场面。看到这头巨兽蹦来蹦去、不退却，野蛮人手持长矛，也像那头水牛一样蹦上蹦下，并以最快的速度发起攻势，宛如与敌人作战一般；当他们接近这头疯狂的公水牛时，它本能地尽力拖着疲惫的身体，迎战攻击者。然而，这头公水牛很快就落入下风，[573]处于劣势，跳入水里躲起来——这一策略实在太糟糕了，因为岸上的人很快就用长矛刺到了它，并赢得了胜利。如何处理这具巨大的尸体呢？无人想丢掉它，扬长而去。我说，如果有人能把它拖回营地，就奖励一头奶牛。然而，水牛体型比奶牛大得多，必须就地解决；所以，我们走在前面，让他们随后跟过来。如此一来，我们就节省了一头奶牛，因为我们每天都要宰杀一头奶牛。

11月28日，抵达第六处营地。我们以坚韧的毅力，走了十英里的路程，穿过高高的草丛，偶尔也会穿过一些沼泽地。其间，我们看到了一群大羚羊，并在晚上到达了一个地方，那里离加尼地区的科基非常近。

11月29日，抵达加尼地区的科基。天气已经好了起来。最终，我们到达了当地人的栖息地——一群圆锥形小屋，地处西北方向一连串花岗岩山丘的边缘地区。当我们走进这一连串山丘最南端的时候，赤身裸体的当地人，成群结队，就像猴子一样蹲在花岗岩石块上，密切地盯着我们过来。依照当地习惯，向导没有让我们立即上山去寻找住处，而是让我们停顿下来，并派出一个信使去通知地区长官雄吉（Chongi）：他们是卡姆拉西的贵客，卡姆拉西希望他能够给予关照，并让他们去他们兄弟那里。当地人的脸色随即就变了，开始热烈欢迎我们。卡姆拉西已经任命雄吉为这个地区的长官，而它似乎也是原本庞大的基塔拉王国最北端的地区。这个地方的所有有脸面的人（elite）的身上都涂抹了颜色，就像是他们的衣服，把裸露的身体遮蔽了起来。他们就像是集市上的小丑，拿着长矛全速冲下山来。[574] 他们表演完传统仪式后，与我们的人打成一片，并邀请我们上山。我们一上来，就看到了年迈的雄吉长官。他带着两个手下前来迎接我们——一个手下拿着一只白色的母鸡，另一个手下拿着一个装有大蕉酒的小葫芦和一根小树枝。

　　雄吉长官讲了一通欢迎辞。随后，他在周围人的面前，拎起那只母鸡的一只腿，把母鸡紧贴着地面晃来晃去。那两个手下也重复了这

加尼人

一仪式。接着，雄吉拿起小葫芦和小树枝，把葫芦里的大蕉酒洒到我们身上。之后，他走近魔法屋——一个非常矮小的小屋——把大蕉酒洒在上面；最后，雄吉令人在一棵树下铺一张牛皮，请我们坐下，并给了我们一大杯大蕉酒。他让我们多加担待，因为这里闹饥荒，储备的食物也少了，所以无法招待周全。在如此蛮荒之地，雄吉长官是多么有礼貌啊。我们从未见过这么多赤身裸体的家伙，他们唯一的衣服就是珠子、铁质饰品或铜质饰品，[575] 头上还戴着一些羽毛或贝珠。就连女人，也只是在身体前后悬挂一些纤维物，就像尾巴一样。我们手下的一些人曾在乌坦巴拉看过图塔人，他们说这里的野蛮人特别像图塔人，只是在衣着方面不像，而这里的野蛮人的衣着不免令人想起祖鲁地区的卡菲尔人的衣着。当地男人的发型也同样奇特，当地女人用葫芦瓢来背婴儿。他们也像基迪人一样，到哪里去都会携带一个矮小的凳子，但是他们又非常害怕基迪人。

他们的居住地从这里一直延伸到阿苏阿河，而马迪人则占据了子午线以西到尼罗河的所有地区，尼罗河则远在视线之外。这里的村庄是由圆锥形的小草屋组成的。草屋以竹子为框架，建在低矮的泥墙上。这里没有任何意义上的统治者，每个村庄都有酋长。这里的花岗岩山丘，像乌尼亚姆韦齐的山丘一样，非常漂亮，长满了树木，与周围无边无际的长满青草的五陵形成了有趣的对比。这里嘛，人如恶鬼，地如天堂。从科基的所在地，可以看到其后面的山丘。据邦贝说，佩瑟里克和他的船只就在那些山丘的后面。我们还看到近处有一座山丘，想来佩瑟里克捕象队的前哨正在那座山丘后面等着我们过去呢。

我想弄清楚这里的语言是否存在类似南非方言里的前缀。借助于这些前缀，我们可以发现人口、地区之间的差异。当地人向我保证说，这里的人和周边地区的人都说Chopi、Kidi、Gani、Madi、Bari，这些单词既指人，又指地点。这里语言中的Jo相当于南非方言中的Wa，Dano取代了Mtu。[576] 所有单词乃至整个语言系统都完全变了——例如，Poko poko wingi bongo的意思是"我们不明白"；Mazi的意思是"火"；Pi的意思是"水"；Pe的意思是"没有一个人或物"；

Bugra的意思是"奶牛"。这些人的发音有点像鞑靼人。雄吉认为自己是这一地区最伟大的人,血统高贵;他还说,他的曾祖父是希马人,生于布尼奥罗的乌鲁里,那时的布尼奥罗国王就任命他的曾祖父来管辖这里,并监控基迪人。

11月30日。在雄吉和乔比挑夫的恳求下,我们逗留了一天。乔比挑夫说,他们需要一天的时间来筹集粮食,因为乞丐巫师——他们认为如此称呼佩瑟里克的捕象队员是十分合适的——已经把周围地区的东西都吃光了,而且早前陪邦贝去捕象队营地的人都没有弄到吃的。

12月1日。我们应各方要求再次停了下来。年迈的雄吉非常高兴,送给我们许多大蕉酒,还答应送给我们一头牛,说不会让我们因为停顿下来而白白浪费口粮;雄吉还说,他还将尽快找到一个向导,抄近路,让我们一鼓作气就能到达佩瑟里克捕象队的营地,而无须像邦贝上次过来时那样绕了道。然而,我们一直也没有见到雄吉所说的那头牛,因为那个老人不打算送给我们一头他自己的牛,而他的手下也不听他的命令,不愿把他们自己的牛送给我们一头。

12月2日,抵达穆杜阿(Mudua)。我们离开科基的时候碰到了困难。乔比挑夫不愿再挑东西,而是让当地挑夫去挑。乔比挑夫说:"我们已经受够了,把这些客人带出荒野实在是太难、太艰辛了。如今,这些客人拜访了你们这里,所以轮到你们去帮他们了。"于是,我们不得不在一个又一个村子里招募挑夫,[577]但新招募来的每个挑夫又说他已经尽到自己的本分了。我们好不容易到了一个丛林的旁边。在那里,新招募来的挑夫说,他们挑得太累了,请求我们不走直道,而是拐入一条远道,说那条道上有许多村庄,人也多。因此,我们所有的计划都被打乱了,这段行程的距离比之前设想的增加了一倍。

我们势必要在半道上过夜了,路走的不多,却走了一整天。挑夫中的加尼人和马迪人并没有多大的不同,都赤身裸体,使用弓箭。马迪人的村庄四周都竖起了栅栏,周边地形与乌尼亚姆韦齐北部颇为相似。我们一到某个马迪人的村庄,当地淳朴善良的马迪人就会铺上一张兽皮，放上一个凳子，还在凳子前面放上两罐大蕉酒。然而，在我们落脚的一个村庄里，村长的女人和孩子一见到我们就跑得远远的，而且村长自己也对我们很有戒心，以为我们是怪物。而后，他发现我们也像常人一样吃饭，对我们的态度也就变得亲切起来。午夜，村长叫家人给我们送了一些大蕉酒。村长说，他很高兴见到我们，并为我们之前吃饭没有酒一事而感到抱歉。

第二十章

马　迪

　　两个半球的相遇—第一次接触熟悉欧洲风俗的人—干扰和阴谋—神秘的穆罕默德—当地人的狂欢—土耳其人的掠夺和暴政—象牙贸易的罪恶—对尼罗河的感受—去看一个欧洲人留下的记号—追踪水牛、大羚羊、犀牛—遇见贝克—佩瑟里克抵达贡多科罗

[578]12月3日，抵达法伊奥罗（Faioro）。说来也怪，村长给我们送来不少大蕉酒，又拿来一些热水供我们沐浴，他不知道还能怎样展现他的热情。同昨天一样，我们今天依然走得懒懒散散。两个小时后，我们抵达了皮埃乔科（Piejoko）酋长的官邸。皮埃乔科有些自负，要我们停下来喝大蕉酒。但是，我急于同佩瑟里克会合，无论皮埃乔科和我的挑夫如何哀求，我都不听。我太明白了，挑夫只是想着从我身上多得到一天的工钱而已。

然而，我的一半手下竟然真的停了下来，我和格兰特只好带着另一半手下继续前进。太阳下山时，我们终于看到了佩瑟里克的前哨基地，但这只是我们的判断而已。我们所到的地方位于北纬3°10'33"、东经31°50'45"。我的手下和我们一样高兴，求我允许他们开枪庆祝，迎接前来接待我们的土耳其人。[579] 枪声"砰"的一声响起，接着又是"砰"的一声，北方营地的人都能听见，位于高地或其他显眼的地方的人就像蜜蜂一样出现了。我们激动不已。这种心情只有长期摸爬滚打于野蛮人社会，又离开那里、再次见到文明人和老朋友的人才能体会到。每过一分钟，我们的喜悦就会增加一分。我们看到一支队伍过来，队伍的前面还有人扛着三面大红旗，竟然还有人击鼓和吹奏横笛。我令我们的队伍停下脚步，等他们再走近一些。等他们走近后，一个名为穆罕默德（Mahamed）的黑人，穿着埃及军服，佩带弯刀，令他们队伍停下。接着，穆罕默德向我走来，紧紧地抱着我，并亲吻我。这种出乎意料的表达情感的方式直让我发蒙，就像南北两个半球相遇一样。我也抱了抱他，并从他的嘴唇下抬起头，问他的主人是谁。他回答说："彼得里克（Petrik）。""那佩瑟里克现在在哪呢？""哦，他正往这里赶呢。""怎么没有用英国国旗？""这是德波诺（Debono）的旗帜。""谁是德波诺？""也就是佩瑟里克，先到我的营地中去吧，等我们到了那里再细谈。"穆罕默德随即下令队伍（是一个大杂烩，既有努比亚人、埃及人，又有各地的奴隶，共计约两百人）右转。我们跟着穆罕默德，而他的手下继续敲鼓、吹奏横笛，朝天鸣枪，直到抵达穆罕默德位于村庄里的小屋为止。他的小屋与当地人的屋子完全一样。穆罕默德让我们坐在两张床上，并命他的妻子们跪在地上，为我们奉上咖啡，其他人则给我们送来了大蕉酒，并为我们准备了晚饭，主要有面包、蜂蜜、羊肉。

穆罕默德为我、格兰特清理出了一个大屋，[580]并令我的手下就地解散，让他们同他的手下三三两两地攀谈交友。穆罕默德说，我们到了这里，他的任务就算完成了。我说："这样的话，请告诉我们你接到的命令，想必有一些书信。"他说："没有，我没有收到书信，也没有收到纸面上的命令。只收到口信，说你们一到，我就把你们带去贡多科罗。我是德波诺的总管（Vakil），很高兴能见到你们，我们已经在这里等你们许久了，我们边等你们，边收集象牙。"我问："佩瑟里克怎么没来见我？他结婚了吗？""是的，他已经结婚了。他和夫人还在喀土穆，但他们已经骑上一头骆驼向这里赶来。""好吧。你跟邦贝说过有棵树上刻着佩瑟里克的名字，你还要指给我们看，那棵树在哪儿？""哦，那棵树在去贡多科罗的路上呢。可上面的名字不是佩瑟里克刻的，是别人刻的，那个人要我留意您来了没有。我们不知道他的名字，但他说只要我们把树上的名字指给您看，您马上就会明白的。"

12月4日。在穆罕默德家过了一夜后，我第二天在当地转了转，看看周围的环境。我发现，土耳其人都娶了当地的女人，并让她们穿上了衣服，佩戴了珠子做的饰品。他们生了许多孩子，而且还要生更多孩子。然而，所谓婚姻，多为露水夫妻——土耳其人除了娶奴隶外，还会临时租（hire）当地村民的女儿；当土耳其人返回贡多科罗时，这些女人就会回到父母身边。这里的土耳其人有成百上千头牛，据说都是从当地人那里劫掠过来的，土耳其人除了自己食用外，还用牛交换象牙或其他东西。这里的风景、地理位置都不错，风景优美，环境宜人。村庄坐落于林木繁盛的花岗岩小山脚下，清澈的小溪贯穿其间，这里的小山甚至比乌尼亚姆韦齐的更胜一筹。

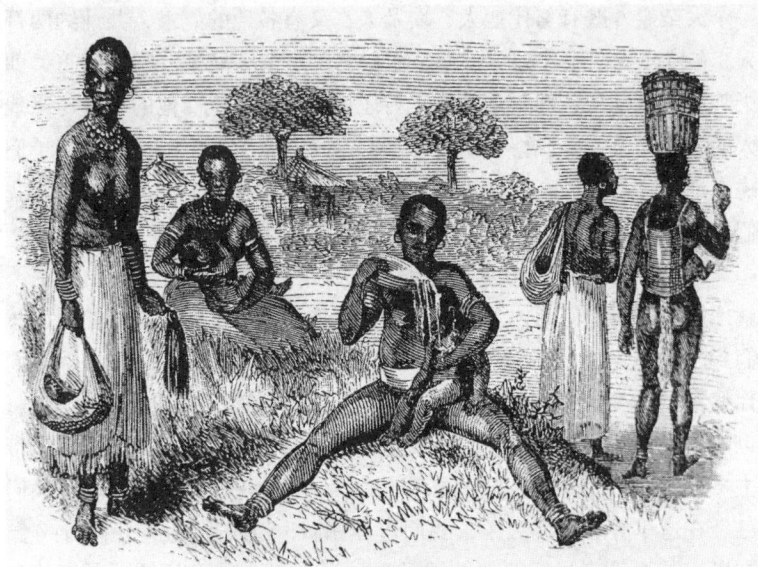

土耳其人的妻儿

　　中午，邦贝、皮埃乔科带着后面的队伍过来了。[581] 皮埃乔科一路上对邦贝照顾有加。他说，我昨天匆匆离开，他感到很失望，因为他本想送我一头牛，而且他还是希望我能过去，与他交个朋友。我送给他一些珠子，然后他就离开了。雄吉的手下从卡姆拉西的地盘一路把我们护送到这里，我送给他们一些珠子，还送给他们及其主子一些旧衣服，随后他们高高兴兴地离开了。

　　于是，探险队里只剩下我的手下和基德圭加的手下。鉴于此，又因没有收到佩瑟里克的信件，我下令第二天早上启程，但穆罕默德反对这么做。他说，贡多科罗没有船，我们必须要等两个月，届时船只会抵达那里，而且会有人带着珠子与他会合。我回答说，佩瑟里克说过贡多科罗整年都有船只，完全没必要等。穆罕默德说："那么，我们不能跟您一道去了，贡多科罗这个季节正在闹饥荒呢。"[582] 我说："不打紧，但你确实得给我一个译员，我自己去。"穆罕默德说："那怎么行，巴里人（Bari）野蛮残暴，您只带这么一点人，肯定通不过巴里人的地盘；更何况，那里还有一条急流，想要渡河至少需要一个多月。"

我无法接受穆罕默德变来变去的说辞。我指责他就像那些野蛮的酋长一样，总想骗我留下来，完全不顾及我的意愿和感受。因此，我说：我不能再等下去了；我会乘木筏过河，自己想法子通过巴里人的地盘，我过去不是也通过了非洲野蛮人的地盘吗？我们谈了又谈，但毫无意义。我坚持认为：如果他奉命前来帮助我，那么就不能拒绝我，至少得给我派来一个向导兼译员；如果不能直接过去，我就找其他路线，但我必须走，我又缺牛又缺珠子，坚持不住了；现在的财物还够用，但没有多余的。穆罕默德让我不必担心，我和我的手下需要什么他都会提供；但是，我需要耐心点，他第二天将召集其所有下属，听听他们的意见。

12月5日。穆罕默德的手下都反对我们前往贡多科罗。他们异口同声地说，我们不可能抵达那里。但是，他们又表示：如果我愿意的话，他们会派几个向导，护送我走十段路，抵达马迪另一端的补给站；如果我愿意等到他们收集完所有象牙后，他们将和我们一起走，两支队伍合二为一，足以抵抗巴里人的侵袭。我听说他们愿意给我派些向导，我当即接受了第一个建议，我当时一心想继续前进。我的手下整日喝得醉醺醺的，[583] 基德圭加的手下也逃跑了不少。但是，我相信，我们如果再次上路一定能够抵达贡多科罗。我心情大好，向穆罕默德展示了画册。穆罕默德说，他每周五都会让手下的两百人进行训练。我说，如果他同意的话，我想自己来操练他们一回。穆罕默德同意了。结果，这些人表现极佳，令我吃惊的是，他们不仅听得懂土耳其人的操练口令，而且训练有素，配合有序。但是，不难想象，这是一支杂牌军，普通士兵都会像他们长官那样随意发号施令。

操练结束后，我称赞穆罕默德的军团很有效率。我们回到我的屋子后，我觉得他此时兴致高涨，于是又谈起第二天继续出发的计划。这个鬼话连篇的无赖根本不敢直视我，他说，如果让我继续前进，而他没有跟去，他不敢设想这样做的后果，一旦发生意外，他会受到责罚。而且，他这几天都不能离开这里，下一次新月出现后，会有一队人带着象牙过来。他觉得我根本没有必要急于赶路，我在卡姆拉西那里住了那么久，怎么就不能再在这里待上一段时间呢？

这番话惹怒了我，因为这搅乱了我的计划。基德圭加的手下还在外逃，我担心自己向卡姆拉西做出的承诺会落空。我承诺过为他送来另一个白人访客；若我没有弄清小卢塔·恩齐盖湖与尼罗河之间的联系，这个白人可能会完成我未竟之事业。我和穆罕默德又争执了起来。穆罕默德说，他的营地只有等收割完庄稼后才会有人跟我过去，他们住在这里，所以也需要种些庄稼来做口粮。我们又争执起来了。最后，穆罕默德不耐烦了，带我去了一个堆满了象牙的小屋，并说道："您看看这里，我现在的处境有多艰难，**[584]**不等当地人收割完庄稼，谁帮我搬运这些象牙？"我说，这些象牙对我来说毫无意义，我只是想让他给我派来一个向导兼译员就行了，总之我必须走。穆罕默德生气地走了。有几个没有喝醉的手下对我说："我们就在这里待一段时间吧。穆罕默德说，如果我们单独过去，那条路线是非常危险的；如果我们待上一段时间，他答应帮我们搬运所有行李；卡姆拉西的手下害怕继续前进，都跑光了。"

12月6日。第二天上午，我去见了基德圭加，请他帮我找两个人做我的向导和译员。基德圭加说他无能为力。于是，我只好再去找穆罕默德。穆罕默德先答应给我送来两个人，然后就走了，但随后又派人传话说，他会离开这里三天。我已经完全没有耐心了，于是令人把所有行李打包起来，宣布第二天早上出发。我想离开这里，也一定会靠自己找到一条路线。穆罕默德就像一个阴魂不散的幽灵，一听说我准备走，又出现了。我们又激辩了很长时间，他终于答应给我们派几个向导，但是我需要给他留个纸条，以证明我离开这里可不是他的意思。

尘埃落定。12月7日上午，我们收拾妥当，准备出发，但基德圭加的手下全都跑了，而且我们也没有迎来向导。即便我把基德圭加带到贡多科罗，他也没有足够多的护卫，无法安全返回，除非贡多科罗有英国人愿意继续进行我已有的调查，穿过小卢塔·恩齐盖湖去拜访卡姆拉西。之后，我向基德圭加解释了当下的处境，并建议他回到卡姆拉西那里。他说，他要完成使命后才能回去。我觉得这个好办，他应该会满意的。[585] 于是，我给了他一把双筒手枪、一些子弹、一些珠子（这是我从穆罕默德仓库里获得的），让他交给卡姆拉西，并向卡姆拉西传话说，我一到贡多科罗或喀土穆，就会派一个白人去拜访他，但不会像我那样走麦迪那条路线，而会沿着尼罗河左岸过去。基德圭加回答说："这事非同小可。卡姆拉西很快就会更换行宫了，他将前往尼罗河边里翁加的地盘，以切断他的兄弟与土耳其人之间的火器贸易路线。"

随后，我送给基德圭加本人一些珠子，又送给乔比地区和卡姆拉西行宫里的高级官员一些珠子，他们高兴得像鸟儿一样，兴高采烈地走了。我把他们打发走了之后，打算在当地的西边狩猎大象，顺便看看尼罗河的位置。自从离开乔比地区后，尽管没有人能够告诉我尼罗河的流向，但我以为尼罗河离我并不远。

12月8日。穆罕默德听说我的计划后，显得非常高兴。他令村庄的几个头领提供一些信息。这几个头领陪我登上了一个山顶，放眼望去，我们看到了我在乔比地区所见到的那条山脉，那条山脉由东向南、再向北延伸过去，限定了阿苏阿河的流向。我觉得尼罗河离这儿已经不远了，但这几个头领都不相信，不管我怎么解释，他们坚持认为，尼罗河离这里至少有十五段路程，需要走一个月。[1] 除了我的手下，我还需要带上穆罕默德的三十六个手下，穆罕默德同意了，但要我支付佣金。听到这话，我顿感扫兴！

我心里明白，我所收到的信息都是假的。[586] 为了顺利启程，我只得耐心等待，在此期间我撰写希马人的历史、搜集标本，等穆罕默德做好准备工作。我期盼着能在贡多科罗找到人完成我的未竟之事；不然，等我到了贡多科罗，我将乘船沿尼罗河而上，亲自考察一番。当晚，我听到了鼓声，于是循着声音去了附近的一个村庄。借着月光，我发现原来是当地人正在跳舞。我从未见过如此不堪或野蛮的场景。所有人都赤身裸体，不停地扭动身体。走近一看，正中央处有几个男人正在击鼓，女人围着他们站了一圈，有一半女人还抱着、背着孩子。站在最外围的是一大群男人，他们人数更多，有的人吹着号角，但大多数男人都把长矛竖立起来。男男女女环绕在鼓手周围，随着音乐，或跳跃，或轻轻踱步，彼此做出古怪而下流的动作。

12月9—14日。数天来，营地没发生什么事。12月14日，里翁加的八十个手下带着两个奴隶和三十根象牙过来了，并把奴隶和象牙作为礼物送给穆罕默德。说是送礼，实为贿赂，里翁加希望联合穆罕默德的力量，共同对抗卡姆拉西。此事与我无关，但我想向他们打听他们所经过的地区的地理信息。然而，没有一人愿意接近我，他们都知道我是卡姆拉西的朋友。穆罕默德的人看见我的手下试图与这些人交流，就斥责他们"打听别人的事"。他们对我说："这些人是我们的朋友，不是您的朋友；我们给他们布料和珠子，他们给我们象牙；您想知道这些事干吗？"随后，穆罕默德神神秘秘地跑来找我，说自己要离开几天，去另一个象牙仓库，求我送给他一条毯子。[587]他还想借一杆枪，因为他的枪被火烧了。

我更加疑虑了，甚至担忧了起来。我觉得穆罕默德要同里翁加的手下一道去攻打卡姆拉西，于是他就想让我留下来，给他看守地盘。于是，我请求穆罕默德听我一句劝，不要渡过尼罗河，否则卡姆拉西会抢走他的枪支，切断他的返回路线。穆罕默德马上明白了过来，说恰恰相反，他要跟里翁加的手下一道，前往一个名为帕伊拉（Paira）的地方。我说："既然如此，你要枪干吗？""因为我还有其他事情需要解决。对了，我不会走得太远。在我离开这里的这段时间，我的手下会照顾你们的。"之后，我把毯子给了他，但考虑到他的动机不明，我没有给他枪。

12月15—20日。12月15日，穆罕默德带着手下离开了营地。鸣枪、敲鼓，挥舞彩旗，一百支枪朝天齐鸣，有些军官骑驴子，其他军官居然骑牛！许多当地人，包括里翁加的手下在内，手持长矛、弓箭，看上去可不像是做买卖的商队，倒像是一个抢劫团伙。我听说，他们并不是去见里翁加，而是为了让里翁加的手下去看看他们是如何跟科基的雄吉交朋友的。雄吉曾邀请穆罕默德共同对付他的敌人，据说雄吉仇敌的地盘上埋了大量象牙，当地人还有许多头牛，数都数不过来。那里的人靠劫掠为生，抢走了雄吉的绝大部分财产。穆罕默德

马迪人把整个村庄都迁移了出去

原来是要跟雄吉合作。

12月21—31日。抵达这里后，我亲眼见到土耳其人是如何粗暴对待当地人的，心里一直很好奇，[588]这些马迪人为什么会屈服于"埃及监工"（Egyptian taskmasters）？不难想见，马迪人会拆掉房屋，带着房屋材料迁徙至远方。这种迁徙每天都在发生，读者可参见上图中的情景。眼下，没有什么事情比准备过圣诞节更重要了。圣诞节那天，我抓到了一只犰狳。我还从穆罕默德的大老婆那里听说，土耳其人已经劫掠、烧毁了三个村庄，他们很快就会满载象牙凯旋。我确实期盼着这一天。12月31日，穆罕默德带着部队得胜归来，还带回了大量象牙、五个小女奴、三十头牛。

1月1—3日。我现在只想赶快启程，这些人自称是土耳其人，但嘴里一句实话都没有。穆罕默德把启程日子推迟至1月5日。他说，那时他将能够召集所有手下搬运象牙。[589]里翁加的手下已经离开

土耳其人正在捆扎象牙，准备出发

了。穆罕默德令人杀了十几头牛，看这架势似乎准备启程了。牛肉分给那些愿意帮他搬运象牙的村民，牛皮则被切割为皮带，用来按照一定的分量捆绑小象牙。

1月4—5日。我又一次见证了土耳其人的残暴。一个村庄的头领给穆罕默德送来了一根大象牙，以求赎回自己的女儿。穆罕默德上次抓奴隶的时候俘虏了她。当地人跑得不够快，都逃脱不掉土耳其人的魔爪。幸运的是，这个村庄的头领颇有一些权势，土耳其人觉得有必要与这个女孩的父亲搞好关系。因此，穆罕默德接受了这根象牙，把女孩放走了，还送了一头牛，以巩固双方的友谊。

[590]1月6—10日。我觉得穆罕默德的强盗行径与我之前所遇到的那些黑人酋长的所作所为并没有两样。一日，穆罕默德劫掠了一个村庄，一些村民逃出村庄，但令人奇怪的是，穆罕默德没有烧毁他们

前往贡多科罗的穆罕默德的队伍

的房屋。村民觉得穆罕默德并没有骚扰他们，为了表示感谢，他们送给穆罕默德十根象牙。穆罕默德觉得，以这种方式来搜集象牙实在是容易，所以他不仅没有对村民表示感谢，反而摆出一副大权在握的模样，不顾村民对他的宽容，还告诉那些可怜人说，虽然他们想要与他交朋友，做得也不错，但是他们还不够尊重他，否则就会送来二十根象牙，现在只送这么点象牙，他实在是不满意。这些可怜人感叹道："那我们还能怎么办？我们只有这些象牙。"穆罕默德说："如果你们现在只有这些，那我就不追究了，等我从贡多科罗回来，我希望你们能送来更多象牙。再见，小心你们的性命。"

1月11日，抵达潘约罗（Panyoro）。穆罕默德再三拖延，我实在是厌倦了。既然不能让他动身，我只好自己行动，又一次出发了。当然，我也留下话，若他只延迟一天出发的话，我就在下一站等他。一路走来，尽是草地，地势起伏不定，有很多羚羊在其中觅食。我们走了十英里后，来到一个名为潘约罗的村庄，这里特别适合扎营。起先，当地村民以为我们是土耳其人，吓得带着牲畜和财物四下逃走了。但是，等弄清我们的身份后，他们又回来了，并且热情地接待了我们，帮我们搭起茅草棚，还送给我们一头牛和一些牛奶，以作为我们的晚餐。

1月12日。今天，我出去打猎了。[591]我看到一头犀牛和各种各样的羚羊，还开枪射击了，但没有射死一头动物。我和我的手下都有些惊讶。陪我同往的村民原本还希望能够得到一些肉食，结果也非常失望。他们建议我用长矛割破手指，向伤口吐口水，这样就能有好运气了。我告诉他们，肯定是火药出了问题。我仔细检查了一下步枪，却发现瞄准镜有点偏差。在场的人哄堂大笑。我们回到住处后，却又发现村民再次带着牲畜和财物四下逃窜，原来是法洛罗方向来了一群土耳其人。

我尽量安抚村民，并把他们带了回来。他们对我说："哦，看看您都做了什么事，在昨天，我们知道您的身份后，高兴坏了。但是，您今天就把那些人招来了，我们的心都凉了。那些人殴打我们，强迫我们挑担子，抢夺我们的财物，我们真不知道怎么办。"我告诉他们，只要他们冷静下来，我会保护他们的。那伙土耳其人来了之后，我把对村民说的话向他们转述了。这些土耳其人是穆罕默德的先遣队，他们奉命陪同我前往阿普德多（Apuddo），在那里我们会停下来，等待穆罕默德过来，因为穆罕默德正在招募人手。阿普德多附近有棵树，两年前曾有一个英国人在那棵树上留下了记号。穆罕默德觉得，我们见到那棵树会感到十分高兴的。

1月13日，抵达帕伊拉。我们又走了一段路程，抵达了帕伊拉。帕伊拉是一个村落，在那里可以看到尼罗河。荒唐的是，我们在法洛罗待了这么久，却还是搞不清楚尼罗河的具体情况。从特征上看，这里的尼罗河河段是一条有名的河。河床平坦，河水自西向东流去，不远处就是库库山脉（Kuku），其海拔高达两千英尺。[592] 直到第二天，我们沿着尼罗河抵达贾伊菲河（Jaifi），这才弄清楚了环境。

1月14日，抵达贾伊菲河。贾伊菲河穿过马迪东部地区的中心地段，是一条很深的河，附近有许多房屋。刚到此地，土耳其人就杀死了一条鳄鱼，还就地吃了鳄鱼。我的手下连连称奇，笑着摇摇头说道："安拉啊，这些人真的是穆斯林吗？即便是我们那里的野蛮人也不喜欢鳄鱼啊。"

尼罗河和库库山脉

1月15日，抵达阿普德多。我们渡过两条河，抵达了阿普德多。我立刻就去查看那棵树，据说之前有英国人在那棵树上留了记号。果不其然，树上确实有记号。割破的树皮已经愈合了，记号虽然不清晰，但还是能看到"M.I."两个字母。土耳其人说，那个刻下记号的人，跟我长得很像，蓄着大胡子，就连声音也很像。两年前，这个英国人和穆罕默德一道从贡多科罗过来，后来又回去，[593]因为他听人说起南方地区的情况，有些担心，而且他又不愿意跟穆罕默德在法洛罗度过整个雨季。这个英国人知道我们正在沿着这条路线赶来，并对穆罕默德说，如果我们过来了，就把他的名字指给我们看。

同往常一样，我们在村庄里驻扎了下来。土耳其人虽未进村，却把村民的屋顶拆了下来，用来搭建帐篷。我斥责了他们的行为，但他们却温和地说道，他们没有房屋住，也没有带来做饭的锅，只好从村民那里拿些需要的东西。他们告诉我们说，如今，这已经司空见惯了，即便我们反对，也没有任何意义。如果当地人聪明的话，那就卖些东西；否则，他们就要任劳任怨，毕竟"政府"也没有阻止他们售卖象牙。的确，这里的人太可怜了，当地缺粮，村民为了果腹不得不去吃些野生的浆果和水果。这帮土耳其人却摆脱了贫穷与饥饿，甚至还有一些储备，足以支撑到下一个收获季节。更糟的是，所有村长还在相互作战。

1月16—17日，停顿下来。夜里，有一队士兵绕着村庄转来转去。因为我们住在这里，他们不敢展开侵袭。第二天早上，村民冲出去，杀死两个敌人；其他敌人在撤退时叫嚣着说，等我们这些"带枪的"一走，他们就会进攻，到那时，村民们最好自求多福。如果村长阿皮纳（Apina）给我们派来一个向导，我打算继续前进。但是，阿皮纳村长担心我出事，也担心穆罕默德怪罪于他。我没有珠子了，也没有牛了，再争吵也没有用了。我必须冷静下来，用枪到外面去找些吃的。

[594]1月18—19日。这里有许多羚羊，野性十足，我始终不能接近它们。就在我准备拐弯回去时，却发现远处有三头水牛吃草，还看见有几个当地人站在远处的高地上盯着另外三头水牛，原来他们也想

出来弄点肉食。为了接近这三头水牛，我迎风来到它们的附近，并让这几个当地人躺下去，自己则从草丛里悄悄溜过去。三对牛角在我眼前闪闪发亮。我担心它们会突然受惊，便悄悄起身，准备开枪，但又陷入困惑之中。它们确实就在那儿，但从我的角度望去，怎么也看不到这三头水牛的躯干。我没有想到，这三头水牛大白天会躺在如此开阔的地方。我悄悄地走近，以免它们受到惊吓，对着我以为是最近的一头水牛的前胸处开了一枪，接着我就发现自己判断有误。听到枪声后，这几头水牛跳起来，飞奔而去。我重新装上子弹，但还没装到一半，就看到逃走的三头水牛和另外三头水牛混在一处，共计六头水牛朝我飞奔而来。若是水牛不把我踩死，我一定会大获全胜。看到我站在那里，这几头水牛突然一改凶狠的模样，或是出于害怕，或是出于其他原因，改变了方向。运气真是太差了。第二天，格兰特猎到了一头漂亮的公鹿，多少算是一种补偿了。

1月20日。我想再次追踪那六头水牛的下落，其中一头水牛昨天应该受伤了。我沿着斜坡向东行走三英里，发现自己身处两条河之间，一边是尼罗河，另一边则是久负盛名的阿苏阿河，背后那个山脉的海拔甚至高于库库山脉。阿苏阿河的河床非常宽阔，但离我这边太远了，[595]我也不那么确定，而且我也不想去一看究竟。就在此时，我的眼前竟然出现了五头水牛、五头长颈鹿、两头大羚羊，还有其他品种的羚羊，真是吊足了我的胃口。

这个地方看上去像是一个公园。我开始跟踪猎物，起初追踪的是大羚羊，我想看看它们与我在乌萨加拉射杀的大羚羊是不是一个品种。但是，呆笨的长颈鹿总挡在路上，还不停地发出叫声，除了两头水牛，其他动物都跑掉了。我带着枪追踪这两头水牛，把仆人和野蛮人甩在后面。开阔的草地上，那两头水牛正悠闲地吃草，我悄悄走到离它们只有四十码的一块光秃秃的地面上，等待时机，朝着个头较大的那头水牛肩处开了一枪。听到枪声后，这两头水牛立刻冲了过来，在靠近我的空地处停下，不断嗅着，甩着牛角，寻找敌人。我迅速就地卧倒。

两头水牛和我，就像三个傻瓜，在原地待了将近二十分钟。其中一头水牛已经开始口吐鲜血，后腿也断了，子弹已经打穿了它的身体。另一头水牛转来转去，到处找我。我一边着急地盯着它们，一边装好弹药。我准备妥当，正准备射击时，枪帽却发出声响，差点把我给暴露了。两头水牛都盯着我躺身的地方，一头水牛嗅着空气，晃着牛角，另一头水牛还在不断流血。几分钟后，它们走开了，我也终于长舒了一口气。当然，我一直紧紧地跟着它们，却一直没有好机会。夜幕降临，我没有再继续追踪，决定第二天早上再行动。

1月21—22日。在我昨天离开的地方，我又看到一群水牛，大约有五十头。我跟着牛群走了一英里，那头受伤的水牛精疲力竭，[596] 突然停了下来，于是我上前放倒了它。村民们欢呼不已，就地分割了牛肉，把牛肉拿回了家。为了表示感谢，他们给我们送来了一些美食。他们说，在我们过来之前，他们从没有得到过一份礼物，所得到的只是鞭打。

1月23日。我准备再次去那片空地狩猎。我走上山坡，看见两头黑犀牛。它们见到我，便朝我直冲过来。营地里的子弹已经不多，我也不想浪费，所以没有开枪，只想着留下子弹用于更好的猎物。接着，这两头黑犀牛分开了，其中一头优哉游哉地从我面前经过，在一个水塘边停了下来，喝饱了水，还在水塘里躺了下来。我转身向山上走去。另一头犀牛一路小跑，看到我上山，突然掉头，在离我五十码的水塘边停下了脚步，正好挡在我的路上。这简直太有趣了。为了节省时间，我给了它一枪，把它击倒。令我吃惊的是，陪我打猎的当地人并不愿意触碰犀牛的尸体，也不愿意吃犀牛肉。当地人认为犀牛是不洁的动物。我很后悔，浪费了子弹。我决定继续向前走，把目标锁定在水牛身上。

当时，我和几头水牛近在咫尺。但是，一头小羚羊不知从哪里冒出来，还把水牛也吓跑了。这一天过去了，我空手而归。

1月24—30日。后来，格兰特和我接连射杀了三只羚羊，我们又一次支起热腾腾的大锅。后来几天也没有发生什么事。1月30日，穆罕默德的总管布海特（Bukhet）带着土耳其人的大部分财物过来了。根据前几天接到的报告，[597] 穆罕默德令布海特提前过来，与我们会合。然而，布海特抵达潘约罗时，他的手下与当地人发生了争执，还失去了所有财物。于是，布海特返回穆罕默德的营地，并报告了此事。听完汇报后，穆罕默德当即跟他说："你空手而归是什么意思？马上回去把你的东西都给我拿回来，不然我到贡多科罗后如何交代？"铁令一下，布海特回到潘约罗，展开复仇。战斗没有持续太久。布海特有三个手下受伤。布海特命人火烧村庄，杀死了十五个村民，除了找回自己丢失的财物外，还牵走了一百头牛。

1 月 31 日。今天，穆罕默德过来了，并开始安排各项事务，准备继续前进。然而，这确实不是一件容易的事情，仅土耳其人就需要六百个挑夫，一半人要搬运象牙，另一半人要搬运土耳其人的床和床上用品。一个村庄最多也只能出五六十人，况且各村村长还互相为敌。穆罕默德打算把所有村长都召集起来，谁敢不来，就夺走他的所有财产。村长们到齐后，穆罕默德令他们必须提供足够多的挑夫，"政府的宝贵财富"可不能扔在地上不管。他们的个人恩怨和利益需要放一放。穆罕默德补充道，若他回来后，听说有村庄胆敢趁着其他村庄出了挑夫、力量虚弱之际而展开袭击，他可不会省下自己的子弹，总之他们还是要掂量掂量。

一些土耳其人在一个鳄鱼窝里发现了九十九颗鳄鱼蛋，拿了回来吃了一顿美餐。他们送给我们两颗鳄鱼蛋，但我和格兰特都不喜欢，鳄鱼蛋有股浓浓的麝香味。

[598]2 月 1 日。我们带着布海特和穆罕默德一半的手下，再次率先启程。穆罕默德没有招募足够多的人手，所以他们不能一起动身。没过多久，我们就来到了尼罗河，这里的河段像一条高原河流，贯穿于库库山脉麻岩（gneiss）和云母岩（mica-schist）之间。沿着尼罗河而下，我们来到了尼罗河与阿苏阿河交汇处附近。我们在那里坐了一会儿，观察水面，发现河水已经变色了，水流湍急；水量也比我们在卡鲁马瀑布附近渡过的河段的水量大得多。根据霍布列赫博士（Dr Khoblecher）² 的说法，这时正是河水泛滥之际。即便如此，我们还是能够渡河。我们再次与尼罗河告别，转向西部，渡过阿苏阿河。渡河时，水漫胸口，河面不宽，坚石遍布。我以为，阿苏阿河与维多利亚

湖似乎没有太大关系，阿苏阿河水位下降的时候，河水颜色也没有明显变化；然而，从尼罗河的情况来看，阿苏阿河的水位应该上升才对。船只不能逆流而上，与尼罗河的情况没有可比性。穆罕默德·阿里（Mehemet Ali）派去考察尼罗河的探险家夸大了尼罗河的水量。关于这一点，我们并不惊讶，因为他们搞错了尼罗河的具体方位。我们现在所在的位置是赤道偏北 3°42'，与他们所说的"最远点"相距二十英里。

两个多小时后，我们抵达一个也叫马迪³的村落，但这里已经荒废了。据说，当地人受到惊吓，逃入丛林，一去不返。我们希望这里就是这次旅行的终点。一群人的生活完全建立在剥削他人的基础上，世上没有其他任何事情比这更糟糕的了。甚至在乌苏伊遭到敲诈后，我也没有感到如此沮丧。[599] 土耳其人在当地横行霸道，这已是司空见惯之事，而我对此却无能为力。不过，土耳其人也遭受过损失：曾有四个巴里男人和一个巴里女奴带着土耳其人掠夺来的一百头牛，溜走了，而土耳其人至今也没能找回牛。一个名为米贾卢瓦（Mijalwa）的人被控有偷窃行为：当他的土耳其主人劫掠帕伊拉时，他住在主人小屋里，偷走了主人的布。因此，米贾卢瓦被打了五十鞭，以教训他今后要端正自己的行为。

2月3—5日，停顿下来。从下一站的拉布雷（Labŭré）过来了五十人，原来是来做挑夫的。他们知道，每到这个季节，土耳其人总会带着大量掠夺而来的牛群过来，土耳其人还美其名曰"政府的财富"，而且土耳其人还会支付那些愿意帮他们搬运象牙、越过巴里人地区的挑夫一些工钱。

2月6日，抵达巴鲁乌迪（Barwudi）；2月7—8日，抵达拉布雷。我们翻越了一个山丘，那里灌木丛生，间或也有一些村庄，树木葱茏高大，似乎是橡树。我们在巴鲁乌迪过了一夜，随后继续启程，抵达了拉布雷。我们要在拉布雷停歇一天，因为穆罕默德要到附近的仓库搬运象牙。据说，距离这里二十英里的东边，还有一伙人在帕努夸拉（Panuquara）地区的奥布博村（Obbo）收集象牙。

2月9日，抵达穆吉（Mugi）；2月10—11日，停顿下来。我们渡过一条汇入尼罗河的河流，穿过一段更加崎岖不平的路段，转向右手边一个连绵小山脉，抵达马迪边境的穆吉落脚。我们需要在这里停歇两天，以招募挑夫帮助我们通过巴里人地区。土耳其人称巴里人为"野蛮人"，因为他们不愿搬运象牙。在这里，我们还遇到了地震。[600] 当地人说他们不喜欢珠子，但喜欢用鸵鸟蛋壳做成的项链和腰带。他们把鸵鸟蛋壳切成纽扣大小，钻孔后用线串起来，于是就成了项链和腰带。一个过路人告诉我们，有三个白人刚刚乘船抵达贡多科罗；巴里人听说我们即将过来，不敢用长矛来杀我们，于是决定在他们那里的水里下毒。穆罕默德把手中一半数量的牛送给了各村村长，以让他们送来足够多的挑夫。穆罕默德告诉我，这些财物都属于政府，但他可以动用一半的牛、所有奴隶、所有山羊和绵羊，以支付雇用挑夫的费用。

2月12日，抵达乌伦吉（Wurungi）；2月13日，抵达马尔桑（Marsan）。一切安排妥当后，我们一千多人浩浩荡荡来到乌伦吉。第二天，我们走了两段路程，抵达巴里人地区的马尔桑。我希望在当地的村庄里落脚，但穆罕默德却对我的手下说，如果所有人不住在一个大营的话，巴里人晚上会把我们全部杀死。因此，我们不得不屈服。巴里人地区右边有群山，山峦起伏，树木繁盛。村庄不少，但我们所到之处，村民都跑光了，只有少数胆大的村民，站在道路的两侧，看着我们前进。夜间、早上，土耳其人会敲鼓。一旦停下脚步找吃的，他们就会去洗劫村庄。

2月14日，抵达多罗（Doro）。我们缓慢前进，中午停下来吃饭时，又看到了尼罗河。我们在一个名为多罗的地方扎营，这里距离著名的里杰布山（Rijeb）不远，尼罗河的航行者热衷于在那里刻下自己的名字。一路走来，整个地区没有太大的变化，但是地上的草变得越来越短，也越来越鲜亮。我的手下说，这说明我们离英国越来越近了。[601] 我们安顿下来的时候，土耳其人已经洗劫了最近的几个村庄。两声枪响后，整个地区人声鼎沸，鼓声四起，那是巴里人向我们发起攻击的信号，邻近村庄也纷纷敲起战鼓。土耳其人大惊失色。夜幕降临，除夜间值班的看守外，土耳其人还派出巡逻队。那些野蛮人想偷袭我们，但很快就被巡逻队用枪吓跑了。偷袭不成，数百巴里人聚集起来，放火烧草，挥舞着手里燃烧的稻草，跑来跑去，鬼哭狼嚎，发誓说在第二天早上把我们统统消灭干净。

2月15日，抵达贡多科罗。一夜无事。第二天上午我们终于抵达了贡多科罗。贡多科罗位于北纬4°54'5"、东经31°46'9"。穆罕默德鸣枪致意后，带我们拜访了一个名为库尔希德·阿加（Kurshid Agha）的彻尔克斯（Circassian）商人[4]。我们首先向他询问了佩瑟里克的近况。他沉默了一会儿，告诉我们：德波诺先生是我们最应该感谢的人，我们从马迪一路过来，他帮了大忙。随后，我们匆忙跟穆罕默德的朋友（德波诺在这里的代理人）打了个招呼后，便赶紧告辞，到处寻找佩瑟里克的下落。我们沿着河岸而下，岸边停泊着一排小船，右岸还有一些屋子，但其中的一半已破败，一座砖瓦房屋正是过去奥地利教会在这里设立的传教站。前面有一个英国人匆匆向我们走来，我们一度以为是西蒙·普雷（Simon Pure）。再定睛一看，原来是我的老朋友贝克[5]。他在锡兰以狩猎而闻名。贝克紧紧地抓着我的手。贝克手下的一个奴仆告诉他我们过来，所以他立即过来迎接我们。我此时

贡多科罗的传教站

的喜悦之情，难以言表。[602]我们激动得都说不出话来，再次见面实在是太高兴了。当然，此时，我们是他的客人，而他也告诉了我们所有事情。我第一次得知阿尔伯特亲王（H. K. H. the Prince Consort）逝世的消息。离开英国之前，罗德里克·默奇森爵士曾把我引荐给他，他的那些鼓舞人心的话，仍然回响在我耳边。美洲爆发了可怕的战争，还有其他一些不那么令人吃惊的消息。我和格兰特都感到惊讶，在我们再次得知文明世界的信息前，多年时间就这样过去了。

贝克告诉我，他带来了三艘船，满载全副武装的士兵、骆驼、马、驴子、珠子、铜丝以及其他长途旅行所需的一切。他本要去寻找我们，甚至还开玩笑说希望我们在赤道地区遇到一些麻烦，那样他就可以把我们解救出来，就有成就感了。他已经听说穆罕默德一行人过来，实际上贝克也正在等穆罕默德过来，这样贝克就可以跟穆罕默德的手下一道出发，也会有一个顺利的开端。[603]三位荷兰女士 6 就像贝克（愿上帝保佑他们）一样，前来看看有没有可以帮助我们的地方，她们是坐汽船过来的，却因生病又返回喀土穆了。其实，没有人相信我们可以顺利抵达这里。一个名为米亚尼（Miani）的意大利人沿着尼罗河而上，抵达的地方比其他人都要更远，而他正是在阿普德多那棵树上刻下记号的人。但是，佩瑟里克呢？他当时正在距离这里七十英里、西边的尼扬巴拉（Nyambara）进行交易。自从我在英国与他告别后，他已经从我的朋友那里筹集了一千英镑。我的这些朋友知道，这趟旅程，我生死难料，他们对我的帮助，我无以为报，只能在这部日志中提及一下，聊表谢意。

我敢肯定，佩瑟里克没有及时沿尼罗河而上，他可能试过，但可能也在一直等着一艘大船修浩完成，只是时间拖得太久了，而那个季节他已经不能沿尼罗河航行了。简单来说，行驶到北纬7°处，佩瑟里克会失去北风的助力，只能走陆路去尼扬巴拉的贸易仓库。此前，佩瑟里克派其总管率领几艘船沿着尼罗河而上，而其总管也奉命前往尼扬巴拉的贸易补给站，再从那里去南方，表面上看是为了寻找我，但显然违背了我在离开英国前给他的建议，也违背了他寻求赞助时说要帮我的承诺，更违背了像他这样从事象牙贸易的欧洲人的职业精神。从事象牙贸易的所有人都知道,佩瑟里克本该去法洛罗,如果他在尼罗河西岸无法打开贸易的话,他可以从那里继续向南拓展。

贝克派船送我去喀土穆,并问我有什么重要的事情还没有完成,如果有,他定当继续去完成或做些别的事情。贝克虽然也想同我们一道到喀土穆,[604]但他不愿无功而返,毕竟他为了这次大型探险遭受了不少困难,也花了不少钱。我告诉他,我没有亲眼一睹小卢塔·恩齐盖湖,实在是遗憾。我还告诉他,我们在穿越乔比地区时,看到尼罗河向西拐了个弯;当时,我们沿着尼罗河的弧线步行,到马迪时又看到了尼罗河,它自西奔腾而来,至少向南流至科希(Koshi)地区,据说那个河段可以通行,很有可能一直通往小卢塔·恩齐盖湖。果真如此的话,贝克就要在瀑布上方的马迪地区修造船只,这样就可以越过一大片地区,摆脱无法通航的影响。我还告诉贝克我跟卡姆拉西的约定,还有我留在那里的财物,希望贝克能够找到一个有冒险精神的人过去,兑现我的承诺,如果必要的话,就索要属于我的那一份财物,当然贝克自己去那里是再好不过的了。贝克当即应承了下来,他说他可不霸占我的财物。我还向贝克提出了如何去那里的建议。贝克和穆罕默德交上了朋友。随后,穆罕默德答应助他前往法洛罗。我送给穆罕默德及其手下三支卡宾枪,以作谢礼。

如果借助于月球角距可以测量经度的话,我应该随即顺着尼罗河而下。但是,事情没有这么顺利,我一直跟贝克住到26日。库尔希德·阿加跟我们的关系也日渐亲密,他还送给我们一只火鸡、一桶酒、一些雪茄。他说,我们找到了一个同胞,实在是他的遗憾,否则他一定会把我们奉为座上宾,还会亲自用他的船把我们送到喀土穆。

一支由牧师穆尔兰(Moorlan)先生和另外两个牧师组成的奥地利传教团从基奇(Kich)传教站前来。[605]在动身前往喀土穆之前,他们想再来看看故地。多年来,传教事业受挫,奥地利政府备感失望,决定召回这些地区的所有传教人员。这一点都不让人感到奇怪。在过去的十三年里,二十名传教士沿着白尼罗河而上,结果有十三名传教士死于疟疾,两名传教士死于痢疾,两名传教士因为健康问题而选择回国,而他们却没有让一个当地人皈依基督教。

事实上，非洲地区根本就没有政府来管理人口或保护财产，当地人到传教士那里去看看图画，甚至也愿意倾听他们布道，但也仅此而已。由于没有实质性的回报，当地人没有心思去学习教义。头一天，当地人还愿意翻翻传教士给的书册，第二天就把它们扔到一边，嚷嚷着肚子饿，都跑出去找吃的了。据说，贡多科罗的巴里人比基奇人更温顺一些，也更勇敢和高贵一些。但是，这些巴里人总处于半饥饿状态，这并不是土地贫瘠所致，而是因为他们懒惰至极，根本不愿种地。玉米还未成熟，他们就几乎把玉米吃光了；他们宁愿到河里抓鱼，到内陆抓乌龟吃，也不愿去收割自己种的庄稼。

这些传教士从未对当地黑人有过任何抱怨，要不是白尼罗河上的那些商人对黑人过于苛刻，或许黑人会跟欧洲人更亲近一些。穆尔兰先生还记得，黑人过去还会出来卖粮食，但是现在的黑人对所有外国人都置之不理，甚至斥责传教士是带来大灾难的瘟神。贡多科罗的砖瓦教堂、基奇当地人屋顶上的十字架，[606] 都是基督教传教士为了改善这些异教徒所处生活环境的见证。其实，真正击垮这些可怜的传教士的是无事可做，整天也就是吃喝、抽烟、睡觉。日子过得太快了，而且这样的生活也打破了他们的生活节奏。

穆尔兰先生非常友善，他说他为没能为我们做更多的事而感到抱歉，他的总部位于尼罗河下游的基奇地区的一个地方，倘若我们经过那里，他希望给予我们更多关注，并尽到地主之谊。据说，尼罗河上的蚊子令人苦恼不已，佩瑟里克曾命他的总管为我们储备了一些衣物。我的手下听说后，纷纷前去索要。我把总管叫了过来，以证实手下的说辞，倘若为真，就请他把衣物送过来。结果证明，确有其事，佩瑟里克曾奉命为我准备一切补给。事情最终落实了，我拿到了四套水手制服和九十五码的普通布料，四件衣裳分给了手下的头领，而那些普通布料则分给了其他手下，以充当蚊帐。

2月18日，距离这里一英里的尼罗河下游地区发生密集交火，库尔希德·阿加乘船前去救援。他的手下带着象牙，从尼扬巴拉地区出发，在此地以北数英里外的尼罗河两岸与当地人展开交锋。库尔希德·阿加及时赶到，解决了这场冲突。第二天，库尔希德·阿加重返此地时，还杀了一些敌人，并抢夺了敌人的牛。我们听说，佩瑟里克的人也处于同样的困境中。因此，我建议贝克、格兰特和我一道前去帮助他。后来，佩瑟里克带着他的妻子和詹姆斯·缪里（James Murie）博士及时赶到。因此，我们也省去了麻烦。佩瑟里克告诉我，他带来了许多帮他搬运象牙的人手，为的是能够在尼罗河东岸南下，寻找我的下落。[607]之前，他接到一份报告说，我的挑夫在乌戈戈离我而去，他那时觉得已经没有机会再见到我了。接着，佩瑟里克要我坐他的船，只要我有需要，他定当尽力而为。我只能说，贝克非常慷慨，当时我已经不再需要其他帮助了。但是，在佩瑟里克的再三催促下，我又为我的手下拿了几码布料和一些烹饪用的油。我想付钱给佩瑟里克，但他不肯收。

我匆匆离开布干达，又在卡里与格兰特兵分两路，就是为了不失约于佩瑟里克。尽管我对佩瑟里克非常恼火，但也不想跟他翻脸。在共进晚餐时，佩瑟里克告诉我，他的总管曾经从尼扬巴拉贸易站南下，抵达食人族所在的地方，听当地人说那里有一条自东向西奔流的大河，距离他们所在的位置有四天的路；在那条大河外，还有一个女人部落，如果这个部落的女人想结婚了，就跳入河里，然后再回来结婚；就在这个女人部落所在地之外，还有另一个女人部落，那个部落只有女人和狗。对于那些不了解黑人和阿拉伯人表达方式的人来说，佩瑟里克讲的故事荒诞至极。但对我来说，这个故事实属平淡无奇。依我之见，这个故事应该这样去理解：这条河流自东向西流去，按照本地人表达方向的方式，这条河正是流向完全相反的小卢塔·恩齐盖湖，这才符合事实，也才符合我们的表达方式。第一个女人部落无疑是尼奥罗人，这边将赤身裸体的人称为女人，因为尼奥罗人穿树皮蔽体，在赤身裸体的男人看来，以树皮蔽体的人定是女人。第二个部落一定是养狗的干达人，干达人也穿树皮布衣服，所以这边的当地人认为他们是女人。[608]我对佩瑟里克说，他没有沿尼罗河而上，前来找我，所以他错过了一次好机会；如果他那时过来了，他能够得到一个盛产象牙的地区，如果他能够在瀑布上方的马迪地区再造一艘大船，我觉得他还可以利用几百英里的可通航水道来运输货物。总之，如果他按照探险请愿书一步一步推进，那对我们双方都有好处。[7]

我们收到了来自英国的第一批信件，其中一封信是罗德里克·默奇森爵士寄来的。我在这封信上得知，皇家地理学会已经授予我"奠基人奖章"（founder's medal），以表彰我在1858年发现了维多利亚湖。

与阿苏阿河交汇后的尼罗河

结　语

[609]我们沿着尼罗河而下前往亚历山德里亚（Alexandria）的旅程颇为坎坷，沿途又是另一番情景，也值得书写。但是，我想读者可能已经没有了耐心，我也不想再赘述与我这次前去解决的大问题无关的任何事情。经过两年四个月的艰难旅程，我们沿着欧洲旅行家的足迹，并与他们相遇，如今我的旅程结束了。结语处，我想做一些解释，比较一下尼罗河诸多支流的流量，以揭示它们各自的价值。

尼罗河的第一条支流是加扎勒河（Bahr el Ghazal）。加扎勒河令我们大吃一惊。在我们的地图上，加扎勒河是尼罗河大河曲处的一个大湖，但我们发现这一水域只是一个藏身于灯芯草海洋中的小池塘而已，面积只够鸭子戏水。古老的尼罗河以其磅礴之姿，奔流向前，把我们带向尼罗河第二条支流索巴特河（Sobat），索巴特河的支流是扎拉夫河（Geraffe）[1]。扎拉夫河河水向前奔流，划出一条优美的半圆弧，水流湍急，汇入尼罗河。扎拉夫河显然非常深，但宽度不超过五十码。

接下来，我们介绍一下尼罗河支流索巴特河。同扎拉夫河一样，索巴特河也优雅地注入尼罗河。索巴特河比扎拉夫河更宽，但流速不如扎拉夫河。[610]由于这些支流的汇入，尼罗河水量大增。但即便如此，它仍未呈现出我们之前在布尼奥罗划着独木舟航行时所见到的那种令人惊叹的景象，当时雨季刚过。

在索巴特河，我在非洲最后一次观测月亮，确定索巴特河第一个河口位于北纬9°20'48"、东经31°24'0"。索巴特河在尼罗河下游还有第三个河口。不幸的是，我还没有意识到就已经航行过去了。由于这个河口没有那么重要，所以也没有那么遗憾。

接下来，我们介绍一下著名的青尼罗河（Blue Nile）。青尼罗河的水量很小，甚至还不如索巴特河的支流扎拉夫河。青尼罗河的河口确实非常宽阔，但水非常浅，我们的船费了九牛二虎之力才通过那里。它完全呈现出山区河流的特征，会出现大幅周期性涨落。对于青尼罗河，我实在太失望了，倘若白尼罗河水不再注入它，那么它的河水还没流到下埃及（Lower Egypt）就会被河道吸干了。

最后要介绍的是阿特巴拉河（Atbara）[2]，它与青尼罗河出奇地相似，几乎如同山涧溪流，雨季河水泛滥，旱季则几近干涸。

我看的已经够多的了，可以确切地说，源于里彭瀑布附近的维多利亚湖的白尼罗河才是真正的尼罗河，或曰尼罗河的母亲河。白尼罗河以其蓬勃之姿，裹挟着各大支流向前奔去。我以为，旱季是估算各个支流相对价值的最佳时机。

我返回英国的时候，曾在贡多科罗遇到的缪里博士也回国了。我向他描述了我们在卡鲁马瀑布与贡多科罗之间抢在尼罗河河水泛滥前前行的经历。根据我的描述，缪里博士判断，[611]小卢塔·恩齐盖湖一定是尼罗河的大死水湖。我住在马迪的时候，尼罗河河水正在注入这个死水湖；我准备从马迪启程的时候，小卢塔·恩齐盖湖湖水已经溢出，盈余水量向北流去，同我们前进的方向完全一致。就我个人而言，我认同这个观点，因为他刚一问我该如何解释我之前提到的那个现象，即我们顺流而下时河水流量看似逐渐减小，我便不假思索地提出了他的理论。此外，同样的假设也能解释尼罗河为何会如此缓慢地泛滥至埃及。

写到这里，我希望一直读到现在的读者也关注一下我的那些"忠实的孩子们"，他们一路跟随我，背井离乡，为我效劳，我对此实在是无以为报。我们住在开罗的牧羊人旅馆（Shepherd's Hotel）时，我为他们拍了一张合照，还带他们看了音乐会、舞台剧等。应埃及总督

斯皮克手下忠诚的奴仆

大人之邀，我们拜访了他在罗达岛（Rhoda Island）的宫殿。席间，主宾尽欢。听完我们的故事后，总督大人还作出精彩评论。他极其慷慨，愿意帮我完成开拓、发展非洲内陆地区的任何计划。

随后，我任命邦贝为"效忠者"首领，并交给他六张照片，其中三张是全体十八个男人的合照，另三张是四个女人的合照，并让邦贝把这些照片送给英国驻苏伊士、亚丁、桑给巴尔的领事们，以承认他们的贡献。根据我们在桑给巴尔的规定，除了支付他们服务期间的工钱外，我还需要额外支付他们一年的酬劳，但我最后把这一年的酬劳提升至三年的酬劳。我还按照规定为他们在桑给巴尔购买了"自由人园地"。按照规定，我还向每人支付了十美元的聘礼钱，以便他们都能娶一个妻子。

[612] 我把这些信物交给他们后，便安排英国领事德拉蒙德·海伊（Drummond Hay）先生派人护送他们，护送经由苏伊士、亚丁、塞舌尔群岛，返回桑给巴尔。

1.基库朱阿　2.卡哈拉　3.姆齐齐　4.法伊达，已经嫁给弗里杰

后来，我听说邦贝及其他人错过了塞舌尔群岛，去了毛里求斯，那里的警察署长安森（Anson）上尉热情地接待了他们，让他们骄傲不已。当地人还像看"马戏团"一样买门票去看他们，这也让他们赚了一些钱，随后他们被送往塞舌尔群岛，他们再从那里坐汽船回到桑给巴尔。新任领事普莱费尔（Playfair）上校安排了这一切，而且上校本人也对他们非常有兴趣。如果我想再次自东向西穿越这片肥沃的非洲地区，他们也都愿意再次跟随我。

文后注释

❧❦❧

前　言

1　全书类似的括注为原书页码。本译本以 1863 年版本为底本，并参考了 2011 年版，这两个版本信息如下：John Hanning Speke, *Journal of the Discovery of the Source of the Nile*, William Blackwood and Sons, 1863；John Hanning Speke, *Journal of the Discovery of the Source of the Nile*, Cambridge University Press, 2011。——译者注

2　斯皮克把黑人也列入动物群，揭示出他对黑人的鄙夷态度和种族主义立场。——译者注

3　Wahuma 现在一般拼写为 Hima。斯皮克在第九章讨论了希马人的历史。——译者注

4　早期传教士、商人、探险家进入非洲，都要向当地酋长交纳过路费。当地酋长会根据人员数量、财物多少来抽取份额。而且，酋长也有权拒绝旅行者入境、购买食物，甚至限制旅行者的人身自由。一般而言，探险队仅需向当地酋长上交梅里卡尼布（merikani，单色布，美国产平纹棉布）和基尼基布（kiniki，印度产蓝色粗花呢布料）。——译者注

5　这里指的是那些还没有道路的地区。

6　我收录的动物名录可见于早期的《伦敦动物学会论文集》（*Proceedings of the Zoological Society of London*）。

7　事实并非如此。非洲人沦为奴隶后，确实难以展开反抗，他们出生于不同地区，语言交流不畅，但奋起反抗的现象也不少。参见 Bernard Lewis, *Race and Slavery in the Middle East: An Historical Enquiry*, Oxford University Press, 1992。——译者注

8　现在常拼写为 Kiswahili 或 Swahili。Swahili 一词源于阿拉伯单词 sahil，意思是"沿海"。——译者注

9　最初指英国商人或皇家海军的海员，特别是在英帝国时期。水手很乐意给自己贴上这个标签。——译者注

第一章

1　伯顿（Burton）上校在接过罗德里克·因佩·默奇森爵士手中的金质奖章时说："爵士，您已经谈了上一次成功的探险任务。公平起见，我得陈述一下上次成功探险的原因。关于地理

信息，您已经不吝溢美之词，而斯皮克上校也确实功不可没。我考察了历史、人种志、语言、当地人的特性，而斯皮克上校承担更为艰巨的任务——精确绘制地形图、借助于天文观察以确定我们的位置，即便临危不惧的利文斯通（Livingstone）恐怕有时也会自叹弗如。"（此注释表明，伯顿公开承认斯皮克的贡献，尤其是在绘制地图方面的贡献。——译者注）

2　穆罕默德·阿里（1769—1849），近代埃及政治家，奥斯曼帝国驻埃及总督，埃及穆罕默德·阿里王朝的创立者（1805—1848年在位）。1821年，穆罕默德·阿里率军入侵苏丹地区，一度推进至尼罗河上游地区，包括埃塞俄比亚、乌干达。参见Afaf Lutfi Al-Sayyid Marsot, *Egypt in the reign of Muhammad Ali*, Cambridge University Press, 1983.——译者注

3　原文拼写方式均为Karague，现在通常拼写为Karagwe。根据班图语音译法，Karague对应的中文译法为卡拉古埃，而Karagwe对应的中文译法为卡拉圭。中文译本统一译为卡拉圭。——译者注

4　全名为詹姆斯·奥古斯都·格兰特（James Augustus Grant，1827—1892），英国探险家。1864年，他也出版了这次与斯皮克一道的探险经历。参见James Augustus Grant, *A Walk Across Africa: Or Domestic Scenes from My Nile Journal*，W. Blackwood and Sons，1864.——译者注

5　位于今南苏丹境内。从贡多科罗再向南前往乌干达，就要离水路转陆路。斯皮克、格兰特希望与佩瑟里克在贡多科罗汇合，但并未如愿。参见Pat Shipman , *To the Heart of the Nile: Lady Florence Baker and the Exploration of Central Africa*, Harper Paperbacks, 2005.——译者注

6　准确的拼写形式为the White Nile。——译者注

7　应是阿丘瓦河（Archwa river），存疑，此处采音译。——译者注

8　指1856—1860年的第二次鸦片战争。——译者注

9　1859年9月24日，H.凯珀尔任开普地区和非洲西海岸总司令。——译者注

10　1854年，在皇家地理学会的支持下，斯皮克跟随伯顿一道赴非探险，而索马里人地区是他们的必经之地，结果遭到二百个索马里人的攻击，探险队伤亡惨重，斯皮克被俘，受了伤。——译者注

11　Hottentots指南非科伊科伊人（Khoikhoi），也指南非所有非班图居民。——译者注

12　南非东开普省的港口城市。——译者注

13　马普托湾的前称，位于莫桑比克东南海岸，非洲象牙、奴隶的主要中转站之一。——译者注

14　Kaffir源于阿拉伯语，原义是非穆斯林或无宗教信仰的人。在南部非洲，卡菲尔人特指班图人。祖鲁地区位于今天南非的夸祖鲁-纳塔尔省（KwaZulu-Natal）。——译者注

15　现称马拉维湖。戴维·利文斯通称尼亚萨湖为"星星之湖"（The Lake of Stars），因为湖上渔火好似天上繁星。——译者注

16　今天科摩罗群岛上的恩祖瓦尼岛（Nzwani）。——译者注

17　现拼写形式为Yao。这一地区的族群主要有马库阿人（Makua）、尧人（Yao）、马孔德人（Makonde）、尼扬扎人（Nyanja）、曼干贾人（Manganja）。所以，这些奴隶极有可能是尧人。——译者注

18　恩古贾岛是桑给巴尔群岛的主岛，又译安古迦岛。原文涉及某地时，常常省略某地的地形属性，如此处恩古贾岛（Unguja）省略了island。本书译文的括注严格遵循原文，后文不再一一标注。——译者注

19　指英属印度殖民地政府。——译者注

20　即马拉维湖，参见前面的脚注。——译者注

21　巴尼亚人属于印度高种姓，主要是一个由贸易商、银行家、放贷人组成的群体，得名于梵语单词Banij（贸易商）。休·托马斯（Hugh Thomas）曾记录了巴尼亚人在阿曼苏丹国马斯

喀特的蓄奴活动，参见 Hugh Thomas, *The Slave Trade: The History of the Atlantic Slave Trade: 1440—1870*, Macmillan, 1997。——译者注

22 印度商人，详情请参见第二章的相关论述。——译者注

23 穿过马赛人地区和索加王国（即斯皮克所言的 Usoga），是做非洲内陆贸易的阿拉伯人的传统商路。然而，善战的马赛人切断了这条路线。——译者注

24 在非洲之角的穆斯林地区，谢赫（Sheikh）可指伊斯兰教教长、部落首领等，也可与一般人的姓名连用，以表示尊敬。从这里的表述推断，Sheikh 只是一种尊称而已。——译者注

25 常见拼写形式为 Baloch。俾路支人主要生活于伊朗、巴基斯坦、阿富汗地区，以巴基斯坦为最多。——译者注

26 现在的拼写形式为 Nyamwezi，斯瓦希里语，意思是月亮之乡的人（people of the moon）。尼亚姆韦齐人是专职从事贸易的非洲人群体。——译者注

27 坦桑尼亚东北部城镇。——译者注

28 月亮山脉是传说中的地名，也就是鲁文佐里山脉（Rwenzori Mountains）。——译者注

29 1801 年第三卷。

30 坦桑尼亚历史名城和港口。——译者注

31 意思是东非的一块耕地，一个花园般的地方。

第二章

1 斯皮克将扎拉莫人称为 Ramo，但现在常拼写为 Zaramo。扎拉莫人是坦桑尼亚沿海地区的一个农耕族群，也是达累斯萨拉姆（Dar es Salaam）及其周边地区最大的族群。自 8 世纪以来，扎拉莫人社会一直受到沿海地区阿拉伯人贸易的影响。详见 Lloyd W. Swantz, *The Medicine Man Among the Zaramo of Dar es Salaam*, Nordic Africa Institute, 1990。——译者注

2 现拼写形式为 Rufiji。——译者注

3 伊斯兰国家对高级官员的称呼。——译者注

4 潘加尼河是坦桑尼亚东北部主要河流之一。——译者注

5 瓦米河流域全部位于坦桑尼亚境内。——译者注

6 主要是当地挑夫在旅途上捡的"老婆"。——译者注

7 巴基斯坦的东部城市。——译者注

8 杜巴阿尼布和萨哈里布都是彩色布料，而过路费通常只需单色布。——译者注

9 非洲红树林在夜晚或远处看，常常被误以为是一条河流。——译者注

10 斯皮克给当地官员起的绰号。——译者注

11 印度产蓝色粗花呢布。——译者注

12 位于坦桑尼亚姆万扎地区（Mwanza）。——译者注

13 坦桑尼亚东北部山脉，山区居民大多从事农业。——译者注

14 意思是皮特先生（Mr. Pit）。

15 现在常见的拼写形式为 Imam，伊斯兰世界世俗、宗教权威的称呼。——译者注

第三章

1 现在拼写形式为 Sagara。萨加拉人聚居于今坦桑尼亚莫罗戈罗（Morogoro）、多多马（Dodoma）南部以及伊林加（Iringa）地区。——译者注

2　我上次探险时也发过烧。但是，那一年之后，我就没有再出现这种症状了，而格兰特上校在旅途中每隔两周都会犯一次。

3　斯皮克意在说明英国反奴运动的正当性。在世界史上，始于英国的反奴运动确实具有进步性，但其背后与英国工业革命带来的生产方式的改变和非洲人的反抗也有很大的关系。——译者注

4　每次停顿期间，我总会安排手下进行打靶训练，以提高手下的自信心。

5　包括大型动物、鸟、蛇、昆虫、淡水贝壳、陆生贝壳和少量岩石标本，其中还有一块化石。

6　可以让三个霍屯督人轮流骑着回去。

7　赫赫人居住于坦桑尼亚中南部伊林加地区。——译者注

8　南非好望角附近的地区。——译者注

9　Robeho的意思是"多风的"。

第四章

1　乌戈戈雨季很短，时常发生旱灾。戈戈人大都是为尼亚姆韦齐人、赫赫人开垦土地的人。——译者注

2　好战的马赛人的一个小部落。

3　在西方旅行者的眼中，戈戈人是一个粗鲁、好斗的游牧族群，且声名狼藉。艾明·帕夏（Emin Pasha）曾写道："我们现在的位置是乌戈戈的边境，漫天风尘、缺水，当地居民厚颜无耻，乌戈戈是一个声名狼藉的地区。"参见John Iliffe, *A Modern History of Tanganyika*, Cambridge University Press, 1979; Peter J. Rigby, *Cattle and Kinship Among the Gogo: A Semi-pastoral Society of Central Tanzania*, Cornell University Press, 1969. ——译者注

4　巴萨蒂（barsati）是桑给巴尔市场售价最便宜的布，亦称kitambibarsati，也是当地获释奴、妇女、奴隶所穿的衣服的主要布料。参见Chhaya Goswami, *Globalization Before Its Time: The Gujarati Merchants from Kachchh*, Portfolio, 2016。——译者注

5　浅色印花棉布，主要用于东非沿海地区的丧葬、婚礼、治疗等特殊场合。参见John Picton, *The Art of African Textiles: Technology, Tradition, and Lurex*, Lund Humphries Publishers，1996。——译者注

6　土耳其红棉布，参见Edward A. Alpers, Chhaya Goswami, *Transregional Trade and Traders: Situating Gujarat in the Indian Ocean from Early Times to 1900*, Oxford University Press, 2019。——译者注

7　马库阿人是东南非族群，主要居住于莫桑比克北部地区和坦桑尼亚南部边境。——译者注

8　头巾布。——译者注

9　属于尼亚姆韦齐人地区。——译者注

10　在我们搭建帐篷前，就有人威胁说，如果酋长没有收到过路费，我们肯定走不了。

11　Warori，罗里人，又译箬利人，意为"草原人"，主要生活在坦桑尼亚姆亚贝亚（Mbeya）地区，参见John Iliffe, *A Modern History of Tanganyika*, Cambridge University Press, 1979。——译者注

12　位于坦桑尼亚辛吉达（Singida）地区。——译者注

第五章

1　苏库马人是非洲答大湖地区东南部的族群。Sukuma的意思是"北方人"。苏库马人属于尼亚

姆韦齐人的一个分支。苏库马人虽然并未与尼亚姆韦齐人的其他分支同生活在一起，但生活方式相同，与其他分支也有联系。——译者注

2　南部国家乌塔卡马的疆域发生过变化，塔卡马人也几经辗转他地。——译者注

3　由于有冰川，当地人称当地山脉为"月亮山脉"。——译者注

4　1857 年印度民族大起义领袖之一，屡创英军，后遭叛徒出卖。1859 年 4 月 18 日，坦提亚·托比被英国人处决。——译者注

5　当时，马乌拉的儿子就藏身于穆萨的土房里。

6　桑给巴尔的阿拉伯人认为，朱布河是世界上最大的河流，位于桑给巴尔北部的东海岸，靠近赤道。

7　即布尼奥罗（Bunyoro）。当时又称乌尼奥罗（Unyoro）。为了与现在的译名保持统一，我们统一为布尼奥罗。布尼奥罗是一个位于乌干达西部地区的王国。13—19 世纪，布尼奥罗一直是中部非洲、东非最强大的王国之一。参见 Jamie Stokes, *Encyclopedia of the Peoples of Africa and the Middle East*, Volume 1, Infobase Publishing, 2009。——译者注

8　Nyanza 的意思是大量的水。——译者注

9　即卢旺达。——译者注

10　即布隆迪。——译者注

11　关于乌索加，参见 David William Cohen, *Towards a Reconstructed Past : Historical Texts from Busoga, Uganda*, Oxford University Press,1986。——译者注

12　马隆古流域位于坦噶尼喀湖的西南部。1857—1859 年，理查德·弗朗西斯·伯顿（Richard Francis Burton）访问了那里。当时，阿拉伯人在马隆古流域掠夺奴隶，并将之送往乌及及大型奴隶市场。1874—1877 年，亨利·莫顿·斯坦利（Henry Morton Stanley）也到过马隆古河与坦噶尼喀湖之间的地区。——译者注

13　拼写形式还有 Watutsi、Watusi、Wahuma、Wahima、Wahinda 等，我们不以音译名来定专名，而使用现在常见的汉译名希马人。——译者注

14　斯皮克队伍一直在向北走，这里的北方人是指未来到达北方地区的人。——译者注

15　字面意思是"肉"。

16　姆桑扎地区现为坦桑尼亚行政区之一，其北部同维多利亚湖接壤。——译者注

17　前两块金表在桑给巴尔就已经送人了。

18　贡贝河位于坦桑尼亚基戈马（Kigoma）以北十英里处。——译者注

19　按音译，当为乌干达；以斯皮克后文所叙的内容，实指干达人之地，又当为布干达；故，我们定名为布干达。——译者注

20　现拼写形式为 Suna，对应的汉译名为苏纳。——译者注

21　又称帕斯泰先生（Mr. Paste）。

22　其拼写形式还有 Babembe、Beembe、Cuabembe、Bembe，本贝人主要生活于刚果（金）东部和坦桑尼亚西部。——译者注

23　其字面意思是"小蓝布"。

24　意指斯皮克。——译者注

25　字面意思是"猪"。

26　即前文所提的官员乌恩古鲁埃。——译者注

第六章

1　字面意思是"球先生"。

2　完全绕过非洲地方势力几乎是不可能的。非洲当地酋长经常派出武装力量袭击旅行者，而非洲本地向导也担心自己受到报复，所以也会不顾旅行者的意愿，而把商队或探险者引入非洲地方势力的控制范围。——译者注

3　deole是一种高档布料，可以制作刺绣斗篷。——译者注

4　乌约富位于乌尼亚姆韦齐的北部边境，从那里可以直接进入乌苏伊。——译者注

5　从马赛人之地到乌索加，原本就有一条又便捷又安全的水道，且阿拉伯人常常走这条水道。当斯皮克抵达布干达时，有人对其所走的路线感到惊讶不已，因为那条水道早已为当地人和阿拉伯人所熟知，当时大湖地区的王国早已拥有自身的贸易通道。——译者注

6　19世纪初，姆齐齐马是印度洋贸易路线边缘的一个沿海渔村。在阿拉伯语中，姆齐齐马的意思是"健康之城"。1865—1862年，桑给巴尔苏丹塞义德·马吉德（Said Majid）决定在姆齐齐马的基础上打造新城，并命名为达累斯萨拉姆。——译者注

7　以处境论，临时招募的人手与那些从桑给巴尔过来的手下并不相同。之前，斯皮克与那些从桑给巴尔过来的手下签订了协议，并预付了一部分工资，相关资料保存于英国驻桑给巴尔领事馆。——译者注

8　现拼写形式为Tutsi。——译者注

9　如果问这种树的名字，或问这种布是由什么做成的，当地人会说"姆布古"；如果问这种树皮叫什么，当地人也会说"姆布古"；如果问那种特制的衬衫是什么，当地人依然说"姆布古"。因此，我无法确定这个词最初是源于树的名字、树皮的名字，还是制成品的名字。所以，斯皮克觉得应该指的是树皮，因为称之为"姆布古"的树有许多种类，而且都有特定的名称。布干达王国的干达人掌握着一个古老的工艺——制作树皮衣。这套工艺比较烦琐，包括剥树皮、修整、浸泡、脱胶、漂洗、晒干、捶打成片状、缝制，但整个过程中所用到的工具并不多，主要以木槌为主。——译者注

10　乌干达的主要语言，尤其是乌干达南部，属于尼日尔–刚果语系班图语族。——译者注

11　格兰特多次同斯皮克分开，并独立完成自己的探险任务。——译者注

12　卡盖拉河属于尼罗河上游水系，是最远的尼罗河发源地。——译者注

第七章

1　官员的意思。根据不同语境，或译为地方官员，或译为边防官等。——译者注

2　Wahinda常用于指称一个迁徙而来的族群，但也有人认为Wahinda是王室成员的一种称号。——译者注

3　基夏卡（Kishakka）位于坦桑尼亚卡盖拉区（Kagera）。——译者注

第八章

1　卡拉圭王国位于坦桑尼亚西北部，卢旺达和维多利亚湖之间，优越的地理位置使得卡拉圭得以参与区域贸易，帮助乌干达人和卢旺达人同东海岸和东部非洲其他地方联系起来。20世纪末，它与包括阿拉伯人在内的非洲各地商人展开了繁荣的贸易。卡拉圭王国属于东非湖间王国的一部分，19世纪达到顶峰，1820年鲁马尼卡的父亲达加拉掌权，1853年鲁马尼卡继位。在卡拉圭王国的鼎盛时期，农业在当地经济中发挥了重要的作用，许多卡拉圭人都是牧牛人，在当时，牛已经成为一种衡量财富和权力的尺度。——译者注

2　现称布里吉湖（Lake Burigi），位于坦桑尼亚卡盖拉地区卡拉圭区。——译者注

3　其拼写形式还有Karagwe、Abanyambo、Ragwe、Ekinyambo、Rukaragwe、Runyambo、Ururagwe等。

尼扬博人仅生活于坦桑尼亚境内。参见 James Stuart Olson, Charles Meur, *The Peoples of Africa: An Ethno historical Dictionary*, Greenwood Publishing Group, 1996。——译者注

4　库夫罗（Kufro）补给站位于卡拉圭都城瓦拉汉杰（Warahanje），是阿拉伯人设立的商品集散地。阿拉伯人用盐、欧洲商品换取当地人的象牙、咖啡和其他农产品。参见 J. Scott-Keltie, *The Statesman's Year*, Springer, 2016。——译者注

5　卡拉圭的铁制工艺技术非常高超。当地人除了用铁打造实用器具外，也用铁来制作工艺品。一般而言，铁质奶牛模型和锤子形的铁质工艺品象征着王权。——译者注

6　献给鲁马尼卡的礼物：一个锡盒、一件插肩大衣（Raglan coat）、五码猩红色宽布、两捆铜丝、一百颗蛋形蓝色珠子、五串品质上好的彩色珠子、三串小珠子，包括粉色、蓝色、白色的珠子。

7　献给恩纳纳吉的礼物：一块代沃莱布（金线绣花的丝绸）、两捆铜丝、五十颗蛋形蓝色珠子、五串品质上好的彩色珠子、三串小珠子，包括粉色、蓝色、白色珠子。

8　卢塔·恩齐盖湖，后称 Albert Nyanza、Lutanzige，位于乌干达和刚果民主共和国之间的边界。1864 年，塞缪尔·贝克（Samuel Baker）以维多利亚女王已故丈夫的名字将其命名为艾伯特湖。——译者注

9　姆丰比罗山脉，后称维龙加山脉（Virunga Mountains），是基伍湖（Lake Kivu）以北的火山山脉，位于卢旺达北部边界、刚果民主共和国和乌干达之间的边境地区。——译者注

10　姆波罗罗（Mpororo）原本只是卡拉圭内战的缓冲地带，后发展为独立王国。姆波罗罗王国的人，即巴霍罗罗人（Bahororo）。姆波罗罗王国相对封闭，不允许阿拉伯人入境从事贸易活动。——译者注

11　后称马拉维湖。——译者注

12　P. L. 斯克莱特（P. L. Sclater）将之命名为薮羚属（Tragelaphus spekii）。伍尔夫先生根据我带回英国的标本，把薮羚画了出来。

13　恩加米湖是卡拉哈里沙漠（Kalahari）北部的内湖，位于今天博茨瓦纳境内。——译者注

14　现拼写形式为 Kitara、Bunyoro-Kitara。14 世纪，基塔拉帝国分裂为多个独立国家，但基塔拉王国仍是大湖地区的强国，颇具影响力。参见 Shane Doyle, *Crisis and Decline in Bunyoro: Population and Environment in Western Uganda 1860—1955*, James Currey Publishers, 2006。——译者注

15　现在常见的拼写形式为 pygmies。——译者注

16　又有 Lumbwa、Lumbua、Umpua、Humba 等拼写形式，分布于肯尼亚南部和坦桑尼亚北部，主要是牧民。早期传教士和探险家也记录过这一族群，但不是斯皮克所言的白人部落。——译者注

17　现为肯尼亚中部桑布鲁国家自然保护区。——译者注

18　当指维多利亚湖以北地区。——译者注

19　当指维多利亚湖以南地区。——译者注

20　值得一提的是，姆波罗罗是一个共和国。

21　在沦为殖民地前，Ncole（原文拼法，今天的拼法为 Nkore）对应的译法应该是"恩科雷"。恩科雷王国后又称安科莱（Ankole）王国。进入 20 世纪后，在英国殖民统治下，恩科雷王国领土有所扩大，王国名称也改为 Ankole。故，20 世纪前的 Ncole 应该译为恩科雷。参见 Richard J. Reid, *A History of Uganda*, Cambridge University Press, 2017, p.xxv. 转引自 Martin R. Doornbos, *The Ankole Kingship Controversy: Regalia Galore Revisited*, 2001。——译者注

22　哈亚人是主要分布于坦桑尼亚卡盖拉区北部的族群。——译者注

23　当时的流通货币，产自印度洋的小贝壳，又译子安贝。——译者注

24 与第四章的马乌拉同名不同人。——译者注

第九章

1 盖拉人，也称为奥罗莫人，主要生活于埃塞俄比亚的族群，肯尼亚东部、北部以及索马里也有一些奥罗莫人。奥罗莫人是游牧民，需要不断迁徙，寻找更多牧地。此外，15—16世纪，非洲之角的激烈冲突也是奥罗莫人大规模迁徙的原因之一。参见 Mohammed Hassen, *The Oromo and the Christian Kingdom of Ethiopia: 1300—1700*, Boydell & Brewer, 2015。——译者注

2 现拼写形式为 Juba river。——译者注

3 Wawitu，第七章的 Wahinda，可能都是希马人的分支。——译者注

4 意思是死蝗虫湖（Dead Locust Lake）。Luta，意为"死去的"；Nzige，意为"蝗虫"。

5 又译鲁夸湖，位于坦桑尼亚西南部地区，处于坦噶尼喀湖和马拉维湖之间。——译者注

6 斯皮克的拼写形式为 Wiru，但现在该词的复数拼写形式为 Bairu，所以取 iru 音译，译为伊鲁人，本义为奴隶。——译者注

7 世代是非洲人纪年办法，通常指 27 年，但也有争议。——译者注

8 但实际上王子继位后都会杀掉自己的兄弟，只留下一个。

第十章

1 专用于航行的速率单位，一节相当于每小时 1852 米。——译者注

2 现拼写形式为 Zambezi。——译者注

3 Kibuga 意为王宫。

第十一章

1 一个大锡盒、四块绸布、一把魏渥斯步枪、一块金表、一把左轮自动手枪、三把卡宾枪、三把剑型刺刀、一箱弹药、一盒子弹、一个枪盖、一架望远镜、一把铁椅、一担上好的珠子和一套餐用刀叉汤匙。

2 那时，两个国王总在打仗，无人敢提这条沿着尼罗河经布尼奥罗的直路。

3 腕尺（cubit），古代长度单位，相当于前臂的长度。——译者注

4 贡杜人（gundu），指的是黑人和欧洲人的混血儿。——译者注

5 品脱，英国的容量单位。——译者注

6 指英国和布干达王国。——译者注

7 王太后总是称呼斯皮克为"我的儿"。——译者注

第十三章

1 哈布施（Hubshi）是波斯语对非洲奴隶、阿比西尼亚人（Abyssinian，埃塞俄比亚的前称）的称呼。——译者注

2 意指两个美丽的黑人女孩。——译者注

3 原文为 sime，也就是马赛人使用的双刃刀。——译者注

4 现为乌干达默奇森瀑布国家公园。——译者注

5 考斯位于英国怀特岛，有历史悠久的帆船文化。——译者注

6 姆古萨（Mgussa），或可称之为维多利亚湖的水神，是神灵，而不是人。

7 有人说，塞塞岛是一个由大大小小 40 个岛屿组成的群岛。

第十五章

1 卡里是我们后来命名的地方，那里发生了悲剧，下文将加以叙述。

2 夜鹰之名源于 P. L. Sclater 博士，参见 *Cosmetornis Spekii*。夜鹰的第七翮的长度是普通羽毛的两倍，第八翮的长度又是第七翮的两倍，第九翮长达二十英寸。邦贝说在乌希约（Uhiyow）也能看到这种鸟。

3 斯皮克所言有误，穿过维多利亚湖的是南纬零度线，即赤道线。——译者注

4 Baringo 是不是 BahrIngo 的变体，我不敢确定。

第十六章

1 Bahr El Abiad，白尼罗河英语化后的阿拉伯语单词。——译者注

2 这事发生于我到这里之前。

3 布尼奥罗国王的称号。——译者注

第十七章

1 根据第九章所叙的传统，这句话也揭示伟大的基塔拉国王是支持布干达第一位国王的。

2 一杆双筒步枪、一个锡盒、一条红毯、一条棕斗、十枚铜钱，4 只袜子装满不同颜色的极小的珠子，2 只袜子装满蓝色和白色的蛋形珠子，罗杰削笔刀 1 把，书本 2 本，弹性圈 1 个，红色 1 个手帕，1 袋枪帽，1 把剪刀，1 个绒球壶，1 个夸脱瓶。1 个火药箱，7 磅火药，1 个梳妆盒，1 个黑匣子，1 个铜锁。和钥匙，4 个黄铜手柄，8 个黄铜套筒，7 个金币，7 块宾代拉布，1 个红包。1 副玻璃眼镜，1 个火柴盒。

3 六分仪，光学仪器，用于测量远方两个目标之间的夹角。——译者注

第十八章

1 前一章说的是两次。——译者注

2 分别是里翁加、瓦希图（Wahitu）、波胡卡（Pohuka）。

3 阿曼的都城。——译者注

4 现拼写为 Khartoum，现为苏丹共和国首都。——译者注

第十九章

1 英制测量水深的单位，一英寻等于六英尺，合 1.828 米。——译者注

2 应是印度康达立耶·马哈迪瓦神庙（The Kandariya Mahadev Temple），建于公元 1025 年，是北印度寺庙的典范，装饰题材多为男女性爱场景。——译者注

第二十章

1　事实上，从这里到法洛罗（Faloro）的北部只需走两段路程。

2　霍布列赫博士（Dr Khoblecher），奥地利传教团贡多科罗传教站的创始人，他曾确认 1 月中旬尼罗河水位最低。

3　位于今乌干达北部莫约（Moyo）和阿朱马尼（Adjumani）一带。——译者注

4　彻尔克斯人（Cherkesses），西亚民族，主要分布在土耳其、叙利亚、约旦、伊拉克。——译者注

5　塞缪尔·怀特·贝克（Samuel White Baker，1821—1893 年），英国探险家，作家。——译者注

6　男爵夫人 A·范卡佩良（A. van Capellan）、蒂南（Tinne）太太、蒂南小姐。

7　参见佩瑟里克向皇家地理学会主席阿什伯顿阁下（Lord Ashburton）递交的探险请愿书，保存于皇家地理学会议事录，日期为 1860 年 6 月 19 日。

结 语

1　即 Bahr el-Zaraf，现英语拼写形式常为 Giraffe River，又译宰拉夫河。——译者注

2　阿特巴拉河发源于埃塞俄比亚西北部，是最后一条注入尼罗河的支流。——译者注